EUROPA LEHRMITTEL

EUROPA-FACHBUCHREIHE
für metalltechnische Berufe

Jürgen Burmester
Josef Dillinger
Walter Escherich
Dr. Eckhard Ignatowitz
Stefan Oesterle
Ludwig Reißler
Andreas Stephan
Reinhard Vetter
Falko Wieneke

Metalltechnik Grundbildung

8. Auflage

mit CD

SimMetall 1.0

VERLAG EUROPA-LEHRMITTEL · Nourney, Vollmer GmbH & Co. KG
Düsselberger Straße 23 · 42781 Haan-Gruiten

Europa-Nr.: 11117

Autoren:

Burmester, Jürgen	Oberstudienrat	Rheinbreitbach
Dillinger, Josef	Studiendirektor	München
Escherich, Walter	Studiendirektor	München
Ignatowitz, Dr. Eckhard	Dr.-Ing.	Waldbronn
Oesterle, Stefan	Dipl.-Ing.	Amtzell
Reißler, Ludwig	Studiendirektor	München
Stephan, Andreas	Dipl.-Ing. (FH)	Kressbronn
Vetter, Reinhard	Oberstudiendirektor	Ottobeuren
Wieneke, Falko	Dipl.-Ing.	Essen

Die Autoren sind Fachlehrer der technischen Ausbildung und Ingenieure.

Lektorat:	Josef Dillinger
Bildentwürfe:	Die Autoren
Fotos:	Leihgaben der Firmen (Verzeichnis Seite 346)
Bildbearbeitung:	Zeichenbüro des Verlages Europa-Lehrmittel, Ostfildern
Englische Übersetzung:	OStRin Christina Murphy, Wolfratshausen

8. Auflage 2018, korrigierter Nachdruck 2020

Druck 5 4 3 2

Alle Drucke derselben Auflage sind im Unterricht nebeneinander einsetzbar, da sie bis auf korrigierte Druckfehler und kleine Änderungen, z. B. aufgrund neuer Normen, identisch sind.

ISBN 978-3-8085-1368-2

http://www.europa-lehrmittel.de

Satz: Satz+Layout Werkstatt Kluth GmbH, 50374 Erftstadt

Umschlag: braunwerbeagentur, 42477 Radevormwald

Umschlagfotos: Mitutoyo Europe GmbH, Neuss, und Vektor-Illustration © majcot – Fotolia.com

Druck: mediaprint solutions GmbH, 33100 Paderborn

Vorwort

Die METALLTECHNIK GRUNDBILDUNG enthält die Grundkenntnisse der Berufe des Handwerks und der Industrie im **Berufsfeld Metalltechnik** sowie die Lerninhalte für die **Fachkraft für Metalltechnik** bis zur **Facharbeiterprüfung Teil 1**. Der Inhalt des Buches ist in die rechts angegebenen acht Hauptkapitel gegliedert, die mit **Arbeitsbeispielen** versehen sind.

Vorwort zur 8. Auflage

In der vorliegenden Auflage wurden Inhalte aktualisiert bzw. Neuerungen aufgenommen:

- Werkzeuge des QM und Qualitätssicherung
- Fertigen mit handgeführten Werkzeugen
- Grundlagen der CNC-Technik
- Technische Kommunikation und Projektarbeit
- Automatisierungstechnik:
  Alle Schaltpläne nach der Referenznorm DIN EN 81346-2
- Kennzeichnung der Themenbereiche durch , bei denen die Simulationssoftare **SimMetall** eingesetzt werden kann.

Unterricht nach Lernfeldern

Die lernfeldorientierten Rahmenlehrpläne erfordern handlungsorientierte Unterrichtsformen, durch die der Lernende das erworbene Wissen in die betriebliche Praxis übertragen kann. Der Erwerb dieser Fähigkeit wird durch geeignete Lernprojekte und Lernsituationen gefördert.

Obwohl jede Schule eigene Lernprojekte benutzt und Lernsituationen dem Leistungsvermögen einer Klasse angepasst werden müssen, wird auf den Seiten 333 bis 346 für die sechs Lernfelder bis zur Facharbeiterprüfung Teil 1 je ein Leitprojekt mit einem Vorschlag für die Umsetzung angeboten.

Zur Unterstützung der Themen dient der Lernfeldkompass auf Seite 6.

Die dargestellten fachlichen Inhalte sollten aber noch durch wirtschaftliche, ökologische und sicherheitstechnische Aspekte sowie durch Präsentations- und englischsprachige Übungen ergänzt werden. Zur Übung wird jedes Kapitel mit einer Seite „Practice your English“ abgeschlossen

Die Autoren und der Verlag sind allen Nutzern der METALLTECHNIK GRUNDBILDUNG für kritische Hinweise und Verbesserungsvorschläge an lektorat@europa-lehrmittel.de dankbar.

Herbst 2018 — Die Verfasser

Inhaltsverzeichnis

1 Prüftechnik und Qualitätsmanagement

2 Fertigungstechnik

3 Werkstofftechnik

Lernfeldkompass

Mit dem Lernfeldkompass wird dem Nutzer an Berufsschulen in der Metalltechnik eine Hilfe an die Hand gegeben, mit der der Lernfeldunterricht zielgerichtet durchgeführt werden kann.

Die Inhalte der Metalltechnik Grundbildung sind sachlogisch strukturiert, um dem Lehrenden und Lernenden ein Höchstmaß an didaktischer und methodischer Freiheit zu ermöglichen. Die im Buch gewählte Sachstruktur soll den Lernenden zu selbstständigem Erarbeiten der in den Lernfeldern geforderten unterschiedlichen fachlichen Inhalte führen.

Die folgende Kapitelauswahl zu den Lernfeldern aus den einzelnen Rahmenlehrplänen zeigt die Zuordnung der Kapitel und Inhalte des Fachbuches zu den einzelnen Lernfeldern. Sie dient als Anregung und Hinweis, um den lernfeldorientierten Unterricht zielgerichtet durchführen zu können.

Lernfeld	Sachinformationen im Buch (Beispiele)		Seite
Fertigen von Bauelementen mit handgeführten Werkzeugen	**Projekt: Schlüsselanhänger**		334
	8.1	Technische Zeichnungen	314
Vorbereiten und Fertigen von berufstypischen Bauelementen mit handgeführten Werkzeugen.	2.6.2	Fertigen mit handgeführten Werkzeugen	72
Erstellen und Ändern von Zeichnungen für einfache Baugruppen.	1.2	Grundlagen der Messtechnik	12
	1.2.1	Grundbegriffe	12
	1.2.2	Messabweichungen	14
	1.2.3	Messmittelfähigkeit	17
	1.3	Längenprüfmittel	18
	1.5	Toleranzen und Passungen	35
Arbeitsschritte mit Werkzeugen und Materialien planen und Berechnungen durchführen.	1.6	Grundlagen des Qualitätsmanagement	41
Geeignete Prüfmittel auswählen, anwenden und Ergebnisse protokollieren.	2.2	Gliederung der Fertigungsverfahren	52
Fertigungskosten überschlägig ermitteln.	2.4.1	Verhalten der Werkstoffe	62
	2.4.2	Umformverfahren	62
	2.4.3	Biegeumformen	63
	2.5	Schneiden	69
	2.5.1	Scherschneiden	69
	3.1	Übersicht der Werk- und Hilfsstoffe	158
	3.2	Auswahl und Eigenschaften der Werkstoffe	160
	3.4	Übersicht Stähle und Gusswerkstoffe	171
	3.5	Übersicht NE-Metalle	187
	3.7	Übersicht Kunststoffe	196
	3.8	Übersicht Verbundwerkstoffe	199
Dokumentieren und Präsentieren der Arbeitsergebnisse.	8.4	Technische Projekte dokumentieren	323
Bestimmungen des Arbeits- und Umweltschutzes beachten.	2.1	Arbeitssicherheit	50
	2.10	Fertigungsbetrieb und Umweltschutz	153
	3.10	Umweltproblematik der Werk- und Hilfsstoffe	205

Anmerkungen:
- Die Themen 8.1 bis 8.3 sind bei den Lernfeldern nicht aufgeführt.
- Ebenso die Themen 7 Elektrotechnik.

Lernfeld		Sachinformationen im Buch (Beispiele)	Seite
Fertigen von Bauelementen mit Maschinen		**Projekt: Spanngerät für runde Werkstücke**	336
	8.1	Technische Zeichnungen	314
Auswerten von Zeichnungen und Stücklisten.	1.4	Oberflächenprüfung	32
Auswahl von Werkstoffen nach spezifischen Eigenschaften.	1.5	Toleranzen und Passungen	34
Planen von Fertigungsabläufen mit Berechnungen.	2.7	Fertigen mit Werkzeugmaschinen	76
	2.9	Fügen	133
	3.4	Stähle und Eisen-Gusswerkstoffe	171
Aufbau und Wirkungsweise von Maschinen.	4.1	Einteilung der Maschinen	210
Einsatz von Werkzeugen.	4.2	Funktionseinheiten von Maschinen	218
	2.7.1	Schneidstoffe	76
	7	Elektrotechnik	301
Auswahl und Einsatz von Prüfmitteln.	1.2	Grundlagen der Messtechnik	12
	1.3	Längenprüfmittel	18
	1.6	Qualitätsmanagement	41
Dokumentieren und Präsentieren der Arbeitsergebnisse.	8.4	Technische Projekte dokumentieren	323
Bestimmungen des Arbeits- und Umweltschutzes beachten.	2.1	Arbeitssicherheit	50
	2.10	Fertigungsbetrieb und Umweltschutz	153
	3.10	Umweltproblematik der Werk- und Hilfsstoffe	205
Herstellen einfacher Baugruppen		**Projekt: Bohrständer für Handbohrmaschine**	338
	8.1	Technische Zeichnungen	314
	8.2	Technische Unterlagen	317
Gruppenzeichnungen und Schaltpläne lesen und verstehen.	4.1	Einteilen der Maschinen	210
	4.2	Funktionseinheiten von Maschinen	218
Planen einfacher Steuerungen.	6.1	Schaltpläne pneumatischer Steuerungen	278
Montage von Baugruppen.	bis	Systematischer Schaltplanentwurf	279
Teile normgerecht kennzeichnen.	6.4	Grafcet	283
Fügeverfahren unterscheiden.	2.9	Fügen	133
Auswahl von Werkzeugen und Normteilen.	3.4	Stähle und Eisen-Gusswerkstoffe	171
Dokumentieren und Präsentieren der Arbeitsergebnisse.	1.6	Qualitätsmanagement	41
	8.4	Technische Projekte dokumentieren	323
	8.4.1	Textverarbeitung	324
	8.4.2	Tabellenkalkulation	326
	8.4.3	Präsentation	329
Bestimmungen des Arbeits- und Umweltschutzes beachten.	2.1	Arbeitssicherheit	50
	2.10	Fertigungsbetrieb und Umweltschutz	153
	3.10	Umweltproblematik der Werk- und Hilfsstoffe	205

Lernfeld	Sachinformationen im Buch (Beispiele)	Seite
Warten technischer Systeme	**Projekt: Warten einer Säulenbohrmaschine**	340
Bewertung der Instandhaltungsmaßnahmen.	1 Prüftechnik	10
	1.1 Größen und Einheiten	10
	5.1 Instandhaltung	245
	5.1.1 Tätigkeitsgebiete und Definitionen	245
	5.1.2 Begriffe der Instandhaltung	246
	5.1.3 Ziele der Instandhaltung	247
	5.1.4 Instandhaltungskonzepte	247
	5.1.5 Wartung	250
	7 Elektrotechnik	301
Wartungsarbeiten planen, Werkzeuge und Hilfsstoffe bestimmen.	3.1.3 Hilfsstoffe und Energie	159
	5.1.6 Schmierstoffe	253
Dokumentieren und Präsentieren der Arbeitsergebnisse.	8.4 Technische Projekte dokumentieren	323
Bestimmungen des Arbeits- und Umweltschutzes beachten.	2.1 Arbeitssicherheit	50
	2.10 Fertigungsbetrieb und Umweltschutz	153
	3.10 Umweltproblematik der Werk- und Hilfsstoffe	205
Fertigen von Einzelteilen mit Werkzeugmaschinen	**Projekt: Hydraulisches Spannelement**	342
Fertigen von Werkstücken aus verschiedenen Werkstoffen auf Werkzeugmaschinen.	2.7 Fertigen mit Werkzeugmaschinen	76
	3.4.3 Bezeichnungssystem der Stähle	175
	1.6.2 Qualitätsmerkmale und Fehler	42
	1.6.5 Qualitätssicherung	47
Geeignete Fertigungsverfahren auswählen und Spannmittel für Werkzeuge und Werkstücke wählen.	1.2 Grundlagen der Messtechnik	12
	1.3 Längenprüfmittel	18
	1.4 Oberflächenprüfung	32
	1.5 Toleranzen und Passungen	34
Glühen, Härten, Vergüten.	3.4 Stähle und Eisen-Gusswerkstoffe	171
	1.6.2 Qualitätsmerkmale und Fehler	42
Prüfpläne mit den Mitteln des Qualitätsmanagements entwickeln.	1.6.5 Qualitätssicherung	47
	3.6 Wärmebehandlung der Stähle	192
Installieren und Inbetriebnahme steuerungstechnischer Systeme	**Projekt: Vereinzelung unterschiedlicher Metallkugeln**	344
Steuerungstechnische Systeme installieren und in Betrieb nehmen.	4.1 Einteilung der Maschinen	210
Aus Steuerungen in unterschiedlichen Gerätetechniken Komponenten und Funktionsabläufe ermitteln.	6.1 Steuern und Regeln	258
	6.2 Grundlagen und Elemente von Steuerungen	262
Aufbau und Inbetriebnahme unterschiedlicher Steuerungen.	6.3 Pneumatische Steuerungen	268
	6.4 Elektropneumatische Steuerungen	286
	7 Elektrotechnik	301
	(7.1 bis 7.8)	301–312

1 Prüftechnik und Qualitätsmanagement

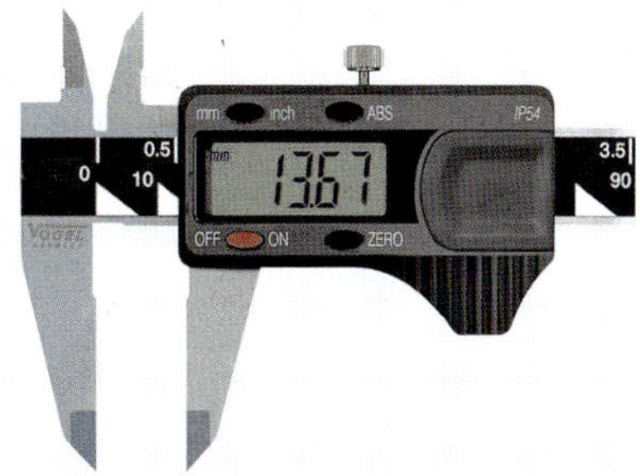

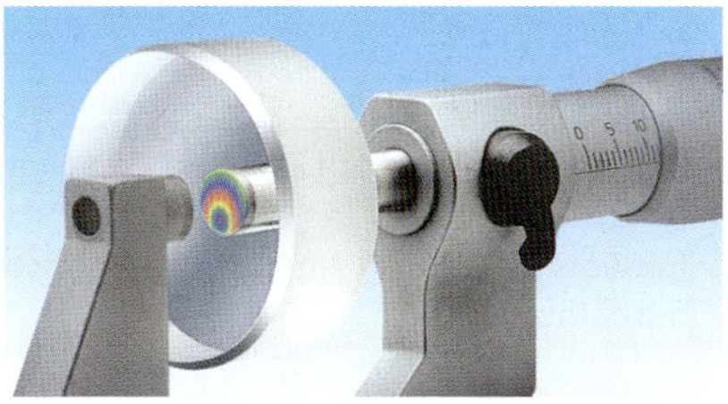

1 Prüftechnik und Qualitätsmanagement

1.1 Größen und Einheiten

Größen beschreiben Merkmale, z.B. Länge, Zeit, Temperatur oder Stromstärke **(Bild 1)**.

Im internationalen Einheitensystem **SI** (System International) sind Basisgrößen und Basiseinheiten festgelegt **(Tabelle 1)**.

Zur Vermeidung von sehr großen oder kleinen Zahlen werden dezimale Vielfache oder dezimale Teile den Namen der Einheiten vorangestellt, z.B. Millimeter **(Tabelle 2)**.

Länge

> Die Basiseinheit der Länge ist das Meter. Ein Meter ist die Länge des Weges, den das Licht im luftleeren Raum in einer 299 729 458stel Sekunde durchläuft.

In Verbindung mit der Einheit Meter sind einige Vorsätze gebräuchlich, die zweckmäßige Angaben von großen Entfernungen oder von kleinen Längen ermöglichen **(Tabelle 3)**.

Neben dem metrischen System wird in einigen Ländern noch das Inch-System verwendet.

Umrechnung: 1 Inch (in) = 25,4 mm

Winkel

Die Einheiten des Winkels bezeichnen Mittelpunktswinkel, die sich auf den Vollkreis beziehen.

Ein **Grad (1°)** ist der 360ste Teil des Vollwinkels **(Bild 2)**. Die Unterteilung von 1° kann in Minuten ('), Sekunden (") oder in dezimale Teile erfolgen.

Der **Radiant (rad)** ist der Winkel, der aus einem Kreis mit dem Radius 1 m einen Bogen von 1 m Länge schneidet (Bild 2). Ein Radiant entspricht einem Winkel von 57,295 779 51°.

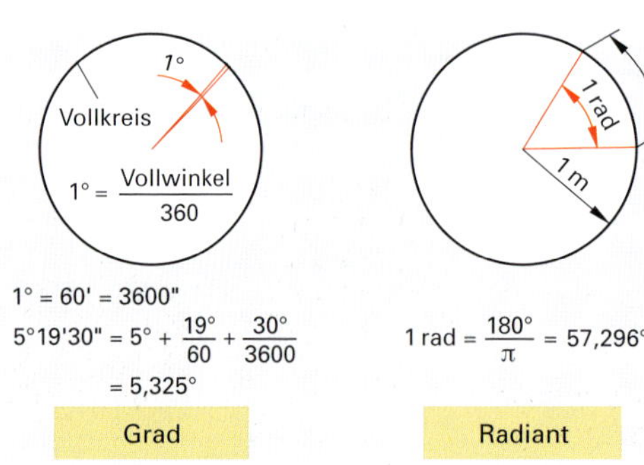

Bild 2: Winkeleinheiten

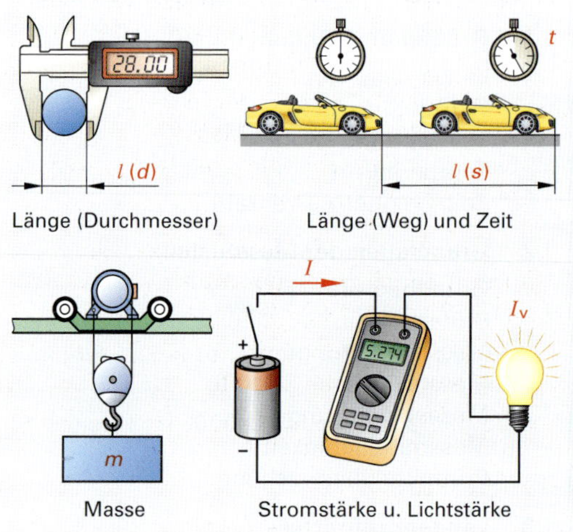

Bild 1: Basisgrößen

Tabelle 1: Internationales Einheitensystem

Basisgrößen und Formelzeichen	Basiseinheiten	
	Name	Zeichen
Länge l	Meter	m
Masse m	Kilogramm	kg
Zeit t	Sekunde	s
Thermodynamische Temperatur T	Kelvin	K
Elektrische Stromstärke I	Ampere	A
Lichtstärke I_v	Candela	cd

Tabelle 2: Vorsätze zur Bezeichnung von dezimalen Vielfachen und Teilen der Einheiten

Vorsatz		Faktor	
M	Mega	millionenfach	10^6 = 1 000 000
k	Kilo	tausendfach	10^3 = 1 000
h	Hekto	hundertfach	10^2 = 100
da	Deka	zehnfach	10^1 = 10
d	Dezi	Zehntel	10^{-1} = 0,1
c	Zenti	Hundertstel	10^{-2} = 0,01
m	Milli	Tausendstel	10^{-3} = 0,001
µ	Mikro	Millionstel	10^{-6} = 0,000 001

Tabelle 3: Gebräuchliche Längeneinheiten

Metrisches System	
1 Kilometer (km)	= 1000 m
1 Dezimeter (dm)	= 0,1 m
1 Zentimeter (cm)	= 0,01 m
1 Millimeter (mm)	= 0,001 m
1 Mikrometer (µm)	= 0,000 001 m = 0,001 mm
1 Nanometer (nm)	= 0,000 000 001 m = 0,001 µm

Masse, Kraft und Druck

Die **Masse *m*** eines Körpers ist abhängig von seiner Stoffmenge. Sie ist unabhängig vom Ort, an dem sich der Körper befindet. Die Basiseinheit der Masse ist das Kilogramm. Gebräuchliche Einheiten sind auch das Gramm und die Tonne: 1 g = 0,001 kg, 1 t = 1000 kg.

Ein Platin-Iridium-Zylinder, der in Paris aufbewahrt wird, ist das internationale Normal für die Masse 1 kg. Es ist die einzige Basiseinheit, die bisher nicht mithilfe einer Naturkonstanten definiert werden konnte.

> Ein Körper mit der Masse von einem Kilogramm wirkt auf der Erde (Normort Zürich) mit einer **Kraft F_G** (Gewichtskraft) von 9,81 N auf seine Aufhängung oder Auflage **(Bild 1).**

Der **Druck *p*** bezeichnet die Kraft je Flächeneinheit **(Bild 2)** in Pascal (Pa) oder Bar (bar).

Einheiten: 1 Pa = 1 N/m² = 0,00001 bar; 1 bar = 10^5 Pa = 10 N/cm²

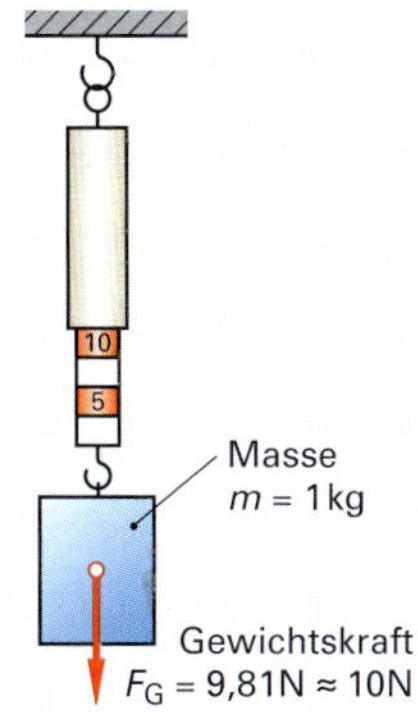

Bild 1: Masse und Kraft

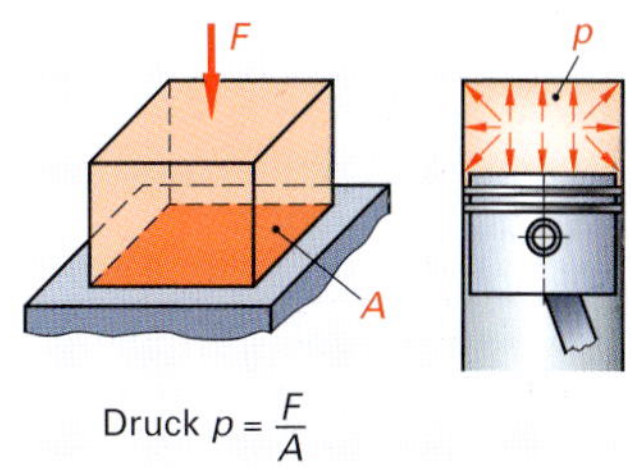

Bild 2: Druck

Temperatur

Die Temperatur beschreibt den Wärmezustand von Körpern, Flüssigkeiten oder Gasen. Das **Kelvin (K)** ist der 273,15te Teil der Temperaturdifferenz zwischen dem absoluten Nullpunkt und dem Gefrierpunkt des Wassers **(Bild 3).** Die gebräuchlichste Einheit der Temperatur ist das **Grad Celsius (°C).** Der Gefrierpunkt des Wassers entspricht 0 °C, der Siedepunkt des Wassers 100 °C.

Umrechnung: 0 °C = 273,15 K; 0 K = –273,15 °C

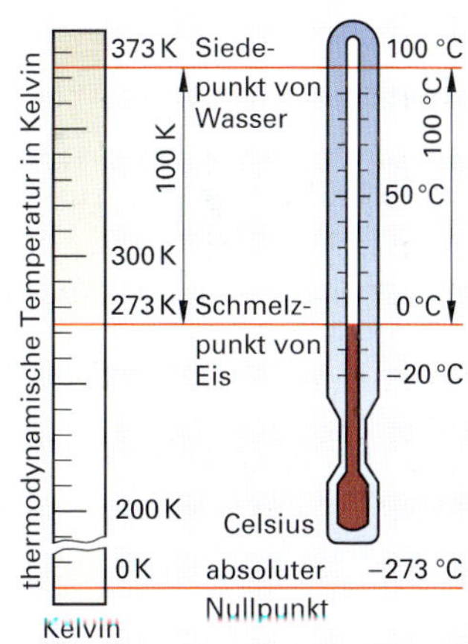

Bild 3: Temperaturskalen

Zeit, Frequenz und Drehzahl

Für die **Zeit *t*** ist die Basiseinheit Sekunde (s) festgelegt.

Einheiten: 1 s = 1000 ms; 1 h = 60 min = 3600 s

Die **Periodendauer *T*,** auch Schwingungsdauer genannt, ist die Zeit in Sekunden, in der sich ein Vorgang regelmäßig wiederholt, z. B. eine volle Schwingung eines Pendels oder die Umdrehung einer Schleifscheibe **(Bild 4).**

Die **Frequenz *f*** ist der Kehrwert der Periodendauer T ($f = 1/T$). Sie gibt an, wie viele Vorgänge je Sekunde stattfinden. Sie wird in 1/s oder Hertz (Hz) angegeben.

Einheiten: 1/s = 1 Hz; 10^3 Hz = 1 kHz; 10^6 Hz = 1 MHz

Die **Umdrehungsfrequenz *n* (Drehzahl)** ist die Anzahl der Umdrehungen je Sekunde oder Minute.

Beispiel: Eine Schleifscheibe mit dem Durchmesser von 200 mm macht 6000 Umdrehungen in 2 min.
Wie groß ist die Drehzahl?

Lösung: Drehzahl (Umdrehungsfrequenz) $n = \frac{6000}{2\ \text{min}} = \mathbf{3000/min}$

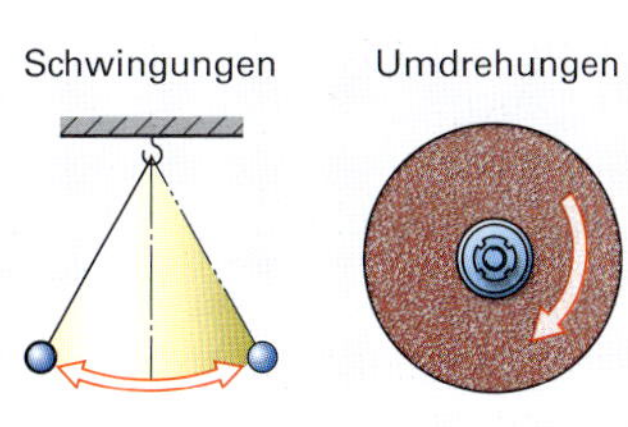

Bild 4: Periodische Vorgänge

Größengleichungen (Formeln)

Formeln stellen Beziehungen zwischen Größen her.

Beispiel: Der Druck p ist die Kraft F je Fläche A.

$$p = \frac{F}{A};\quad p = \frac{100\ \text{N}}{1\ \text{cm}^2} = 100\ \frac{\text{N}}{\text{cm}^2} = \mathbf{10\ bar}$$

Beim Rechnen werden die Größen durch Formelzeichen ausgedrückt. Der Größenwert wird als Produkt aus Zahlenwert und Einheit angegeben, z. B. $F = 100$ N oder A = 1 cm². Einheitengleichungen geben die Beziehung zwischen Einheiten an, z. B. 1 bar = 10^5 Pa.

1.2 Grundlagen der Messtechnik

1.2.1 Grundbegriffe

Beim Prüfen werden vorhandene Merkmale von Produkten wie Maß, Form oder Oberflächengüte mit den geforderten Eigenschaften verglichen.

Durch Prüfen wird an einem Prüfgegenstand festgestellt, ob er die geforderten Merkmale aufweist, z. B. Maße, Form oder Oberflächengüte.

Prüfarten

Subjektives Prüfen erfolgt über die Sinneswahrnehmung des Prüfers ohne Hilfsgeräte **(Bild 1).** Er stellt z. B. fest, ob die Gratbildung und Rautiefe am Werkstück zulässig sind (Sicht- und Tastprüfung).

Objektives Prüfen erfolgt mit Messeinrichtungen, d. h. mit Messgeräten und Hilfsmitteln **(Bild 1 und Bild 2)**.

Messen ist das Vergleichen einer Länge oder eines Winkels mit einem Messgerät. Das Ergebnis ist ein Messwert.

Lehren ist Vergleichen des Prüfgegenstandes mit einer Lehre. Man erhält dabei keinen Zahlenwert, sondern stellt nur fest, ob der Prüfgegenstand Gut oder Ausschuss ist.

Messeinrichtungen

Messeinrichtungen umfassen die jeweiligen **Messgeräte** und **Hilfsmittel** (zusätzlich erforderlichen Einrichtungen).

Alle anzeigende Messgeräte und Lehren bauen auf **Maßverkörperungen** auf. Sie verkörpern die Messgröße z. B. durch den Abstand von Strichen (Strichmaß), durch den festen Abstand von Flächen (Endmaß, Lehre) oder durch die Winkellage von Flächen (Winkelendmaß).

Anzeigende Messgeräte besitzen bewegliche Marken (Zeiger, Noniusstrich), bewegliche Skalen oder Zählwerke. Der Messwert kann unmittelbar abgelesen werden.

Lehren verkörpern entweder das Maß oder das Maß **und** die Form des Prüfgegenstandes.

Hilfsmittel sind z. B. Messständer und Prismen, aber auch Messverstärker oder Messumformer.

Messtechnische Begriffe

Um Missverständnisse bei der Beschreibung von Messvorgängen oder Auswerteverfahren zu vermeiden, sind eindeutige Grundbegriffe unerlässlich **(Tabelle folgende Seite)**.

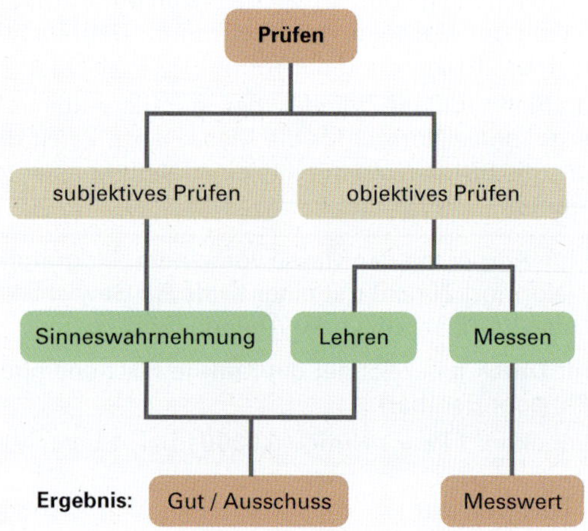

Bild 1: Prüfarten und Prüfergebnis

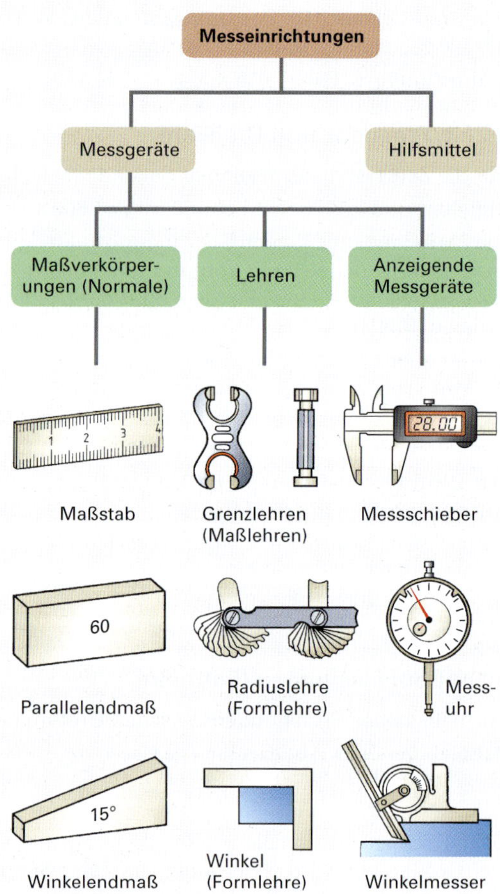

Bild 2: Messeinrichtungen

Tabelle 1: Messtechnische Begriffe

Begriff	Kurzzeichen	Definition, Erklärung	Beispiel, Formeln
Messgröße	*M*	Die zu messende Länge bzw. der zu messende Winkel, z. B. ein Bohrungsabstand oder ein Durchmesser.	
Anzeige	–	Der angezeigte Zahlenwert des Messwertes ohne Einheit (vom Messbereich abhängig). Bei Maßverkörperungen entspricht die Aufschrift der Anzeige.	
Skalenanzeige	–	Kontinuierliche Anzeige auf einer Strichskale	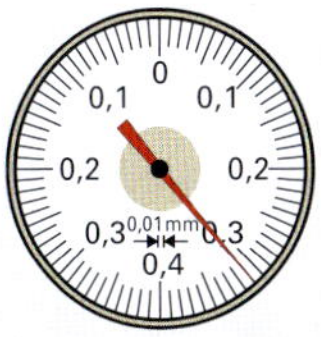
Ziffernanzeige	–	Digitale Anzeige auf einer Ziffernskale	
Skalenteilungswert	***Skw* oder** →|←	Differenz zwischen den Messwerten, die zwei aufeinander folgenden Teilstrichen entsprechen. Der Skalenteilungswert *Skw* wird in der auf der Skale stehenden Einheit angegeben.	Skalenanzeige *Skw* = 0,01 mm 
Ziffernschrittwert	*Zw*	Der Ziffernschrittwert ist die Änderung der Anzeige um einen Ziffernwert.	Ziffernanzeige *Zw* = 0,01 mm
Angezeigter Messwert	x_a x_1, x_2 ...	Einzelne Messwerte oder Mittelwerte setzen sich aus dem richtigen Wert und den zufälligen sowie systematischen Messabweichungen zusammen.	
Systematische Messabweichung	A_s	Die Messabweichung ergibt sich durch Vergleich des angezeigten Messwertes x_a mit dem richtigen Wert x_r (Seite 16).	$A_s = x_a - x_r$
Korrektionswert	*K*	Ausgleich von bekannten systematischen Abweichungen, z. B. Abweichung von der Bezugstemperatur.	$K = -A_s$ (*K* = *Korrektion*)
Berichtigtes Messergebnis	*y*	Messwert, korrigiert um bekannte systematische Messabweichungen.	$y = x + K$
Messunsicherheit	*u*	Die Messunsicherheit beinhaltet alle zufälligen Abweichungen sowie die unbekannten und nicht korrigierten Messabweichungen.	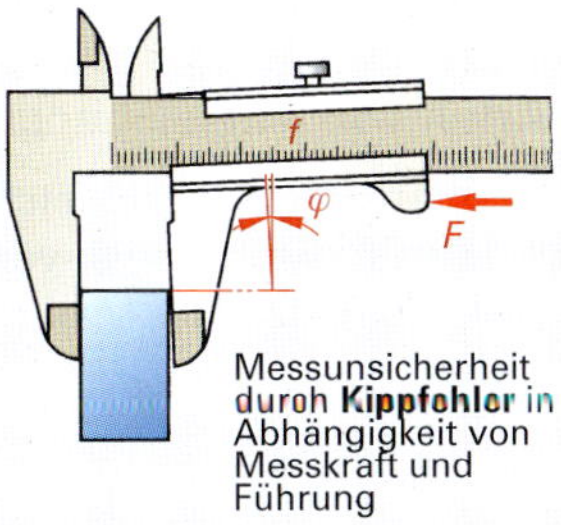
Erweiterte Messunsicherheit	*U*	Die erweiterte Messunsicherheit gibt den Bereich um das Messergebnis an, in dem der „wahre Wert" einer Messgröße erwartet wird. (Die zulässige Messunsicherheit soll 1/10 der Toleranz möglichst nicht überschreiten.)	
Messbereich	*Meb*	Der Messbereich ist der Bereich von Messwerten, in dem die Fehlergrenzen des Messgerätes nicht überschritten werden.	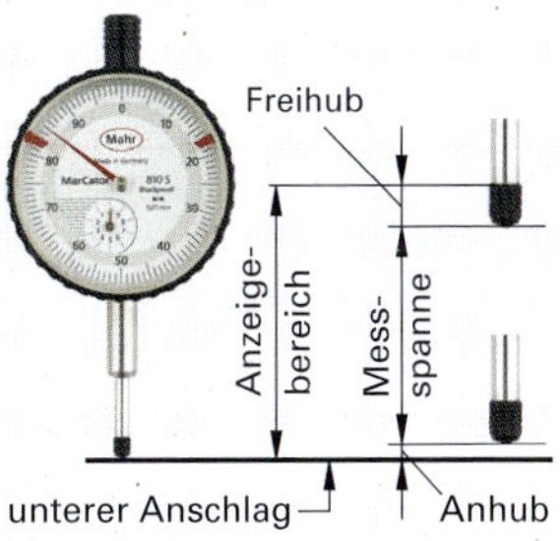
Messspanne	*Mes*	Die Messspanne ist die Differenz zwischen Endwert und Anfangswert des Messbereiches.	
Anzeigebereich	*Az*	Der Anzeigebereich ist der Bereich zwischen der größten und der kleinsten Anzeige eines Messgerätes.	

1.2.2 Messabweichungen

Ursachen von Messabweichungen
(Tabelle 1, folgende Seite)

Die **Abweichung von der Bezugstemperatur** 20 °C bewirkt immer dann Messabweichungen, wenn die Werkstücke und die zur Kontrolle eingesetzten Messgeräte und Lehren nicht aus dem gleichen Material sind und nicht dieselbe Temperatur haben **(Bild 1).**

Bereits bei der Erwärmung eines 100 mm langen Endmaßes aus Stahl um 4 °C, z. B. durch die Handwärme, tritt eine Längenänderung von 4,6 µm auf.

> Bei der **Bezugstemperatur von 20 °C** sollen Werkstücke, Messgeräte und Lehren innerhalb der vorgeschriebenen Toleranzen liegen.

Formänderungen durch die Messkraft treten an elastischen Werkstücken, Messgeräten und Messstativen auf.

Die elastische Aufbiegung eines Messstativs bleibt ohne Wirkung auf den Messwert, wenn beim Messen mit gleicher Messkraft wie bei der Nullstellung mit Endmaßen gemessen wird **(Bild 2).**

> Die Verringerung von Messabweichungen wird erreicht, wenn die Anzeige eines Messgerätes unter gleichen Bedingungen eingestellt wird, unter denen Werkstücke gemessen werden.

Messabweichungen durch Parallaxe entstehen, wenn unter schrägem Blickwinkel abgelesen wird **(Bild 3).**

Arten von Abweichungen

Systematische Messabweichungen werden durch konstante Abweichungen verursacht: Temperatur, Messkraft, Radius des Messtasters oder ungenaue Skalen.

Zufällige Messabweichungen können hinsichtlich Größe und Richtung nicht erfasst werden. Ursachen können z. B. unbekannte Schwankungen der Messkraft und der Temperatur sein.

> **Systematische Messabweichungen** machen den Messwert unrichtig. Wenn Größe und Vorzeichen (+ oder –) der Abweichungen bekannt sind, können sie ausgeglichen werden.
>
> **Zufällige Messabweichungen** machen den Messwert unsicher. Unbekannte zufällige Abweichungen sind nicht ausgleichbar.

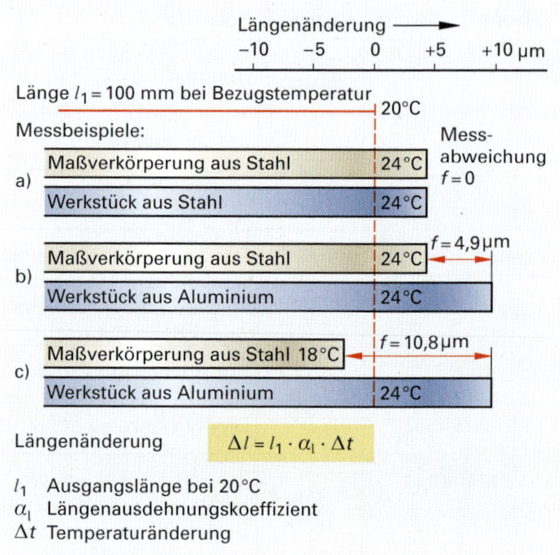

Bild 1: Messabweichungen durch die Temperatur

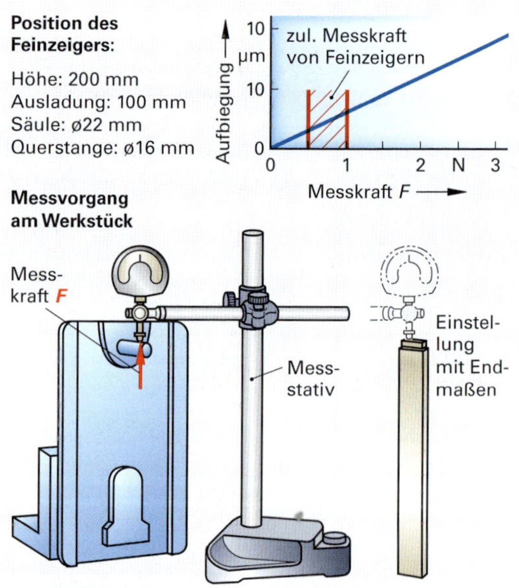

Bild 2: Messabweichungen durch elastische Formänderung am Messstativ durch die Messkraft

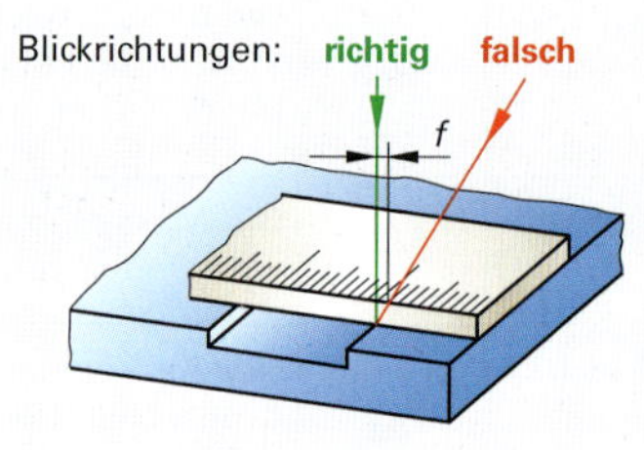

Bild 3: Messabweichung durch Parallaxe

Tabelle 1: Ursachen und Arten von Messabweichungen

Systematische Messabweichungen

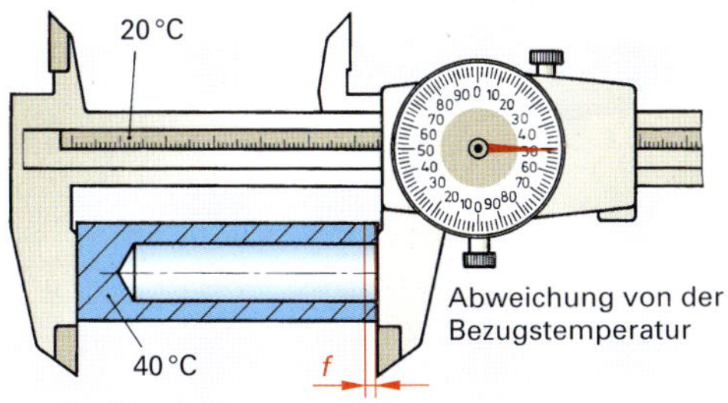

zu großer Messwert durch zu hohe Werkstücktemperatur

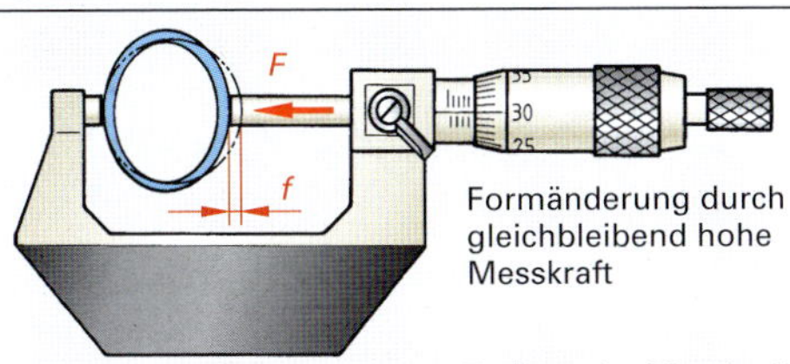

zu kleiner Messwert durch den Einfluss der Messkraft

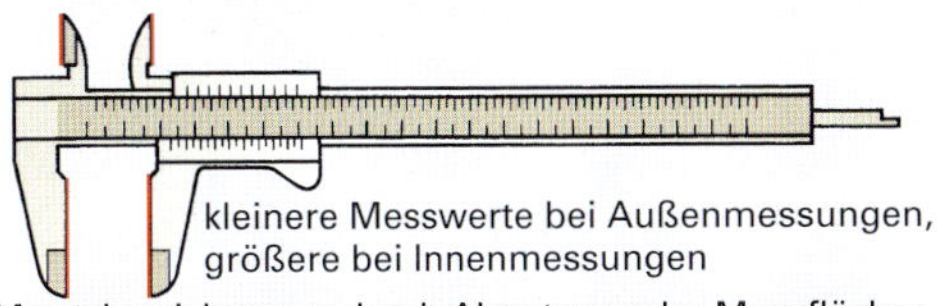

Messabweichungen durch Abnutzung der Messflächen

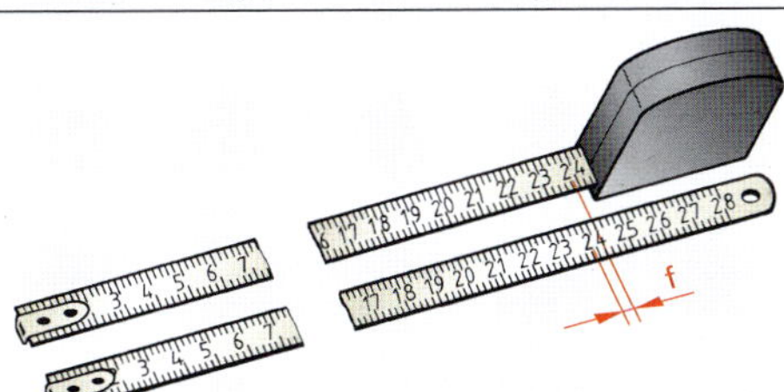

Messwertunterschiede bei Maßstäben

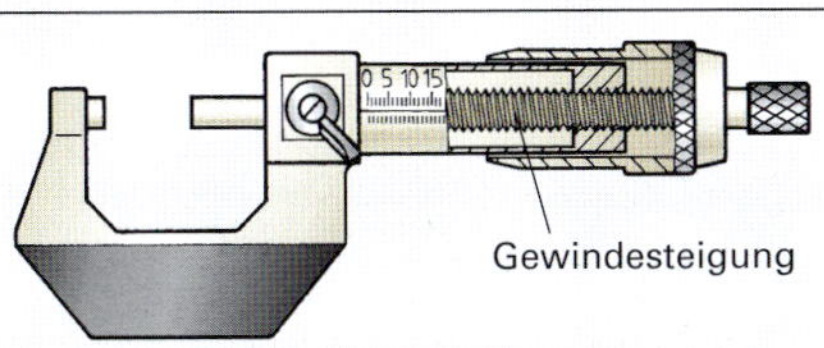

Einfluss von Steigungsabweichungen auf die Messwerte

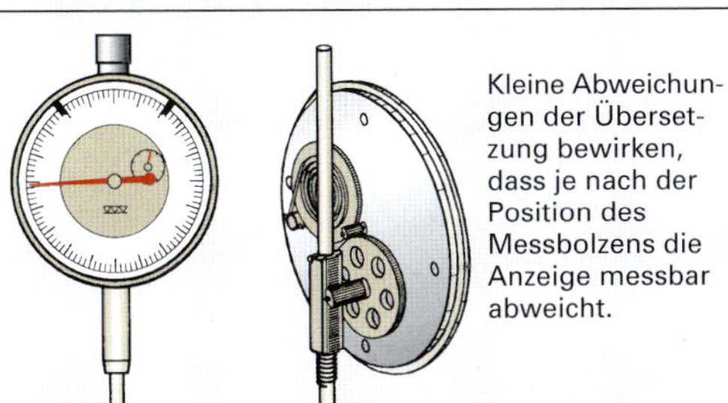

ungleichmäßige Übertragung der Messbolzenbewegung

Zufällige Messabweichungen

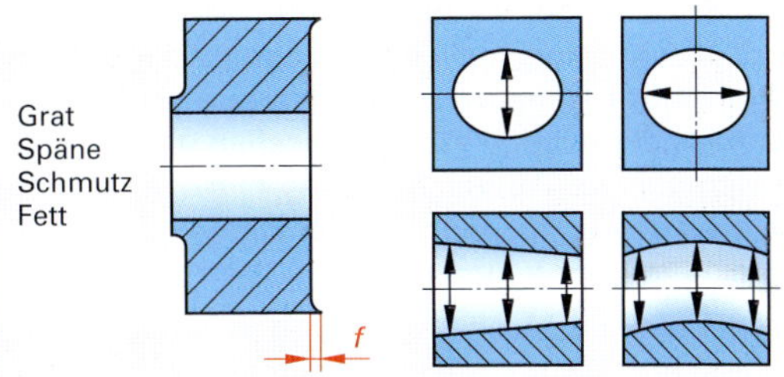

Unsicherheiten durch unsaubere Flächen u. Formabweichungen

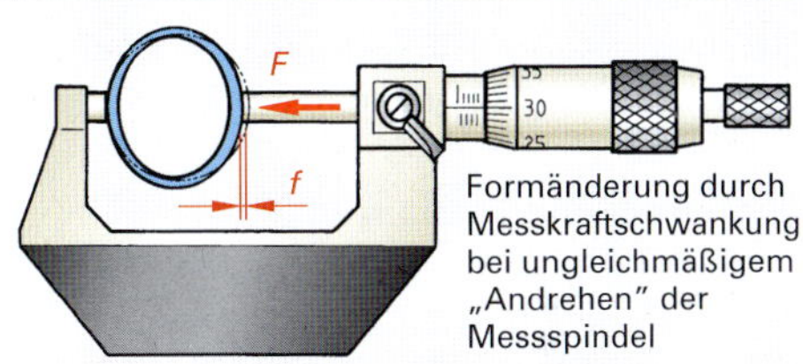

Streuung der Messwerte durch Messkraftschwankung

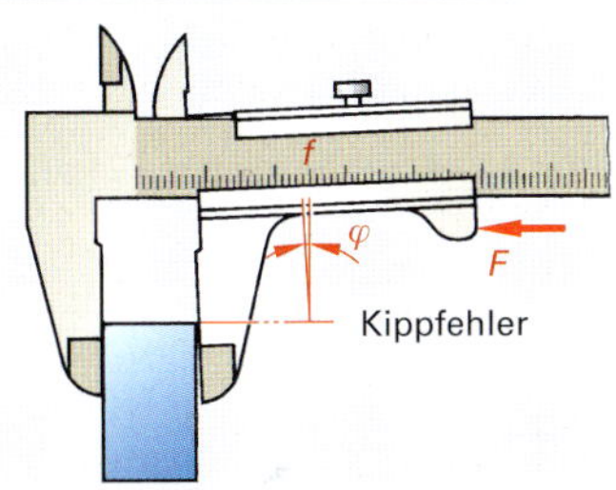

„Kippfehler" in Abhängigkeit von Messkraft und Führungsspiel

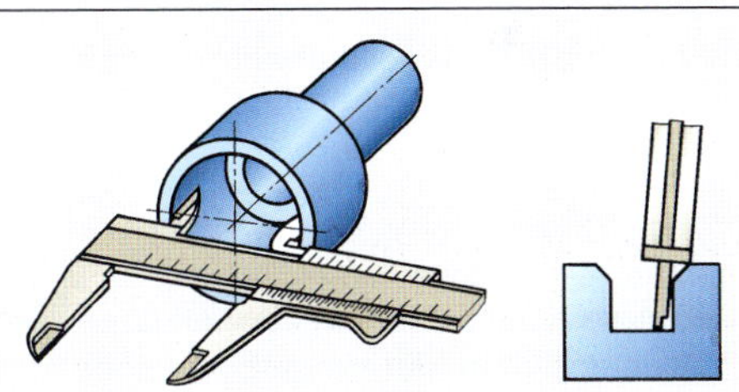

unsicheres Ansetzen des Messschiebers bei Innenmessungen

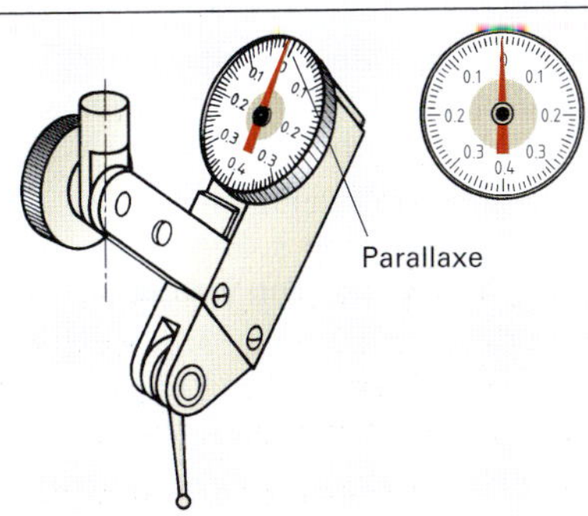

Ablesefehler durch schrägen Blickwinkel (Parallaxe)

Systematische Abweichungen können durch eine **Vergleichsmessung** mit genauen Messgeräten oder Endmaßen festgestellt werden.

Am Beispiel der Prüfung einer Messschraube wird die Anzeige mit einem Endmaß verglichen **(Bild 1)**. Der Nennwert der Endmaße (Aufschrift) kann als der richtige Wert angesehen werden. Die systematische **Abweichung A_s** eines einzelnen Messwertes ergibt sich aus der Differenz von angezeigtem Wert x_a und richtigem Wert x_r.

Prüft man die Messabweichungen einer Bügelmessschraube im Messbereich von 0 mm bis 25 mm, erhält man das Diagramm der Messabweichungen **(Bild 1)**. Bei Messschrauben erfolgt die Vergleichsmessung mit festgelegten Endmaßen bei verschiedenen Drehwinkeln der Messspindel.

Fehlergrenzen und Toleranzen

- Die Fehlergrenze *G* darf an keiner Stelle des Messbereiches überschritten werden.
- Der Normalfall in der Messtechnik sind symmetrische Fehlergrenzen. Die Fehlergrenzen enthalten die Abweichungen des Messelements, z.B. Ebenheitsabweichungen.
- Die Einhaltung der Fehlergrenze *G* kann mit Parallelendmaßen der Toleranzklasse 1 nach DIN EN ISO 3650 geprüft werden.

Die Verringerung systematischer Messabweichungen erreicht man durch eine **Nulleinstellung der Anzeige (Bild 2)**. Die Nulleinstellung erfolgt mit Endmaßen, die dem Prüfmaß am Werkstück entsprechen. Die zufällige Streuung kann durch **Messungen unter Wiederholbedingungen** ermittelt werden **(Bild 3)**:

Arbeitsregeln für Messungen unter Wiederholbedingungen

- Die wiederholten Messungen derselben Messgröße am selben Werkstück sollen aufeinanderfolgend durchgeführt werden.
- Messeinrichtung, Messverfahren, Prüfperson und die Umgebungsbedingungen dürfen sich während der Wiederholmessung nicht ändern.
- Wenn Rundheitsabweichungen die Messstreuung nicht beeinflussen sollen, muss stets an derselben Stelle gemessen werden.

Systematische Messabweichungen werden durch eine Vergleichsmessung festgestellt.

Zufällige Abweichungen können durch Wiederholmessungen ermittelt werden.

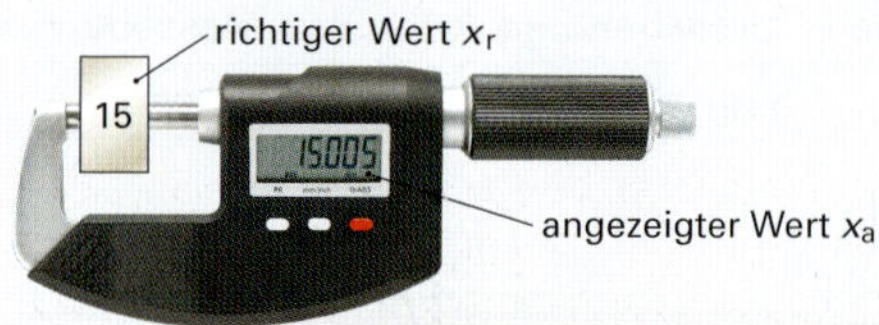

richtiger Wert x_r	Abweichung A_s	Korrektion *K*
7,700 mm	−2 µm	+2 µm
10,300 mm	0	0
15,000 mm	+2 µm	−2 µm
17,600 mm	+3 µm	−3 µm

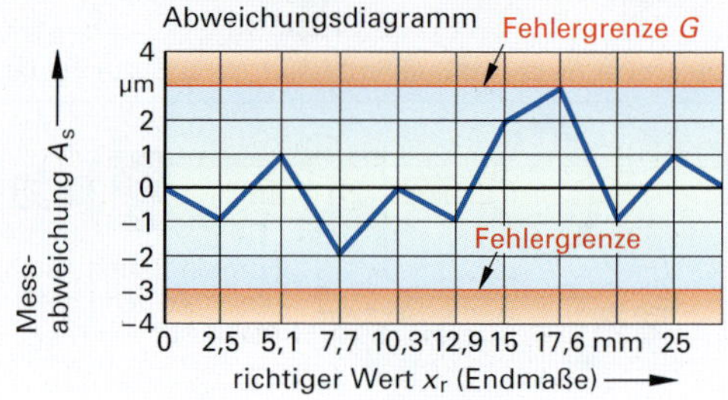

Bild 1: Systematische Abweichungen einer Bügelmessschraube

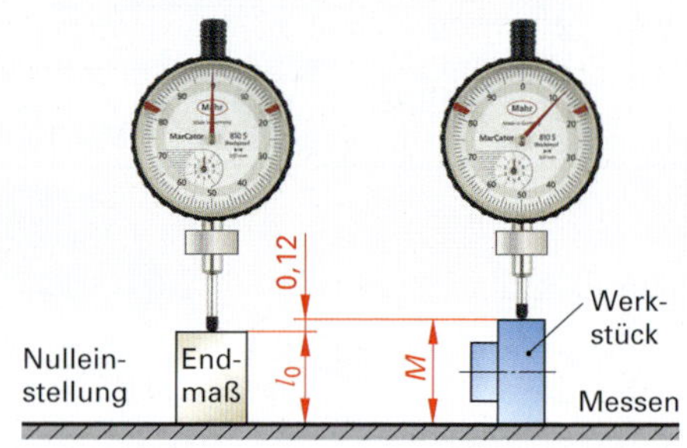

Bild 2: Nulleinstellung der Anzeige und Unterschiedsmessung

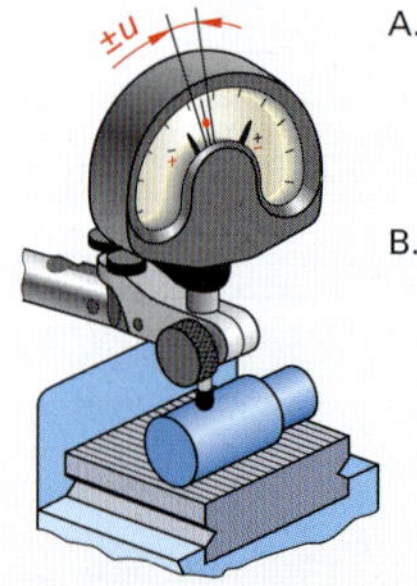

A. Nulleinstellung des Feinzeigers auf den Drehteildurchmesser mit Nennmaß 30,0 mm mit einem Endmaß.

B. 10 **Wiederholmessungen**
Spannweite der angezeigten Werte
$R = x_{a\,max} - x_{a\,min}$
$= 6\,\mu m - 2\,\mu m = 4\,\mu m$

Mittelwert der 10 Anzeigewerte
$\bar{x}_a = \frac{+40\,\mu m}{10} = +4\,\mu m$

Anzeigewerte in µm			
+3	+4	+5	+4
+5	+4	+6	+3
+4	+2		

C. **Messergebnis**
Mittelwert des Durchmessers
$x = 30{,}0\,mm + 0{,}004\,mm$
$\mathbf{x = 30{,}004\,mm}$

Bild 3: Zufällige Abweichungen eines Feinzeigers bei Messungen unter Wiederholbedingungen

1.2.3 Messmittelfähigkeit und Prüfmittelüberwachung

Messmittelfähigkeit

Die Auswahl von Messmitteln richtet sich nach den Messbedingungen am Einsatzort und der vorgegebenen Toleranz der Prüfmerkmale, z. B. Länge oder Durchmesser.

> Messmittel gelten als fähig, wenn die Messunsicherheit höchstens 10% der Toleranz beträgt. Je kleiner die Messunsicherheit U ist, umso mehr Messwerte liegen in messtechnisch sicheren Messbereich **(Bild 1)**.

Die **Beurteilung der Messmittelfähigkeit** ist näherungsweise möglich, wenn die voraussichtliche Messunsicherheit bekannt ist **(Tabelle 1)**.

Unter Werkstattbedingungen beträgt die Messunsicherheit bei neuen oder neuwertigen mechanischen Handmessgeräten etwa einen Skalenteilungswert (1 *Skw*) und bei elektronischen etwa drei Ziffernschrittwerte (3 *Zw*).

> Messgeräte für die Fertigung werden so ausgewählt, dass im Verhältnis zur Werkstücktoleranz die Messunsicherheit U vernachlässigbar klein ist. Dadurch kann der angezeigte Messwert dem Messergebnis gleichgesetzt werden.

Prüfmittelüberwachung

Ein Messgerät darf nur eingesetzt werden, wenn die ermittelten Messabweichungen innerhalb der festgelegten Grenzen liegen. Zur Prüfmittelüberwachung werden daher die Messgeräte regelmäßig kalibriert.

Kalibrieren ist das Ermitteln der vorhandenen Abweichung eines Messgerätes vom richtigen Wert. Sind die Messabweichungen größer als zulässig, darf das Messgerät nicht mehr eingesetzt werden.

Die Kalibrierung wird durch einen speziellen Prüfaufkleber bestätigt, der den Termin der nächsten Überprüfung anzeigt **(Bild 2)**.

Zulässige Messunsicherheit $U = 0{,}1 \cdot T$

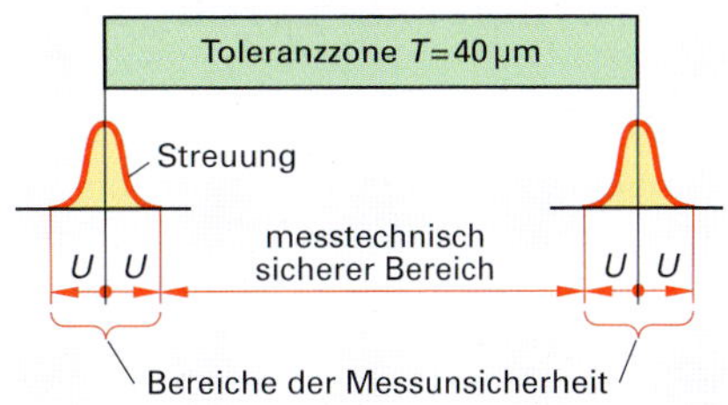

Bild 2: Messunsicherheit im Verhältnis zur Toleranz

Tabelle 1: Messunsicherheit

Messgerät		Voraussichtliche Messunsicherheit	Fehlergrenze G neuer Messgeräte
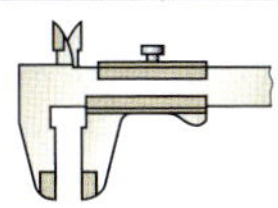	Skw = 0,05 mm Messbereich: 0...150 mm	**$U \geq$ 50 µm**	50 µm
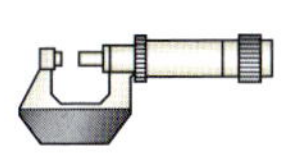	Skw = 0,01 mm Messbereich: 50...75 mm	**$U \approx$ 10 µm**	5 µm
	Skw = 1 µm Messbereich: ± 50 µm	**$U \approx$ 1 µm**	1 µm

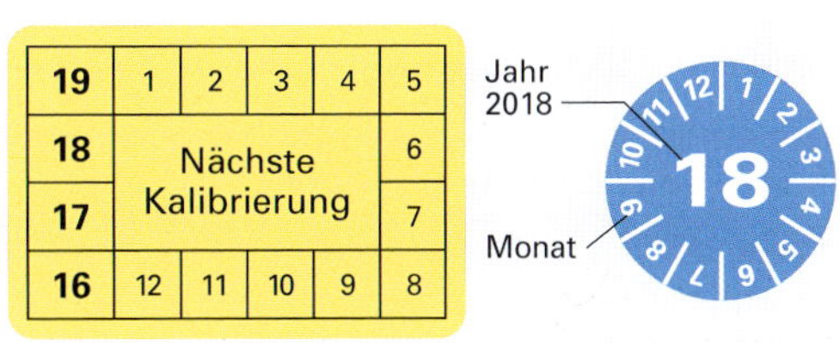

Bild 1: Aufkleber für kalibrierte Messgeräte

Wiederholung und Vertiefung

1 Warum kann bei Werkstücken aus Aluminium eine Abweichung von der Bezugstemperatur besonders hohe Messabweichungen ergeben?

2 Wodurch unterscheiden sich systematische Messabweichungen von zufälligen?

3 Warum ist das Messen dünnwandiger Werkstücke problematisch?

4 Wie viel Prozent der Werkstücktoleranz dürfen die Messabweichungen höchstens betragen, damit sie beim Prüfen vernachlässigt werden können?

1.3 Längenprüfmittel

1.3.1 Maßverkörperungen und Formverkörperungen

Maßstäbe

Strichmaßstäbe verkörpern das Längenmaß durch den Abstand von Strichen. Die Präzision der Strichteilung drückt sich in den Fehlergrenzen der Maßstäbe aus **(Tabelle 1)**. Wenn das obere Grenzabmaß G_o eines Maßstabes überschritten oder das gleich große untere Grenzabmaß G_u unterschritten wird, entstehen Messfehler.

Tabelle 1: Fehlergrenzen von Maßstäben der Länge 500 mm

Arten		Grenzabmaße $G_o = G_u$
Vergleichsmaßstab		7,5 µm
Arbeitsmaßstab		30 µm
Biegsamer Stahlmaßst.		75 µm
Bandmaßstab		100 µm
Gliedermaßstab		1 mm
Impulsmaßstab		0,5 ... 20 µm
Absolutmaßstab		

Maßstäbe für Wegmesssysteme, z. B. aus Glas oder Stahl, arbeiten nach dem fotoelektronischen Abtastprinzip. Fotoelemente erzeugen entsprechend den abgetasteten Hell-Dunkel-Feldern ein Spannungssignal.

Bei Inkrementalmaßstäben wird der Verfahrweg von Werkzeug- und Messmaschinen durch Aufsummierung von Lichtimpulsen gemessen. Als Maßverkörperung dient ein sehr genaues Strichgitter. Absolutmaßstäbe ermöglichen durch ihre Codierung die Anzeige der augenblicklichen Position des Messkopfes.

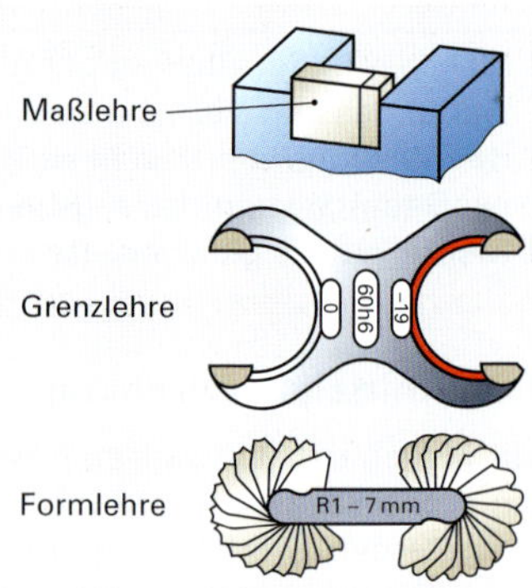

Bild 1: Lehrenarten

Lehren

Lehren verkörpern Maße oder Formen, die in der Regel auf Grenzmaße bezogen sind **(Bild 1)**.

Maßlehren sind Teile eines Lehrensatzes, bei dem das Maß von Lehre zu Lehre zunimmt, z. B. Parallelendmaße (Seite 20) oder Prüfstifte.

Grenzlehren (Seite 19) verkörpern die zulässigen Höchstmaße und Mindestmaße. Manche Grenzlehren verkörpern neben den Grenzmaßen auch noch die Form, um z. B. die Zylinderform einer Bohrung oder das Profil von Gewinden prüfen zu können.

Formlehren ermöglichen die Prüfung von Winkeln, Radien und Gewinden nach dem Lichtspaltverfahren.

Lineale werden als Formlehren zum Prüfen der Geradheit und Ebenheit eingesetzt **(Bild 2)**. Haarlineale besitzen geläppte Prüfschneiden mit hoher Geradheit, die es ermöglichen, mit bloßem Auge unterschiedliche kleine Lichtspalte zu erkennen.

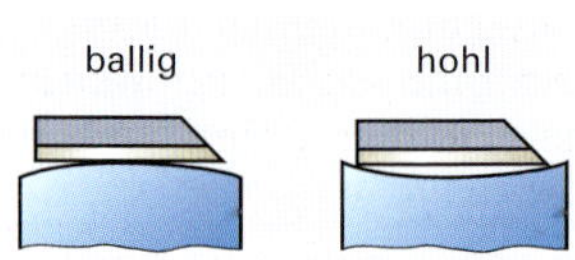

Bild 2: Geradheitsprüfung mit Haarlineal

> Werden Werkstücke mit Haarlinealen gegen das Licht geprüft, erkennt man Abweichungen ab 2 µm am Lichtspalt zwischen Prüfschneide und Werkstück.

Feste Winkel sind Formlehren und verkörpern meist 90°. Haarwinkel bis zur Messschenkellänge 100 x 70 mm mit dem Genauigkeitsgrad 00 haben einen Grenzwert der Rechtwinkligkeitsabweichung von nur 3 µm **(Bild 3)**. Beim Genauigkeitsgrad 0 beträgt der Grenzwert 7 µm. Mit Haarwinkeln kann die Rechtwinkligkeit und die Ebenheit geprüft werden oder es können zylindrische oder ebene Flächen ausgerichtet werden.

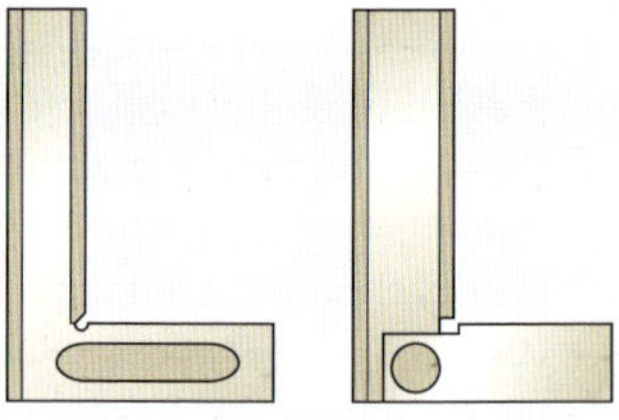
Bild 3: Haarwinkel 90°

Grenzlehren

Die Grenzmaße von tolerierten Werkstücken können mit entsprechenden Lehrdornen bei Bohrungen oder mit Lehrringen bei Wellen geprüft werden **(Bild 1, Bild 2** und **Bild 3)**.

Taylorscher Grundsatz: Die Gutlehre muss so ausgebildet sein, dass Maß und Form eines Werkstückes bei der Paarung mit der Lehre geprüft werden (Bild 1). Mit der Ausschusslehre sollen nur einzelne Maße geprüft werden, z. B. der Durchmesser.

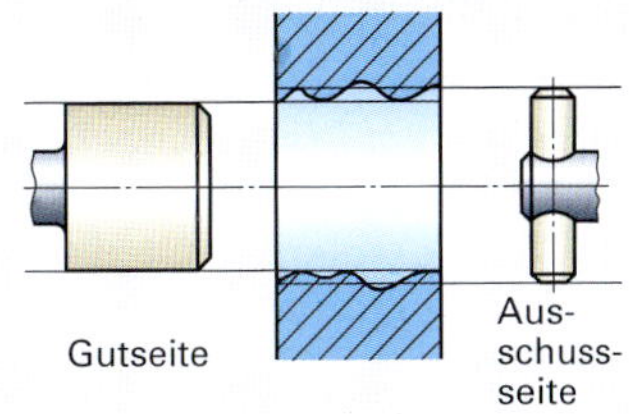

Bild 1: Grenzlehre nach Taylor

Gutlehren verkörpern Maß **und** Form.

Ausschusslehren sind reine Maßlehren.

- **Gutlehren** verkörpern das Höchstmaß bei Wellen und das Mindestmaß bei Bohrungen.
- **Ausschusslehren** verkörpern das Mindestmaß von Wellen oder das Höchstmaß von Bohrungen. Ein Werkstück, das sich mit der Ausschusslehre paaren lässt, ist daher Ausschuss.

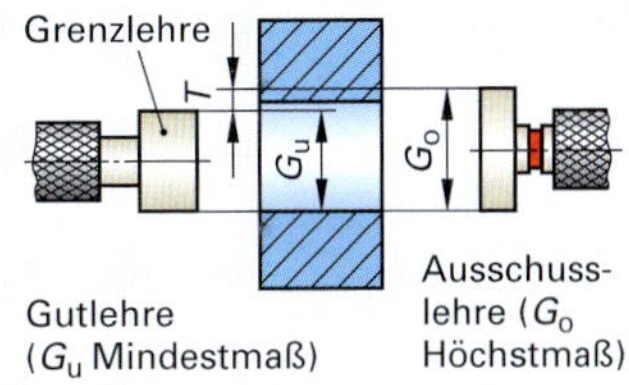

Bild 2: Grenzlehrdorn

Grenzlehrdorne verwendet man zum Prüfen von Bohrungen und Nuten **(Bild 4)**. Die Gutseite muss durch ihr Eigengewicht in die Bohrung gleiten, die Ausschussseite darf nur anschnäbeln. In den längeren Zylinder der Gutseite sind häufig Hartmetallleisten zur Verschleißminderung eingesetzt. Die Ausschussseite hat einen kurzen Prüfzylinder, ist rot gekennzeichnet und mit dem oberen Grenzabmaß beschriftet.

Grenzrachenlehren eignen sich zur Prüfung von Durchmessern und Dicken von Werkstücken **(Bild 5)**. Die Gutseite verkörpert das zulässige Höchstmaß. Sie muss durch das Eigengewicht über die Prüfstelle gleiten. Die Ausschussseite ist um die Toleranz kleiner und darf nur anschnäbeln. Die Ausschussseite hat angeschrägte Prüfbacken, ist rot gekennzeichnet und mit dem unteren Grenzabmaß beschriftet.

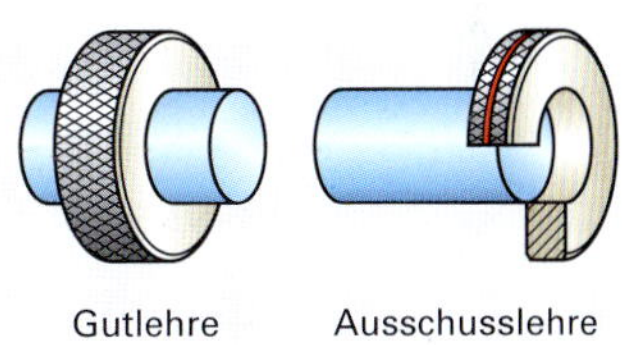

Bild 3: Lehrringe

Das Prüfergebnis ist beim Lehren **Gut** oder **Ausschuss**. Da das Lehren keine Messwerte ergibt, können die Prüfergebnisse nicht zur Qualitätslenkung eingesetzt werden.

Prüfkraftschwankungen und der Lehrenverschleiß beeinflussen sehr stark die Prüfergebnisse.

Die Prüfunsicherheit ist beim Lehren umso höher, je kleiner die Maße und Toleranzen sind. Toleranzgrade kleiner 6 (< IT6) sind mit Lehren daher kaum prüfbar.

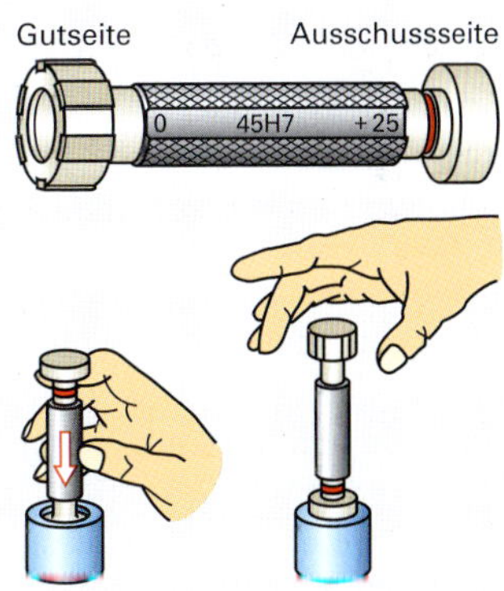

Bild 4: Grenzlehrdorn

Wiederholung und Vertiefung

1 Warum haben Haarlineale und Haarwinkel geläppte Prüfschneiden?

2 Warum eignet sich das Prüfen mit Lehren nicht zur Qualitätslenkung, z. B. beim Drehen?

3 Warum entspricht eine Grenzrachenlehre nicht dem Taylorschen Grundsatz?

4 Woran erkennt man die Ausschussseite eines Grenzlehrdornes?

5 Warum verschleißt die Gutseite einer Grenzlehre schneller als die Ausschussseite?

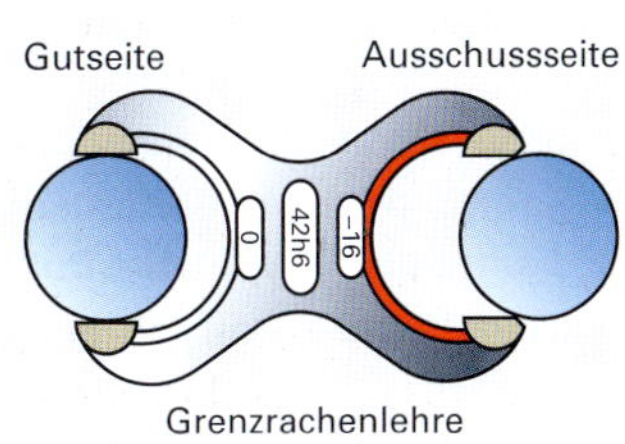

Bild 5: Grenzrachenlehre

Parallelendmaße

Parallelendmaße sind die genauesten und wichtigsten Maßverkörperungen zur Längenprüfung. Die Maßgenauigkeit der Endmaße ist abhängig von der Toleranzklasse und vom Nennmaß **(Tabelle 1** und **Bild 1)**. Die Toleranz für die Abweichungsspanne t_v begrenzt die Ebenheits- und Parallelitätsabweichungen und das Grenzabmaß t_e beschreibt die zulässige Längenabweichung vom Nennmaß.

Tabelle 1: Parallelendmaße (Werte in µm für Nennmaße 10...25 mm)

Toleranzklasse	Toleranz für die Abweichungsspanne t_v	Grenzabmaße der Länge t_e	Verwendung
K	0,05	+ 0,3	Bezugsnormale zum Kalibrieren von Endmaßen und zum Einstellen präziser Messgeräte und Lehren
0	0,1	+ 0,14	Einstellen und Kalibrieren von Lehren und Messgeräten in klimatisierten Messräumen
1	0,16	+ 0,3	Meistbenutzte Gebrauchsnormale zum Prüfen in Messräumen und in der Fertigung
2	0,3	+ 0,6	Gebrauchsnormale zum Einstellen und Prüfen von Werkzeugen, Maschinen und Vorrichtungen

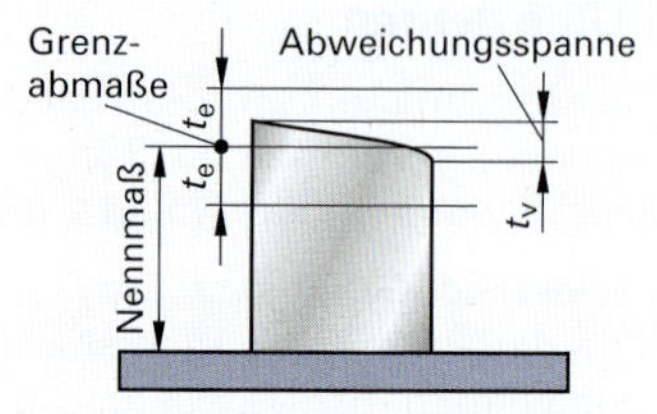

Bild 1: Abmaße von Endmaßen

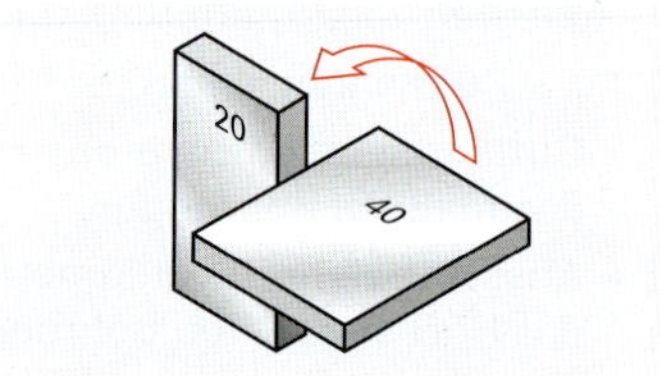

Bild 2: Ansprengen von Endmaßen

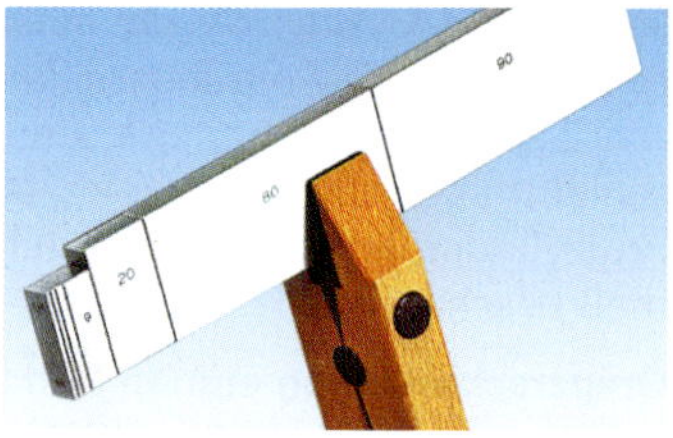
Bild 3: Endmaßkombination

Bild 4: Prüfen von Rachenlehren mit Endmaß und Prüfstift

Endmaße der **Kalibrierklasse K** haben die kleinsten Abweichungen der Ebenheit und Parallelität, was für genaue Messungen und Endmaßkombinationen sehr wichtig ist **(Bild 3)**. Die relativ großen Grenzabmaße der Länge werden durch den bekannten Korrektionswert *K* ausgeglichen (Seite 16). Endmaße der **Toleranzklassen K** und **0** kann man ohne Druck anschieben **(Bild 2)**.

Beim Zusammenstellen einer Endmaßkombination beginnt man mit dem kleinsten Endmaß **(Tabelle 2** und Bild 3). Angeschobene **Stahlendmaße** neigen nach einiger Zeit zum Kaltverschweißen und sollten daher nach dem Gebrauch getrennt werden.

Endmaße aus Hartmetall sind gegenüber Stahlendmaßen 10-mal verschleißfester. Nachteilig ist die um 50% geringere Wärmedehnung, die bei Werkstücken aus Stahl zu Messabweichungen führen kann. Hartmetall besitzt die besten Hafteigenschaften beim Anschieben.

Endmaße aus Keramik haben eine stahlähnliche Wärmedehnung. Sie sind extrem verschleißfest, bruchfest und korrosionsbeständig.

Mit Endmaßen und Prüfstiften werden Messgeräte und Lehren geprüft **(Bild 4)**. Parallelendmaßsätze sind meist 46-teilig, sortiert in 5 Maßbildungsreihen **(Tabelle 3)**.

Tabelle 2: Maßkombination

1. Endmaß	1,003 mm
2. Endmaß	9,000 mm
3. Endmaß	50,000 mm
Maßkombination:	60,003 mm

Tabelle 3: Endmaßsatz

Reihe	Nennmaße mm	Stufung mm
1	1,001 ... 1,009	0,001
2	1,01 ... 1,09	0,01
3	1,1 ... 1,9	0,1
4	1 ... 9	1
5	10 ... 100	10

Arbeitsregeln für den Gebrauch von Endmaßen

- Die Endmaße werden vor Gebrauch mit einem nicht fasernden Stoff (Leinenlappen) sauber abgewischt.
- Endmaßkombinationen sollen wegen der Gesamtabweichung aus möglichst wenigen Endmaßen bestehen.
- Stahlendmaße dürfen nicht länger als 8 Stunden angesprengt bleiben, da sie sonst kaltverschweißen.
- Nach Gebrauch müssen Endmaße aus Stahl oder Hartmetall gereinigt und mit säurefreier Vaseline eingefettet werden.

1.3.2 Mechanische und elektronische Messgeräte

Die sogenannten „Handmessgeräte“ wie Messschieber, Messuhren oder Feinzeiger werden in der kostengünstigeren mechanischen Ausführung oder mit dem elektronischen Messsystem eingesetzt.

mMetall S26

Messschieber

Messschieber sind wegen der einfachen Handhabung beim Messen von Außen-, Innen- und Tiefenmaßen das am meisten verbreitete Messgerät im Metallgewerbe **(Bild 1)**.

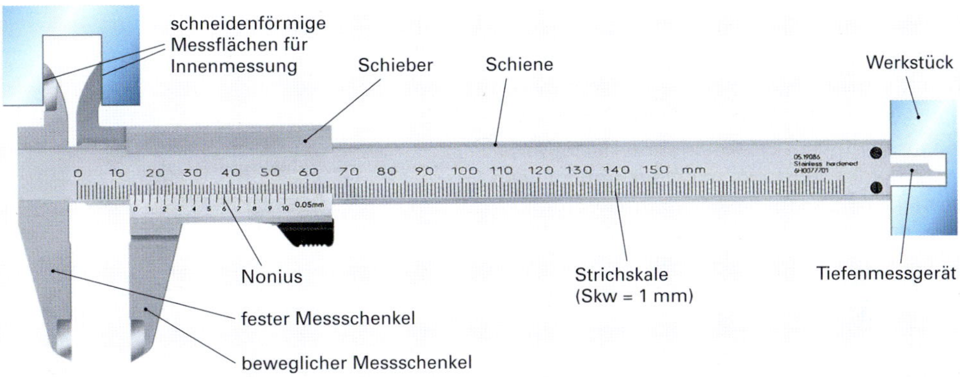

Bild 1: Taschenmessschieber mit Zwanzigstel-Nonius

Der **Taschenmessschieber** besteht aus der Schiene mit Millimeterteilung und einem beweglichen Messschenkel (Schieber) mit dem Nonius (Bild 1). Die Ablesemöglichkeit des Nonius ergibt sich aus dem Unterschied zwischen der Hauptteilung auf der Schiene und der Noniusteilung.

Beim **Zwanzigstel-Nonius** sind 39 mm in 20 Teile geteilt **(Bild 2)**. Dadurch ergibt sich ein **Noniuswert Now = 0,05 mm,** die kleinste Messgrößenänderung, die angezeigt werden kann.

Bei dem **1/50-Nonius** ist die Grenze des Auflösungsvermögens des Auges erreicht (Bild 2). Dies und der Noniuswert 0,02 mm (1/50 mm) führen häufig zu Ablesefehlern.

Zoll-Nonien in der Einheit Inch (1 in = 25,4 mm) gibt es mit **Noniuswert 1/128 in** oder **0,001 in (Bild 3)**.

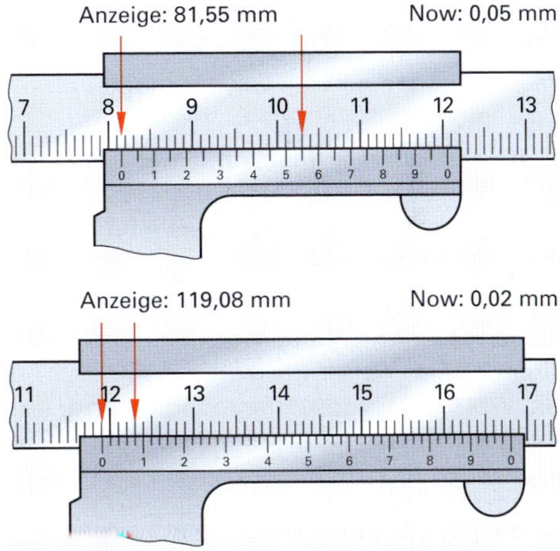

Bild 2: Ablesen von 1/20- und 1/50-Nonien

> Beim Ablesen betrachtet man den Nullstrich des Nonius als Komma (Bild 2). Links vom Nullstrich liest man auf der Strichskale die vollen Millimeter ab und sucht dann rechts vom Nullstrich den Teilstrich des Nonius aus, der sich mit einem Teilstrich der Strichskale am deutlichsten deckt.
>
> Die Anzahl der Teilstrichabstände gibt dann je Nonius die Zwanzigstel- oder Fünfzigstel-Millimeter an.

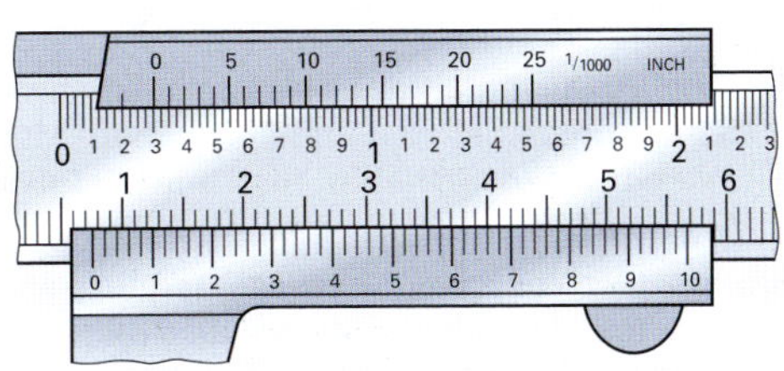

Bild 3: 1/1000-INCH-Nonius und 1/50-Nonius

Messschieber mit Rundskale übersetzen die Schieberbewegung in eine Zeigerbewegung (10 : 1 bis 50 : 1). Gegenüber dem Nonius erreicht man dadurch eine Anzeige, die schneller und sicherer abgelesen werden kann **(Bild 1).** Die Grobanzeige der Schieberstellung erfolgt am Lineal, die Feinanzeige an der Rundskale mit Skalenteilungswerten von 0,1 mm, 0,05 mm oder 0,02 mm.

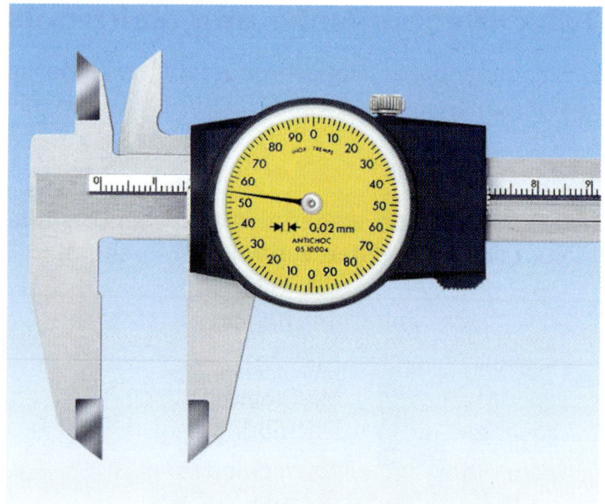

Bild 1: Messschieber mit Rundskale

Messungen mit dem Taschenmessschieber (Bild 2)

Bei der **Außenmessung** sollen die Messschenkel möglichst weit über das Werkstück geführt werden. Die Messschneiden sollen nur zum Messen von schmalen Nuten und Einstichen benutzt werden.

Bei **Innenmessungen** wird zuerst der feste Messschenkel in der Bohrung angelegt und danach der bewegliche. Durch die sich kreuzenden Messschenkel (Kreuzschnäbel) wird der Messwert direkt angezeigt, während beim Werkstatt-Messschieber noch die Breiten der abgesetzten Messschenkel hinzugerechnet werden müssen.

Abstandsmessungen können mit den Stirnseiten der Messschenkel oder mit der Tiefenmessstange durchgeführt werden. In beiden Fällen muss der annähernd auf Maß eingestellte Messschieber senkrecht angesetzt und die Schieberbewegung vorsichtig ausgeführt werden.

Die abgesetzte Seite der Tiefenmessstange soll am Werkstück liegen, um Abweichungen durch Übergangsradien oder Schmutz zu vermeiden.

Tiefenmessungen erfolgen mit der Tiefenmessstange. Bei abgesetzten Bohrungen und zur Vermeidung des schrägen Ansetzens ist die Verwendung einer Tiefenmessbrücke empfehlenswert.

Fehlergrenzen gelten für Messungen mit Messschiebern ohne Richtungswechsel der Messkraft, z.B. bei reinen Außenmessungen. Sind am gleichen Werkstück Außenmessungen **und** Innen- oder Tiefenmessungen durchzuführen, erhöhen sich die Messabweichungen.

Arbeitsregeln für das Messen mit Messschiebern

- Die Mess- und Prüfflächen sollen sauber und gratfrei sein.
- Ist die Ablesung an der Messstelle erschwert, klemmt man bei den mechanischen Messschiebern den Schieber fest und zieht den Messschieber vorsichtig ab.
- Messabweichungen durch Temperatureinflüsse, zu hohe Messkraft (Kippfehler) und schräges Ansetzen des Messgerätes sollten vermieden werden.

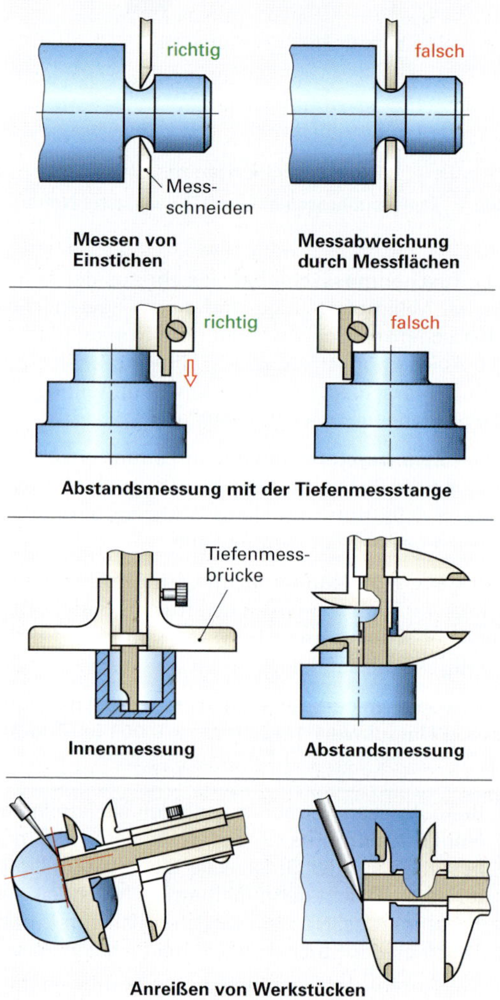

Bild 2: Handhabung von Messschiebern

Elektronische Messschieber sind durch große Ziffern schnell und irrtumsfrei ablesbar **(Bild 1)**. Zusätzlich zur Absolutmessung im ganzen Messbereich sind Unterschiedsmessungen und weitere Funktionen wählbar:

- Ein-/Ausschalten (ON/OFF) und Nullstellen (ZERO) an beliebiger Stelle, d.h. die Anzeige auf 0,00 setzen
- Funktion wählen, z.B. Umstellung mm/in (Inch), Absolutmessung (ABS) oder Unterschiedsmessung, Blockieren der Anzeige usw.
- Voreinstellung von Toleranzwerten (○→)

Ein am Messgerät angebrachter Minisender ermöglicht die Infrarotübertragung der Messwerte.

Mit der Funktion „Unterschiedsmessung" und durch Nullstellen der Anzeige an beliebiger Stelle werden viele Messungen einfacher **(Tabelle 1)**: Die Differenz der Messgröße zu einem bekannten Einstellwert oder der Unterschied zwischen zwei Messwerten muss nicht mehr berechnet, sondern kann direkt angezeigt werden.

Eine automatische Sparschaltung und die Abschaltung nach zwei Stunden schonen die Batterie.

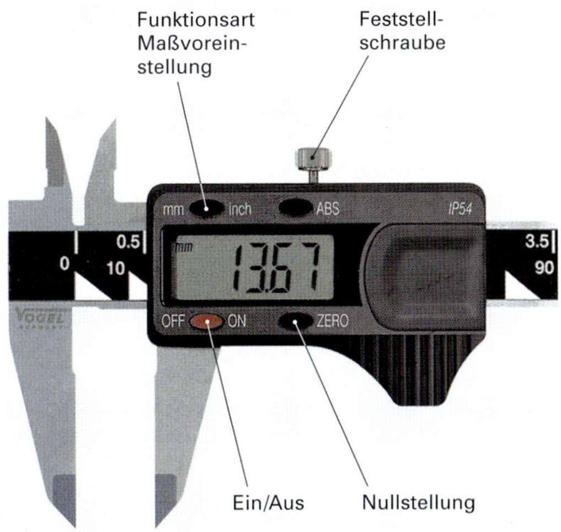

Bild 1: Elektronischer Messschieber

Tabelle 1: Messmöglichkeiten mit elektronischen Messschiebern

Messen von Abmaßen Abmaße von Nennmaßen werden durch Vergleich mit einem Bezugsendmaß vorzeichenrichtig angezeigt.	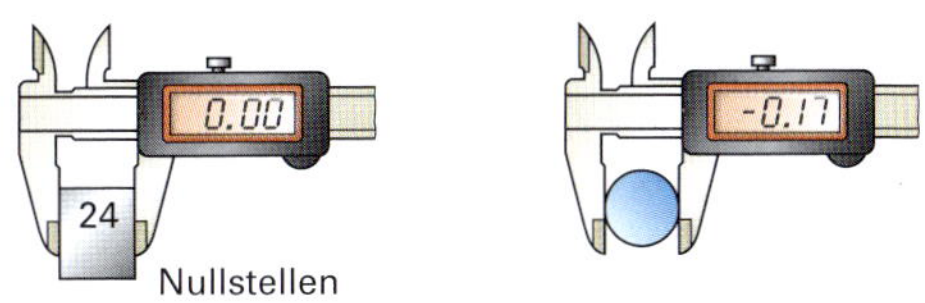
Messen von Passungen (Spiel oder Übermaß) Spiel oder Übermaß werden durch die Vergleichsmessung direkt angezeigt.	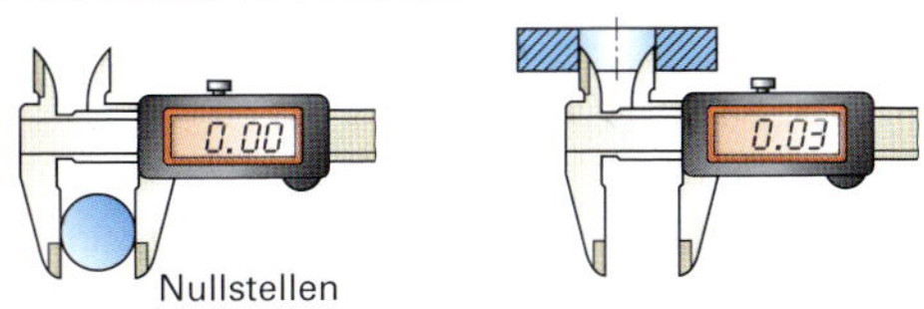
Messen von Bohrungs- und Achsabständen Bei Bohrungen mit gleichem Durchmesser kann der Abstand direkt angezeigt werden, wenn zunächst eine Bohrung gemessen, die Anzeige auf Null gestellt und anschließend der größte Abstand der Bohrung gemessen wird.	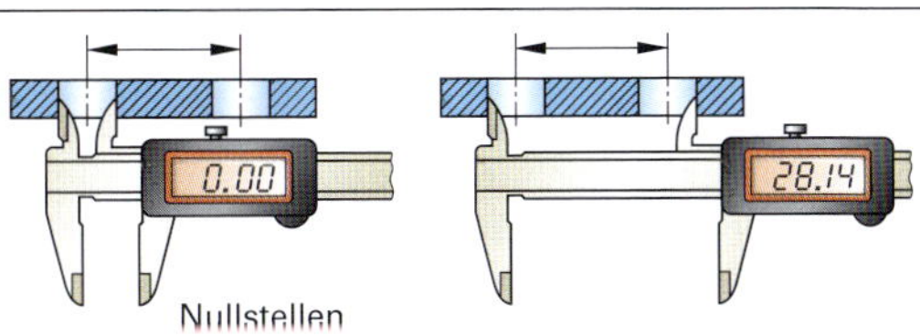
Messen von Wanddicken Die Wanddicke des Bodens wird durch eine Vergleichsmessung mit der Bohrungstiefe angezeigt.	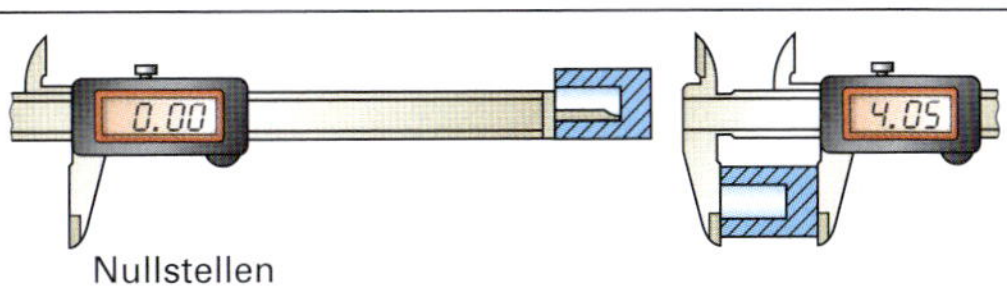
Messen an schwer zugänglicher Stelle Das Blockieren der Anzeige trotz Schließens der Messschenkel ermöglicht das Lesen der Anzeige in blickgünstiger Position.	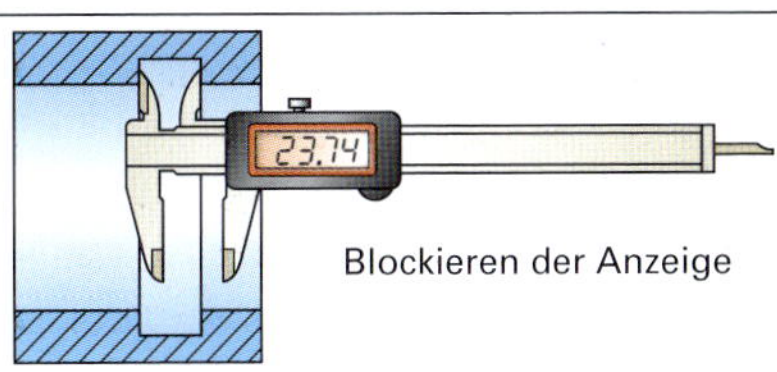

S28

Messschrauben

Das wichtigste Teil der mechanischen Bügelmessschraube ist die geschliffene Messspindel **(Bild 1)**. Sie verkörpert durch die Gewindesteigung das Maß 0,5 mm. Wird die Skalentrommel um einen der 50 Teilstriche gedreht, verschiebt sich die Messspindel um 0,5 mm : 50 = 0,01 mm. Die Hundertstel-Millimeter werden auf der Skalentrommel abgelesen **(Bild 2)**.

> Der Skalenteilungswert beträgt bei mechanischen Bügelmessschrauben meist 0,01 mm.

Durch die Messspindel wird nicht nur die Anzeige vergrößert, sondern auch die Messkraft stark erhöht. Eine Kupplung begrenzt daher die Messkraft auf 5 N bis 10 N, vorausgesetzt man dreht die Messspindel über die Kupplung langsam an das Werkstück heran.

Übliche Messbereiche sind: 0 ... 25 mm (bei elektronischen Bügelmessschrauben 0 ... 30 mm), 25 ... 50 mm, 50 ... 75 mm bis 275 ... 300 mm.

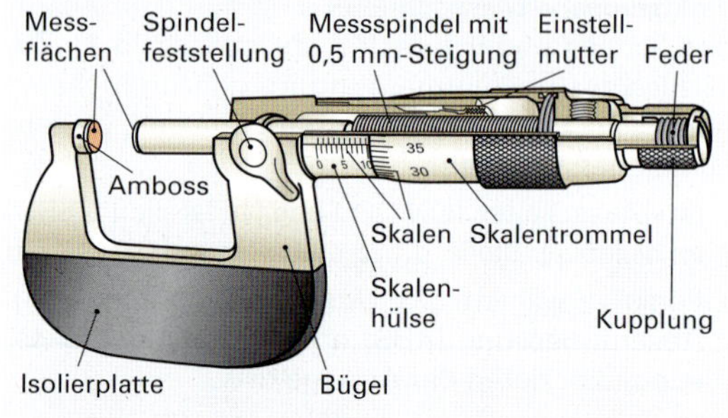

Bild 1: Schnittbild der Bügelmessschraube

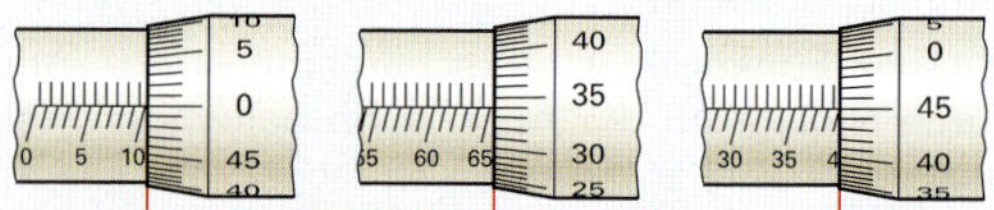

Anzeige an der Skalenhülse:	10	65	38
	0,0	0,0	0,5
Skalentrommel:	0,00	0,34	0,45
Messwert in mm:	10,00	65,34	38,95

Bild 2: Ablesebeispiele

Elektronische Bügelmessschrauben (Bild 3)

Das elektronische Messsystem ermöglicht:

- Ziffernschrittwert Zw = 0,001 mm
- Nullstellen an beliebiger Stelle (ZERO), um eine Unterschiedsmessung durchzuführen
- Funktionen wählen (M = MODE), z.B. Umrechnung mm/in (Inch), Absolutmessung (ABS) oder Unterschiedsmessung, Blockieren der Anzeige
- Voreinstellung von Toleranzwerten
- Infrarotübertragung (bzw. Funkübertragung) der Messwerte auf Knopfdruck an den PC

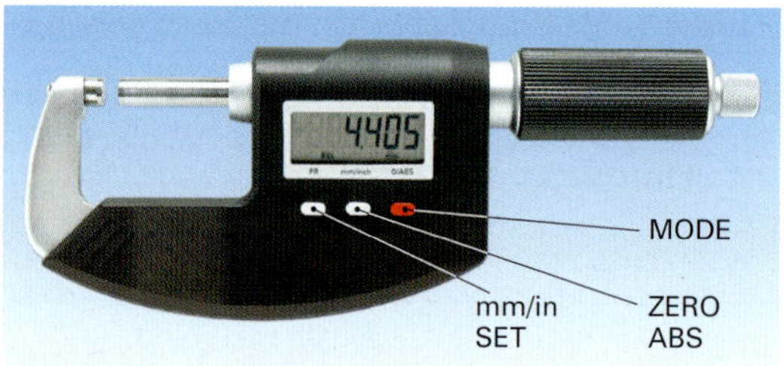

Bild 3: Elektronische Bügelmessschraube

Einflüsse auf Messabweichungen

- Steigungsabweichungen der Messspindel sowie Parallelitäts- und Ebenheitsabweichungen der Messflächen **(Bild 4)**
- Aufbiegung des Bügels durch die Messkraft
- Abweichen von der Bezugstemperatur
- zu schnelles Drehen der Messspindel

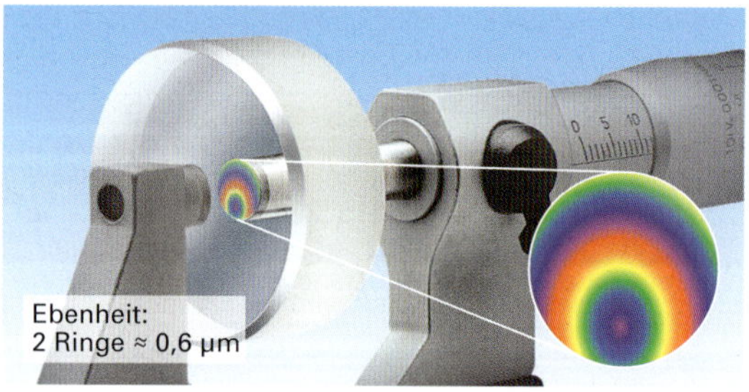

Bild 4: Prüfung von Parallelität und Ebenheit der Messflächen mit planparallelem Prüfglas

Wiederholung und Vertiefung

1 Aus welchen Parallelendmaßen lässt sich das Maß 97,634 mm zusammensetzen?

2 Worin unterscheiden sich Parallelendmaße der Toleranzklasse „K“ und „0“?

3 Warum dürfen Stahlendmaße nicht tagelang angesprengt bleiben?

4 Welchen Vorteil hat das Nullstellen der Anzeige bei elektronischen Messschiebern?

5 Warum sollte man die Messspindel einer Messschraube nicht zu schnell an das Werkstück herandrehen?

Innenmessgeräte

Innenmessschrauben mit 2-Punkt-Berührung können sich zur Bohrungsachse nicht selbsttätig ausrichten **(Bild 1)**. Sie werden daher nur bei großen Innenmaßen eingesetzt, und hier vorzugsweise zum Erfassen ovaler Rundheitsabweichungen. Dagegen führen Rundheitsabweichungen mit drei Bogen, wie sie im Dreibackenfutter entstehen, bei der 2-Punkt-Berührung nicht zu Durchmesserunterschieden, da immer nur ein mittlerer Durchmesser gemessen wird.

Innenmessgeräte mit 2-Punkt-Berührung und **Zentrierbrücke** zentrieren sich durch eine Zentrierbrücke automatisch **(Bild 2)**. Bei der axialen Ausrichtung muss der Umkehrpunkt, d. h. das Kleinstmaß, durch eine Pendelbewegung des Messgerätes gefunden werden.

> Innenmessgeräte mit 2-Punkt-Berührung und Zentrierbrücke erreichen eine hohe Wiederholpräzision, d. h. eine kleine Messstreuung.
>
> Durch die breite Zentrierbrücke werden auch Rundheitsabweichungen angezeigt.

Innenmessgeräte mit 3-Linien-Berührung der Messbolzen haben den Vorteil, dass sie sich in der Bohrung selbst zentrieren und axial ausrichten.

Selbstzentrierende Innenmessschrauben erreichen eine sichere Messbolzenanlage durch ein dreimaliges zügiges Drehen der Messspindel über die Ratsche **(Bild 3)**. **Innenmessgeräte mit Hebelbetätigung,** sogenannte Messpistolen oder Innen-Schnellmessgeräte **(Bild 4),** benötigen keine Ratsche, denn die Messbolzen werden mit stets gleicher Messkraft an die Bohrungswand gedrückt. Wegen der Zuverlässigkeit der Messwerte und der Schnelligkeit der Messung sind diese Messgeräte ideal für Serienprüfungen in der Fertigung. Als Anzeigegeräte eignen sich mechanische oder elektronische Messuhren mit einem Skalenteilungswert von 1 µm.

> Die 3-Linien-Berührung ermöglicht eine optimale Selbstzentrierung und Selbstausrichtung in der Bohrung.
>
> Abweichungen der Rundheit oder Zylindrizität ergeben Durchmesserunterschiede.

Für Unterschiedsmessungen wird das Innenmessgerät mit geläppten Einstellringen auf das Nennmaß der Bohrung eingestellt und der gemessene Bohrungsdurchmesser mit dem eingestellten Nennmaß verglichen.

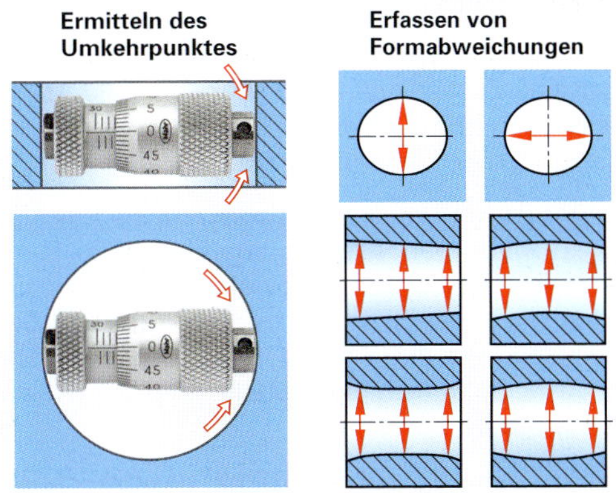

Bild 1: Innenmessschraube (2-Punkt-Berührung)

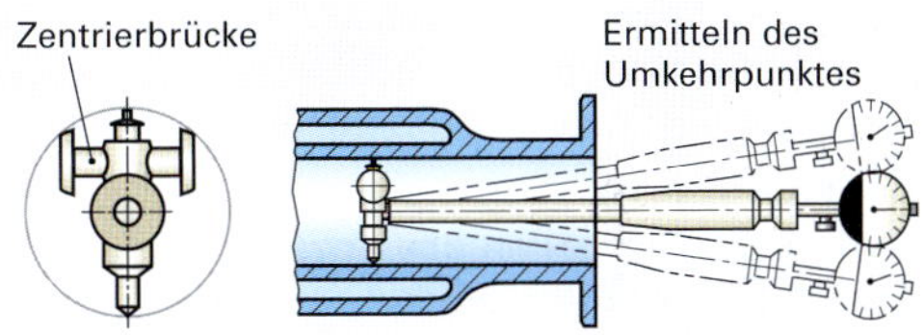

Bild 2: Innenmessgerät mit 2-Punkt-Berührung und Zentrierbrücke

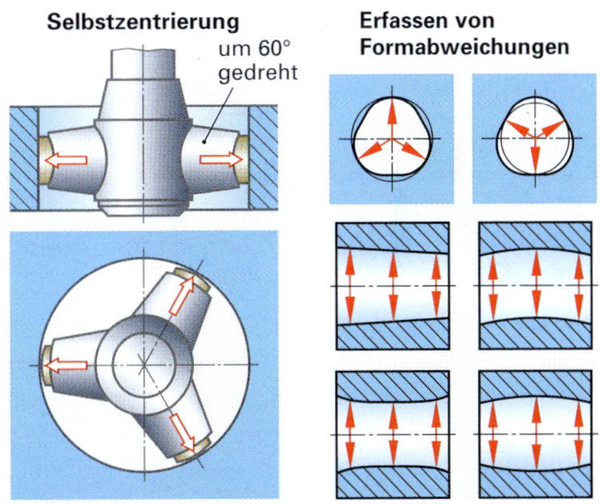

Bild 3: Selbstzentrierende Innenmessschraube mit 3-Linien-Berührung

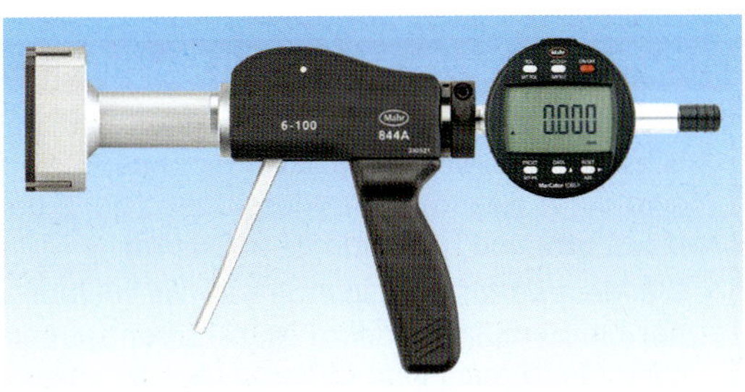

Bild 4: Selbstzentrierendes Innen-Schnellmessgerät mit 3-Linien-Berührung

Messuhren

Mechanische Messuhren vergrößern die Anzeige über eine Zahnstange und Zahnräder **(Bild 1).** Bei Messuhren (mit *Skw* = 0,01 mm) sind Messbereiche von 1 mm, 5 mm und 10 mm üblich.

Feinmessuhren messen präziser, da sie ein ähnliches Übertragungssystem wie Feinzeiger besitzen. Die kleineren Messabweichungen und der kleine Messbereich von 1 mm ermöglichen den Skalenteilungswert *Skw* = 1 µm. Zur Nullstellung der Anzeige an beliebiger Stelle kann die Skalenanzeige gedreht werden.

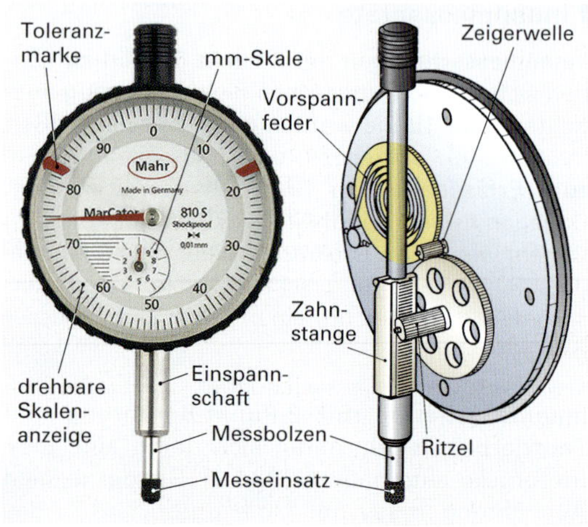

Bild 1: Mechanische Messuhr

Elektronische Messuhren (Bild 2) besitzen gegenüber den mechanischen Ausführungen viele zusätzliche **Funktionen (MODE):**

- Wahl des Ziffernschrittwertes (Zw = 0,001 mm oder 0,01 mm) und des Messbereiches sowie Umschaltung von mm auf Zoll (Inch)
- Wahl zwischen Absolutmessung (ABS) oder Unterschiedsmessung (DIFF) bzw. Nullstellen der Anzeige an beliebiger Stelle im Messbereich (RESET oder ZERO)
- Voreinstellung (PRESET) von Toleranzwerten und der Zählrichtung (+ bedeutet steigende Anzeige bei hineingehendem Messbolzen)
- Speicherfunktionen: aktueller Messwert, Höchstwert, Kleinstwert, Höchstwert minus Kleinstwert, z. B. bei Rundlaufprüfungen
- Datenausgang zur Messdatenverarbeitung
- Grafische Anzeige der Toleranzlage an der Strichskale

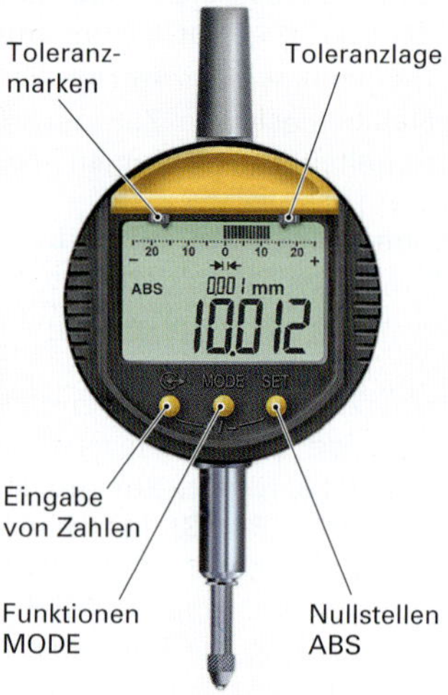

Bild 2: Elektronische Messuhr

Manche elektronischen Messuhren haben zusätzlich zur Eingabe von Toleranzgrenzen noch mechanisch einstellbare Toleranzmarken (Bild 2). Die Messwertklasse wird durch Leuchtdioden angezeigt, grün für „Gut", gelb für „Nacharbeit" und rot für „Ausschuss". Das Anzeige- und Tastenfeld ist meist um 270° drehbar.

Beim Messen von Rundlauf, Planlauf und Ebenheit bewegt sich der Messwert zwischen Höchstwert und Kleinstwert **(Bild 3).** Durch die Bewegungsumkehr des Messbolzens entsteht die **Messwertumkehrspanne f_u**, da dieselbe Messgröße bei herausgehendem Messbolzen eine größere Anzeige ergibt als bei hineingehendem Messbolzen. Die Ursache dafür ist bei mechanischen Messuhren die Reibung des Messbolzens, die bei hineingehendem Messbolzen die Messkraft erhöht und sie bei herausgehendem Messbolzen erniedrigt.

Bild 3: Rundlaufprüfung

Arbeitsregeln für das Messen mit Messuhren

- Bei Rundlauf- und Planlaufmessungen sind Messgeräte mit möglichst kleiner Messwertumkehrspanne gefordert. Gut geeignet sind dafür elektronische Messuhren (f_u = 2 µm), Feinmessuhren (f_u = 1 µm) und Feinzeiger (f_u = 0,5 µm).
- Die Messwertumkehrspanne kann vermieden werden, wenn z. B. nur bei herausgehendem Messbolzen gemessen wird. Bei solchen Messungen sind daher auch mechanische Messuhren und Fühlhebelmessgeräte (f_u = 3 µm) gut geeignet.
- Die Messbolzen dürfen weder geölt noch gefettet werden.

Fühlhebelmessgeräte

Fühlhebelmessgeräte sind sehr vielseitig verwendbare Vergleichsmessgeräte **(Bild 1)**. Die Messwertumkehrspanne beträgt wie bei den Messuhren 3 µm. Trotz dieser relativ großen Messwertumkehrspanne sind die Fühlhebelmessgeräte unverzichtbar für Messungen auf der Prüfplatte sowie für Messungen von Form-, Positions- und Lageabweichungen. Durch die automatische Umschaltung im Messwerk kann in zwei Tastrichtungen gemessen werden. Dadurch bleibt die Laufrichtung des Zeigers stets gleich.

Anwendungen

- Messungen von Abweichungen: Rundlauf, Planlauf, Ebenheit, Parallelität und Position
- Zentrieren von Wellen oder Werkstückbohrungen
- Paralleles oder rechtwinkliges Ausrichten von Teilen oder Messhilfsmitteln.

Aufgrund des schwenkbaren Tasters eignen sich Fühlhebelmessgeräte gut für Messungen an schwer zugänglichen Messstellen.

Die Messkraft beträgt nur etwa 1/10 der Messkraft von Messuhren. Die geringe Messkraft ist vorteilhaft für Messungen an nicht formstabilen Teilen.

Anwendungshinweise

- Bei Stellung des Tasters parallel zur Prüffläche ist der Messwert ohne Korrektur richtig **(Bild 2)**.
- Bei nicht paralleler Lage ändert sich die wirksame Hebellänge. In Abhängigkeit vom Winkel α sind die angezeigten Werte zu korrigieren (Bild 2).

Beispiel: Der geschätzte Anstellwinkel α des Tasters beträgt 30°, der Korrekturfaktor damit 0,87. Der angezeigte Messwert ist 0,35 mm.
Korrigierter Messwert = 0,35 mm · 0,87 = **0,3 mm**

Bild 1: Zentrierung einer Bohrung mit einem Fühlhebelmessgerät

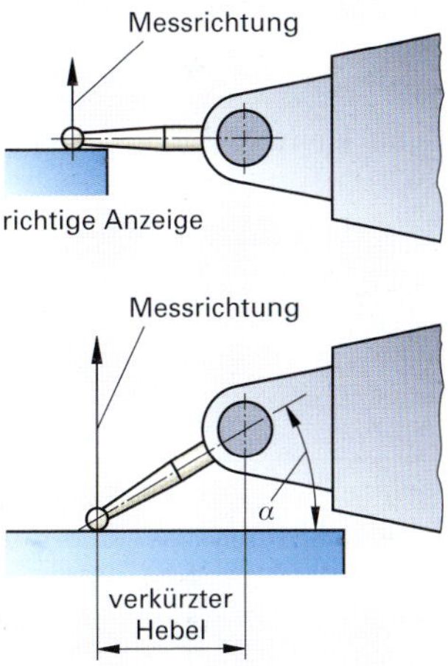

Abweichung der Anzeige

Winkel α	15°	30°	45°	60°
Korr.-Faktor	0,96	0,87	0,7	0,5

Bild 2: Einfluss des Anstellwinkels auf den Messwert

Unterschiedsmessung

Messuhren, Fühlhebelmessgeräte und Feinzeiger werden wegen des kleinen Messbereiches meist nur für Unterschiedsmessungen eingesetzt **(Bild 3)**.

Unterschiedsmessungen beruhen auf dem Vergleich der Messgröße mit dem eingestellten Nennmaß der Messgröße.

Entsprechend den kleinen Messwegen bei Unterschiedsmessungen sind auch die systematischen Messabweichungen klein.

Zur Unterschiedsmessung müssen die Messgeräte mit Endmaßen oder anderen Normalen auf das Nennmaß der Messgröße am Werkstück eingestellt werden. Nach der Nullstellung der Anzeige sind beim Messen die Maßunterschiede gegenüber dem Nennmaß direkt ablesbar. Die Nullstellung kann über eine Feinstelleinrichtung des Messständers erfolgen, bei elektronischen Messuhren und Feinzeigern durch Tastendruck und bei mechanischen Messuhren durch Drehen der Skalenanzeige.

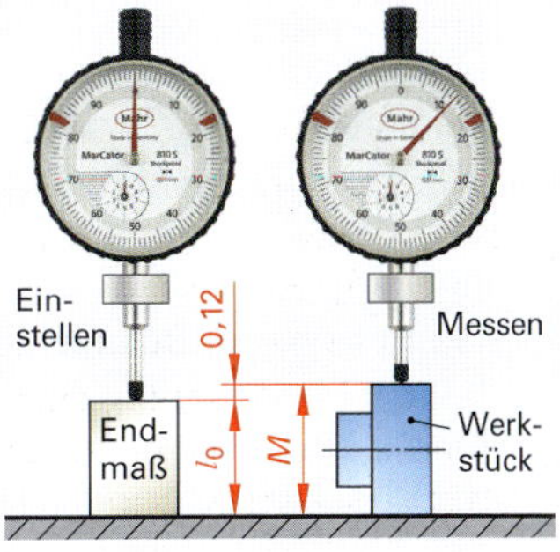

Bild 3: Unterschiedsmessung

Feinzeiger

Mechanische Feinzeiger (Feintaster) eignen sich für Messaufgaben, bei denen die Präzision der Messuhren nicht mehr ausreicht. Sie haben meist einen Skalenteilungswert von 1 µm.

Das bessere Übertragungsverhalten der Feinzeiger gegenüber den Messuhren wird vor allem durch präzisionsverzahnte Zahnradsegmente (als Übertragungshebel) und durch eine Kugellagerung des Messbolzens erreicht **(Bild 1)**. Dadurch ist keine volle Zeigerumdrehung, aber eine kleine Messwertumkehrspanne möglich. Der Messbereich beträgt meist 50 µm oder 100 µm.

Elektronische Feinzeiger (Bild 2) haben die gleichen Messfunktionen (MODE) wie die elektronischen Messuhren (Bild 2, Seite 26).

Unterschiede gegenüber Messuhren sind:

- präziseres induktives Messsystem, das Ziffernschrittwerte von 1 µm, 0,5 µm oder 0,2 µm ermöglicht
- eine kleine Abweichungsspanne f_e = 0,6 µm (0,3 µm) und eine entsprechend kleine Messwertumkehrspanne f_u < 0,5 µm

Die Messdaten können bei elektronischen Feinzeigern und Messuhren über Kabel oder über einen am Messgerät angebrachten kleinen Funk- oder Infrarotlichtsender an einen PC übertragen werden.

Feinzeiger sind die genauesten mechanischen und elektronischen Handmessgeräte. Ihre Messwertumkehrspanne beträgt höchstens 0,5 µm. Sie eignen sich daher besonders gut zum Messen von Rundlauf, Planlauf, Geradheit und Ebenheit.

Wiederholung und Vertiefung

1 Warum kann mit Innenmessschrauben mit 3-Linien-Berührung präziser gemessen werden als mit Innenmessschrauben mit 2-Punkt-Berührung?

2 Warum soll mit Messuhren nur in einer Bewegungsrichtung des Messbolzens gemessen werden?

3 Warum eignen sich Fühlhebelmessgeräte gut zum Zentrieren und zur Rundlaufprüfung von Bohrungen?

4 Warum sind bei Rundheits- und Rundlaufprüfungen Feinzeiger günstiger als Messuhren?

5 Eine elektronische Messuhr **(Bild 3)** zeigt bei der Rundlaufprüfung den Höchstwert + 12 µm und den Kleinstwert − 2 µm an. Wie groß ist die Rundlaufabweichung ($f_L = M_{wmax} - M_{wmin}$)?

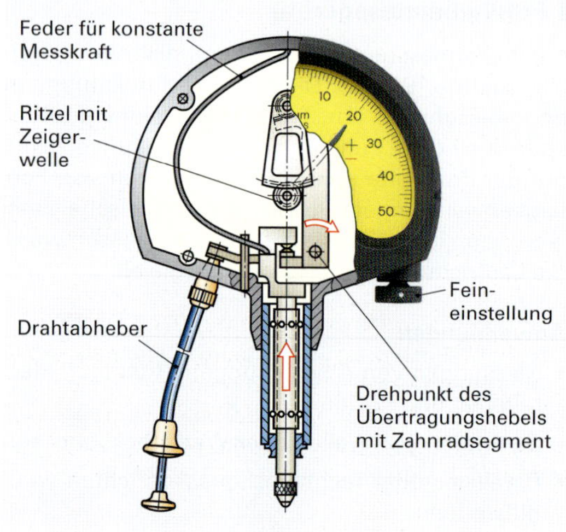

Bild 1: Mechanischer Feinzeiger

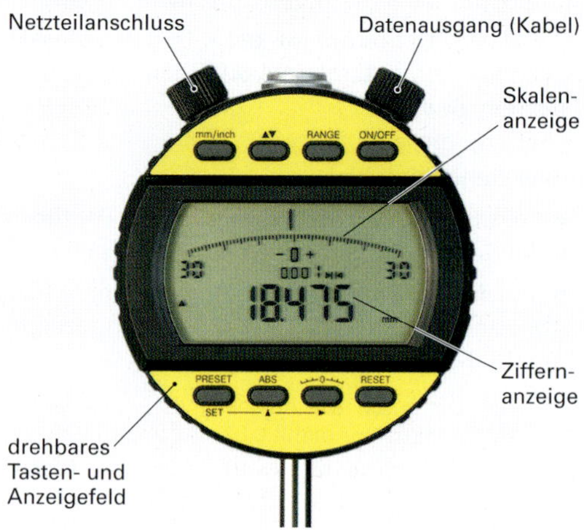

Bild 2: Elektronischer Feinzeiger

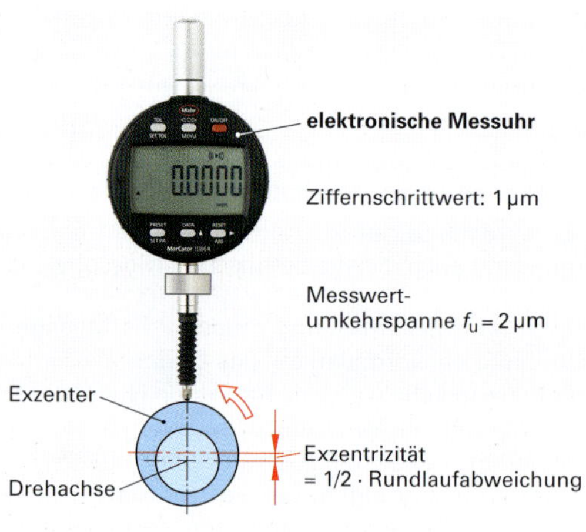

Bild 3: Prüfung von Rundlauf und Exzentrizität

Winkelmessgeräte

Bei der Winkelprüfung wird die Lage von Kanten oder Flächen geprüft.

Einfache Winkelmesser bestehen aus einer Kreisskale mit einer Gradeinteilung 0° bis 180° und einer drehbaren Messschiene mit Zeiger **(Bild 1)**. Durch den Skalenteilungswert *Skw* = 1° sind nur grobe Winkelmessungen möglich.

> Der gemessene Winkel entspricht beim einfachen Winkelmesser und beim Universalwinkelmesser mit Nonius nicht immer der Anzeige: Bei stumpfen Winkeln muss der angezeigte Winkel von 180° abgezogen werden, um den richtigen Winkel zu erhalten.

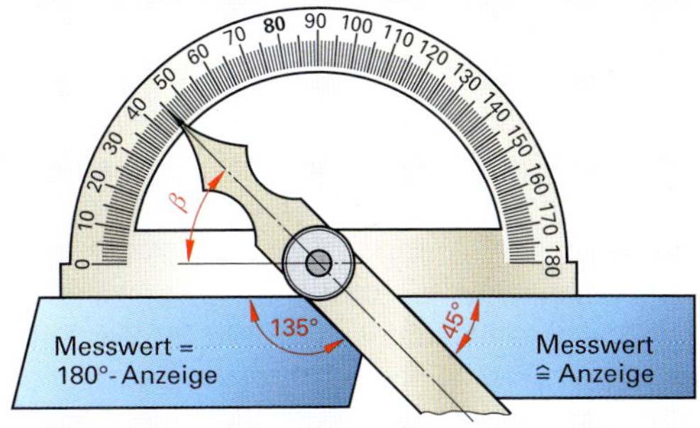

Bild 1: Einfacher Winkelmesser

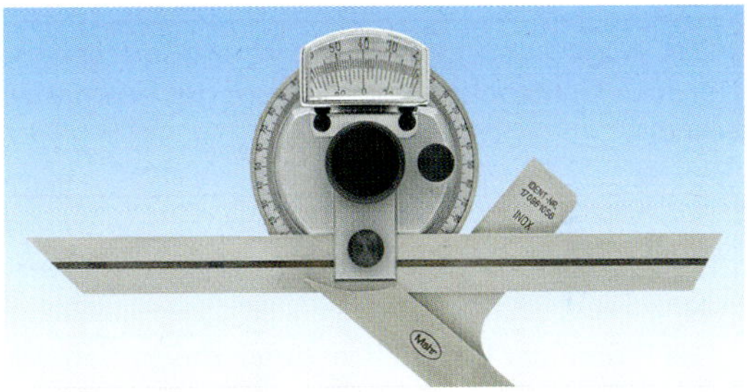

Bild 2: Universalwinkelmesser

Universalwinkelmesser (Bild 2 und Bild 3)

Universalwinkelmesser haben einen Messbereich von 360° und einen Noniuswert von 5 Winkelminuten (5'). Die Genauigkeit (Abweichungsspanne) beträgt ebenfalls 5 Winkelminuten. Eine Lupe erleichtert das Ablesen des Nonius und eine Feineinstellung ermöglicht das Einstellen auf den gewünschten Winkel.

Beim Ablesen zählt man zuerst an der Hauptskale von 0° ausgehend bis zum Nullstrich des Nonius die Winkelgrade und liest dann am Nonius in der gleichen Ableserichtung die Minuten ab **(Bild 3)**.

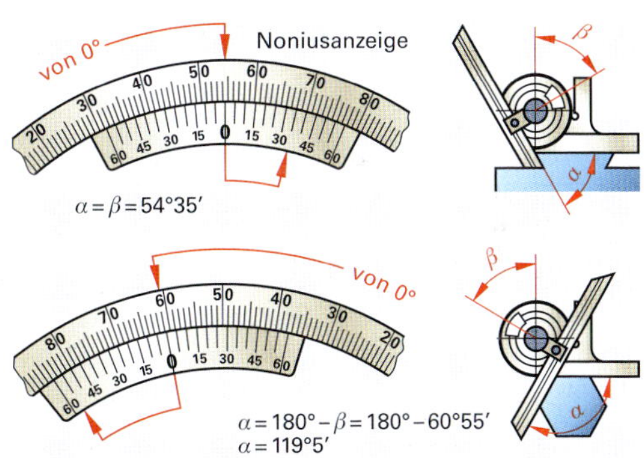

Bild 3: Winkelanzeigen

Universalwinkelmesser mit Ziffernanzeige sind sicher ablesbar und genauer als Winkelmesser mit Nonius **(Bild 4)**. Die Genauigkeit (Abweichungsspanne) beträgt 4 Winkelgrade (4').

Wahlweise können Winkelgrade, Winkelminuten oder Dezimalgrade angezeigt werden. Für die Anzeige der Winkelgrade und Winkelminuten beträgt der Ziffernschrittwert *Zw* = 0,01° bzw. 1 Winkelminute (0,01').

Durch das Nullstellen in beliebiger Winkelposition können Winkelabweichungen direkt angezeigt werden.

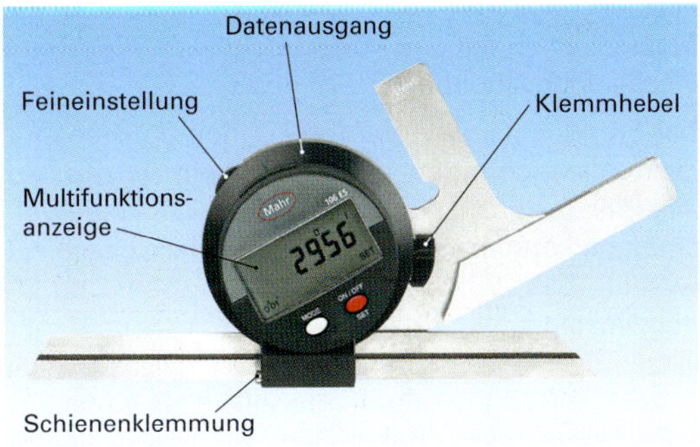

Bild 4: Universalwinkelmesser mit Ziffernanzeige

Arbeitsregeln für die Winkelprüfung

- Die Messschenkel müssen rechtwinklig zu den Prüfflächen stehen.
- Zwischen den Mess- und Prüfflächen soll kein Lichtspalt mehr erkennbar sein.
- Soll die Winkelprüfung an mehreren Stellen erfolgen, ist das Prüfmittel stets abzuheben und neu anzusetzen, da das Verschieben auf den Prüfflächen Verschleiß verursacht.

Arbeitsbeispiel: Prüfen mit dem Haarlineal

Prüfung der Geradheit und Ebenheit

Haarlineale eignen sich durch ihre Prüfschneiden mit hoher Geradheit zum Prüfen der Geradheit und Ebenheit nach dem Lichtspaltverfahren **(Bild 1)**.

Die Haarlinie wird auf die zu prüfende Fläche vorsichtig senkrecht aufgesetzt **(Bild 2)**. Zur Schonung der Prüfschneiden soll es nicht über die Prüffläche gezogen werden. Wenn das Werkstück mit dem aufgesetzten Haarlineal gegen das Licht gehalten wird, sind Abweichungen von der Geradheit am Lichtspalt erkennbar.

Das Auge kann Lichtspalte vergrößert sehen, sodass Lichtspalte ab etwa 2 µm gut erkennbar sind.

Die Prüfung der Geradheit sollte an mehreren Stellen der zu prüfenden Fläche wiederholt werden.

Das Prüfen der Ebenheit ist durch das Prüfen der Geradheit mit dem Haarlineal in festgelegten Richtungen möglich.

Wichtig ist das Prüfen der Geradheitsabweichungen in den diagonalen Richtungen, da hier die größten Abweichungen zu erwarten sind **(Bild 3)**. Um die Ebenheit über die ganze Fläche bewerten zu können, wird das Haarlineal auch mehrmals längs und quer aufgesetzt.

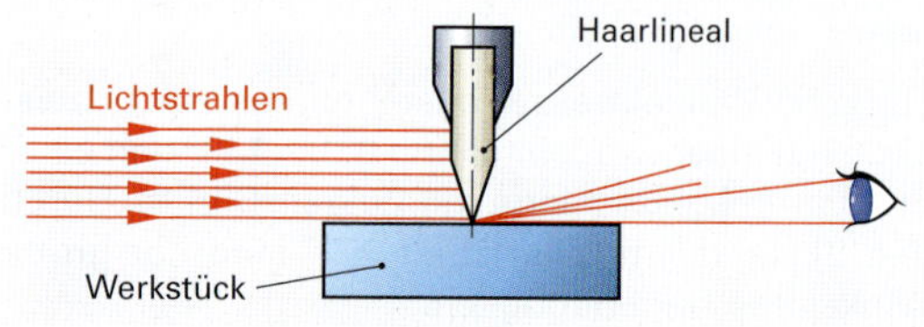

Bild 1: Lichtspaltverfahren

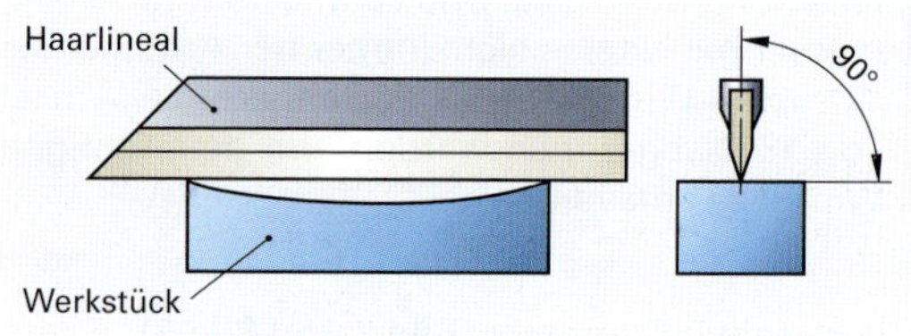

Bild 2: Prüfen der Geradheit

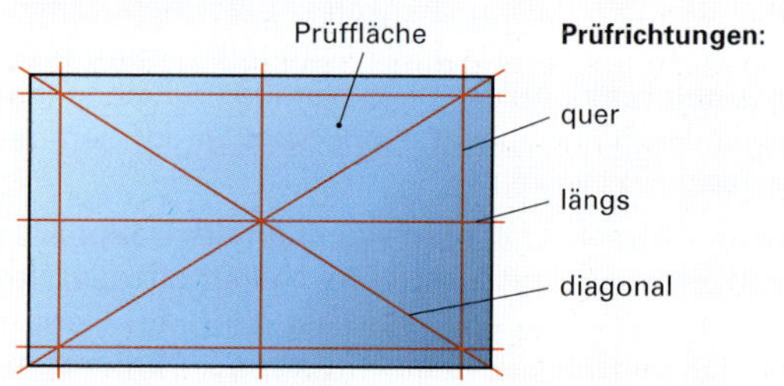

Bild 3: Prüfen der Ebenheit

Prüfen von 90°-Winkeln

90°-Haarwinkel besitzen Prüfschneiden wie die Haarlineale **(Bild 4)**. Die Winkelabweichungen sind daher am Lichtspalt besser zu erkennen als bei Flachwinkeln.

Bei der Prüfung eines 90°-Winkels ist darauf zu achten, dass zunächst der Messschenkel ohne Prüfschneide unter 90° an eine der zu prüfenden Flächen angesetzt wird **(Bild 5)**. Danach wird der Messschenkel mit den Prüfschneiden an die zweite Fläche angeschoben.

Mit dem Lichtspaltverfahren können an Werkstücken Abweichungen an 90°-Winkeln vergrößert sichtbar gemacht werden. Kleine Winkelabweichungen können von erfahrenen Prüfern geschätzt werden. Das Prüfverfahren ist bei Außen- und Innenwinkeln anwendbar.

Das Lichtspaltverfahren ermöglicht ein einfaches Prüfen mit relativ hoher Genauigkeit von Geradheit, Ebenheit und Rechtwinkligkeit.

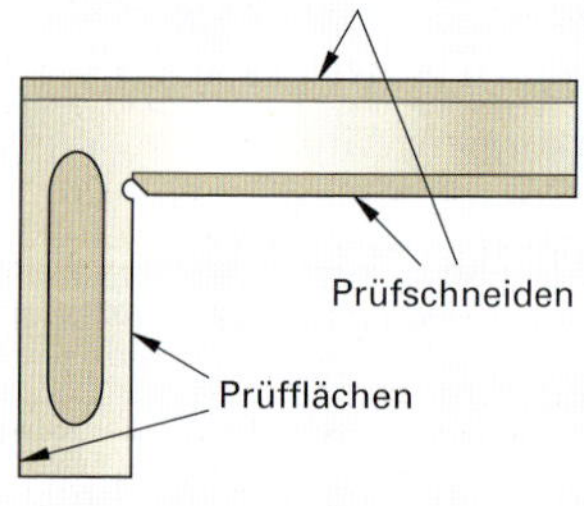

Bild 4: Haarwinkel 90°

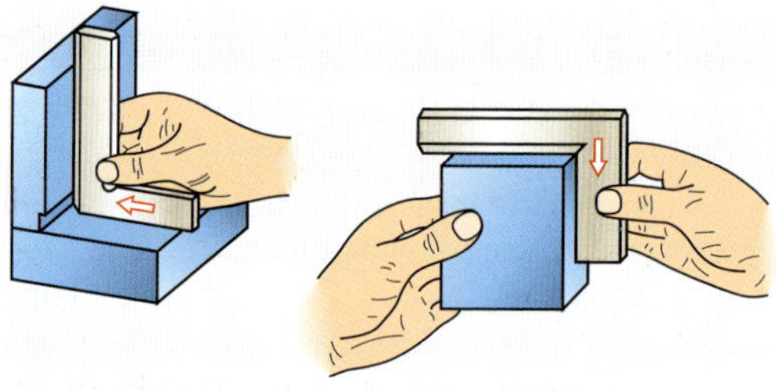

Bild 5: Prüfen von Innen- und Außenwinkeln

Arbeitsbeispiel: Messen mit dem Messschieber

Messen des Mittenabstandes (Bild 1)

Der Mittenabstand von Bohrungen oder Zylinderstiften kann aus dem Außenmaß *a* und dem Innenmaß *b* ermittelt werden.

Mittenmaß $$M = \frac{a+b}{2}$$

Bei Bohrungen oder Zylinderstiften mit gleichem Durchmesser kann mit einem elektronischen Messschieber der Abstand direkt angezeigt werden **(Bild 2)**. Man misst zunächst einen Durchmesser, stellt die Anzeige auf 0,00 und misst dann das Außenmaß *a*.

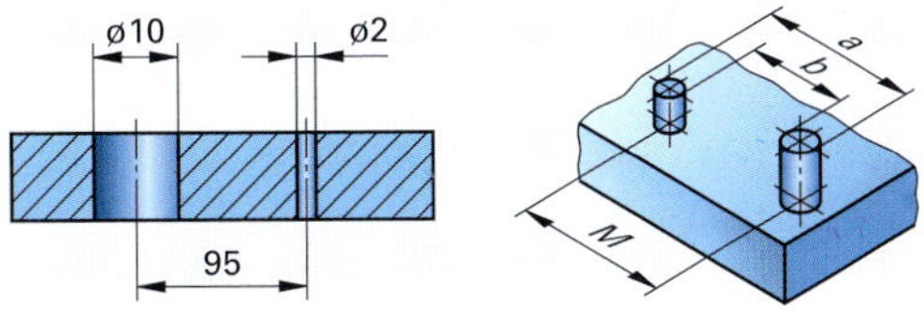

Bild 1: Mittenabstände

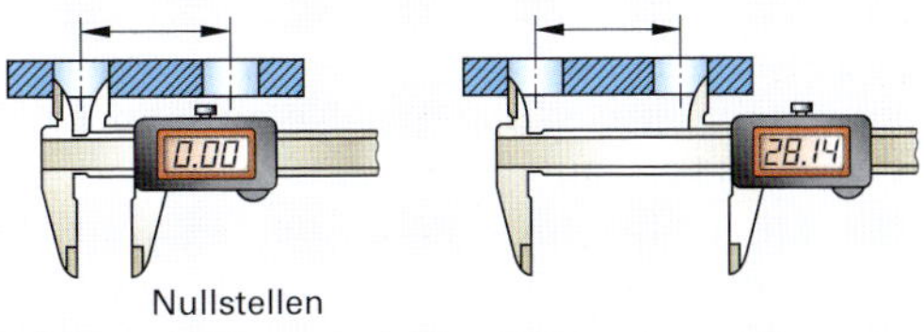

Bild 2: Messen des Mittenabstandes

Messen von Kettenmaßen mit elektronischem Messschieber (Bild 3)

Die Kettenmaße werden alle von einer Bezugsfläche aus gemessen, um ein möglichst genaues Messergebnis zu erhalten.

Die Maßdifferenz jedes Kettenmaßes zum nächsten ist mit einem elektronischen Messschieber einfach messbar und direkt ablesbar **(Bild 4)**. Maßunterschiede müssen daher nicht wie bei mechanischen Messschiebern berechnet werden.

Vor der Messung werden die Messschenkel des Messschiebers geschlossen und die Anzeige auf 0,00 gestellt. Danach wird von der Bezugsfläche aus die Länge mit dem Nennmaß 14 mm gemessen. Die Anzeige zeigt mit 14,08 mm eine vernachlässigbare Maßabweichung. Nach der erneuerten Nullstellung der Anzeige kann die Länge des Absatzes (Nennmaß 4 mm) gemessen werden. Das angezeigte Maß des Absatzes beträgt 3,96 mm. Die Anzeige wird wieder auf null gestellt und die Länge mit dem Nennmaß 62,8 mm von der Bezugsfläche aus gemessen. Angezeigt wird das Maß 62,71 mm.

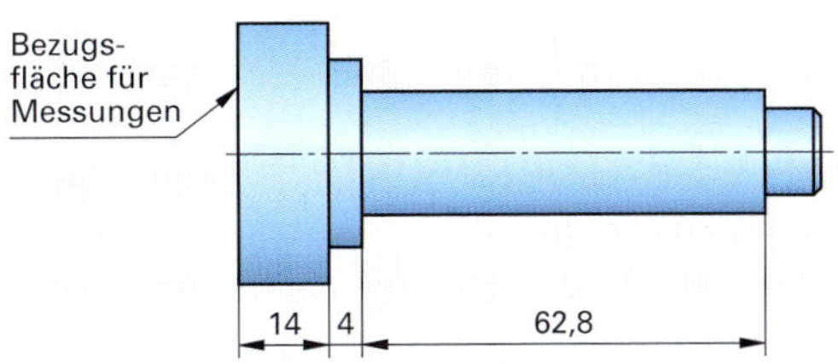

Bild 3: Drehteil mit Kettenmaßen

Unterschiedsmessungen (Bild 4)

Vergleichsmaße wie Abstands- oder Kettenmaße können durch Unterschiedsmessungen direkt angezeigt werden. Die Voraussetzung dafür ist, dass eine Nullstellung der Anzeige an beliebiger Stelle des Messbereiches möglich ist. Messgeräte, die sich dafür eignen, sind die elektronischen Messschieber und Messschrauben sowie z.B. mechanische oder elektronische Messuhren (Seite 26) und Feinzeiger (Seite 28).

Durch die Nullstellung der Anzeige wird für die Messung der jeweiligen Maßdifferenz ein Bezugswert gebildet (Anzeige 0,00). Bei Kettenmaßen müssen alle Messungen von der festgelegten Bezugsfläche ausgehen (Bild 3).

> Alle Vergleichsmaße können durch Unterschiedsmessungen direkt gemessen werden.

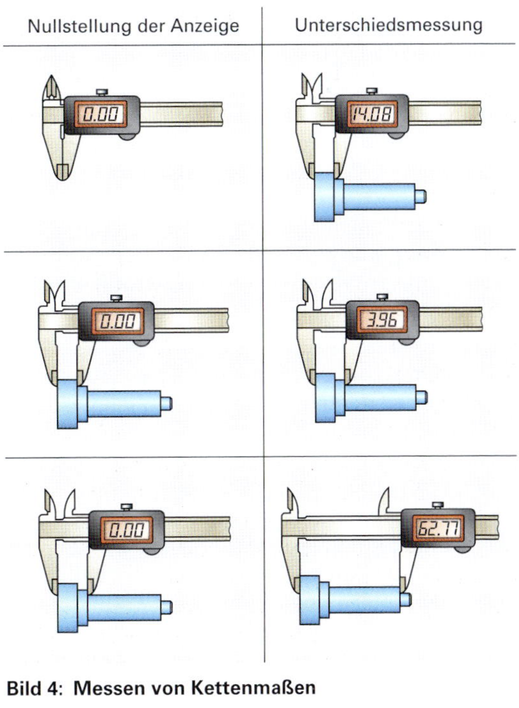

Bild 4: Messen von Kettenmaßen

1.4 Oberflächenprüfung

Die **wirkliche Oberfläche** weist fertigungsbedingte Abweichungen von der in der Zeichnung festgelegten Oberflächenqualität auf **(Tabelle 1).**

Das **ertastete Profil** (Primärprofil) zeigt die mit einer Tastspitze aus Diamant abgetastete Oberfläche mit allen Abweichungen **(Bild 1).** Die Mittellinie für das jeweilige Profil wird vom Rechner so gebildet, dass die oberen und unteren Profilanteile gleich groß sind **(Bild 3).**

> Das ertastete Primärprofil ist die Ausgangsbasis für das Welligkeits- und Rauheitsprofil sowie für die Rauheitskenngrößen.
>
> Die Messung wird auf dem Flächenbereich durchgeführt, auf dem die höchste Rauheit oder Welligkeit erwartet wird. Bei fehlerhaften Flächen durch Kratzer oder Druckstellen erübrigt sich eine Messung.

Tabelle 1: Gestaltabweichung von Oberflächen

Gestaltabweichung		Beispiele	Ursachen
1.Ordnung		Unebenheit Unrundheit	Durchbiegung Führungsfehler
2.Ordnung		Wellen	Schwingungen
3.Ordnung	Rauheit	Rillen	Vorschub
4.Ordnung	Rauheit	Riefen Schuppen	Spanbildung

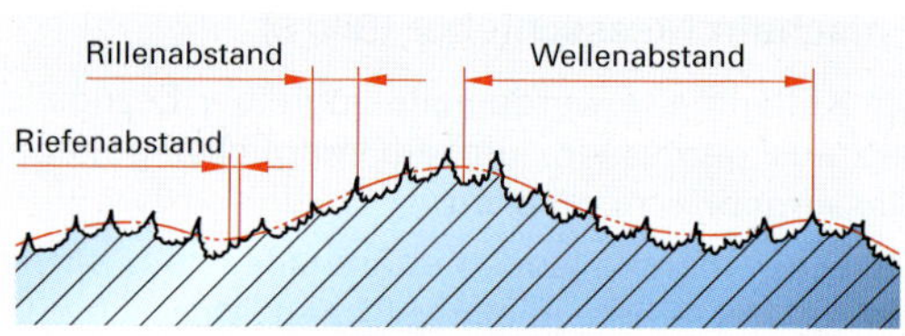

Bild 1: Ertastetes Primärprofil (P-Profil)

1.4.1 Oberflächenprofile

Tastschnittgeräte wandeln die Tastbewegungen der Diamantspitze in elektrische Signale um. Sie nehmen das Profil auf und berechnen die Kenngrößen Profiltiefe *Pt,* Wellentiefe *Wt* und Rautiefe *Rt* **(Bild 2).**

In Profildiagrammen werden die Abweichungen vertikal vergrößert dargestellt (Bild 3). Die Flanken erscheinen dadurch steiler als sie wirklich sind.

> Die vertikale Vergrößerung der Diagramme soll so gewählt werden, dass das Profil etwa die halbe Breite des Messprotokolls einnimmt.

Durch eine Profilfilterung wird aus dem ungefilterten Primärprofil **(P-Profil)** das Rauheitsprofil **(R-Profil)** und das Welligkeitsprofil **(W-Profil)** ermittelt (Bild 3).

> **Profilfilter** trennen die kurzwelligen Rauheitsanteile des ertasteten Profils von den langwelligen Welligkeitsanteilen.
>
> Die Oberflächenkenngrößen werden überwiegend im Rauheitsprofil (R-Profil) ermittelt.

Das **Rauheitsprofil (R-Profil)** entsteht aus dem ertasteten Profil durch Hochpassfilterung, wobei die Welligkeitsanteile unterdrückt werden (Bild 2 und Bild 3). Das **Welligkeitsprofil (W-Profil)** entsteht durch Tiefpassfilterung, wobei die Rauheitsanteile ausgefiltert werden.

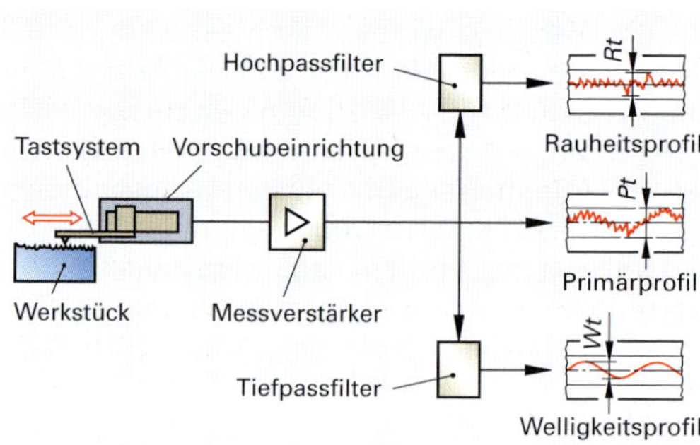

Bild 2: Prinzip eines Tastschnittgerätes

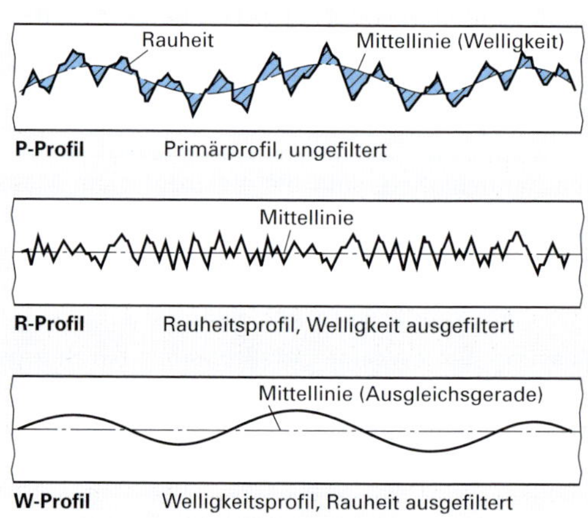

Bild 3: Oberflächen-Profildiagramme

1.4.2 Kenngrößen von Oberflächen

Aus den drei Oberflächenprofilen werden Kenngrößen abgeleitet, benannt mit ***P, W*** und ***R,*** z. B. die Profiltiefe *Pt* des Primärprofils, die Wellentiefe *Wt* aus dem Welligkeits- und *Rz* aus dem Rauheitsprofil. In DIN EN ISO 4287 sind zahlreiche Rauheitskenngrößen definiert.

Konventionelle Rauheitskenngrößen

Ra ist der arithmetische Mittelwert der Beträge aller Ordinatenwerte *z* des R-Profils innerhalb einer Einzelmessstrecke *lr*. *Ra* entspricht damit der Höhe eines Rechtecks, das den gleichen Flächeninhalt hat, wie die zwischen Profil- und Mittellinie eingeschlossene Fläche **(Bild 1)**.

Rt ist die Gesamthöhe des R-Profils, d. h. der Abstand zwischen höchster Spitze und tiefstem Tal innerhalb der Gesamtmessstrecke *ln* **(Bild 2)**.

Rz ist die größte Höhe des R-Profils innerhalb einer Einzelmessstrecke *lr*. In der Regel wird zur Ermittlung von *Ra* oder *Rz* der arithmetische Mittelwert aus fünf Einzelmesswerten gebildet, z. B. $Rz = 1/5 \cdot \Sigma\, Rz_i$ (Bild 2). Ansonsten wird die Anzahl dem Kennzeichen angefügt, z. B. *Rz*3 4.

Rmax ist die größte Einzelrautiefe aus den fünf Einzelmessstrecken *lr* (Bild 2). Sie wurde zwar nach ISO von *Rt* bzw. *Rz*1max abgelöst, findet aber weiterhin, z. B. in der Autoindustrie, Anwendung.

Die konventionellen Rauheitsgrößen sind reine Senkrechtgrößen. Durch Verhältnisbildung, z. B. ***Rp*** (Glättungstiefe) zu ***Rz,*** kann auch auf die Form eines Profils geschlossen werden **(Bild 3)**.

Kenngrößen der Materialanteilkurve (Abbott-Kurve)

Die Abbott[1]-Kurve entsteht, indem die Materialanteile in möglichst vielen Schnittebenen des R-Profils ermittelt werden. Man addiert auf jeder Schnittlinie die Strecken, die das Profil schneidet, und setzt sie ins Verhältnis zur Messstrecke. Es ergibt sich der Materialanteil in Prozent, z. B. ***Rmr*** ≈ 25 % in Schnitthöhe c1. Eine Auswertung ist nur bei S-förmiger Abbott-Kurve möglich **(Bild 4)**.

> Der Profilverlauf der Materialanteilkurve gibt einen schnellen Aufschluss über die Profilstruktur einer Oberfläche. Die Kenngrößen dienen der Beurteilung von hoch beanspruchten Funktionsflächen, z. B. von Gleitflächen.

Die Materialanteilkurve teilt man in drei Profilbereiche, die durch die Kenngrößen reduzierte Spitzenhöhe ***Rpk,*** Kernrautiefe ***Rk*** und reduzierte Riefentiefe ***Rvk*** festgelegt sind. ***Mr*1** und ***Mr*2** geben den Materialanteil an den Grenzen des Kernbereiches an **(Bild 5)**.

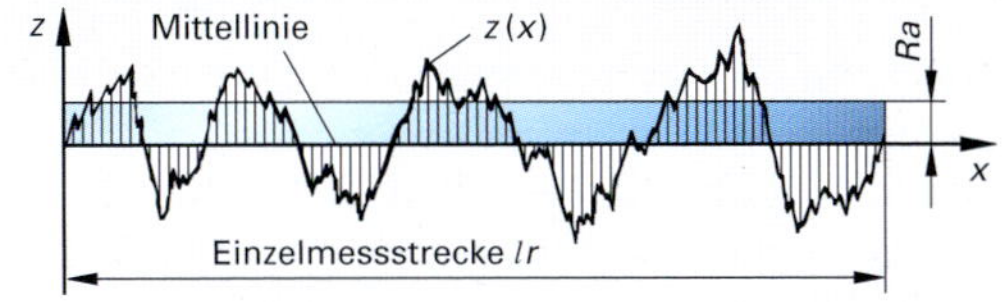

Bild 1: Mittenrauwert *Ra*

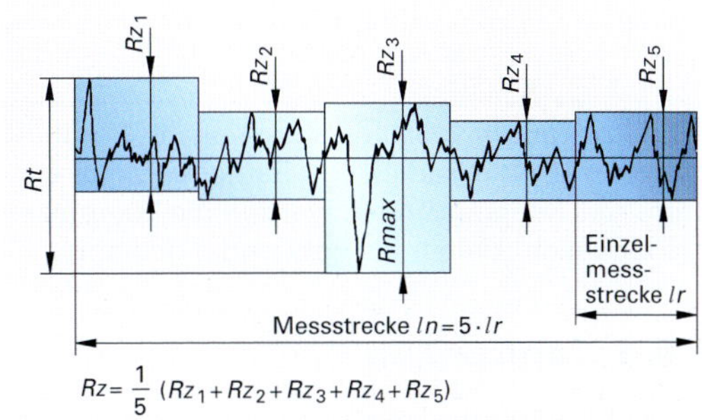

Bild 2: Rautiefe *Rt,* maximale Rautiefe *Rmax*

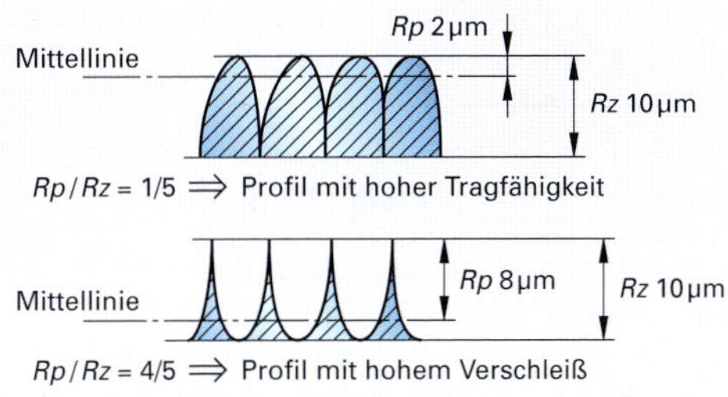

Bild 3: Rund- und Spitzkammprofil mit jeweils gleichem *Rmax* und *Rz* (10 µm) sowie *Ra* (2 µm)

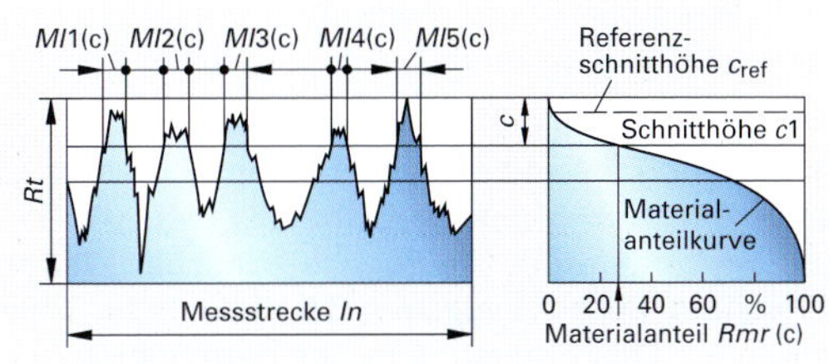

Bild 4: Ableitung der Materialanteilkurve

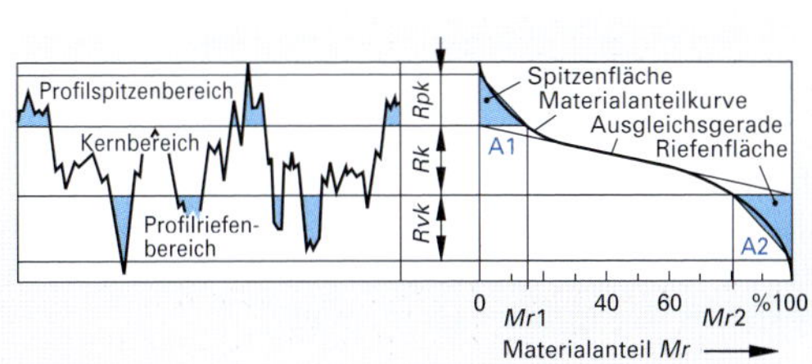

Bild 5: Profilbereiche und Kenngrößen der Materialanteilkurve

[1] Benannt nach dem Amerikaner Abbott

1.5 Toleranzen und Passungen

Bauteile von Maschinen müssen unabhängig vom Hersteller und ohne Nacharbeit montiert oder ausgetauscht werden können **(Bild 1)**. Ihre Maße dürfen deshalb nur begrenzt von den geforderten Maßen abweichen. Die zulässigen Abweichungen werden durch Toleranzen festgelegt.

Für die Toleranzen und Passungen der Zahnradpumpe ist die Hüllbedingung (Seite 57) anzuwenden.

> Maßtoleranzen sollen die Funktion der Produkte und die Montierbarkeit von Bauteilen sicherstellen. Aus Kostengründen werden die Toleranzen jedoch nicht kleiner als notwendig gewählt.

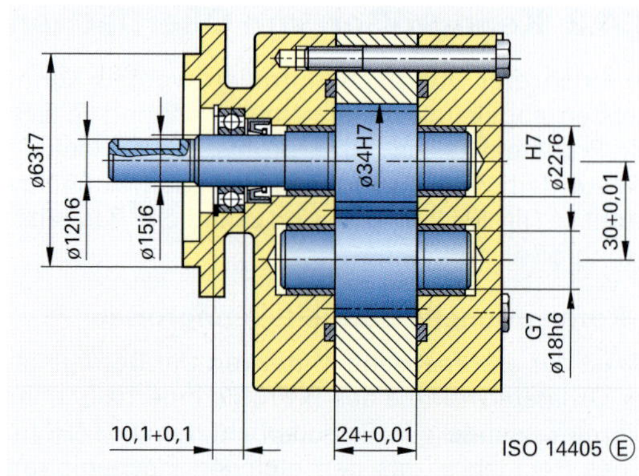

Bild 1: Toleranzen und Passungen bei einer Zahnradpumpe (Auswahl)

1.5.1 Toleranzen

Bei den Toleranzen unterscheidet man zwischen Maßtoleranzen und Form- und Lagetoleranzen. Die Maßtoleranzen beziehen sich auf Längen- und Winkelmaße, die Form- und Lagetoleranzen auf die Form, z. B. die Ebenheit oder die Lage, z. B. die Rechtwinkligkeit.

Grundbegriffe der Maßtoleranzen

Für Bohrungen (Innenmaße) und Wellen (Außenmaße) werden für die maßgeblichen Größen einheitliche, genormte Begriffe verwendet **(Bild 2)**. Die Kurzzeichen sind jedoch nur teilweise genormt.

Das **Nennmaß** *N* ist das in der Zeichnung genannte Maß. In bildlichen Darstellungen entspricht das Nennmaß der **Nulllinie**.

Die Größe der Toleranz wird durch das **obere Abmaß** *ES* bzw. *es* und das **untere Abmaß** *EI* bzw. *ei* festgelegt **(Bild 3)**. Die Großbuchstaben werden bei Bohrungen, die Kleinbuchstaben bei Wellen verwendet. Bei der bildlichen Darstellung der Toleranzen wird der Bereich zwischen dem oberen und dem unteren Abmaß auch als **Toleranzfeld** bezeichnet.

Toleranz der Bohrung	$T_B = ES - EI$
Toleranz der Welle	$T_W = es - ei$

Durch das obere und das untere Abmaß sind auch die **Grenzmaße** festgelegt. Grenzmaße sind das **Höchstmaß** (G_o, oberes Grenzmaß) und das **Mindestmaß** (G_u, unteres Grenzmaß).

Höchstmaß	**Bohrung**	$G_{oB} = N + ES$
	Welle	$G_{oW} = N + es$
Mindestmaß	**Bohrung**	$G_{uB} = N + EI$
	Welle	$G_{uW} = N + ei$

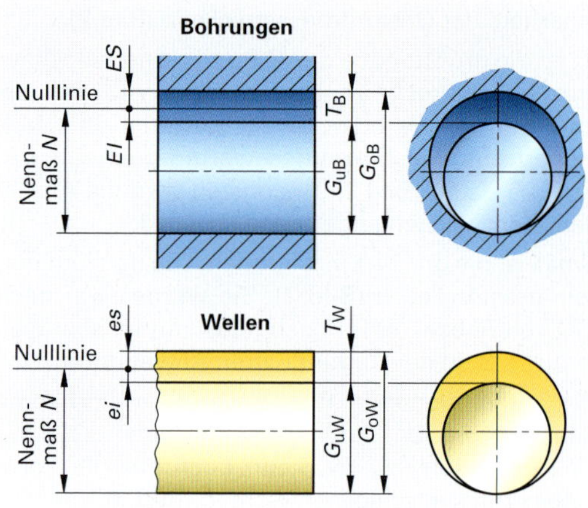

N	Nennmaß	*ES*	Oberes Abmaß (Bohrung)
G_o	Höchstmaß	*EI*	Unteres Abmaß (Bohrung)
G_u	Mindestmaß	*es*	Oberes Abmaß (Welle)
T	Toleranz	*ei*	Unteres Abmaß (Welle)

(französisch: *ES* = **é**cart **s**upérieur, *EI* = **é**cart **i**nférieur)

Bild 2: Begriffe und Kurzzeichen bei Maßtoleranzen

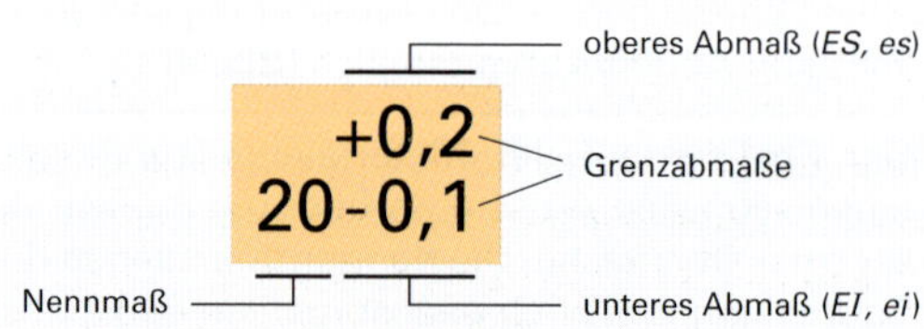

Bild 3: Nennmaße und Abmaße

Der Unterschied zwischen dem Höchstmaß und dem Mindestmaß ergibt wieder die Toleranz:

Toleranz (Bohrung oder Welle) $T = G_o - G_u$

Lage der Toleranzfelder

Toleranzfelder können oberhalb, unterhalb oder beiderseits der Nulllinie liegen **(Bild 1).**

Beispiel: Eine Welle mit dem Nennmaß N = 80 mm hat die Grenzabmaße es = –30 µm und ei = –60 µm. Zu berechnen sind das Höchstmaß G_o, das Mindestmaß G_u und die Toleranz T.

Lösung: **(Bild 2):**

Höchstmaß G_o:	**Mindestmaß G_u:**
$G_o = N + es$	$G_u = N + ei$
G_o = 80 mm + (– 0,03 mm)	G_u = 80 mm + (– 0,06 mm)
G_o = 79,97 mm	**G_u = 79,94 mm**
Toleranz T:	oder
$T = G_o - G_u$	$T = es - ei$
T = 79,97 mm – 79,94 mm	T = – 0,03 mm – (– 0,06 mm)
T = 0,03 mm	**T = 0,03 mm**

Allgemeintoleranzen

Die Allgemeintoleranzen sind so festgelegt, dass sie in der Fertigung normalerweise eingehalten werden können. Man unterscheidet Allgemeintoleranzen für Längenmaße **(Tabelle 1),** Winkel, Rundungshalbmesser und Fasen sowie Allgemeintoleranzen für Form **(Tabelle 2)** und Lage.

Wird auf einer Zeichnung auf die Verwendung von Allgemeintoleranzen hingewiesen, gelten diese für Längen bzw. für Formen und Lagen, bei denen keine Toleranzen angegeben sind.

Allgemeintoleranzen für Längenmaße gelten somit für die Zeichnungsmaße, bei denen keine Toleranzen eingetragen sind, wenn auf der Zeichnung auf die Allgemeintoleranzen hingewiesen wird, z. B. durch den Eintrag „ISO 2768-m“. Allgemeintoleranzen für Längenmaße sind Plus-Minus-Toleranzen.

Die Größe der Allgemeintoleranzen richtet sich nach dem Nennmaßbereich und der Toleranzklasse. Diese sind in die vier Klassen fein, mittel, grob und sehr grob eingeteilt (Tabelle 1).

Beispiel: In einer Zeichnung steht für Maße ohne Toleranzangabe: ISO 2768-m. Welche Grenzmaße sind beim Nennmaß N = 120 mm zulässig?

Lösung: Nach Tabelle 1: ES = + 0,3 mm, EI = – 0,3 mm
$G_o = N + ES$ = 120 mm + 0,3 mm = **120,3 mm**
$G_u = N + EI$ = 120 mm – 0,3 mm = **119,7 mm**

Allgemeintoleranzen für Form und Lage umfassen die Toleranzklassen H, K und L. Sie legen die zulässigen Abweichungen von der geometrisch genauen Form oder Lage fest, wenn dafür in der Zeichnung keine Toleranzen angegeben sind. Auf die Anwendung der Allgemeintoleranzen muss aber durch einen Zeichnungseintrag hingewiesen werden, z. B. ISO 2768-K. Gelten gleichzeitig die Allgemeintoleranzen für Längenmaße, können beide Einträge zusammengefasst werden, z. B. zu ISO 2768-mK.

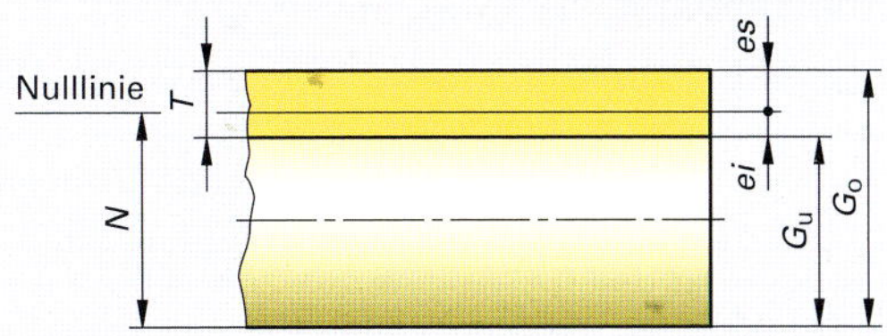

Das Toleranzfeld liegt beiderseits der Nulllinie. Das Höchstmaß ist größer, das Mindestmaß kleiner als das Nennmaß.

Das Toleranzfeld liegt unterhalb der Nulllinie. Höchst- und Mindestmaß sind kleiner als das Nennmaß.

Bild 1: Lage der Toleranzfelder (Auswahl)

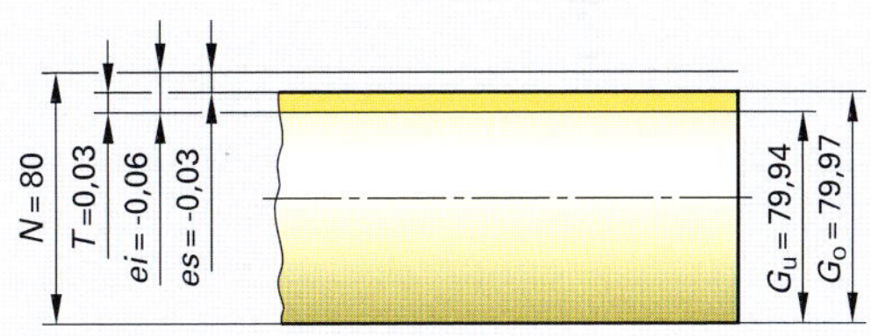

Bild 2: Grenzmaße und Toleranz

Tabelle 1: Allgemeintoleranzen für Längenmaße

Toleranzklasse	Grenzabmaße in mm für Nennmaßbereiche in mm: 0,5 bis 3	über 3 bis 6	über 6 bis 30	über 30 bis 120	über 120 bis 400	über 400 bis 1000
f fein	± 0,05	± 0,05	± 0,1	± 0,15	± 0,2	± 0,3
m mittel	± 0,1	± 0,1	± 0,2	± 0,3	± 0,5	± 0,8
c grob	± 0,2	± 0,3	± 0,5	± 0,8	± 1,2	± 2
v sehr grob	–	± 0,5	± 1	± 1,5	± 2,5	± 4

Tabelle 2: Allgemeintoleranzen für Form

Toleranzklasse	Toleranzen in mm für Geradheit und Ebenheit für Nennmaßbereiche in mm: bis 10	über 10 bis 30	über 30 bis 100	über 100 bis 300	über 300 bis 1000	über 1000 bis 3000
H	0,02	0,05	0,1	0,2	0,3	0,4
K	0,05	0,1	0,2	0,4	0,6	0,8
L	0,1	0,2	0,4	0,8	1,2	1,6

Frei gewählte Toleranzen

Toleranzen können auch durch frei gewählte Abmaße angegeben werden (**Bild 1,** Maße 1,6 und 63), wenn dies wegen der Funktion der Bauteile erforderlich ist. Im Unterschied zu den Allgemeintoleranzen und den ISO-Toleranzen können die Abmaße direkt der Zeichnung entnommen werden. Oft werden alle drei Methoden der Toleranzangabe in einer Zeichnung zusammen angewandt.

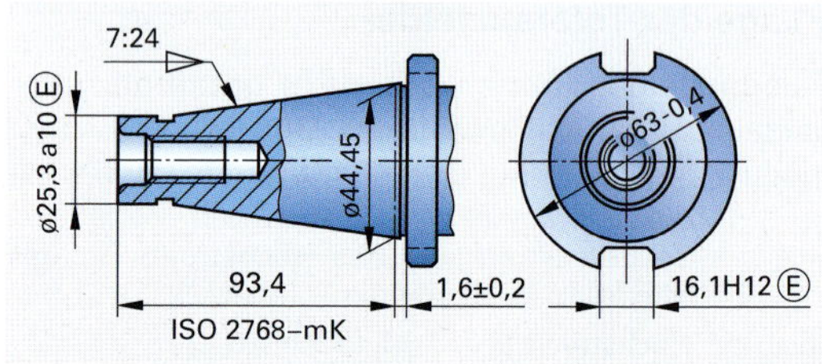

Bild 1: Möglichkeiten der Toleranzangabe

ISO-Toleranzen

Bei den international verwendeten ISO-Toleranzen werden die Größe der Toleranz und ihre Lage zur Nulllinie durch die Toleranzklasse, z. B. H7, verschlüsselt angegeben. Der Buchstabe gibt dabei das **Grundabmaß,** die Zahl den **Toleranzgrad** an.

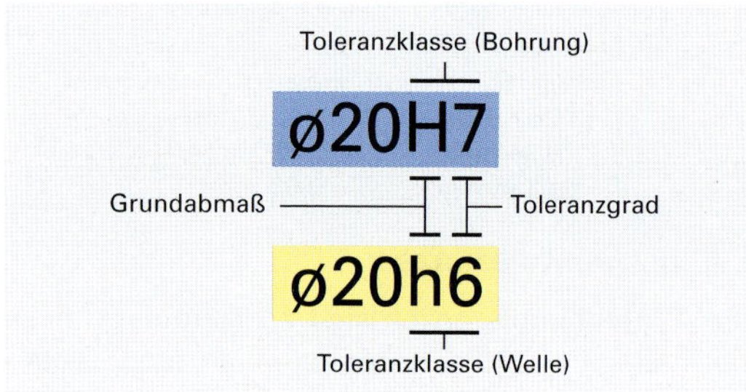

Bild 2: Bezeichnung der Toleranzklasse

> Das **Grundabmaß** legt die Lage der Toleranz zur Nulllinie fest. Der **Toleranzgrad** weist auf die Größe der Toleranz hin.

Größe der Toleranz (Bild 3 und Bild 4)

Die Größe der Toleranz hängt vom Toleranzgrad und vom Nennmaß ab.

> Die Toleranz ist umso größer, je größer das Nennmaß und je größer der Toleranzgrad ist.

Beispiel:	Einfluss des Nennmaßes	50H8	→	T = 39 µm
		100H8	→	T = 54 µm
	Einfluss des Toleranzgrades	100H7	→	T = 35 µm
		100H8	→	T = 54 µm

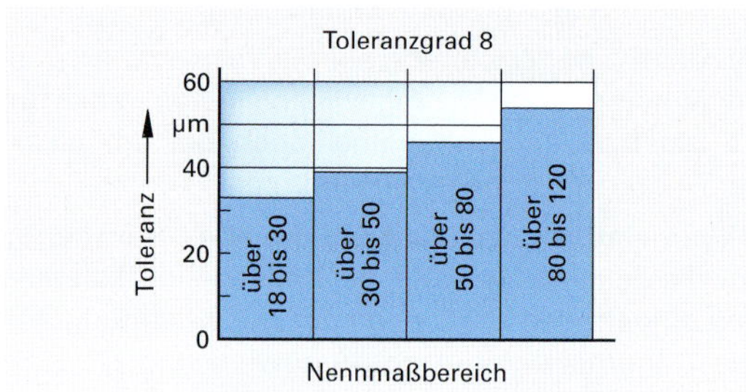

Bild 3: Abhängigkeit der Toleranz vom Nennmaß

Festgelegt sind 20 Toleranzgrade von 01, 0, 1 bis 18 **(Tabelle 1)** und 21 Nennmaßbereiche zwischen 1 mm und 3150 mm.

> Die Größe der Toleranz ist gleich, wenn der Toleranzgrad und das Nennmaß gleich sind.

Diese einheitlichen Toleranzen nennt man Grundtoleranzen. Sie können Tabellenbüchern entnommen werden.

Beispiel:	50H7 = 50 +0,025 / 0	→	T = 0,025 mm
	50G7 = 50 +0,034 / +0,009	→	T = 0,025 mm
	10h9 = 10 0/–0,036	→	T = 0,036 mm
	10d9 = 10 –0,040 / –0,076	→	T = 0,036 mm

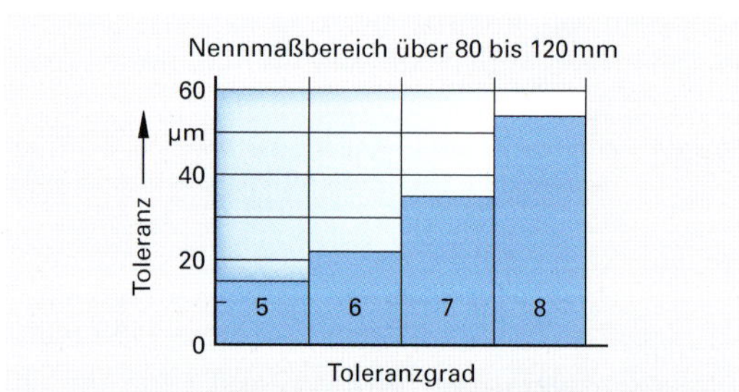

Bild 4: Abhängigkeit der Toleranz vom Toleranzgrad

Tabelle 1: ISO-Toleranzgrade

ISO-Toleranzgrade	01 0 1 2 3 4	5 6 7 8 9 10 11	12 13 14 15 16 17 18
Anwendungsgebiete	Prüfmittel, Arbeitslehren	Werkzeugmaschinen, Maschinen- und Fahrzeugbau	Halbfabrikate, Gussteile, Konsumgüter
Fertigungsverfahren	Feinbearbeitung: Läppen, Honen	Reiben, Drehen, Fräsen, Schleifen, Feinwalzen	Walzen, Schmieden, Pressen

Lage der Toleranzfelder zur Nulllinie

Die Lage der Toleranzfelder zur Nulllinie wird durch das **Grundabmaß** festgelegt. Das Grundabmaß ist das der Nulllinie am nächsten liegende Abmaß **(Bild 1)**.

Die **Grundabmaße für Bohrungen** (*ES, EI*) werden durch die Großbuchstaben A bis Z, die **Grundabmaße für Wellen** (*es, ei*) durch die Kleinbuchstaben a bis z benannt.

Für die Toleranzgrade 6 bis 11 werden das Z-Grundabmaß für Bohrungen um die Grundabmaße ZA, ZB und ZC und das z-Grundabmaß für Wellen um die Grundabmaße za, zb und zc erweitert. Die Nennmaßbereiche bis 10 mm besitzen zusätzlich die Grundabmaße CD, EF und FG bzw. cd, ef und fg.

Die Grundabmaße H und h sind null. Die zugehörigen Toleranzfelder beginnen daher an der Nulllinie **(Bild 2** und **Bild 3)**.

Für **Bohrungen** ist das Mindestmaß bei H-Toleranzfeldern gleich dem Nennmaß (Bild 2). Bei **Wellen** dagegen ist das Höchstmaß bei h-Toleranzfeldern gleich dem Nennmaß (Bild 2).

Beispiel: Wie liegen die Toleranzfelder von 25H7 und 25h9 zur Nulllinie?

Lösung: 25H7 = 25 +0,021/ 0
Das Toleranzfeld liegt oben an der Nulllinie an.
25h9 = 25 0 / – 0,052
Das Toleranzfeld liegt unten an der Nulllinie an.

Sind oberes und unteres Abmaß gleich groß, liegt die Toleranz symmetrisch zur Nulllinie. Die Grundabmaße für diese symmetrischen Toleranzen werden für Bohrungen mit JS und für Wellen mit js bezeichnet.

Beispiel: Für die Toleranzangabe 80js12 sind die Abmaße zu bestimmen.

Lösung: Aus einer Tabelle für Grundtoleranzen erhält man T = 0,3 mm. Damit ist 80js12 = 80 ± 0,15 mm.

Die **Toleranzfelder** liegen umso weiter von der Nulllinie entfernt, je weiter der Buchstabe im Alphabet von H bzw. h entfernt liegt.

Die Großbuchstaben I, L, O, Q und W und die entsprechenden Kleinbuchstaben werden nicht verwendet, um Verwechslungen zu vermeiden.

Beispiel: Wie liegen die Toleranzfelder von 25k6 und 25r6 zur Nulllinie?

Lösung: 25k6 = 25 +0,015 / +0,002
Das Toleranzfeld liegt knapp über der Nulllinie.
25r6 = 25 +0,041/ +0,028
Das Toleranzfeld liegt weit über der Nulllinie.

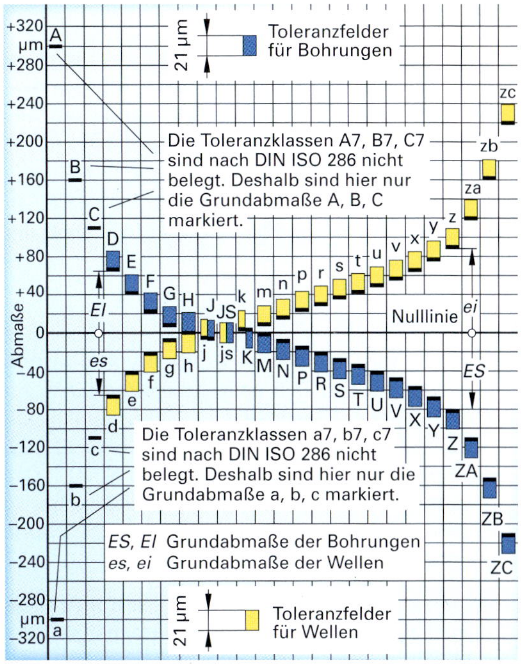

Bild 1: Lage der Toleranzfelder zur Nulllinie, Beispiel: Nennmaß 25, Toleranzgrad 7

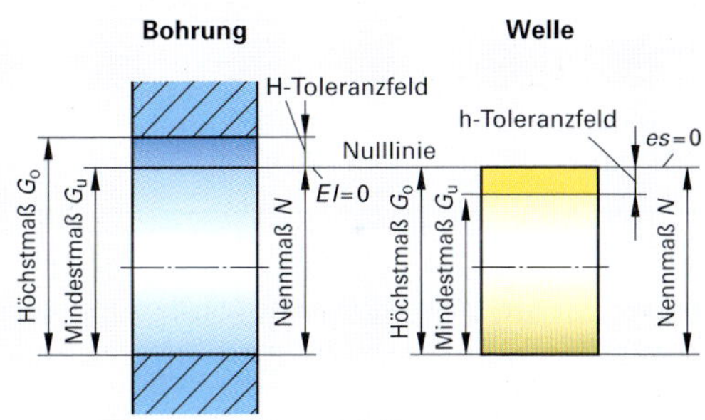

Bild 2: Lage der Toleranzfelder H und h

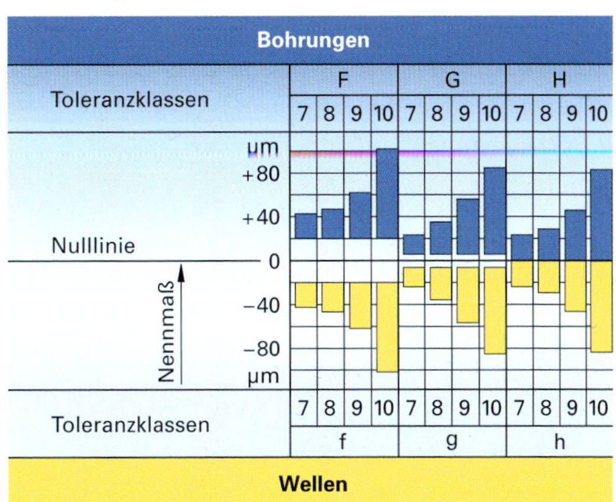

Bild 3: Größe und Lage der Toleranzfelder für das Nennmaß 25

1.5.2 Passungen

Werden zwei Bauteile zusammengebaut, müssen die Maße an der Fügestelle „passen". Bei den Passungen bezeichnet man das Innenteil immer als „Welle", das Außenteil als „Bohrung".

Passungen werden durch den Unterschied zwischen dem Maß der Bohrung und dem Maß der Welle bestimmt.

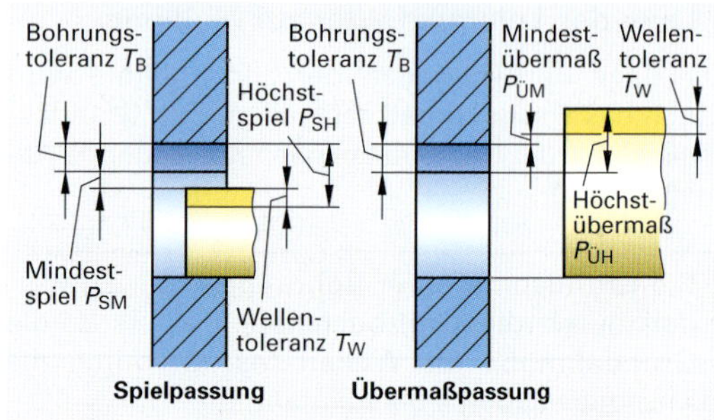

Bild 1: Spielpassung und Übermaßpassung

Passungsarten

Durch die Wahl der Toleranzklassen von Bohrung und Welle ergeben sich beim Zusammenbau entweder Spiel oder Übermaß.

Bei **Spielpassungen** tritt immer ein Spiel („Luft"), bei **Übermaßpassungen** immer ein Übermaß auf. Kann bei den gewählten Toleranzklassen Spiel oder Übermaß auftreten, spricht man von **Übergangspassungen.**

Spielpassungen. Das Mindestmaß der Bohrung ist immer größer, im Grenzfall auch gleich groß wie das Höchstmaß der Welle **(Bilder 1, 2** und **4).**

Das **Höchstspiel** P_{SH} ist die Differenz zwischen dem Höchstmaß der Bohrung G_{oB} und dem Mindestmaß der Welle G_{uW}.

Höchstspiel $P_{SH} = G_{oB} - G_{uW}$

Das **Mindestspiel** P_{SM} ist die Differenz zwischen dem Mindestmaß der Bohrung G_{uB} und dem Höchstmaß der Welle G_{oW}.

Mindestspiel $P_{SM} = G_{uB} - G_{oW}$

Beispiel: Wie groß sind Höchst- und Mindestspiel bei der Passung **Bild 2?**

Lösung: $P_{SH} = G_{oB} - G_{uW} = 40{,}02\text{ mm} - 39{,}98\text{ mm} = \mathbf{+\,0{,}04\text{ mm}}$

$P_{SM} = G_{uB} - G_{oW} = 40{,}00\text{ mm} - 39{,}99\text{ mm} = \mathbf{+\,0{,}01\text{ mm}}$

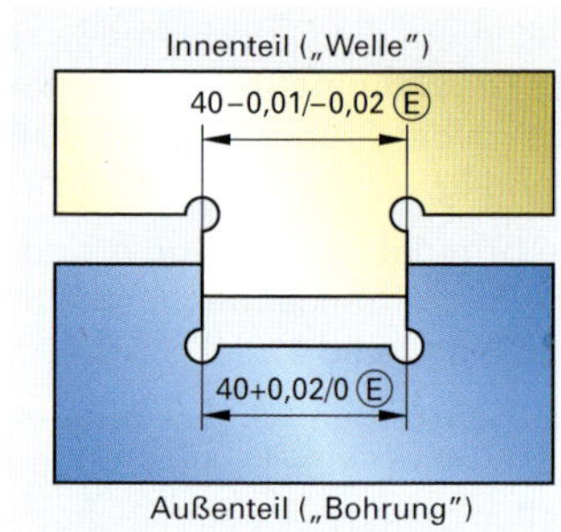

Bild 2: Spielpassung

Übermaßpassungen. Das Höchstmaß der Bohrung ist immer kleiner, im Grenzfall auch gleich groß wie das Mindestmaß der Welle **(Bilder 1, 3** und **4).**

Das **Höchstübermaß** $P_{ÜH}$ ist die Differenz zwischen dem Mindestmaß der Bohrung G_{uB} und dem Höchstmaß der Welle G_{oW}.

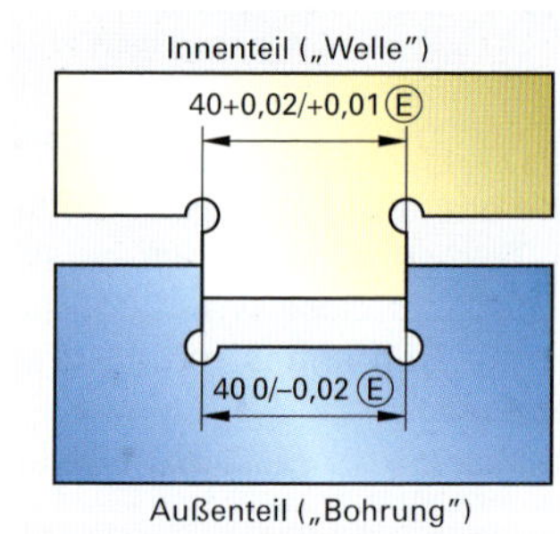

Bild 3: Übermaßpassung

Höchstübermaß $P_{ÜH} = G_{uB} - G_{oW}$

Das **Mindestübermaß** $P_{ÜM}$ ist die Differenz zwischen dem Höchstmaß der Bohrung G_{oB} und dem Mindestmaß der Welle G_{uW}.

Mindestübermaß $P_{ÜM} = G_{oB} - G_{uW}$

Beispiel: Wie groß sind Höchst- und Mindestübermaß der Passung **Bild 3?**

Lösung: $P_{ÜH} = G_{uB} - G_{oW} = 39{,}98\text{ mm} - 40{,}02\text{ mm} = -\,0{,}04\text{ mm}$

$P_{ÜM} = G_{oB} - G_{uW} = 40{,}00\text{ mm} - 40{,}01\text{ mm} = -\,0{,}01\text{ mm}$

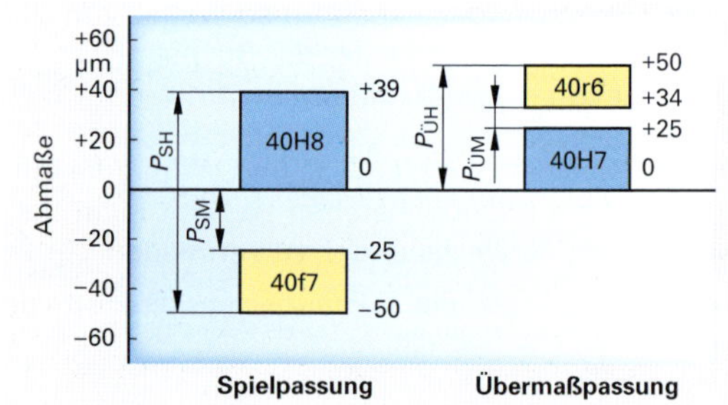

Bild 4: Lage der Toleranzfelder bei Spiel- und Übermaßpassung

Übergangspassungen. Bei einer Übergangspassung entsteht je nach den Istmaßen von Bohrung und Welle beim Fügen entweder ein Spiel oder ein Übermaß **(Bild 1)**.

Beispiel: Für die Passung Ø 20 H7/n6 sind für die Bohrung und die Welle jeweils das Höchstmaß G_o und das Mindestmaß G_u zu bestimmen **(Bild 2)**. Wie groß sind außerdem das Höchstspiel P_{SH} und das Höchstübermaß $P_{ÜH}$?

Lösung: **(Bild 3)** Bohrung:

$G_{oB} = N + ES$
$= 20\ \text{mm} + 0{,}021\ \text{mm} = \mathbf{20{,}021\ mm}$

$G_{uB} = N + EI$
$= 20\ \text{mm} + 0\ \text{mm} = \mathbf{20{,}000\ mm}$

Welle:

$G_{oW} = N + es$
$= 20\ \text{mm} + 0{,}028\ \text{mm} = \mathbf{20{,}028\ mm}$

$G_{uW} = N + ei$
$= 20\ \text{mm} + 0{,}015\ \text{mm} = \mathbf{20{,}015\ mm}$

Höchstspiel:

$P_{SH} = G_{oB} - G_{uW}$
$= 20{,}021\ \text{mm} - 20{,}015\ \text{mm} = \mathbf{0{,}006\ mm}$

Höchstübermaß:

$P_{ÜH} = G_{uB} - G_{oW}$
$= 20{,}000\ \text{mm} - 20{,}028\ \text{mm} = \mathbf{-\ 0{,}028\ mm}$

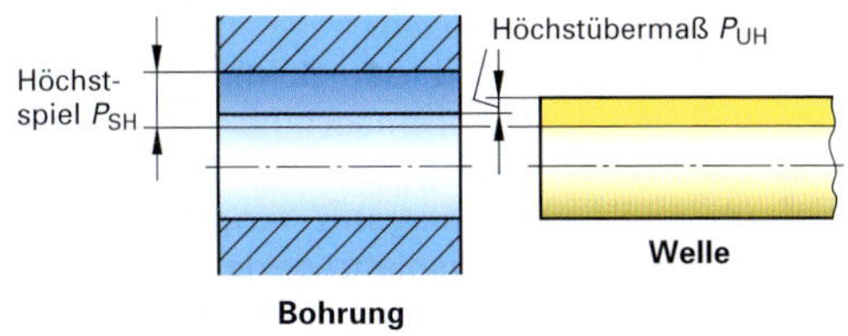

Bild 1: Übergangspassung

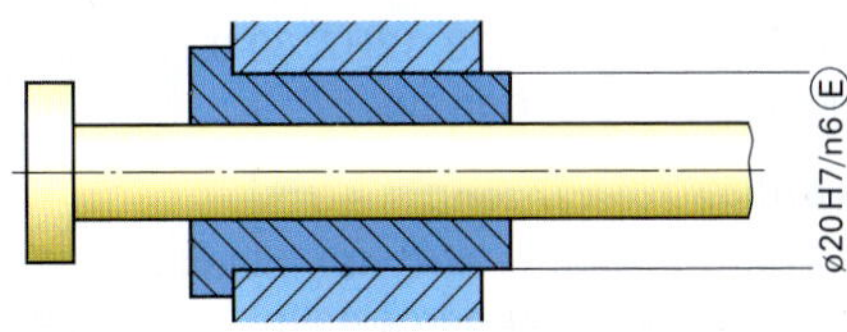

Bild 2: Beispiel einer Übergangspassung

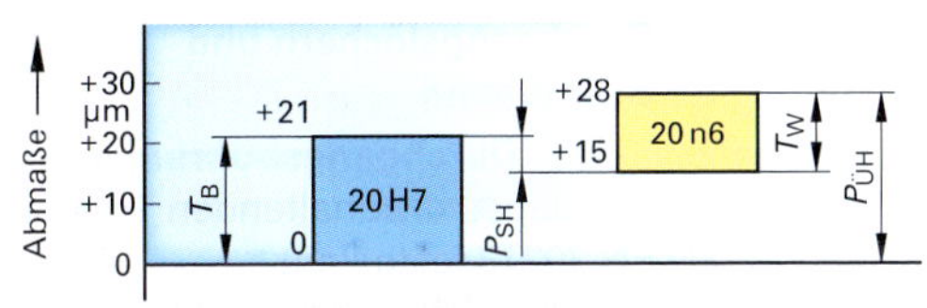

Bild 3: Passung 20 H7/n6

Wiederholung und Vertiefung

1 Wie ist bei den ISO-Toleranzen die Lage der Toleranzfelder zur Nulllinie festgelegt?

2 In einer Zeichnung steht für die Maße ohne Toleranzangabe der Hinweis: ISO 2768-f. Welche Grenzmaße darf das Nennmaß 25 haben?

3 Wovon hängt die Größe einer Toleranz ab?

4 Bei welchen Anwendungsgebieten kommen die Toleranzgrade 5...11 hauptsächlich vor?

5 Welche Passungen unterscheidet man?

6 Wodurch unterscheiden sich die Passungsarten „Spielpassung" und „Übermaßpassung"?

7 In einer Gesamtzeichnung ist die Passung ∅40H7/m6 eingetragen. Erstellen Sie mithilfe eines Tabellenbuches eine Abmaßtabelle und berechnen Sie das Höchstspiel und das Höchstübermaß.

8 Für die Laufrolle mit Lagerdeckel **(Bild 4)** sind zu bestimmen

a) die Höchst- und Mindestmaße sowie die Toleranz für sechs Maße nach freier Wahl,

b) das Höchst- und Mindestspiel für die Passung des Deckels in der Laufrolle,

c) das Höchstspiel und das Höchstübermaß zwischen dem Außenring des einzubauenden Wälzlagers und der Bohrung 42M7 der Laufrolle. Der Außendurchmesser des Wälzlagers ist mit 42-0,011 toleriert.

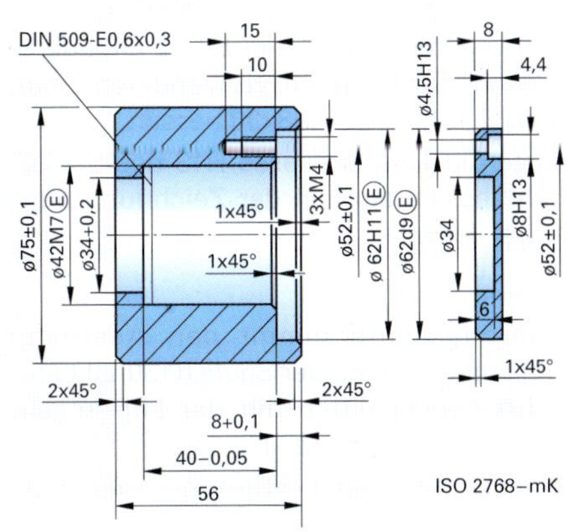

Bild 4: Laufrolle mit Lagerdeckel

1.6.4 Qualitätslenkung

Im Vordergrund der Qualitätslenkung stehen Maßnahmen zur Erreichung sicherer Prozesse in allen Bereichen, um fehlerhafte Teile zu vermeiden. Dabei garantiert eine gute Qualitätsprüfung alleine noch keine fehlerfreien Produkte.

Ziel der Qualitätslenkung ist die Erfüllung von Qualitätsforderungen durch vorbeugende, überwachende und korrigierende Tätigkeiten sowie die Beseitigung von Fehlerursachen, damit eine hohe Wirtschaftlichkeit erreicht wird.

Bei der Qualitätslenkung werden in festgelegten Abständen aus der laufenden Fertigung Stichproben entnommen und geprüft **(Bild 1)**. Weichen die Messwerte von den geforderten Werten ab, werden Maßnahmen zur Vermeidung fehlerhafter Teile ergriffen.

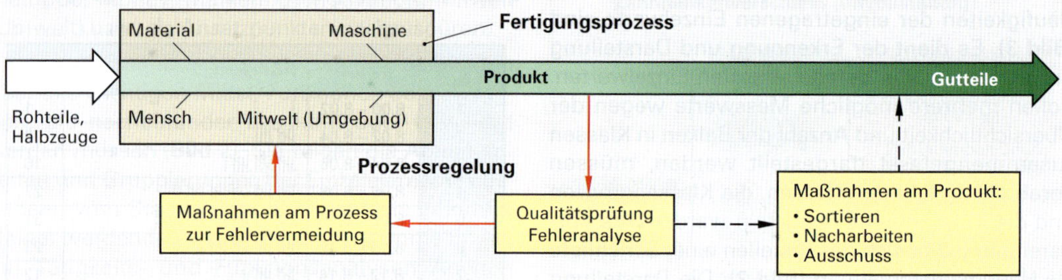

Bild 1: Qualitätslenkung zur Fehlervermeidung

Ziel der Qualitätslenkung bei der Überwachung von Produktionsprozessen ist es, die Streuung von Merkmalswerten in Grenzen zu halten. Die Hauptursachen für die Streuung sind die „5 M-Einflüsse" Mensch, Maschine, Material, Methode und Mitwelt/Umgebung **(Tabelle 1)**.

Die 5 M-Einflüsse werden manchmal auch um weitere Einflüsse wie Money, Marketing, Motivation und Messfähigkeit erweitert. Das gewählte Messverfahren beeinflusst die Messwerte. Ein Messverfahren ist für die Prüfaufgabe geeignet (fähig), wenn die Messunsicherheit im Verhältnis zur Werkstücktoleranz oder zur Fertigungsstreuung vernachlässigbar klein ist.

Tabelle 1: 5 M-Einflüsse auf die Streuung von Merkmalswerten

Mensch	Qualifikation, Motivation, Belastungsgrad, Verantwortungsbewusstsein
Maschine	Steifigkeit, Bearbeitungsstabilität, Positionsgenauigkeit, Gleichförmigkeit der Bewegung, Wärmeverzug, Werkzeug- und Spannsystem
Material	Abmessungen, Festigkeit, Härte, Spannungen, z. B. durch Wärmebehandlung oder Bearbeitung
Methode	Fertigungsverfahren, Arbeitsfolge, Schnittbedingungen, Prüfverfahren
Mitwelt	Temperatur, Bodenerschütterungen

Maßnahmen zur Qualitätslenkung

- **Qualitätsprüfung** möglichst während oder unmittelbar nach der Fertigung, um fehlerhafte Teile früh zu erkennen
- Unmittelbare **Messwertverarbeitung** zur Produktsteuerung, z. B. Aussortieren fehlerhafter Teile oder Nacharbeit
- **Trenderkennung,** um Fehler zu vermeiden
- **Prozessregelung** durch Regel-Einrichtungen in der Maschine, um gleich bleibende Maße zu erhalten **(Bild 2)**.

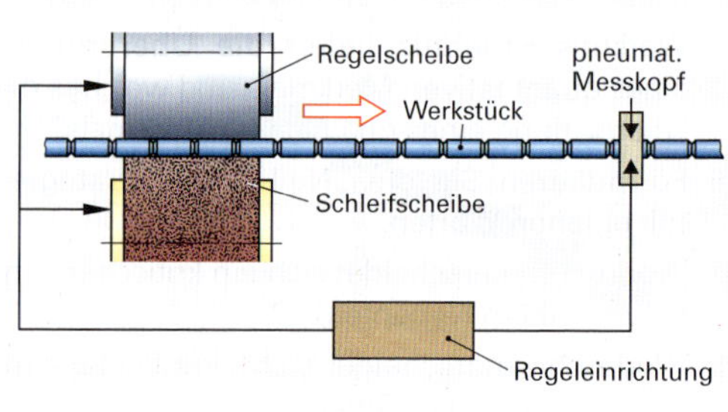

Bild 2: Prozessregelung beim Schleifen

1.6.5 Qualitätssicherung

Hauptziel der Qualitätssicherung ist der Nachweis, dass die Qualitätsforderungen in der Produktion erfüllt werden. Damit schafft die Qualitätssicherung beim Kunden, aber auch firmenintern das Vertrauen in die Qualitätsfähigkeit des Betriebes. Im Bereich der Qualitätsprüfung überschneiden sich Qualitätssicherung und Qualitätslenkung.

Die **Prüfplanung** legt die zu prüfenden Qualitätsmerkmale fest. Für jede durchzuführende Prüfung wird ein Verfahren beschrieben, wie die Merkmale zu prüfen und wie die Prüfergebnisse zu dokumentieren sind.

Prüfpläne können aus einzelnen Verfahrensanweisungen bestehen, welche die Reihenfolge der Prüfungen von der Wareneingangsprüfung über Prüfungen in der Fertigung bis zur Endprüfung beschreiben **(Tabelle 1).**

Tabelle 1: Prüfplan

Ident-Nr.: 18012 — Zeichnungs-Nr.: 241074

Benennung: **Buchse für Gleitlager** — Prüfplan-Nr.: 81

lfd. Nr.	Prüfmerkmal	Prüfmittel	Prüfumfang	Prüfmethode[1]	Prüfzeitpunkt	Prüfdokumentation
1	Länge l_1 20 h11 = 20 0/–0,13 mm	Messschieber	n = 1	1/V	jede Stunde	Prüfprotokoll
2	Innendurchmesser d_1 20 E6 = 20 +0,053/+0,040 mm	selbstzentrierendes Innenmessgerät	n = 5	1/V	alle 15 min	Regelkarte
3	Außendurchmesser d_2 26 s6 = 26 +0,048/+0,035 mm	Feinzeiger	n = 5	1/V	alle 15 min	Regelkarte
4	Koaxialität t_{KO} = 0,033 mm	Formmessgerät	n = 1	3/V	jede Stunde	Prüfprotokoll
5	Rautiefe Rz = 4 µm	Oberflächenprüfgerät	n = 1	3/V	alle 30 min	Prüfprotokoll
6	Härte 90 + 10 HB	Brinell-Härteprüfgerät	n = 2 je Los	4/V	vor Serienanlauf	Prüfprotokoll

[1] Prüfmethoden: 1 = Prüfung durch Mitarbeiter; 2 = Prüfung durch QS-Abteilung; 3 = Prüfung durch Messlabor; 4 = Prüfung durch Werkstofflabor
V = variabel (quantitativ, messend ermitteln)
A = attributiv (qualitativ, Eigenschaften ermitteln)
n = Stichprobenumfang

Arten von Prüfungen

Die **Eingangsprüfung** hat die Aufgabe, Merkmale von Materialien und Zulieferteilen zu prüfen, die für die spätere Montage oder die Funktion von Produkten wichtig sind.

Die **Zwischenprüfung**, auch als **Fertigungsprüfung** bezeichnet, stellt fest, ob innerhalb des Fertigungsablaufes die geforderte Qualität erreicht wurde.

Bei der **Endprüfung** werden Liefervereinbarungen von Produkten geprüft.

Beurteilung von Prüflosen: Ein Prüflos ist eine Menge gleicher Werkstücke oder Bauteile. Die Teile müssen aufeinander folgend gefertigt sein, z. B. Drehteile einer Serie.

Bei der **100%-Prüfung** werden alle Werkstücke oder Baugruppen geprüft. Die manuelle 100%-Prüfung ist durch den Einfluss von Monotonie und Ablenkung fast immer fehlerbehaftet und daher nur bei kleinen Prüflosen sinnvoll. Vorteilhaft sind dagegen 100%-Prüfungen mit automatischen Messeinrichtungen.

Die **Stichprobenprüfung** erfolgt nach den Regeln der Wahrscheinlichkeit. Die Qualitätsprüfung nach dem Stichprobenverfahren ist sehr wirtschaftlich und ermöglicht eine ausreichend sichere Aussage über die Qualität des Prüfloses.

Fehlerhafte Werkstücke müssen gesperrt oder nachgearbeitet werden.

1.7 Practise your English

Quality management

Many companies have become certified and implemented a quality management system according to ISO 9000 standards. Modern quality management encompasses all activities in a company. It is carried out successfully if all employees follow the guidelines of the ISO standards.

Quality is an important element for the success of a company. It plays a major role and it is the result of systematic planning and management of products and processes. Its importance is highlighted by the provision of awards and prizes **(Figure 1)**.

Quality tools

Quality tools are graphical aids for representing quality-related analysis and/or findings **(Figure 2)**.

- The **defect chart** detects and lists errors in a production process.
- The **histogram** shows the frequency of quality relevant data into classes.
- The **quality control chart** is a graphical aid for for continuous process monitoring.
- The **Pareto chart** displays causes of problems in order of importance.
- The **cause-and-effect diagram** ("fishbone chart") is used to find the causes of problems.
- The **scatter diagram** determines a relationship between two features.

Distribution of measured values

If the sample size is increased and the class intervals are reduced, the staircase shape of the histogram of normally distributed values turns into a normal distribution bell curve **(Figure 3)**. The measured values of many industrial processes are normally distributed, e.g. length measurements. The normal distribution is a continuous, symmetric and bell-shaped curve. The characteristics of a sample are the arithmetic mean and the standard deviation ***s***. $\bar{x}$ provides information of the location of the distribution with respect to the limits, s describes the scattering of the measured values around the mean.

Statistical process control (SPC)

Statistical evaluation methods such as sampling inspection, capability studies and the use of quality control charts are part of the statistical process control, and thus of the quality assurance **(Figure 4)**. Quality control charts (QCC) are used to monitor key products or process characteristics in mass production.

Figure 1: Samples for logos by accredited certification companies and special awards

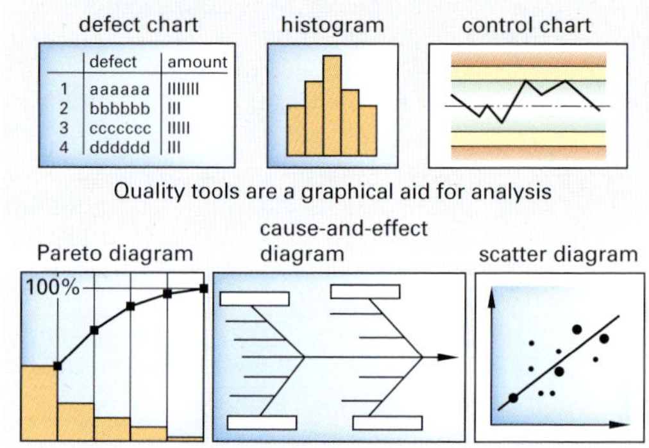

Figure 2: Quality tools

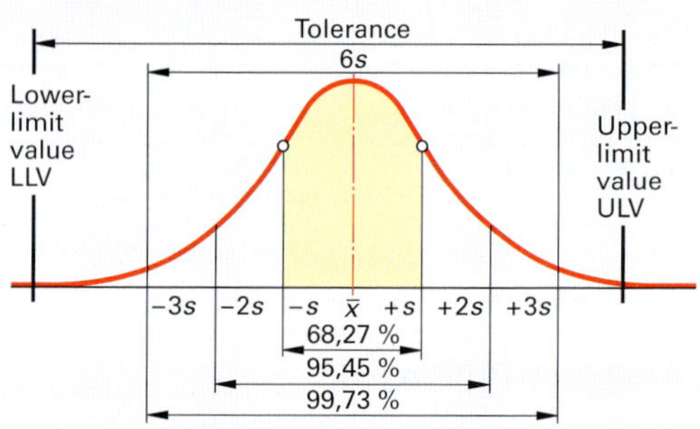

Figure 3: Normal distribution of values

	Machine capability	Process capability
Item	machine	production process
Volume	1 sampling testing, n ≥ 50	permanent testing of samles, n ≥ 5
Aim	evaluation of machine	evaluation of process
Application	e. g. new acquisition	current manufacturing process
Values	C_m, C_{mk}	C_p, C_{pk}

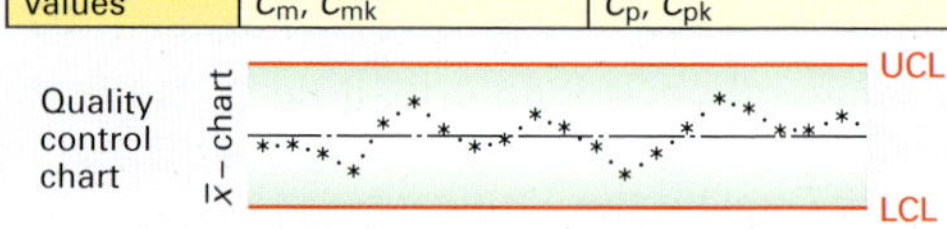

Figure 4: Capability study and quality control chart

2 Fertigungstechnik

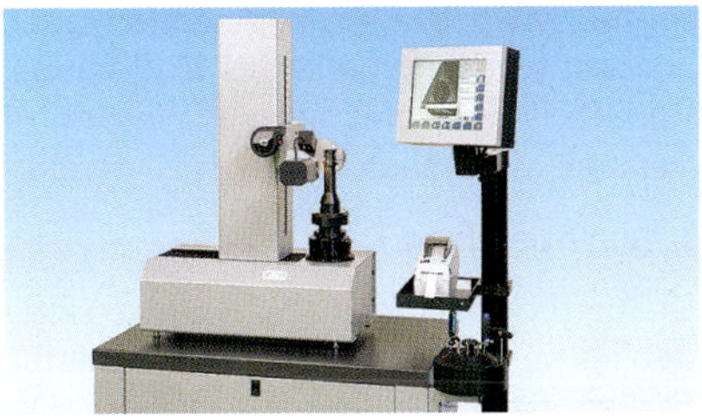

2 Fertigungstechnik

2.1 Arbeitssicherheit

Zur Arbeitssicherheit und damit zur Unfallverhütung gibt es für jeden Berufszweig Unfallverhütungsvorschriften (UVV). Sie werden von den Berufsgenossenschaften erlassen und müssen in jedem Betrieb ausgelegt werden **(Bild 1)**.

Jeder Betriebsangehörige muss diese Vorschriften genau beachten. Unfallverhütendes Verhalten kann man erlernen. Durch sicherheitswidriges Verhalten können Krankheiten, Körper- und Sachschäden entstehen. Sicherheitswidrig verhält sich, wer durch Nichtbeachten von Vorschriften und Sicherheitszeichen sich und seine Mitarbeiter sowie die Anlagen und Einrichtungen des Betriebes gefährdet.

UK|BG
Unfallkassen und
Berufsgenossenschaften
Deutsche Gesetzliche Unfallversicherung

Bild 1: Zeichen der gewerblichen Berufsgenossenschaften

Durch Unfallverhütung am Arbeitsplatz sollen Menschen und Einrichtungen vor Schaden bewahrt werden.

2.1.1 Sicherheitszeichen

Zur Kennzeichnung eines Arbeitsbereiches benutzt man verschiedene Arten von Kennzeichen.

Gebotszeichen

Die kreisförmigen Gebotszeichen in den Farben Blau und Weiß zeigen die gebotenen Schutzmaßnahmen **(Bild 2)**. Sie schreiben bestimmte Verhaltensweisen zwingend vor. So muss z. B. beim Arbeiten am Schleifbock eine Schutzbrille getragen werden.

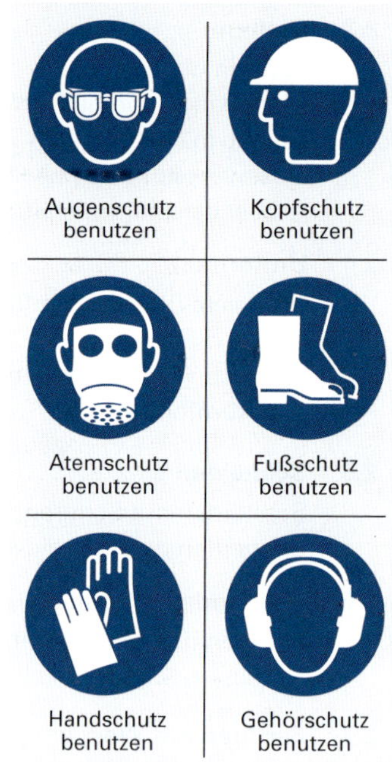

Bild 2: Gebotszeichen

Verbotszeichen

Auch diese Zeichen sind rund und zeigen die verbotene Handlung als schwarzes Bild auf weißem Grund **(Bild 3)**. Man erkennt sie durch ihren roten Rand und den roten Querbalken.

Brennbare Flüssigkeiten und Gase sowie fein verteilte Stäube können mit der Luft explosible Gemische bilden. Räume, in denen solche Stoffe, wie z. B. Benzin, Acetylen oder Holzstaub, lagern oder verarbeitet werden, gelten als explosionsgefährdet. In ihnen muss ein Verbotszeichen angebracht werden, das Feuer, offenes Licht und Rauchen untersagt.

Bild 3: Verbotszeichen

Warnzeichen

Die dreieckigen Warnzeichen mit nach oben zeigender Spitze sind in den Farben Gelb und Schwarz ausgeführt **(Bild 1, folgende Seite)**. An Stellen, wo z. B. giftige oder ätzende Stoffe gelagert sind, weist das entsprechende Warnzeichen darauf hin, dass diese Stoffe nur mit großer Vorsicht und den entsprechenden Sicherheitsmaßnahmen gehandhabt werden dürfen.

Rettungszeichen

Rettungszeichen sind quadratisch oder rechteckig in den Farben Grün und Weiß **(Bild 2, folgende Seite)**. Sie weisen z. B. auf Rettungswege hin oder kennzeichnen Stellen, an denen Verbandskästen oder Tragen für erste Hilfe bereitstehen.

Zur Erhöhung der Sicherheit am Arbeitsplatz werden Gebots-, Verbots-, Warn- und Rettungszeichen angebracht.

2.1.2 Unfallverhütung

Unfälle werden verursacht durch menschliches Versagen, wie Unkenntnis der Gefahr und Leichtsinn, sowie durch technisches Versagen.

Menschliches Versagen lässt sich trotz gründlicher Schulung und Sorgfalt nicht ganz ausschließen. Durch angebrachte Sicherheitseinrichtungen, z. B. durch Abschrankungen, sollen die Folgen jedoch in möglichst engen Grenzen gehalten werden.

Technisches Versagen kann z. B. durch Werkstoffermüdung oder nichtvorhersehbare Überlastung eintreten. Aber auch im Versagensfall, wenn z. B. an einer Maschine der Spanndruck der Spanneinrichtung abfällt, darf die Maschine nicht anlaufen bzw. muss sofort selbsttätig stillgesetzt werden.

2.1.3 Sicherheitsmaßnahmen

Unfälle müssen durch vorbeugende Sicherheitsmaßnahmen verhindert werden. Dazu gehören die Beseitigung der Unfallgefahren, die Abschirmung und Kennzeichnung von Gefahrstellen sowie die Verhinderung der Gefährdung:

- **Gefahren müssen beseitigt werden.**

  Mängel an Maschinen, Werkzeugen und Anlagen müssen sofort dem zuständigen Mitarbeiter gemeldet werden.

  Verkehrs- und Fluchtwege sind freizuhalten.

  Scharfe und spitzige Werkzeuge dürfen nicht in der Kleidung getragen werden.

  Schmuckstücke, Uhren und Ringe sind vor der Arbeit abzulegen.

- **Gefahrstellen müssen abgeschirmt und bezeichnet werden.**

  Schutzvorrichtungen, Hinweisschilder und Sicherheitseinrichtungen dürfen nicht entfernt werden.

  Zahnrad-, Riemen- und Kettenantriebe sowie ineinander greifende Bauteile sind abzudecken.

  Gefäße mit entzündlichen, explosiblen, ätzenden oder giftigen Stoffen müssen gekennzeichnet und sicher aufgestellt werden.

- **Gefährdung muss verhindert werden.**

  Gegen Funkenflug, Hitze, Lärm und Strahlung muss geeignete Schutzkleidung getragen werden.

  Durch Schutzbrillen, Schutzschilder, Schutzhauben und Schutzschirme werden Gefahren für Gesicht und Augen ausgeschlossen.

  Für elektrische Anlagen und Betriebsmittel gelten besondere Schutzmaßnahmen (Seite 310).

> Wenn es um die Sicherheit von Maschinen, Anlagen und Fertigungsprozessen, vor allem aber auch um Leben und Gesundheit der Mitarbeiter geht, muss jeder mitdenken, mitsorgen und mithelfen.

Wiederholung und Vertiefung

1 Welche Sicherheitszeichen unterscheidet man?

2 Wodurch werden Gefahren für Gesicht und Augen verhindert?

3 Wodurch können Unfälle verursacht werden?

4 Welche Schutzmaßnahmen gelten für elektrische Betriebsmittel?

Bild 1: Warnzeichen

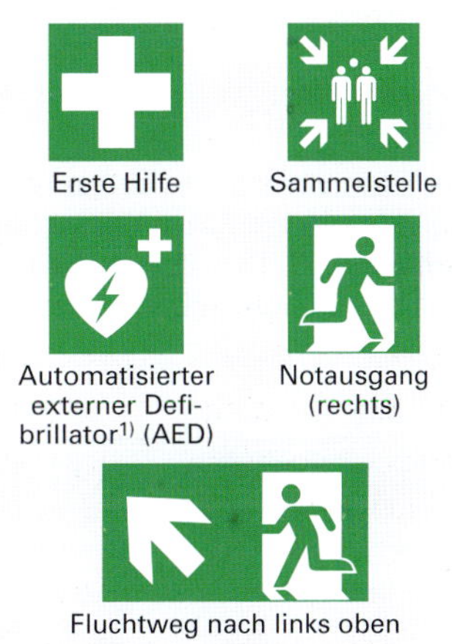

[1] Gerät zur Beseitigung von Herzrhythmusstörungen

Bild 2: Rettungszeichen

2.2 Gliederung der Fertigungsverfahren

Die industriellen und handwerklichen Fertigungsverfahren können danach eingeteilt werden, ob bei einem Verfahren die Form des Werkstückes geschaffen, geändert oder beibehalten wird. Wird zudem berücksichtigt, ob der Zusammenhalt des Werkstoffs bei der Fertigung erst entsteht oder ob er beibehalten, verkleinert oder vergrößert wird, ergeben sich für die Fertigungsverfahren sechs Hauptgruppen **(Bild 1)**.

Die **Form der Werkstücke** wird durch das Verfahren					
geschaffen	geändert			beibehalten	
Urformen (Hauptgruppe 1)	**Umformen** (Hauptgruppe 2)	**Trennen** (Hauptgruppe 3)	**Fügen** (Hauptgruppe 4)	**Beschichten** (Hauptgruppe 5)	**Änderung der Stoffeigenschaft** (Hauptgruppe 6)
Der **Zusammenhalt des Werkstoffs** wird durch das Verfahren					
geschaffen	beibehalten	verkleinert	vergrößert		beibehalten oder verkleinert oder vergrößert

Bild 1: Hauptgruppen der Fertigungsverfahren

Fertigungsverfahren der einzelnen Hauptgruppen

Urformen

Das Werkstück wird aus formlosem Stoff geschaffen **(Bild 2)**. Der Zusammenhalt des Werkstoffs entsteht beim Ablauf des Fertigungsverfahrens.

Ausgangszustand	**Verfahren (Beispiele)**
• flüssig	Gießen
• plastisch, teigig	Extrudieren
• körnig, pulvrig	Sintern
• ionisiert	Galvanoplastik

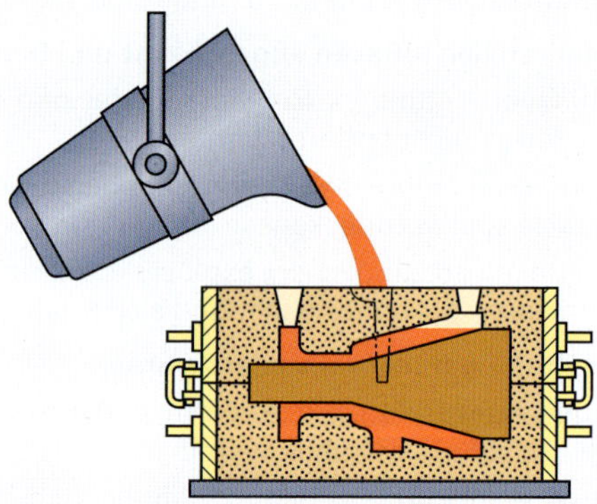

Bild 2: Urformen (Gießen)

Umformen

Die Form eines festen Werkstückes oder eines Vorproduktes wird durch plastisches Verformen geändert **(Bild 3)**. Der Zusammenhalt des Werkstoffs bleibt dabei erhalten.

Vorgang	**Verfahren (Beispiele)**
• Druckumformen	Walzen, Gesenkformen
• Zugdruckumformen	Tiefziehen
• Zugumformen	Längen, Weiten
• Biegeumformen	Abkanten, Gesenkbiegen
• Schubumformen	Winden einer Druckfeder

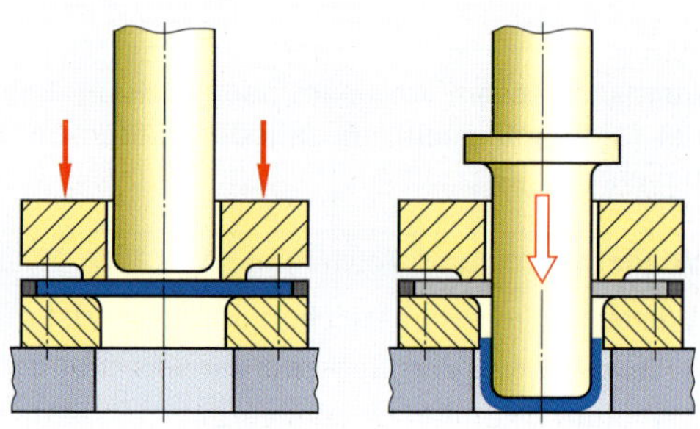

Bild 3: Umformen (Tiefziehen)

Trennen

Durch Trennen werden Werkstücke aus Rohteilen hergestellt **(Bild 1)**. Die Form wird dabei geändert und der Zusammenhang des Werkstoffs im Bereich der Bearbeitung aufgehoben.

Vorgang	Verfahren (Beispiele)
• Zerteilen	Scher-, Strahlschneiden
• Spanen	Fräsen, Schleifen
• Abtragen	Funkenerosion
• Zerlegen	Abschrauben

Bild 1: Trennen (Fräsen)

Fügen

Durch Fügen werden zwei oder mehr Teile lösbar oder unlösbar verbunden **(Bild 2)**.

Vorgang	Verfahren (Beispiele)
• Zusammensetzen	Verschrauben
• Einpressen	Wälzlagermontage
• Schweißen	Schutzgasschweißen
• Löten	Hart-, Weichlöten
• Kleben	mit Reaktionsklebern

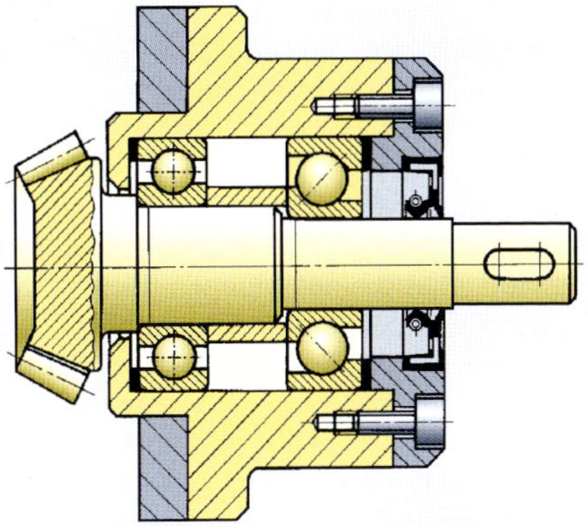

Bild 2: Fügen (Verschrauben)

Beschichten

Beim Beschichten wird formloser Stoff als festhaftende Schicht auf ein Werkstück aufgebracht **(Bild 3)**.

Stoffzustand	Verfahren (Beispiele)
• gas-, dampfförmig	Aufdampfen
• flüssig, pastös	Lackieren
• ionisiert	Galvanisieren
• fest, körnig	Thermisches Spritzen

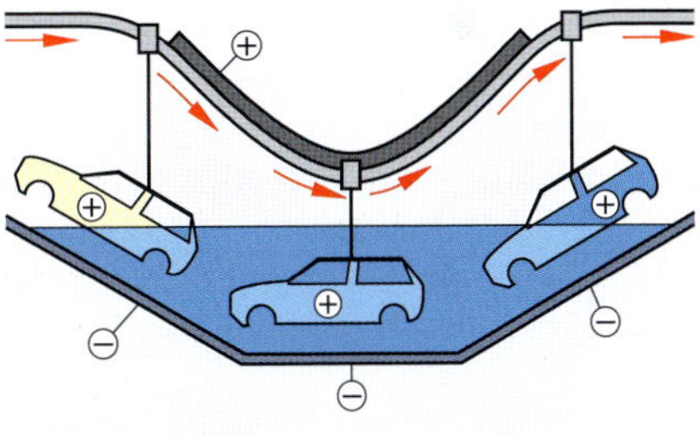

Bild 3: Beschichten (Elektrotauchlackieren)

Ändern der Stoffeigenschaft

Durch Umlagern, Aussondern oder Einbringen von Stoffteilchen werden die Eigenschaften eines Stoffes geändert **(Bild 4)**.

Vorgang	Verfahren (Beispiele)
• Umlagern	Härten, Anlassen
• Aussondern	Entkohlen
• Einbringen	Aufkohlen, Nitrieren

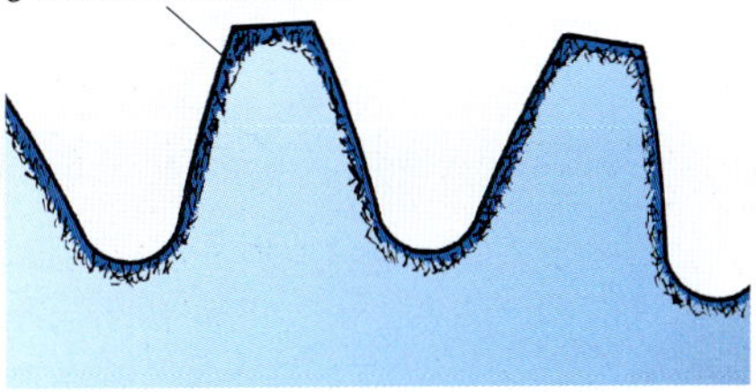

Bild 4: Ändern der Stoffeigenschaft (Härten)

Wiederholung und Vertiefung

1 Welche Hauptgruppen werden bei den Fertigungsverfahren unterschieden?

2 Beschreiben Sie je ein Verfahren einer Hauptgruppe.

2.3 Gießen

Werkstücke werden gegossen, wenn ihre Herstellung durch andere Verfahren unwirtschaftlich oder nicht möglich ist oder wenn besondere Eigenschaften des Gusswerkstoffs, wie z. B. gute Gleiteigenschaften, genutzt werden sollen **(Bild 1)**.

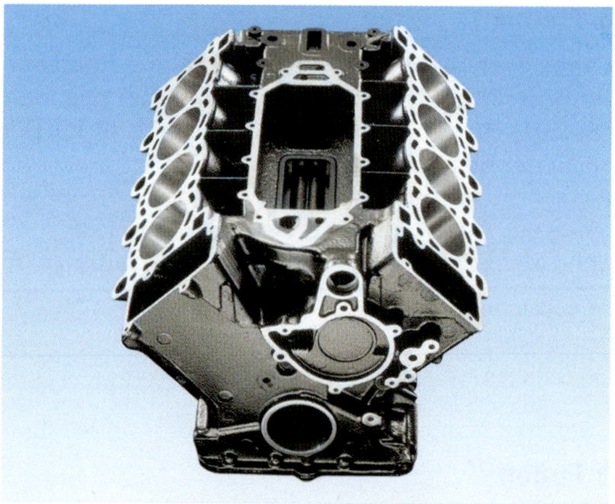

Bild 1: Zylinderkurbelgehäuse eines V8-Dieselmotors

2.3.1 Formen und Modelle

Formen

Zur Herstellung von Gussstücken werden verlorene Formen oder Dauerformen verwendet **(Tabelle 2)**.

Verlorene Formen werden beim Entformen der Gussstücke zerstört. Sie bestehen meist aus Quarzsand und einem Bindemittel.

Dauerformen werden verwendet, wenn Gussstücke aus Nichteisenmetallen in großer Stückzahl hergestellt werden müssen. Die Formen bestehen aus legiertem Stahl oder Eisen-Gusswerkstoffen.

Modelle

Zur Herstellung verlorener Formen sind **Modelle** erforderlich. Die Werkstückzeichnung **(Bild 1.1, folgende Seite)** dient als Grundlage für die Herstellung eines Modells **(Bild 1.2, folgende Seite)**. Weil die Gussstücke beim Abkühlen schrumpfen („schwinden"), müssen die Modellmaße um das Schwindmaß größer sein als die Maße der fertigen Gussstücke **(Bild 2)**. Außerdem müssen am Modell diejenigen Flächen des Gussstücks, die spanend bearbeitet werden, eine Bearbeitungszugabe erhalten.

Die Schwindmaße sind vom Gusswerkstoff abhängig und betragen, bezogen auf die Modellmaße, bis 2% **(Tabelle 1)**.

Bei den Modellen unterscheidet man **Dauermodelle** und **verlorene Modelle.** Dauermodelle können wiederholt zur Herstellung von Formen verwendet werden. Verlorene Modelle verbleiben in der Form und werden beim Eingießen des flüssigen Metalls zerstört (Seite 101).

Hohlräume oder Hinterschneidungen in Gussstücken werden durch **Kerne** ausgespart. Sandkerne werden in Kernkästen hergestellt **(Bild 1.3, folgende Seite)**. Durch **Kernmarken,** die sich am Modell befinden, erhält man in der Form die Kernlager **(Bilder 1.2** und **1.7, folgende Seite)**.

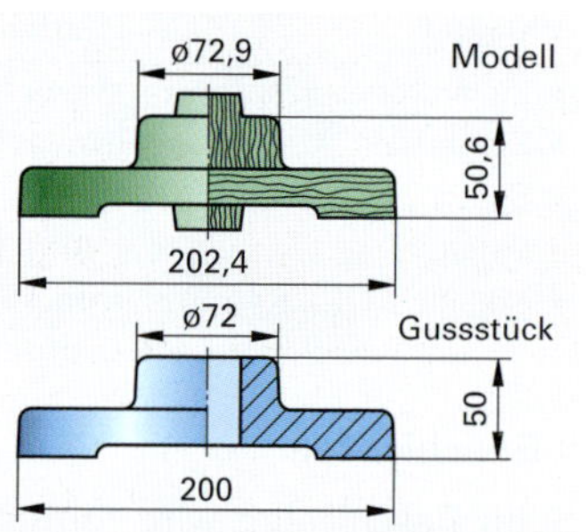

Bild 2: Modellmaße für ein Gussstück aus einer Al-Legierung

Tabelle 1: Schwindmaße

Gusswerkstoff	Schwindmaß in %
Gusseisen (EN-GJL)	1,0
Stahlguss	2,0
Al- und Mg-Legierungen	1,2

Tabelle 2: Übersicht über Form- und Gießverfahren

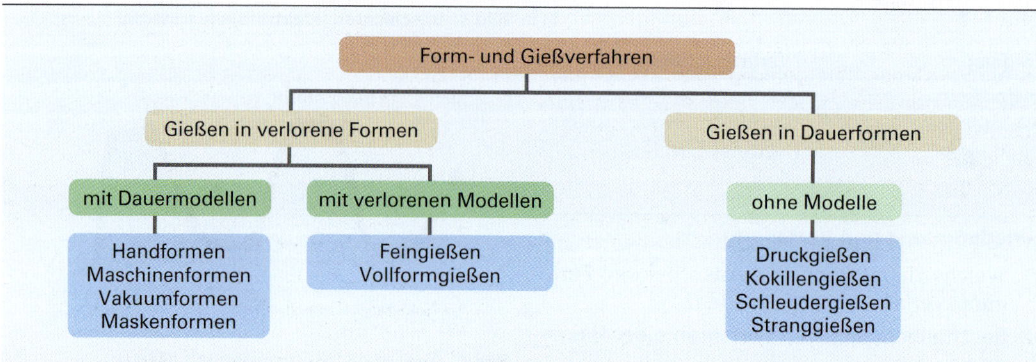

2.3.2 Gießen in verlorene Formen

2.3.2.1 Formverfahren mit Dauermodellen

Zu den Formverfahren mit Dauermodellen gehören das Hand- und Maschinenformen, das Vakuumformen und das Maskenformen.

Hand- und Maschinenformen

Zum Einformen der Modelle verwendet man zwei- oder mehrteilige Formkästen **(Bild 1)**. Bei großen Gussstücken und bei Gussstücken, die nur in geringer Stückzahl benötigt werden, werden die Gießformen durch **Handformen** hergestellt.

Zum Einformen eines zweiteiligen Modells wird eine Modellhälfte in den **Unterkasten** gelegt. Der eingefüllte Formstoff wird von Hand verdichtet **(Bild 1.5)**. Auf den gewendeten Unterkasten wird der Oberkasten gesetzt, dessen Lage Führungsstifte sichern. Danach wird die andere Modellhälfte eingelegt und eingeformt **(Bild 1.6)**. Nach dem Abheben des Oberkastens vom Unterkasten werden **Lauf** und **Anschnitt** eingeschnitten. Anschließend werden die Modellhälften ausgehoben und der **Kern** eingelegt. Wegen der Auftriebskraft beim Gießen werden Ober- und Unterkasten miteinander verklammert oder durch Gewichte beschwert **(Bild 1.7)**.

Die Form wird durch den **Einguss** gefüllt. Dabei entweicht die Luft über die **Speiser**. Mit flüssigem Metall aus den Speisern wird die Flüssigkeitsschwindung in der Form ausgeglichen. Dadurch werden Schwindungshohlräume (Lunker) vermieden.

Anwendungsbeispiele: Gießen von Turbinenrädern für Wasserkraftwerke und Palettentischen für Bearbeitungszentren.

Beim **Maschinenformen** sind die Arbeitsgänge der Formherstellung dieselben wie beim Handformen, jedoch übernehmen hier Maschinen z. B. das Verdichten des Formstoffs und das Entnehmen des Modells. Bei vollautomatisierten Gießanlagen werden darüber hinaus die gefertigten Formen abgegossen und die Gussstücke nach dem Erstarren entformt. Dadurch werden die Herstellzeiten verkürzt. Maschinenformen ist erst bei mittleren Stückzahlen wirtschaftlich.

> Maschinengeformte Gussstücke sind maßgenauer als handgeformte und besitzen eine bessere Oberfläche.

Anwendungsbeispiel: Gießen von Kurbelwellen für Personenkraftwagen.

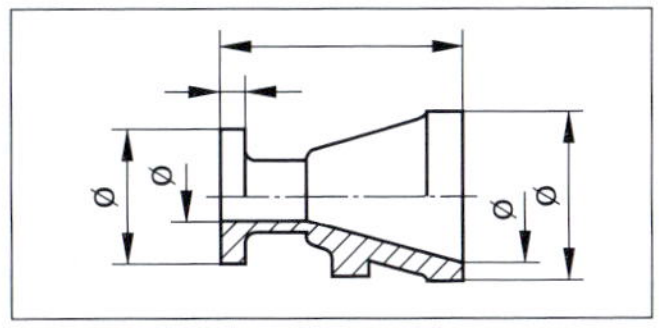
1.1 Werkstückzeichnung

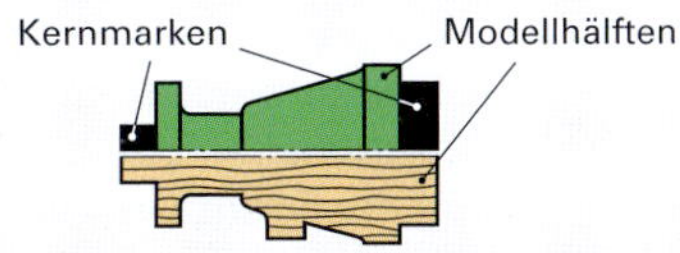

1.2 Modell (zweiteilig)

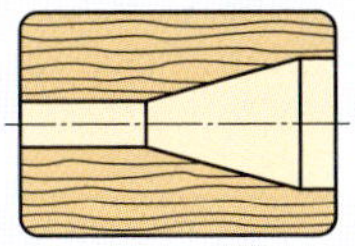
1.3 Kernkasten (zweiteilig)

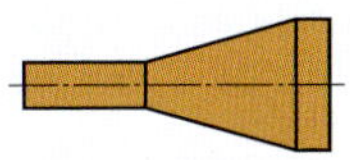
1.4 Ausgeformter Kern

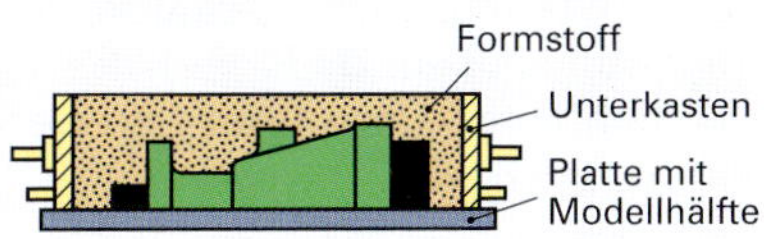

1.5 Eingeformtes Modellunterteil

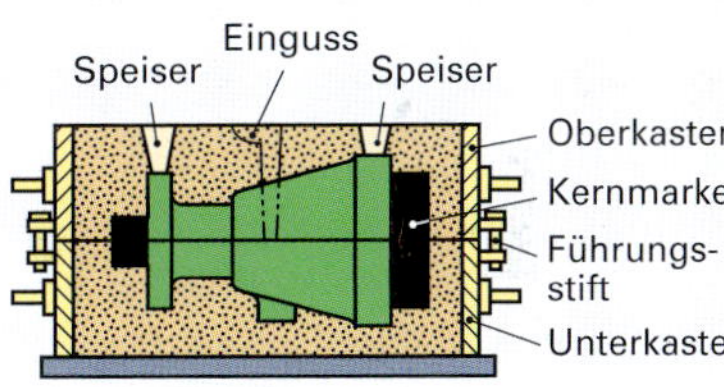

1.6 Eingeformtes Modelloberteil

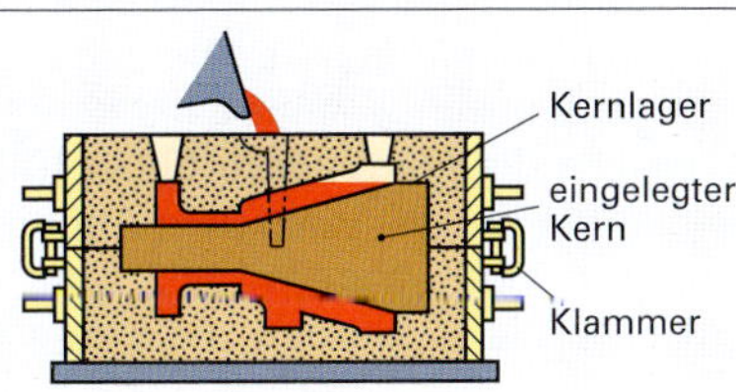

1.7 Abgießen

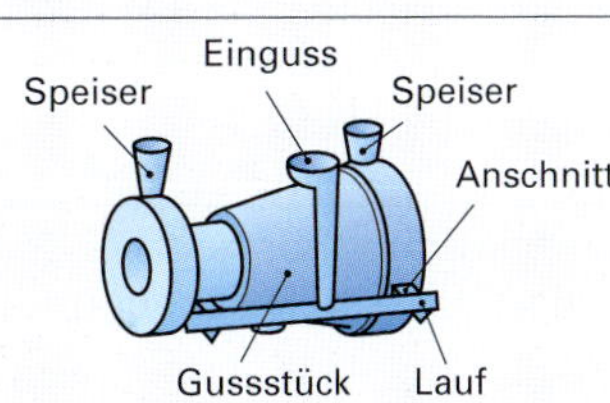

1.8 Ausgeformtes Gussstück

Bild 1: Herstellung eines Gussstücks mit Dauermodell

Vakuumformen

Zum Vakuumformen wird binderfreier Sand verwendet. Die Modellhälften besitzen kleine Bohrungen, welche mit dem Hohlraum des Vakuumkastens verbunden sind **(Bild 1.1)**. Eine Kunststoff-Folie wird auf die Modellhälfte gelegt und durch Wärmestrahlung formbar gemacht. Sie schmiegt sich durch Unterdruck an die Modelloberfläche an **(Bild 1.1)**. Durch Vibrieren wird der Sand vorverdichtet und nach dem Abdecken mit einer zweiten Kunststoff-Folie durch Unterdruck fertigverdichtet **(Bild 1.2)**. Nach dem Abschalten des Unterdrucks im Vakuumkasten wird der Formkasten abgehoben **(Bild 1.3)**.

Nach der Herstellung der zweiten Formhälfte werden beide miteinander verklammert und unter Beibehaltung des Formkasten-Unterdrucks abgegossen **(Bild 1.4)**. Dabei vergast die Kunststoff-Folie.

> Beim Vakuumformen wird der Formhohlraum durch Unterdruck aufrechterhalten.

Nach dem Erstarren des Gussstücks wird der Unterdruck aufgehoben. Dadurch fällt das Gussstück aus dem Formkasten **(Bild 1.5)**. Der Formstoff kann wiederverwendet werden.

Anwendungsbeispiele: Gießen von Tischen für Werkzeugmaschinen und Seitenständern für Druckmaschinen.

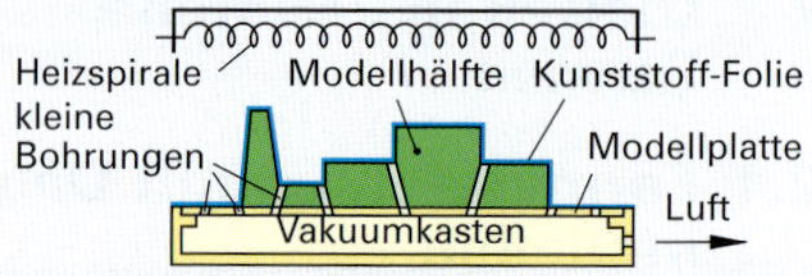

1.1 Vakuumkasten mit Modellplatte und am Boden anliegender Kunststoff-Folie

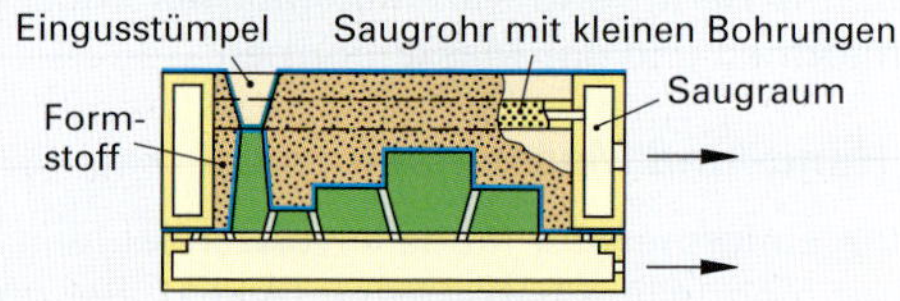

1.2 Gefüllter Formkasten mit zweiter Kunststoff-Folie

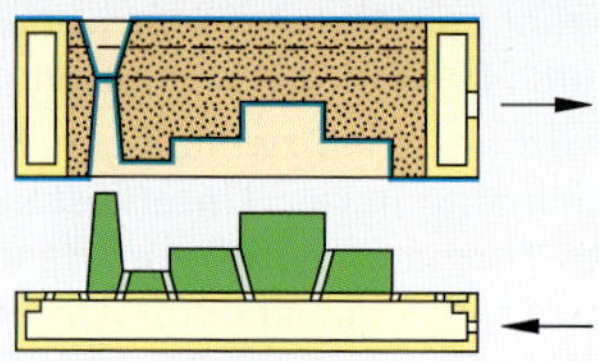

1.3 Abgehobener Formoberkasten

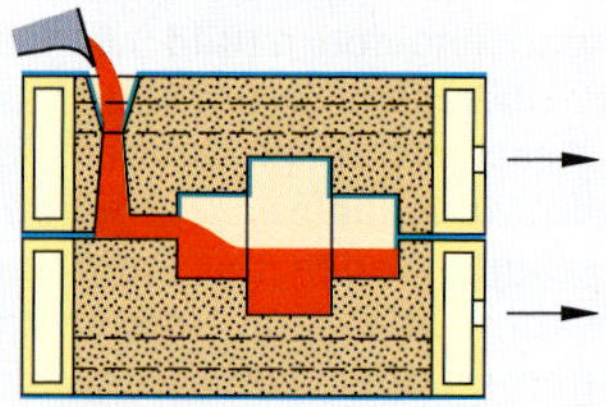

1.4 Zusammengesetzte Formkastenhälften

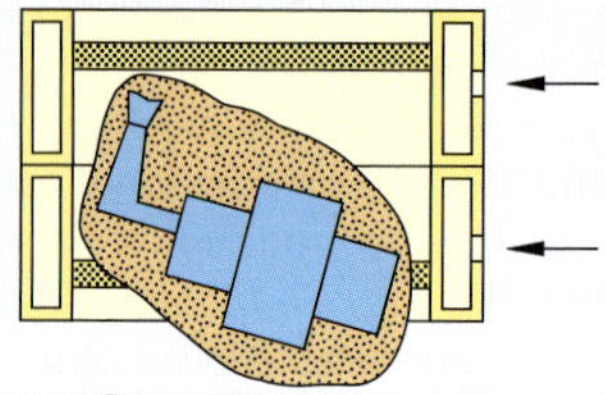

1.5 Ausgeformtes Gussstück

Bild 1: Vakuumformen

Maskenformen

Beim Maskenformen werden nur wenige Millimeter dicke Formmasken und Hohlkerne aus einem Phenolharz-Quarzsand-Gemisch verwendet.

Zur Herstellung von Masken und Kernen wird der Formstoff auf die erwärmten Modellhälften geschüttet. Durch Aushärten des Phenolharzes entsteht in 20 bis 40 Sekunden eine 8 bis 12 mm dicke Schicht, welche die Formmaske bildet **(Bild 2.1)**. Die Formmasken werden nach dem Abheben aus der Modelleinrichtung bei etwa 550 °C ausgehärtet. In gleicher Weise werden die Kerne hergestellt.

Die miteinander verklebten Maskenhälften bilden die gießfertige Form, die z. B. auf einer Sandunterlage abgegossen wird **(Bild 2.2)**.

> Durch Maskenformen hergestellte Gussstücke besitzen eine hohe Oberflächengüte und sind maßgenau.

Anwendungsbeispiele: Gießen von Turbinenrädern für Abgasturbolader und Zylinderköpfen für Kfz-Motoren.

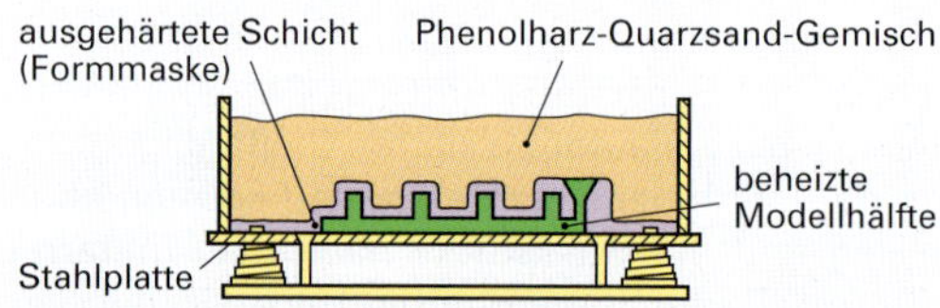

2.1 Herstellung einer Formmaske

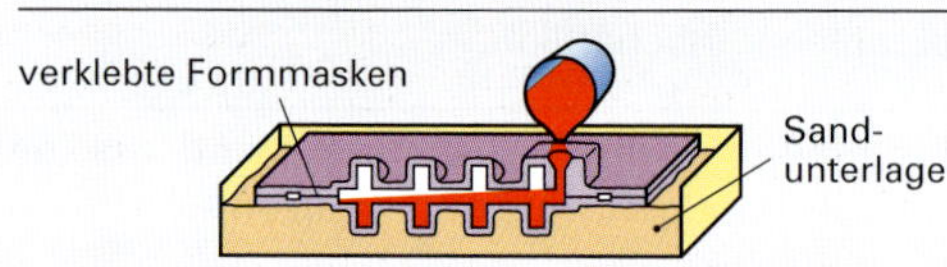

2.2 Abgießen

Bild 2: Maskenformen

2.3.2.2 Formverfahren mit verlorenen Modellen

Zu diesen Verfahren gehören das Feingießen und das Vollformgießen.

Feingießen (Modellausschmelzverfahren)

Beim Feingießen wird das Modell aus einem niedrigschmelzenden Werkstoff, wie z. B. Wachs oder Kunststoff, hergestellt **(Bild 1.1)**. Mehrere Modelle werden zusammen mit Einguss- und Anschnittelementen zu einer Modelltraube zusammengesetzt **(Bild 1.2)**. Durch mehrmaliges Tauchen in eine keramische, breiige Masse und durch Bestreuen mit keramischem Pulver **(Bilder 1.3 bis 1.5)** erhält die Traube einen feinkeramischen, hochtemperaturbeständigen Überzug, der anschließend getrocknet wird. Dieser Überzug bildet später die Gießform.

Durch Ausschmelzen wird der Modellwerkstoff entfernt **(Bild 1.6)**. Um der Form die für das Gießen notwendige Festigkeit zu geben, wird sie bei etwa 1000 °C gebrannt. Dabei verbrennen gleichzeitig zurückgebliebene Reste des Modellwerkstoffs. Die so erzeugten Formen werden in noch heißem Zustand ausgegossen **(Bild 1.7)**.

> Wegen der hohen Formtemperaturen können durch Feingießen komplizierte und großflächige Gussstücke aus legierten Stählen mit sehr geringen Wanddicken und kleinen Querschnitten hergestellt werden. Die Gussstücke besitzen eine hohe Oberflächengüte und sind maßgenau.

Nach dem Erstarren des Gusswerkstoffs wird der Keramiküberzug entfernt. Anschließend werden die einzelnen Gussstücke vom Eingusssystem abgetrennt **(Bild 1.8)**.

Anwendungsbeispiele: Gießen von Gasturbinenschaufeln und Turbinenlaufrädern für Turbolader.

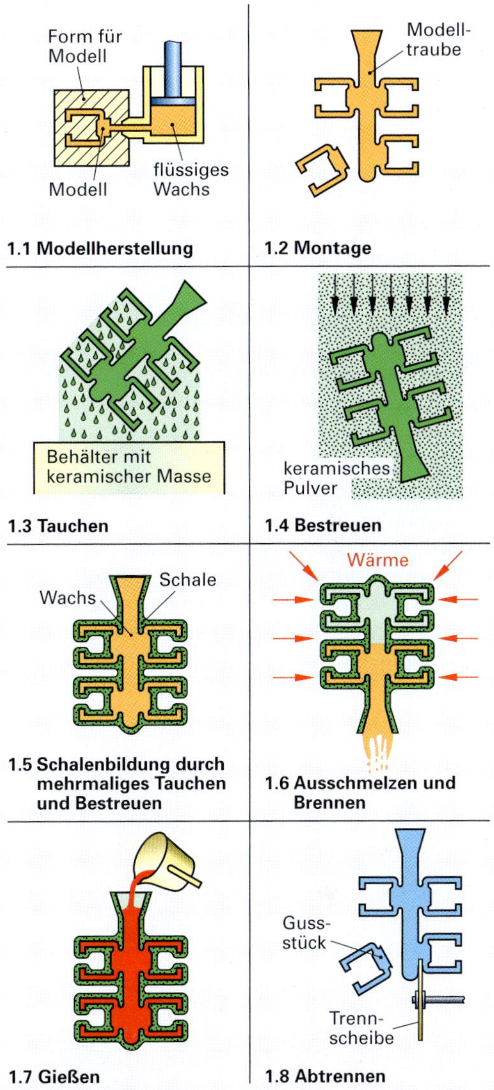

Bild 1: Feingießen

Vollformgießen

Beim Vollformgießen wird ein Modell aus Kunststoff-Hartschaum hergestellt und mit Formsand eingeformt **(Bild 2)**. Das Modell bleibt nach dem Einformen in der Form und verbrennt bzw. vergast durch die Hitzeeinwirkung beim Gießen.

Die Fertigungszeiten und die Kosten für Schaumstoffmodelle sind geringer als die für Holzmodelle.

> Das Vollformgießen eignet sich besonders für die Herstellung von Einzelstücken und Prototypen.

Anwendungsbeispiele: Gießen des Maschinenbetts für Werkzeugmaschinen und der Planscheiben für große Karusselldrehmaschinen.

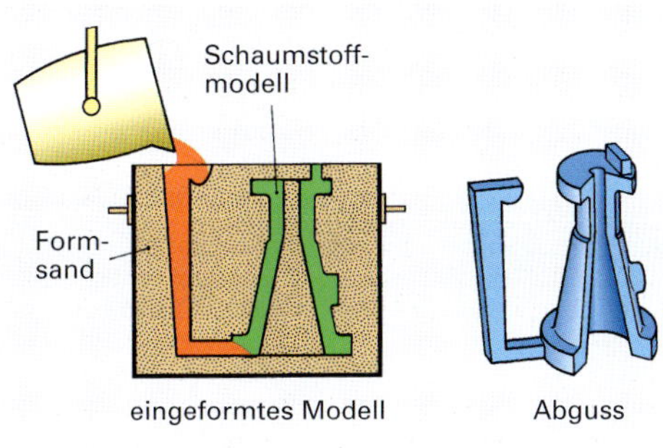

Bild 2: Vollformgießen

2.3.3 Gießen in Dauerformen

Zu den Gießverfahren mit Dauerformen gehören das Druckgießen, das Kokillengießen, das Schleudergießen und das Stranggießen.

Druckgießen

Beim Druckgießen wird die Metallschmelze unter hohem Druck und großer Geschwindigkeit in eine zwei- oder mehrteilige beheizte Form gepresst.

Weil der hohe Druck die Füllung der Form gewährleistet, können Gussstücke mit geringen Wanddicken hergestellt werden.

Beim **Warmkammerverfahren** befindet sich die Druckkammer in der Schmelze **(Bild 1)**. Mit diesem Verfahren werden niedrigschmelzende Werkstoffe und solche, welche die Werkstoffe von Druckkolben und Druckkammer nicht angreifen, vergossen **(Tabelle 1)**.

Beim **Kaltkammerverfahren** wird die Schmelze mit einer Schöpfeinrichtung in die Druckkammer gefüllt **(Bild 2)**. Mit diesem Verfahren werden Werkstoffe mit höheren Schmelztemperaturen und solche, welche die Werkstoffe von Druckkolben und Druckkammer stark angreifen würden, vergossen (Tabelle 1).

Anwendungsbeispiele: Gießen von Motorblöcken und Kurbelgehäusen für Kfz-Motoren.

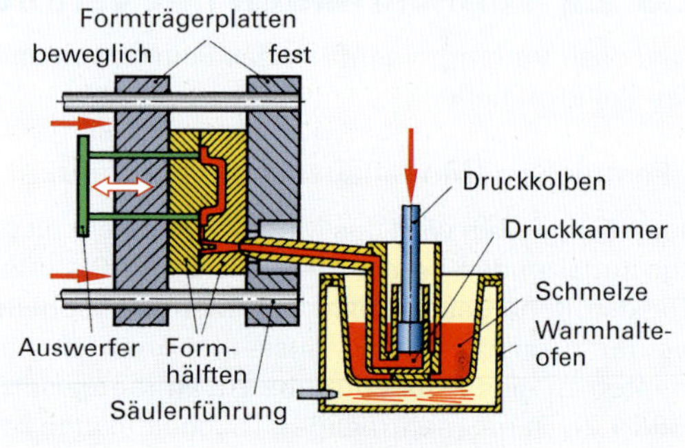

Bild 1: Warmkammer-Druckgießen

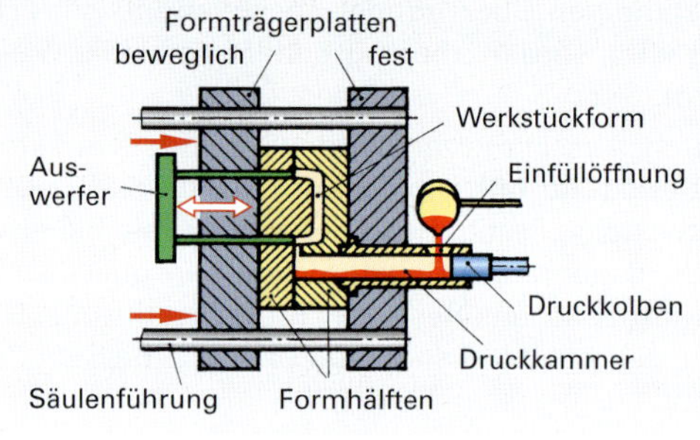

Bild 2: Kaltkammer-Druckgießen

Tabelle 1: Anwendung und Vor- und Nachteile wichtiger Form- und Gießverfahren

Verfahren	Bevorzugte Anwendung	Vor- und Nachteile	Vorwiegend angewendet für die Gusswerkstoffe	Erreichbare relative Maßgenauigkeit[1] in mm/mm	Erreichbare Rauheit in µm
Handformen	Sehr große Gussstücke	Alle Gussstückgrößen herstellbar; teuer, geringe Maßgenauigkeit und Oberflächengüte	EN-GJL, EN-GJS, GS, GT, EN AC, G-Cu	0,00 ... 0,10	40 ... 320
Maschinenformen	Kleine bis mittelgroße Gussstücke; mittlere Serien	Maßgenau, gute Oberflächengüte; begrenzte Gussstückgröße	EN-GJL, EN-GJS, GS, GT, EN AC	0,00 ... 0,06	20 ... 160
Vakuumformen	Mittlere bis größere Gussstücke; Einzelabgüsse und Serien	Wirtschaftliche Fertigung größerer Gussstücke, maßgenau, gute Oberflächengüte; hohe Investitionskosten	EN-GJL, EN-GJS, GS, EN AC, G-Cu	0,00 ... 0,08	40 ... 160
Maskenformen	Kleine Gussstücke; große Serien	Maßgenau, gute Oberflächengüte, geringer Formstoffverbrauch; teure Metallmodelleinrichtung, hohe Formstoffkosten	EN-GJL, GS, EN AC, G-Cu	0,00 ... 0,06	20 ... 160
Feingießen	Ausschließlich kleine Gussstücke; große Serien	Komplizierte Gussstücke mit geringen Wanddicken, maßgenau, hohe Oberflächengüte	GS, EN AC	0,00 ... 0,04	10 ... 80
Druckgießen	Kleinere bis mittlere Gussstücke; große Serien	Komplizierte Gussstücke mit geringen Wanddicken, maßgenau, hohe Oberflächengüte; feinkörniges Gefüge mit hoher Festigkeit; nur bei großen Serien wirtschaftlich	Warmkammerverfahren: G-Zn, G-Pb, G-Sn, G-Mg Kaltkammerverfahren: G-Cu, EN AC	0,00 ... 0,04	10 ... 40

[1] Als relative Maßgenauigkeit bezeichnet man das Verhältnis von größtem Abmaß zum Nennmaß.

2.3.4 Gusswerkstoffe

Gusswerkstoffe müssen außer den Forderungen, die an das gegossene Werkstück gestellt werden, wie z. B. Festigkeit und Dämpfungsfähigkeit, weitere Eigenschaften aufweisen. So müssen Gusswerkstoffe wirtschaftlich schmelzbar, als Schmelze dünnflüssig und nach dem Gießen gut bearbeitbar sein.

2.3.5 Gussfehler

Beim Einformen, Gießen und Erstarren können Fehler auftreten.

Fehler beim Einformen

Schülpen. Schülpen sind raue, warzenartige Erhöhungen der Gussstückoberfläche. Sie entstehen, wenn z. B. Restfeuchtigkeit des Formstoffs verdampft. Das Kondensieren der Feuchtigkeit in dahinter liegenden Sandschichten führt zur Erweichung der Formwand. Dadurch können Teile der Formwand ausbrechen **(Bild 1.1)**. Die ausgebrochenen Teile führen zudem zu Sandeinschlüssen im Gussstück.

Versetzter Guss. Versetzter Guss entsteht, wenn beim Gießen die ausgeformten Hohlräume von Ober- und Unterkasten, z. B. wegen schlechter Formkastenführung, gegeneinander verschoben sind **(Bild 1.2)**.

Fehler beim Gießen und Erstarren

Schlackeneinschlüsse. Schlackeneinschlüsse bewirken flache, glatte Oberflächenvertiefungen am Gussstück. Sie werden verursacht durch unzureichendes Entschlacken der Schmelze und durch ein falsches Eingusssystem.

Gashohlräume (Gasblasen). Gashohlräume entstehen, wenn Gase im erstarrenden Metall nicht mehr entweichen können. Durch Einhalten der richtigen Gießtemperatur können Gasblasen weitgehend vermieden werden.

Lunker. Lunker sind Schwindungshohlräume, die beim Abkühlen und Erstarren dann entstehen, wenn vom Speiser durch das Erstarren des dazwischen liegenden Werkstoffs kein flüssiges Metall nachfließen kann **(Bild 1.3)**.

Seigerungen. Seigerungen sind Entmischungen einer Schmelze. Sie entstehen z. B. durch stark unterschiedliche Dichten von Legierungselementen. Durch Seigerungen ergeben sich unterschiedliche Werkstoffeigenschaften innerhalb eines Gussstücks.

Gussspannungen. Durch unterschiedliche Wanddicken und scharfkantige Übergänge sowie durch Konstruktionen, welche die Schwindung behindern, ergeben sich im Gussstück Spannungen. Sie zeigen sich äußerlich durch ein Verziehen des Gussstücks, oft auch durch Rissbildung **(Bild 1.4)**.

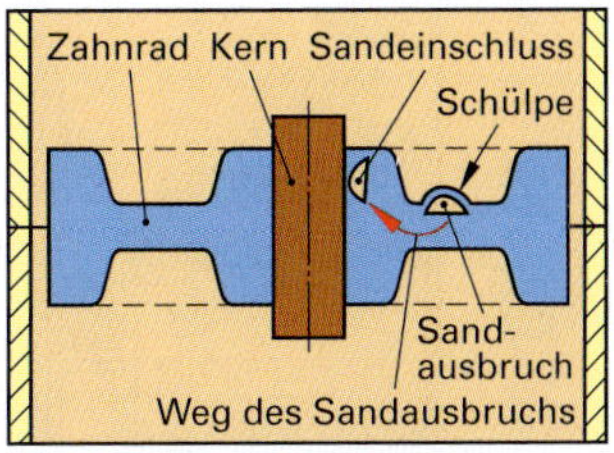

1.1 Schülpen

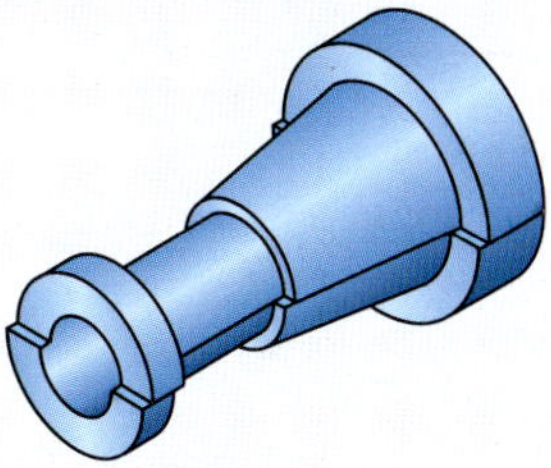
1.2 Versetzter Guss

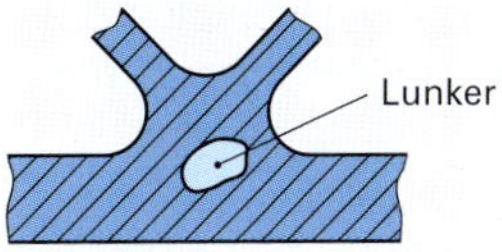

1.3 Lunker

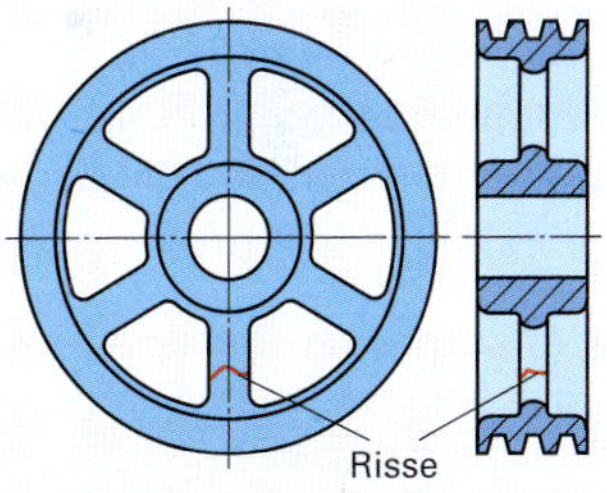

1.4 Rissbildung durch Gussspannungen

Bild 1: Gussfehler

Wiederholung und Vertiefung

1 Aus welchen Gründen werden Werkstücke durch Gießen hergestellt?
2 Warum sind die Modellmaße größer als die Maße des herzustellenden Gussstücks?
3 Wozu benötigt man beim Gießen Kerne?
4 Wodurch unterscheiden sich maschinengeformte Gussstücke von handgeformten?
5 Wie werden die Formen für das Vakuumformen hergestellt?
6 Welches Gießverfahren eignet sich zur Herstellung dünnwandiger Werkstücke aus NE-Metallen bei großen Stückzahlen?
7 Wie werden die Gussstücke durch Feingießen hergestellt?
8 Welche Fehler können beim Einformen, Gießen und Erstarren von Gussstücken auftreten?

Arbeitsbeispiel: Bremsscheibe

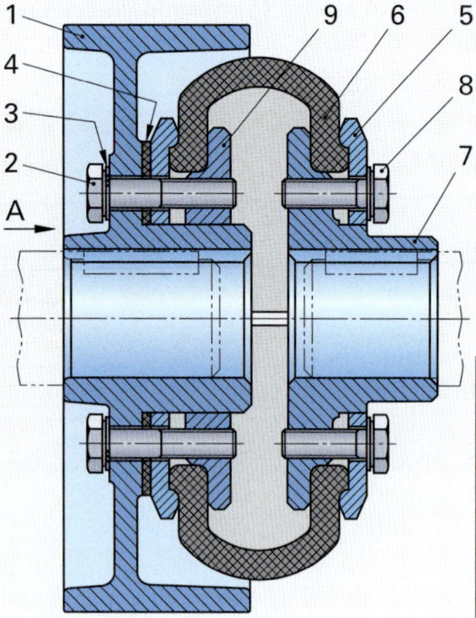

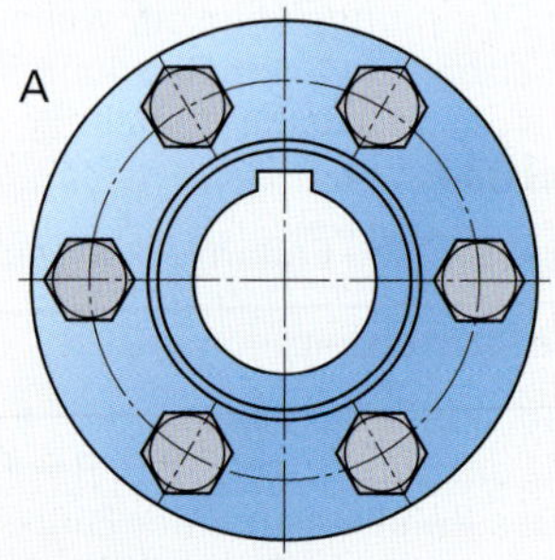

9	1	Flanschscheibe	S235JRG2	ø140x20
8	6	Sechskantschraube	ISO 4014 – M10x30 – 8,8	
7	1	Kupplungsflansch	S235JRG2	ø140x60
6	1	Wulstring	Gummi, gewebeverstärkt	Bezogen v. Fa...
5	2	Andrückscheibe	S235JRG2	ø140x12
4	1	Wärmedämmscheibe	Hgw 2572	ø120xø65x3
3	12	Spannscheibe	DIN 6796-10-FSt	
2	6	Sechskantschraube	ISO 4014 – M10x45 – 8,8	
1	1	Bremsscheibe	EN-GJS-700-2	ø210x70
Pos.-Nr.	Menge Einheit	Benennung	Werkstoff/Norm-Kurzbezeichnung	Rohteilmaße

Bild 1: Elastische Kupplung – Gesamtzeichnung

Ein Hersteller soll 20 elastische Kupplungen **(Bild 1)** liefern. Dazu muss die Abteilung Arbeitsvorbereitung die Fertigung der Bremsscheiben **(Bild 2)** planen.

Hinweis: Zur Beantwortung einiger der folgenden Fragen ist das Tabellenbuch erforderlich.

Fertigungsplanung für das Gießen

Fertigungsverfahren. Die Bremsscheiben sollen durch Urformen (Gießen) hergestellt werden. Dies ergibt sich u.a. aus dem vorgeschriebenen Werkstoff.

a) Vorausgesetzt, Stahl wäre als Werkstoff verwendbar: Nach welchem Fertigungsverfahren könnten solche Bremsscheiben hergestellt werden?

b) Warum schreibt der Konstrukteur die Herstellung durch Gießen vor?

Werkstoff. Die Bremsscheiben müssen aus EN-GJS-700-2, einem Eisen-Gusswerkstoff, hergestellt werden.

a) Wie hoch ist die Zugfestigkeit dieses Werkstoffs?

b) Ermitteln Sie die Zahlenwerte für die Dehngrenze und die Bruchdehnung von EN-GJS-700-2.

c) Welche Eigenschaften hat EN-GJS-700-2 bezüglich Verschleißfähigkeit, Zähigkeit und Bearbeitbarkeit?

Formverfahren. Die Bremsscheiben müssen aus EN-GJS-700-2, einem Eisen-Gusswerkstoff, hergestellt werden.

a) Welches Formverfahren würden Sie wählen, wenn 200 Bremsscheiben herzustellen wären?

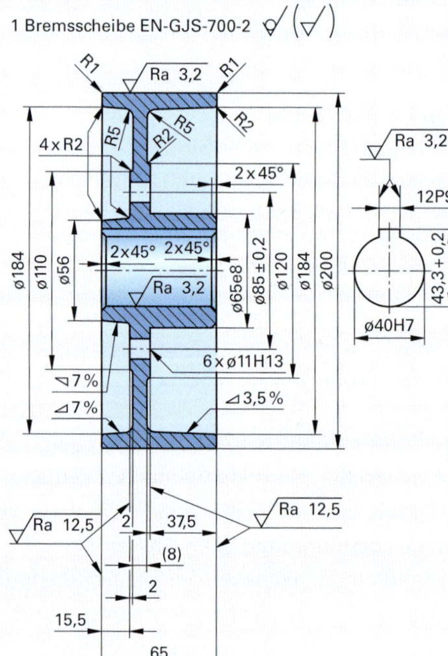

Bild 2: Bremsscheibe

Modell. Die Formen sollen mithilfe eines Dauermodells aus Holz hergestellt werden.

a) Warum muss das Modell an der in **Bild 1** gezeigten Stelle geteilt sein?

b) Skizzieren Sie die Bremsscheibe im Schnitt und kennzeichnen Sie diejenigen Flächen, die eine Bearbeitungszugabe aufweisen müssen, mit einem Farbstift.

c) Berechnen Sie den Außendurchmesser des Modells, wenn als Bearbeitungszugabe 4 mm vorzusehen sind.

d) Welche der in **Bild 2** dargestellten Schwindungsarten wird durch das Schwindmaß berücksichtigt?

Kernherstellung. Wegen der vorzugießenden Nabenbohrungen müssen Kerne hergestellt werden.

a) Warum ist ein zweiteiliger Kernkasten erforderlich?

b) Wie wirkt sich das Schwindmaß auf den Herstell-Durchmesser des Kerns aus?

Einformen. Zum Einformen des Modells wird ein zweiteiliger Formkasten verwendet.

a) Warum wird das niedrigere Teil des Modells im Unterkasten eingeformt?

b) Warum müssen die Formkasten vor dem Abgießen miteinander verklammert werden **(Bild 3)**?

Abgießen. Durch den Einguss wird die Form mit Gusseisen-Schmelze gefüllt.

a) Welche Aufgaben haben die Speiser?

b) Warum müssen Speiser am Kranz und an der Nabe angeordnet werden **(Bild 3)**?

Fertigungsplanung für die spanende Bearbeitung

Drehen. Die Bremsscheiben werden auf einer Drehmaschine an den vorgesehenen Flächen bearbeitet. Als Schneidstoff werden beschichtete Hartmetall-Wendeschneidplatten verwendet.

a) Überlegen Sie, wie die Bremsscheiben zum Vor- und Fertigdrehen gespannt werden können. Beachten Sie dabei, dass die Durchmesser 200 und 65 zur Bohrung rund laufen müssen.

b) Ermitteln Sie die Schnittgeschwindigkeit und berechnen Sie die Drehzahl an der Drehmaschine zum Fertigdrehen des Außendurchmessers.

Stoßen und Bohren. Auf einer Stoßmaschine wird zunächst die Nut gefertigt. Anschließend werden die Löcher ∅11H13 mithilfe einer Bohrvorrichtung gebohrt.

Konstruieren Sie die im **Bild 4** dargestellte Bohrvorrichtung so um, dass sich nach dem Bohren der Löcher die Mittellinie der Nut genau zwischen zwei Bohrlöchern befindet.

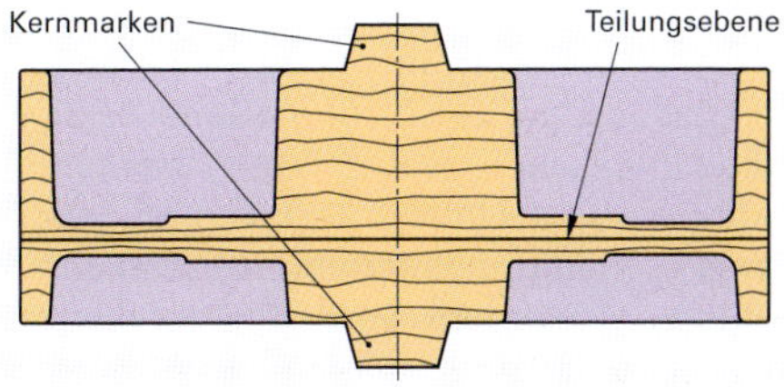

Bild 1: Zweiteiliges Modell

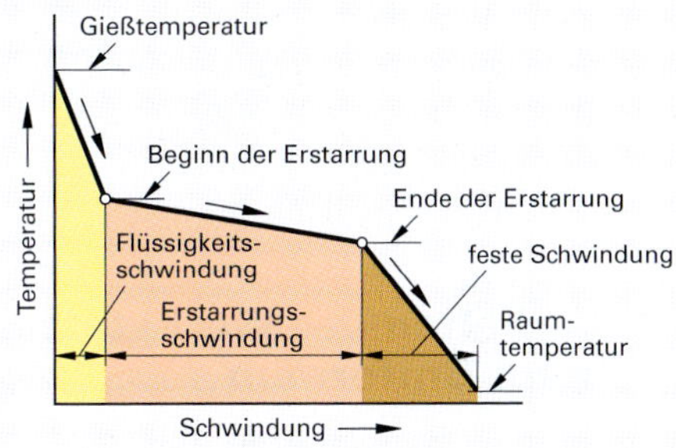

Bild 2: Schwindung beim Abkühlen

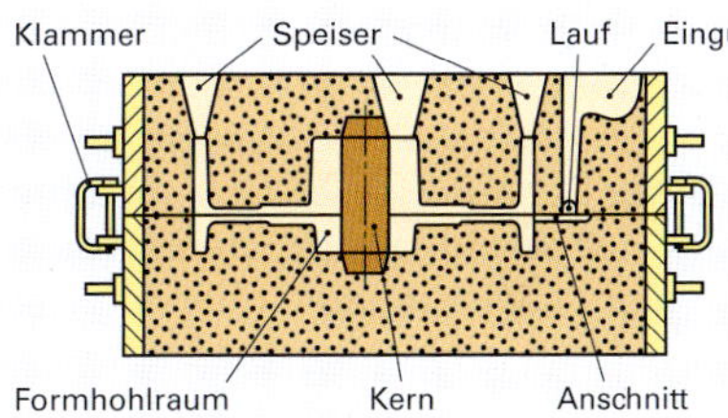

Bild 3: Form vor dem Abgießen

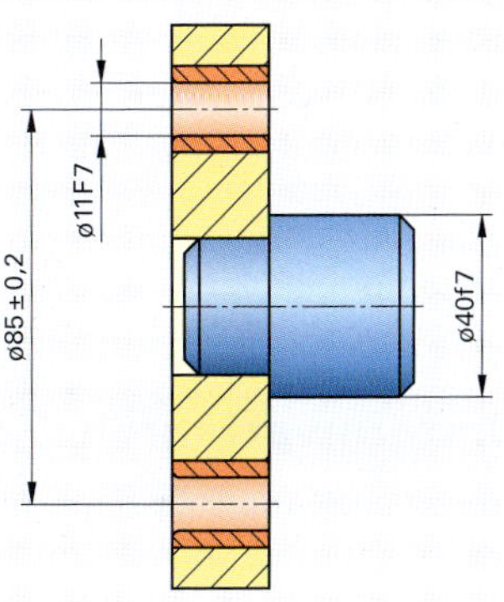

Bild 4: Bohrvorrichtung

2.4 Umformen

Bei allen Umformverfahren werden Werkstücke durch plastisches Verformen (Seite 162) eines Ausgangsteiles hergestellt. Viele Werkstückformen können durch Umformen kostengünstiger als mit anderen Fertigungsverfahren hergestellt werden **(Bild 1)**. Außerdem werden meist die mechanischen Eigenschaften, wie z. B. die Dauerfestigkeit, gegenüber dem Ausgangszustand verbessert.

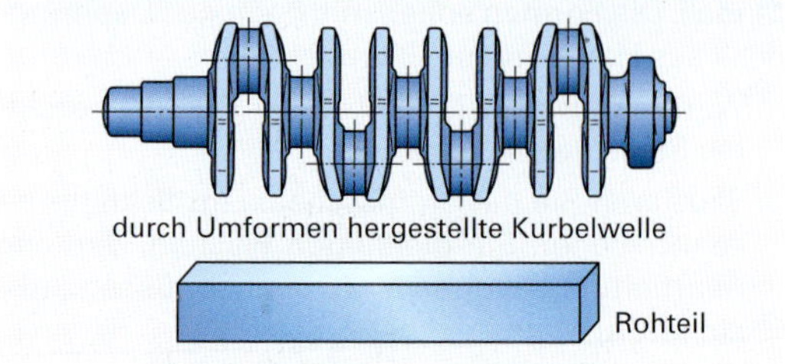

Bild 1: Plastische Verformung beim Umformen

Vorteile des Umformens sind:

- nicht unterbrochener Faserverlauf
- verbesserte Festigkeit
- auch schwierige Formen herstellbar
- gute Maß- und Formgenauigkeit
- kein Werkstoffverlust
- kostengünstig bei hohen Stückzahlen

2.4.1 Verhalten der Werkstoffe beim Umformen

Notwendige Eigenschaften der Werkstoffe

Nur Werkstoffe mit ausreichender Zähigkeit sind umformbar. Aufschluss über die Eignung gibt das Spannungs-Dehnungs-Diagramm **(Bild 2)**. Das Umformen erfolgt in dem plastischen Bereich zwischen der Streckgrenze R_e bzw. der Dehngrenze $R_{p0,2}$ und der Zugfestigkeit R_m. Werkstoffe mit großer plastischer Dehnung lassen sich gut umformen und federn nur wenig zurück. Unlegierte Stähle und Aluminium-Legierungen eignen sich deshalb besonders gut zum Umformen. Die Umformbarkeit hängt aber auch von der Temperatur ab.

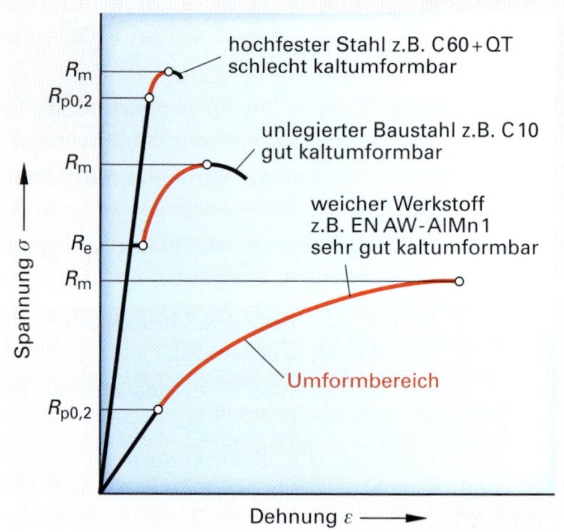

Bild 2: Umformbereiche im Spannungs-Dehnungs-Diagramm

Kalt- und Warmumformen

Kaltumformen erfolgt bei Raumtemperatur. Dabei verfestigt sich der Werkstoff. Diese Kaltverfestigung muss durch Zwischenglühen beseitigt werden, um die Versprödung zu beseitigen und der Rissbildung vorzubeugen.

Warmumformen erfolgt über der Rekristallisationstemperatur (Seite 67). Die Werkstoffe lassen sich durch die geringeren Umformkräfte leichter als beim Kaltumformen verformen. Auch die Neigung zur Rissbildung und Versprödung ist kleiner.

2.4.2 Umformverfahren

Die Umformverfahren können nach der Art und der Richtung der Kräfte und der verwendeten Werkzeuge in die Hauptgruppen Biegeumformen, Zug-Druck-Umformen, Druckumformen und Zug-Umformen eingeteilt werden **(Bild 3)**.

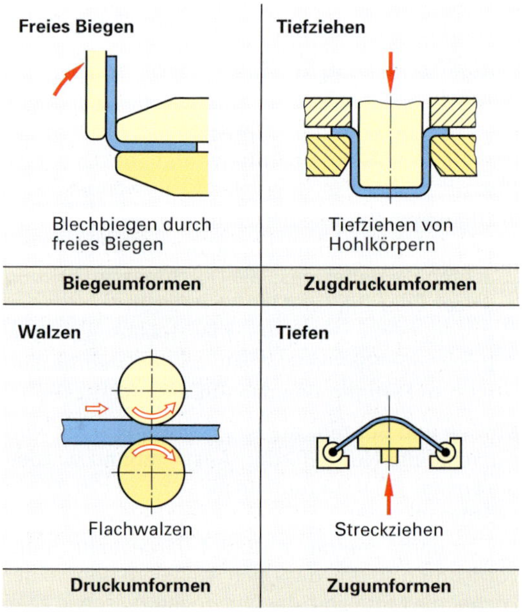

Bild 3: Umformverfahren (Beispiele)

2.4.3 Biegeumformen

Beim Biegen werden die Werkstücke aus Werkstoffabschnitten mithilfe von Biegewerkzeugen plastisch umgeformt. Gebogen werden Bleche, Rohre, Profile und Drähte **(Bild 1)**.

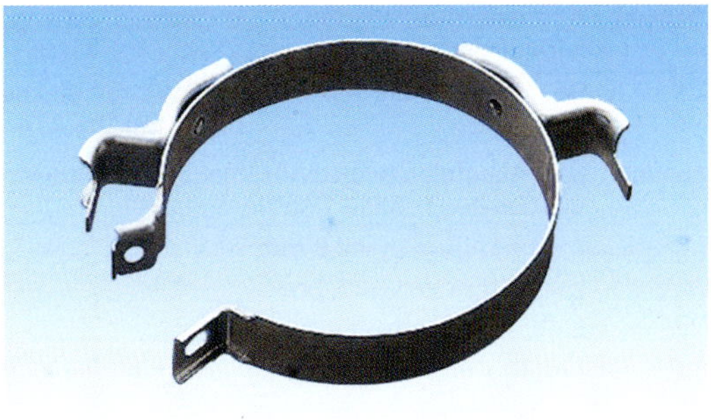

Bild 1: Aus Biegeteilen hergestelltes Werkstück

Festlegung der gestreckten Länge

Beim Biegen werden die äußeren Bereiche des Werkstücks gestreckt, die inneren dagegen gestaucht **(Bild 2)**. Zwischen beiden befindet sich ein Werkstoffbereich, dessen Länge sich beim Biegen nicht ändert. Dieser Bereich wird als **neutrale Faser** bezeichnet.

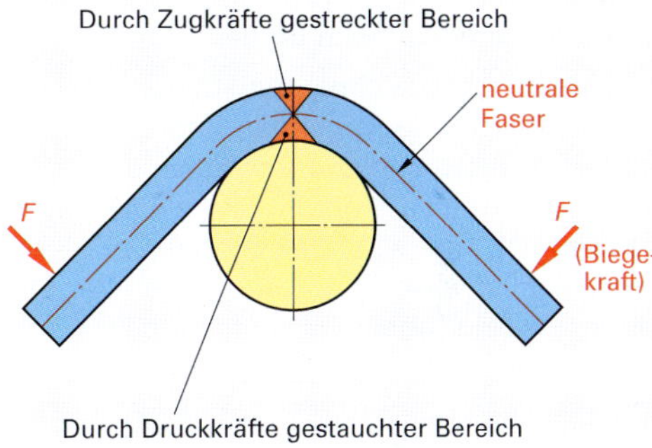

Bild 2: Neutrale Faser beim Biegen

> Die gestreckte Länge von Biegeteilen entspricht der Länge der neutralen Faser.

Gestreckte Länge bei Biegeteilen mit großen Biegeradien

Die gestreckte Länge L setzt sich aus den Teillängen l_1, l_2, l_3 ... des Biegeteiles zusammen.

Gestreckte Länge $L = l_1 + l_2 + l_3 + \ldots + l_n$

Beispiel: Wie groß ist die gestreckte Länge des Hakens **(Bild 3)**?

Lösung: $L = l_1 + l_2 + l_3$ $\quad l_1 = 30\text{ mm}$ $\quad l_3 = 50\text{ mm}$

$$l_2 = \frac{\pi \cdot d \cdot \alpha}{360°} = \frac{\pi \cdot 114\text{ mm} \cdot 150°}{360°} = 149\text{ mm}$$

$L = 30\text{ mm} + 149\text{ mm} + 50\text{ mm} = \mathbf{229\text{ mm}}$

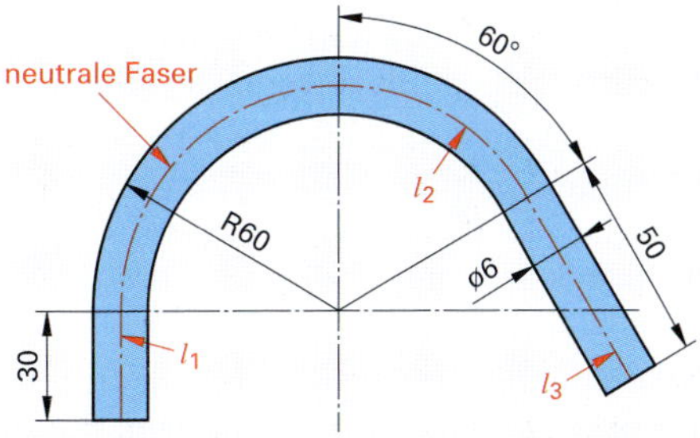

Bild 3: Berechnung der gestreckten Länge bei großen Biegeradien

Gestreckte Länge bei Biegeteilen mit kleinen Biegeradien

Beim Biegen mit kleinen Biegeradien liegt die neutrale Faser nicht mehr in der Mitte des Querschnittes. Sie wird aus der Mitte auf die Innenseite des Bleches verschoben, da der Werkstoff außen mehr gestreckt als innen gestaucht wird. Bei der Berechnung der gestreckten Länge wird dies im Ausgleichswert v berücksichtigt. Der Ausgleichswert wurde durch Versuche ermittelt und kann Tabellen entnommen werden **(Tabelle 1, folgende Seite)**.

Um die Berechnung zu vereinfachen, wird bei Biegeteilen mit Biegewinkeln von 90° die gestreckte Länge aus den geraden Teillängen l_1, l_2, l_3 ... und dem Korrekturwert $n \cdot v$ ermittelt **(Bild 4)**.

Dabei gibt n die Anzahl der Biegungen an. Der Wert für v hängt vom Biegeradius r und der Blechdicke s ab (Tabelle 1, folgende Seite).

Gestreckte Länge $L = l_1 + l_2 + l_3 + \ldots + l_n - n \cdot v$

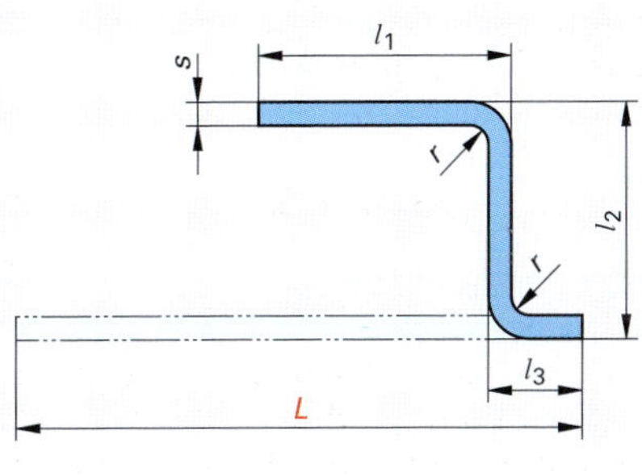

Bild 4: Berechnung der gestreckten Länge bei kleinen Biegeradien

Beispiel: Aus einem Blechstreifen der Dicke s = 1 mm wird ein Halter gebogen **(Bild 1)**.

Wie groß ist die gestreckte Länge für dieses Biegeteil?

Lösung: Die Ausgleichswerte für die 90°-Biegungen werden der **Tabelle 1** entnommen:

r = 1 mm $\Rightarrow v_1$ = 1,9 mm

r = 1,6 mm $\Rightarrow v_2$ = 2,1 mm

$\boldsymbol{L} = l_1 + l_2 + l_3 - n \cdot v_1 - n \cdot v_2$

= (40 + 60 + 30 – 1 · 1,9 – 1 · 2,1) mm

= **126 mm**

Biegeradius

Mindestbiegeradius beim Biegen

Als Biegeradius bezeichnet man den an der Innenseite des Biegeteiles liegenden Radius nach dem Biegen. Um Risse und Querschnittsänderungen in der Biegezone zu verhindern, darf ein Mindestbiegeradius nicht unterschritten werden. Der Mindestbiegeradius ist vom Werkstoff und von der Blechdicke abhängig **(Tabelle 2)**.

- Beim Biegen darf der Biegeradius nicht beliebig klein gewählt werden.
- Bleche sollten möglichst quer zur Walzrichtung gebogen werden.

Festlegung des Biegestempelradius r_1 und des Biegewinkels α_1 am Biegewerkzeug

Nach dem Biegevorgang federn die Werkstücke etwas zurück. Deshalb muss das Werkstück überbogen und der Stempelradius etwas kleiner gewählt werden als der Radius am fertigen Werkstück **(Bild 2)**.

Der Stempelradius r_1 hängt vom Radius r_2 des Werkstücks, der Blechdicke s und dem Rückfederungsfaktor k_R ab **(Tabelle 1, folgende Seite)**.

Stempelradius $r_1 = k_R \cdot (r_2 + 0{,}5 \cdot s) - 0{,}5 \cdot s$

Der Rückfederungsfaktor k_R wurde durch Versuche ermittelt. Er hängt vom Werkstoff und dem Verhältnis Biegeradius r_2 zur Blechdicke s ab.

Der Überbiegungswinkel α_1 wird ebenfalls mit dem Rückfederungsfaktor k_R berechnet.

Überbiegungswinkel $\alpha_1 = \dfrac{\alpha_2}{k_R}$

Beim Biegen muss das Werkstück um die Größe der elastischen Rückfederung nach dem Biegen überbogen werden.

Tabelle 1: Ausgleichswerte v für Biegewinkel α = 90°

Biegeradius r in mm	Ausgleichswert v je Biegestelle in mm für Blechdicke s in mm						
	0,4	0,6	0,8	1	1,5	2	2,5
1	1,0	1,3	1,7	1,9	–	–	–
1,6	1,3	1,6	1,8	2,1	2,9	–	–
2,5	1,6	2,0	2,2	2,4	3,2	4,0	4,8
4	–	2,5	2,8	3,0	3,7	4,5	5,2
6	–	–	3,4	3,8	4,5	5,2	5,9
10	–	–	–	5,5	6,1	6,7	7,4
16	–	–	–	8,1	8,7	9,3	9,9
20	–	–	–	9,8	10,4	11,0	11,6

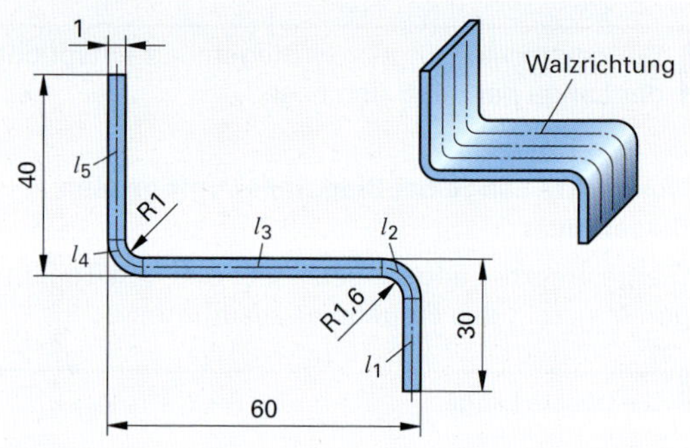

Bild 1: Halter

Tabelle 2: Mindestbiegeradien

Werkstoff	Blech	Rohr
Stahl	1 x Blechdicke	1,5 x Rohr-∅
Kupfer	1,5 x Blechdicke	1,5 x Rohr-∅
Aluminium	2 x Blechdicke	2,5 x Rohr-∅
Cu-Zn-Legierung	2,5 x Blechdicke	2 x Rohr-∅

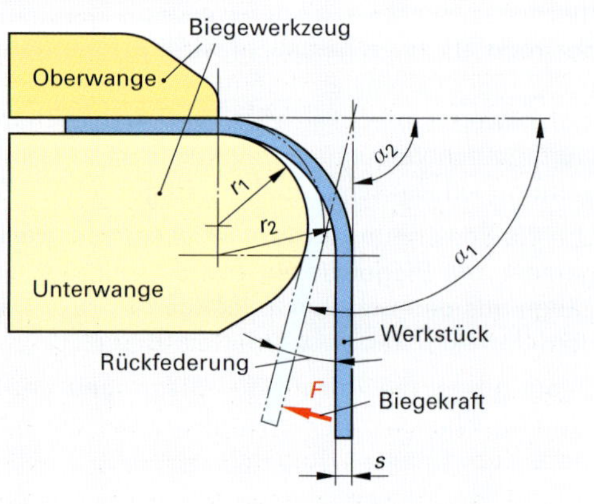

Bild 2: Biegestempelradius und Überbiegungswinkel

Beispiel: Ein Blech aus AlCuMg1 mit der Dicke s = 1,5 mm wird um α_2 = 60° gebogen. Der Biegeradius beträgt r_2 = 3 mm.

Zu berechnen sind:

a) das Verhältnis $r_2 : s$,

b) der Rückfederungsfaktor k_R,

c) der Winkel α_1 am Werkzeug,

d) der Radius r_1 am Werkzeug.

Lösung: a) $\boldsymbol{r_2 : s}$ = 3 mm : 1,5 mm = **2**

b) $\boldsymbol{k_R}$ = **0,98** (nach Tabelle 1)

c) $\alpha_1 = \frac{\alpha_2}{k_R} = \frac{60°}{0{,}98} = \mathbf{61{,}2°}$

d) $r_1 = k_R \cdot (r_2 + 0{,}5 \cdot s) - 0{,}5 \cdot s$

$r_1 = 0{,}98 \cdot (3\text{ mm} + 0{,}5 \cdot 1{,}5\text{ mm}) - 0{,}5 \cdot 1{,}5\text{ mm}$

$\boldsymbol{r_1}$ = **2,93 mm**

Biegeverfahren

Bei einfachen Biegearbeiten oder Reparaturen werden Bleche mit einem Kunststoffhammer um eine Biegebeilage gebogen. Genaue Biegeteile dagegen werden mit Maschinen oder Vorrichtungen hergestellt. Die häufigsten Verfahren dabei sind das Schwenkbiegen und das Abkanten.

Schwenkbiegen. Bei Schwenkbiegemaschinen wird das Blech zwischen Oberwange und Unterwange eingespannt **(Bild 1).** Die schwenkbare Biegewange biegt das freie Blechstück um die Biegeschiene.

Rohre für Hydraulikleitungen oder Leitungen für Kühlschmierstoffe werden in besonderen Rohr-Biegevorrichtungen gebogen **(Bild 2).** Die Stütz- und die Biegerolle besitzen einen bogenförmigen Querschnitt, der auf den Rohr-Außendurchmesser abgestimmt ist. Dadurch wird das Rohr beim Biegen gestützt und Verformungen des Rohrquerschnittes sowie Einknicken vermieden. Der Innendurchmesser der Biegerolle richtet sich nach dem geforderten Biegedurchmesser.

Gebogene Rohrleitungen, die in hohen Stückzahlen benötigt werden, wie z.B. die Bremsleitungen von Kraftfahrzeugen, werden auf numerisch gesteuerten Biegemaschinen hergestellt.

Abkanten. Beim Abkanten wird das Blech vom Biegestempel in das Gesenk gedrückt **(Bild 3).** Ändern sich Biegeradius oder Biegewinkel, müssen beide Werkzeuge ausgetauscht werden. Schwierige Profile, z.B. für Fenster, werden in mehreren Biegevorgängen hergestellt.

Biegen und Schneiden in einem Werkzeug. Biegevorgänge werden oft auch in Schneidwerkzeuge integriert (Verbundwerkzeuge), um Werkstücke durch Schneiden und Umformen in einem Arbeitsgang herstellen zu können.

Tabelle 1: Rückfederungsfaktoren k_R

Werkstoff der Biegeteile	Verhältnis $r_2 : s$							
	1	1,6	2,5	4	6,3	10	16	25
	Rückfederungsfaktor k_R							
DC04	0,99	0,99	0,99	0,98	0,97	0,97	0,96	0,94
X12CrNi18-8	0,99	0,98	0,97	0,95	0,93	0,89	0,84	0,76
CuZn33F29	0,97	0,97	0,96	0,95	0,94	0,93	0,89	0,86
EN AW-AlCu4Mg1	0,98	0,98	0,98	0,98	0,97	0,97	0,96	0,95

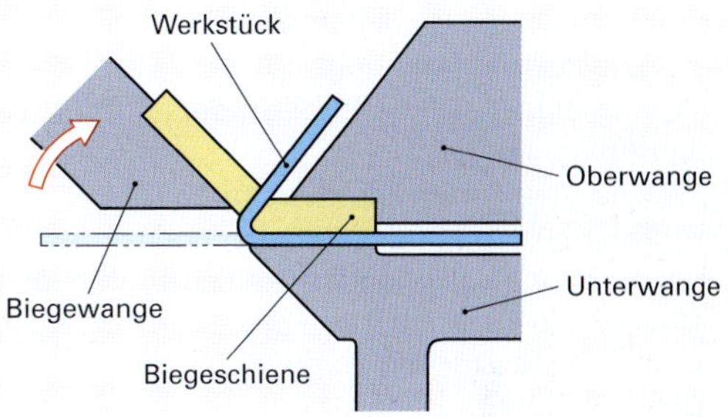

Bild 1: Schwenkbiegen

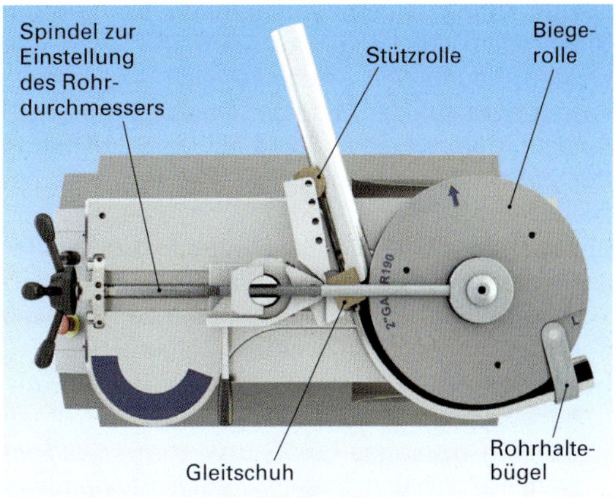

Bild 2: Rohr-Biegevorrichtung

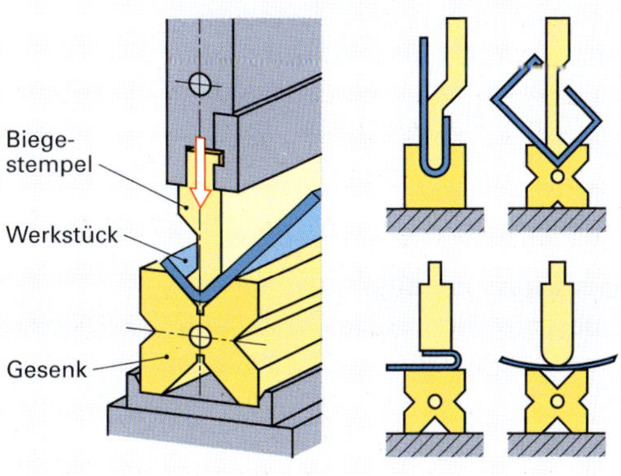

Bild 3: Abkanten mit Beispielen

Arbeitsbeispiel: Bügelsäge

Bei Handbügelsägen zum Trennen von Metallen besteht der Bügel meist aus Flachstahl **(Bild 1)**, bei Sägen zum Trennen von Holz aus einem ovalen Rohr **(Bild 2)**. Beide Bügelarten werden durch Biegen hergestellt. Die beiden Biegevorgänge sollen geplant werden.

Auswahl der Werkstoffe

Beim Biegen wird der Werkstoff in den Biegebereichen plastisch und elastisch verformt. Deshalb verwendet man einen Werkstoff mit ausreichend großer Festigkeit und Dehnung.

a) Warum eignet sich Stahl besonders gut für diesen Anwendungsfall?
b) Welche Stahlsorten kommen infrage?
c) Prüfen Sie mithilfe des Tabellenbuches, ob bei der von Ihnen gewählten Stahlsorte und dem Querschnitt 18 mm x 8 mm des Flachstahles der kleinste zulässige Biegeradius für das Kaltbiegen nicht unterschritten wird.

Festlegung der Ausgangslängen des Flachstahles bzw. des Rohres

Die Ausgangslängen entsprechen bei großen Biegeradien der Länge der neutralen Faser. Bei kleinen Biegeradien verschiebt sich die neutrale Faser etwas von der Mitte des Querschnittes nach innen. Die Verschiebung wird bei der Berechnung der Zuschnittslänge durch Ausgleichswerte berücksichtigt.

a) Berechnen Sie die Zuschnittslängen beider Bügel als Länge der mittleren Faser der Querschnitte **(Bild 3)**. Die berechneten Längen weichen etwas von den genauen Längen ab.
b) Beurteilen Sie deshalb die folgende Vorgehensweise: Für den ersten Bügel wird ein deutlich zu langes Profil- bzw. Rohrstück verwendet. Nach dem Biegen werden die Überstände gemessen. Für die weiteren Bügel liegen damit die genauen Ausgangslängen fest.

Berücksichtigung der Rückfederung

Auch die Rückfederung kann durch Versuche oder durch Berechnung ermittelt werden. Bestimmen Sie für den Flachstahlbügel

a) den Rückfederungsfaktor mithilfe des Tabellenbuches,
b) den Biegewinkel am Werkzeug.

Herstellung der Bügel

a) Beschreiben Sie die Herstellung der Bügel bei Einzelfertigung.
b) Wo muss bei Verwendung von geschweißten Rohren die Schweißnaht liegen?
c) Wie stellen Sie sich die Serienfertigung der Bügel vor?

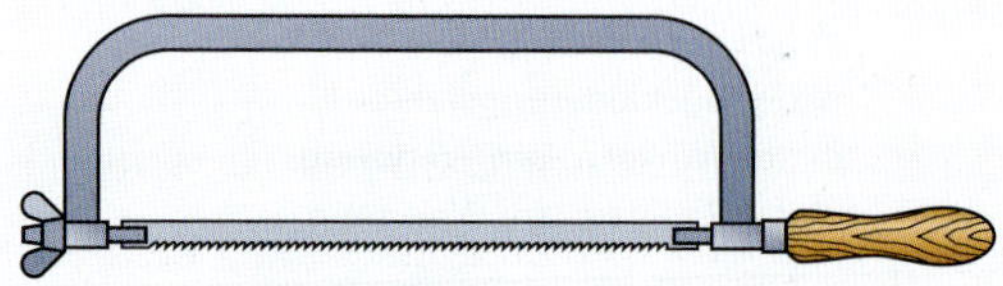

Bild 1: Handbügelsäge mit Flachstahlbügel

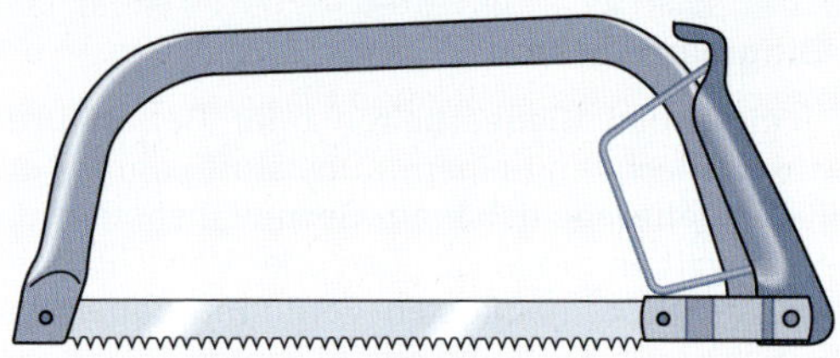

Bild 2: Handbügelsäge mit Rohrbügel

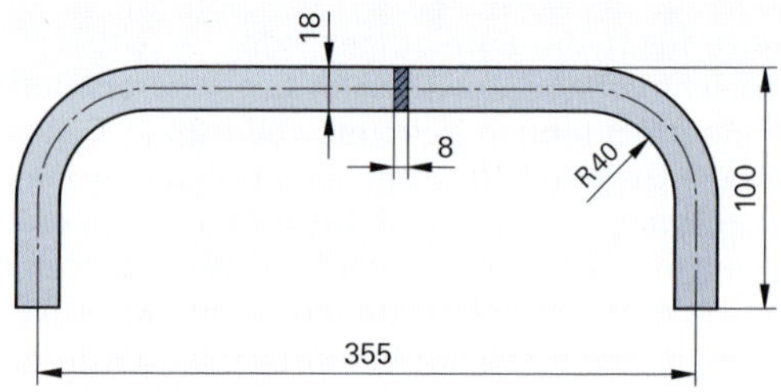

Bild 3: Bügelmaße zur Berechnung der Zuschnittslänge des Flachstahlbügels

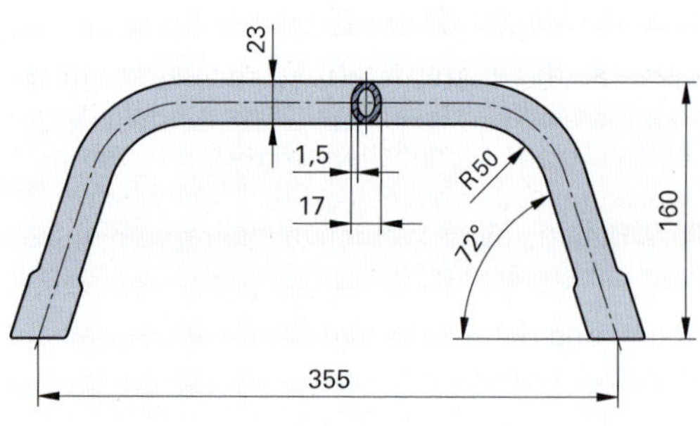

Bild 4: Bügelmaße zur Berechnung der Zuschnittslänge des Rohrbügels

2.4.4 Druckumformen

Beim Druckumformen wird das Werkstück durch Druckkräfte umgeformt **(Bild 1)**. Zum Druckumformen gehören die Fertigungsverfahren Freiformen (Schmieden), Gesenkformen (Gesenkschmieden), Eindrücken und Durchdrücken.

2.4.4.1 Frei- und Gesenkformen

Beim Schmieden werden Werkstücke durch Schlag oder Pressen in glühendem Zustand umgeformt. Durch die Erwärmung des Werkstoffs auf Schmiedetemperatur nimmt die Formbarkeit zu und der Energieaufwand beim Umformen ab.

Schmiedetemperatur

Die Schmiedetemperatur richtet sich nach dem Werkstoff und muss Tabellen entnommen werden. Sie beträgt z. B. für unlegierten Baustahl ca. 1000 °C **(Bild 2)**. Unterhalb der Endschmiedetemperatur darf nicht mehr geschmiedet werden, damit sich am Werkstück keine Risse bilden. Bei zu hoher Schmiedetemperatur verbrennt der Stahl.

Schmiedbarkeit der Werkstoffe

Die wichtigsten schmiedbaren Metalle sind die Stähle sowie die Aluminium- und Kupfer-Knetlegierungen. Bei Stählen nimmt die Schmiedbarkeit mit zunehmendem Kohlenstoffgehalt ab. Außerdem ist der Temperaturbereich, in dem geschmiedet werden kann, kleiner als bei Stählen mit niedrigem C-Gehalt.

Beim Schmieden sind die Angaben der Werkstoffhersteller über Anwärmzeiten und Schmiedetemperaturen zu beachten.

Freies Schmieden

Beim freien Schmieden entsteht die Fertigform durch gezielte Schläge aus dem Rohteil. Dabei kann der Werkstoff frei zwischen den Werkzeugen fließen. Durch freies Schmieden werden Einzelstücke und Vorformen von Gesenkschmiedestücken hergestellt.

Gesenkformen

Beim Gesenkformen wird das Schmiedestück in einem zweiteiligen Gesenk aus einem Rohteil geschlagen **(Bild 3)**. Gesenke sind Stahlformen aus warmfestem Werkzeugstahl. Sie sind stark auf Verschleiß beansprucht und müssen nach 10 000 bis 100 000 Werkstücken ersetzt werden.

Vorteile des Gesenkschmiedens sind:

- geringer Werkstoffverlust
- hohe Wiederholgenauigkeit
- günstiger Faserverlauf
- Herstellung schwieriger Formen möglich

Anwendungsbeispiele: Kurbelwellen, Nockenwellen, Pleuelstangen, Schraubenschlüssel.

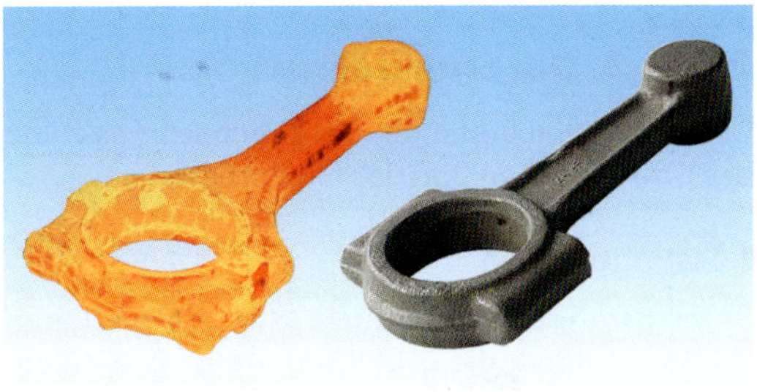

Bild 1: **Gesenkgeschmiedete Pleuelstange**

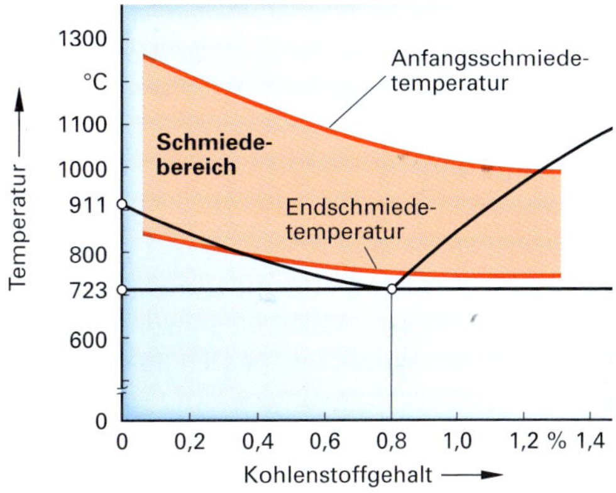

Bild 2: **Schmiedebereich unlegierter Stähle**

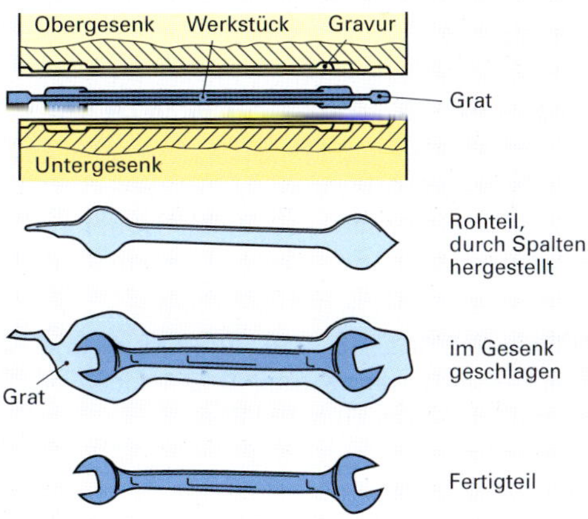

Bild 3: **Schmiedegesenk mit Werkstück**

2.4.4.2 Eindrücken

Beim Eindrücken unterscheidet man Verfahren mit drehender Bewegung des umformenden Werkzeuges, wie z. B. Rändeln und Gewindeformen (Seite 84), und Verfahren mit geradliniger Bewegung, wie z. B. das Einsenken **(Bild 1)**. Das Einsenken von Innensechskanten oder Kreuzschlitzen in Schraubenköpfe kann bei kaltem oder warmem Werkstoff erfolgen.

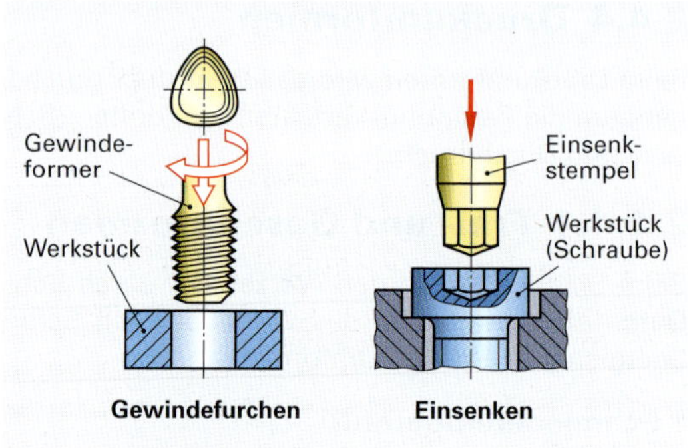

Bild 1: Eindrückverfahren

2.4.4.3 Durchdrücken

Die wichtigsten Verfahren des Durchdrückens sind das Strangpressen und das Fließpressen.

Strangpressen

Beim Strangpressen drückt der Stempel den Werkstoff durch die profilierte Matrize zu einem langen Strang mit vollem oder hohlem Querschnitt **(Bild 2)**.

Beim Strangpressen wird Werkstoff zu langen Halbzeugprofilen gepresst, die durch Walzen nicht herstellbar sind.

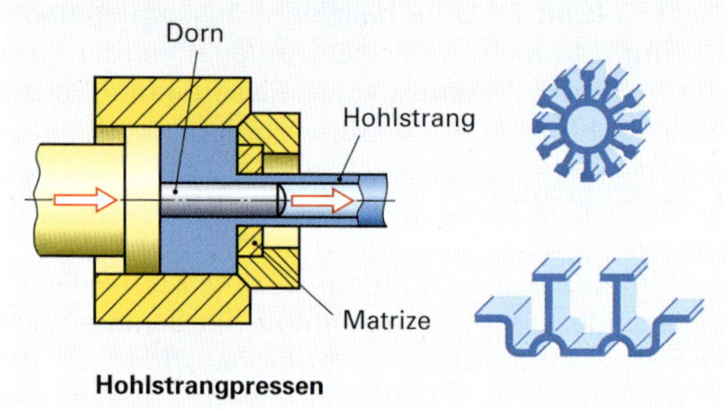

Bild 2: Strangpressen

Fließpressen

Beim Fließpressen werden Platinen durch einen Stempel zu einem Werkstück gepresst. Dabei fließt der Werkstoff durch den Spalt zwischen Stempel und Matrize **(Bild 3)**. Gewindestutzen an Tuben und ähnlichen Werkstücken werden gleichzeitig im Boden der Matrize mitgepresst.

Nach der Fließrichtung des Werkstoffs unterscheidet man Rückwärts- und Vorwärts-Fließpressen sowie Vorwärts-Rückwärts-Fließpressen.

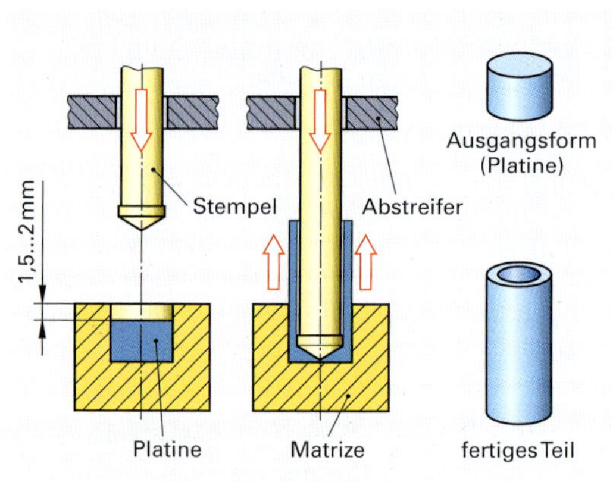

Bild 3: Rückwärts-Fließpressen

Die Länge der durch Fließpressen hergestellten Hohlteile kann bei zylindrischen Werkstücken und bei Werkstoffen mit großer Dehnung bis zum 6-fachen des Werkstückdurchmessers betragen. Es lassen sich Werkstücke mit Wanddicken von 0,1 mm bis 1,5 mm pressen und dabei Höhen bis zu 250 mm in einem Arbeitsgang erreichen **(Bild 4)**.

Zum Fließpressen eignen sich Stahl mit geringem Kohlenstoffgehalt, z. B. C10, Aluminium und Aluminiumlegierungen, Kupfer und weiche Cu-Zn-Legierungen sowie Zinn und Blei.

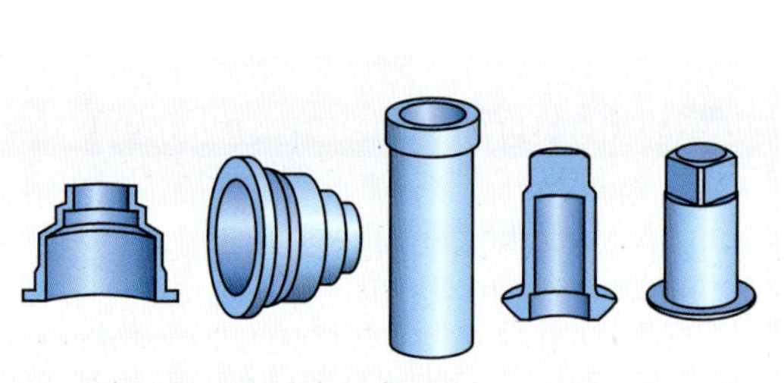

Bild 4: Fließgepresste Werkstücke

Durch Fließpressen werden auch schwierig geformte Voll- und Hohlkörper in großen Serien wirtschaftlich hergestellt.

2.5 Schneiden

Bleche und Profile können durch Scherschneiden oder durch Strahlschneiden zerteilt werden.

2.5.1 Scherschneiden

Durch Scherschneiden werden vor allem Werkstücke aus Blech hergestellt **(Bild 1)**. Dabei unterscheidet man das Schneiden mit Scheren und das Schneiden mit Schneidwerkzeugen.

2.5.1.1 Schneiden mit Scheren

Hand- und Maschinenscheren werden vor allem zum Abschneiden von Blechteilen eingesetzt. Die beiden Schneiden dringen zuerst in das Blech ein, bevor sie schneiden. Danach wird der restliche Querschnitt vollends abgeschert **(Bild 2)**.

Handscheren

Mit Handscheren können wegen der beschränkten Betätigungskraft nur dünne Bleche geschnitten werden. Außerdem ist die Formgenauigkeit der geschnittenen Kanten gering. Sie werden deshalb nur für Einzelanfertigungen und Reparaturen eingesetzt.

Je nach der zu schneidenden Form werden verschiedene Handscheren verwendet. Mit Durchlaufscheren werden gerade Schnitte, mit Lochscheren gerundete Formen geschnitten.

Maschinenscheren

Nibbelscheren dienen zum Ausschneiden beliebiger Formen in Blechen. Der Werkstoff wird durch einen Stempel mit kurzen, schnell aufeinander folgenden Hüben getrennt **(Bild 3)**. Nibbelwerkzeuge werden auch auf NC-gesteuerten Maschinen für die Formen eingesetzt, die nicht mit den Standardwerkzeugen des Werkzeugmagazins gestanzt werden können. Dabei wird die Blechtafel unter dem Werkzeug so verfahren, dass die gewünschte Form entsteht.

Mit **Tafelscheren** werden von Blechtafeln Streifen abgeschnitten. Damit diese Streifen gratfrei sind und eine senkrechte Schnittkante entsteht, müssen die beiden Schermesser genau geschliffen sein. Vor dem Schneiden wird die Blechtafel durch einen Niederhalter geklemmt, damit das Blech beim Schneiden nicht kippt. Beim Schneiden bewegt sich das Obermesser je nach Bauart entweder senkrecht oder schwingend gegen das Untermesser **(Bild 4)**.

Der Antrieb des Messerbalkens und des Niederhalters erfolgt entweder hydraulisch durch Zylinder oder mechanisch, z.B. durch einen Kurbelantrieb. Für dünne Bleche werden auch handbetätigte Tafelscheren eingesetzt.

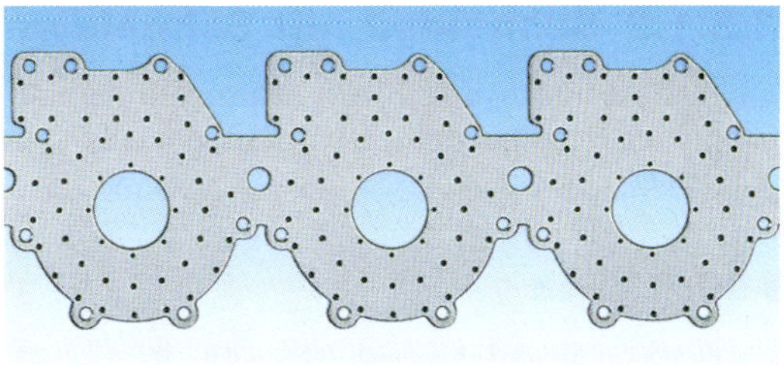

Bild 1: Blechstreifen mit Werkstücken vor dem Abschneiden

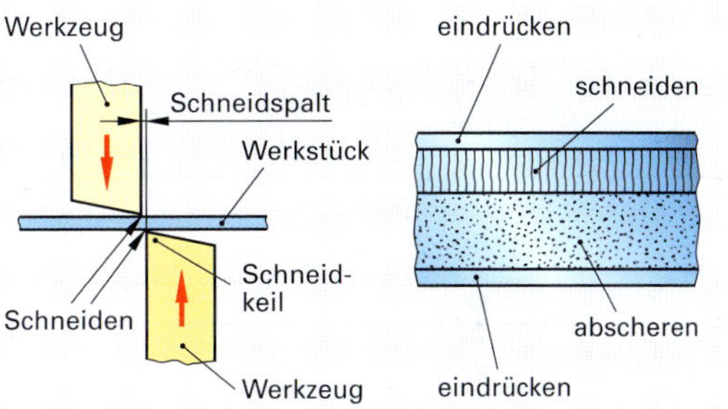

Bild 2: Vorgang beim Scherschneiden

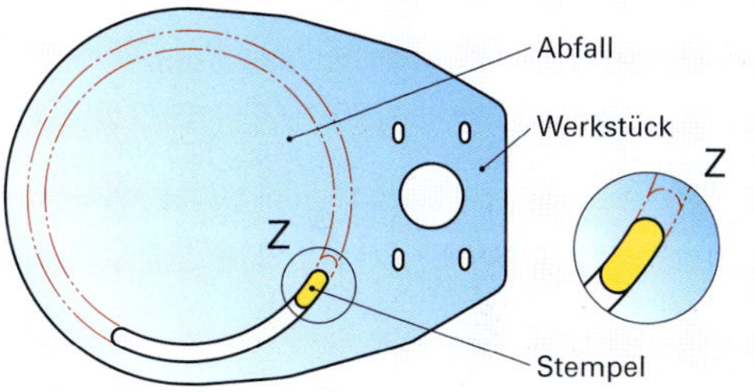

Bild 3: Trennen durch Nibbeln

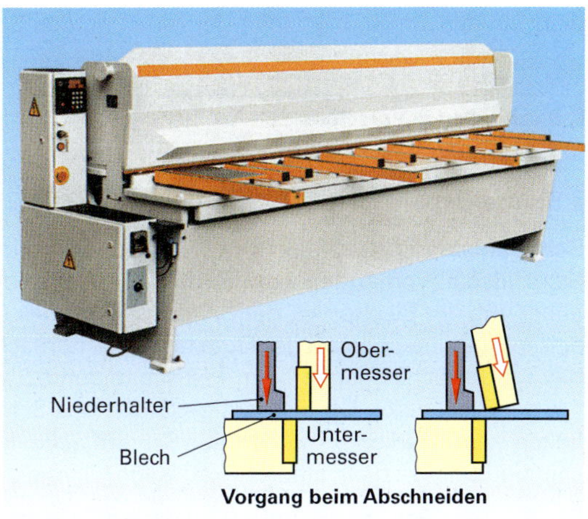

Bild 4: Tafelschere

2.5.1.2 Schneiden mit Schneidwerkzeugen

Viele Werkstücke aus Blech werden in hohen Stückzahlen mit Schneidwerkzeugen hergestellt. Die Schneidwerkzeuge werden dann in Pressen eingesetzt.

Schneidkraft

Die zum Trennen erforderliche Schneidkraft F ist abhängig von der Schnittfläche S und der maximalen Scherfestigkeit τ_{aBmax} **(Bild 1)**. Die Schnittfläche S ist das Produkt aus der Länge l der Schnittlinie und der Blechdicke s.

Schnittfläche $S = l \cdot s$

Die maximale Scherfestigkeit τ_{aBmax} wird aus der maximalen Zugfestigkeit R_{mmax} berechnet.

Maximale Scherfestigkeit $\tau_{aBmax} = 0{,}8 \cdot R_{mmax}$

Damit erhält man für die Schneidkraft F:

Schneidkraft $F = S \cdot \tau_{aBmax}$

Beispiel: Eine Scheibe mit einem Durchmesser d = 20 mm wird aus Stahlblech S275J2 mit der Dicke s = 5 mm ausgeschnitten (Bild 1). Zu berechnen sind:

a) die Länge der Schnittlinie,
b) die Schnittfläche,
c) die maximale Scherfestigkeit,
d) die Schneidkraft.

Lösung:
a) $\boldsymbol{l} = \pi \cdot d = \pi \cdot 20\ \text{mm} = \mathbf{62{,}8\ mm}$
b) $\boldsymbol{S} = l \cdot s = 62{,}8\ \text{mm} \cdot 5\ \text{mm} = \mathbf{314\ mm^2}$
c) Aus Tabellen: $R_m = 410 \ldots 560\ \text{N/mm}^2$
$\tau_{\mathbf{aBmax}} = 0{,}8 \cdot 560\ \text{N/mm}^2 = \mathbf{448\ N/mm^2}$
d) $\boldsymbol{F} = S \cdot \tau_{aBmax} = 314\ \text{mm}^2 \cdot 448\ \text{N/mm}^2 = 140\,672\ \text{N} \approx \mathbf{141\ kN}$

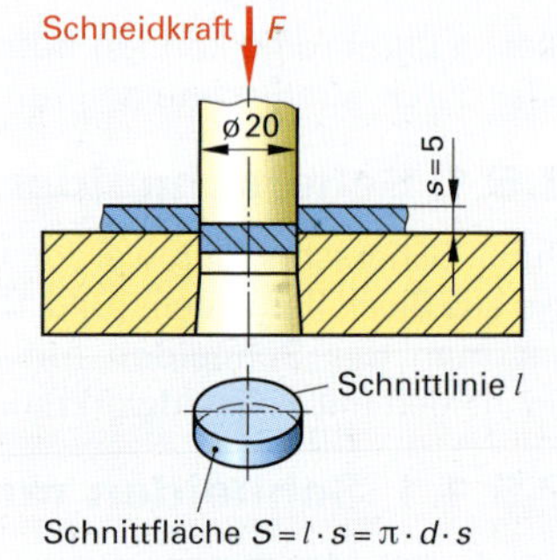

Bild 1: Berechnung der Schneidkraft

Blechbedarf

Zwischen den Werkstücken sind Stege mit der Breite e und am Streifenrand Ränder mit der Breite a notwendig **(Bild 2)**. Bei der Ermittlung des Blechbedarfs A_o je Werkstück aus einem Blechstreifen der Breite B mit dem Streifenvorschub V bleibt der Abfall an den Streifenenden unberücksichtigt.

Blechbedarf je Vorschub $A_o = V \cdot B$

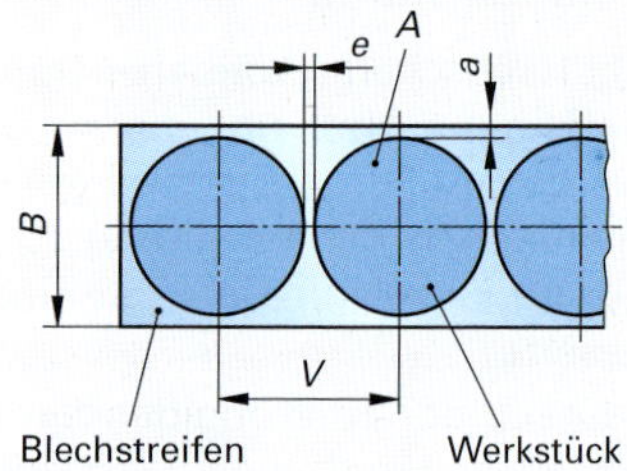

Bild 2: Blechbedarf

Schneidspalt

Schneidspalt. Zwischen Stempel und Schneidplatte muss ein Schneidspalt vorhanden sein **(Bild 3)**. Die Größe des Schneidspaltes hängt von der Blechdicke, der Scherfestigkeit des Bleches, der geforderten Standmenge und der Qualität der Scherfläche ab. In der Regel beträgt der Schneidspalt beim Feinschneiden 0,5% und sonst bis zu 5% der Blechdicke. Ob die richtige Größe des Schneidspaltes eingehalten wurde, erkennt man an der Schnittfläche. Ist sie rau und brüchig und zeigt sich ein starker Grat, ist der Schneidspalt zu groß.

Die richtigen Schneidspaltgrößen können Tabellen entnommen werden **(Tabelle 1)**.

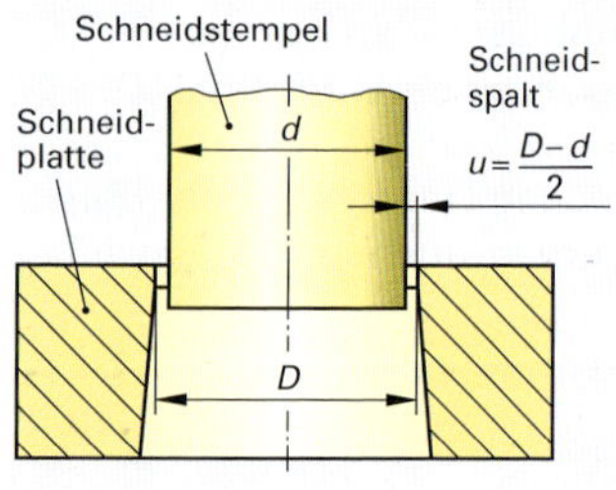

Bild 3: Schneidspalt

Tabelle 1: Größe des Schneidspaltes

Blechdicke s in mm	Schneidspalt u in mm für Scherfestigkeit τ_{aB} in N/mm²	
	250 ... 400	400 ... 600
0,4 ... 0,6	0,015	0,02
0,7 ... 0,8	0,02	0,03
0,9 ... 1,0	0,03	0,04
1,5 ... 2,0	0,04 ... 0,05	0,05 ... 0,07
2,5 ... 3,0	0,06 ... 0,07	0,09 ... 0,10
3,5 ... 4,0	0,08 ... 0,09	0,11 ... 0,13

2.6 Handgeführte spanende Fertigung

2.6.1 Grundlagen

Bei allen spanenden Fertigungsverfahren sind besonders wichtig:

- die Form der Werkzeugschneide und damit die Spanbildung an der Werkzeugschneide
- die auftretenden Kräfte und Temperaturen
- die Verschleißfestigkeit der Schneidstoffe

Die Grundform aller Werkzeugschneiden ist ein **Keil (Bild 1)**. Die beim Zerspanen auftretenden Kräfte und Temperaturen verursachen am Schneidkeil Verschleiß. Die Werkzeugschneide muss deshalb auch bei hohen Temperaturen verschleißfest und ausreichend zäh sein.

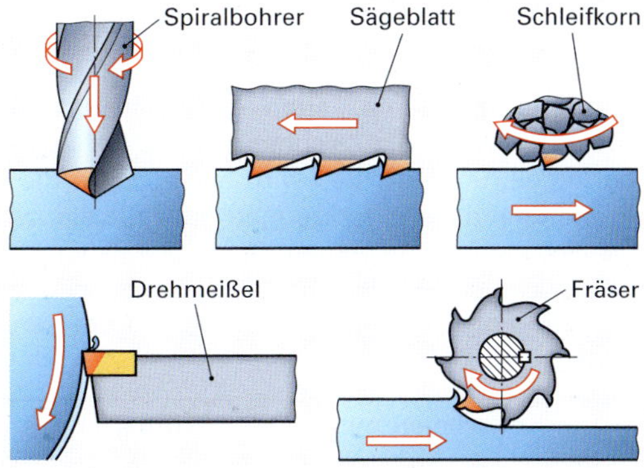

Bild 1: Keilform der Werkzeugschneide

Flächen und Winkel am Schneidkeil

Der in das Werkstück eindringende Schneidkeil wird durch die Spanfläche und die Freifläche gebildet **(Bild 2)**. Der Winkel zwischen beiden Flächen wird als **Keilwinkel β** bezeichnet. Seine Größe richtet sich im Wesentlichen nach dem zu zerspanenden Werkstoff **(Tabelle 1)**. Eine Werkzeugschneide dringt umso leichter in den Werkstoff ein, je kleiner ihr Keilwinkel ist. Damit aber bei der Bearbeitung von Werkstoffen mit höherer Festigkeit die Schneide nicht ausbricht, muss der Keilwinkel genügend groß sein.

Der **Spanwinkel γ** ist der Winkel zwischen der Spanfläche und einer Senkrechten zur Bearbeitungsfläche. Der Spanwinkel beeinflusst hauptsächlich die Spanbildung. Er wird umso größer gewählt, je weicher der Werkstoff ist. Ein großer positiver Spanwinkel führt zur Bildung von langen Spänen.

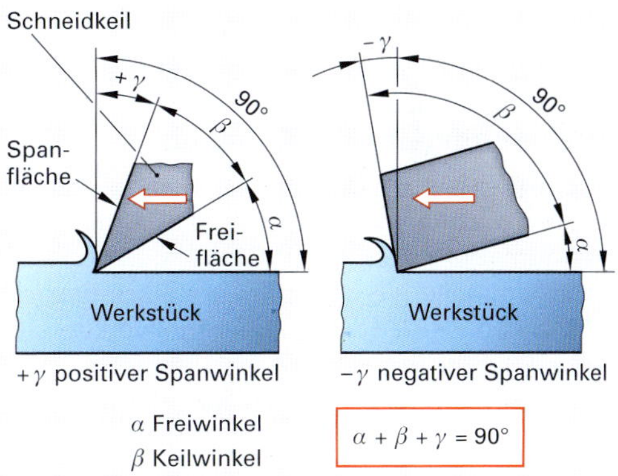

Bild 2: Flächen und Winkel am Schneidkeil

Liegt ein kleiner positiver Spanwinkel vor, so kann der Keilwinkel vergrößert werden. Beim Bearbeiten von harten und spröden Werkstoffen ist der Schneidkeil dann stabiler.

Bei Wendeschneidplatten mit einen Keilwinkel von 90° bildet sich ein negativer Spanwinkel. Diese Platten können von zwei Seiten verwendet werden. Eine wirtschaftliche Fertigung ist hiermit möglich. Ein negativer Spanwinkel führt bei „normalen Stählen" zu einem schnellen Spanbruch. Durch den großen Schneidkeil sind diese Platten für einen unterbrochenen Schnitt gut geeignet.

Der **Freiwinkel α** zwischen der Freifläche und der bearbeiteten Fläche ist notwendig, um die Reibung zwischen Werkzeug und Werkstück zu vermindern. Man wählt ihn gerade so groß, dass das Werkzeug genügend frei schneidet. Freiwinkel, Keilwinkel und Spanwinkel ergeben in der Summe immer 90°.

Tabelle 1: Größe und Winkel am Schneidkeil

Keilwinkel β		Spanwinkel γ			Freiwinkel α	
groß	klein	positiv klein	positiv groß	negativ	klein	groß
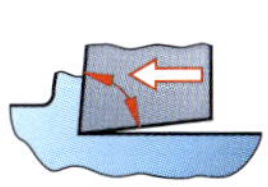	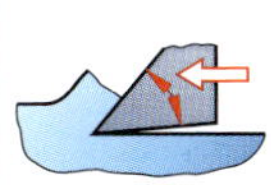	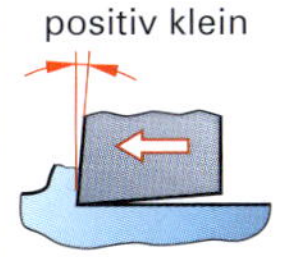	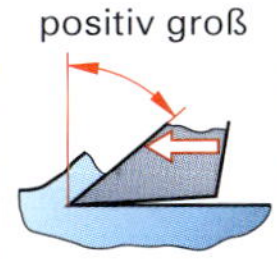	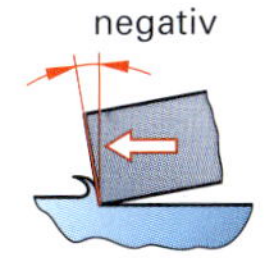	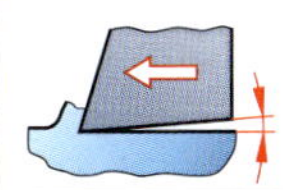	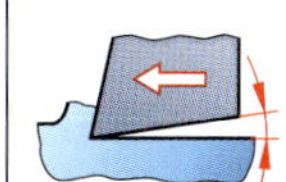
Harte Werkstoffe mit höherer Festigkeit, z. B. Vergütungsstähle	Weiche Werkstoffe, z. B. Aluminium-Legierungen	Werkstoffe mit hoher Festigkeit, harte, spröde Werkstoffe	Weiche Werkstoffe, beim Schlichten	„normale" Strähle, bei unterbrochenem Schnitt, wirtschaftliche Fertigung	Harte und kurzspanende Werkstoffe, z. B. hochlegierte Stähle	Weiche, plastisch verformbare Werkstoffe, z. B. Kunststoffe

2.6.2 Fertigen mit handgeführten Werkzeugen

2.6.2.1 Anreißen

Durch das Anreißen werden Werkstücke für die weitere Fertigung wie z.B. Bohren, Sägen oder Feilen vorbereitet. Beim Anreißen werden die Zeichnungsmaße auf das Werkstück übertragen. Das Anreißen wird nur noch für die Fertigung mit handgeführten Werkzeugen oder für die maschinelle Einzelfertigung angewendet. Beim Einsatz von CNC-Werkzeugmaschinen ist das Anreißen überflüssig geworden. Folgende Forderungen müssen beim Anreißen beachtet werden:

- Die Anrisslinien müssen gut sichtbar angebracht werden.
- Die Zeichnungsmaße sind möglichst genau zu übertragen.
- Der Anriss soll möglichst dünn sein und darf die Werkstückoberfläche nicht beschädigen.

Vorbereitungen zum Anreißen

Um die Anrisslinien deutlich sichtbar zu machen, werden die Oberflächen von Guss- und Schmiedestücken mit Schlämmkreide bestrichen. Glatte Metalloberflächen und Leichtmetallteile werden mit Anreißlack besprüht, blanke Stahlflächen werden mit Kupfervitriol verkupfert.

Anreißvorgang und Anreißwerkzeug

Das Anreißen mit den in **Bild 1** aufgeführten Anreißwerkzeugen wird häufig auf einer ausgerichteten Anreißplatte aus Gusseisen oder Granit durchgeführt. Die Spitze der Anreißwerkzeuge ist gehärtet oder besteht aus einem hartmetallbestückten Einsatz. Zum Anreißen von dünnwandigen, gehärteten oder kerbempfindlichen Werkstücken wird eine Messingreißnadel verwendet. Leichtmetallbleche werden mit einem Bleistift angerissen.

Zum Anreißen von Kreisen und zum Abtragen von Teilstrecken werden Spitzzirkel oder Stangenzirkel verwendet. Die Kreismittelpunkte werden mit dem Körner angekörnt, damit der Zirkel nicht verrutscht. Zum Ankörnen von Bohrlochmittelpunkten wird der Körner zur Erleichterung des Anbohrens kräftiger eingeschlagen.

Risslinien, besonders an Krümmungen, werden durch Kontrollkörnerpunkte besser hervorgehoben. Nach der Bearbeitung sollen die Körnerpunkte noch zur Hälfte sichtbar sein.

Risslinien beliebiger Höhe können mit dem Parallelreißer oder dem Höhenreißer parallel zur Anreißplatte gezogen werden **(Bild 2)**. Höhenreißer sind mit einer Strichskale oder einer digitalen Anzeige ausgeführt.

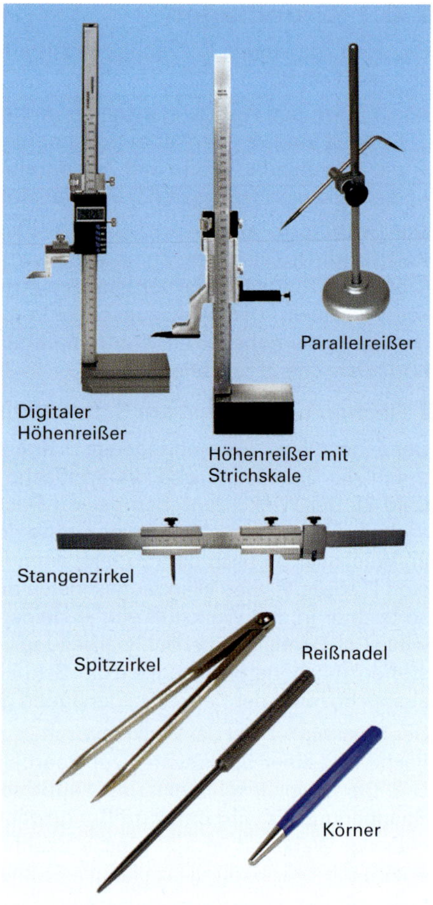

Bild 1: Anreißwerkzeuge (Auswahl)

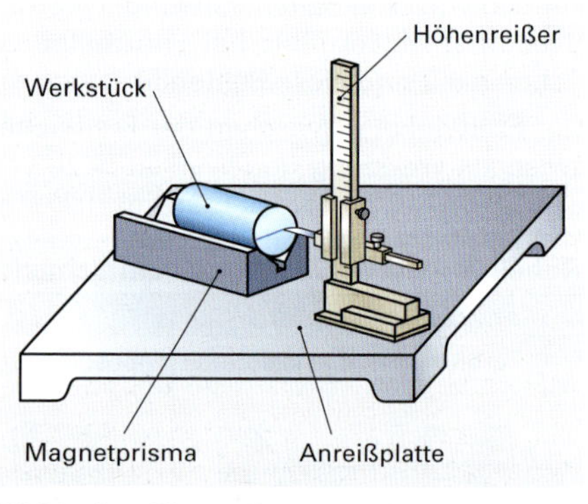

Bild 2: Anreißen auf der Anreißplatte

Digitale Höhenreißer (Bild 1) arbeiten opto-elektronisch nach dem inkrementalen Messverfahren. Ein in der Vertikalsäule eingebauter Glasmaßstab dient als Maßverkörperung. Ein Abtastkopf liest die Teilung des Maßstabes ab. Der digitale Parallelreißer kann an jeder Stelle durch Tastendruck auf Null gestellt werden. Bei Bedarf können die Maße über Tasten addiert oder subtrahiert werden.

2.6.2.2 Sägen von Hand

Sägen von Hand ist ein spanendes Fertigungsverfahren mit einer geradlinigen Schnittbewegung. Es wird zum Trennen von kleineren Werkstücken, Stangenmaterial, Rohren oder zum Einschneiden von Nuten und Schlitzen angewandt. Dabei wird durch das handgeführte Werkzeug die Schnittbewegung erzeugt.

Das Sägeblatt ist ein vielschneidiges Werkzeug mit hintereinanderliegenden Zähnen. Die keilförmigen Zähne sind gehärtet und haben eine geringe Schnittbreite. Die Spanräume (Zahnlücken) nehmen die Späne auf und führen sie aus der Schnittfuge heraus **(Bild 1)**.

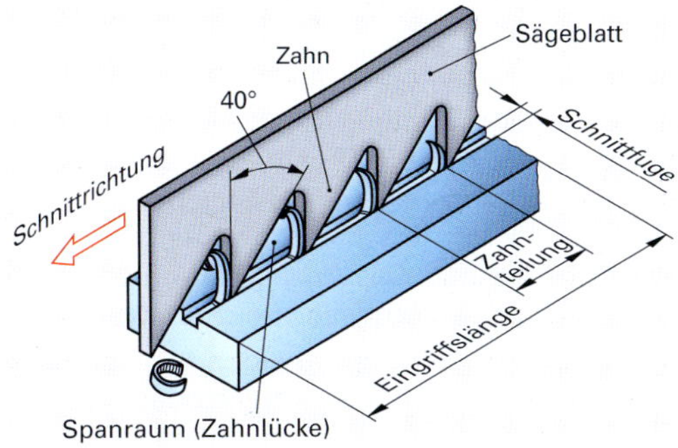

Bild 1: Wirkungsweise des Sägeblatts

> Die Zähne des Sägeblatts müssen immer in Schnittrichtung zeigen.

Zahnteilung des Sägeblatts

Der Abstand der Zahnspitzen wird als Zahnteilung bezeichnet. Zur Kennzeichnung der Zahnteilung wird bei Sägeblättern die Anzahl der Zähne auf ein Inch (1 Inch = 25,4 mm) Länge angegeben. Damit das Sägeblatt nicht einhakt, müssen immer mehrere Zähne im Eingriff sein. Für dünnwandige Werkstücke und Hohlprofile (Rohre) sind deshalb Sägeblätter mit feiner Zahnteilung einzusetzen **(Bild 2)**. Bei einer großen Eingriffslänge müssen Sägeblätter mit grober Zahnteilung verwendet werden.

Die Zahnteilung richtet sich außerdem nach der Festigkeit des Werkstoffs, der gesägt wird **(Tabelle 1)**. Werkstoffe mit höherer Festigkeit erfordern eine feine Zahnteilung, damit mehr Zähne im Eingriff sind. Werkstoffe mit einer geringen Festigkeit benötigen einen größeren Spanraum und somit eine grobe Zahnteilung. Für die Auswahl der Sägeblätter gilt:

> - Sägeblätter mit grober Zahnteilung werden zum Sägen von weichen Werkstoffen und bei einer großen Zahnteilung eingesetzt.
> - Sägeblätter mit feiner Zahnteilung werden zum Sägen von Werkstoffen mit höherer Festigkeit und bei dünnwandigen Werkstücken eingesetzt.

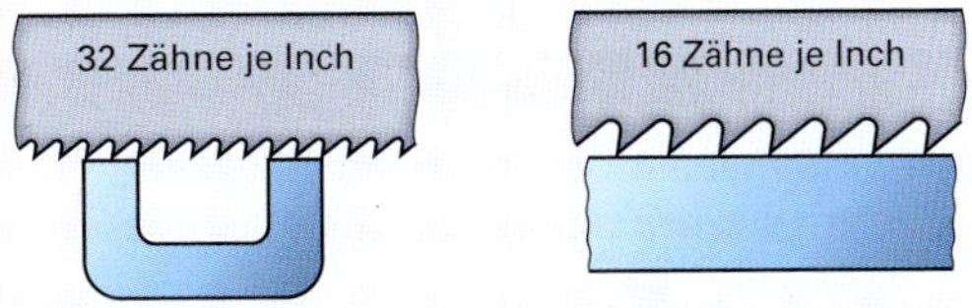

feine Zahnteilung für dünnwandige Werkstücke

grobe Zahnteilung für große Eingriffslänge

Bild 2: Zahnteilung des Sägeblatts

Tabelle 1: Zahnteilung beim Sägen von verschiedenen Werkstoffen

Zahnteilung	Werkstoffe
16 Zähne je Inch ≙ grob	Aluminium, Kupfer, Kunststoffe
22 Zähne je Inch ≙ mittel	Unlegierte Baustähle, CuZn-Legierungen
32 Zähne je Inch ≙ fein	Legierte Stähle, Stahlguss

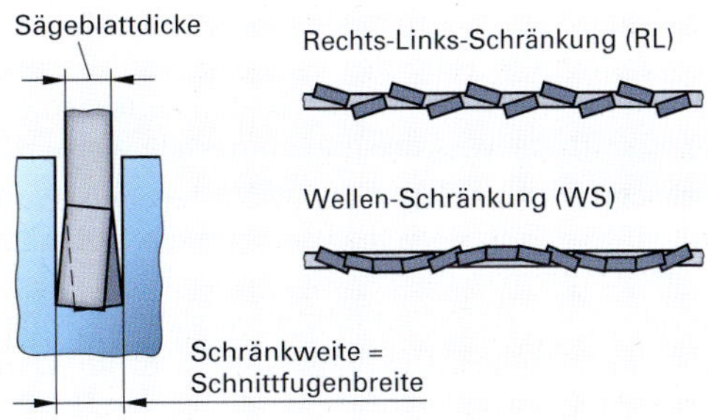

Bild 3: Freischneiden des Sägeblatts

Freischneiden des Sägeblatts

Beim tiefen Eindringen eines glatten Sägeblatts in den Werkstoff vergrößert sich die Reibung an den Seiten. Damit das Sägeblatt nicht heiß läuft und in der Schnittfuge klemmt, muss es seitlich freischneiden. Daher wird das Sägeblatt geschränkt oder gewellt **(Bild 3)**. Bei der Rechts-Links-Schränkung werden die Zähne abwechselnd nach rechts und links gebogen und verhindern so ein Klemmen des Sägeblatts. Gewellte Sägeblätter werden insbesondere bei feiner Zahnteilung eingesetzt.

> Das Freischneiden des Sägeblatts wird durch eine Rechts-Links-Schränkung oder Wellen-Schränkung der Zähne erreicht.

Handsägen

Bügelsäge. Zum Sägen von Hand werden meist Handbügelsägen verwendet. Die Bügelsäge schneidet in Stoßrichtung **(Bild 1)**. Daher muss das Sägeblatt so eingespannt sein, dass die Zähne in Vorschubrichtung zeigen. Das Sägeblatt hat eine Dicke von 0,6 mm bis 1 mm und hat meist eine Wellen-Schränkung. Das Ansägen kann durch Anfeilen mit einer Dreikantfeile erleichtert werden.

Einstreichsäge. Zum Einschneiden von schmalen Schlitzen, z. B. an Schraubenköpfen oder Gewindestifte, kann die Einstreichsäge benutzt werden **(Bild 2)**. Bei dieser Säge wird das Sägeblatt nur einseitig gespannt und eignet sich besonders zum Sägen an schlecht zugänglichen Stellen.

Arbeitsregeln

- Das Sägeblatt der Bügelsäge ist gerade und straff einzuspannen. Die Zähne müssen in Stoßrichtung zeigen.
- Das Werkstück muss nahe an der Schnittstelle eingespannt werden.
- Bei der Sägearbeit muss die ganze Sägeblattlänge benutzt werden.

Maschinenunterstützte Handsägen

Die Verwendung der oben beschriebenen Handsägen erfordert beim Sägen von Stahl für den Bediener einen hohen Arbeitseinsatz. Zur Erleichterung der manuell durchzuführenden Sägearbeiten können daher maschinenunterstützte Handsägen zum Einsatz kommen.

Handbandsäge. Das Sägen von Rohren und Profilen, besonders auf Baustellen, kann mit der Handbandsäge durchgeführt werden **(Bild 3)**. Das endlose Sägeband wird durch einen Elektromotor angetrieben. Durch einen einstellbaren Tiefenanschlag kann die Tiefe des Sägeschnitts begrenzt werden. Je nach Werkstoff können unterschiedliche Bandgeschwindigkeiten eingestellt werden.

Stichsäge. Für das Sägen von Metallblechen, Profilen und kleineren Werkstücken kann die Stichsäge eingesetzt werden **(Bild 4)**. Ein schmales, einseitig eingespanntes Sägeblatt führt eine stetige Pendelhubbewegung aus. Das Sägeblatt sticht mit dem freien Ende in das durchzusägende Blech ein. Wird vor dem Sägen ein Startloch gebohrt, können Ausschnitte auch mittig im Blech erzeugt werden. Durch die geringe Breite des Sägeblatts ist es möglich, dass auch kurvige Schnitte gesägt werden können.

Handkreissäge. Werden gerade Schnitte an Blechen, Rohren oder Profilen benötigt, eignet sich der Einsatz einer Handkreissäge **(Bild 5)**. Das HSS- oder hartmetallbestückte Sägeblatt führt eine kreisförmige Schnittbewegung aus.

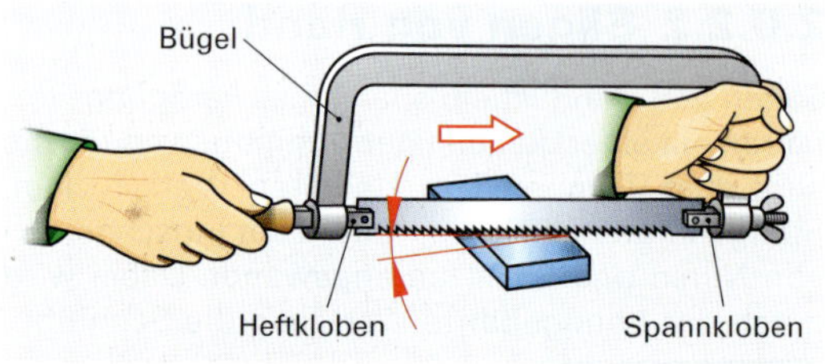

Bild 1: Verwendung der Bügelsäge

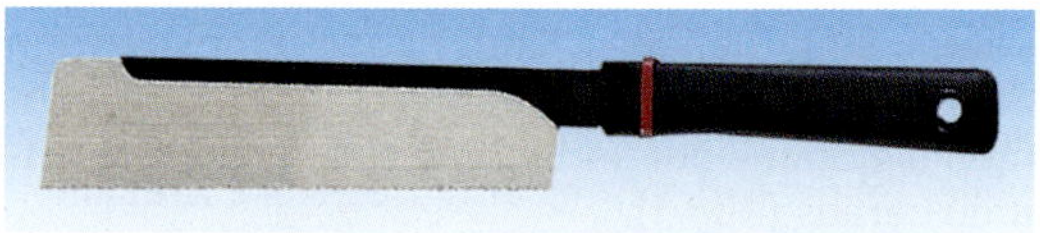

Bild 2: Einstreichsäge

Bild 3: Handbandsäge

Bild 4: Stichsäge

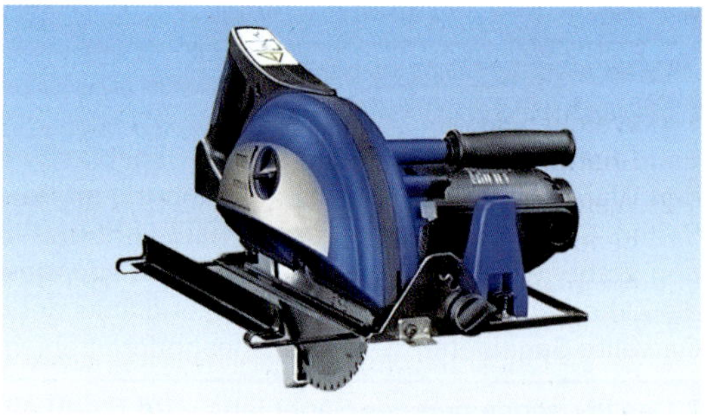

Bild 5: Handkreissäge für die Metallbearbeitung

2.6.2.3 Feilen

Feilen sind mehrschneidige Werkzeuge zum Abtragen geringer Mengen von Werkstoff **(Bild 1)**. Bei der Herstellung der Feilen werden die Zähne eingehauen oder eingefräst und anschließend gehärtet. Gehauene Feilenzähne haben einen negativen Spanwinkel, gefräste Feilenzähne besitzen einen positiven Spanwinkel bei meist großer Zahnteilung **(Bild 2)**. Die linienförmig angeordneten Zähne werden als Hieb bezeichnet. Nach der Hiebart wird zwischen dem Einhieb, Kreuzhieb und Raspelhieb unterschieden. Feilen werden nach Länge, Hieb und insbesondere nach der Querschnittsform **(Bild 3)** eingeteilt.

Gehauene Feilen. Der **Einhieb** auf gehauenen Feilen wird bei weichen Werkstoffen eingesetzt. Der **Kreuzhieb** entsteht durch zweimaliges Hauen des Feilenblatts. Durch den Kreuzhieb wird die Riefenbildung am Werkstück vermieden. Mit Kreuzhieb gehauene Feilen eignen sich zur Bearbeitung von Stahl, Gusseisen, Messing oder Kunststoffe. Der **Raspelhieb** hat punktförmig gehauene Zähne, die weit auseinander liegen **(Bild 4)**. Die auch als Raspel bezeichnete Feile ist geeignet für Holz, Leder, Kunststoff und Stein.

Je nach **Hiebzahl** (Zahl der Hiebe pro Zentimeter) werden gehauene Feilen mit der Hiebnummer 0 bis 8 bezeichnet. Durch die unterschiedliche Hiebteilung entstehen Feilen für die Grob- bis Feinbearbeitung. Sehr feine Feilen können aber auch bis zur Hiebnummer 10 gehen. Mit steigender Hiebnummer und konstanter Länge wird die Hiebzahl größer. Bei gleicher Hiebnummer, aber längerer Feile verringert sich die Hiebzahl, da unabhängig von der Feilenlänge immer die gleiche Anzahl an Hieben vorhanden ist. Bei Feilen zwischen der Hiebnummer 0 bis 4 spricht man von **Werkstattfeilen.** Feilen mit höherer Hiebnummer werden als **Präzisionsfeilen** bezeichnet.

Gefräste Feilen. Mit ihren gebogenen oder schrägen Zähnen sind gefräste Feilen immer einhiebig (Bild 4). Sie werden vorwiegend zur Bearbeitung weicher Werkstoffe eingesetzt. Bei gefrästen Zähnen unterscheidet man die Zahnungen 1, 2 und 3 für grob, mittel und fein.

Feilbewegung. Beim Feilen ist auf die richtige Kraftverteilung und auf die Bewegungsrichtung zu achten. Die Bewegung erfolgt in Richtung Feilenachse, wobei sich die Feile um die halbe Feilenbreite nach rechts oder links verschiebt. Nur in Schnittrichtung der Feile darf Druck auf sie ausgeübt werden.

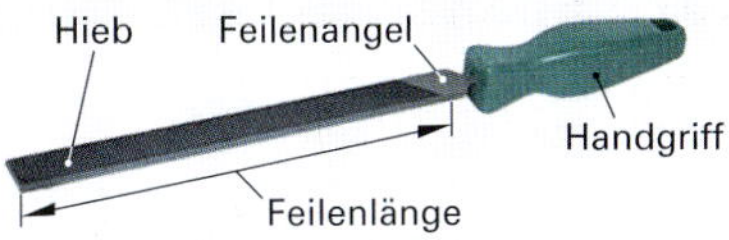

Bild 1: Flachfeile

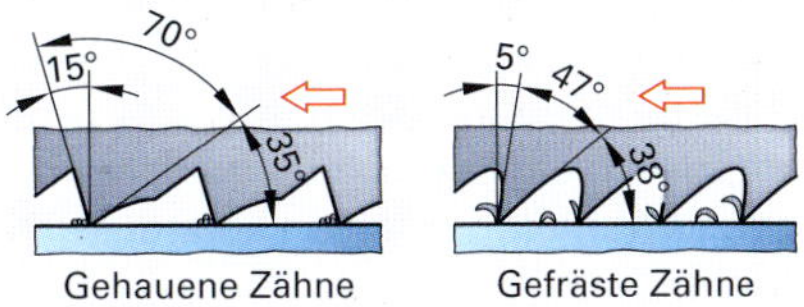

Bild 2: Gehauene und gefräste Zähne

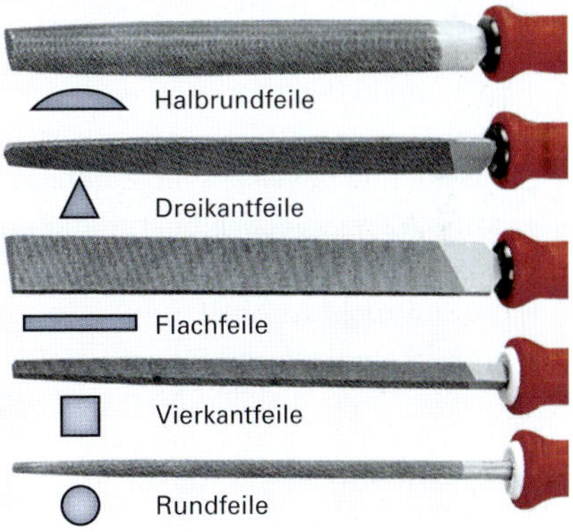

Bild 3: Querschnittsformen der Feilen

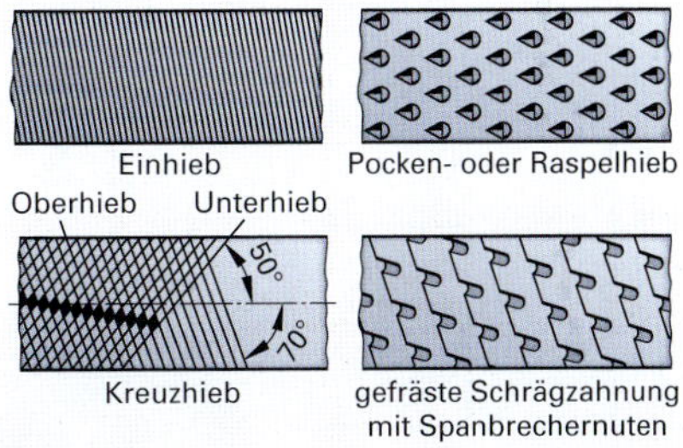

Bild 4: Hiebarten

Wiederholung und Vertiefung

1 Welcher Winkel beeinflusst hauptsächlich die Spanbildung?

2 Welche Forderungen müssen beim Anreißen beachtet werden?

3 Nach welchem Prinzip arbeitet der digitale Höhenanreißer?

4 In welcher Richtung muss das Sägeblatt gespannt werden?

5 Wodurch erreicht man das Freischneiden von Sägeblättern?

6 Welche Arbeitsregeln müssen beim Sägen beachtet werden?

7 Für welche Sägearbeiten ist die Stichsäge geeignet?

8 Weshalb werden Feilen kreuzhiebig gehauen?

9 Welche Unterschiede bestehen zwischen gehauenen und gefrästen Feilen?

2.7 Spanende Fertigung mit Werkzeugmaschinen

2.7.1 Schneidstoffe

Als Schneidstoffe bezeichnet man die Werkstoffe, welche den Schneidkeil bilden.

Anforderungen an Schneidstoffe

Schneidstoffe für Zerspanwerkzeuge sind während ihres Einsatzes großen mechanischen und thermischen Beanspruchungen ausgesetzt, die zu starkem Verschleiß durch Abrieb oder zum Bruch des Schneidwerkzeuges führen können **(Bild 1)**.

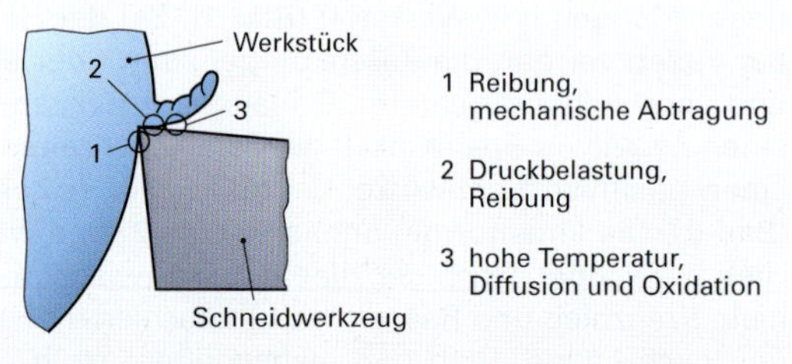

Bild 1: Beanspruchung von Schneidwerkzeugen

Notwendige Eigenschaften der Schneidstoffe

Damit die Schneiden eine möglichst große Standzeit haben, sollten sie die folgenden Eigenschaften besitzen:

- große **Warmhärte,** d.h. die Werkzeugschneide muss auch bei hohen Temperaturen noch hart genug sein, um in den Werkstoff einzudringen
- hohe **Verschleißfestigkeit,** d.h. Widerstandsfähigkeit gegen mechanischen Abrieb sowie gegen chemische und physikalische Einflüsse wie Oxidation und Diffusion
- hohe **Wärmewechselbeständigkeit,** damit sich bei stark wechselnden Arbeitstemperaturen keine Risse bilden
- große **Druckfestigkeit,** um Verformungen und Ausbröckelungen der Schneidkanten zu vermeiden
- große **Zähigkeit** und **Biegefestigkeit,** damit die Werkzeugschneide auch schlagartig auftretende Beanspruchung aushält und die scharfe Schneidkante nicht ausbricht

Auswahl von Schneidstoffen

Die Auswahl des Schneidstoffs richtet sich nach dem Fertigungsverfahren, dem zu zerspanenden Werkstoff und der Wirtschaftlichkeit. Wichtige Eigenschaften für die Auswahl des geeigneten Schneidstoffs sind dessen Verschleißfestigkeit und Zähigkeit **(Bild 2)**. Durch Beschichtungen erhalten HM- und HSS-Schneidstoffe eine wesentlich verbesserte Verschleißfestigkeit (Seite 139).

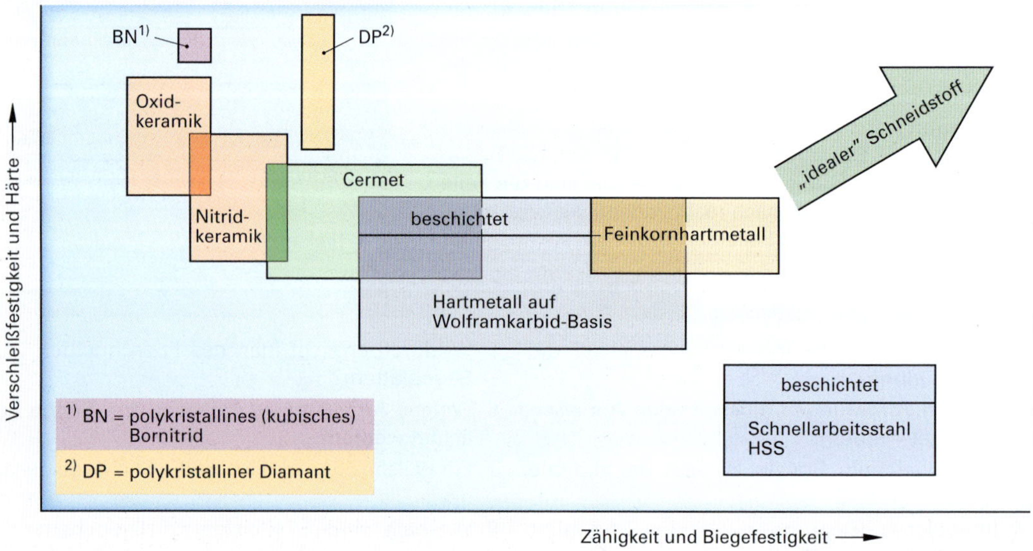

Bild 2: Verschleißfestigkeit und Zähigkeit von Schneidstoffen

Aufgrund ihrer unterschiedlichen Verschleißfestigkeit, Zähigkeit und Kosten haben Schneidstoffe verschiedene Einsatzgebiete.

Schnellarbeitsstahl (HSS)

Schnellarbeitsstahl ist ein hochlegierter Werkzeugstahl, der als Hauptlegierungselemente Wolfram, Molybdän, Vanadium und Kobalt enthält. Schnellarbeitsstahl hat von allen Schneidstoffen die größte Zähigkeit, aber auch die geringste Härte. HSS wird eingesetzt, wenn die Schneidkante sehr scharf sein muss und die Schnitttemperatur nicht zu hoch ist **(Bild 1)**.

Hartmetall

Aufbau. Hartmetall ist ein Verbundwerkstoff, der durch Sintern aus pulverförmigen Grundstoffen hergestellt wird. Dabei werden harte Wolframkarbide mit dem weicheren Bindemittel Kobalt verbunden. Hartmetalle sind durch unterschiedliche Zusammensetzung, Korngröße und Beschichtung für die Bearbeitung nahezu aller Werkstoffe einsetzbar **(Bild 2)**.

Cermet

Hartmetall auf der Basis von Titankarbid anstelle Wolframkarbid und mit Nickel bzw. Kobalt als Bindemittel wird als Cermet (**Cer**amic – **Met**al) bezeichnet. Cermets werden als Wendeschneidplatten zum Drehen und Fräsen eingesetzt.

Schneidkeramik

Keramische Schneidstoffe haben eine sehr große Warmhärte. Heute werden Werkzeuge mit hoher Temperaturbeständigkeit meist aus Siliziumnitrid (Si_3N_4) hergestellt **(Bild 3)**.

Polykristallines kubisches Bornitrid (BN)

Kubisches Bornitrid ist nach Diamant der härteste Schneidstoff und besitzt die größte Warmhärte. BN wird hauptsächlich für die Schlichtbearbeitung harter Werkstoffe eingesetzt **(Bild 4)**.

Polykristalliner Diamant (DP)

Polykristalliner Diamant ist nahezu so hart wie der natürliche, monokristalline Diamant **(Bild 5)**. Er wird aus Kohlenstoff bei großem Druck und hoher Temperatur hergestellt. Die Verschleißfestigkeit ist sehr hoch. Dadurch können hohe Standzeiten erzielt werden.

Anteile der eingesetzten Schneidstoffe

Beschichtete und unbeschichtete Hartmetalle sind aufgrund ihrer vielfältigen Eigenschaften der wichtigste Schneidstoff. Dies wird durch den prozentualen Anteil an den verschiedenen Schneidstoffen deutlich **(Bild 6)**.

Bild 1: Werkzeuge aus Schnellarbeitsstahl HSS

Bild 2: Werkzeuge aus Hartmetall

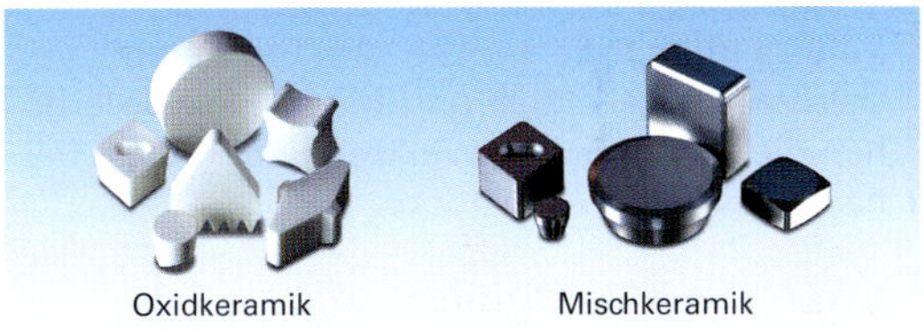

Bild 3: Werkzeuge aus Keramik

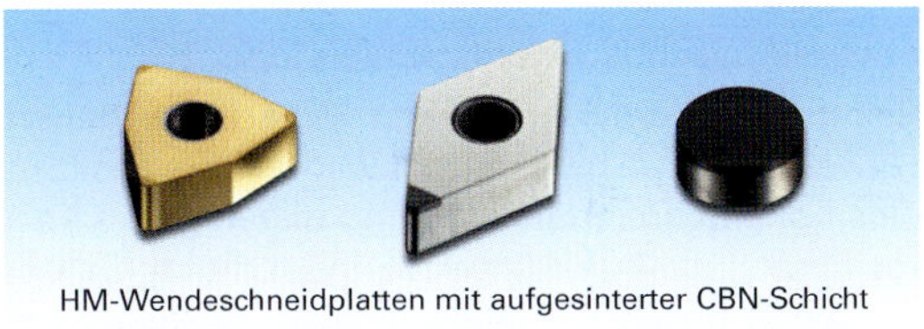

Bild 4: BN-Schneidplatten

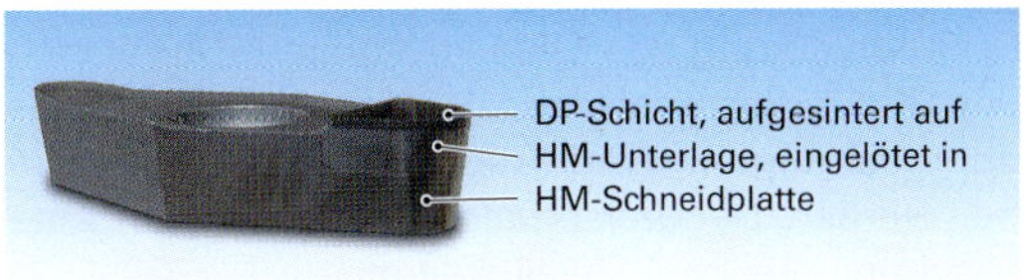

Bild 5: DP-Schneidplatte

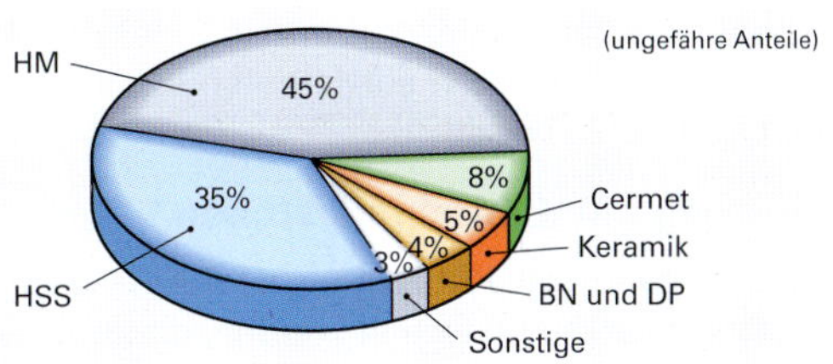

Bild 6: Anteile der Schneidstoffe

2.7.2 Kühlschmierstoffe

Kühlschmierstoffe sind Hilfsstoffe, auf die bei der spanenden Fertigung meist nicht verzichtet werden kann.

Aufgaben der Kühlschmierstoffe

Die Hauptaufgabe der Kühlschmierstoffe (KSS) besteht in der Kühlung und Schmierung von Werkstück und Werkzeug. Darüber hinaus erfüllen Kühlschmierstoffe auch noch weitere Aufgaben **(Bild 1)**. Späne und Werkzeugabrieb werden von der Wirkstelle, z. B. aus der Bohrung, weggespült und aus dem Arbeitsraum der Maschine entfernt. Die Bearbeitungsstelle wird gereinigt und die Werkstücke erhalten einen kurzzeitig wirkenden Korrosionsschutz. Eine wichtige Aufgabe ist beim Schleifen neben der starken Kühlung auch die Bindung des Staubes.

Kühlschmierstoffe senken die Temperatur von Werkzeug, Werkstück und Maschine. Sie erhöhen die Standzeit der Werkzeuge und die Oberflächengüte der Werkstücke.

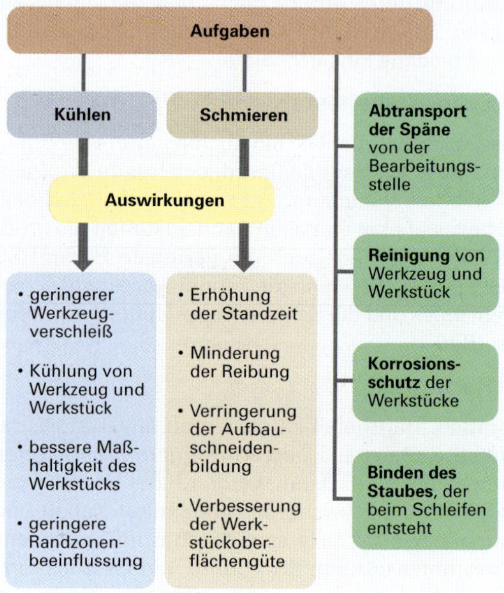

Bild 1: Aufgaben und Wirkungen von Kühlschmiermitteln

Arten von Kühlschmierstoffen

Kühlschmierstoffe lassen sich in zwei Hauptgruppen unterteilen:

- reine Schneidöle
- wassermischbare Kühlschmierstoffe

Reine **Schneidöle** sind meist Mineralöle, denen teilweise Zusätze beigemischt werden. Sie besitzen eine hohe Schmierfähigkeit und bieten guten Korrosionsschutz. Ihre Kühlwirkung ist durch die geringere Wärmeleitfähigkeit nicht so hoch wie bei wassermischbaren Kühlschmierstoffen **(Bild 2)**.

Bei **wassermischbaren Kühlschmierstoffen** wird die große Kühlwirkung des Wassers mit der Schmierwirkung von Ölen kombiniert. Damit sich das Öl möglichst fein im Wasser verteilt, muss es unter ständigem Umrühren dem Wasser zugegeben werden. Dadurch entsteht eine Emulsion, eine Mischung aus zwei Flüssigkeiten.

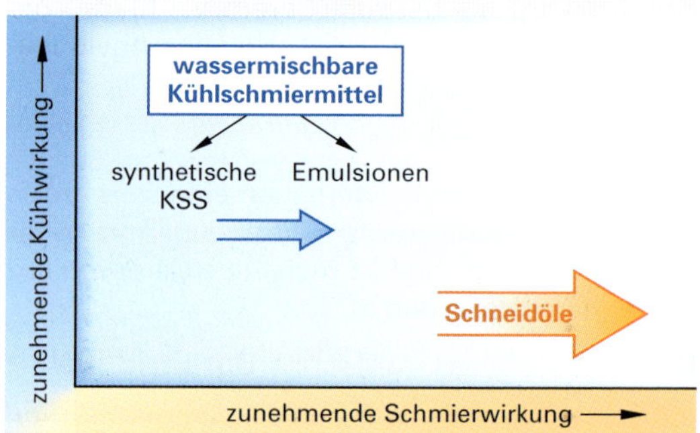

Bild 2: Kühlschmierung mit Emulsion

Auswahl der Kühlschmierstoffe

Die Wahl des Kühlschmierstoffs wird durch das Fertigungsverfahren, den Werkstoff des Werkstücks, den Schneidstoff sowie durch die Schnittdaten bestimmt **(Tabelle 1)**.

Tabelle 1: Auswahl der Kühlschmierstoffe

Art	Anwendung
Emulsion Kühlwirkung überwiegt gegenüber Schmierwirkung	• bei hohen Arbeitstemperaturen • beim Drehen, Fräsen, Bohren • bei leicht bearbeitbaren Werkstoffen
Schneidöl Schmierwirkung überwiegt gegenüber Kühlwirkung	• bei niedriger Schnittgeschwindigkeit • bei hoher Oberflächengüte • bei schwer zerspanbaren Werkstoffen

Umgang mit Kühlschmierstoffen

Beim Umgang mit Kühlschmierstoffen müssen Schutzmaßnahmen beachtet werden, damit keine Gesundheitsgefährdung oder Umweltbelastung eintreten.

2.7.3 Sägen

Die zunehmend kleiner werdenden Losgrößen bei der Fertigung von Werkstücken führen dazu, dass flexible Rohteil-Zuschnitte benötigt werden. Das Sägen als erster Schritt einer Werkstückfertigung wird dadurch immer wichtiger. Hierfür werden Bügel-, Band- und Kreissägemaschinen eingesetzt.

Bügelsägemaschinen

Zum Sägen von Halbzeug bis zu einem Durchmesser von 500 mm werden wegen der geringen Anschaffungs- und Werkzeugkosten häufig Bügelsägemaschinen eingesetzt **(Bild 1)**. Das Sägeblatt der Bügelsägemaschine besteht meist aus Schnellarbeitsstahl (HSS). Beim Rückhub wird es vom Werkstück abgehoben.

Bandsägemaschinen

Bandsägemaschinen sind sowohl für kleinere als auch für sehr große Schnittlängen geeignet **(Bild 2)**. Das endlose Sägeband hat eine Banddicke von 0,65 ... 1,3 mm. Dadurch ist die Schnittfuge schmal und der Werkstoffverlust gering. Die Schnittsteifigkeit des Sägebandes ergibt sich im Wesentlichen durch die Bandbreite. Bei großen Schnittlängen muss deshalb ein breites Sägeband eingesetzt werden.

Die Zahnform des Sägebandes richtet sich nach dem zu sägenden Werkstoff und dem Materialquerschnitt **(Bild 3)**. Mit Sägebändern aus Werkzeugstahl mit gehärteten Zahnschneiden können unlegierte und niedriglegierte Stähle gesägt werden. Bei Bimetall-Sägeblättern bestehen die Zähne aus verschleißfestem Werkzeugstahl, das Trägerband aus legiertem Vergütungsstahl. Sägebänder mit Schneiden aus Hartmetall werden für das Sägen von Stählen (bis zu einer Härte von 60 HRC) und von faserverstärkten Kunststoffen eingesetzt.

Kreissägemaschinen

Kreissägemaschinen eignen sich für das Sägen von Halbzeugen bis zu einem Durchmesser von ca. 140 mm, da das Kreissägeblatt nur bis zu einem Drittel des Durchmessers als Arbeitsbereich genutzt werden kann. Sägeschnitte mit den HSS- oder hartmetallbestückten Kreissägeblättern weisen eine geringe Rautiefe auf. Der Sägevorschub kann über eine CNC-Vorschubregelung mit konstanter Schnittkraft dem Materialquerschnitt angepasst werden **(Bild 4)**.

Wiederholung und Vertiefung

1 Wonach richtet sich die Auswahl der Zahnteilung von Sägeblättern?

2 Für welchen Einsatz eignen sich die verschiedenen Sägemaschinen?

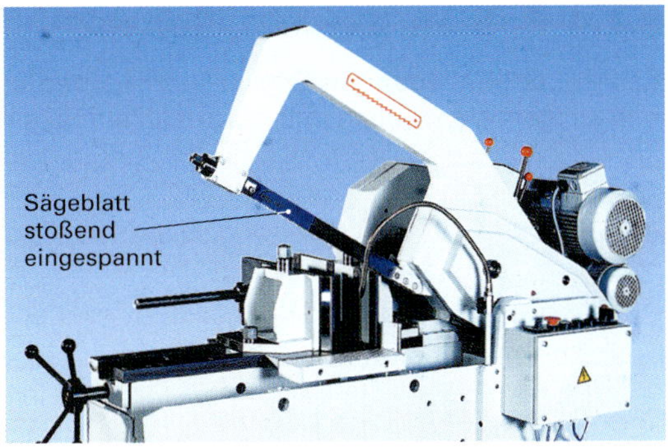

Bild 1: Bügelsägemaschine

Bild 2: Bandsägemaschine

Zahnform	Anwendung
Standardzahn, Spanwinkel 0° 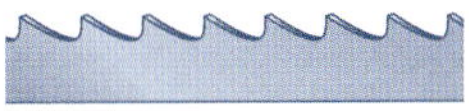	für Stähle mit hohem Kohlenstoffgehalt, bei dünnwandigen Profilen
Klauenzahn, Spanwinkel 5 bis 10° 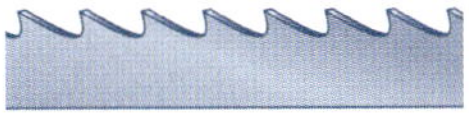	für Stähle mit C-Gehalt < 0,8 %, NE-Metalle, für große Querschnitte
Lückenzahn, Spanwinkel 0° 	für spröde Werkstoffe, z. B. spröde Cu-Legierungen, für große Querschnitte
Trapezzahn, Spanwinkel positiv 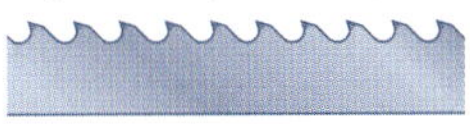	für hohe Zerspanungsleistung, für hartmetallbestückte Sägebänder

Bild 3: Zahnformen von Sägebändern

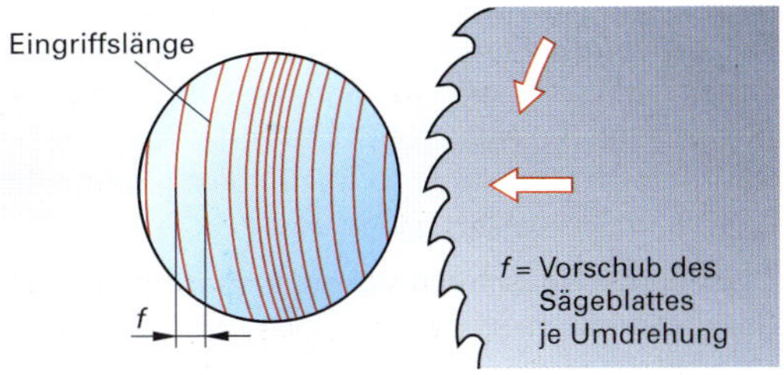

Bild 4: CNC-gesteuerte Vorschubbewegung

2.7.4 Bohren, Senken, Reiben

Bohren, Gewindebohren, Senken und Reiben sind spanende Fertigungsverfahren mit meist mehrschneidigen Werkzeugen und mit ähnlichen Schnitt- und Vorschubbedingungen **(Bild 1)**.

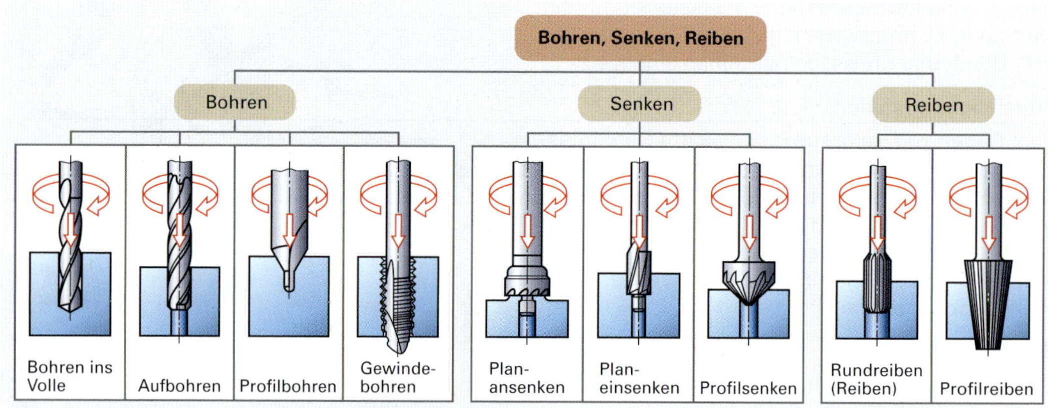

Bild 1: Fertigungsverfahren Bohren, Senken, Reiben

2.7.4.1 Bohren

Bohrvorgang und Spanungsgrößen

Beim Bohren führt meist das Werkzeug eine kreisförmige Schnittbewegung aus, wobei die Vorschubbewegung geradlinig in Richtung der Rotationsachse erfolgt **(Bild 2)**. Durch die Vorschubkraft dringen die Werkzeugschneiden in den Werkstoff ein. Die kreisförmige Schnittbewegung erzeugt die Schnittkraft.

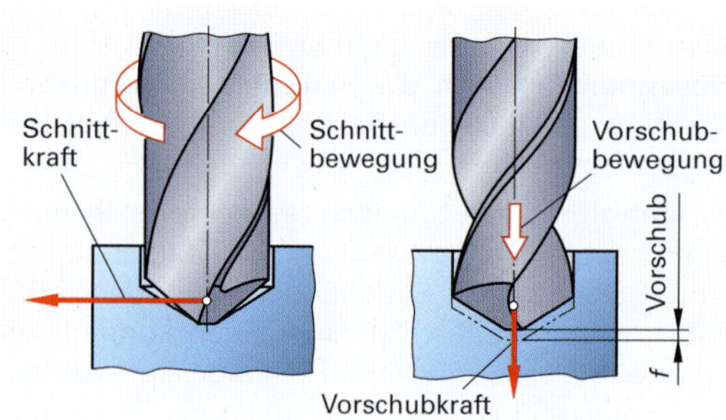

Bild 2: Kräfte und Bewegungen beim Bohren

Die Schnittgeschwindigkeit v_c richtet sich nach dem Bohrertyp bzw. dem Bohrverfahren, dem Werkstoff und der geforderten Arbeitsqualität **(Tabelle 1)**. Sie hat den größten Einfluss auf die Standzeit. Wegen der Vielzahl von Bohrertypen, Schneidstoffen und Beschichtungen sind die Richtwerte der Werkzeughersteller zu beachten.

Die **Drehzahl *n*** kann aus Drehzahldiagrammen abgelesen oder aus der Schnittgeschwindigkeit v_c und dem Bohrerdurchmesser *d* berechnet werden.

Drehzahl $$n = \frac{v_c}{\pi \cdot d}$$

Der **Vorschub *f*** in mm je Umdrehung hängt vor allem vom Werkstoff, vom Schneidstoff und Durchmesser des Bohrers, vom Bohrverfahren und der Bohrtiefe ab (Tabelle 1). Er beeinflusst die Spanbildung und den Leistungsbedarf.

Die **Vorschubgeschwindigkeit v_f** in mm/min wird aus der Drehzahl *n* und dem Vorschub *f* berechnet.

Vorschubgeschwindigkeit $$v_f = n \cdot f$$

Tabelle 1: Schnittwertempfehlungen für beschichtete Spiralbohrer aus HSS bei Bohrtiefen bis 5 × Bohrerdurchmesser

Werkstoff des Werkstücks	v_c in m/min[1]	*f* in mm für Bohrungs-∅ >3…6	>6…12	>12…25	Kühlung[2]
Stahl $R_m \leq 800$ N/mm²	40	0,10	0,15	0,28	E, S
Stahl $R_m = > 800$ N/mm²	20	0,08	0,10	0,15	E, S
Nichtrostende Stähle $R_m \geq 800$ N/mm²	12	0,06	0,08	0,12	E, S
Gusseisen, Temperguss ≤ 250 HB	20	0,20	0,30	0,40	E, M, T
Aluminium-Legierung $R_m \leq 350$ N/mm²	45	0,20	0,30	0,40	E, M, S
Thermoplaste	50	0,15	0,30	0,40	T

[1] Die Richtwerte werden bei günstigeren Bedingungen erhöht, bei ungünstigen Bedingungen herabgesetzt.

[2] E = Emulsion (10–12 %), S = Schneidöl, M = Minimalmengenschmierung, T = trocken, Druckluft

Um Bohrungen fachgerecht herzustellen, müssen die Forderungen an die Genauigkeit der Bohrung sowie technologische (z.B. Schnittgeschwindigkeit, Spannmöglichkeit), wirtschaftliche und Umweltgesichtspunkte berücksichtigt werden.

Aus der gewählten Schnittgeschwindigkeit und dem Bohrdurchmesser erhält man die Drehzahl und aus der Drehzahl und dem Vorschub die Vorschubgeschwindigkeit.

Beispiel: Ein 30 mm dickes Werkstück aus Vergütungsstahl 34Cr4 soll Bohrungen mit dem Durchmesser $d = 10$ mm erhalten.

a) Welche Schnittgeschwindigkeit v_c und welcher Vorschub f ist für einen HSS-Spiralbohrer zu wählen?

b) Welche Drehzahl und Vorschubgeschwindigkeit ergeben sich?

Lösung: Gewählt nach **Tabelle 1, vorherige Seite**

a) $v_c = 20$ m/min, $f = 0{,}10$ mm

b) $\boldsymbol{n} = \frac{v_c}{d \cdot \pi} = \frac{20 \text{ m/min}}{0{,}01 \text{ m} \cdot \pi} = \mathbf{637/min}$

$\boldsymbol{v_f} = f \cdot n = 0{,}10 \text{ mm} \cdot 637\text{/min} = \mathbf{63{,}7\ mm/min}$

Für normale Bohrbedingungen sind die Richtwerte der Werkzeughersteller anzuwenden. Bei abweichenden Bedingungen müssen die Schnittwerte korrigiert werden (Tabelle 1, vorherige Seite).

Spiralbohrer

Für das Bohren im Durchmesserbereich bis 20 mm und bei Bohrtiefen bis 5 × Bohrerdurchmesser ist der Spiralbohrer das am häufigsten verwendete Werkzeug. Der Spiralbohrer besteht im Wesentlichen aus Schaft und Schneidteil mit Bohrerspitze **(Bild 1)**.

Schneidengeometrie

Die Grundform der Bohrerschneide ist der Keil. Zwei gegenüberliegende, wendelförmige Spannuten bilden die **Haupt-** und **Nebenschneiden** und die **Führungsfasen**. Die geringfügige Verjüngung des Spiralbohrers von 0,02 mm bis 0,08 mm auf 100 mm Spannutenlänge zum Schaft hin verringert die Reibung der Führungsfase in der Bohrung.

Form und Steigung der Drallnut bestimmen die Größe des **Spanwinkels** γ, der von seinem größten Winkel an der Schneidenecke zur Bohrermitte hin abnimmt und an der Querschneide negativ ist. Als Ersatzmerkmal für den eigentlichen Spanwinkel wird der **Seitenspanwinkel** γ_f herangezogen, der am Umfang dem **Drallwinkel** entspricht. Dieser richtet sich nach dem zu bearbeitenden Werkstoff und wird den **Typen N, H** und **W** zugeordnet **(Tabelle 2)**.

Tabelle 1: Bohrbedingungen

normale Bohrbedingungen

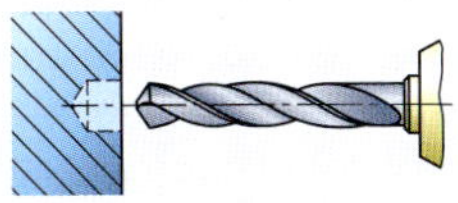
gerade Oberfläche

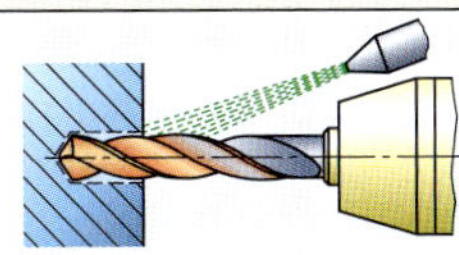
ausreichende Kühlung

Die Richtwerte sind anzuwenden.

angepasste Bohrbedingungen

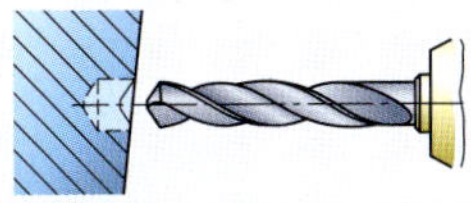
schräger Bohrein- bzw. -austritt

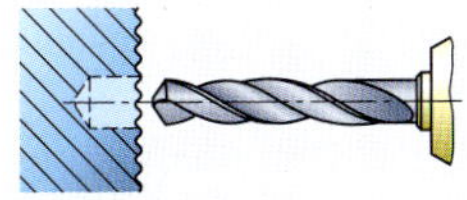
unregelmäßige Oberfläche

Wenn Ein- oder Austrittsfläche bis zu 20° von der Senkrechten zur Bohrerachse abweichen, muss der Vorschub verringert werden, bis der Bohrer mit vollem Durchmesser schneidet, oder die Flächen vorher eben gefräst werden.

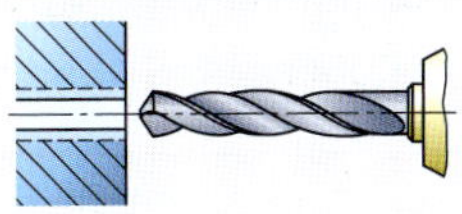
Bohrer in Vorbohrung

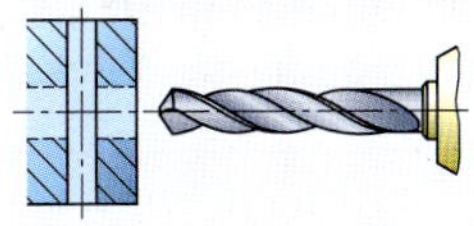
Bohrer in Querbohrung

Vorschub und Schnittgeschwindigkeit müssen reduziert werden.

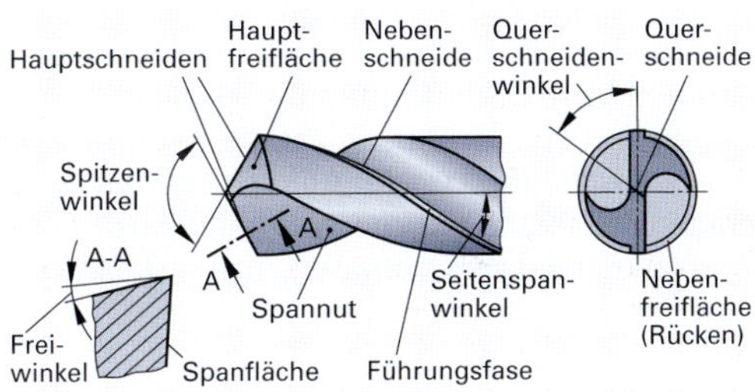

Bild 1: Schneidteil am Spiralbohrer

Tabelle 2: Spiralbohrertypen

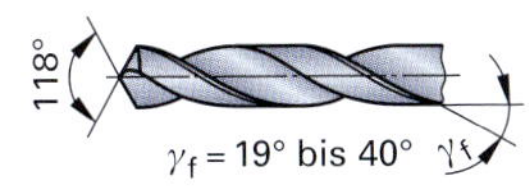	**Typ N** normale Ausführung für weichen Stahl, Grauguss, nichtrostenden Stahl
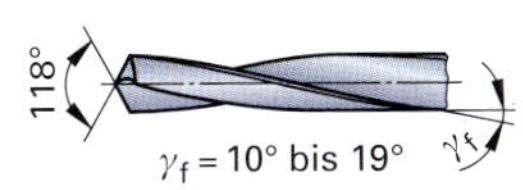	**Typ H** für harte und spröde Werkstoffe, z.B. hochfester Stahl, Schichtpressstoffe
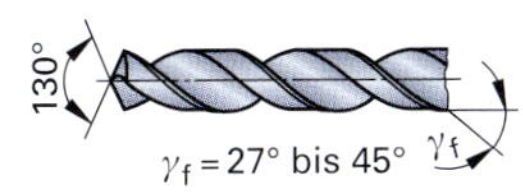	**Typ W** für weiche und zähe Werkstoffe, z.B. Aluminium-, Kupfer- und Zink-Legierungen

Der Winkel zwischen den Hauptschneiden wird als **Spitzenwinkel** bezeichnet. Ein großer Spitzenwinkel führt eher zum Verlaufen des Bohrers, wodurch sich der Bohrungsdurchmesser vergrößert. Ein kleiner Spitzenwinkel gewährleistet zwar eine gute Zentrierung und Wärmeabfuhr, erhöht aber den Schneidenverschleiß. 90°-Spitzenwinkel werden für das Bohren harter, meist stark verschleißend wirkender Kunststoffe verwendet. 130°-Spitzenwinkel ergeben bei weichen und zähen Werkstoffen eine gute Spanabfuhr. Bei langspanenden Leichtmetallen wird ein Spitzenwinkel von 140° angeschliffen.

Durch Hinterschleifen der Hauptfreiflächen entsteht der **Freiwinkel.** Er muss ausreichend groß sein, damit der Bohrer auch bei großen Vorschüben frei schneidet. Der Freiwinkel darf jedoch nicht größer als erforderlich angeschliffen werden, da dadurch eine Schwächung der Schneide erfolgt und die Neigung zum Rattern vergrößert wird.

Die **Querschneide** erschwert den Spanungsvorgang, da sie den Werkstoff nur quetscht.

> Der richtige Hinterschliff bei Bohrern mit einem Spitzenwinkel von 118° ist daran zu erkennen, dass die Querschneide mit den Hauptschneiden einen Querschneidenwinkel von 55° bildet.

Zur Verringerung der Vorschubkraft und zur Verbesserung des Spanablaufes im Querschneidenbereich gibt es Anschliffformen für spezielle Anwendungen **(Tabelle 1).** Die einfachste Änderung des Normalanschliffes ist das **Ausspitzen der Querschneide.** Sie soll aber noch mindestens $^{1}/_{10}$ des Bohrerdurchmessers betragen, damit die Bohrerspitze nicht zu schwach wird.

Schleifen der Spiralbohrer

Der Bohrer muss an der Freifläche so weit nachgeschliffen werden, bis der Verschleiß an der Haupt- und Querschneide sowie an der Führungsfase beseitigt ist. Wird der Verschleiß an der Führungsfase nicht beseitigt, klemmt der Bohrer.

Schleiffehler wirken sich auf die Maßgenauigkeit und die Oberflächengüte der Bohrung sowie auf die Standzeit des Bohrers aus **(Tabelle 2).** Um diese Fehler zu vermeiden, müssen die Bohrer sorgfältig nachgeschliffen und mit **Schleiflehren** oder Werkzeugmikroskopen überprüft werden.

Tabelle 1: Anschliffformen bei Spiralbohrern

ausgespitzte Querschneide 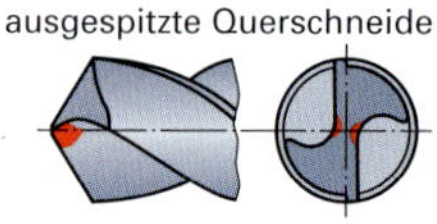	geringere Vorschubkraft, verbesserte Zentriereigenschaften
Ausgespitzte Querschneide mit korrigierter Hauptschneide 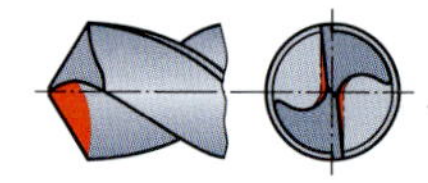	Stabilisierung des Bohrers, verhindert, dass der Bohrer sich in den Werkstoff einhakt und einzieht, ohne zu schneiden
Kreuzanschliff 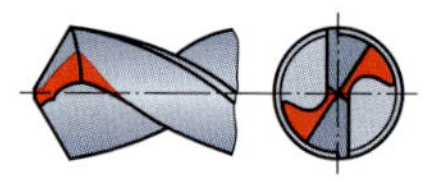	Querschneiden wird in zwei Nebenschneiden aufgeteilt, Querschneidenrest 0,3 bis 0,5 mm, Anwendung bei Tieflochbohrern
Anschliff für Grauguss 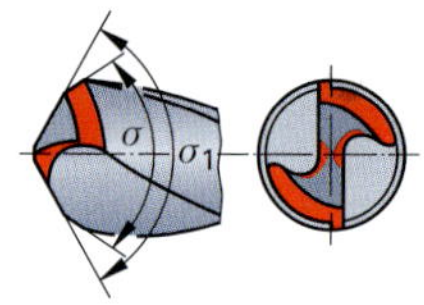	Spitzenwinkel von 118° ist durch einen zweiten von 90° ergänzt, Ausbrechen an der Schneidenecke wird verhindert, die Ableitung der Zerspanungswärme wird verbessert

Tabelle 2: Schleiffehler beim Spiralbohrer

Freiwinkel zu klein 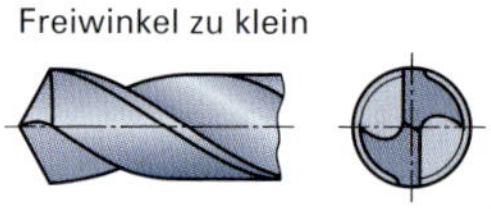	Vorschubkraft zu groß, Bohrerbruch
Freiwinkel zu groß 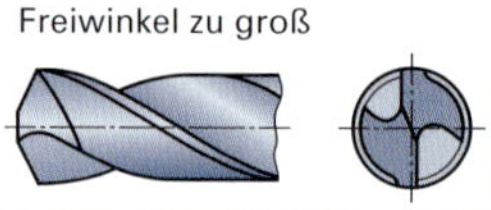	Schneide bricht aus, Bohrer hakt ein
Schneiden ungleich lang 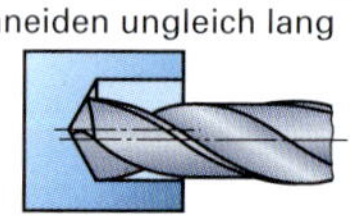	Bohrung zu groß
Winkel ungleich 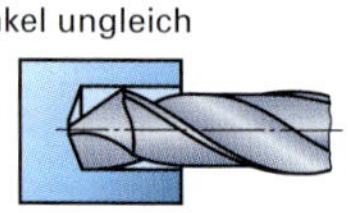	Nur eine Schneide schneidet, sie wird schnell stumpf

Wiederholung und Vertiefung

1 In welche Verfahren wird das Fertigungsverfahren Bohren unterteilt?
2 Wovon hängt beim Bohren die Wahl der Schnittgeschwindigkeit ab?
3 Welche Bohrbedingungen erfordern beim Bohren eine Änderung der Schnittgeschwindigkeit oder des Vorschubes?
4 Bei welchen Bohrtiefen ist der Spiralbohrer das meistverwendete Fahrzeug?

2.7.4.2 Gewindebohren

Innengewinde können mit Gewindebohrern von Hand oder auf Maschinen hergestellt werden **(Bild 1)**.

Spanungsvorgang

Zum Schneiden von Innengewinden müssen zuerst die Kernlöcher gebohrt werden.

Kernlochdurchmesser $d_k = d - P$

Kernlöcher dürfen nicht kleiner als Nenndurchmesser *d* minus Steigung *P* gebohrt werden. Das erleichtert das Gewindebohren und vermeidet Gewindebohrerbrüche.

Der Gewindebohrer führt die Schnitt- und Vorschubbewegung aus; dabei wird der Vorschub durch die Gewindesteigung bestimmt.

Der kegelförmige Anschnitt übernimmt die Zerspanung **(Bild 2)**. Je nach Größe des Anschnittwinkels wird das Gewinde mit den ersten zwei bis acht Gängen des Gewindebohrers geschnitten. Der Führungsteil führt den Gewindebohrer in den eben entstandenen Gewindegängen.

Der Gewindebohrer drückt beim Schneiden zähe Werkstoffe etwas nach innen, sodass die Bohrung kleiner wird („Aufschneiden").

Durch das **Ansenken** der Kernlöcher mit einem 90°-Senker erreicht man, dass der Gewindebohrer besser anschneidet und die äußeren Gewindegänge nicht herausgedrückt werden. Für Gewinde, die in **Grundlöcher** geschnitten werden, bohrt man die Kernlöcher tiefer als die nutzbare Gewindelänge, da das Gewinde nicht bis auf den Grund der Bohrung geschnitten werden kann.

Zur Erzielung einer guten Oberflächengüte ist für den jeweiligen Werkstoff der geeignete **Kühlschmierstoff** (z.B. Schneidöl für Stahl, Emulsion für Grauguss, Druckluft für Mg-Legierungen und Kunststoffe) zu verwenden.

Gewindebohren von Hand

Der Gewindebohrer muss genau axial in das Kernloch eingeführt werden. Bei langspanenden Werkstoffen und größeren Gewinden brechen durch wiederholtes kurzes Zurückdrehen des Gewindebohrers die Späne ab **(Bild 3)**. Frischer Schmierstoff gelangt dabei an die Schneiden.

Gewindebohren auf Maschinen

Das Gewindebohren auf Maschinen erfolgt mit starr eingespannten Gewindebohrern, mithilfe eines Gewindeschneidapparates oder eines Längenausgleichsfutters **(Bild 4)**.

Bei **starr eingespannten Gewindebohrern** müssen Spindelumdrehung und axiale Vorschubbewegung **synchronisiert** werden. Dadurch erreicht man gleich bleibend hohe Gewindequalitäten.

Bild 1: Gewindebohren

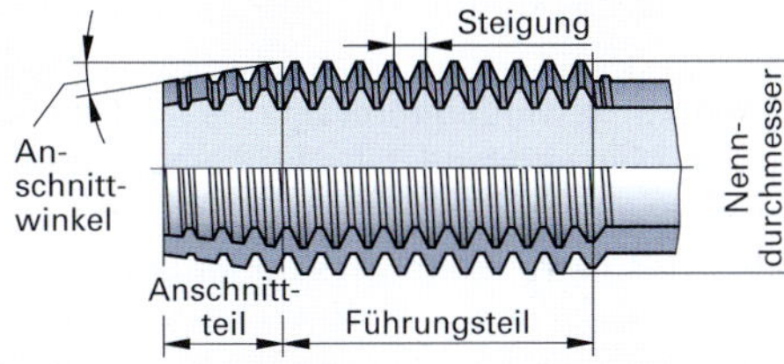

Bild 2: Schneidteil bei Gewindebohrer

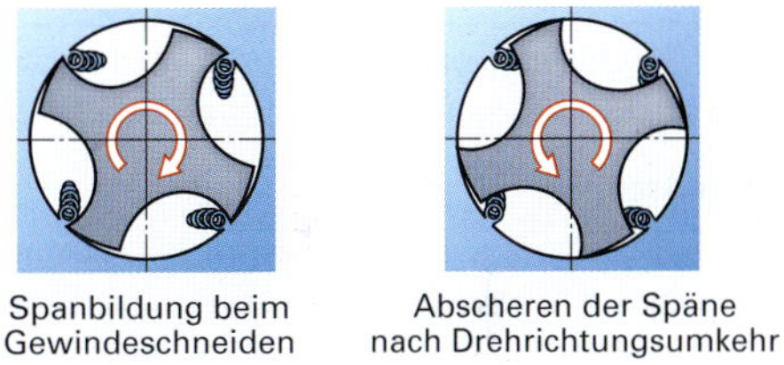

Bild 3: Spanbildung und Abscherung

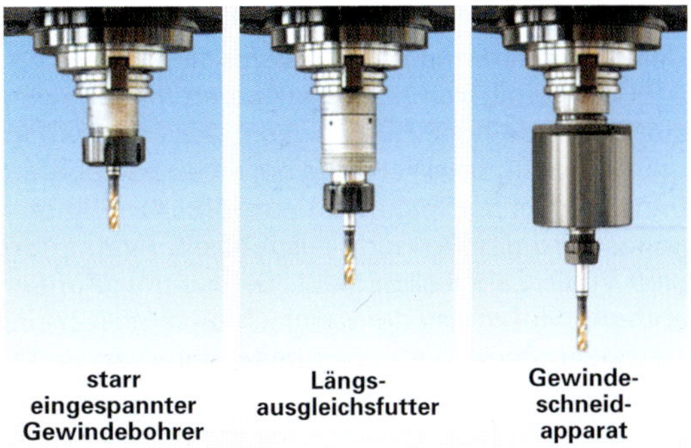

Bild 4: Gewindebohren auf Maschinen

Der **Gewindeschneidapparat** arbeitet während des gesamten Schneidvorgangs mit konstanter Drehzahl. Durch ein Wendegetriebe wird die Drehrichtung des Gewindebohrers zum Rücklauf geändert.

Beim Gewindebohren mit einem **Längenausgleichsfutter** wird zu Beginn des Schneidprozesses durch das Ausgleichsfutter eine Axialkraft erzeugt, die zum Anschneiden des Gewindes führt. Nach dem Anschneiden läuft das Ausgleichsfutter mit vermindertem Vorschub. Der Gewindebohrer zieht sich selbst in die Kernlochbohrung.

Gewindebohrerarten

Gewindebohrer für weiche, langspanende Werkstoffe, z. B. Leichtmetall- oder Kupferlegierungen, besitzen größere Spanwinkel und Spannuten als Gewindebohrer für Stahl, Gusseisen oder Messing **(Bild 1)**.

Mit dem **3-teiligen Handgewindebohrersatz** schneidet man Gewinde in Grundlöcher oder in lange durchgehende Bohrungen **(Bild 2)**. Dieser Gewindebohrersatz besteht aus **Vor-, Mittel- und Fertigschneider.** Erst der Fertigschneider erzeugt das voll ausgeschnittene Gewinde.

Der **2-teilige Gewindebohrersatz** besteht nur aus Vor- und Fertigschneider. Man verwendet ihn für Feingewinde und Witworth-Rohrgewinde wegen der geringeren Gewindetiefe als bei Regelgewinden.

Gerade oder gewendelte **Maschinengewindebohrer** schneiden in einem Schnitt ein maßhaltiges Gewinde **(Bild 3)**. Durch den zusätzlichen Schälanschnitt wird eine hohe Spanleistung erzielt. Für Durchgangslöcher können Gewindebohrer mit Linksdrall bei Rechtsgewinden verwendet werden, welche die anfallenden Späne vor sich her aus dem Bohrloch entfernen.

Mit Maschinengewindebohrern werden Gewinde in einem Schnitt und bei Grundlöchern bis dicht an den Grund geschnitten.

Schneidstoffe

Für Werkzeuge zur Innengewindefertigung werden Schnellarbeitsstähle und Hartmetalle eingesetzt. Zur Steigerung der Verschleißfestigkeit werden die Oberflächen der Gewindebohrer durch Nitrieren, Vaporisieren und Hartverchromen veredelt oder mit einer Hartstoffschicht (z. B. TiN, TiAlCN, TiCN) beschichtet.

Gewindeformer

Das **Gewindeformen** (Gewindefurchen) ist ein spanloses Verfahren zur Herstellung von hochbelastbaren Innengewinden und für Werkstoffe mit geringer Zugfestigkeit. Der Faserverlauf wird dabei nicht unterbrochen. Das Werkzeug hat einen polygonförmigen Querschnitt und weist keine Spannuten auf **(Bild 4)**. Während des Eindrehvorgangs wird das Gewinde ausgeformt, indem der verdrängte Werkstoff in die Zahnlücken fließt. Da das umzuformende Material nicht entfernt wird, muss der Kernlochdurchmesser größer sein als beim Gewindebohren. Die zu bearbeitenden Werkstoffe müssen eine gute Verformbarkeit aufweisen.

Wiederholung und Vertiefung

1 Warum werden Gewindekernlöcher angesenkt?
2 Was versteht man unter Aufschneiden beim Gewindebohren?
3 Wann werden Maschinengewindebohrer eingesetzt?
4 Worauf ist beim Gewindeschneiden in Grundlöchern zu achten?
5 Wann verwendet man den 2-teiligen Gewindebohrersatz?

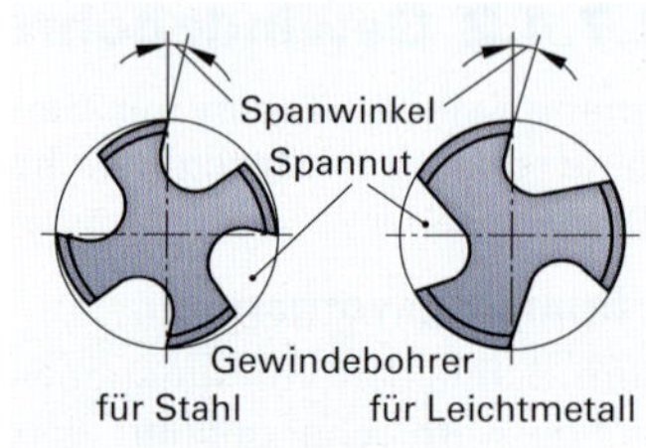

Bild 1: Spannuten am Gewindebohrer

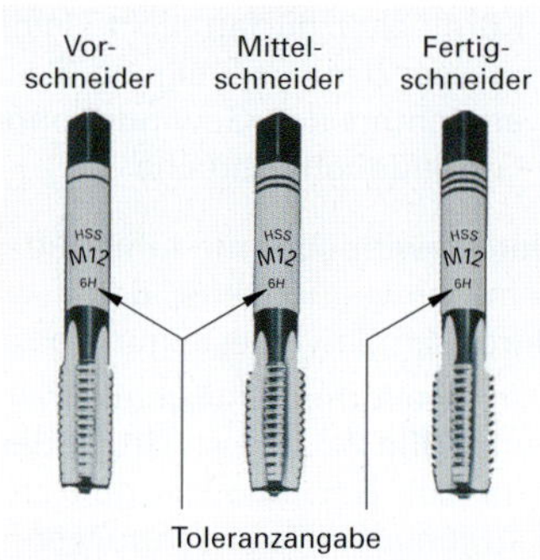

Bild 2: 3-teiliger Gewindebohrer

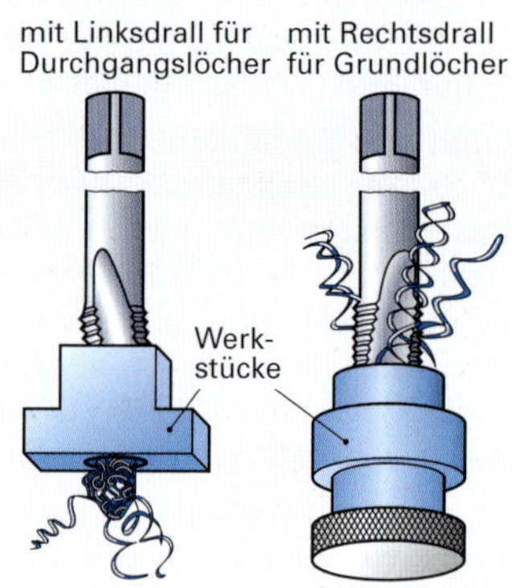

Bild 3: Maschinengewindebohrer

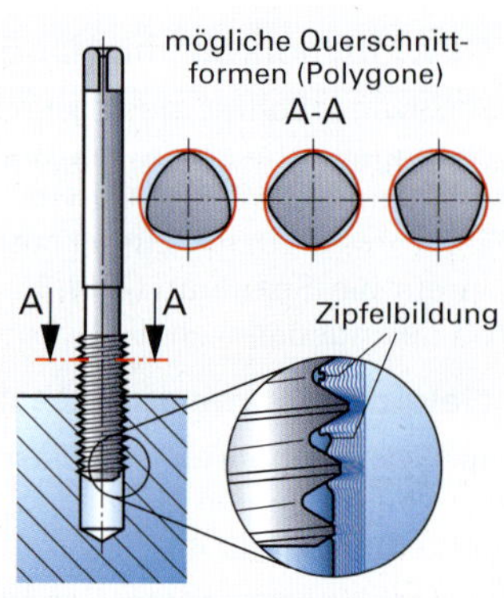

Bild 4: Gewindeformer

2.7.5 Senken

Senken ist ein Bohrverfahren zur Erzeugung von Profil- oder Kegelflächen in vorhandenen Bohrungen. Man unterscheidet:

Planansenken z. B. der Auflagefläche für den Kopf einer Sechskantschraube

Planeinsenken z. B. einer zylindrischen Einsenkung für den Kopf einer Zylinderschraube

Profilsenken z. B. einer kegeligen Senkung für Senkschrauben

Senkvorgang

Die Senkwerkzeuge haben im Vergleich zu den Bohrern einen kleineren Freiwinkel und eine größere Freifläche. Dadurch „stützt" sich der Senker auf der Schnittfläche auf und verhindert Rattermarken.

> Beim Senken soll die Schnittgeschwindigkeit gleich oder kleiner als beim Bohren gewählt werden. Der Vorschub kann bis 50 % kleiner sein.

Senkwerkzeuge

Flachsenker werden zum Planansenken und Planeinsenken verwendet **(Bild 1, Seite 144)**.

Kegelsenker dienen zum Profilsenken von kegeligen Schrauben- und Nietsenkungen und zum Entgraten von Bohrungen **(Bild 1)**. Die Spitzenwinkel sind genormt, z. B. 60° zum Entgraten, 75° für Nietköpfe, 90° für Senkschrauben und 120° für Blechniete.

Kegel- und Flachsenker gibt es mit festen und auswechselbaren Führungszapfen **(Bild 2)**. Der Führungszapfen führt das Werkzeug in der vorgebohrten Bohrung. Auswechselbare Zapfen erleichtern das Nachschleifen der Senker und ermöglichen den Einsatz bei verschiedenen Bohrungsdurchmessern.

Mit **Stufenwerkzeugen** können mehrere Senkungen in einem Arbeitsgang ausgeführt werden.

Im Bereich von Lagerstellen und Bolzensitzen sind planparallele An- oder Einsenkungen im Innenbereich nötig. Rückwärtiges Bearbeiten ist hier mit **Rückwärtssenkern** möglich **(Bild 3)**. Bei Werkzeugen mit festem Plattensitz wird das Werkzeug soweit über das Zentrum der Bohrung herausgefahren, dass es mit seinem größten Durchmesser in die Bohrung einfahren kann.

Senkwerkzeuge werden aus Schnellarbeitsstahl bzw. Hartmetall gefertigt oder sind mit Hartmetall-Schneidplatten oder Hartmetall-Wendeschneidplatten bestückt.

Maßnahmen bei Senkproblemen

Maßnahmen bei Senkproblemen sind notwendig, wenn Qualitätsmerkmale nicht erreicht werden **(Tabelle 1)**. Ist z. B. die Senkung unrund, so hat die Bohrspindel ein axiales und radiales Spiel oder der Senker ist falsch angeschliffen. Stimmt die Mitte von Bohrung und Senkung nicht überein, so ist der Führungszapfen am Senker zu klein oder die Vorbohrung zu groß.

Wiederholung und Vertiefung

1 Welche Vorteile bieten Senker mit auswechselbaren Führungszapfen?

2 Wozu können Kegelsenker verwendet werden?

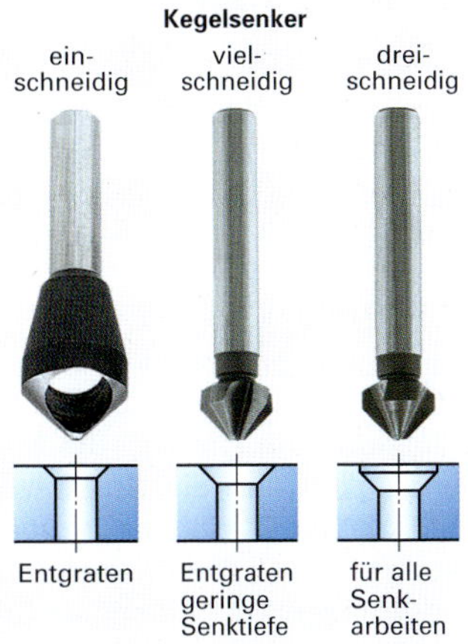

Bild 1: Kegelsenker

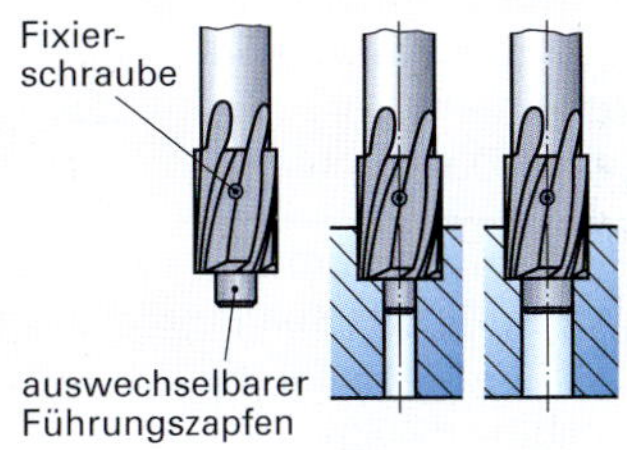

Bild 2: Flachsenker mit auswechselbarem Führungszapfen

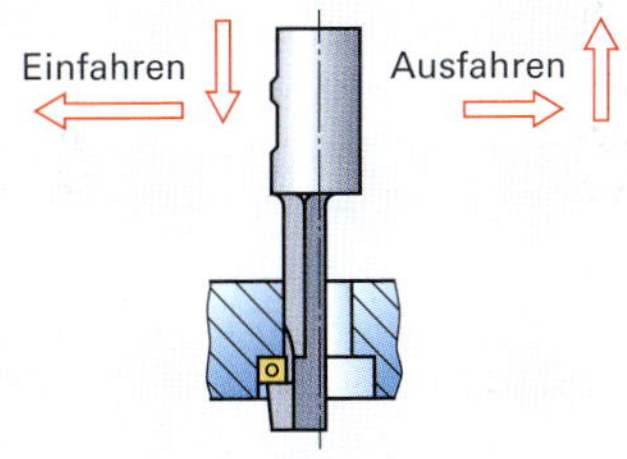

Bild 3: Rückwärtssenker mit festem Plattensitz

Tabelle 1: Maßnahmen bei Senkproblemen

Probleme	v_c	f
Schlechte Oberfläche	⇑	⇓
Bohrung unrund		⇓
Ausbröckelungen an den Schneiden		⇓
Aufbauschneidenbildung	⇑	
Starker Verschleiß der Hauptschneide	⇓	
Vibration	⇓	⇑

2.7.6 Reiben

Reiben ist ein Aufbohren mit geringer Spanungsdicke zur Herstellung passgenauer Bohrungen bis IT 5 mit hoher Oberflächengüte. Man unterscheidet dabei das Rundreiben und Profilreiben **(Bild 1, Seite 144)**.

Spanungsvorgang

Die Spanungsarbeit wird hauptsächlich vom Anschnitt der Reibahle ausgeführt, während die Schneiden am Umfang die Maßhaltigkeit, Formgenauigkeit und die Oberflächengüte herstellen **(Bild 1)**. Die Bearbeitungszugabe für das Reiben beträgt je nach Bohrungsdurchmesser für gerad- und drallgenutete Reibahlen 0,2 mm bis 0,6 mm, bei Schälreibahlen für langspanende Werkstoffe bis 0,8 mm **(Bild 2)**. Die Schnittgeschwindigkeit ist etwa halb so groß wie beim Bohren. Der Vorschub je Umdrehung von 0,05...1,00 mm richtet sich nach dem Werkstoff des Werkstücks und des Werkzeugs, dem Bohrungsdurchmesser und der geforderten Oberflächengüte.

Reibzugaben müssen so gewählt werden, dass eine Mindestspanungsdicke gegeben ist, aber keine Überlastung durch eine zu große Spanabnahme erfolgt.

Reibwerkzeuge

Reibahlen bestehen aus Anschnitt, Führung, Hals und Schaft **(Bild 3)**. Sie werden aus Schnellarbeitsstahl, Vollhartmetall, aber auch mit hartmetall- oder polykristallinem Diamant bestückten Schneiden gefertigt. Einige Bauformen besitzen eine innere Kühlschmierstoffzufuhr.

Reibahlen werden in der Regel mit gerader Zähnezahl ausgeführt, um den Durchmesser leichter messen zu können. Durch die ungleiche Zahnteilung, die sich nach dem halben Umfang wiederholt, sollen Schwingungen, Rattermarken und Rundheitsabweichungen vermieden werden **(Bild 4)**.

Die Führungsfasen der Nebenschneiden werden meist als Rundschlifffasen ausgeführt (Bild 4). Je breiter die Fase ist, desto besser wird die geometrische Form, desto schlechter aber die Oberflächengüte.

Die Schneiden der Reibahlen sind entweder gerade genutet oder besitzen einen Linksdrall von 7° oder 15°, bei Schälreibahlen 45° **(Tabelle 1)**.

Bei Reibwerkzeugen unterscheidet man

- mehrschneidige Reibahlen, nicht einstellbar
- mehrschneidige Reibahlen, einstellbar
- einschneidige Reibahlen mit Führungsleisten, einstellbar

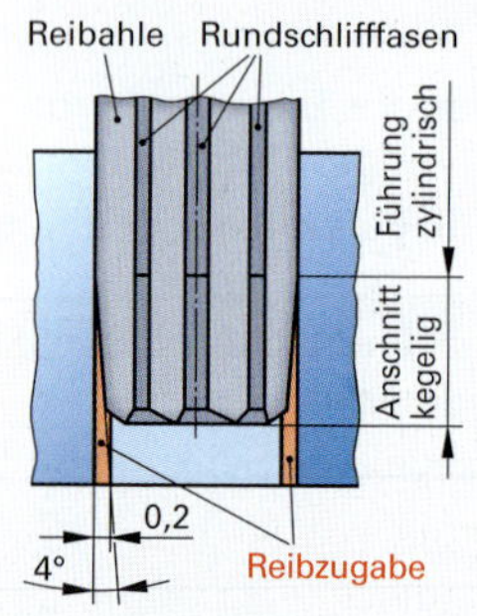

Bild 1: Anschnitt einer Reibahle

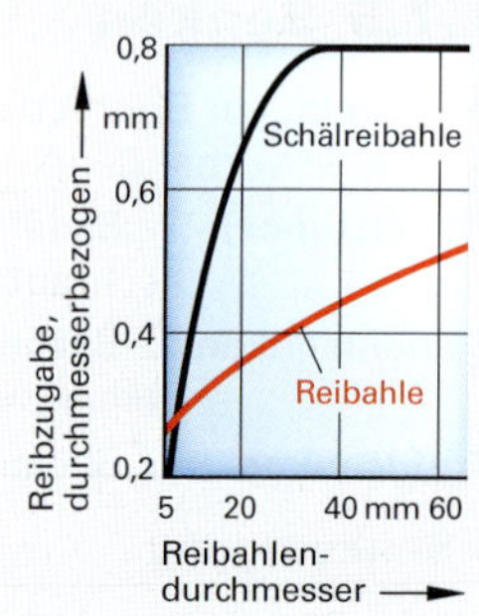

Bild 2: Reibzugabe bei Metallen

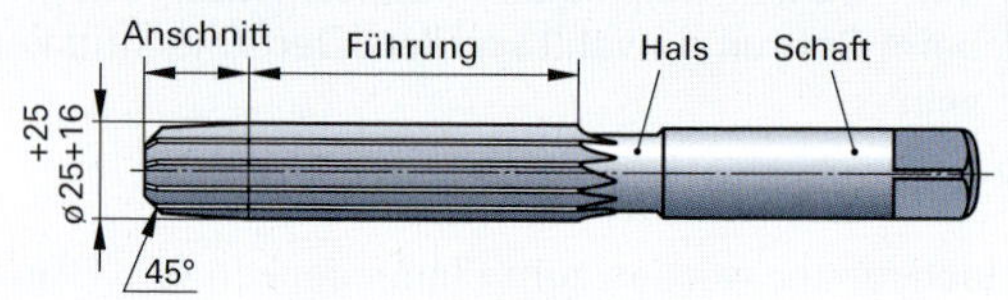

Bild 3: Handreibahle 25 H8

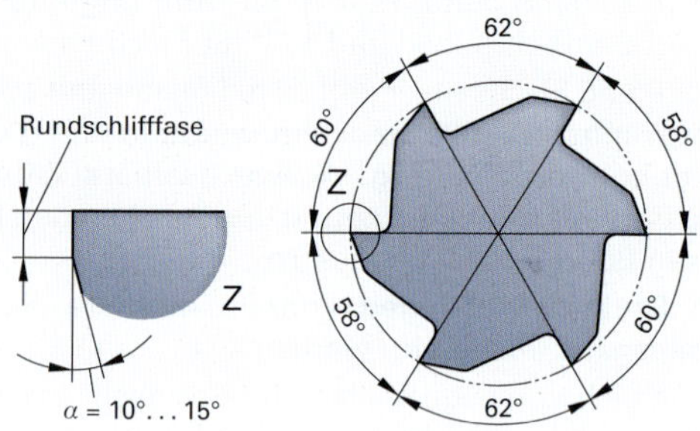

Bild 4: Ungleiche Zahnteilung einer Reibahle

Tabelle 1: Anwendung von Reibahlen

geradgenutet 	Bohrungen ohne Unterbrechung; harte und spröde Werkstoffe, z. B. Stähle über 700 N/mm², Gusseisen, Messing; Grundlöcher, die bis auf den Grund gerieben werden.
Linksdrall ≅ 7° 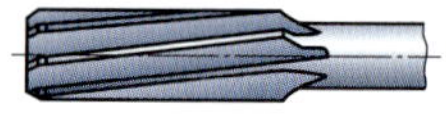 Schälreibahle, Linksdrall ≅ 45° 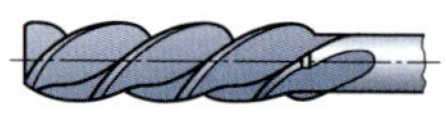	Durchgangsbohrungen; Bohrungen mit Schnittunterbrechung, z. B. Schlitze, Kanäle, Querbohrungen. Linksgedrallte Reibahlen sind rechtsschneidende Werkzeuge. Bei einer Rechtswendelung würde das Werkzeug in die Bohrung hineingezogen. Durch den leichten Linksdrall gelangt das Kühlschmiermittel leichter an die Schneiden.

Mehrschneidige, nicht einstallbare Reibahlen werden als Hand- oder Maschinenreibahlen hergestellt.

Handreibahlen haben zur besseren Führung einen langen Anschnitt von ca. ¼ der Schneidenlänge und einen längeren Führungsteil **(Bild 3, vorherige Seite)**.

Maschinenreibahlen sind im Anschnitt und im Führungsteil kürzer, weil die Führung durch die Maschinenspindel erfolgt **(Bild 1)**. Mit Maschinenreibahlen können auch Grundlöcher gerieben werden. Für größere Durchmesser werden Maschinenreibahlen als Aufsteckreibahlen hergestellt **(Bild 2)**.

In der Serienfertigung werden **modulare Einwegköpfe** z.T. mit innerer Kühlschmiermittelzufuhr verwendet. Bei Verschleiß wird nur der abgenutzte Reibkopf ersetzt.

Bei großen Reiblängen oder hintereinander liegenden Bohrungen (z.B. Gabelstück) bewähren sich sogenannte „extrem ungleich“ geteilte Maschinenreibahlen in Verbindung mit einem Vorschneidteil, meist aus Hartmetall **(Bild 3)**. Die Hauptzerspanung übernimmt der im Durchmesser etwas dünnere Vorschneidteil. Für den Hauptteil verbleibt ein definiertes Aufmaß, was bei fluchtenden Bohrungen das genaue Fluchten gewährleistet.

Mehrschneidige, nachstellbare Reibahlen sind geschlitzte, nachstellbare Reibahlen oder Spreizreibahlen **(Bild 4)**. Geschlitzte Reibahlen sind über einen Konus, eine Konusbuchse oder Konusschraube im elastischen Bereich zur Kompensation vom Verschleiß nachstellbar. Reibahlen mit einem Schneidring können im plastischen Bereich für das Nachschleifen bis zu 5% verstellt werden.

Ein- bzw. zweischneidige Reibahlen mit Wendeplatte besitzen eine bzw. zwei Schneiden und Führungsleisten am Umfang **(Bild 5)**. Die Führungsleisten dienen zur Führung des Werkzeugs in der Bohrung. Sowohl die Wendeschneidplatte als auch die Führungsleisten sind aus Hartmetall.

Kegelreibahlen spanen über die gesamte Schneidenlänge. Sie werden zum kegeligen Profilreiben von Bohrungen verwendet, die z.B. Kegelstifte aufnehmen sollen.

Wiederholung und Vertiefung

1 Wie unterscheiden sich Schnittgeschwindigkeit und Vorschub beim Reiben und Bohren?
2 Wodurch unterscheidet sich eine Hand- von einer Maschinenreibahle?
3 Welche Vorteile haben Reibahlen mit Linksdrall?
4 Warum verwendet man Reibahlen mit gerader Zähnezahl und ungleicher Teilung?

Bild 1: Maschinenreibahle

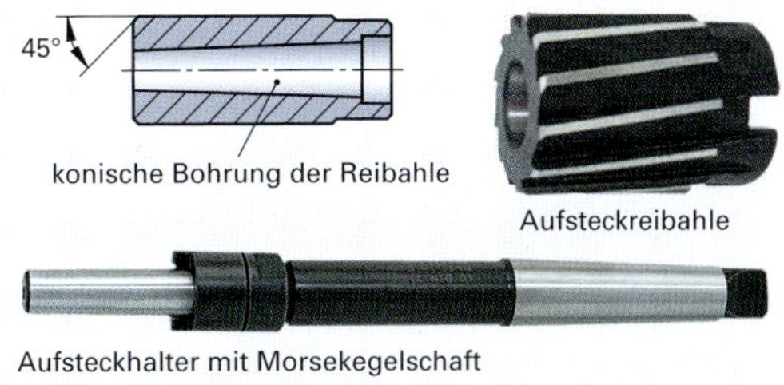

Bild 2: Aufsteckreibahle mit Halter und Morsekegelschaft

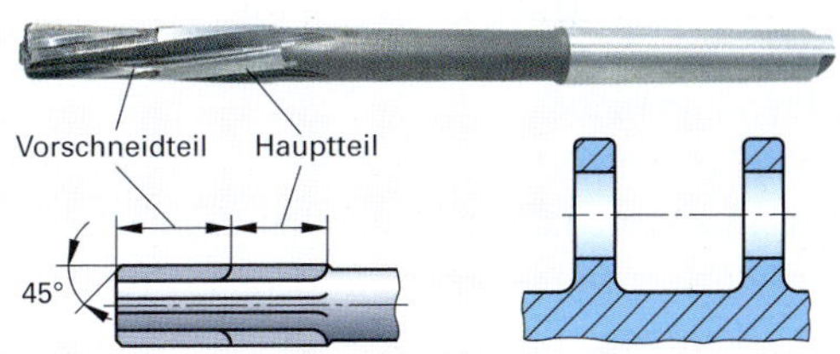

Bild 3: Extrem ungleich geteilte Maschinenreibahle

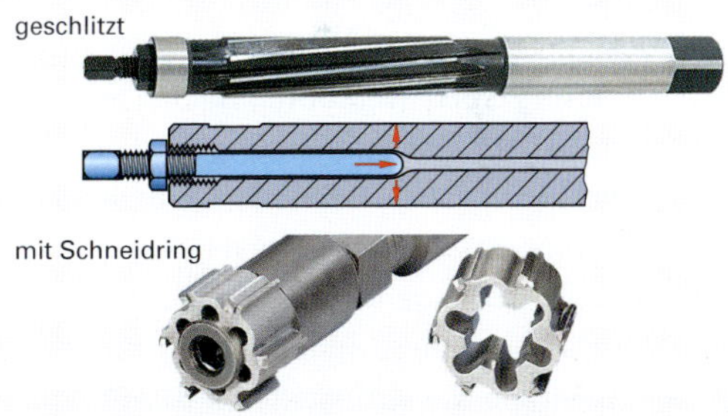

Bild 4: Nachstellbare Reibahlen

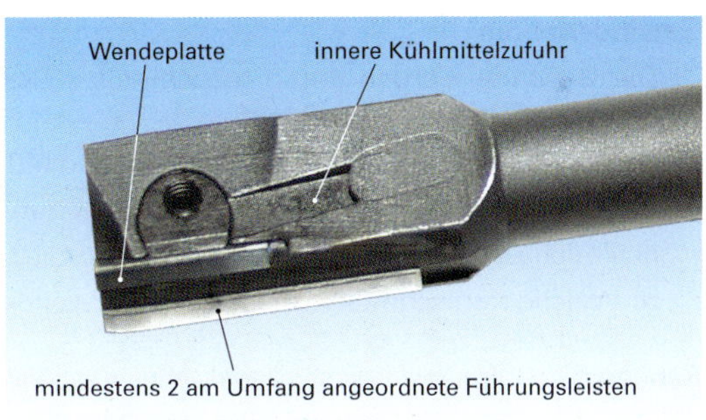

Bild 5: Reibahlen mit Führungsleisten

Arbeitsbeispiel: Bohren, Reiben und Senken eines Auflagewinkels

Auf einer Bohr- bzw. Fräsmaschine soll die spanende Bearbeitung des Auflagewinkels **(Bild 1)** aus Gusseisen mit Lamellengraphit EN-GLJ-HB235 durchgeführt werden. Dafür sind zahlreiche Planungsarbeiten notwendig, von denen Sie nur einige ausführen müssen.

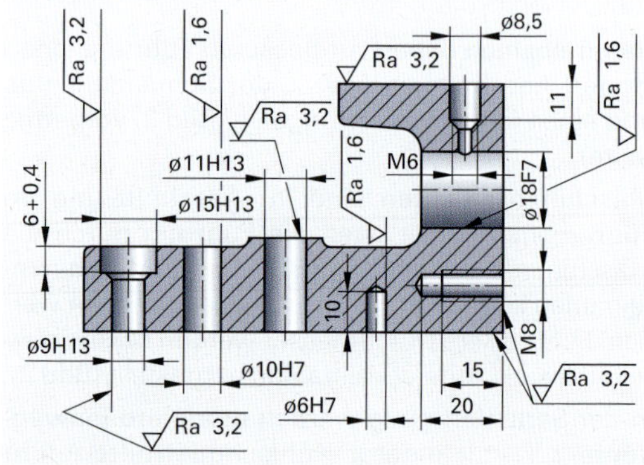

Bild 1: Auflagewinkel

Bohrwerkzeuge

1 Welche Fertigungsverfahren eignen sich für die Anfertigung der Bohrungen?

2 Für die Herstellung der Bohrungen werden Spiralbohrer verwendet.
   a) Welche Schneidstoffe kommen zum Einsatz?
   b) Welche Kühlschmierstoffe können verwendet werden?

3 Bei Spiralbohrern werden drei Bohrertypen unterschieden.
   a) Welcher Bohrertyp wird bei der Bearbeitung des Auflagewinkels verwendet?
   b) Wie groß ist der Spitzenwinkel dieses Bohrertyps?

Bohren und Reiben

4 Die Bohrung ∅11H13 wird mit TiN-beschichteten Werkzeugen bearbeitet.
   a) Bestimmen Sie die Schnittgeschwindigkeit und den Vorschub!
   b) Berechnen Sie die einzustellende Drehfrequenz bei stufenloser Drehfrequenzregelung!
   c) Berechnen Sie die Vorschubgeschwindigkeit in mm/min!
   d) Für welche Standzeit und Bohrtiefe sind die Schnittdaten ausgelegt?

5 Die Bohrung ∅10H7 wird ebenfalls mit TiN-beschichteten Werkzeugen bearbeitet.
   a) Legen Sie die Arbeitsgänge, die Werkzeuge und die Schnittdaten dafür fest!
   b) Bestimmen Sie die einzustellende Drehfrequenz für eine Bohrmaschine mit Drehzahlstufung.

6 Die Bohrung ∅6H7 wird durch Reiben auf das Fertigmaß gebracht.
   a) Welche Schneideneinrichtung wird gewählt? Begründen Sie Ihre Antwort.
   b) Welcher Typ ist als Reibahle zu verwenden?

7 Die Bohrung ∅18F7 ist bereits mit dem ∅ 14 mm vorgebohrt.
   a) Welche Arbeitsgänge sind für die Herstellung dieser Bohrung noch erforderlich?
   b) Welche Werkzeuge benötigen Sie zur Fertigstellung der Bohrung?

8 Berechnen Sie die einzustellende Drehfrequenz für die Herstellung der Stufenbohrung ∅15H13 für einen Stufenbohrer aus unbeschichtetem Schnellarbeitsstahl, wenn die Schnittgeschwindigkeit um $^1/_4$ niedriger ist als beim vergleichbaren Spiralbohrer.

Gewindebohren

9 Die Gewinde werden durch maschinelles Gewindebohren mit Werkzeugen aus unbeschichtetem Schnellarbeitsstahl hergestellt.
   a) Bestimmen Sie für die Gewindebohrung M8 den Kernlochdurchmesser!
   b) Bestimmen Sie den Vorschubweg bei 1 mm Anlauf!
   c) Welche Schnittgeschwindigkeit wählen Sie?
   d) Welche Kühlschmierstoffe können verwendet werden?

Senken

10 Die oben liegende Anlagefläche von ∅11H13 soll durch Senken hergestellt werden. Welches Senkwerkzeug setzen Sie ein?

2.7.7 Drehen

Drehen ist die spanende Bearbeitung der Umdrehungsflächen eines Werkstücks mit einem meist einschneidigen Werkzeug, dem Drehmeißel. Beim Drehen führt das Werkstück **(Bild 1)** die Drehbewegung (Schnittbewegung) aus. Das Werkzeug wird mit einem Werkzeugschlitten entlang des sich drehenden Werkstücks bewegt. Werden Drehteile mit zusätzlichen Fertigungsverfahren (z.B. Fräsen von Schlüsselflächen) vollständig auf der Drehmaschine gefertigt, so spricht man von einer Komplettbearbeitung. Hierbei können durch angetriebene Werkzeuge und Zusatzeinrichtungen Flächen, Nuten und Querbohrungen hergestellt werden.

Bild 1: Fertigungsbeispiel Gewindebolzen

2.7.7.1 Drehverfahren

Nach der Art der erzeugten Fläche unterscheidet man die Drehverfahren Querplandrehen, Längsrunddrehen, Konturdrehen, Gewindedrehen, Ein-/Abstechdrehen und Profildrehen **(Tabelle 1)**. Je nach Drehverfahren bewegt sich der Drehmeißel mit der Vorschubbewegung quer oder längs zur Drehachse.

Tabelle 1: Drehverfahren

Beispiel/Benennung	Kennzeichen/Einzelverfahren	Beispiel/Benennung	Kennzeichen/Einzelverfahren
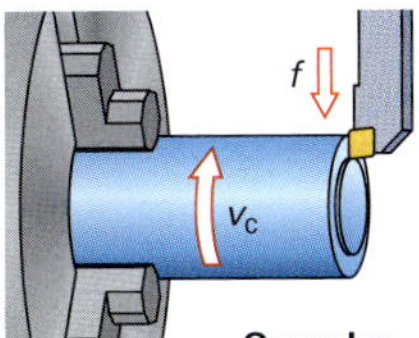 **Querplandrehen**	Beim Querplandrehen wird eine Ebene senkrecht zur Drehachse des Werkstücks erzeugt. Es wird ein Plandrehmeißel oder Schruppdrehmeißel eingesetzt.	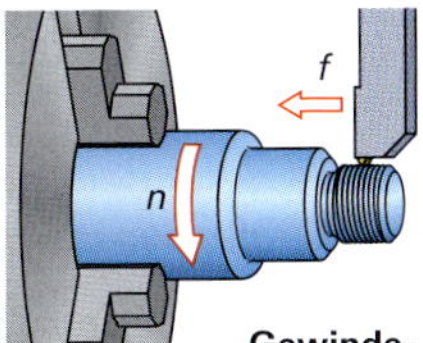 **Gewindedrehen**	Beim Gewindedrehen werden durch den Gewindedrehmeißel schraubenförmige Konturen erzeugt. Der Vorschub des Drehmeißels entspricht der Steigung des Gewindes.
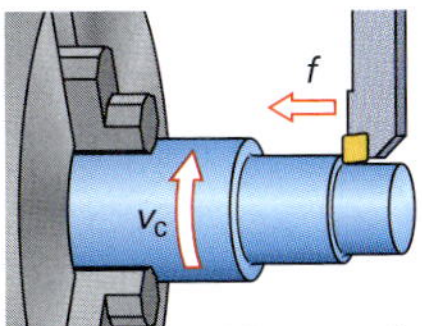 **Längsrunddrehen**	Beim Längsrunddrehen (Schruppen) werden zylindrische Flächen mit einem Schruppdrehmeißel erzeugt. Mit einer CNC-Steuerung können auch Schrägen und Radien gedreht werden.	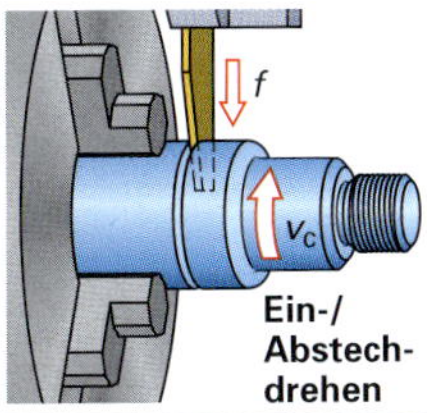 **Ein-/Abstechdrehen**	Beim Einstechdrehen wird mit dem Stechmeißel ein Einstich quer oder längs zur Drehachse erzeugt. Beim Abstechdrehen verfährt der Drehmeißel bis zur Drehmitte und trennt das Werkstück.
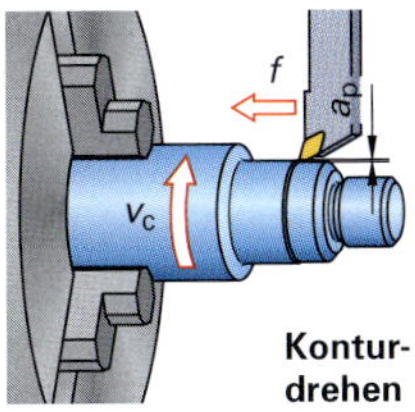 **Konturdrehen**	Beim Konturdrehen (Schlichten) werden die fertigen Werkstückflächen erzeugt. Der Schlichtdrehmeißel bewegt sich von der Planfläche bis zum Enddurchmesser am Werkstück entlang.	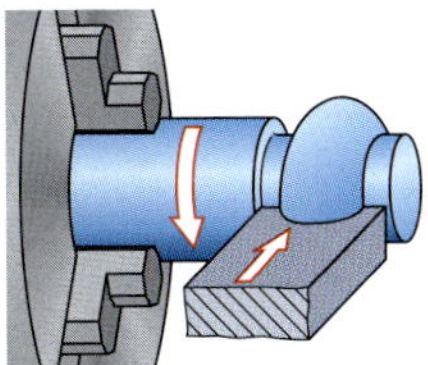 **Profildrehen**	Beim Profildrehen bildet das Drehwerkzeug die Form des Werkzeugs auf das Werkstück ab. Das Längs- und Querprofildrehen wird hauptsächlich an konventionellen Drehmaschinen ausgeführt.

Nach der Lage der Bearbeitungsstelle am Werkstück können die Drehverfahren in **Außendrehen** und **Innendrehen** unterteilt werden **(Bild 2)**. Beim Außendrehen ist für das Drehwerkzeug genügend Platz vorhanden. Es kann so groß gewählt werden, dass es durch die auftretenden Schnittkräfte nicht abgedrängt wird. Beim Innendrehen ist die Werkzeugwahl durch die Form des Werkstücks eingeschränkt.

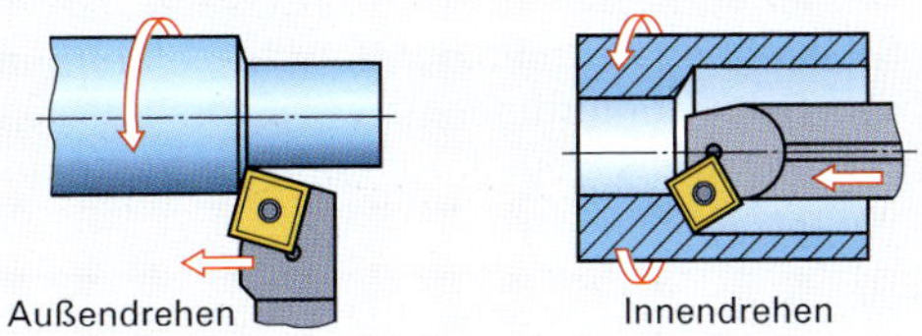

Bild 2: Lage der Bearbeitungsstelle

2.7.7.2 Bewegungen und Spanungsgrößen

Beim Drehen erfolgt die Spanabnahme durch die Schnittbewegung und die Vorschubbewegung **(Bild 1)**.

Die Größe der **Schnittgeschwindigkeit v_c** richtet sich im Wesentlichen nach der Festigkeit des Werkstoffs, der Verschleißfestigkeit und Warmfestigkeit des Schneidstoffs sowie der zu erzielenden Oberfläche am Werkstück. Beim Schruppen wird eine kleinere Schnittgeschwindigkeit, beim Schlichten eine größere Schnittgeschwindigkeit eingestellt.

Der **Vorschub *f*** ist der Weg des Werkzeugs bei einer Umdrehung des Werkstücks. Beim Schruppen arbeitet man mit großem, beim Schlichten mit einem kleinen Vorschub.

Durch die Zustellbewegung wird die **Schnitttiefe a_p** eingestellt. Beim Schruppen wird eine größere Schnitttiefe gewählt, beim Schlichten wird meist mit einer kleineren Schnitttiefe gedreht.

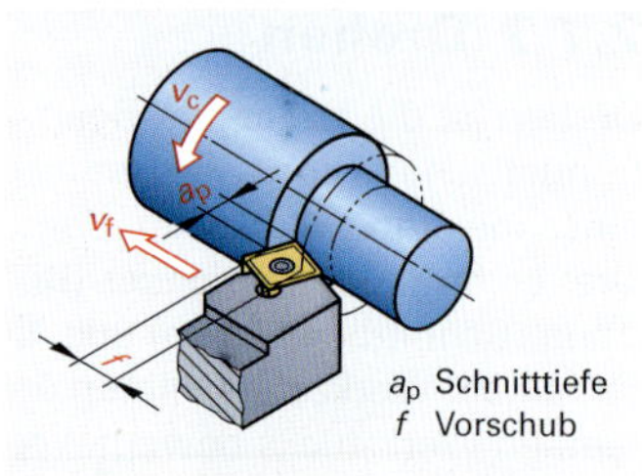

Bild 1: Spanungsgrößen beim Drehen

2.7.7.3 Schneidengeometrie am Drehmeißel

Der Schneidkeil des Drehmeißels wird durch die Spanfläche und die Freifläche begrenzt **(Bild 2)**. Die Schnittkante der beiden Flächen bildet die **Hauptschneide.** Diese liegt in Vorschubrichtung und leistet die Hauptzerspanungsarbeit. Sie geht über die gerundete Schneidenecke in die **Nebenschneide** über.

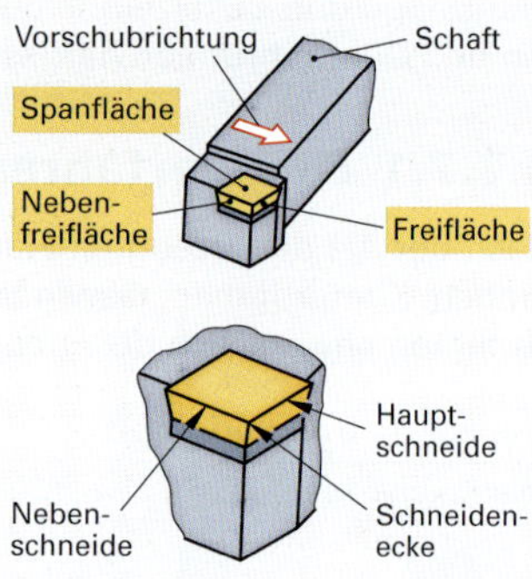

Bild 2: Flächen und Schneiden am Drehwerkzeug

Haupt- und Nebenschneide bilden den **Eckenwinkel ε (Bild 3)**. Dieser sollte möglichst groß sein, um die Wärmeabfuhr und die Stabilität des Drehmeißels zu verbessern. Zur Vermeidung von Schneidenausbrüchen ist die Schneidenecke gerundet. Üblich sind Eckenradien von 0,4 mm bis 1,6 mm. Die Größe des **Eckenradius r_ε** und der Vorschub f bestimmen die theoretische Rautiefe R_{th} am Werkstück. Sie entspricht ungefähr der Rautiefe Rz **(Bild 4)**.

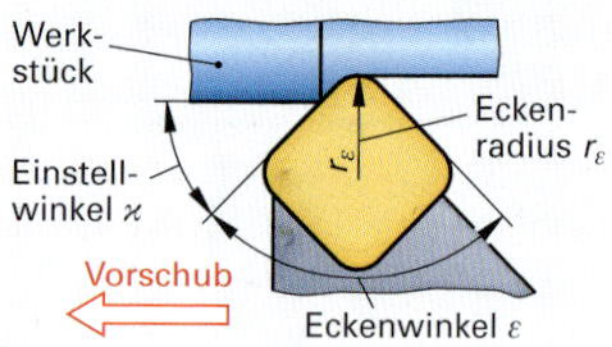

Bild 3: Schneidenecke

Theoretische Rautiefe $$R_{th} \approx Rz = \frac{f^2}{8 \cdot r_\varepsilon}$$

Beispiel: Welche Rautiefe Rz ist bei einem Eckenradius r_ε = 0,4 mm und einem Vorschub f = 0,1 mm zu erwarten?

Lösung: $$R_{th} \approx Rz \frac{f^2}{8 \cdot r_\varepsilon} = \frac{0{,}1^2\ \text{mm}^2}{8 \cdot 0{,}4\ \text{mm}} = 0{,}0031\ \text{mm} = \mathbf{3{,}1\ \mu m}$$

Die Stabilität einer Wendeschneidplatte vergrößert sich mit zunehmendem Eckenwinkel und Eckenradius.

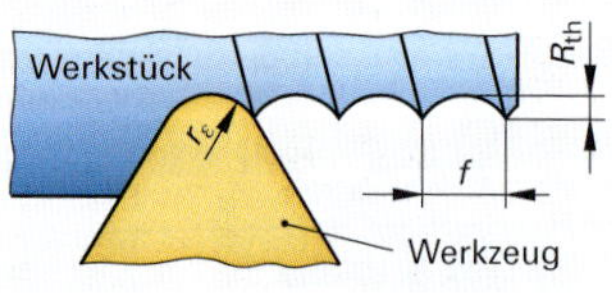

Bild 4: Einfluss des Eckenradius

Beim Schruppen ist wegen der hohen Schneidenbelastung mit größeren Eckenwinkeln und Eckenradien als beim Schlichten zu arbeiten. Größere Eckenradien ermöglichen bei gleichem Vorschub höhere Oberflächengüten als kleine Eckenradien. Trotzdem werden bei der Schlichtbearbeitung meist kleine Eckenradien eingesetzt, da in der Regel auch mit kleinem Vorschub gedreht wird. Beim Einsatz größerer Eckenradien wird die Abdrängkraft für das Werkzeug und das Werkstück durch die größere Passivkraft F_p stärker **(Bild 5)**. Dies kann zu Schwingungen und einer Verschlechterung der Oberflächengüte führen. Beim Konturdrehen an CNC-Drehmaschinen wird die Größe des Eckenwinkels ε durch zu drehende Vertiefungen (z. B. Freistiche) am Werkstück begrenzt.

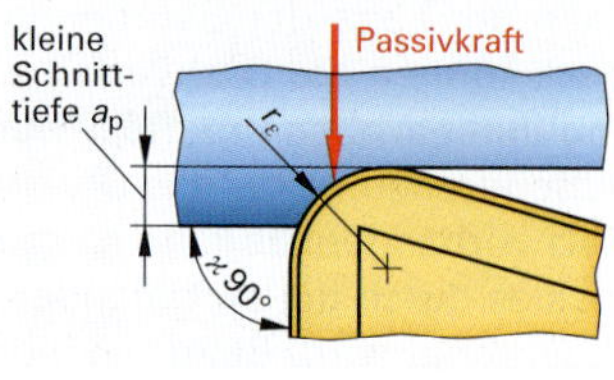

Bild 5: Eckenradius beim Schlichten

Beim Schruppen arbeitet man mit großem Eckenwinkel und großem Eckenradius, beim Schlichten mit kleinem Vorschub und kleinem Eckenradius bei einer höheren Schnittgeschwindigkeit.

Schneidkantenausführung. Der Übergang von der Freifläche zur Spanfläche beeinflusst ganz wesentlich die Standzeit des Drehwerkzeugs. Für unterschiedliche Anwendungen sind daher auch verschiedene Schneidkantenausführungen vorzusehen **(Tabelle 1)**.

Tabelle 1: Merkmale und Anwendung verschiedener Schneidkantenausführungen

Scharfkantig 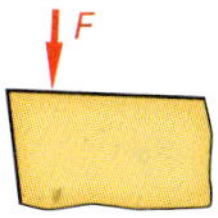 Ausführung F	Verrundung 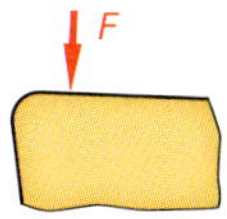 Ausführung E	Fase 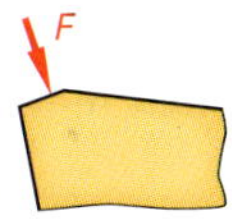 Ausführung T	Fase und Verrundung 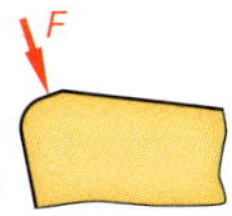 Ausführung S
Geringste Schnittkraft, bruchgefährdet	Schutz der Schneidkante, bei beschichteten Schneidstoffen in geringem Maß immer vorhanden	Größere Stabilität der Schneidkante, Schnittkraft wird größer	Höchste Bearbeitungssicherheit, jedoch Erhöhung von Schnittkraft, Temperatur und Ratterneigung
Schlichten, Zerspanung von Kunststoffen	Zerspanung von Stahl, bei Schnittunterbrechungen	Bearbeitung von gehärtetem Stahl und Hartguss	Für schwere Schnitte

Der **Neigungswinkel** λ bestimmt den Auftreffkontakt des Werkstücks auf der Spanfläche und ist für die Spanlenkung von Bedeutung **(Bild 1)**. Negative Neigungswinkel lenken den Span zur Werkstückoberfläche hin, positive Winkel von der Werkstückoberfläche weg. Bei unterbrochenem Schnitt verlegt ein negativer Neigungswinkel den Erstkontakt zwischen Werkstück und Werkzeug von der Schneidenecke weg. Dadurch wird die Gefahr von Schneidkantenausbrüchen vermindert.

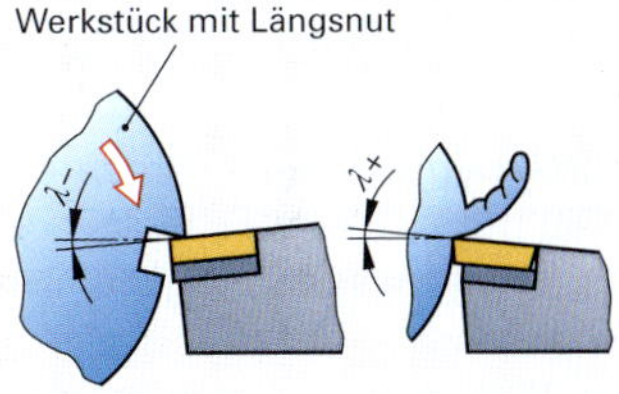

Bild 1: Neigungswinkel

- Bei unterbrochenem Schnitt und bei schwerer Schruppbearbeitung ist ein negativer Neigungswinkel (– 4° bis – 8°) vorzusehen.
- Beim Schlichten und bei Innendreharbeiten sind neutrale oder positive Neigungswinkel vorzuziehen, damit die Werkstückoberfläche durch Späne nicht beschädigt wird.

Der **Einstellwinkel** κ ist der Winkel zwischen der Hauptschneide und der gedrehten Oberfläche. Er beeinflusst die Spanformung, den Spanbruch, die Schnittkraft und die Ratterneigung. Die Größe des Einstellwinkels ist vom Drehwerkzeug und der Werkstückkontur abhängig **(Bild 2)**. Die Auswahl des geeigneten Einstellwinkels richtet sich nach der jeweiligen Bearbeitung **(Tabelle 2)**.

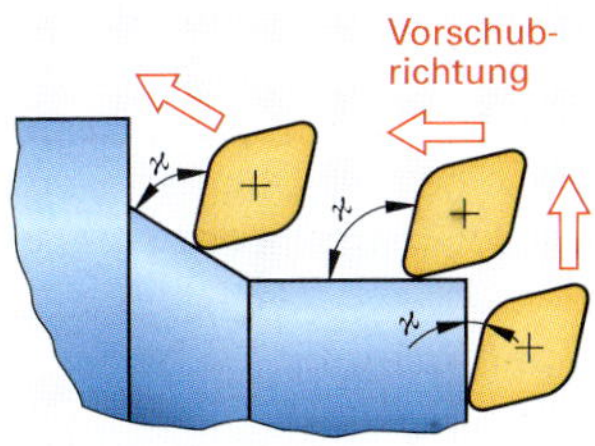

Bild 2: Einstellwinkel beim Konturdrehen

Tabelle 2: Einstellwinkel bei verschiedenen Bearbeitungen

$\kappa = 0° \ldots 30°$ 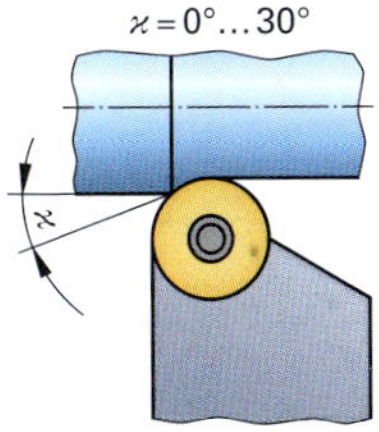	$\kappa = 45 \ldots 75°$ 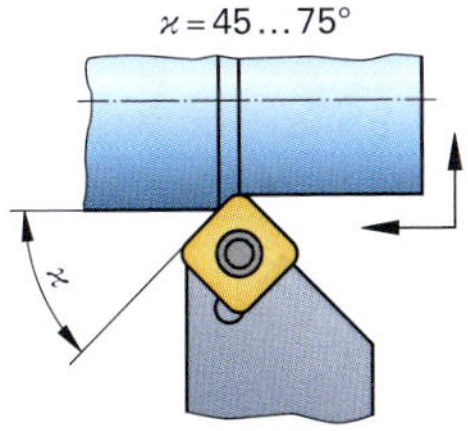	$\kappa = 90°$ 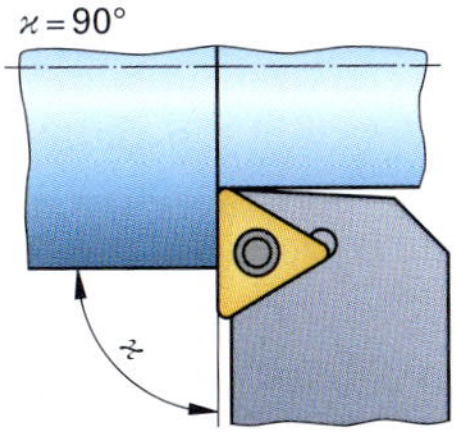	$\kappa > 90°$ 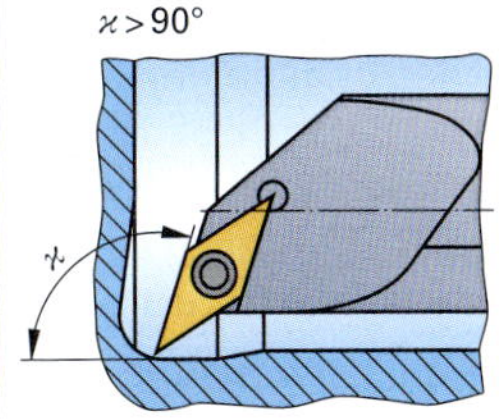
Große Passivkräfte erfordern eine hohe Stabilität von Werkstück, Maschine und Aufspannung	Schutz der Schneidenecke beim Anschnitt	Kleine Passivkraft, dadurch weniger Durchbiegung des Drehteils und geringere Ratterneigung	Voreilende Schneidenecke ist bruchgefährdet
Bearbeitung von harten Werkstoffen, Schlichtdrehen mit hohem Vorschub	Schruppbearbeitung	Schlichtbearbeitung, Innendrehen	Konturdrehen und Drehen von Freistichen

2.7.7.4 Spanbildung beim Drehen

Bei der Spanbildung wird der Werkstoff nach dem Eindringen des Schneidkeils zunächst stark gestaucht **(Bild 1)**. Nach Überschreiten der Streckgrenze erfolgt eine plastische Verformung des Werkstoffs, die schließlich zum Abscheren von Spanteilchen in der Scherzone führt. Aufgrund der hohen Zerspanungstemperatur und des Druckes verschweißen die Spanteilchen miteinander und gleiten über die Spanfläche ab.

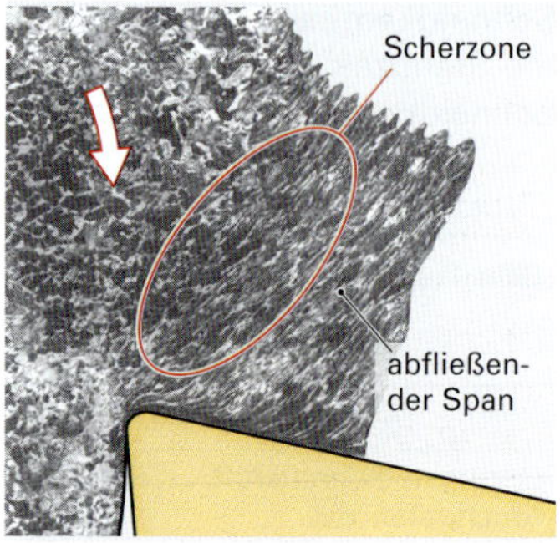

Bild 1: Spanbildung

Spanarten

Man unterscheidet im Wesentlichen drei Spanarten: Reißspäne, Scherspäne und Fließspäne **(Bild 2)**.

Reißspäne entstehen beim Drehen von spröden Werkstoffen, z. B. Gusseisen, Kupfer-Zink-Legierungen und Hartguss. Kleine Spanwinkel und niedrige Schnittgeschwindigkeit begünstigen ebenfalls die Bildung von Reißspänen. Durch die einzelnen Spanteile, die aus dem Werkstoff herausgerissen werden, entsteht eine raue Werkstückoberfläche.

Scherspäne bilden sich beim Drehen von zäheren Werkstoffen, z. B. Stahl mit mittlerer Festigkeit, bei mittleren Spanwinkeln und niedriger Schnittgeschwindigkeit. Die lamellenförmig abgetrennten Spanteilchen verschweißen in der Scherzone teilweise wieder miteinander. Scherspäne bilden meist kurze Spanlocken.

Fließspäne entstehen bei gut plastisch verformbaren (langspanenden) Werkstoffen, vor allem wenn hohe Schnittgeschwindigkeiten und große Spanwinkel gewählt werden. Da der Zerspanungsvorgang gleichmäßig und ohne größere Schnittkraftschwankungen abläuft, ist die dabei erzielte Oberflächengüte meist hoch.

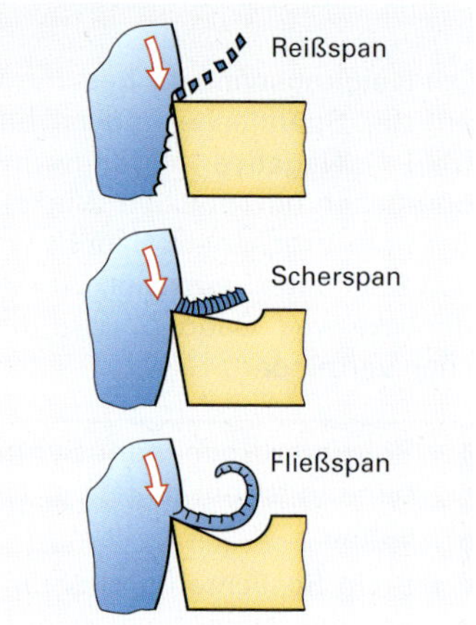

Bild 2: Spanarten

Um eine gute Oberfläche zu erzeugen, ist beim Drehen die Bildung von Fließspänen anzustreben.

Spanformen

Durch die Wahl geeigneter Zerspanungsbedingungen können günstige Spanformen erzeugt werden **(Bild 3)**. Lange Späne ergeben ein großes Spanvolumen und lassen sich schlecht aus dem Arbeitsraum der Maschine abführen. Sie behindern die Werkzeuge und können zu Beschädigungen der Werkstückoberfläche führen. Außerdem wird die Verletzungsgefahr durch die scharfen Späne erhöht. Bei zu kleinen Spänen besteht die Gefahr, dass die Filter der Kühlschmierung zugesetzt werden. Beim Drehen sind deshalb kurze Wendel- oder Spiralspäne anzustreben.

Durch Verwendung legierter Werkstoffe wird deren Spanbrüchigkeit erhöht, z. B. durch höheren Zinkanteil bei CuZn-Legierungen oder Zugabe geringer Schwefelanteile bei Automatenstählen. Durch Veränderung der Schneidengeometrie lassen sich ebenfalls kurz gebrochene Späne erzeugen.

Späne sollen kompakt und rollfähig sein.

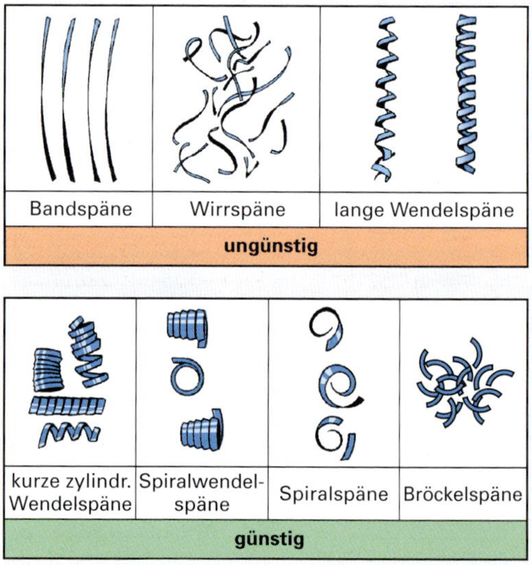

Bild 3: Spanformen

Spanleitstufen und Spanformschaubild

Spanleitstufen sollen günstige Spanformen erzeugen **(Bild 1)**. Spanformschaubilder zeigen den Einsatzbereich von Schneidplatten mit eingesinterten Spanleitstufen zur Erzielung günstiger Spanformen **(Bild 2)**.

Schlichtplatten erzeugen auch bei kleiner Schnitttiefe und kleinem Vorschub günstige Späne. Bei Schruppplatten sind zur Erzielung günstiger Spanformen größere Schnitttiefen und Vorschübe erforderlich.

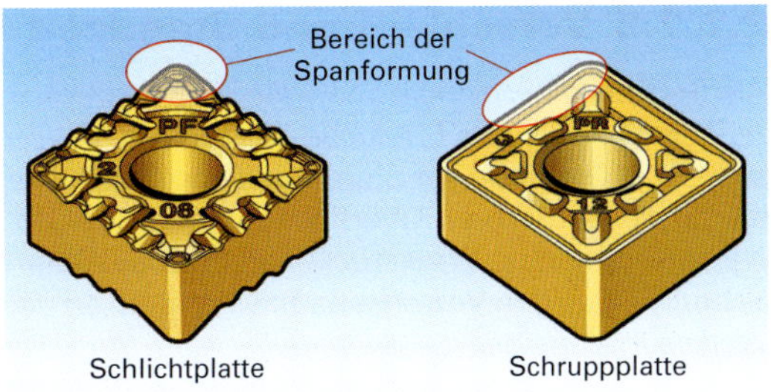

Bild 1: Eingesinterte Spanleitstufen

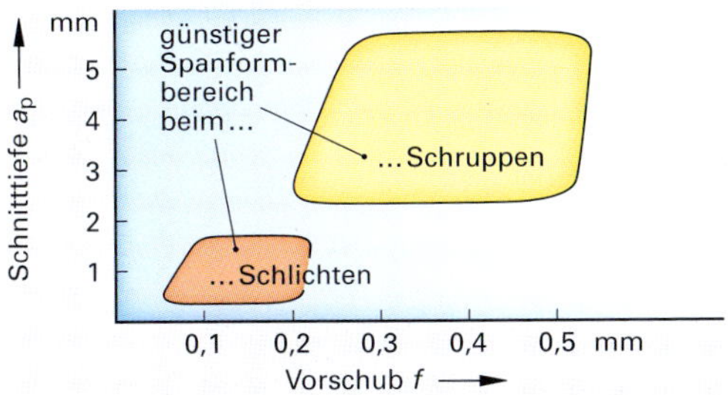

Bild 2: Günstige Spanformbereiche

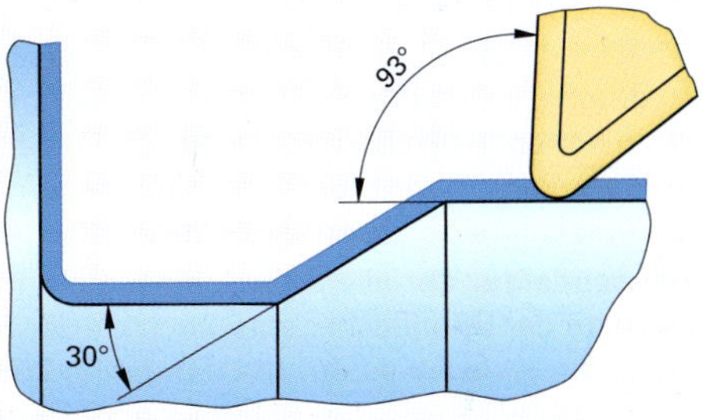

Bild 3: Einstellwinkel beim Konturdrehen

Möglichkeiten zur Erzeugung günstiger, kurz gebrochener Späne:

- Verwendung von Wendeschneidplatten mit Spanleitstufen, durch die ein günstiger Spanablauf und Spanbruch erzielt werden
- Auswahl der passenden Spanleitstufe für den vorgesehenen Vorschub und die Schnitttiefe
- Einsatz von Werkstoffen, deren Spanbrüchigkeit durch entsprechende Legierungselemente erhöht wurde
- Erhöhung des Vorschubs, wenn dies möglich ist

Wiederholung und Vertiefung

1 Durch welche Flächen wird der Schneidkeil des Drehmeißels begrenzt?

2 Berechnen Sie die theoretische Rautiefe beim Drehen, wenn der Eckenradius 0,4 mm und der Vorschub 0,15 mm betragen.

3 Wie ist der Einstellwinkel des Drehwerkzeugs zu verändern, wenn Vibrationen auftreten?

4 Warum werden beim Schlichten meist kleine Eckenradien verwendet?

5 Unter welcher Voraussetzung kann die Wendeschneidplatte auch beim Schlichten einen großen Eckenradius haben?

6 Wie sollte die Schneidkante der Wendeschneidplatte ausgeführt sein, wenn ein Werkstück mit Schnittunterbrechungen gedreht wird?

7 Welchen Vorteil bietet ein negativer Neigungswinkel des Werkzeughalters?

8 Warum sollte beim Schlichten von Bohrungen ein positiver Neigungswinkel des Werkzeughalters vorgesehen werden?

9 Ermitteln Sie den jeweils kleinsten und größten Einstellwinkel beim Konturdrehen des Einstichs **(Bild 3)**.

10 Bei welchem Einstellwinkel ist die Passivkraft am kleinsten?

11 Wodurch wird die Bildung unterschiedlicher Spanarten beeinflusst?

12 Warum sind lange Späne beim Drehen unerwünscht?

13 Welche Möglichkeiten gibt es, kurz gebrochene Späne zu erzeugen?

2.7.7.5 Verschleiß und Standzeit

Als Standzeit bezeichnet man die Zeit des Werkzeugeingriffs bis zum Erreichen des zulässigen Verschleißes. Das Ende der Standzeit ist beim Schlichten an der schlechten Oberfläche und an Maßabweichungen des Werkstücks erkennbar, beim Schruppen an den Verschleißauswirkungen an der Werkzeugschneide.

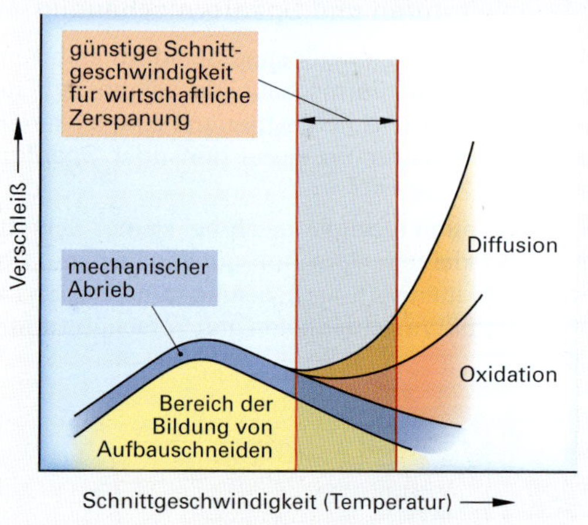

Bild 1: Verschleißursachen

Ursachen des Verschleißes

Der Verschleiß wird durch die gleichzeitig wirkende mechanische und thermische Beanspruchung der Schneide verursacht **(Bild 1)**. Der Verschleiß wird bei niedriger Schnittgeschwindigkeit (Temperatur) durch die Bildung von Aufbauschneiden und mechanischen Abrieb verursacht. Bei höherer Schnitttemperatur wird der Verschleiß durch Oxidation und Diffusion besonders groß.

Aufbauschneide. Vor allem bei kleiner Schnittgeschwindigkeit können sich an der Spanfläche, aber auch an der Freifläche kleine Werkstoffteilchen festschweißen, die dann eine künstliche Schneide aufbauen. Diese verändert die Schneidengeometrie und führt zu höheren Schnittkräften **(Bild 2)**. Beim Abscheren der Aufbauschneide können auch Teile der Schneidkante ausbrechen, sodass verstärkt Verschleiß auftritt.

Die Bildung von Aufbauschneiden kann verringert werden durch:

- Erhöhung der Schnittgeschwindigkeit
- Einsatz von beschichteten Schneidstoffen
- Glatte, geläppte Spanflächen
- Reichliche Verwendung von Kühlschmierstoffen

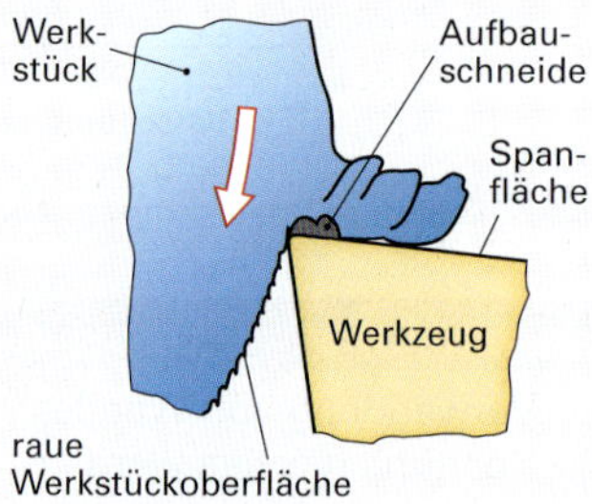

Bild 2: Bildung von Aufbauschneiden

Abrieb. Durch den ablaufenden Span auf der Spanfläche und die Reibung des Werkstücks an der Freifläche erfolgt ein mechanischer Abrieb an diesen Flächen. Die Größe der Abtragung ändert sich mit zunehmender Temperatur nur wenig.

Oxidation. Bei hohen Temperaturen oxidieren Teile des Schneidstoffs. Dies führt vor allem am Rande der Kontaktzone des Werkzeugs mit dem Werkstück zu Kerben und Ausbrüchen.

Diffusion. Wenn eine chemische Ähnlichkeit zwischen Schneidstoff und Werkstückstoff vorhanden ist, z.B. bei HM oder HSS und Stahl, findet bei hohen Temperaturen ein Atomaustausch statt. Dies führt dazu, dass Teile der Spanfläche abgetragen werden.

Durch Beschichten des Werkzeugs können die Bildung von Aufbauschneiden, der mechanische Abrieb, Oxidation und Diffusion vermindert werden **(Bild 3)**. Die aufgedampfte Schicht verleiht dem zähen Grundwerkstoff eine hohe Oberflächenhärte und eine große Verschleißfestigkeit.

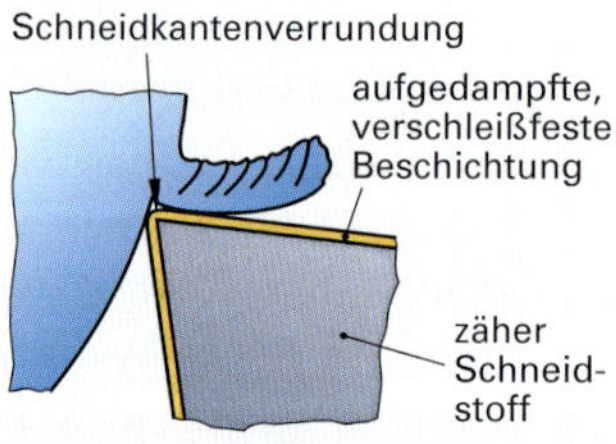

Bild 3: Beschichtetes Werkzeug

Verschleißarten

Die Verschleißursachen führen an Drehwerkzeugen zu verschiedenen Verschleißauswirkungen **(Bild 4)**.

Es sind dies im Wesentlichen der Kolk-, Freiflächen- und Kantenverschleiß, die zu einer Erhöhung der Schnittkräfte und einer Verschlechterung der Oberflächengüte führen. Aus diesem Grunde sollte das Schneidwerkzeug rechtzeitig ausgewechselt oder nachgeschliffen werden.

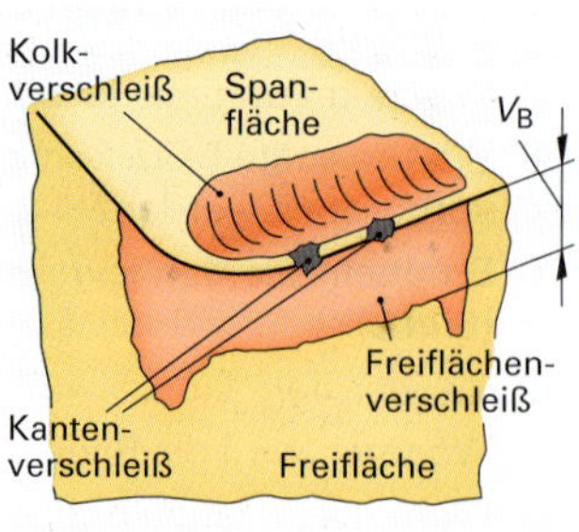

Bild 4: Verschleißarten

2.7.7.6 Wahl der Schnittdaten beim Drehen

Die Schnittdaten, welche für das Drehen festgelegt werden, sind die Schnittgeschwindigkeit v_c, der Vorschub f und die Schnitttiefe a_p.

Schnittgeschwindigkeit und Drehzahl

Die Wahl der Schnittgeschwindigkeit v_c ist im Wesentlichen von den Bearbeitungsbedingungen, der Bearbeitbarkeit des Werkstoffs, dem eingesetzten Schneidstoff und dem Drehverfahren abhängig. Richtwerte für die Schnittgeschwindigkeit können aus Tabellen (Tabelle 1) oder aus den Schneidstoffkatalogen der Hersteller entnommen werden. Soll z. B. der Gewindebolzen (Seite 89) aus dem Automatenstahl 11SMnPb30 bei einer mittleren Zugfestigkeit von 470 N/mm² mit einer beschichteten Hartmetallplatte HC-P20 vorgedreht werden, so ergibt sich nach Tabelle 1 bei normalen Bearbeitungsbedingungen eine Schnittgeschwindigkeit von 200 m/min.

Tabelle 1: Richtwerte für das Drehen mit beschichteten Hartmetall(HM)-Werkzeugen

Werkstoff der Werkstücke		Querplandrehen	Längsrunddrehen	
Werkstoffgruppe	mittlere Zugfestigkeit R_m in N/mm² bzw. Härte HB		Schruppen	Schlichten
		Schnittgeschwindigkeit v_c [1)] in m/min		
Baustahl	$R_m \leq 500$	210 – **280** – 350	150 – **220** – 300	280 – **340** – 400
	$R_m > 500$	160 – **230** – 300	100 – **170** – 240	220 – **290** – 350
Automatenstahl	$R_m \leq 570$	180 – **250** – 320	130 – **200** – 270	240 – **300** – 360
	$R_m > 570$	130 – **200** – 270	100 – **160** – 220	200 – **250** – 360
Einsatzstahl	$R_m \leq 570$	200 – **270** – 320	150 – **210** – 260	250 – **320** – 300
	$R_m > 570$	160 – **220** – 270	110 – **160** – 210	200 – **270** – 340
Vergütungsstahl, unlegiert	$R_m \leq 650$	180 – **250** – 320	120 – **190** – 240	220 – **300** – 380
	$R_m > 650$	110 – **200** – 280	110 – **150** – 200	190 – **250** – 310
Vergütungsstahl, legiert	$R_m \leq 750$	100 – **160** – 220	90 – **130** – 180	125 – **185** – 245
	$R_m > 750$	80 – **130** – 180	70 – **110** – 160	100 – **150** – 200

1) Bearbeitungsbedingungen: fettgedruckter Wert = normale Bedienungen, kleines v_c = ungünstige Bedingungen, großes v_c = günstige Bedingungen

Bei konventionellen Drehmaschinen mit Drehzahlstufung muss die Drehzahl n nach der gewählten Schnittgeschwindigkeit v_c und dem Drehdurchmesser ermittelt werden. Die einzustellende Drehzahl kann aus einem Drehzahlschaubild **(Bild 2)** abgelesen oder aus der Schnittgeschwindigkeit v_c und dem Werkstückdurchmesser d berechnet werden.

Drehzahl $n = \frac{v_c}{\pi \cdot d}$

Beispiel: Der Gewindebolzen **(Bild 1)** aus dem Automatenstahl 11SMnPb30 mit dem Durchmesser $d = 42$ mm soll mit einem Vorschub $f = 0{,}4$ mm vorgedreht werden. Als Schneidstoff wird eine beschichtete Hartmetall-Wendeschneidplatte HC-P20 eingesetzt. Welche Drehzahl n ist an einer konventionellen Drehmaschine mit Getriebestufung nach Bild 1 einzustellen?

Lösung: Durch den Einsatz einer konventionellen Drehmaschine ohne Kühlmitteleinsatz liegen ungünstige Bearbeitungsbedingungen vor. Daher wird nach **Tabelle 1** der kleinere Schnittgeschwindigkeitswert mit v_c = 130 m/min gewählt. Aus dem Drehzahlschaubild (Bild 2) erhält man eine einzustellende Drehzahl n = 1000 1/min.

Berechnung der Drehzahl: $n = \frac{v_c}{\pi \cdot d} = \frac{130 \text{ m/min}}{\pi \cdot 0{,}042 \text{ m}} = \mathbf{985\ 1/min}$

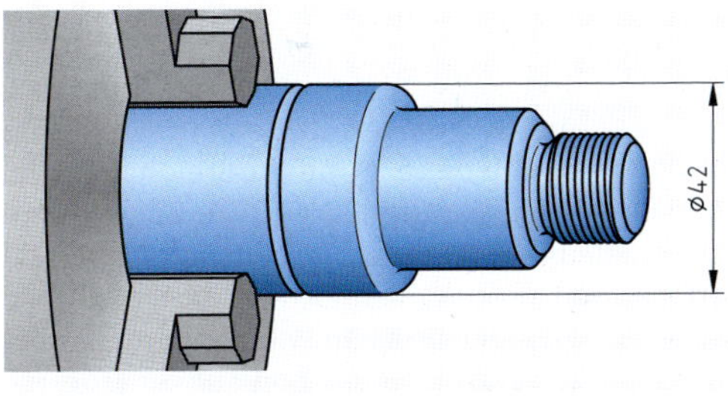

Bild 1: Gewindebolzen

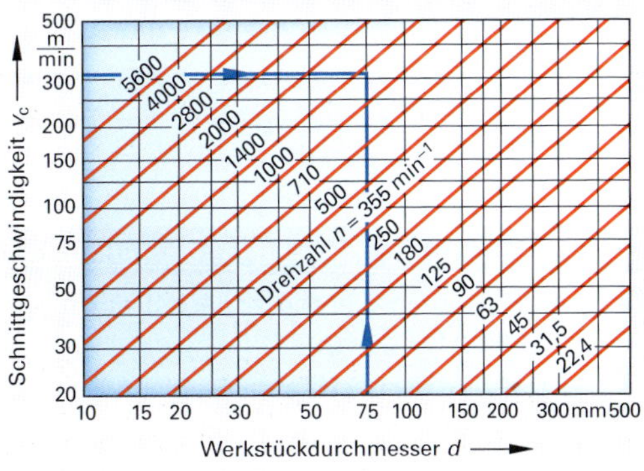

Bild 2: Drehzahldiagramm

Vorschub und Schnitttiefe

Die Größen des Vorschubs f und der Schnitttiefe a_p hängen im Wesentlichen vom auszuführenden Drehverfahren ab **(Bild 1)**. Beim **Vordrehen (Schruppen)** wird mit einem möglichst großen Vorschub f und Schnitttiefe a_p gedreht. Hier kommt es auf einen maximalen Materialabtrag an. Begrenzt werden beim Schruppen Vorschub und Schnitttiefe durch die Antriebsleistung der Drehmaschine, der Größe der Wendeschneidplatte und den vorliegenden Bearbeitungsbedingungen. Um ein Ausbrechen der Schneidenecke zu vermeiden, sollte ein maximaler Vorschub nicht überschritten werden.

$$f_{\text{max Schruppen}} \approx \mathbf{0{,}5 \cdot \text{Eckenradius}\ r_\varepsilon}$$

Beim **Fertigdrehen (Schlichten)** wird im Allgemeinen mit kleinem Vorschub und kleiner Schnitttiefe gedreht. Der Vorschub richtet sich beim Schlichten nach der geforderten Oberflächenrauigkeit. Je nach Eckenradius r_ε des Werkzeuges (vgl. Seite 90) und der vorgegebenen Rautiefe Rz kann aus **Tabelle 1** der maximale Vorschub festgelegt werden. Vergrößert man den Eckenradius, so kann eine gleichbleibende Rauigkeit auch bei einem größeren Vorschub erzielt werden (vgl. Seite 90). Die Schnitttiefe beim Schlichten wird möglichst klein gehalten, weil durch die kleineren Schnittkräfte eine bessere Maß- und Formtoleranz erreicht wird.

Um günstige Spanformen zu erreichen, sollte das Verhältnis von Schnitttiefe a_p zu Vorschub f zwischen 4 : 1 und 10 : 1 liegen. Je nach Drehverfahren werden verschiedene Arbeitsbereiche für die Schneidplatten vorgegeben **(Bild 2)**. Wird die Schnitttiefe innerhalb eines Arbeitsbereichs verringert, so kann sich die Spanform verschlechtern, da die Späne weniger brechen. Vergrößert man den Vorschub, so kann sich der Span stärker krümmen und bricht besser. Der Spanungsquerschnitt bildet die Schnittfläche des Spans, dessen Größe sich aus der Schnitttiefe und dem Vorschub ergibt.

Spanungsquerschnitt $A = a_p \cdot f$

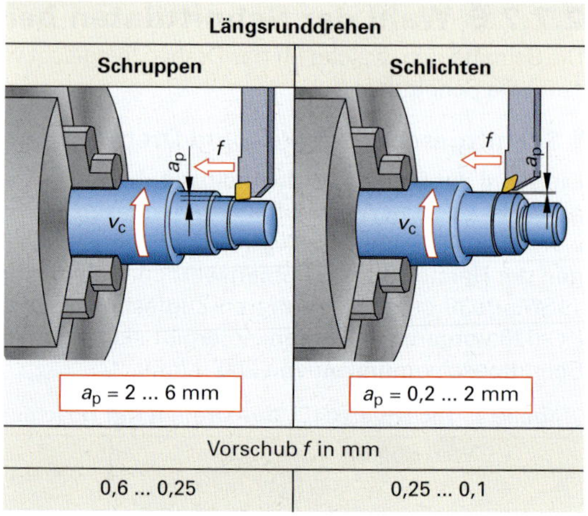

Bild 1: Vorschub und Schnitttiefe

Tabelle 1: Erreichbare Rautiefe in Abhängigkeit vom Eckenradius und Vorschub

Rautiefe Rz in µm	Eckenradius r_ε in mm			
	0,2	0,4	0,8	1,2
	Vorschub f in mm			
1,6	0,05	0,07	0,10	0,12
4	0,08	0,11	0,16	0,20
6,3	0,10	0,14	0,20	0,25
10	0,13	0,18	0,25	0,31
16	0,16	0,23	0,32	0,39

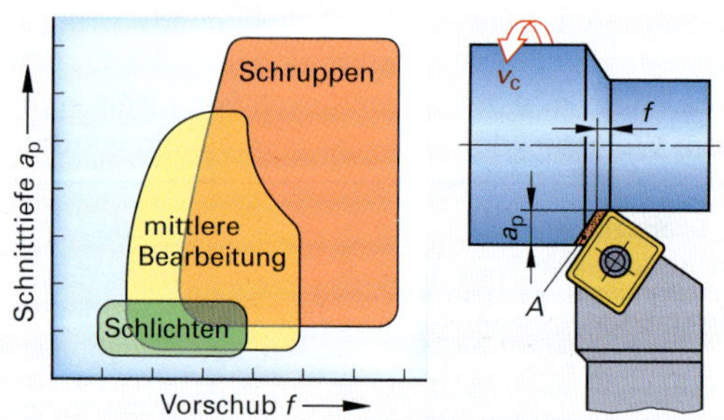

Bild 2: Arbeitsbereiche von Schneidplatten

Arbeitsregeln zum Vor- und Fertigdrehen

- Zum Vordrehen werden zunächst ein möglichst großer Vorschub und eine entsprechend große Schnitttiefe festgelegt.
- Danach wird die nach Tabellen-Richtwerten als „Startwert" gewählte Schnittgeschwindigkeit je nach erreichter Standzeit abgeändert.
- Beim Fertigdrehen erzielt man durch einen kleinen Vorschub und eine erhöhte Schnittgeschwindigkeit eine hohe Oberflächengüte.

2.7.7.7 Werkzeug- und Werkstück-Spannsysteme

Spannen der Drehwerkzeuge

Das Drehwerkzeug muss möglichst kurz und fest gespannt werden, damit Schwingungen verhindert werden. Die Schneidkante muss auf Mitte eingestellt werden. Abweichungen verursachen Änderungen der wirksamen Winkel an der Schneide **(Bild 1)**. Eine Einstellung über der Mitte verkleinert den Freiwinkel; das Werkzeug drückt. Eine Einstellung unter der Mitte erzeugt beim Abstechen einen Butzen. Um die Rüstzeit zu verkürzen, werden Werkzeuge meist außerhalb der Maschine im Werkzeughalter montiert und in einem Voreinstellgerät auf die richtige Höhenlage und Auskraglänge eingestellt.

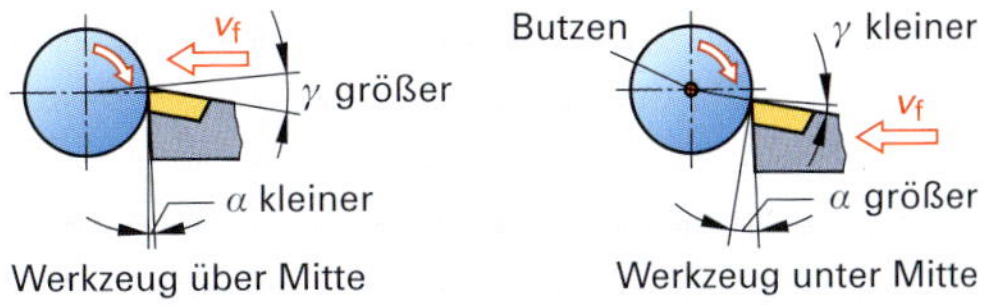

Bild 1: Fehlerhafte Höhenlage des Werkzeugs beim Querdrehen

Werkstückspannung

Das Werkstück muss sicher, einfach, mit möglichst kleinem Rund- und Planlauffehler und mit geringer Werkstückverformung gespannt werden. Mit **Spannfuttern** können Werkstücke außen oder in einer Bohrung gespannt werden. Im Dreibackenfutter werden runde oder regelmäßig geformte 3- und 6-kantige Werkstücke gespannt **(Bild 2)**. Bei handbetätigten Spannfuttern erfolgt die Bewegung der Spannbacken über eine Planspirale oder eine Keilstange **(Bild 3)**. Die Spannbacken dürfen nicht zu weit aus dem Futter herausragen, da sie sonst ungenügend geführt sind, die Spannkraft zu gering ist und die Unfallgefahr erhöht wird.

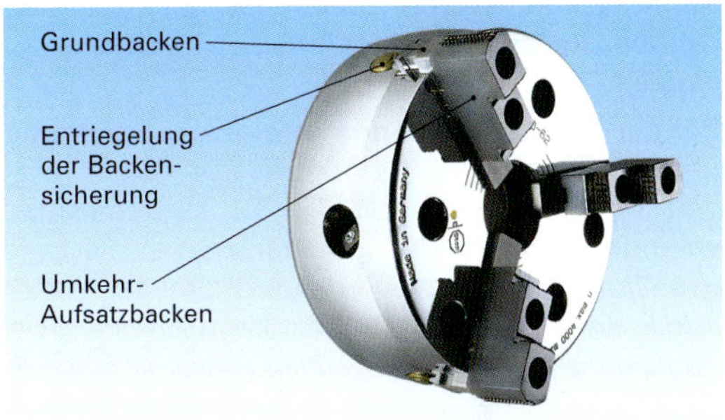

Bild 2: Dreibackenfutter

> Vorstehende Spannbacken erhöhen die Unfallgefahr.

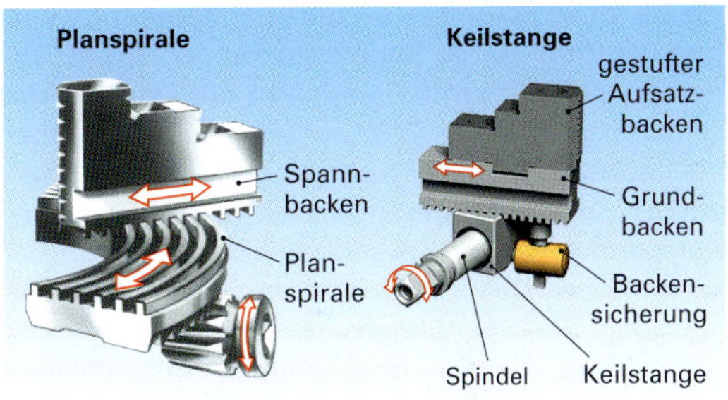

Bild 3: Bewegung der Spannbacken

Bei **Kraftspannfuttern** wird die Spannkraft pneumatisch oder hydraulisch erzeugt. Bei hohen Drehzahlen wird die Spannkraft der Spannbacken durch die Fliehkraft verringert. Spannfutter für hohe Drehzahlen besitzen daher einen Fliehkraftausgleich **(Bild 4)**. Die Fliehkraft des Ausgleichsgewichtes wirkt der Fliehkraft der Spannbacke entgegen und hält so die Spannkraft bis zur zulässigen Grenzdrehzahl annähernd gleich.

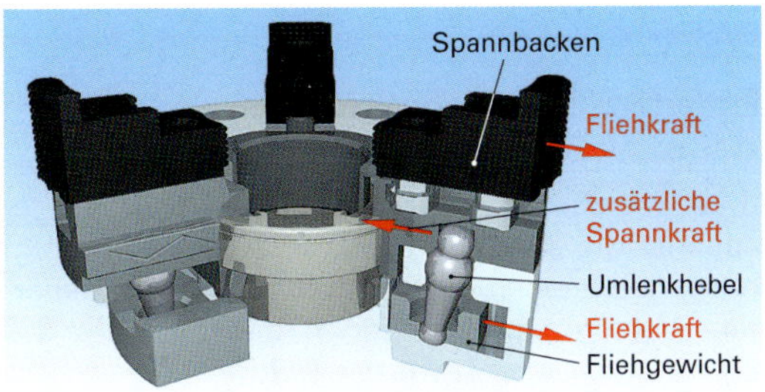

Bild 4: Kraftspannfutter mit Fliehkraftausgleich

Spannkraft. Zu große Spannkräfte führen zur Beschädigung der Werkstückoberfläche durch die Spannbacken und können am Werkstück Formabweichungen erzeugen **(Bild 5)**. Bei zu starkem Spannen verformen sich dünnwandige Werkstücke elastisch. Ausgedrehte Bohrungen z.B. sind deshalb nach dem Ausspannen unrund, weil die elastische Verformung zurückfedert.

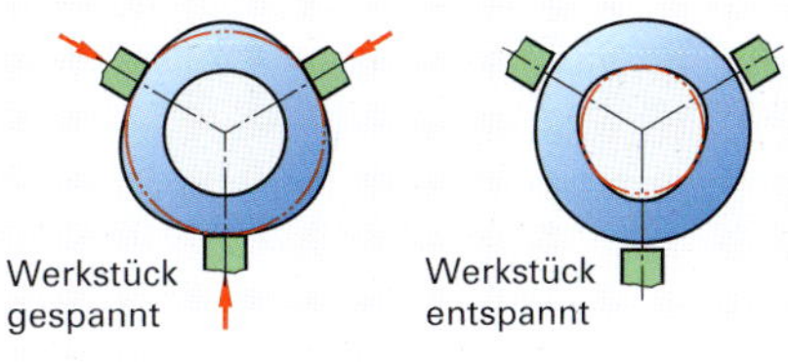

Bild 5: Formfehler durch Spannung

> Die Spannkraft muss der Größe der Zerspankraft sowie der Form und der Stabilität des Werkstücks angepasst sein.

Spannzangen

Spannzangen übertragen die Spannkraft fast auf den ganzen Werkstückumfang, was für den Rundlauf und die Drehteiloberfläche günstig ist. Sie sind für hohe Drehzahlen geeignet.

Bei der **Zugspannzange** erfolgt die Betätigung über ein Zugrohr **(Bild 1)**. Beim Spannen des Werkstücks wird die geschlitzte Spannzange in die Kegelhülse gezogen. Durch die Längsbewegung der Zugspannzange wird das Werkstück ebenfalls geringfügig mitgezogen. Dies muss beim nachfolgenden Drehen von Längenmaßen berücksichtigt werden.

Bei der **Druckspannzange** erfolgt die Spannung über die Druckhülse, die über das Druckrohr axial verschoben wird **(Bild 2)**. Die Druckspannzange verändert während des Spannens die axiale Lage des Werkstücks nicht, allerdings ist der Platzbedarf durch die zusätzliche Druckhülse größer als bei Zugspannzangen.

Spannkopf

Beim **Spannkopf** sind die einzelnen Spannsegmente durch Gummi elastisch miteinander verbunden **(Bild 3)**. Die Segmente liegen beim Spannen über die gesamte Länge am Futterkörper an. Dadurch erfolgt die Spannung gleichmäßig über die gesamte Länge der Spannsegmente. Die Federwirkung des Gummis drückt die Segmente beim Entspannen wieder auseinander. Es können größere Maßbereiche überbrückt werden. Zum Auswechseln des Spannkopfes werden die Segmente durch eine Wechselvorrichtung, die mit Stiften in die stirnseitigen Bohrungen greift, zusammengedrückt. Der Spannkopf kann dadurch von vorn aus der Zugstange gelöst und ein anderer Spannkopf eingesetzt werden.

Weitere Spannmöglichkeiten

Müssen Drehteile auf ihrer ganzen Länge überdreht werden, werden sie **zwischen Spitzen** gespannt. Die Mitnahme des Werkstücks erfolgt meist durch einen Stirnmitnehmer, dessen gehärtete Mitnehmerzähne gegen die Planseite des Werkstücks gedrückt werden **(Bild 4)**.

Werkstücke mit Bohrungen können auch auf **Dreh- oder Spanndornen** gespannt werden. Der Drehdorn ist leicht kegelig ($C = 1 : 2000$) und wird in die Bohrung eingepresst. Der Spanndorn dagegen wird durch einen Kegel gespreizt.

Wiederholung und Vertiefung

Warum muss beim Querdrehen die Schneidkante des Drehwerkzeugs genau auf Mitte gestellt werden?

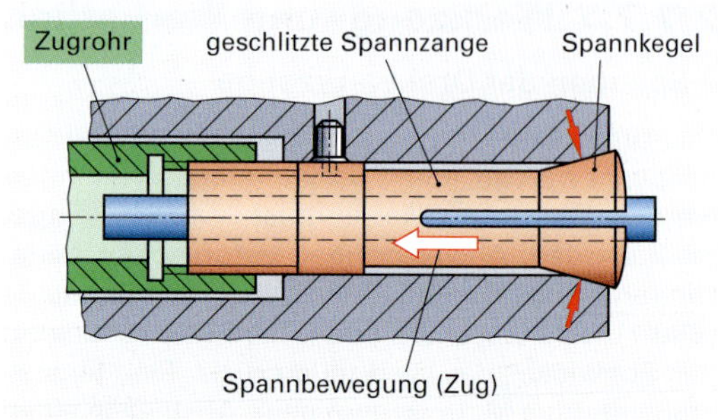

Bild 1: Zugspannzange

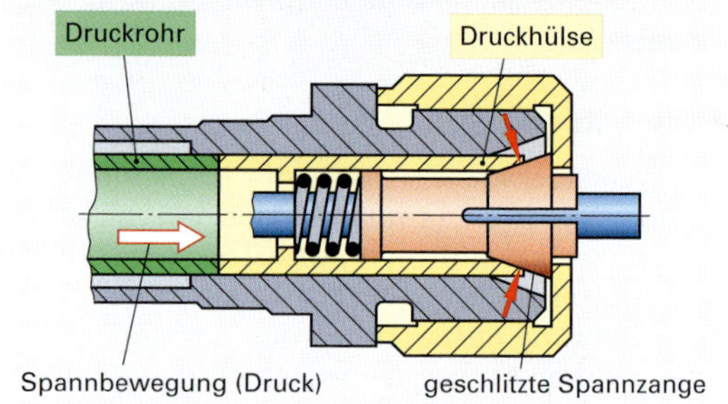

Bild 2: Druckspannzange

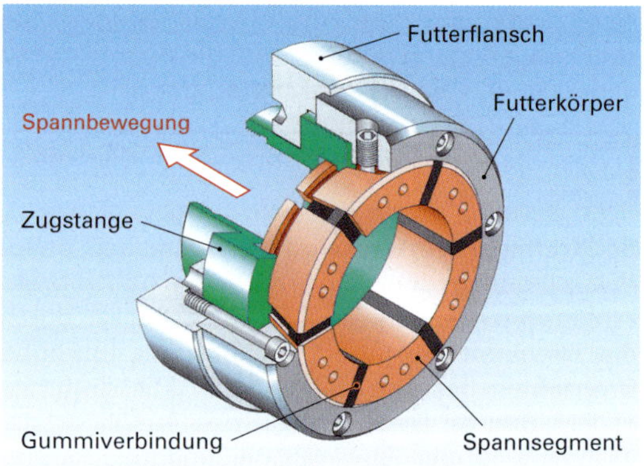

Bild 3: Spannkopf

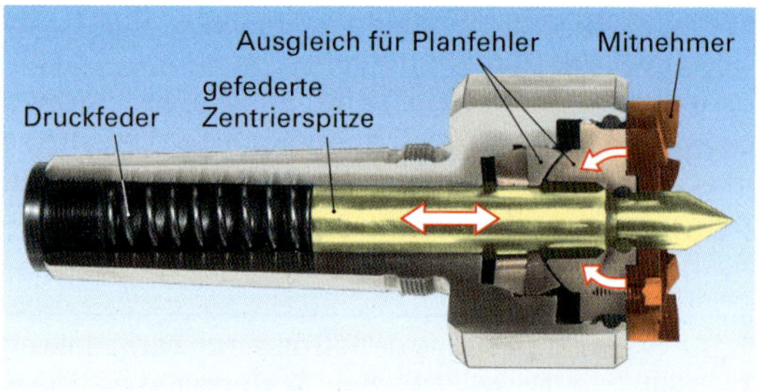

Bild 4: Stirnmitnehmer

2.7.7.8 Drehmaschinen

Drehmaschinen werden meist nach der Art des Maschinenbettes, der Lage der Spindel oder der Anzahl der Spindeln eingeteilt **(Bild 1)**. Wichtige Kenngrößen sind der Spindeldurchlass, der maximale Drehdurchmesser und die Drehlänge des Werkstücks, die Antriebsleistung und die maximale Spindeldrehzahl sowie die Anzahl der Werkzeugträger mit den verfügbaren Werkzeugplätzen.

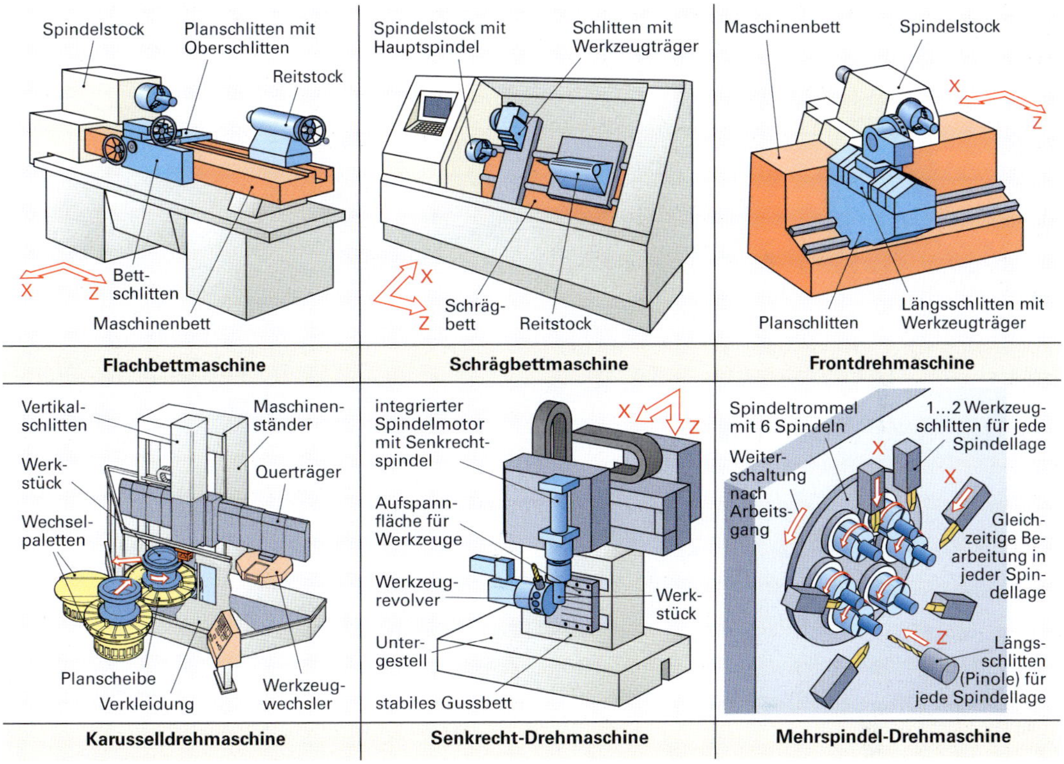

Bild 1: Arten von Drehmaschinen

Hauptbaugruppen

Drehmaschinen sind häufig modular aufgebaut, d. h. die Werkzeugmaschine wird nach den Bedürfnissen des Anwenders mit den benötigten Baueinheiten, z. B. Reitstock oder Gegenspindel, geliefert. Auf dem Untergestell ist das Drehmaschinenbett, welches den Spindelstock trägt, befestigt **(Bild 2)**. Der Werkzeugschlitten mit dem Werkzeugträger wird meist durch Wälzführungen geführt. Diese sind mit dem Maschinenbett verschraubt. Das Maschinenbett muss besonders verwindungssteif und schwingungsdämpfend ausgeführt sein, damit die Oberflächenqualität des gedrehten Werkstücks und die Werkzeugstandzeit nicht durch Schwingungen verringert werden. Das Maschinenbett wird deshalb meist aus Gusseisen, dessen Hohlräume mit kunstharzgebundenem Granit (Polymerbeton) gefüllt sind, oder aus massivem Mineralguss (Reaktionsharzbeton) hergestellt.

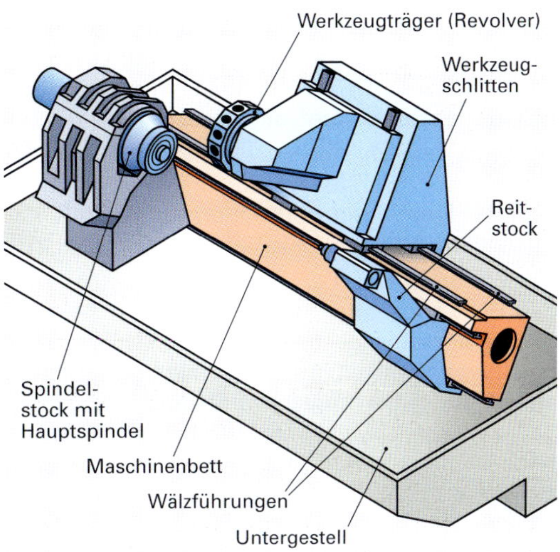

Bild 2: Hauptbaugruppen einer Drehmaschine

Universal-Drehmaschinen

Universaldrehmaschinen werden in der Einzelteil- und Kleinserienfertigung sowie im Werkzeug- und Vorrichtungsbau eingesetzt **(Bild 1)**.

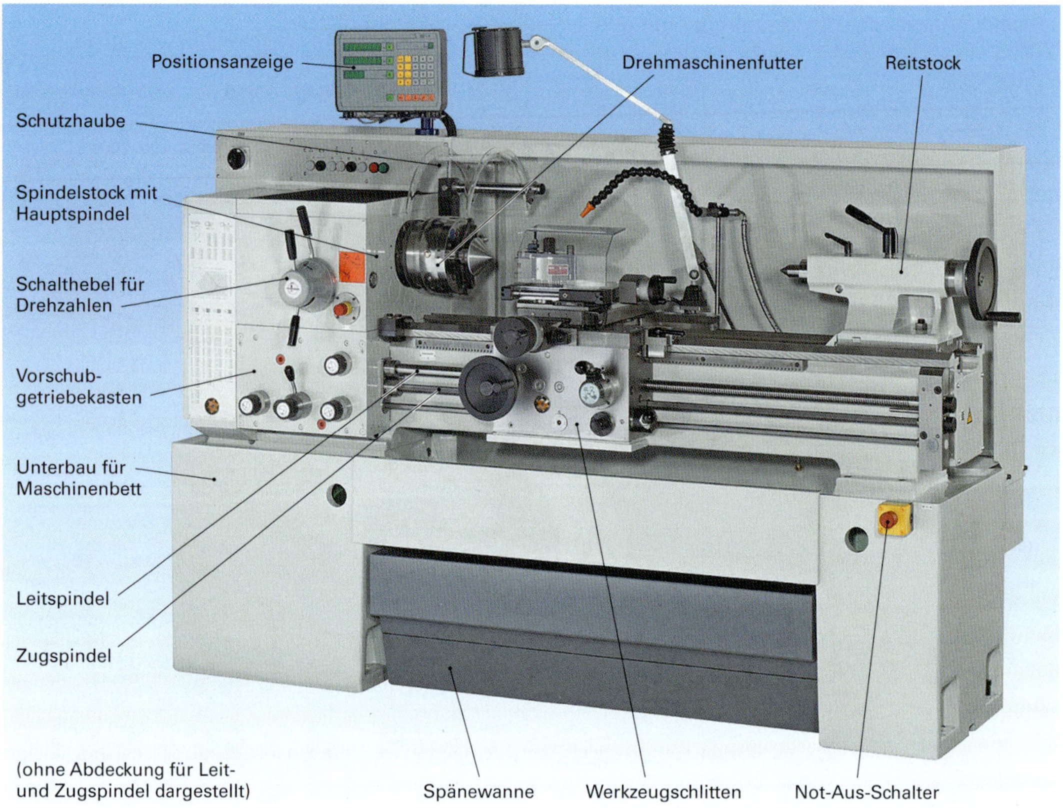

Bild 1: Universaldrehmaschine

Arbeitsspindel. Die im Spindelstock in Wälzlagern geführte Arbeitsspindel wird meist von einem Drehstrommotor über ein Getriebe mit Drehzahlstufung oder stufenlos durch einen frequenzgeregelten Drehstrommotor angetrieben.

Der **Werkzeugschlitten** besteht aus dem Bettschlitten mit dem Schlosskasten, dem Planschlitten (Querschlitten) und dem Oberschlitten mit der Spannvorrichtung für das Drehwerkzeug **(Bild 2)**.

Vorschubgetriebe. Der maschinelle Vorschub für den Werkzeug- oder Planschlitten wird am Vorschubgetriebe eingestellt. Bei Drehmaschinen mit regelbaren Vorschubmotoren erfolgt der Schlittenantrieb über einen Kugelgewindetrieb. Über eingebaute Wegmesssysteme mit digitaler Positionsanzeige werden die Schlittenbewegungen angezeigt.

Reitstock. Dieser dient zur Abstützung langer Werkstücke, zur Aufnahme des Werkstücks zwischen Spitzen oder zur Aufnahme von Bohrwerkzeugen.

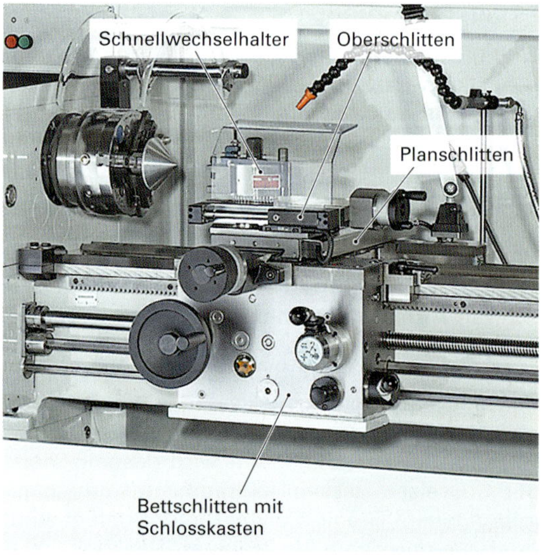

Bild 2: Werkzeugschlitten

Arbeitsbeispiel: Drehen eines Achsbolzens

Auf einer Universaldrehmaschine soll ein Achsbolzen **(Bild 1)** aus niedriglegiertem Einsatzstahl 16MnCr5 hergestellt werden. Der Einsatz geeigneter Drehwerkzeuge ist zu bestimmen und die Schnittdaten sind zu ermitteln.

Fertigungsplanung. Als Schneidstoff werden für alle Arbeitsgänge TiN-beschichtete Hartmetallschneidplatten HC-P15 eingesetzt. Als Kühlschmiermittel wird eine Emulsion verwendet. Nach dem Plandrehen und Anfasen der ersten Seite und Umspannen wird die zweite Seite auf Länge plangedreht. Das Vordrehen der Ansätze erfolgt mit einer Schnitttiefe a_P = 2 mm und einem Vorschub f = 0,4 mm, die Schnittgeschwindigkeit soll v_C = 250 m/min betragen. Das Schlichtaufmaß für die Durchmessermaße beträgt 0,5 mm, für die Längenmaße 0,1 mm.

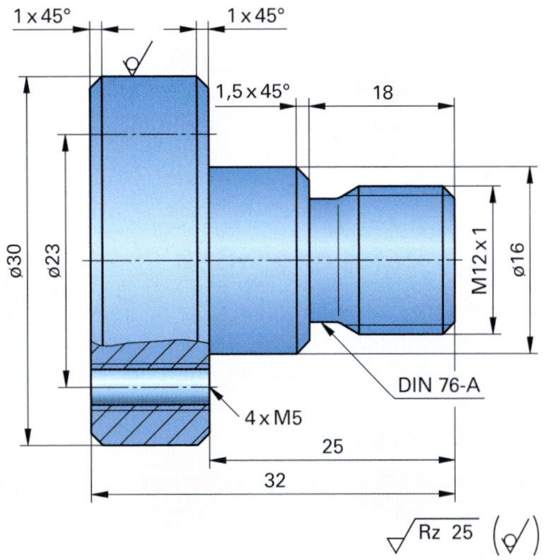

Bild 1: Achsbolzen aus Einsatzstahl 16MnCr5

Wiederholung und Vertiefung

1 Warum werden für das Drehen beschichtete Wendeschneidplatten eingesetzt?

2 Bestimmen Sie die Anzahl der Schnitte für das Vordrehen des Ansatzes ∅16.

3 Um mit wenig Werkzeugen auszukommen, wird für das Vordrehen der Kontur einschließlich des Gewindefreistichs **(Bild 2)** dieselbe Wendeschneidplatte verwendet. Welcher Eckenwinkel sollte für die Wendeschneidplatte gewählt werden?

4 Wie groß muss der Eckenradius der Wendeschneidplatte für das Vordrehen mit dem gewählten Vorschub mindestens sein?

5 Der Eckenradius der Schlichtplatte beträgt nur 0,4 mm, damit die Passivkraft klein ist und dadurch die Ratterneigung verringert wird. Welche Rautiefe ist nach Tabelle 1, Seite 96, zu erwarten?

6 Der Einstellwinkel beträgt beim Längsdrehen 93° **(Bild 3).** Wie groß ist der Einstellwinkel beim Plandrehen der Ansätze von innen nach außen?

7 Wie wirkt sich dieser Einstellwinkel beim Plandrehen auf die Spanungsdicke und damit auf den Spanbruch aus?

8 Beim Plandrehen der Ansätze von innen nach außen wird eine lange Schneidkante beansprucht **(Bild 4).** Berechnen Sie die beanspruchte Schneidkantenlänge b für ein Schlichtaufmaß von 0,1 mm.

9 Berechnen Sie die einzustellende Drehzahl für das Gewindedrehen, wenn die Schnittgeschwindigkeit gegenüber dem Längsdrehen um $^1/_4$ niedriger ist.

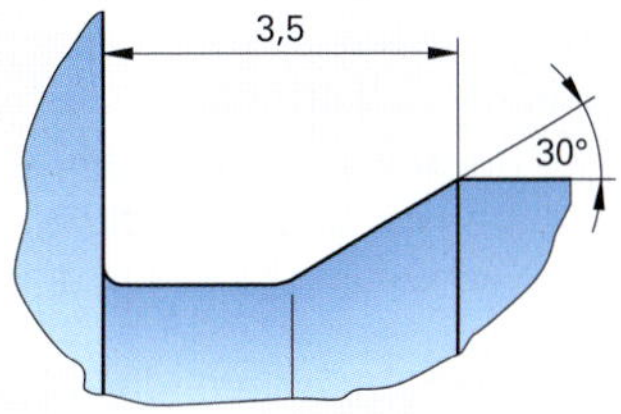

Bild 2: Gewindefreistich

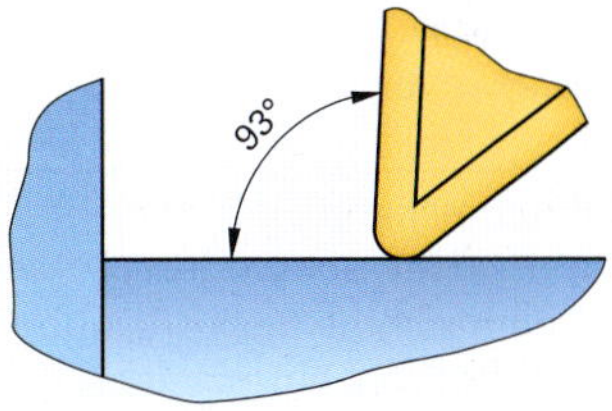

Bild 3: Einstellwinkel

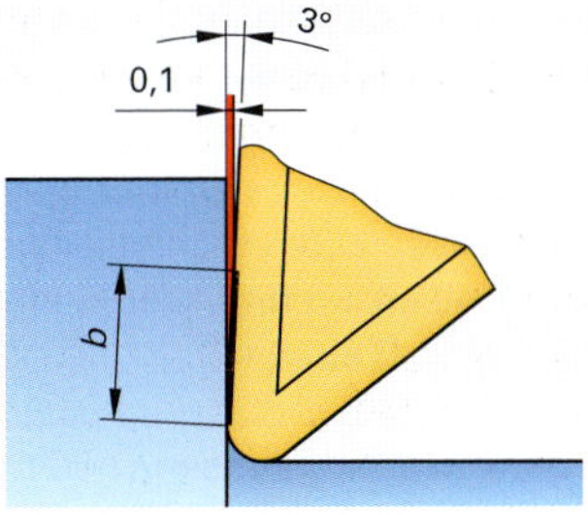

Bild 4: Schneidkantenlänge beim Plandrehen

2.7.8 Fräsen

Beim Fräsen werden meist ebene Flächen oder Konturen hergestellt **(Bild 1)**. Bei jeder Umdrehung des Fräsers folgt auf den Eingriff der Schneiden der Austritt aus dem Werkstück und die Kühlung. Durch den **unterbrochenen Schnitt** schwanken Schnittkraft und Temperatur an der Schneide.

Bild 1: Konturfräsen

2.7.8.1 Zerspangrößen

Die **Schnittgeschwindigkeit v_c** wird in Abhängigkeit vom Schneidstoff und Werkstoff gewählt. Dabei sollten Richtwertempfehlungen der Werkzeughersteller für das Vor- und Fertigfräsen beachtet werden **(Tabelle 1)**.

Der **Vorschub f** je Fräserumdrehung und der **Vorschub je Zahn f_z** jeder Fräserschneide bestimmen die erreichbare Oberflächengüte und die Schneidenbelastung.

Die **Schnittgeschwindigkeit v_c** sollte möglichst groß gewählt werden, um die Frästeile wirtschaftlich zu erzeugen.

Mit der **Vergrößerung des Vorschubes je Zahn** nehmen die **Spanungsdicke,** die Schnittkraft und der Werkzeugverschleiß zu.

Die **Vorschubgeschwindigkeit v_f** in mm/min erhält man aus dem Vorschub je Zahn f_z, der Zähnezahl z des Fräsers und der Drehzahl n.

Vorschubgeschwindigkeit $v_f = f \cdot n$

$v_f = f_z \cdot z \cdot n$

Entsprechend dem gewählten Vorschub je Zahn f_z und der Schnittgeschwindigkeit v_c ist an der Fräsmaschine die Vorschubgeschwindigkeit und die Drehzahl einzustellen.

Die **Spanungsdicke h** ist beim Stirnfräsen eine feste Größe, während sie beim Umfangsfräsen wegen des kommaförmigen Spanes schwer anzugeben ist **(Bild 2)**. Es ist daher zweckmäßiger, über die **mittlere Spanungsdicke h_m** die Schneidenbelastung zu bewerten. Welche Spanungsdicke h_m beim Umfangsfräsen entsteht, hängt von der Schnitttiefe a_e, vom Fräserdurchmesser d und vom Vorschub je Zahn f_z ab **(Tabelle 2)**.

Beim Umfangsfräsen, z. B. mit Scheibenfräsern, erreicht man bei kleinen Schnitttiefen eine ausreichende Spanungsdicke, wenn der Vorschub je Zahn erhöht wird (Tabelle 2).

Tabelle 1: Richtwerte für v_c in m/min und f_z in mm für Fräser mit Hartmetallschneiden

	großer Arbeitseingriff		kleiner Arbeitseingriff	
	Vorfräsen	Fertigfräsen	Vorfräsen	Fertigfräsen
v_c in m/min / f_z in mm				
unlegierter Stahl	100–250	200–400	100–300	250–450
R_m < 800 N/mm²	0,1–0,4	0,1–0,2	0,15–0,3	0,1–0,2
legierter Stahl	100–200	150–250	100–250	200–350
R_m > 800 N/mm²	0,15–0,25	0,1–0,2	0,1–0,25	0,1–0,2
Gusseisen	100–150	150–300	100–200	150–300
	0,15–0,3	0,1–0,2	0,15–0,25	0,1–0,15

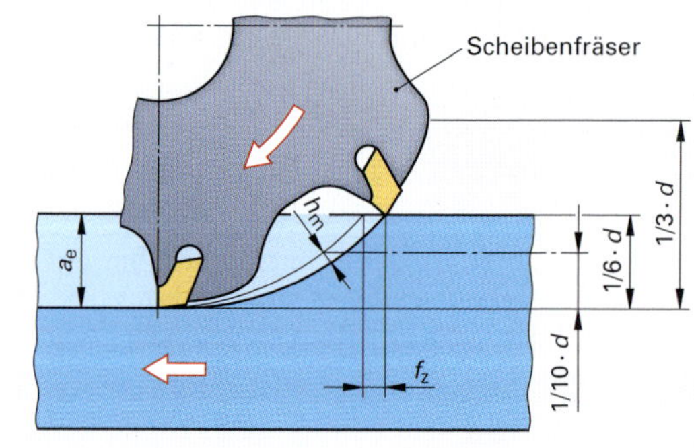

Bild 2: Zerspangrößen beim Nutenfräsen

Tabelle 2: Erhöhung des empfohlenen Vorschubes je Zahn f_z beim Nutenfräsen in Abhängigkeit von der Schnitttiefe a_e

a_e =	$1/3 \cdot d$	$1/6 \cdot d$	$1/8 \cdot d$	$1/10 \cdot d$	$1/20 \cdot d$
Vorschub	empfohlener Vorschub f_z	Erhöhung des Vorschubes f_z			
		15 %	30 %	45 %	100 %
f_z in mm	z. B. 0,25	0,29	0,32	0,36	0,5
h_m in mm	0,22	0,26	0,28	0,32	0,45

Die **Schnittbreite a_e**, auch **Fräsbreite** oder **Eingriffsbreite** genannt, gibt an, wie breit der Fräser ins Werkstück eingreift **(Bild 1** und **Bild 3)**.

Die radiale **Schnitttiefe a_e** bezeichnet bei Schaftfräsern und Scheibenfräsern die radiale Eingriffstiefe (Fräsbreite) des Werkzeugs **(Bild 2)**.

Die axiale **Schnitttiefe a_p** bestimmt bei Schaft- und Planfräsern die axiale Einstelltiefe des Werkzeugs und damit auch wesentlich das Zeitspanungsvolumen.

Das **Zeitspanungsvolumen Q** in cm³/min gibt das abgetragene Werkstückvolumen je Minute an und ist ein Maß für die Wirtschaftlichkeit eines Fertigungsverfahrens.

Zeitspanungsvolumen $Q = a_p \cdot a_e \cdot v_f$

Der Eingriffswinkel φ_s ist der Winkel zwischen Fräsereintritt und Fräseraustritt **(Bild 4)**. Er bestimmt, wie viele Schneiden gleichzeitig im Eingriff sind.

Eingriffswinkel beim symmetrischen Stirnfräsen $\sin = \frac{\varphi_s}{2} = \frac{a_e}{d}$

Anzahl der Schneiden im Eingriff $z_e = \frac{\varphi_s \cdot z}{360°}$

Je mehr Schneiden gleichzeitig in Eingriff sind, umso ruhiger ist der Schnittverlauf.

Beispiel: Ein Werkstück aus 16MnCr5 soll plan gefräst werden (Bild 3). Dazu wird ein Planfräser mit Durchmesser $d = 80$ mm gewählt, der mit sechs Hartmetall-Wendeschneidplatten bestückt ist.

Die Fräsbreite betragt 60 mm, die Schnitttiefe wird mit 4 mm gewählt.

Zerspangrößen: $v_c = 120$ m/min, $f_z = 0{,}2$ mm, $a_e = 60$ mm, $a_p = 4$ mm.

Wie groß sind n, v_f und Q?

Lösung: $n = \frac{v_c}{\pi \cdot d} = \frac{120\ \text{m/min}}{\pi \cdot 0{,}08\ \text{m}} = \mathbf{477/min^{-1}}$

$\mathbf{v_f} = f_z \cdot z \cdot n = 0{,}2\ \text{mm} \cdot 6 \cdot 477/\text{min}^{-1}$

$= \mathbf{572\ mm/min}$

$\mathbf{Q} = a_p \cdot a_e \cdot v_f$

$= 4\ \text{mm} \cdot 60\ \text{mm} \cdot 572\ \text{mm/min}$

$= \mathbf{137\ cm^3/min}$

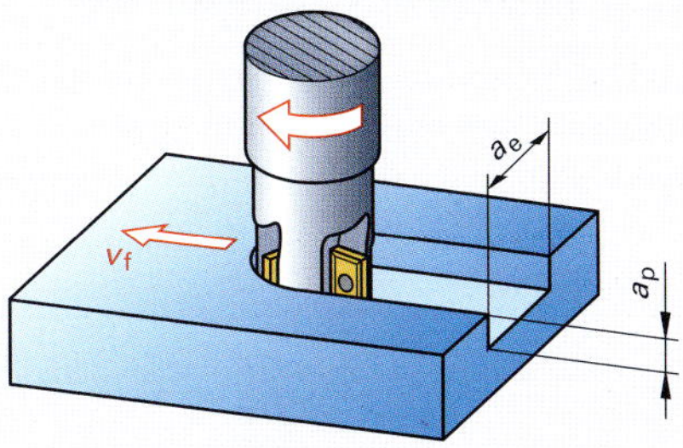

Bild 1: Axiale Schnitttiefe a_p und radiale Fräsbreite a_e beim Stirnfräsen

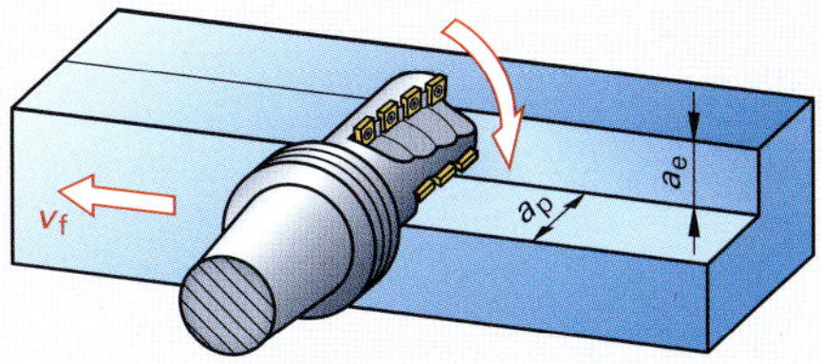

Bild 2: Axiale Schnitttiefe a_p und radiale Fräsbreite a_e beim Umfangsfräsen

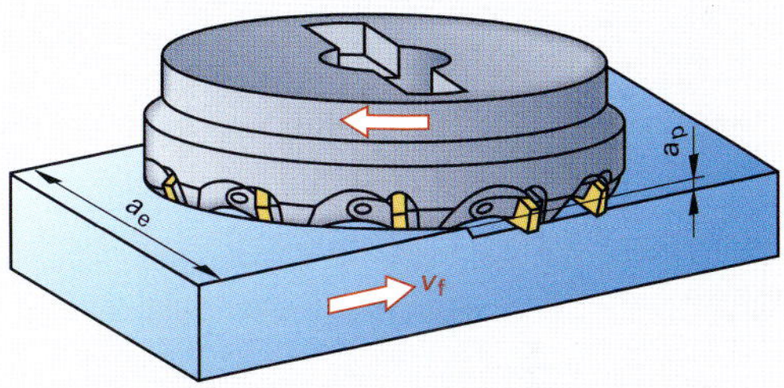

Bild 3: Axiale Schnitttiefe a_p und Fräsbreite a_e beim symmetrischen Stirnplanfräsen

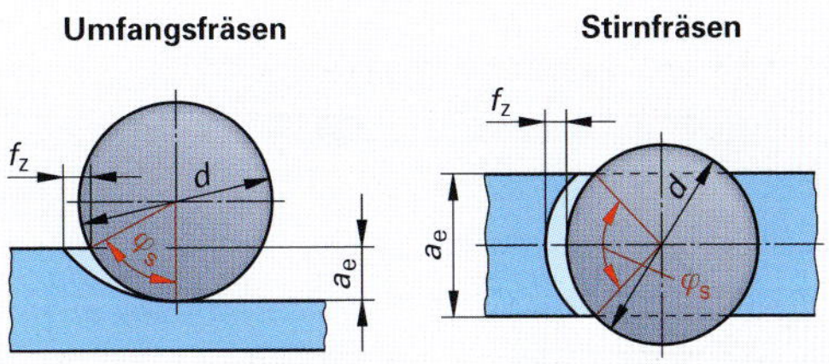

Bild 4: Eingriffswinkel φ_s

Wiederholung und Vertiefung

1 Welche Wirkungen ergeben sich aus dem unterbrochenen Schnitt beim Fräsen?

2 Warum sollte eine möglichst große Schnittgeschwindigkeit gewählt werden?

3 Warum muss beim Nutenfräsen mit kleinen Schnitttiefen a_e der Vorschub f_z erhöht werden?

4 Mit einem Planfräser ($d = 100$ mm) mit sechs Hartmetall-Schneidplatten soll ein 80 mm breites Werkstück fertig gefräst werden ($v_c = 300$ m/min, $f_z = 0{,}1$ mm). Wie groß sind n, v_f und Q, wenn $a_p = 3$ mm beträgt?

2.7.8.2 Fräswerkzeuge

Fräswerkzeuge kann man nach der Art der Mitnahme (Aufsteck- oder Schaftfräser), nach dem Schneidstoff und der Form der Schneide oder Schneidplatte (Schrupp- und Schlichtfräser) oder nach der Fräsbearbeitung unterscheiden, z. B. Planfräser, Eckfräser, Nutenfräser, Kopierfräser **(Tabelle 1)**.

Tabelle 1: Fräswerkzeuge

Schaftfräser	Werkzeuge aus Schnellarbeitsstahl, Vollhartmetall oder Cermet	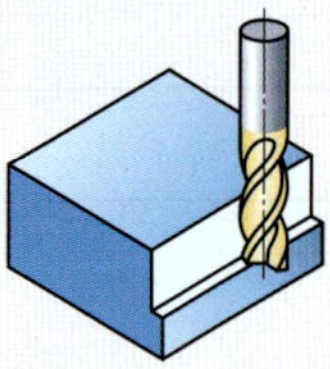 Schaftfräser (90°-Eckfräser) 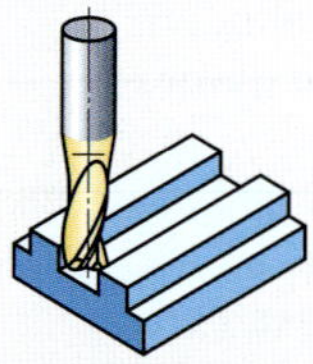 Nutenfräser (passgenaues Nutenfräsen) 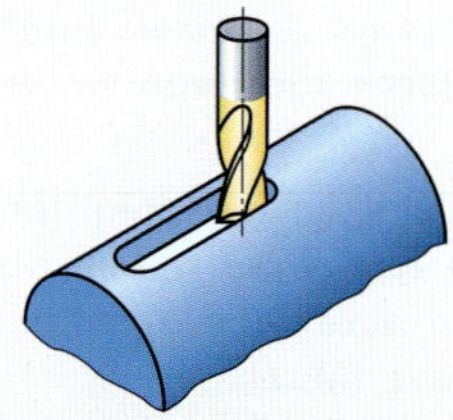 Bohrnutenfräser (Langlochfräsen) 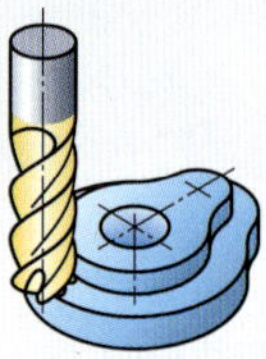 Schaftfräser (Umfangsfräsen, Konturfräsen) 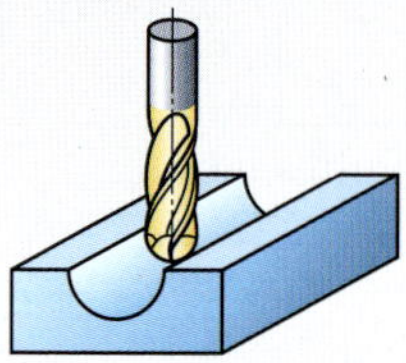 Radiusfräser oder Kugelschaftfräser (Kopierfräsen, Auskammern) 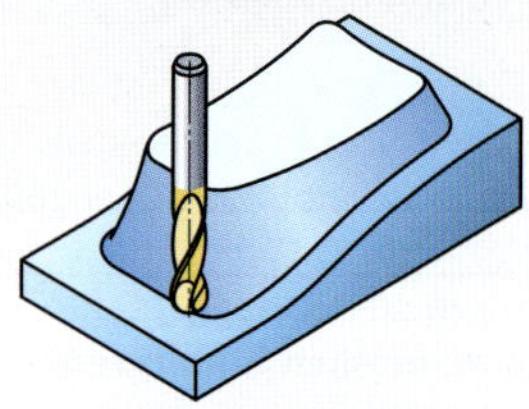 Gesenkfräser, z. B. Kopierfräser oder Kugelschaftfräser
Aufsteckfräser	Werkzeuge aus Schnellarbeitsstahl oder mit gelöteten HM-Schneiden	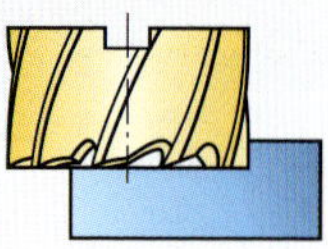 Walzenstirnfräser 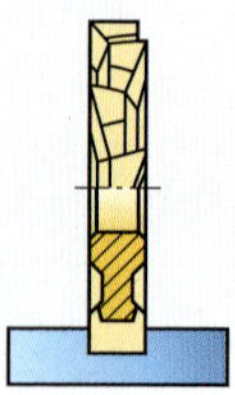 Scheibenfräser 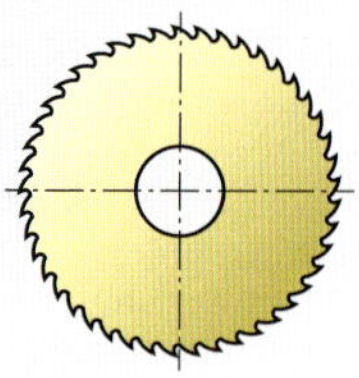 Metallkreissägeblatt 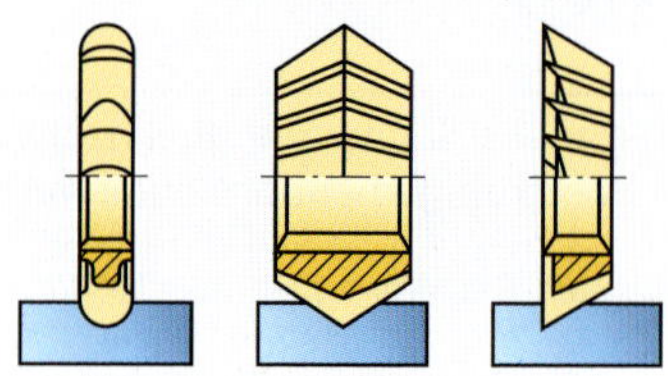 Formfräser (Halbrund-Profile, Prismen, Winkel)
Fräswerkzeuge mit Wendeschneidplatten	Schneidplatten aus Hartmetall, (Nitrid-)Keramik oder mit Schneidteil aus Diamant (PKD) bzw. Bornitrid (PKB)	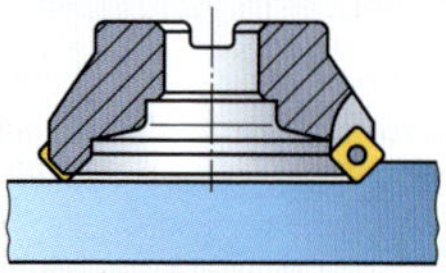 Planfräser 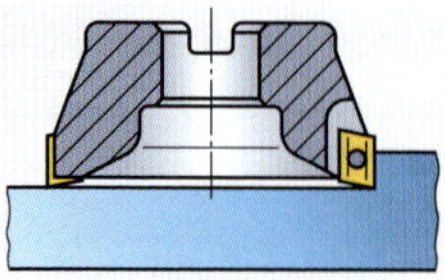 Eckfräser 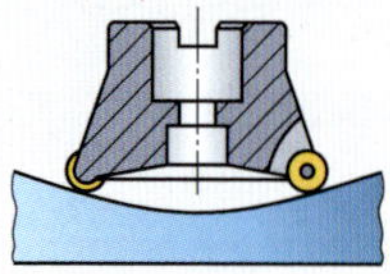 Kopierfräser (Fräsen von Formen und Gesenken, Auskammern) 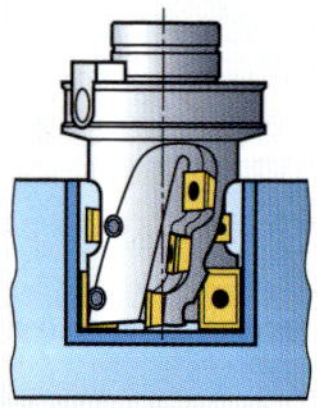 Walzenstirnfräser (90°-Eckfräsen, Nutenfräsen) 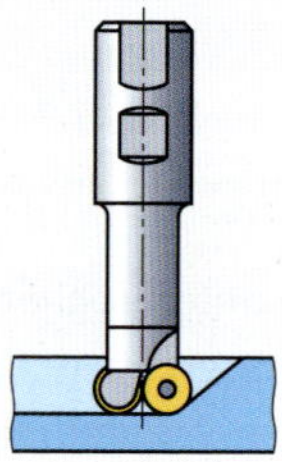 Kopierfräser (Fräsen von Formen und Gesenken, Auskammern) 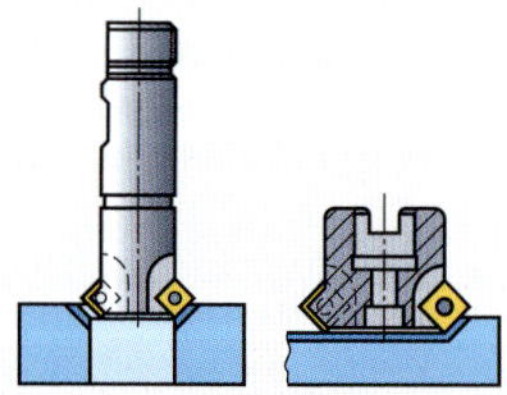 Fasenfräser (Anfasen, Senken, Profilnutenfräsen) 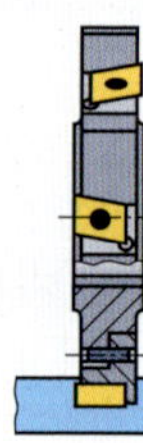 Scheibenfräser 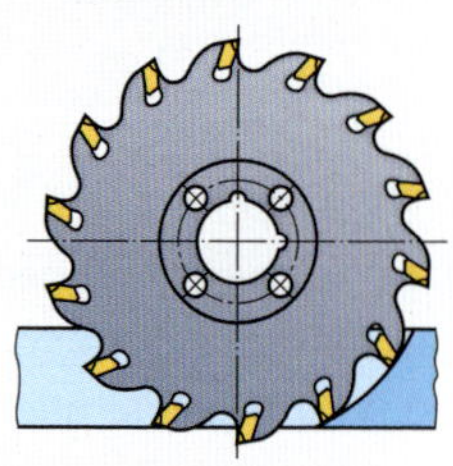 Trennfräser (Nutenfräsen, Trennen, Schlitzen)

Die **Anwendungsgruppen (Fräsertypen) N, H** und **W** unterscheiden die Schaftfräser hinsichtlich Drallwinkel und Spanwinkel **(Tabelle 1)**.

HSS-Schruppfräser bilden kurze, dicke Späne, die eine relativ kleine Schnittkraft erzeugen und sich gut abführen lassen **(Bild 1)**. Die Schrupp-Kordelverzahnung mit rundem Profil eignet sich zum Vorfräsen. Die Schrupp-Schlichtverzahnung mit dem flachen Profil lässt schmälere Späne entstehen. Fräser ohne Spanteiler ergeben die höchste Oberflächengüte, es entstehen jedoch breite Späne.

Nach dem **Schneidkantenverlauf** unterscheidet man geradgezahnte, kreuzgezahnte und wendelgezahnte Fräser **(Bild 2)**. Durch den Drall entstehen beim Fräsen Axialkräfte, die sich bei einer Kreuzverzahnung gegenseitig aufheben. Wendelgezahnte Schaftfräser haben meistens einen Rechtsdrall, um die Späne vom Werkstück wegzuführen.

Große Drallwinkel ermöglichen, dass mehr als eine Schneide gleichzeitig im Eingriff ist. Dadurch ergeben sich gleichmäßigere Schnittkräfte und ein ruhiger Lauf der Maschine.

Schneidstoffe bei Fräswerkzeugen

HSS-Schaft- und Aufsteckfräser besitzen gegenüber Fräsern aus Hartmetall eine höhere Zähigkeit, bei geringerer Schneidstoffhärte und Temperaturbeständigkeit.

Schaftfräser aus **Vollhartmetall** (VHM) oder **Cermet** (Titancarbid + Titannitrid) haben gegenüber HSS eine höhere Standzeit und Steifigkeit. Sie eignen sich auch für das Hochgeschwindigkeitsfräsen HSC und die Hartbearbeitung.

Fräser mit Schneidplatten:

Hartmetall-Schneidplatten, die meist beschichtet sind, ermöglichen den Einsatz bei nahezu allen Fräsbearbeitungen einschließlich der HSC- und Hartbearbeitung sowie der Trockenbearbeitung.

Mit Schneidplatten aus **Nitridkeramik** und **Oxidkeramik** können gehärtete Werkstücke und Grauguss gefräst werden.

Schneidplatten mit einer Schicht aus polykristallinem **Diamant** (DP) ermöglichen bei der Bearbeitung von Leichtmetallen, Kupfer und Thermoplasten hohe Schnittgeschwindigkeiten und hohe Oberflächengüten **(Bild 3)**.

Schneidplatten mit einer Schicht aus kubischem **Bornitrid** (Abkürzung: BN) eignen sich zum Fräsen von gehärteten Stählen und zum Schlichten von Grauguss bei hohen Schnittgeschwindigkeiten.

Tabelle 1: Werkzeug-Anwendungsgruppen

Anwendungsgruppe	Werkstoffbereiche	Werkzeug
N	Stahl und Gusseisen mit normaler Festigkeit	
H	Harte, zähharte oder kurzspanende Werkstoffe	
W	Weiche, zähe oder langspanende Werkstoffe	

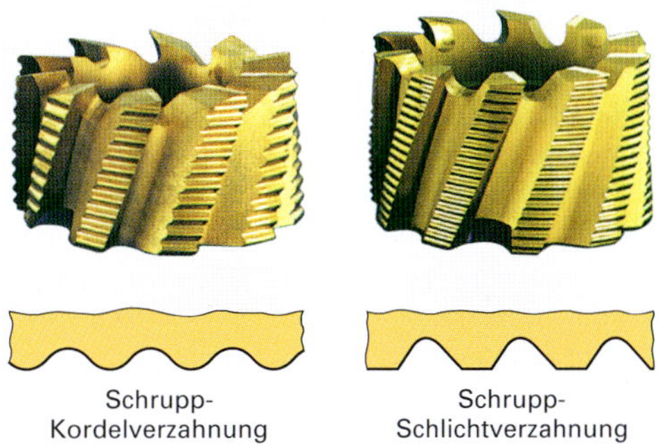

Bild 1: HSS-Schruppfräser mit Spanteiler

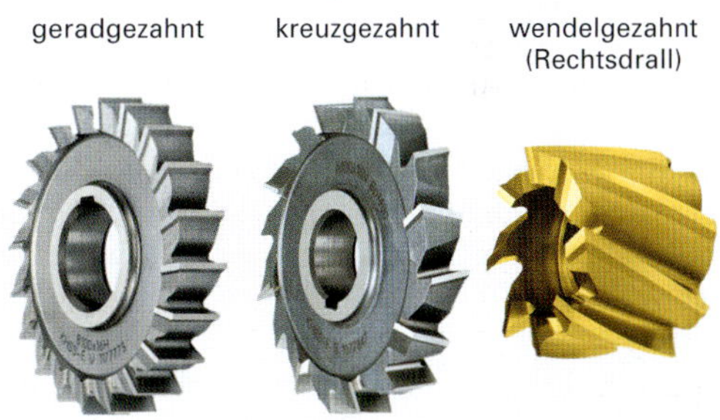

Bild 2: Schneidkantenverlauf

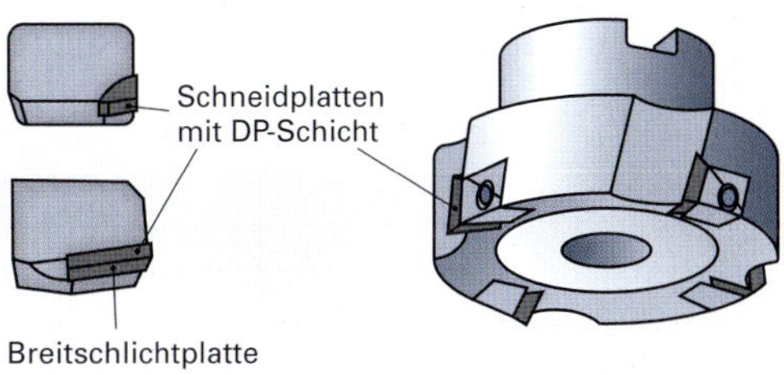

Bild 3: Fräser zur Bearbeitung von Aluminium mit DP-Schneidplatten

Werkzeugverschleiß

Fräser arbeiten immer im unterbrochenen Schnitt. Nach dem Schneideneingriff mit entsprechender Erwärmung kühlt sich die Schneide wieder ab, wodurch große Temperaturwechsel an der Schneide entstehen.

Bei jedem Anschnitt der Schneidplatten entstehen schlagartige Belastungen **(Bild 1).** Liegt die Fräserachse außerhalb des Werkstücks, können durch den Schlag der Schneidkanten beim Eintreten ins Werkstück Kantenausbrüche entstehen. Liegt die Fräserachse innerhalb des Werkstücks, nimmt die stabilere Spanfläche die Schlagbelastung auf.

Auch beim Austritt aus dem Werkstück können durch die plötzliche Druckentlastung bei sprödharten Schneidstoffen Risse oder Plattenbrüche entstehen.

Verschleißprobleme (Tabelle 1)

Mit zunehmendem Verschleiß verschlechtert sich die Oberflächengüte, beim Freiflächenverschleiß auch noch das Maß am Werkstück, da sich die Schneidkante verlagert.

- Beim **Plattenbruch** sollte der Fräsvorgang sofort gestoppt werden. Plattenbrüche können bei zu sprödem Schneidstoff, zu großem Vorschub oder bei schlechtem Sitz der Platten im Fräserkörper auftreten.
- **Kantenausbröckelungen** entstehen bei sehr verschleißfesten und daher spröden Schneidkanten. Ursachen können zu hohe Schnittkräfte oder Temperaturschwankungen sein, eine ungünstige Fräserposition (Bild 1) oder ein zu schwacher Schneidkeil bei stark positiver Schneidengeometrie **(Tabelle 2, Seite 110).**
- **Freiflächenverschleiß** lässt sich nicht vermeiden. Der mechanische Abrieb ist besonders hoch, wenn ähnliche Stoffe zusammentreffen, z.B. wenn ein Stahlwerkstück mit einem unbeschichteten HSS-Werkzeug gefräst wird.
- **Kerbverschleiß** entsteht bei Werkstücken mit einer Schmiedehaut, Gusshaut oder Zunderschicht durch die harte Werkstückrandzone. Kerbverschleiß erhöht auch die Gefahr des Schneidkantenbruches.
- **Aufbauschneiden** bilden sich bei der Stahlbearbeitung mit unbeschichteten HSS- oder Hartmetall-Schneiden, indem Werkstoffteilchen mit der Schneide verschweißen. Durch die Beschichtung von HSS- und HM-Werkzeugen kann die Aufbauschneidenbildung fast vermieden werden.
- **Kammrisse** sind kleine Risse senkrecht zur Schneidkante. Sie sind die Folge von häufigen Temperaturwechseln, die durch Dehnen und Schrumpfen den Schneidstoff ermüden.

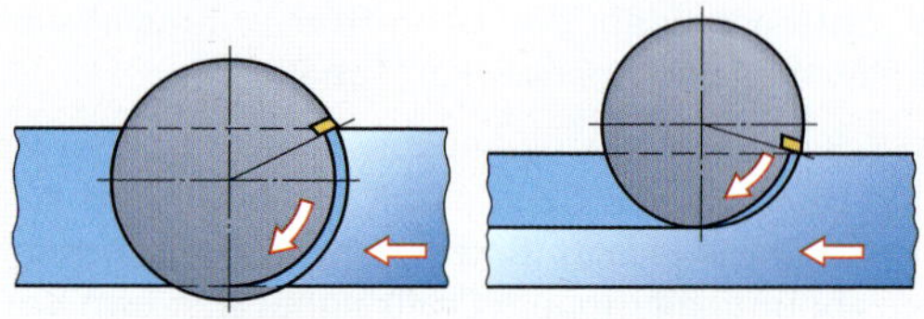

Bild 1: Fräserposition und Schneidenkontakt

Tabelle 1: Werkzeugverschleiß

Verschleißprobleme		Ursachen
Plattenbruch	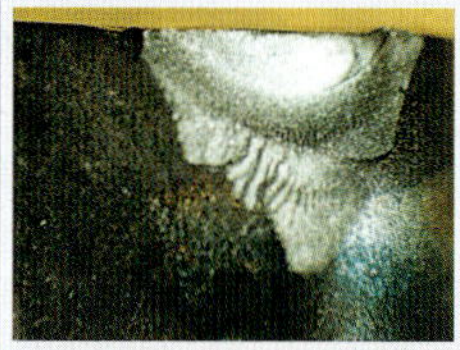	zu spröder Schneidstoff, falscher Spanformer, ungünstige Schnittbedingungen
Kantenausbröckelung Ausbrüche an der Freifläche		zu spröder Schneidstoff, zu großer Spanwinkel, Aufbauschneidenbildung
Starker Freiflächenverschleiß Verschleißmarke	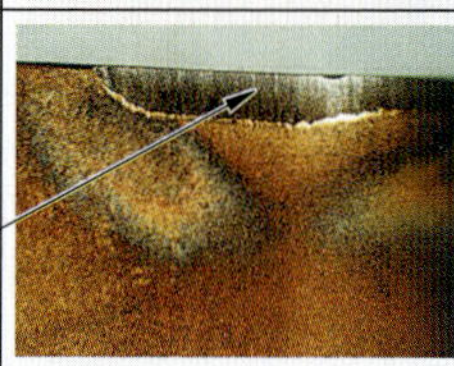	zu hohe Schnittgeschwindigkeit, zu kleiner Vorschub, geringe Verschleißfestigkeit
Kerbverschleiß Kerbverschleiß Freiflächenverschleiß		kaltverfestigter Werkstoff, Guss- oder Schmiedehaut, Zunder
Aufbauschneidenbildung Werkstoffaufschweißung		negative Schneidengeometrie, niedrige Schnittgeschwindigkeit, niedriger Vorschub
Kammrisse Ausbröckelung	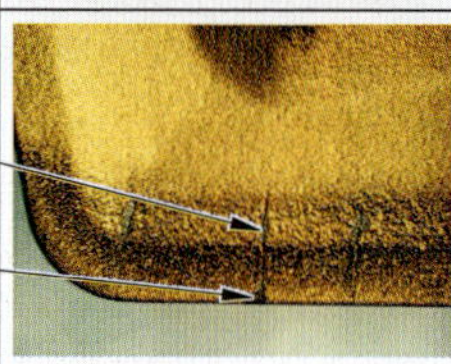	Wärmewechselbelastung durch unterbrochenen Schnitt, ungleichmäßige Kühlschmierung

2.7.8.3 Fräseraufnahmen

Werkzeugaufnahmen bilden die Schnittstelle zwischen dem Werkzeug und der Maschine. Sie beeinflussen die Maß- und Formgenauigkeit der Frästeile.

Anforderungen an die Fräseraufnahme:

- Plan- und Rundlaufgenauigkeit der Schneiden
- Wiederholgenauigkeit beim Werkzeugwechsel
- Steifigkeit gegen axiale Kräfte und Verdrehung
- Eignung für hohe Drehzahlen

Steilkegel (SK) sind durch ihren großen Kegelwinkel gut einführbar und mit geringer Kraft wieder lösbar. Ihre wesentlichen Nachteile sind die geringe Steifigkeit und die unsichere axiale Fräserlage **(Bild 1)**. Die weite Verbreitung des Steilkegels ist auf die große Zahl von Fräsmaschinen zurückzuführen, die nur Werkzeuge mit Steilkegel aufnehmen können.

Hohlschaftkegel (HSK) erfüllen die Anforderungen an ein gutes Spannsystem besser als Steilkegel **(Bild 2)**. Durch die Plananlage und den Spannkegel wird beim Werkzeugwechsel eine hohe Wiederholgenauigkeit der Schneidenposition erreicht.

Aufsteck-Fräserdorne eignen sich für Fräser mit Längs- oder Quernut **(Bild 3)**.

Fräserdorne übertragen das Drehmoment über Passfedern **(Bild 4)**. Die Durchbiegung des Fräserdornes ist problematisch, daher sollten ein Gegenlager verwendet und die Fräswerkzeuge möglichst nahe an der Spindellagerung gespannt werden.

Werkzeugaufnahmen mit großen Übertragungsmomenten auch bei hohen Drehzahlen und hoher Wuchtgüte sind:

Warmschrumpffutter, durch thermisches Schrumpfspannen wird der zylindrische Werkzeugschaft in der Aufnahmebohrung des Spannfutters gespannt.

Kraftschrumpffutter, durch elastische Rück-Verformungskräfte der Aufnahmebohrung und durch Reibung wird das Drehmoment übertragen.

Hydro-Drehspannfutter, durch die gleichmäßige Druckausbreitung des Hydrauliköls im Kammersystem der Aufnahme wird der zylindrische Fräserschaft gespannt.

Spannfutter mit Spannzangensystem (Bild 5), durch das Anziehen der Spannmutter wird der zylindrische Fräserschaft über Reibungskräfte gespannt.

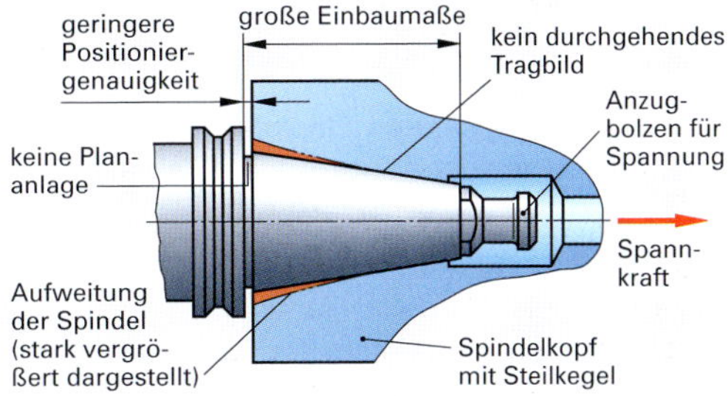

Bild 1: Mängel der Steilkegelaufnahme

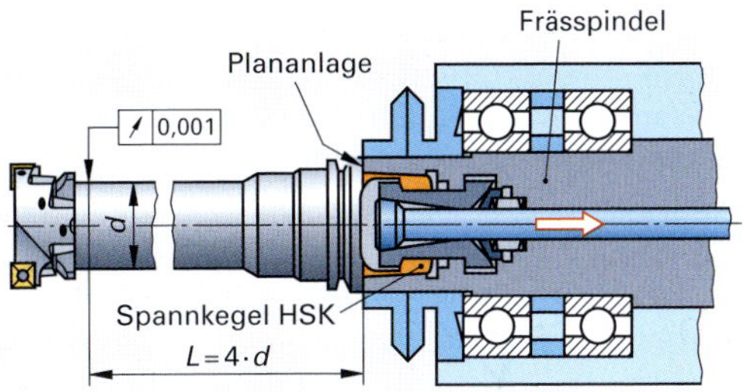

Bild 2: Hohlschaftkegelaufnahme

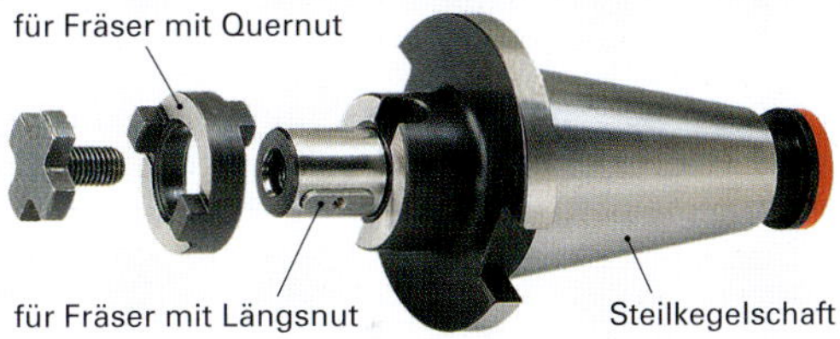

Bild 3: Aufsteck-Fräserdorn für Fräser mit Längs- oder Quernut

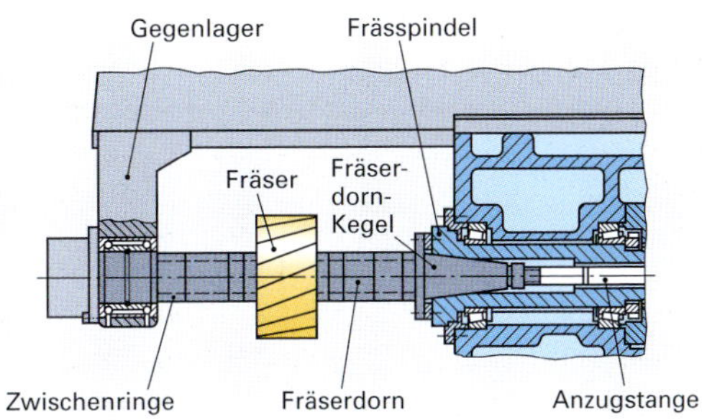

Bild 4: Frässpindel mit Fräserdorn und Gegenlager

Bild 5: Fräserspannfutter für Fräser mit Zylinderschaft

2.7.8.4 Fräsverfahren

Fräsverfahren können unterschieden werden:

- nach der zu fräsenden Flächenform, z. B. Plan- und Eckfräsen sowie Formfräsen **(Tabelle 1)**.
- nach der Vorschubbewegung, z. B. Gleichlauffräsen **(Bild 1, folgende Seite)**, Tauchfräsen mit axialem Vorschub und Auskammern von Taschen durch Schrägeintauchen **(Bild 1** und **Bild 2)**.
- nach der Lage der Fräserschneiden, welche die Hauptzerspanung leisten, z. B. Umfangs- und Stirnfräsen (Tabelle 1).

Das **Plan- und Eckfräsen** erfolgt am wirtschaftlichsten mit Fräsköpfen, da mit der richtigen Wahl der Wendeschneidplatten ein hohes Zeitspanungsvolumen erreicht werden kann.

Beim **Formfräsen** (auch Kopierfräsen, Profilfräsen oder Gesenkfräsen genannt) werden durch Bohr-Fräsbearbeitungen komplizierte Formen, Kammern und gewölbte Flächen gefräst (Bild 2). Die dabei eingesetzten Fräswerkzeuge, wie Kugelschaftfräser, Schaftfräser mit runden Wendeschneidplatten und bohrfähige Schaftfräser (Bild 1), ermöglichen die Bearbeitung in allen Vorschubrichtungen.

Der axiale Vorschub mit beschränkter Schnitttiefe ermöglicht das **Tauchfräsen, Schrägeintauchen,** das **Auskammern** von Taschen und das **Bohrzirkularfräsen,** ein schraubenförmiges Eintauchen ohne Startbohrung.

Tabelle 1: Fräsverfahren

Walzenfräser — Walzenstirnfräser

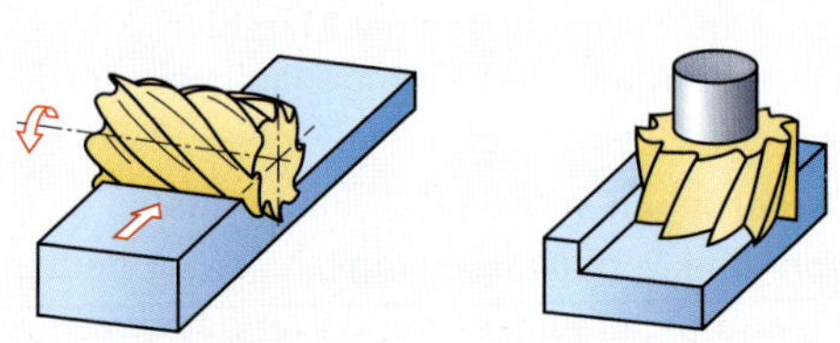

Umfangs-Planfräsen — **Eckfräsen**

Planfräser mit Wendeschneidplatte

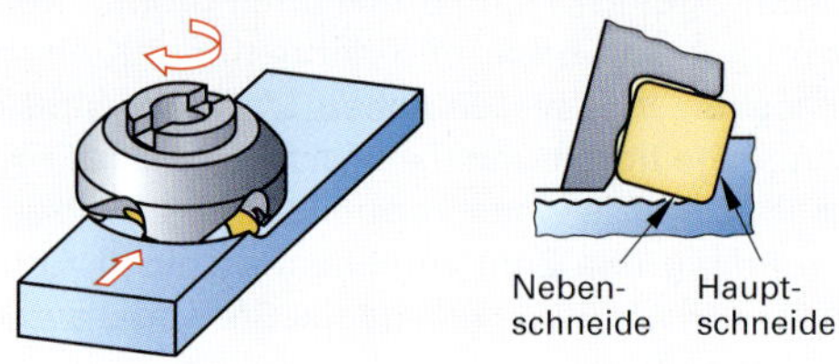

Stirn-Planfräsen

Kopierfräser, Radius- oder Kugelschaftfräser

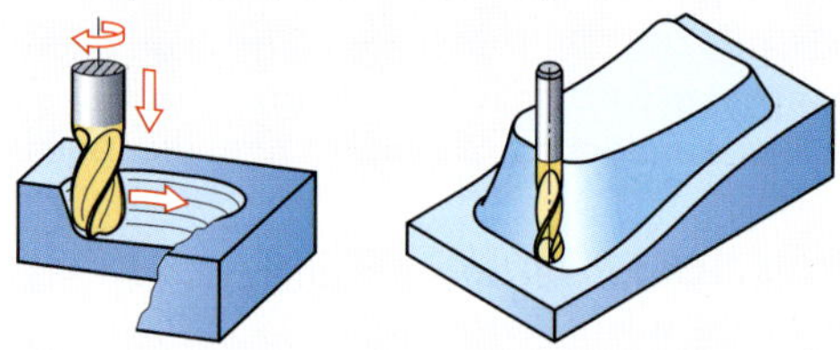

Formfräsen (Kopierfräsen, Gesenkfräsen)

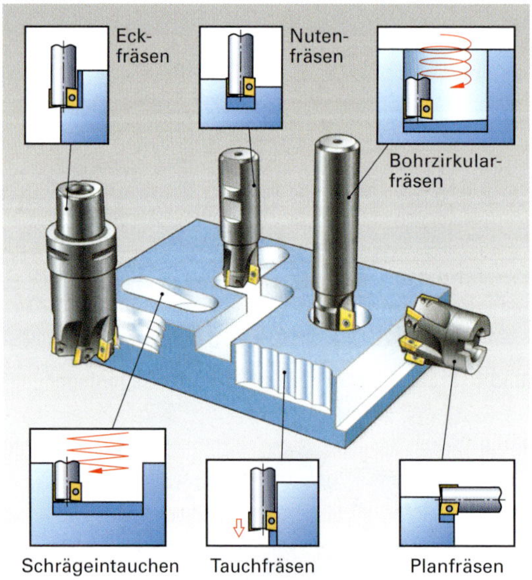

Bild 1: Formfräsen mit bohrfähigen Schaftfräsern

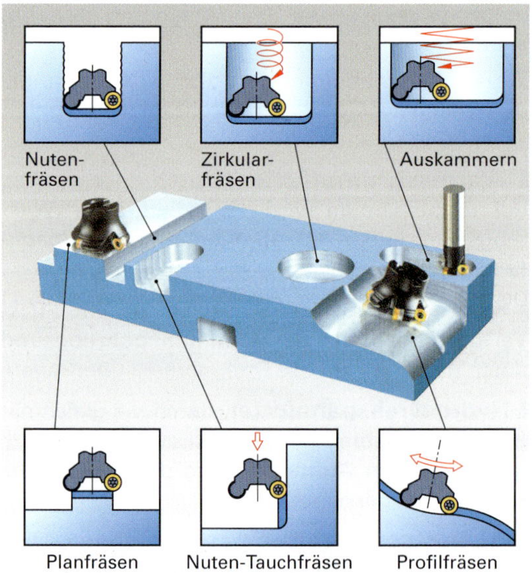

Bild 2: Formfräsen mit Plan- und Kopierfräsern mit runden Wendeschneidplatten

Gegenlauffräsen und Gleichlauffräsen

Nach der Richtung der Vorschubbewegung zur Schnittbewegung unterscheidet man zwischen Gegenlauffräsen und Gleichlauffräsen.

Beim **Umfangsfräsen im Gegenlauf** ist die Drehbewegung des Fräsers gegen die Vorschubrichtung des Werkstücks gerichtet **(Bild 1)**. Bevor die Spanbildung einsetzt, kommt es zum Anfangsgleiten der Schneide mit starkem Freiflächenverschleiß. Wenn die Schneide Späne bildet, wird der Fräser zum Werkstück gezogen. Nachgiebige Werkstücke können aufgrund der Zerspankräfte vom Aufspanntisch abgehoben werden.

Das **Gegenlauffräsen** ist nur vorteilhaft, wenn die Werkstücke harte und verschleißend wirkende Randzonen aufweisen, z.B. Gussteile, und wenn der Tischantrieb nicht spielfrei ist.

Beim **Umfangsfräsen im Gleichlauf** dringt die Schneide schlagartig in das Werkstück ein (Bild 1). Fräser und Werkstück drängen sich gegenseitig ab. Mit abnehmender Spanungsdicke verringert sich die Schnittkraft, wodurch gegenüber dem Gegenlauffräsen eine bessere Oberflächenqualität erreicht werden kann.

Die Vorteile des Gleichlauffräsens können voll genutzt werden, wenn stets eine Schneide im Eingriff ist und der Tischvorschub spielfrei arbeitet.

Beim **Stirnfräsen** mit symmetrischer Lage des Fräskopfes zum Werkstück heben sich die Wirkungen von Gleichlauf und Gegenlauf auf **(Bild 2)**.

Durch die unterschiedliche **Kraftrichtung** wird der Fräser beim Gegenlauffräsen zum Werkstück hingezogen und beim Gleichlauffräsen abgedrängt **(Bild 3)**.

Die Abdrängkräfte wirken sich umso stärker aus, je dünnwandiger die Werkstücke und je nachgiebiger z.B. die Schaftfräser sind **(Bild 4)**.

Die elastischen Formänderungen am Schaftfräser und an den dünnen Stegen des Werkstücks gehen wieder zurück, wenn der Fräser aus dem Eingriff geht. Durch die Überlagerung der Formänderungen am Werkstück und am Fräser entstehen am Werkstück Winkel-, Ebenheits- und Parallelitätsabweichungen.

Beim **Konturfräsen** führen die Schnittkräfte zu elastischen Formänderungen an Schaftfräsern und dünnwandigen Werkstücken. Es können dadurch Maß- und Formabweichungen entstehen.

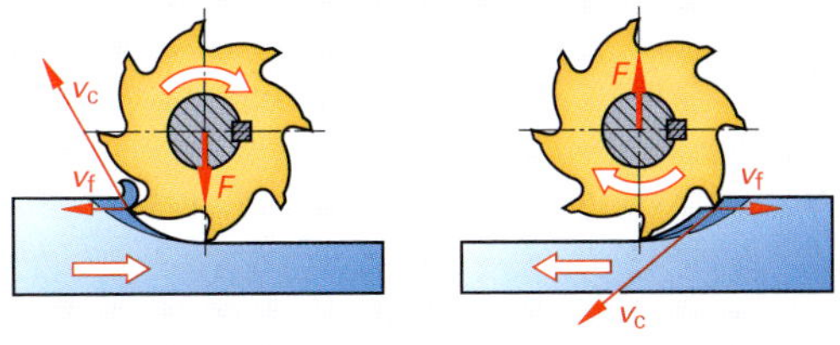

Bild 1: Gegenlauf und Gleichlauf beim Umfangsfräsen

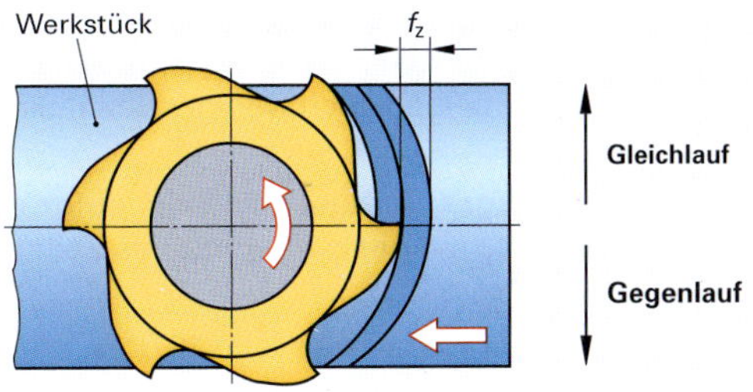

Bild 2: Gegenlauf und Gleichlauf beim Stirnfräsen

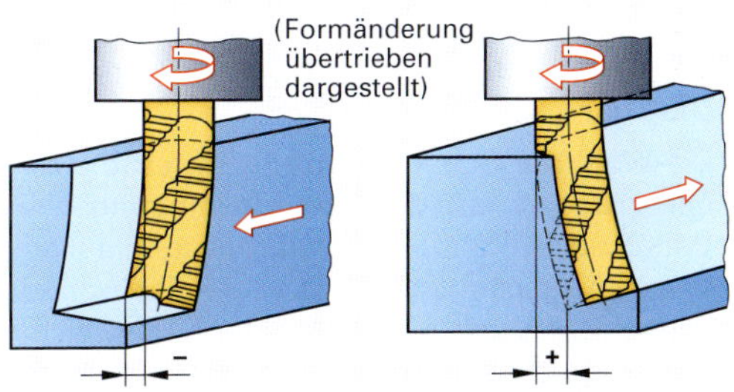

Bild 3: Winkelabweichung beim Gegenlauf- und Gleichlauffräsen durch elastische Formänderung des Schaftfräsers beim 90°-Eckfräsen oder Konturfräsen

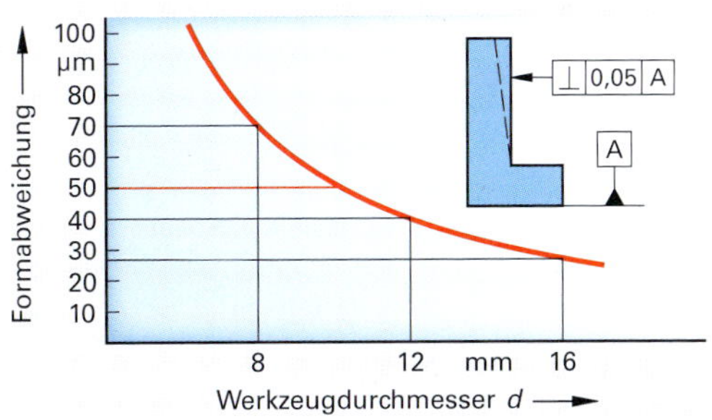

Bild 4: Entstehung von Konturabweichungen beim Gleichlauffräsen durch Formänderungen an Schaftfräser und Werkstück

2.7.8.5 Plan- und Eckfräsen

Werkzeugwahl

Beim Plan- und Eckfräsen werden meist Fräswerkzeuge mit Wendeschneidplatten eingesetzt. Ihre Wahl erfolgt in folgenden Schritten:

- Die **Wahl der Fräserart und der Schneidplatte** erfolgt entsprechend der Fräsbearbeitung **(Tabelle 1)**.
- **Wahl der Fräserteilung**: Erste Wahl sollte ein **Fräser mit mittlerer Teilung** sein **(Tabelle 3)**. Nur bei besonderen Bearbeitungsbedingungen sind andere Fräserteilungen empfehlenswert.

  Fräser mit weiter Teilung eignen sich bei instabilen Fräsern, Werkstücken und Fräsmaschinen, da weniger Schneiden auch weniger Schnittkräfte erzeugen.

  Fräser mit enger Teilung ergeben aufgrund ihrer großen Schneidenzahl ein hohes Zeitspanungsvolumen.
- **Wahl der Fräseraufnahme** (Seite 107)

  Fräserdorne mit Steilkegelaufnahme eignen sich für Schaftfräser, Aufsteckfräser und Planfräser (Flanschbefestigung). Werkzeughalter mit einer Hohlschaftkegelaufnahme HSK setzen eine Maschine mit entsprechender Frässpindel voraus. Ausgewuchtete HSK-Werkzeughalter ermöglichen hohe Spindeldrehzahlen.
- Die **Wahl der Schneidplattengeometrie** erfolgt überwiegend nach den Schnittbedingungen wie Vorschub je Zahn, Bearbeitungsstabilität und Maschinenleistung **(Tabelle 2)**. Bei der Wahl der Schneidstoffsorte (z. B. P, M oder K, beschichtet oder unbeschichtet) stehen die Zerspanungseigenschaften der Werkstoffe im Vordergrund.

Tabelle 2: Wahl der Schneidplattengeometrie

Haupttypen entsprechend den Schnittbedingungen		
leicht (L)	mittel (M)	schwer (H)
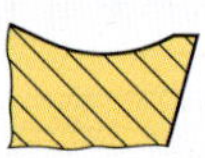		
Leichte Schnitte (Schlichten) Großer Spanwinkel und scharfe Schneide ergeben kleine Schnittkräfte. Gute Zerspanung bei langspanenden Werkstoffen (Al-Leg.) und antriebsschwachen Maschinen. Kleine Vorschübe	Erste Wahl bei den meisten Werkstoffen. Vorschub je Zahn bis 0,25 mm	Schwere Bearbeitung: warmfeste Werkstoffe, Schmiedeteile, Teile mit Gusshaut Große Vorschübe bis 0,4 mm. Höchste Schneidkantenstabilität

Tabelle 1: Wahl der Fräserart und der Schneidplatte

Fräserart	Schneidplatte	Fräsbearbeitungen
Planfräser	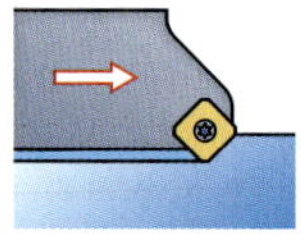	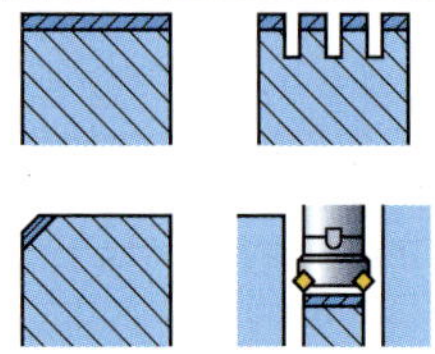
Eckfräser	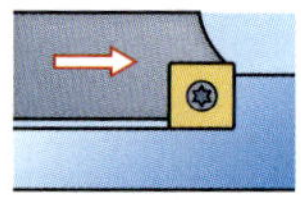	
Eckfräser (begrenzt bohrfähig)	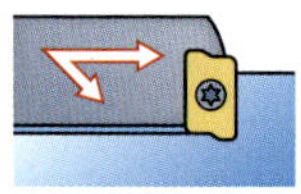	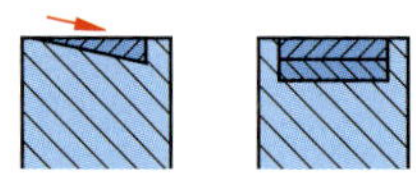
Kopierfräser	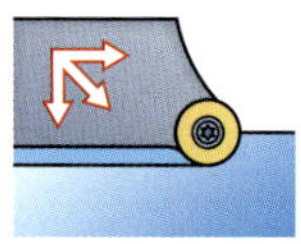	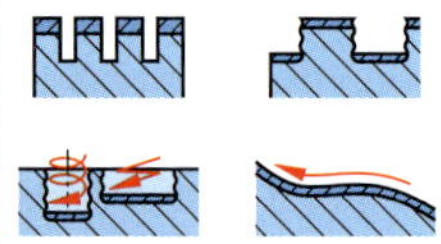
Schaftfräser (begrenzt bohrfähig)	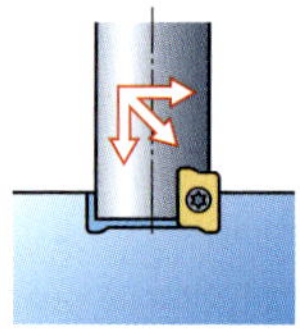	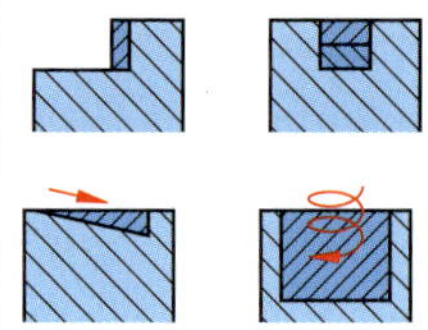

Tabelle 3: Wahl der Fräserteilung

Bearbeitungsstabilität (Maschine, Werkzeug, Werkstück)		
niedrig (L)	mittel (M)	hoch (H)
	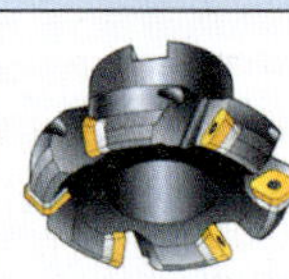	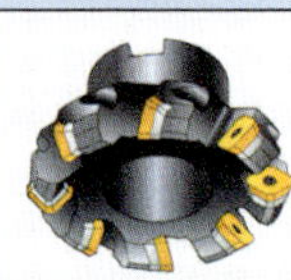
weite Teilung	mittlere Teilung	enge Teilung
Wenn kleine Kräfte erforderlich sind, z. B. bei kleinen Maschinen mit begrenzter Stabilität und Antriebsleistung. Bei großer Werkzeugauskragung.	Bei üblichen Fräsmaschinen und Bearbeitungszentren. Erste Wahl bei gemischter Fräsbearbeitung.	Bei steifen Maschinen mit hoher Antriebsleistung für höchste Produktivität. Kurzspanende Werkstoffe

Wahl von Plan- und Eckfräsern (Tabelle 1)

- **Planfräser** mit Einstellwinkeln von 45° haben relativ große Spanwinkel und eignen sich daher gut für das Fräsen auf antriebsschwachen Maschinen. Nahezu alle Werkstoffe (außer Titan) sind mit diesen Fräsern bearbeitbar. Planfräser mit einem Einstellwinkel von 70° oder 75° haben einen kleinen positiven Spanwinkel.
- **Eckfräser** ergeben aufgrund des Einstellwinkels von 90° kleinere axiale Kräfte auf die Spindel als Planfräser mit Einstellwinkeln von z. B. 45°. Aufgrund dieser kleineren axialen Kräfte entstehen beim Planfräsen mit Eckfräsern bei nachgiebigen Werkstücken keine Durchbiegungen und Schneidkantenausbrüche. Andererseits kann eine wenig belastete Spindel zu Vibrationen neigen.
- **Fräser mit weiter Teilung** bringen nur wenige Schneiden in Eingriff. Daraus ergeben sich beim Vorfräsen große Spankammern und beim Fertigfräsen mit kleiner Schnitttiefe besonders kleine Schnittkräfte. Das vermindert bei großer Werkzeugauskragung die Fräserauslenkung (Tabelle 1).
- **Fräser mit enger Teilung** bringen mehr Schneiden in Eingriff, was einen ruhigeren Lauf ergibt. So lassen sich Kantenausbrüche an Gusswerkstücken vermeiden. Allgemein gilt: Wenn die Fräsbreite oder Stegdicke kleiner als 60 % des Fräserdurchmessers ist, werden durch enge Teilungen Vibrationen vermieden (Tabelle 1).

Zum Planfräsen wird meist ein Einstellwinkel von 45° und eine weite oder mittlere Teilung gewählt.

Wahl des Fräserdurchmessers

Beim Planfräsen sollte der Fräserdurchmesser etwa das 1,2-fache bis 1,5-fache der Schnittbreite betragen, um die Schneiden beim Eintritt in das Werkstück vor Kantenausbrüchen und beim Austritt vor Plattenbruch durch extreme Druckentlastung zu schützen **(Bild 1)**.

Bei großen Schnittbreiten ist darauf zu achten, dass die Antriebsleistung der Fräsmaschine für die Fräsbearbeitung ausreicht.

Wahl der Position des Plan- oder Eckfräsers

Bei mittiger Fräserlage kann eine wechselnde Richtung der Zerspankraft Vibrationen (Rattern) auslösen **(Bild 2)**. Ursachen sind z. B. die fehlende Steifigkeit des Werkzeugs oder der Maschine. Bei außermittiger Lage des Fräskopfes werden Vibrationen vermieden, da in dieser Position die Abdrängkraft auf den Fräser konstant auf eine Seite gerichtet ist.

Tabelle 1: Wahl von Plan- und Eckfräsern mit weiter und enger Teilung

Bearbeitungseinflüsse auf die Fräserwahl	Planfräsen (45°) Teilung weit	Planfräsen (45°) Teilung eng	Eckfräsen (90°) Teilung weit	Eckfräsen (90°) Teilung eng
steifes Werkstück stabile Maschine	●			
nachgiebiges Werkstück			●	
dünnwandige Stege		●		
Eckfräsen				●
Neigung zu Kantenausbrüchen (Guss)		●		
große Werkzeugauskragung	●			
Neigung zu Vibrationen		●		
bestmögliche Oberfläche	●		●	

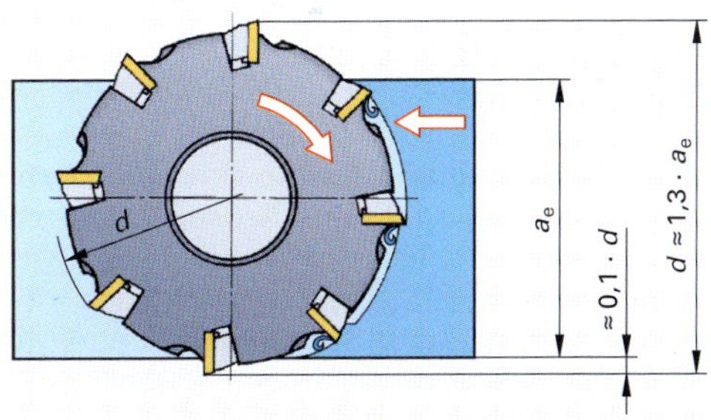

Bild 1: Durchmesser und Position des Fräsers

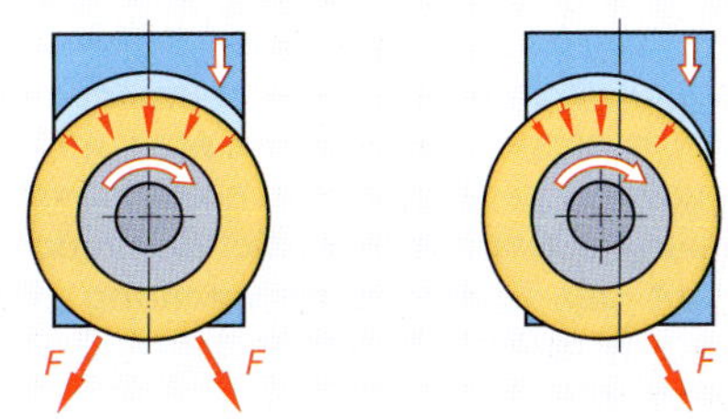

Vibrationen des Fräsers durch wechselnde Kraftrichtung

ruhiger Lauf durch konstante Kraftrichtung

Bild 2: Einfluss der Fräserposition zum Werkstück

2.7.8.6 Universalfräsmaschinen

Im Werkzeug- und Formenbau, in der Fertigung von Mustern (Prototypen) oder Kleinserien sowie in der Ausbildung werden universell einsetzbare Fräsmaschinen benötigt **(Bild 1)**.

Merkmale von **Universalfräsmaschinen** sind:

- Schnelles, einfaches Umrüsten für die komplexe Bearbeitung von Einzelteilen oder für Kleinserien.
- Ein **schwenkbarer Fräskopf,** der zwischen 0° (vertikal) und 90° (horizontal) beliebig schräg gestellt werden kann, sodass der Fräser die optimale Lage zum Werkstück einnehmen kann (Bild 1 und **Bild 1, folgende Seite**). Dadurch können bis zu fünf Seiten bearbeitet werden.
- **Tischvarianten,** z. B. der starre Winkeltisch für schwere Werkstücke und der Universal-Aufspanntisch, um das Werkstück in fast jede Winkellage zum Fräser stellen zu können (Bild 1 und Bild 1, folgende Seite). NC-Rundtische und NC-Teilapparate erweitern die Bearbeitungsmöglichkeiten **(Bild 2, folgende Seite)**.
- Eine am Fräskopf ausfahrbare **Pinole** ist vor allem beim Bohren in schräger Spindellage vorteilhaft (Bild 1).

Steuerung und Programmierung

- **Manuell gesteuerte Fräsmaschinen,** bei denen alle drei Achsen über Handräder manuell verfahren werden, finden in der Ausbildung und in Reparaturwerkstätten ihren Einsatz. Auch bei CNC-Fräsmaschinen für die Ausbildung ist über elektronische Handräder für die X-, Y- und Z-Achse ein manuelles Fräsen möglich (Bild 1).
- **CNC-Fräsmaschinen** arbeiten mit einer **Bahnsteuerung** für drei oder mehr Achsen (Bild 1 und **Bild 2**). Eine weitere Achse bietet z. B. die Drehachse des NC-Rundtisches. Damit können auch Wendelnuten, Gewinde und Spiralverzahnungen gefräst werden. Verfahrbewegungen, z. B. für Kreise und Schrägen, sind mit Bahnsteuerungen in mehreren Achsen gleichzeitig möglich. In Verbindung mit einem Werkzeugwechsler und einem Werkzeugmagazin kann der Programmablauf voll automatisiert werden **(Bild 3, folgende Seite)**.

Werkstattorientierte Programmiersysteme ermöglichen das schnelle Programmieren mit Grafikunterstützung bei anspruchsvollen Fräsbearbeitungen. Ergänzend kommen die Werkzeugverwaltung mit der Standzeitüberwachung und die grafische Echtzeit-Simulation der Werkstückbearbeitung dazu.

Technische Daten über den Arbeitsbereich, die Antriebe und Optionen werden vom Hersteller in der **Maschinenkarte** aufgeführt **(Tabelle 1)**.

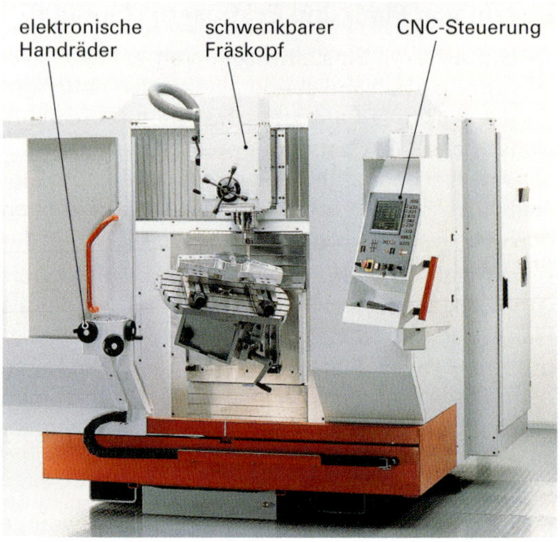

Bild 1: Universalfräsmaschine mit Universal-Aufspanntisch

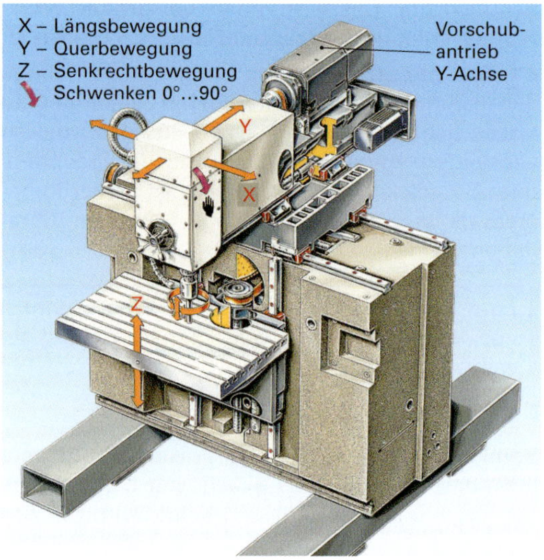

Bild 2: Bauweise der Universalfräsmaschine mit starrem Winkeltisch

Tabelle 1: Technische Daten aus der Maschinenkarte

Verfahrweg X, Y, Z	630, 500, 500 mm
Antriebsleistung	11 kW
Drehzahlbereich	20 ... 7000/min
Eilgang X, Y, Z	15 m/min
Vorschubbereich	bis 1500 mm/min
Steuerung	CNC-Bahnsteuerung
Optionen (nach Kundenwunsch)	Universal-Aufspanntisch, Winkeltisch, NC-Rundtisch, Werkzeugwechsler

Arbeitsbeispiel: Fräsen einer Nut

Auf einer Universalfräsmaschine soll eine Führungsnut mit einer Nutbreite von 10 mm und einer Nuttiefe von 5 mm gefräst werden **(Bild 1)**. Als Werkstoff ist ein niedrig legierter Stahl mit einer Brinellhärte von 300 HB vorgesehen.

Arbeitsplanung

Die Bearbeitung der Führungsnut kann durch einen Schruppschnitt erfolgen (Vollnutenfräsen).

Mit dem gewählten Vollhartmetall-Schaftfräser soll eine hohe Standzeit und eine mittlere bis hohe Schnittgeschwindigkeit erreicht werden. Die Hartmetallsorte P35 mit TiN-Beschichtung eignet sich auch gut für die beabsichtigte Nassbearbeitung. Entsprechend muss das Kühlmittel, z. B. über den Bund eines Aufsteck-Fräserdornes zum Werkzeug, fließen können.

Die Empfehlungen des Werkzeugherstellers sollen beachtet werden:

- Für das Vollnutenfräsen wird ein kurzer Schaftfräser mit zwei Schneiden aus Vollhartmetall empfohlen.
- Um bei einem Schruppschnitt eine maßhaltige Nut zu fräsen, muss ein Schaftfräser mit Durchmesser *d* = 10h10 gewählt werden.
- Mit den Richtwerten des Fräserherstellers zur Schnittgeschwindigkeit v_c und zum Vorschub je Zahn f_z können optimale Arbeitsergebnisse erzielt werden **(Tabelle 1** und **Tabelle 2)**.
- Die oberen Richtwerte sollten bei ausreichend hoher Bearbeitungsstabilität gewählt werden. Die unteren Richtwerte sind bei geringer Steifigkeit von Maschine, Werkzeugaufnahme und Fräser sowie bei geringer Antriebsleistung zu empfehlen.

Wahl der Schnittdaten:

Aus den Tabellen 1 und 2 können die Richtwerte für die Schnittgeschwindigkeit v_c und den Vorschub je Zahn f_z entnommen werden. Die Drehzahl n und die Vorschubgeschwindigkeit f_z können aus v_c, f_z und dem Fräserdurchmesser *d* berechnet werden (Seite 102 und 103).

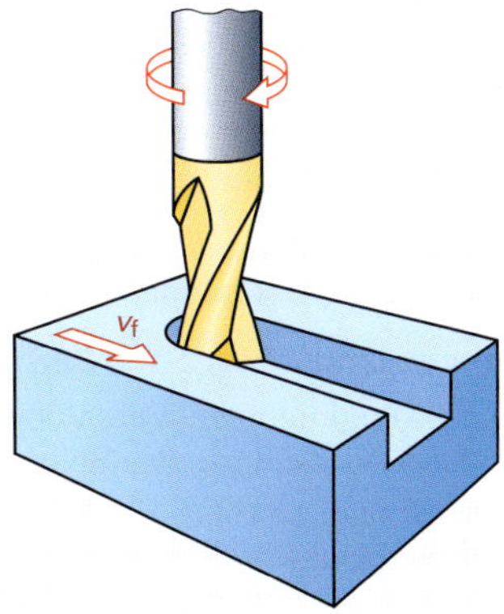

Bild 1: Fräsen einer Nut

Tabelle 1: Richtwerte für die Schnittgeschwindigkeit v_c (Werkstoffeinfluss)

Werkstoff	Brinellhärte HB	Schnittgeschwindigkeit m/min
Unlegierter Stahl	125–150	125–190
Niedrig legierter Stahl	175–330	80–120
Hoch legierter Stahl	200	90–130

Empfehlungen des Fräserherstellers zum Nutenfräsen

Tabelle 2: Richtwerte für den Vorschub je Zahn f_z (Fräsereinfluss)

d mm	f_z mm
9	0,03–0,045
10	0,035–0,05
12	0,035–0,06
14	0,04–0,07

Empfehlungen des Fräserherstellers zum Nutenfräsen

Wiederholung und Vertiefung

1. Welche Schnittgeschwindigkeit v_c und welchen Vorschub je Zahn f_z haben Sie gewählt?
2. Wie groß sind Drehzahl n und Vorschubgeschwindigkeit v_f?
3. Warum ist das Nutenfräsen nur bis zu einer Schnitttiefe (= Nuttiefe) $a_p = 0{,}7 \cdot d$ problemlos? Welches Problem kann bei zu großer Nuttiefe im Verhältnis zum Durchmesser des Schaftfräsers auftreten?
4. Welche Vorteile haben kurze Schaftfräser gegenüber langen?
5. Warum werden Vollhartmetall-Schaftfräser gleicher Länge wie HSS-Fräser durch die Schnittkraft weniger ausgelenkt?
6. In welcher Fräseraufnahme kann der Vollhartmetall-Schaftfräser mit Zylinderschaft gespannt werden?
7. Warum müssen Schaftfräser möglichst tief in der Fräseraufnahme gespannt werden?
8. Welchen Vorteil hat eine hohe Schnittgeschwindigkeit?
9. Warum und wie muss der Schnittbereich der Fräsmaschine von Spänen freigehalten werden?
10. Warum treten an den Nutflächen, die in einem Schnitt gefräst wurden, immer kleine Abweichungen vom 90°-Winkel auf?

Arbeitsbeispiel: Fräsen einer Passfedernut (Bild1)

Die Längsnut eines Aufsteck-Fräserdornes ist herzustellen (Bild 3, Seite 107). Durch die Tolerierung und Fräsbearbeitung der Passfedernut soll eine Mitnehmerverbindung mit leichtem Sitz (Gleitsitz) erreicht werden.

Toleranzen: Nutbreite *b* = 10 N9 mm, Nuttiefe *t* = 3,3 + 0,1 mm, Nutlänge *l* = 28 + 0,2 mm

Werkstoff: niedrig legierter Stahl mit 275 HB

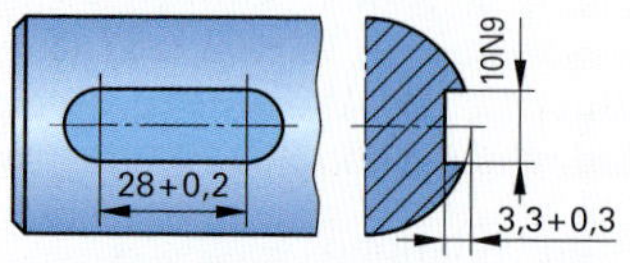

Bild 1: Passfedernut

Arbeitsgänge (Bild 2 und **Bild 3)**

1. Bohren (Eintauchen ins Volle): Vor der Bearbeitung ist auf eine genaue Ausrichtung des Schaftfräsers zum Werkstück zu achten.
2. Vorfräsen der Nut in einem Schruppschnitt (Vollnutenfräsen) mit einem Untermaßfräser (*d* = 9,7 mm).
3. Schlichten der gesamten Nut durch Umfangsfräsen im Gegenlauf. Maßgenaue und winkelgenaue Passfedernuten erzielt man unter anderem durch Gegenlauffräsen mit kleinem Schlichtaufmaß.

Bearbeitung: Trockenbearbeitung oder Minimalmengenschmierung

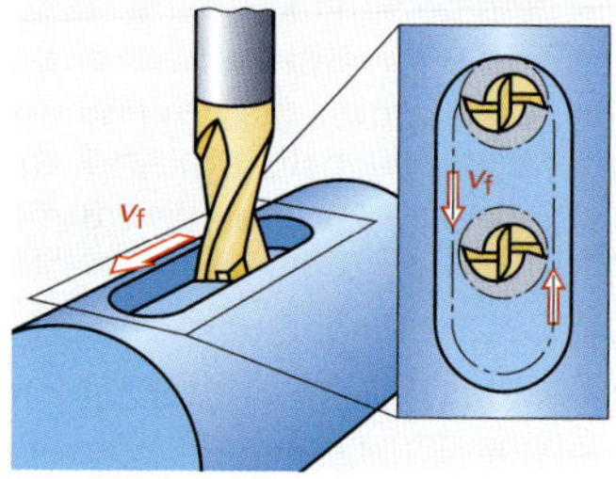

Bild 2: Fräsen einer Passfedernut

Werkzeugwahl (Empfehlung des Fräserherstellers)

- kurzer zylindrischer Schaftfräser aus Vollhartmetall mit Untermaß *d* = 9,7 mm. Dieser Fräsertyp wird wegen seiner ausgezeichneten Schneideigenschaften zum präzisen Schaftfräsen bei den meisten Werkstoffen empfohlen.
- Zwei- oder Dreischneider mit einer Zentrumsschneide, die beim Bohren stirnseitig bis zur Mitte schneidet.
- HM-Sorte: P 35 mit TiN-Beschichtung.

Werkzeughalter für Fräs- und Bohrbearbeitungen

Empfehlenswert ist ein **Fräserspannfutter** für Werkzeuge mit Zylinderschaft (Seite 107, Bild 5). Für höchste Qualitätsansprüche an die Passfedernut werden **Dehnspannfutter mit Hohlschaftkegel (HSK)** empfohlen (Seite 107, Bild 2). Ihre Vorteile sind: hohe Rundlaufgenauigkeit, Steifigkeit und ein hoher Drehzahlbereich.

Richtwerte für die Schnittdaten (Empfehlung des Fräserherstellers)

Schnittgeschwindigkeit (Bohren, Vorfräsen): v_{c1} = 100 m/min

Schnittgeschwindigkeit beim Schlichten: v_{c2} = 120 ... 200 m/min

Vorschub je Zahn: Bohren f_z = 0,04 mm

Vorfräsen f_z = 0,035 ... 0,05 mm

Schlichten f_z = 0,07 ... 0,12 mm

Qualitätsprüfung

Wichtige Maße wie die Nutbreite, die Nuttiefe und die Nutlänge können in der Fertigungsprüfung mit Prüfstiften geprüft werden. Die Abweichung der Nutflächen vom 90°-Winkel können dagegen nur im Messlabor gemessen werden.

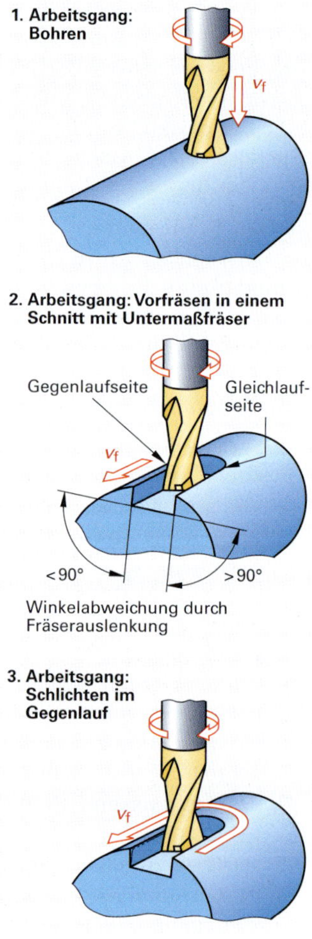

Bild 3: Fräsen einer Passfedernut mit einem Untermaßfräser

Wiederholung und Vertiefung

1 Warum können Schaftfräser auch „ins Volle" bohren?

2 Wie groß ist der Verfahrweg (Vorschub) beim Vorfräsen der Nut?

3 Welchen Vorteil hat das Gegenlauffräsen beim Schlichten der Nut (Seite 109, Bild 3)?

2.7.9 Fertigungsbeispiel Spannpratze

Mit hydraulischen Spannelementen werden Werkstücke in Vorrichtungen oder direkt auf Maschinentische gespannt **(Bild 1** und **Bild 2)**. Die Spannpratze (1) wirkt als zweiseitiger Hebel und überträgt dabei die Druckkraft des Einschraubzylinders (12) auf die Spannschraube (10), die auf das Werkstück drückt. Die Spannkraft kann durch den Druck am Hydraulikzylinder eingestellt werden. Fährt der Kolben mit der Druckschraube (2) zurück, kann die Spannpratze von Hand zurückgezogen werden. Das Werkstück liegt nun frei und kann aus der Vorrichtung entnommen werden. Bei unterschiedlich dicken Werkstücken stellt sich die Spannpratze etwas schräg. Diese Schrägstellung der Spannpratze zur Sechskantschraube (5) wird durch die Kugelscheibe (7) und die Kegelpfanne (8) ausgeglichen.

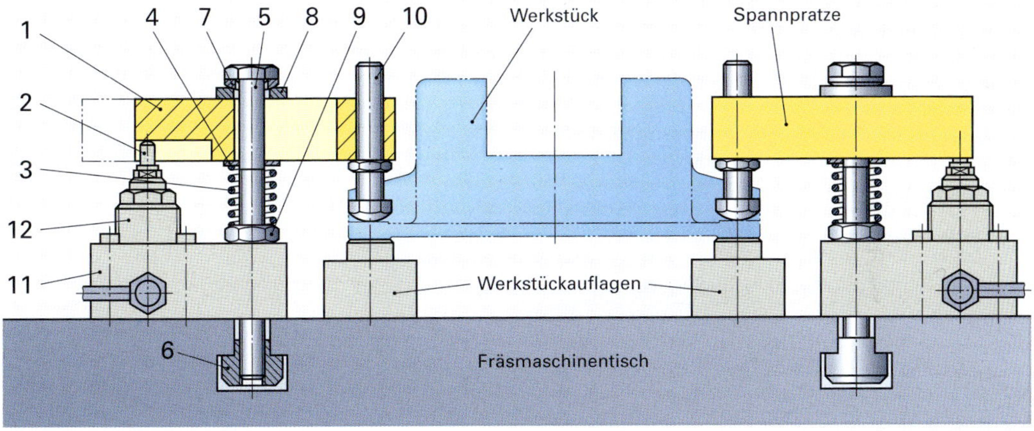

Bild 1: Hydraulische Spannelemente

Die Fertigung der Spannpratzen für die hydraulischen Spannelemente soll im Folgenden geplant werden. Bei den spanenden Fertigungsverfahren sind dabei auch die Schnittwerte festzulegen.

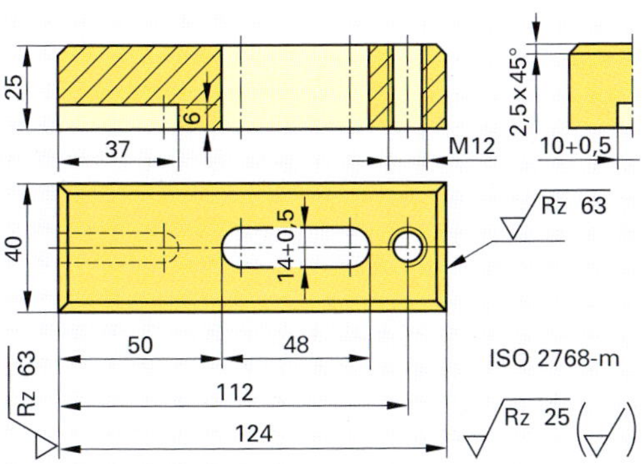

Bild 2: Spannpratze

Pos.	Menge	Benennung	Norm-Kurzbezeichnung bzw. Werkstoff
1	1	Spannpratze	C45E
2	1	Druckschraube	16MnCr5
3	1	Druckfeder	DIN 2098 – 1,6 x 15 x 70
4	1	Scheibe	ISO 7090 – 13 – 200HV
5	1	Sechskantschraube	ISO 4014 – M12 x 130-8.8
6	1	Mutter	DIN 508 – M12 x 25
7	1	Kugelscheibe	DIN 6319 – C13
8	1	Kegelpfanne	DIN 6319 – D13
9	1	Sechskantmutter	ISO 6768 – M12
10	1	Spannschraube	16MnCr5
11	1	Grundkörper	S235JR (St 37-2)
12	1	Hydraulik Einschraubzylinder	∅ 16 x 12

Bild 3: Stückliste zum hydraulischen Spannelement

Wahl des geeigneten Werkstoffs

Die Spannpratze (1) wird als Hebel auf Biegung und an den Berührungsflächen mit der Druckschraube (2) und der Kegelpfanne (8) auf Flächenpressung beansprucht. Deshalb wurde der vergütbare Stahl C45E gewählt, der nach der spanenden Bearbeitung auf die hohe Zugfestigkeit von 900 N/mm² vergütet und außerdem randschichtgehärtet werden kann.

Arbeitsplan

Der Fertigungsablauf wird in einem Arbeitsplan festgelegt **(Bild 1)**. In diesen Plan werden neben den einzelnen Arbeitsvorgängen weitere Angaben aufgenommen wie Auftrags-Nummer, zu fertigende Stückzahl (Losgröße), die vorgesehenen Maschinen, Werkzeuge und Vorrichtungen sowie die Vorgabezeiten. Der Arbeitsplan läuft mit dem Auftrag durch die Fertigung. Jeder Arbeitsgang wird durch den Ausführenden abgezeichnet und die benötigten Zeiten eingetragen. Damit erhält der Betrieb genaue Werte für die Belegung der Maschinen und für die Nachkalkulation.

Fertigungsschritte

Die Spannpratzen werden aus warmgewalztem Flachstahl 45 mm x 30 mm hergestellt.

Ablängen des Rohteiles (Bild 2)

Werkzeug: HSS-Sägeblatt ∅ 200 x 2,5

Tabelle 1: Schnittwerte für HSS-Sägeblätter

Art der Bearbeitung		Stahl mit der Zugfestigkeit R_m bis 600 N/mm²	bis 800 N/mm²	bis 1000 N/mm²	Gusseisen bis 180 HB
Schnitttiefe bis 30 mm	v_c	35...40	25...30	15...20	20...30
	v_f	25...30	20...25	12...15	30...35

Der flammhärtbare Stahl C45E hat im Anlieferungszustand eine Zugfestigkeit von 650 bis 800 N/mm². Aus **Tabelle 1** erhält man damit die folgenden Schnittwerte:

$$v_c = 25\frac{\text{m}}{\text{min}}; \qquad v_f = 20\frac{\text{mm}}{\text{min}}$$

Die Drehzahl kann entweder aus einem Drehzahl-Diagramm **(Bild 3)** entnommen oder berechnet werden:

$$\boldsymbol{n} = \frac{v_c}{\pi \cdot d} = \frac{25\ \text{m/min}}{\pi \cdot 0{,}2\ \text{m}} = \mathbf{40\frac{1}{min}}$$

Das Ende der Stange wird zuerst gerade gesägt, danach der Anschlag der Kreissäge auf die Länge der Spannpratze eingestellt. Nachdem die Vorschubgeschwindigkeit und die Drehzahl ermittelt und eingestellt sind, wird mit zugeschaltetem Kühlschmierstoff das erste Stück 124 mm lang abgesägt. Die Stirnseiten werden nicht mehr bearbeitet. Wenn die eingestellte Länge stimmt, können die weiteren Stücke ebenfalls abgesägt werden. Steht eine Säge mit selbsttätigem Stangenvorschub zur Verfügung, kann die gewünschte Stückzahl eingestellt werden.

Alle ermittelten Drehzahlen können an Maschinen mit stufenlosem Antrieb direkt eingestellt werden. Besitzen die Maschinen gestufte Drehzahlen, wird bei HSS-Werkzeugen wegen der Standzeit die nächstniedrigere Drehzahl gewählt.

Arbeitsplan Auftrags-Nr.: 140782.2		Bearbeiter: ... Datum: 25.07.2003
Benennung: Spannpratze Wirkstoff: C45E Abmessungen: 45 x 30 x 124		Losgröße: 10 Gewicht/Teil: 0,97 kg Termin: 10.08.2003
Arb.-gang	**Arbeitsvorgang**	**Werkzeug**
10	Sägen (L = 124)	HSS-Sägeblatt ∅ 200 x 2,5
20	Fräsen außen 40 x 25	HSS-Walzenstirnfräser ∅ 63
30	Fräsen 45°-Fasen	HSS-Winkelfräser 90°
40	Fräsen Nut 10 x 32	Bohrnutenfräser ∅ 10
50	Fräsen Langloch 14 x 35	Bohrnutenfräser ∅ 14
60	Bohren ∅ 10,2; Senken	Spiralbohrer ∅ 10,2; Kegelsenker 90°
70	Gewindebohren M12	Gewindebohrer M12
80	Entgraten	Flachfeile
90	Vergüten (R_m = 900 N/mm²)	
100	Nut randschichthärten	
110	Phosphatieren	

Bild 1: Arbeitsplan (Auszug)

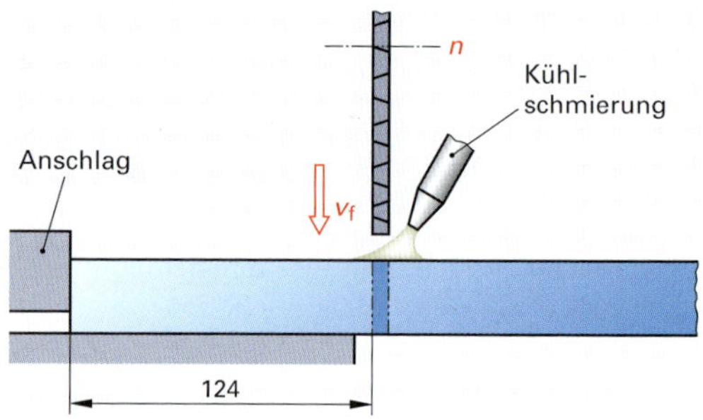

Bild 2: Ablängen des Rohteiles

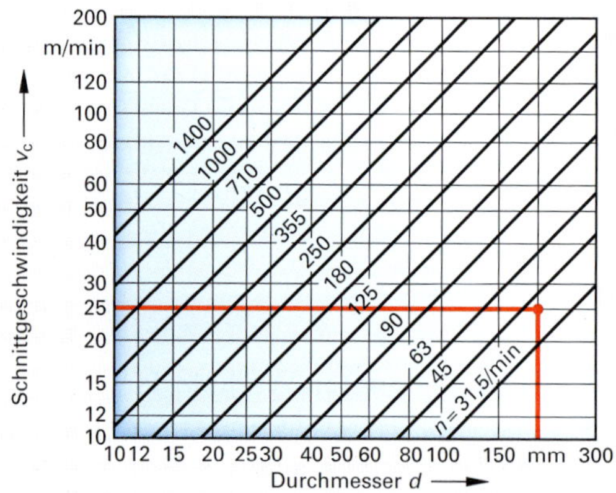

Bild 3: Drehzahl-Diagramm

Fräsen der Außenflächen (Bild 1)

Werkzeug: Walzenstirnfräser ∅ 63 mm, 8 Zähne, HSS

Die Rohteile werden einzeln im Maschinenschraubstock auf dem Tisch einer Fräsmaschine gespannt. Sie liegen dabei auf zwei Parallel-Unterlagen und werden mit einem Walzenstirnfräser oder mit einem Fräskopf überfräst. Bei HSS-Fräsern sollte grundsätzlich mit Kühlschmierung gearbeitet werden. Entsprechen die vorgegebenen Maße und die Oberflächengüte der Flächen den geforderten Werten, können die folgenden Werkstücke mit den gleichen Einstellungen bearbeitet werden.

Bei der geforderten Rautiefe $Rz \leq 25$ µm kann mit einem Vorschub je Zahn von $f_z = 0{,}1$ mm gefräst werden.

Gewählte Werte (Tabelle 1) für C45E ($R_m \approx 800$ N/mm²):

$v_c = 25$ m/min; $f_z = 0{,}1$ mm

$$n = \frac{v_c}{\pi \cdot d} = \frac{25 \text{ m/min}}{\pi \cdot 0{,}063 \text{ m}} = 126/\text{min}$$

Gewählt: $\boldsymbol{n} = \mathbf{125/min}$

$\boldsymbol{v_f} = z \cdot f_z \cdot n = 8 \cdot 0{,}1 \text{ mm} \cdot 125/\text{min} = \mathbf{100\ mm/min}$

Fräsen der Nut und des Langloches (Bild 2)

Werkzeug: Bohrnutenfräser ∅ 10 bzw. ∅ 14 mm, 2 Zähne, HSS

Die Nut 10 x 37 und das Langloch 14 x 48 können mit Bohrnutenfräsern ohne seitliche Zustellung gefräst werden, da die Nutbreiten eine große Toleranz besitzen. Das erste Werkstück wird mit dem Kantentaster auf die Mitte der Frässpindel ausgerichtet. Nachdem man mit dem Fräser das Ende der Spannpratze angekratzt hat, werden die Länge der Nut bzw. des Langloches nach Skale angefahren und danach die Anschläge gesetzt. Als Fräser werden Bohrnutenfräser mit einer bis zur Mitte reichenden Querschneide verwendet, um im Werkstück zustellen zu können. Die Werkstücke, die im Maschinenschraubstock aufgespannt sind, müssen beim Fräsen im Bereich des Langloches freiliegen, damit der Fräser beim letzten Schnitt aus dem Werkstück heraustreten kann.

Gewählte Werte (Tabelle 2): $v_c = 25$ m/min

$$f_z = 0{,}15 \text{ mm}; \quad \boldsymbol{n} = \frac{v_c}{\pi \cdot d} = \frac{25 \text{ m/min}}{\pi \cdot 0{,}01 \text{ m}} = \mathbf{796/min}$$

(bei ∅ 14: $\boldsymbol{n} = \mathbf{568/min}$)

$\boldsymbol{v_f} = z \cdot f_z \cdot n = 2 \cdot 0{,}15 \text{ mm} \cdot 796/\text{min} = \mathbf{239\ mm/min}$ **(170 mm/min)**

Die ringsum verlaufenden 45°-Fasen werden mit einem Schaftfräser angefräst, dessen Schneiden einen 90°-Kegel bilden. In der gleichen Aufspannung wird das Kernloch für das Gewinde M12 mit einem Spiralbohrer ∅ 10,2 mm gebohrt.

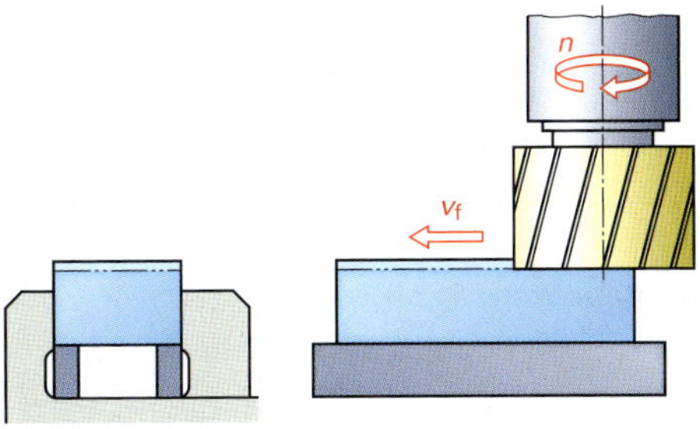

Bild 1: Fräsen der Außenflächen

Tabelle 1: Schnittwerte für Walzenstirnfräser v_c in m/min, f_z in mm

Art der Bearbeitung		Stahl mit einer Zugfestigkeit bis 600 N/mm²	bis 800 N/mm²	bis 1000 N/mm²	Gusseisen bis 180 HB
Fräser aus Schnellarbeitsstahl					
Schruppen	v_c	30 … 40	25 … 30	15 … 20	20 … 25
	f_z	0,1 … 0,2	0,1 … 0,2	0,1 … 0,15	0,15 … 0,3
Schlichten	v_c	30 … 40	25 … 30	15 … 20	20 … 25
	f_z	0,05 … 0,1	0,05 … 0,1	0,05 … 0,1	0,1 … 0,2
Fräser mit Hartmetallschneiden					
Schruppen	v_c	80 … 150	80 … 150	60 … 120	70 … 120
	f_z	0,1 … 0,3	0,1 … 0,3	0,1 … 0,3	0,1 … 0,3
Schlichten	v_c	100 … 300	100 … 300	80 … 150	100 … 160
	f_z	0,1 … 0,2	0,1 … 0,2	0,06 … 0,15	0,1 … 0,2

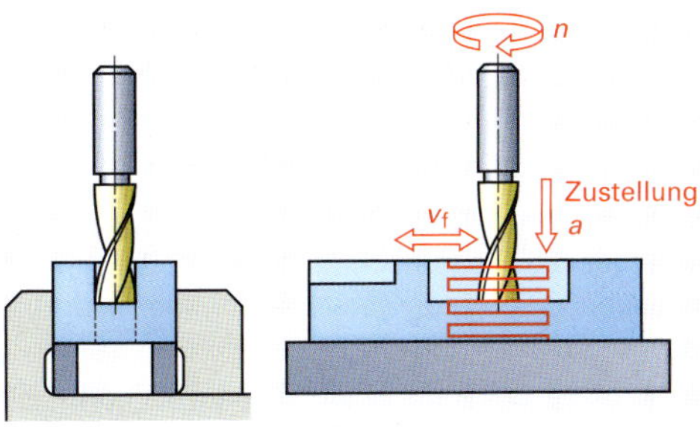

Bild 2: Fräsen von Nut und Langloch

Tabelle 2: Schnittwerte für Schaftfräser

Art der Bearbeitung		Stahl mit einer Zugfestigkeit bis 600 N/mm²	bis 800 N/mm²	bis 1000 N/mm²	Gusseisen bis 180 HB
Fräser mit Schnellarbeitsstahl					
Schruppen	v_c	30 … 40	25 … 30	15 … 20	20 … 25
	f_z	0,1 … 0,2	0,1 … 0,15	0,05 … 0,1	0,15 … 0,3
Schlichten	v_c	30 … 40	25 … 30	15 … 20	20 … 25
	f_z	0,04 … 0,1	0,04 … 0,1	0,02 … 0,1	0,07 … 0,2

Bohren des Kernloches

Werkzeug: HSS-Spiralbohrer Ø 10,2 mm

Gewählte Werte (Tabelle 1):

$v_c = 25$ m/min; $f = 0{,}18$ mm

$$n = \frac{v_c}{\pi \cdot d} = \frac{25 \text{ m/min}}{\pi \cdot 0{,}0102 \text{ m}} = \mathbf{780 \frac{1}{min}}$$

Gewindebohren M12 (Bild 1)

Vor dem Gewindebohren wird die Kernlochbohrung mit einem Kegelsenker auf etwa ∅ 12,5 angesenkt.

Das Gewinde wird auf der Bohrmaschine geschnitten. Schneidöl vermindert die Reibung und erhöht damit die Oberflächenqualität des Gewindes und die Standzeit der Gewindebohrer.

Gewählte Werte (Tabelle 2): $v_c = 10$ m/min

$$n = \frac{v_c}{\pi \cdot d} = \frac{10 \text{ m/min}}{\pi \cdot 0{,}012 \text{ m}} = \mathbf{265 \frac{1}{min}}$$

Abschließende Fertigungsschritte

Nach der spanenden Bearbeitung wird das Werkstück entgratet. Anschließend werden Maße, Form und Oberflächen geprüft. Danach wird das ganze Teil vergütet und die 10 mm breite Nut randschichtgehärtet. Nach dem Vergüten erhält die Oberfläche durch Phosphatieren einen Korrosionsschutz und ein schöneres Aussehen.

Tabelle 1: Schnittwerte für HSS-Spiralbohrer

Werkstoff	Zugfestigkeit R_m in N/mm²	Schnittgeschwindigkeit v_c in m/min	Vorschub f in mm je Umdrehung bei Bohrerdurchmesser d in mm				
			4	6,3	10	16	25
Stähle	bis 600	30 ... 35	0,08	0,12	0,18	0,25	0,32
	über 700 bis 1000	20 ... 25					

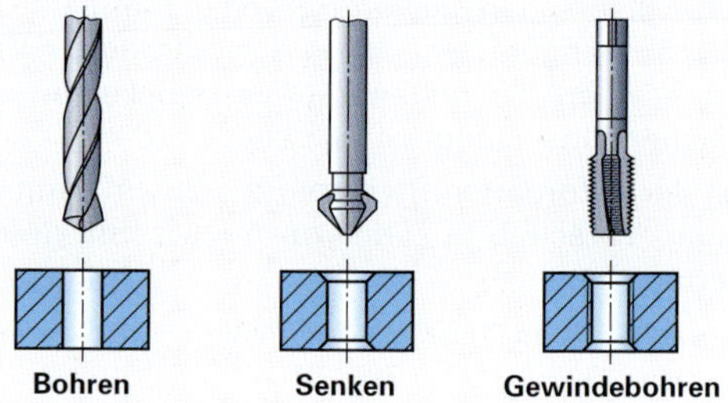

Bild 1: Gewindebohren M12

Tabelle 2: Schnittwerte für HSS-Gewindebohrer

Werkstoff	Zugfestigkeit R_m in N/mm²	Schnittgeschwindigkeit v_c in m/min	Werkzeugtyp nach DIN 1836
Unlegierte Stähle	bis 700	16	N
	über 700	10	H (N)
Legierte Stähle	bis 1000		

Mögliche Maßnahmen zur Einsparung von Fertigungskosten

Werkstoff: Bei blankgezogenem Rechteckstahl 40 x 25 entfällt die Bearbeitung der Außenflächen; bei warmgewalztem Stahl 40 x 25 könnte durch Planschleifen lediglich die Walzhaut weggenommen werden.

NC-Bearbeitung: Die Nut, das Langloch und die Gewindebohrung werden in einer Aufspannung auf einer NC-Fräsmaschine gefertigt. Durch automatischen Werkzeugwechsel kann die Fertigungszeit verkürzt werden.

Werkzeuge: Mit Hartmetallwerkzeugen können die Schnittgeschwindigkeiten beim Fräsen erhöht und damit die Bearbeitungszeiten verkürzt werden.

Rüst- und Nebenzeiten: Die Zeiten für den Wechsel der Werkzeuge können verringert werden, wenn mehrere Spannpratzen in einer Aufspannung bearbeitet werden.

Kleinere Fertigungstiefe durch Fremdaufträge: Manche Fertigungsverfahren erfordern besondere Maschinen und Einrichtungen, z. B. für die Wärmebehandlung, oder Anlagen, die strengen Umweltauflagen unterliegen, z. B. Phosphatieranlagen. Solche Einrichtungen lohnen sich nur bei guter Auslastung. Aufträge dafür werden deshalb oft an andere Firmen vergeben.

Wiederholung und Vertiefung

1 Warum wird die Spannschraube aus dem Stahl 16MnCr5 gefertigt?

2 Welche Angaben sind in einem Arbeitsplan enthalten?

3 Erstellen Sie den Arbeitsplan für die Herstellung der Spannschraube.

4 Welche Kenntnisse muss ein Sachbearbeiter in der Fertigungsplanung haben?

5 Warum werden die hydraulischen Spannelemente mit einer Schnellkupplung versehen? Vergleichen Sie dazu die Darstellung im Kapitel „Hydraulische Steuerungen“.

6 Wovon hängen die einzustellende Drehzahl und der Vorschub f_z beim Fräsen ab? Begründen Sie Ihre Meinung mithilfe eines Tabellenbuches.

2.8 CNC-Steuerungen für Werkzeugmaschinen

2.8.1 Merkmale CNC-gesteuerter Maschinen

Numerisch gesteuerte Maschinen (NC-Maschinen) sind in der Lage, Programmanweisungen, die durch Buchstaben und Zahlen verschlüsselt sind, auszuführen **(Tabelle 1)**. Bei CNC-Steuerungen können Steuerbefehle jederzeit geändert werden. Änderungen, die an der Maschine zur Programmoptimierung durchgeführt wurden, können in der Steuerung gespeichert werten. Bei DNC-Steuerungen werden die Programme von einem Zentralrechner aus für mehrere NC-Maschinen verwaltet.

Die Programme für die CNC-Steuerung können von einem Datenträger oder vom Server überspielt werden. Die direkte Eingabe des Programms kann über ein Bedienfeld erfolgen **(Bild 1)**. Dieses ist in verschiedene Bereiche aufgeteilt. Auf dem **Bildschirm** werden Programmanweisungen, Positionswerte der Achsen, Bilder oder Hilfstexte angezeigt. Die **Bedientafel**, häufig mit einer alphanumerischen Tastatur ausgestattet, dient der Handeingabe des Programmes. Steuerbefehle für die Maschinenfunktionen, wie zum Beispiel Spindel Start oder Halt und NOT-AUS, werden über die **Maschinensteuertafel** eingegeben. Aus Gründen des Umweltschutzes, der Arbeitssicherheit und der Nutzung eines hohen Kühlschmiermitteleinsatzes sind die Maschinen meist vollständig gekapselt **(Bild 2)**.

Tabelle 1: Arten numerischer Steuerungen

Zeichen	Abkürzung für	Erläuterung
NC	**n**umerical **c**ontrol	durch Zahlen gesteuert
CNC	**c**omputerized **n**umerical **c**ontrol	NC-Steuerung mit Computer
DNC	**d**irect **n**umerical **c**ontrol	mehrere Maschinen durch übergeordneten Rechner gesteuert

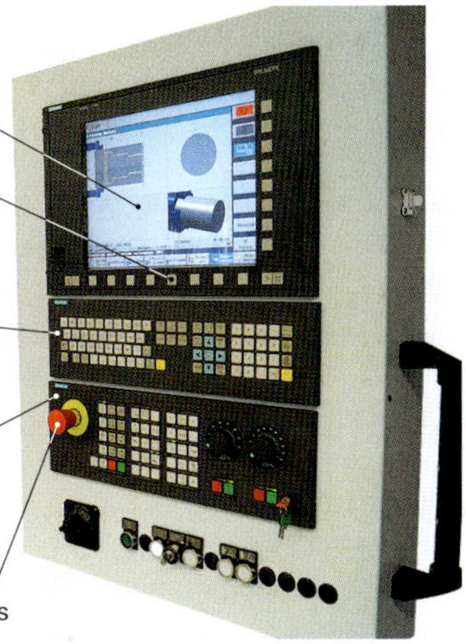

Bild 1: Bedienfeld einer CNC-Steuerung

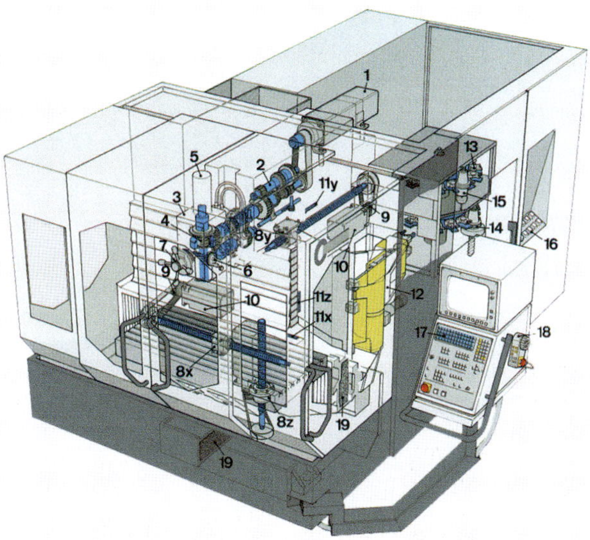

1 AC-Hauptspindelmotor
2 Getriebe 3-stufig
3 Vertikalfräskopf
4 Auffahrsicherung vertikal
5 hydromechanische Werkzeugspannung
6 Pinolenfeinverstellung
7 Bohrhebel
8 Kugelgewindetriebe
9 Kollisionsschutzkupplungen
10 AC-Vorschubmotoren
11 Linear-Wegmesssysteme
12 Vertikalwerkzeugwechsler
13 Werkzeugmagazin, 32 Plätze
14 Bohrwerkzeug
15 Messtaster, kabellos
16 Bedienpult Werkzeugwechsler
17 CNC-Bahnsteuerung
18 Handbedienmodul
19 Grauguss-Mineralguss-Verbundwerkstoffe am Maschinenständerfuß, Kreuzsupport und Gegenhalter

Bild 2: Baugruppen einer CNC-Fräsmaschine

Antriebe

Die Drehzahlen der Antriebe für die Hauptspindel und für die Vorschubbewegungen können stufenlos geregelt werden.

Spindelantrieb (Bild 1)

Für den Antrieb der Hauptspindel verwendet man in der Regel drehzahlgeregelte Drehstrommotoren mit einem Frequenzumrichter. Die Drehzahl wird durch einen Tachogenerator gemessen. Dieser erzeugt als Maß für die Drehzahl eine Ausgangsspannung. Diese Istdrehzahl wird in der CNC-Steuerung mit dem Sollwert der Drehzahl verglichen und bei Abweichungen der Motor entsprechend nachgeregelt.

Vorschubantrieb (Bild 2)

Der Vorschubantrieb erfolgt in der Regel durch drehzahlgeregelte Gleichstrommotoren. Eine Kupplung mit Überlastschutz zwischen Antriebsmotor und Kugelgewindespindel verringert die Schäden bei Kollision:

Anforderungen an Vorschubantriebe

- große Vorschubkräfte auf den Schlitten bereitstellen
- sehr kleine und sehr große Verfahrgeschwindigkeiten sowie
- hohe Beschleunigung und schnelles Positionieren des Schlittens ermöglichen
- große Wiederholgenauigkeit der angefahrenen Positionen und
- hohe Steifigkeit haben, um die Achsposition zu halten

Bei CNC-Vorschubantrieben kommt zur Drehzahlregelung noch eine Lageregelung hinzu **(Bild 3)**. Jede Achse enthält hierfür ein Wegmesssystem.

Wegmesssysteme

Das Wegmesssystem ist Bestandteil des Lageregelkreises. Die Position des Maschinentisches oder Werkzeugs wird gemessen (Istwert) und mit dem Sollwert verglichen. Der Vorschubmotor wird so lange angesteuert, bis Istwert und Sollwert übereinstimmen. Wegmesssysteme arbeiten nach unterschiedlichen Verfahren **(Bild 4)**. Sie unterscheiden sich vor allem durch Genauigkeit, Anbaumöglichkeit an die Maschine und Kosten.

Die genauesten Messwerte liefern direkte Wegmesssysteme.

Am häufigsten werden inkrementale Wegmesssysteme verwendet.

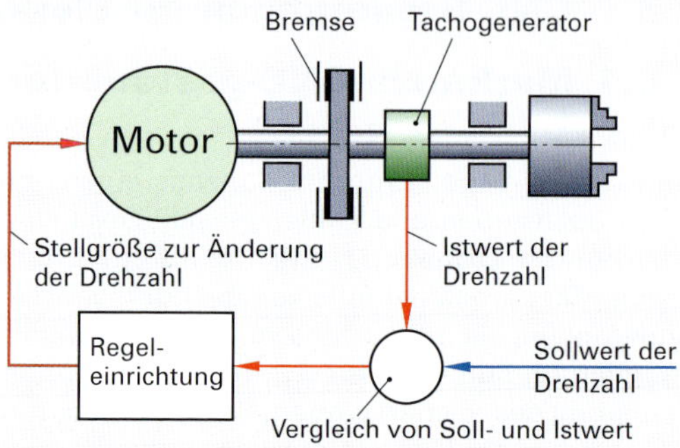

Bild 1: Spindelantrieb mit Drehzahlregelung

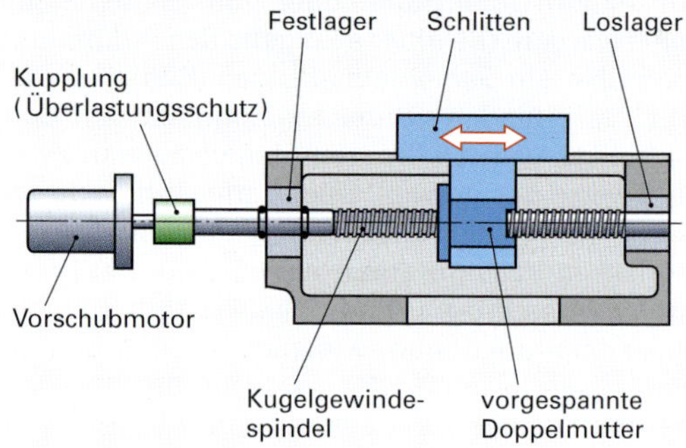

Bild 2: Vorschubantrieb mit Kugelgewindespindel

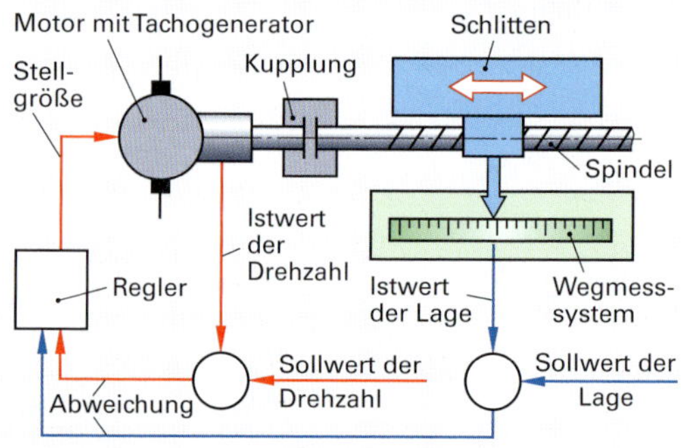

Bild 3: Lageregelkreis eines Vorschubantriebes

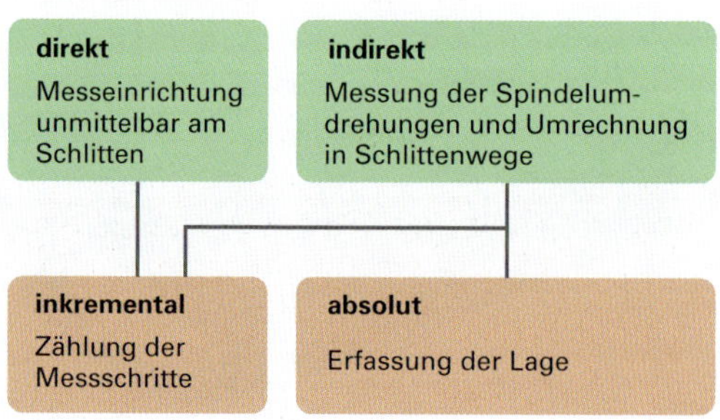

Bild 4: Häufige Wegmesssysteme

Wegmesssysteme liefern induktiv oder fotoelektrisch erzeugte Messsignale. Diese werden in der CNC-Steuerung verarbeitet. Fotoelektrische Wegmesssysteme bestehen aus einem Strichmaßstab oder einer Strichscheibe und einer Abtasteinrichtung (Messkopf).

Direkte Wegmessung (Bild 1)

Bei der direkten Wegmessung befindet sich die Messeinrichtung an dem Schlitten, für den die Lage bestimmt werden soll. Der Strichmaßstab kann am Schlitten und der Messkopf am feststehenden Gestell oder umgekehrt angebracht sein. Die Messeinrichtung muss zum Schutz vor Verschmutzung und Beschädigung sorgfältig abgedeckt sein.

Indirekte Wegmessung (Bild 2)

Die Strichscheibe des Drehgebers ist starr mit der Vorschubspindel verbunden. Bei der Drehbewegung des Vorschubmotors werden die am Messkopf vorbeilaufenden Striche der Strichscheibe und damit die Umdrehungen gezählt. Aus der Anzahl der gemessenen Umdrehungen und der Steigung der Vorschubspindel wird durch die CNC-Steuerung die Position des Schlittens errechnet. Systematische Abweichungen, z. B. durch Fehler der Spindelsteigung, können durch die Software der CNC-Steuerung ausgeglichen werden. Gegen Verschmutzung ist das Messsystem unempfindlich, da es vollständig gekapselt werden kann.

Inkrementale Wegmesssysteme (Bild 3)

Bei diesen Messsystemen werden beim Abtasten eines Strichgitters gleich große Messschritte (Inkremente) addiert oder subtrahiert. Die Summe der Zählimpulse entspricht dem Weg des Schlittens. Parallel zum Strichgitter sind über die gesamte Länge codierte Referenzmarken mit bekannter Position angebracht, damit nach dem Einschalten der Maschine oder bei Stromausfall die Stellung des Schlittens festgestellt werden kann.

Bei inkrementalen Wegmesssystemen muss nach dem Einschalten der Versorgungsspannung zuerst eine Referenzmarke angefahren werden.

Absolute Wegmesssysteme (Bild 3)

Bei absoluten Wegmesssystemen ist jedem Teilungsschritt ein exakter Zahlenwert zugeordnet. Die Abtasteinrichtung erfasst durch die lichtdurchlässigen und undurchlässigen Markierungen auf dem Maßstab die Stellung des Schlittens. Nach dem Einschalten der Versorgungsspannung steht die Position der Maschinenachse ohne Anfahren einer Referenzmarke fest.

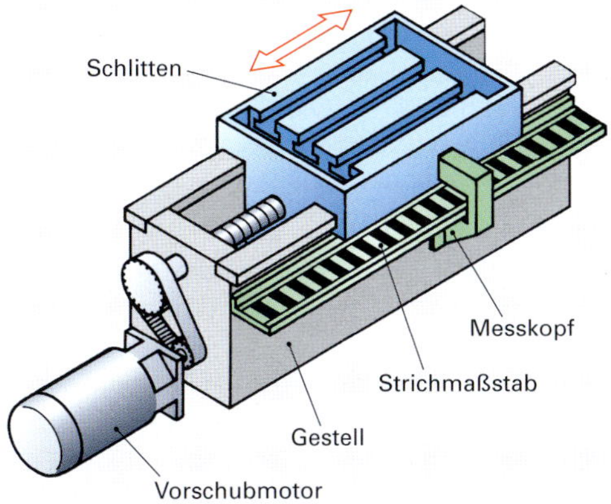

Bild 1: Direkte Wegmessung

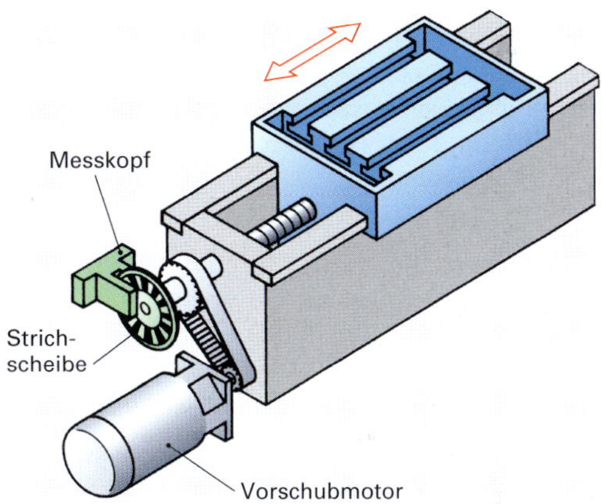

Bild 2: Indirekte Wegmessung

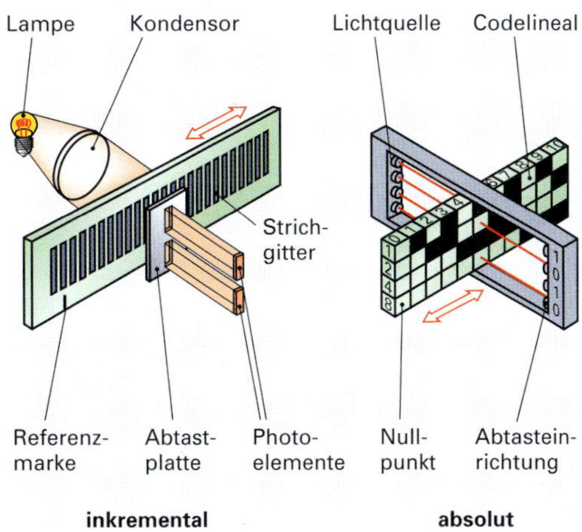

Bild 3: Inkrementale und absolute Wegmessung

Aufbau und Aufgaben der CNC-Steuerung

Die wichtigsten Aufgaben einer CNC-Steuerung sind die Eingabe, Speicherung, Verarbeitung und Ausgabe von Daten sowie die ständige Kontrolle von Regelungsvorgängen, z.B. zur Einhaltung der Solldrehzahl oder der Schlittenposition.

Dateneingabe (Bild 1)

Die Eingabe der vom Programmierer erstellten Teileprogramme oder von Programmänderungen kann erfolgen:

- direkt an der Maschine über die Tastatur des Bedienfeldes
- über eine CD, einen USB-Stick oder über eine Datenleitung zu einem PC oder im Netzwerk zu einem Server

Die Datenspeicherung erfolgt in elektronischen Speicherbausteinen.

Datenverarbeitung

Hierfür enthält die Steuerung mehrere Mikroprozessoren. Zur Datenverarbeitung gehören z. B. die Berechnung der Werkzeugbahn sowie die ständige Verrechnung der Messdaten für die Lageregelung der Vorschubmotoren.

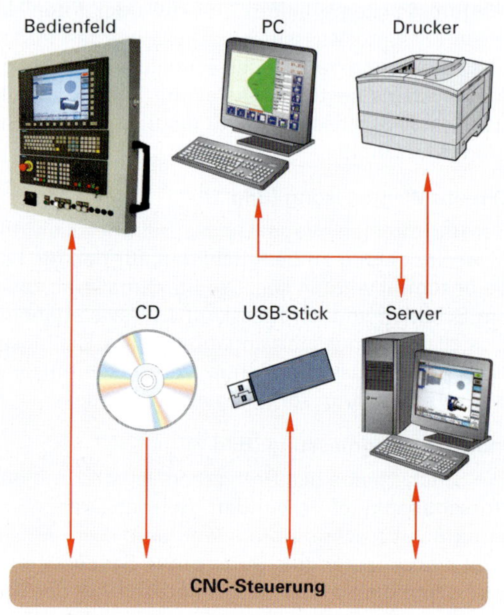

Bild 1: Möglichkeiten der Datenein- und Datenausgabe

Datenausgabe

Die Datenausgabe an die Maschine erfolgt über eine Anpasssteuerung. Sie verstärkt und wandelt die Steuersignale so, dass sie die Ansteuerung der Motoren, Ventile und anderer Stellglieder ermöglichen. Außerdem können über die Schnittstelle auch Daten (Programme, Betriebsdaten) ausgegeben werden.

Vorteile der Fertigung mit CNC-gesteuerten Werkzeugmaschinen

Die CNC-Maschine bietet im Vergleich zu konventionellen Werkzeugmaschinen wesentliche Vorteile. Dabei wird die Leistungsfähigkeit durch die Weiterentwicklung der Steuerungen, der CNC-Maschine, der Werkzeuge und Schneidstoffe immer weiter verbessert.

Vorteile der CNC-Fertigung

- Gleich bleibende, hohe Fertigungsgenauigkeit
- Kurze Fertigungszeit
- Herstellung komplizierter Werkstücke möglich
- Einfache Optimierung des Zerspanungsprozesses
- Einfache Wiederholung gespeicherter Programme
- Hohe Flexibilität
- Gute Automatisierungsmöglichkeit
- Mehrmaschinenbedienung möglich

Wiederholung und Vertiefung

1 Welche Möglichkeiten gibt es, die Drehzahl von Antriebsmotoren zu regeln?
2 Welche Anforderungen werden an Vorschubantriebe gestellt?
3 Warum sind bei Vorschubantrieben zwei Regelkreise erforderlich?
4 Wodurch unterscheidet sich die indirekte von der direkten Wegmessung?
5 Welchen Vorteil bieten direkte Wegmesssysteme?
6 Wie wirkt sich bei einem inkrementalen Wegmesssystem das Abschalten der Maschine aus?
7 Welchen Vorteil bieten absolute Wegmesssysteme?
8 In welchen Fällen erfolgt die Dateneingabe in die CNC-Steuerung über eine Schnittstelle?
9 Welche Aufgabe erfüllt die Anpasssteuerung?

2.8.2 Koordinaten, Null- und Bezugspunkte

Koordinatensystem

Das rechtwinklige Koordinatensystem wird auf das Werkstück bezogen. Die Achsen werden mit X, Y und Z bezeichnet **(Bild 1)**. Die Z-Achse entspricht der Achse der Hauptspindel. Bei einer Senkrechtfräsmaschine ist deshalb das Koordinatensystem anders definiert als bei einer Waagerechtfräsmaschine. Kann die Drehbewegung um eine Achse gesteuert werden, so werden dafür die Buchstaben A, B und C verwendet. Die positive Drehung erfolgt im Uhrzeigersinn, wenn man vom Nullpunkt aus in positiver Achsrichtung blickt.

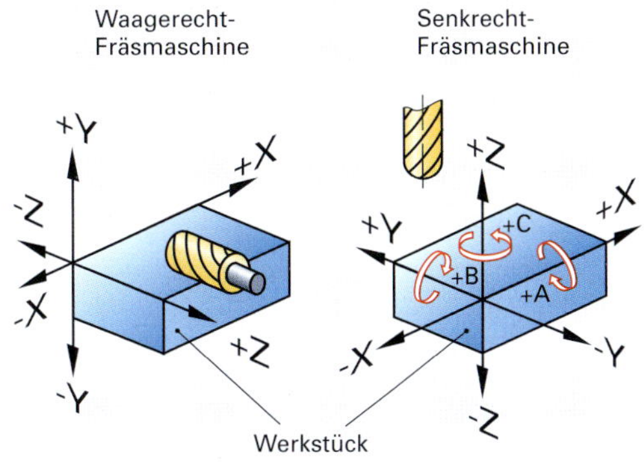

Bild 1: Koordinatensysteme bei Fräsmaschinen

Koordinatenvorzeichen und Verfahrbewegungen

Für das Programmieren wird immer angenommen, dass sich das Werkzeug bewegt **(Bild 2)**. Dadurch erhält man auch dann eine einheitliche Programmierung, wenn sich statt des Werkzeugs der Schlitten bewegt. Soll zum Beispiel bei der Senkrechtfräsmaschine der Fräser in der X-Achse das Maß 80 mm erreichen, so ist der Wert X80 zu programmieren. Tatsächlich bewegt sich aber der Schlitten nach links, in Minus-Richtung der X-Achse.

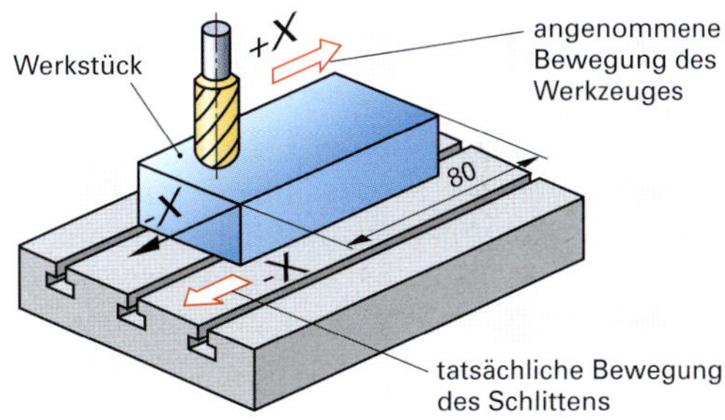

Bild 2: Bewegung von Werkzeug und Werkstück

Erfolgt das Anfahren von Schlittenpositionen durch Handeingabe der Koordinatenwerte, muss beachtet werden, dass sich die Maschine so verhält, als würde sich das Werkzeug bewegen. Soll der Schlitten nach rechts, in Plus-Richtung der X-Achse bewegt werden, ist die Verfahrbewegung mit Minus einzugeben. Bei der Senkrechtfräsmaschine bewegt sich der Schlitten auch in der Richtung der Z-Achse **(Bild 3)**. Will man den Schlitten nach unten in Minus-Richtung der Z-Achse bewegen, muss die Verfahrbewegung der Z-Achse positiv eingegeben werden.

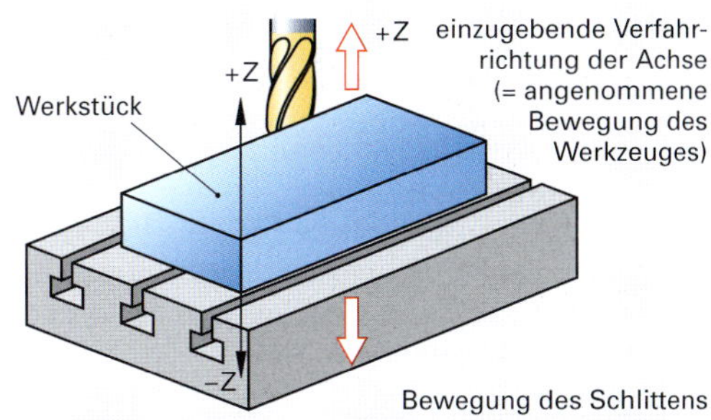

Bild 3: Verfahren des Schlittens in der Z-Richtung

> Beim Verfahren von Schlitten und beim Programmieren der Koordinaten nimmt man immer an, dass sich das Werkzeug bewegt.

Koordinaten bei Drehmaschinen (Bild 4)

Das Vorzeichen der Achsen ist so festgelegt, dass sich das Werkzeug beim Verfahren in positiver Achsrichtung vom Werkstück weg bewegt. Deshalb gibt es je nach Lage des Werkzeugs verschiedene Koordinatensysteme. Die positive X-Achse zeigt in die Richtung des Werkzeugs. Als X-Koordinate wird der Durchmesser eingegeben. Das Vorzeichen der X-Achse wird z.B. bei inkrementaler Maßeingabe oder für die Werkzeugkorrekturen benötigt.

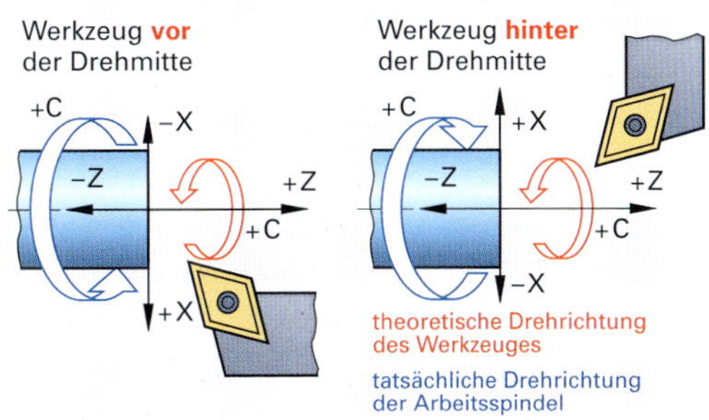

Bild 4: Koordinaten bei Drehmaschinen

Zur eindeutigen Festlegung der Bearbeitungspositionen sind die Richtung der Koordinatenachsen und die Lage der Bezugspunkte zwischen Maschine, Werkstück und Werkzeug erforderlich.

Nullpunkte und Bezugspunkte

Maschinennullpunkt M

Der Maschinennullpunkt ist der gemeinsame Nullpunkt der Maschinenkoordinaten. Er wird vom Maschinenhersteller festgelegt und kann nicht verändert werden. Auf diesen Punkt beziehen sich die Maße der Wegmesssysteme. Bei Drehmaschinen liegt er meistens auf der Spindelachse an der Anschlagfläche des Spannfutters **(Bild 1)**. Bei Fräsmaschinen ist die Lage des Maschinennullpunktes je nach Hersteller sehr unterschiedlich. Im Allgemeinen liegt er im Randbereich des Arbeitsraumes **(Bild 2)**.

Referenzpunkt R

Zur Eichung von inkrementalen Wegmesssystemen muss nach dem Einschalten der Maschine der Maschinennullpunkt mit dem Schlitten angefahren werden. Dies ist nicht bei allen Maschinen möglich. In diesen Fällen wird ein anderer, genau festgelegter Punkt, der Referenzpunkt, angefahren. Das Anfahren des Referenzpunktes erfolgt durch einen Steuerbefehl über eine Taste auf der Maschinensteuertafel. Auf dem Bildschirm wird die aktuelle Position jeder Achse angezeigt. Der angezeigte Wert entspricht dem Abstand vom Maschinennullpunkt zum Referenzpunkt, wenn sich der Schlitten auf dem Referenzpunkt befindet.

Werkzeugträgerbezugspunkt T

Der Werkzeugträgerbezugspunkt wird von der Achse und der Anschlagfläche für die Werkzeugaufnahme gebildet. Mit diesem Bezugspunkt, dessen Lage der CNC-Steuerung bekannt ist, wird der Referenzpunkt angefahren.

Werkstücknullpunkt W

Bei der Programmierung der Werkstückgeometrie müssten sich alle Maße auf den Maschinennullpunkt beziehen. Da dies umständlich ist, legt der Programmierer einen Werkstücknullpunkt fest. Er wird so gewählt, dass möglichst viele Koordinatenwerte aus der Zeichnung übernommen werden können oder seine Lage im Arbeitsraum leicht festgestellt werden kann **(Bild 3)**. Die Koordinatenabstände vom Maschinennullpunkt zum Werkstücknullpunkt (XMW, YMW und ZMW) werden als **Nullpunktverschiebung** bezeichnet und müssen in die Steuerung übernommen werden. In der Steuerung werden diese Korrekturwerte gespeichert und verrechnet. Damit kann der Programmierer alle Maße auf den Werkstücknullpunkt beziehen.

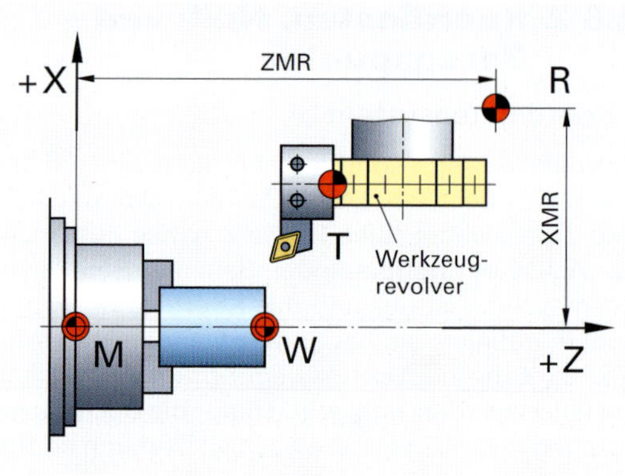

Bild 1: Null- und Bezugspunkte an der Drehmaschine

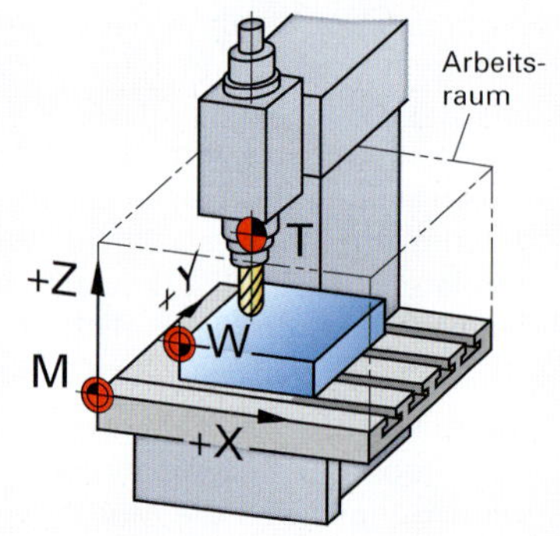

Bild 2: Null- und Bezugspunkte an der Fräsmaschine

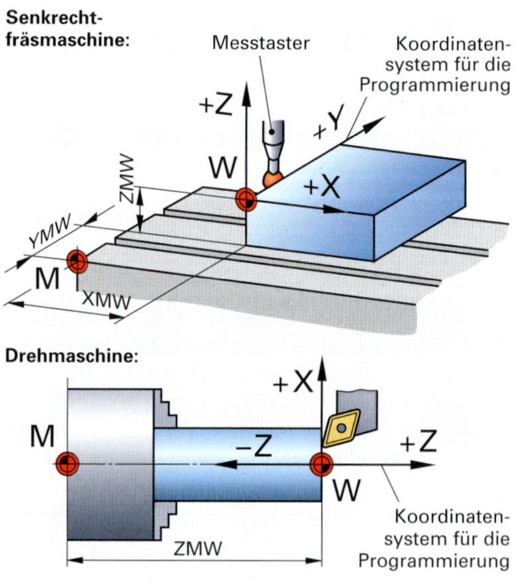

Bild 3: Günstige Lage des Werkstücknullpunktes

2.8.3 Steuerungsarten, Korrekturen

Steuerungsarten

CNC-Maschinen sind je nach Anforderung mit einer Punkt-, Strecken- oder Bahnsteuerung ausgerüstet.

Punktsteuerung (Bild 1)

Diese einfache CNC-Steuerung wird bei Maschinen eingesetzt, bei denen das Werkzeug an einer bestimmten Stelle positioniert werden soll. Die Schlitten oder Werkzeugträger werden gleichzeitig oder nacheinander bis an ihre Bearbeitungsposition verfahren. Diese Bewegung erfolgt mit Eilganggeschwindigkeit ohne Werkzeugeingriff. Mit Punktsteuerungen werden z. B. CNC-Bohrmaschinen, Stanz- oder Punktschweißmaschinen ausgerüstet.

Streckensteuerung (Bild 2)

Mit Streckensteuerungen sind nur achsparallele Vorschubbewegungen möglich. Streckensteuerungen werden bei der Werkstückhandhabung und zur Steuerung einfacher Werkzeugmaschinen eingesetzt.

Bahnsteuerungen (Bild 3)

Mit Bahnsteuerungen können Schlitten oder Werkzeugträger **gleichzeitig** in zwei oder mehr Achsen mit programmiertem Vorschub verfahren werden. Dazu müssen die Geschwindigkeiten der einzelnen Achsantriebe aufeinander abgestimmt werden. Diese Aufgabe übernimmt der Interpolator der CNC-Steuerung. Dies ist ein Softwareprogramm zur Berechnung von Zwischenpositionen und Geschwindigkeitsverhältnissen der einzelnen Achsen, sodass der Schlitten der programmierten Bahn folgen kann **(Bild 4)**. Erfolgt die Interpolation nur in zwei Achsen (z. B. X und Y), so genügt eine **2-D-Bahnsteuerung** (zweidimensional). Eine **$2\frac{1}{2}$-D-Bahnsteuerung** liegt vor, wenn die Interpolation wahlweise auf jeweils zwei der drei verschiedenen Hauptebenen umgeschaltet werden kann. Die Auswahl der Ebenen erfolgt über die Programmanweisungen G17 bis G19 **(Bild 5)**. Mit **3-D-Bahnsteuerungen** (dreidimensional) können Schlitten gleichzeitig in allen drei Achsen der programmierten Bahn folgen.

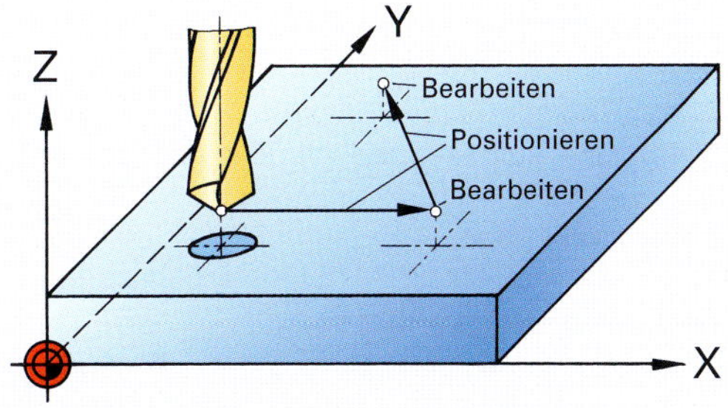

Bild 1: Punktsteuerung

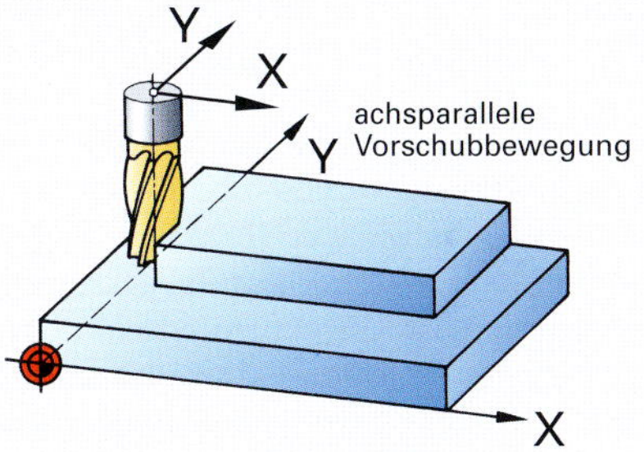

Bild 2: Streckensteuerung

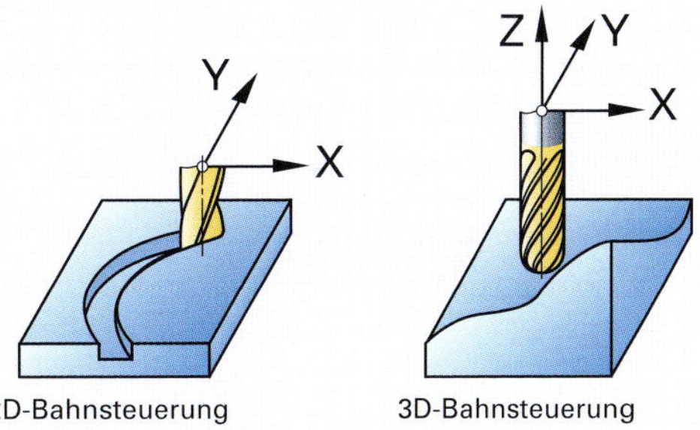

Bild 3: Bahnsteuerungen

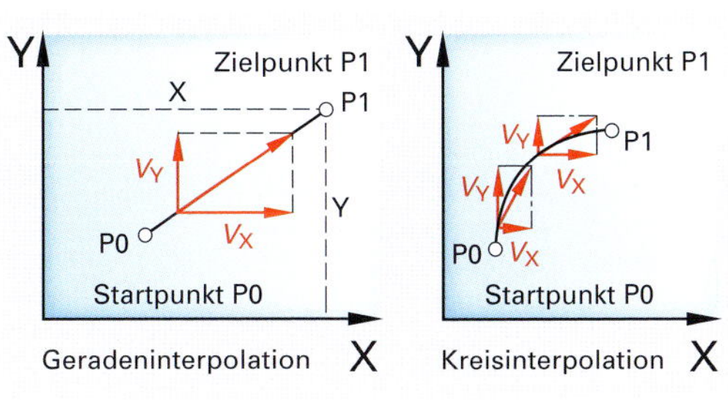

Bild 4: Interpolation

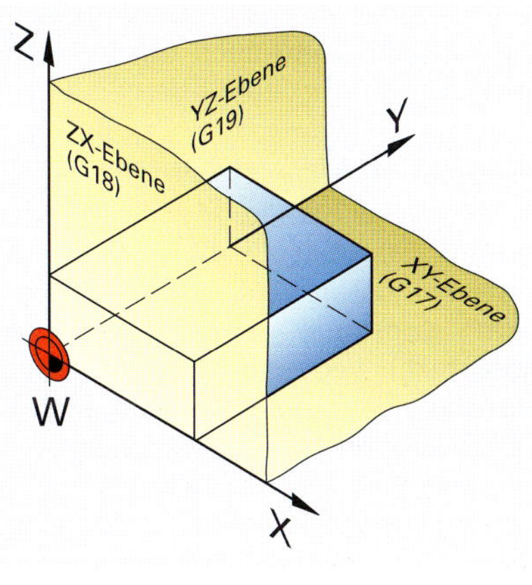

Bild 5: Ebenenauswahl für Senkrechtfräsmaschinen

Werkzeugvermessung und Werkzeugkorrekturen

Die Steuerung verrechnet bei der Fertigung die Werkzeugmaße mit den programmierten Werkstückmaßen, damit die Werkstückkontur unabhängig von den eingesetzten Werkzeugen programmiert werden kann. Vorher muss jedes Werkzeug vermessen werden.

Externe Werkzeugvermessung

Die Voreinstellung und Vermessung der Werkzeuge erfolgt meist extern, außerhalb der Werkzeugmaschine, z. B. in einem Werkzeugvoreinstellgerät oder einer Werkzeug-Messmaschine **(Bild 1)**. Das eingespannte Werkzeug wird manuell oder automatisch mittels optischer Schneidenerkennung mit dem Schneidenpunkt P unter das Fadenkreuz des Bildschirms gefahren. Moderne Bildverarbeitungstechnologie ermöglicht bedienerunabhängiges sehr genaues Messen **(Bild 2)**. Die Abstände des Schneidenpunktes P zum Werkzeugbezugspunkt E werden als Korrekturwerte mit den richtigen Vorzeichen in den Werkzeugkorrekturspeicher der CNC-Steuerung eingegeben und dem entsprechenden Werkzeug zugeordnet **(Bild 3)**. Dies kann manuell über die Tastatur der Steuerung, online über Datenleitung oder über Speicherung auf einem Datenchip des Werkzeughalters erfolgen. Durch Voreinstellung der Werkzeuge kann eine erhebliche Produktivitätssteigerung erfolgen.

Interne Werkzeugvermessung

Bei manchen Drehmaschinen erfolgt die Werkzeugvermessung in der Maschine. Der Schneidenpunkt P jedes einzelnen Werkzeugs wird unter das Fadenkreuz einer optischen Messeinrichtung gefahren und die gemessenen Korrekturmaße des Werkzeugs werden in den Werkzeugkorrekturspeicher übernommen. Die Ermittlung der Werkzeugkorrekturmaße kann auch durch Ankratzen des Werkzeugs am Werkstück erfolgen.

Vorzeichen der Werkzeugkorrekturen

Werden von der Steuerung keine Werkzeugkorrekturwerte verrechnet (z. B. bei T0), so deckt sich der Werkzeugträger-Bezugspunkt T mit den programmierten Koordinatenwerten. Mit aktiver Werkzeugkorrektur verrechnet die Steuerung die Korrekturmaße zum Werkzeugträger-Bezugspunkt **(Bild 4)**. Der Werkzeugträger wird so verstellt, dass der Schneidenpunkt P des entsprechenden Werkzeugs auf dem programmierten Koordinatenwert steht. Hierfür müssen die Korrekturwerte vorzeichenrichtig eingegeben werden.

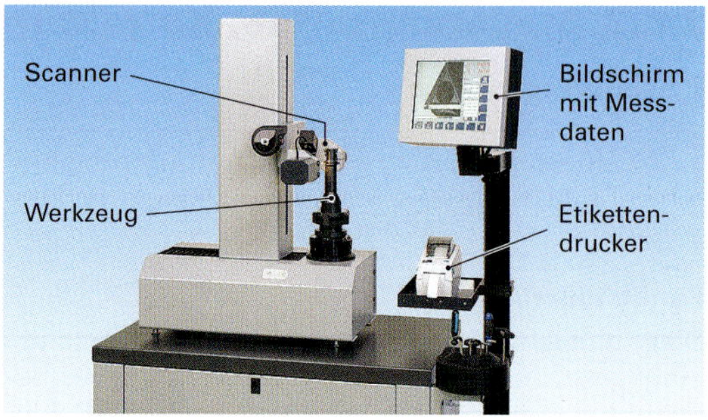

Bild 1: Externe Werkzeugvermessung

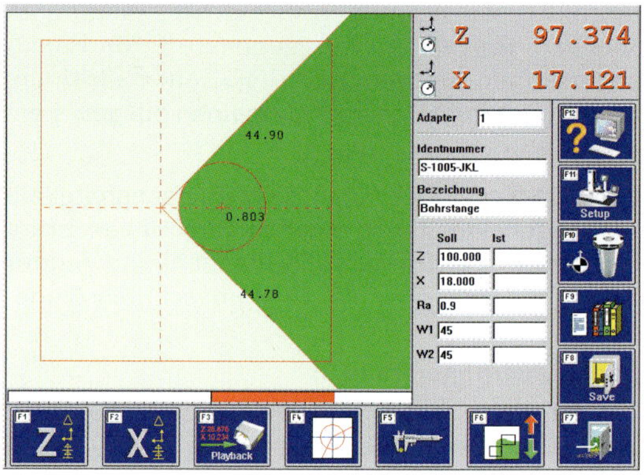

Bild 2: Bildschirmanzeige mit Softkeys

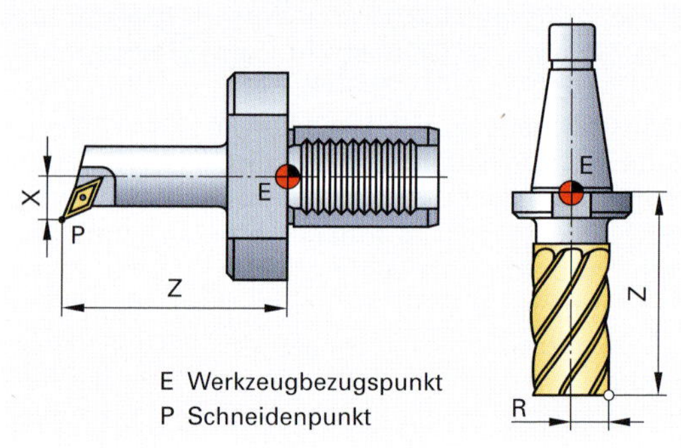

Bild 3: Werkzeugkorrekturmaße

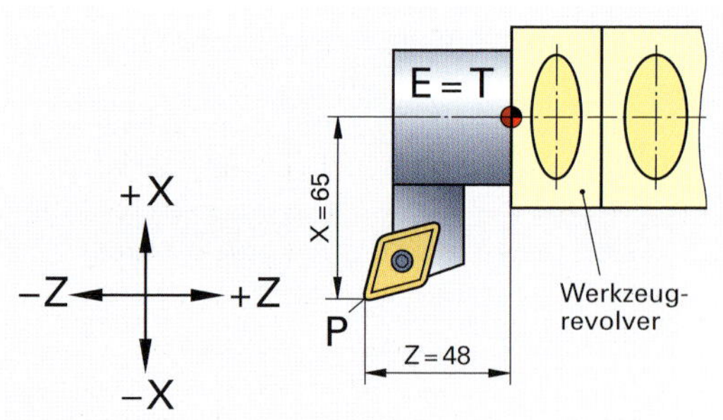

Bild 4: Korrekturwerte eines Drehwerkzeugs

Die Vorzeichen der Werkzeugkorrektur und die Korrekturmaße ergeben sich dadurch, dass man den Schneidenpunkt P auf den Werkzeugträger-Bezugspunkt T verschiebt.

Wiederholung und Vertiefung

1 In welcher Richtung bewegt sich das Werkzeug, wenn bei der Drehmaschine Z-20 programmiert wird **(Bild 1)?**

2 Die Drehbewegung der Arbeitsspindel einer Drehmaschine kann gesteuert werden.
In welcher Richtung dreht sich die Arbeitsspindel, wenn der Drehwinkel mit 30° angegeben wird?

3 Bei einer Senkrechtfräsmaschine führt der Maschinentisch die Verfahrwege in X- und Z-Richtung aus **(Bild 2).**
a) In welcher Richtung bewegt sich der Maschinentisch, wenn X100 programmiert wird?
b) In welcher Richtung bewegt sich der Maschinentisch, wenn Z-10 programmiert wird?

4 Wozu benötigen CNC-Maschinen einen Referenzpunkt?

5 Bei einer Drehmaschine liegt der Referenzpunkt an der angegebenen Stelle **(Bild 3).**
a) Welcher Bezugspunkt der CNC-Maschine deckt sich mit dem Referenzpunkt, wenn dieser ohne wirksame Werkzeugkorrekturen angefahren wird?
b) Welche Koordinatenwerte werden angezeigt, wenn der Referenzpunkt angefahren ist? Die X-Koordinate wird als Durchmesser angezeigt.

6 Auf welchen Nullpunkt beziehen sich die in die Steuerung eingegebenen Koordinatenmaße, wenn keine Nullpunktverschiebung wirksam ist?

7 Das Spannfutter hat die angegebenen Maße (Bild 3). Bestimmen Sie die Nullpunktverschiebung ZMW, wenn die Rohlänge des Werkstücks 80 mm beträgt. Für das Plandrehen werden 2 mm benötigt.

8 Welche Steuerungsart ist mindestens erforderlich, wenn ein Kegel gedreht werden soll?

9 Erklären Sie den Unterschied zwischen interner und externer Werkzeugvermessung.

10 Auf dem Werkzeugvoreinstellgerät wurden die zwei Werkzeuge vermessen **(Bild 4).** Ermitteln Sie die Werkzeugkorrekturwerte X und Z für beide Werkzeuge mit den richtigen Vorzeichen.

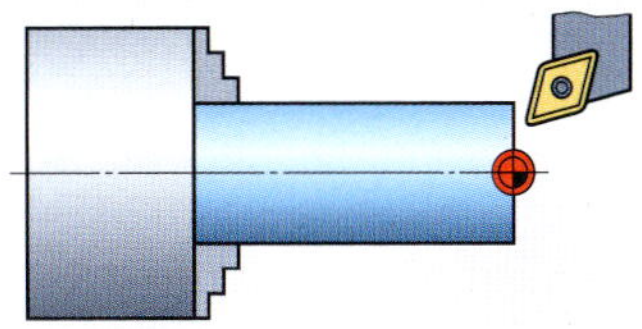

Bild 1: Verfahrbewegungen einer Drehmaschine

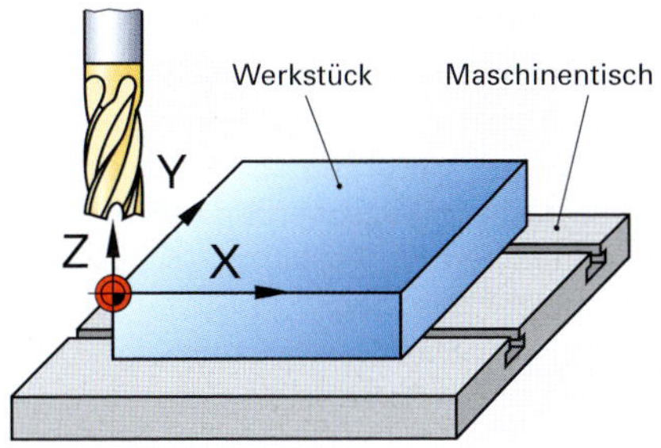

Bild 2: Bestimmung der Verfahrbewegungen

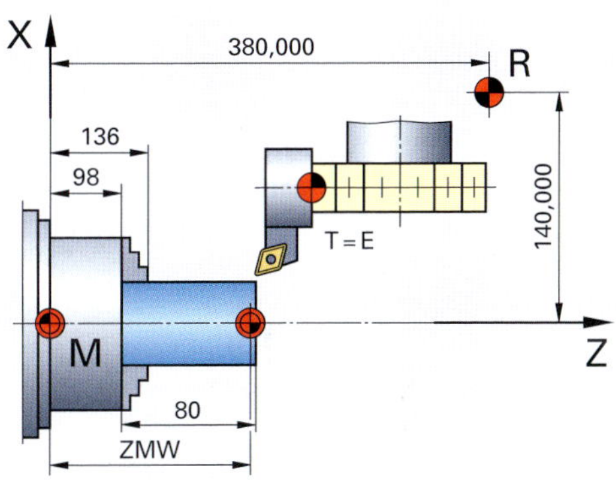

Bild 3: Bestimmung der Nullpunktverschiebung

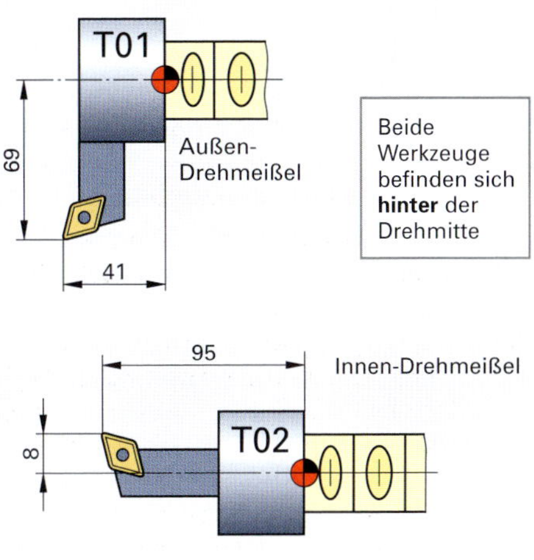

Bild 4: Ermittlung von Korrekturwerten

2.8.4 Erstellen von CNC-Programmen

Damit ein Werkstück auf einer CNC-Maschine hergestellt werden kann, benötigt die Steuerung ein Programm. Ein CNC-Programm nach DIN enthält alle für die Bearbeitung erforderlichen Weg- und Schaltinformationen sowie Hilfsbefehle und kann von jeder CNC-Maschine gelesen werden.

Programmaufbau (Tabelle 1)

Ein CNC-Programm nach DIN besteht aus der Programmnummer und Sätzen, die den gesamten Arbeitsablauf der Maschine schrittweise beschreiben. Die einzelnen Sätze werden nacheinander von oben nach unten abgearbeitet. Sie sind fortlaufend, N1, N2, N3 ..., oder in Sprüngen, z. B. N5, N10, N15 ..., nummeriert (N = **n**umber). Die Steuerung liest mehrere Sätze voraus, damit sie Rechenoperationen durchführen kann. Werden Sätze in Sprüngen nummeriert, lassen sich weitere Sätze ohne Änderung der folgenden Satznummern dazwischenschieben.

Satzaufbau (Bild 1)

Ein Satz besteht aus einem oder mehreren Wörtern, die sich aus einem Adressbuchstaben und einer Zahl zusammensetzen. Die Anordnung der Wörter in einem Satz bezeichnet man als **Satzformat**. Ein Satz beginnt mit der Satznummer. Danach folgen die Wegbedingungen oder andere Programmanweisungen.

> Für die Steuerung von CNC-Maschinen werden die folgenden **Anweisungen** benötigt:
> - **Wegbedingungen (G),** welche die Art der Bewegung bestimmen, z. B. Eilgang, Linear- oder Kreisinterpolation, Ebenenauswahl, Bemaßungsart, Korrekturen
> - **geometrische Anweisungen (X, Y, Z, I, J, K ...)** zur Steuerung der Schlittenbewegungen
> - **technologische Anweisungen (F, S, T)** zur Festlegung von Vorschub (F = **f**eed), Spindeldrehzahl (S = **s**peed) und Werkzeug (T = **t**ool)
> - **Schaltbefehle (M)** für Maschinenfunktionen wie zum Beispiel Werkzeugwechsel, Kühlmittelzufuhr und Programmende
> - **Zyklen- oder Unterprogrammaufrufe** für häufig wiederkehrende Programmabschnitte

Die Bedeutung der 2-stelligen Wegbedingungen (G-Funktionen) ist genormt **(Tabelle 2)**. Einige Zahlenwerte sind für den Steuerungshersteller frei verfügbar. Die Bedeutung eines Teiles der Schaltfunktionen ist ebenfalls festgelegt **(Tabelle 3)**.

Tabelle 1: Beispiel für einen Programmaufbau

Teileprogramm		Erklärung
%1000		Programm-Nr. } Vor-
(Gewindebolzen)		Benennung } spann
N5	G90	
N10	G00 G53 X280 Z380 T0	1. Satz
N15	G59 X0 Z180	2. Satz
N25	G96 F0.2 S180 T01	3. Satz
N30	G00 X62 Z0.1	
N35	G01 X-1.6	
N40	G00 Z2	
:		
N285	M30	letzter Satz (Programmende)

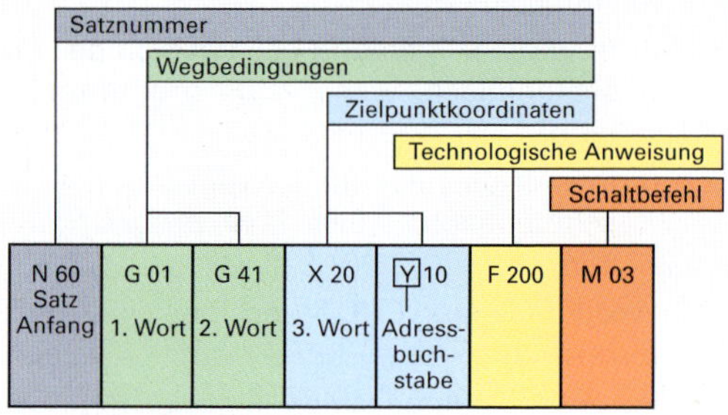

Bild 1: Beispiel für den Satzaufbau

Tabelle 2: G-Funktionen (Auswahl)

Code	Bedeutung
G00	Positionieren im Eilgang
G01	Geradeninterpolation
G02	Kreisinterpolation im Uhrzeigersinn
G03	Kreisinterpolation im Gegenuhrzeigersinn
G40	Aufheben der Werkzeugbahnkorrektur
G41	Werkzeugbahnkorrektur, Werkzeug links
G42	Werkzeugbahnkorrektur, Werkzeug rechts
G53	Löschen der Nullpunktverschiebung
G59	programmierbare Nullpunktverschiebung
G90	absolute Maßangaben
G91	inkrementale Maßangaben
G96	konstante Schnittgeschwindigkeit
G98	vorläufig frei verfügbar

Tabelle 3: M-Funktionen (Auswahl)

Code	Bedeutung
M03	Spindel EIN, Rechtslauf
M04	Spindel EIN, Linkslauf
M05	Spindel STOP
M08	Kühlmittel EIN
M09	Kühlmittel AUS
M30	Programmende mit Rücksetzen

Weginformationen

Die G-Funktionen (G = **g**eometric function) legen fest, **wie** das Werkzeug die nachfolgenden Zielkoordinaten erreichen soll. Einige G-Funktionen sind bereits nach dem Einschalten aktiv und müssen nicht programmiert werden, z. B. G17, G40 und G90. Dieser Einschaltzustand ist steuerungs- und maschinenabhängig. Gespeichert (modal) wirkende G-Funktionen sind so lange aktiv, bis sie durch andere, gegenläufig wirkende überschrieben oder gelöscht werden **(Tabelle 1)**.

Der anzufahrende Zielpunkt wird mit den Adressbuchstaben der entsprechenden Achsen und den Koordinatenwerten angegeben, z. B. X100 Y20. Bei den meisten Steuerungen sind die Koordinatenwerte gespeichert wirksam. Eine erneute Eingabe eines unveränderten Wertes kann daher entfallen. Bei Kreisinterpolation ist dagegen die Angabe **aller** Zielpunktkoordinaten erforderlich, auch wenn sie unverändert sind.

Mit der Wegbedingung G94 entspricht die Vorschubgeschwindigkeit des Schlittens dem unter F programmierten Wert. G95 bedeutet, dass der unter F programmierte Wert als Vorschub in mm/Umdrehung ausgeführt wird. Wird G96 programmiert, regelt die Steuerung die Drehzahl der Arbeitsspindel so, dass der unter S programmierte Wert der Schnittgeschwindigkeit v_c entspricht. Mit G97 ist die Drehzahl der Arbeitsspindel konstant. Sie entspricht dem unter S programmierten Wert.

Beispiel:

G94 F200	Bahngeschwindigkeit 200 mm/min
G95 F0.2	Vorschub 0,2 mm (je Umdrehung)
G96 S180	Schnittgeschwindigkeit 180 m/min
G97 S950	Drehzahl 950/min

Programmieren mit Absolut- und Inkrementalmaßen

Bei der Programmierung mit Absolutmaßen (G90) beziehen sich alle Maße auf den Werkstücknullpunkt **(Bild 1)**. Die nachträgliche Änderung einer Position beeinflusst andere Wegmaße nicht. Bei Bedarf kann auf Inkrementalbemaßung (G91) umgeschaltet werden **(Bild 2)**. Hierbei beziehen sich die Maßangaben auf die vorangehende Position des Werkzeugs. Der Schlitten verfährt um das programmierte Maß in positiver oder negativer Richtung (Inkrement = Zuwachs). Die Programmierung mit Inkrementalmaßen erfolgt unabhängig vom Werkstücknullpunkt.

Tabelle 1: Gespeichert wirkende G-Funktionen

Auszug aus dem Teileprogramm	Erläuterung
:	
N8 G00 X-20 Y-10	Positionieren im Eilgang
N9 Z-5	G00 wirkt modal
N10 G41	Aktivieren der Bahnkorrektur
N11 G01 X0 Y0	Geradeninterpolation
N12 X10 Y20	G01 wirkt modal
N13 Y24.5	G01 wirkt modal
N14 G02 X34.5 Y30 R10	Kreisinterpolation im Uhrzeigersinn
N15 G40	Abwahl der modal wirkenden Bahnkorrektur G41
:	

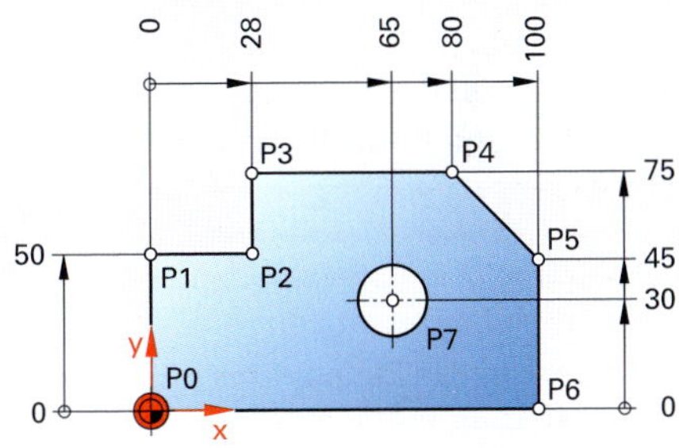

Koordinatentabelle					
Punkt	X	Y	Punkt	X	Y
P0	0	0	P4	80	75
P1	0	50	P5	100	45
P2	28	50	P6	100	0
P3	28	75	P7	65	30

Bild 1: Absolutbemaßung einer Platte

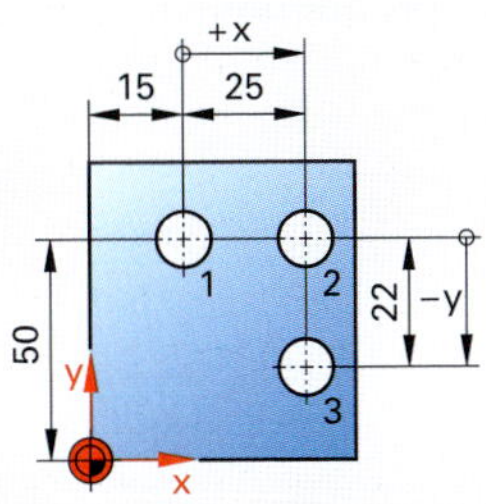

Koordinatentabelle			
Wegbedingung	Position	X	Y
G90	1	15	50
G91	2	25	0
	3	0	−22

Bild 2: Inkrementalbemaßung von Bohrungen

Bei der Programmierung mit Absolutmaßen (G90) beziehen sich alle Maße auf den Werkstücknullpunkt.

Bei der Programmierung mit Inkrementalmaßen (G91) wird der Zuwachs zum vorangehenden Punkt vorzeichenrichtig angegeben (Kettenmaß).

Programmieren mit Polarkoordinaten

Die Eingabe von Polarkoordinaten erleichtert die Programmierung, wenn die Zeichnung Winkelangaben enthält. Für die Punkte P1 bis P4 benötigt die Steuerung die Lage des Poles, den Radius R und die Polarwinkel φ **(Bild 1)**. Von der positiven X-Achse ausgehend ist die Winkelangabe entgegen dem Uhrzeigersinn positiv, im Uhrzeigersinn negativ. Bei der Programmierung mit Polarkoordinaten werden eine Zielkoordinate und der Polarwinkel φ eingegeben **(Bild 2)**.

Geradeninterpolation

Wenn die Wegbedingung G01 programmiert ist, wird der Zielpunkt mit dem programmierten Vorschub angefahren. Als Koordinatenwert ist die Toleranzmitte anzugeben.

Kreisinterpolation

Soll der Schlitten eine kreisförmige Bewegung durchführen, benötigt die Steuerung zur Berechnung der Bahnwerte außer der Ebenenauswahl noch folgende drei Angaben **(Bild 3)**:

Angaben zur Kreisinterpolation

- **Drehsinn** G02 im Uhrzeigersinn oder G03 entgegen dem Uhrzeigersinn
- **Koordinaten des Zielpunktes** (Kreisendpunkt). Diese sind immer erforderlich, auch wenn einer der Zielpunkte des Kreises mit dem Anfangspunkt übereinstimmt.
- **Lage des Kreismittelpunktes** durch Angabe der Mittelpunktsparameter oder des Radius

Den Achsen X, Y und Z sind die Parameter I, J und K für die Lage des Kreismittelpunktes M zugeordnet **(Bild 4)**. Bei den meisten Steuerungen wird mit I, J und K der Abstand vom Kreisanfang zum Kreismittelpunkt inkremental angegeben, auch wenn die Wegbedingung G90 (Absolutmaß) ansteht. Die Angabe des Kreismittelpunktes mit Parametern hat gegenüber der einfacher zu programmierenden Radiusangabe den Vorteil, dass die Steuerung einen fehlerhaft programmierten Zielpunkt erkennt.

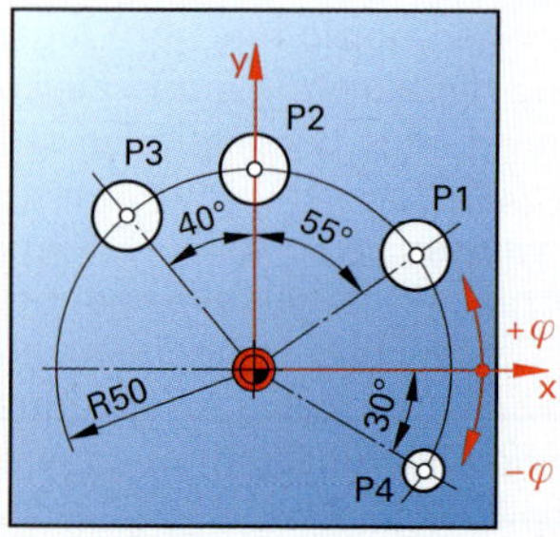

Punkt	R	φ
1	50	35
2	50	90
3	50	130
4	50	−30 oder 330

Bild 1: Lochkreis mit Polarkoordinaten

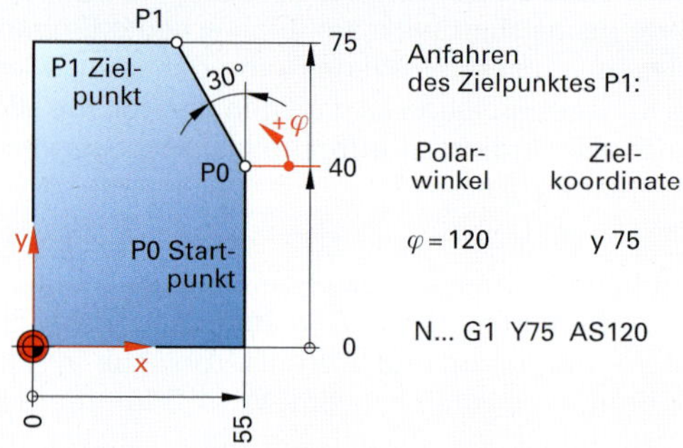

Bild 2: Werkstückkontur mit Polarkoordinaten

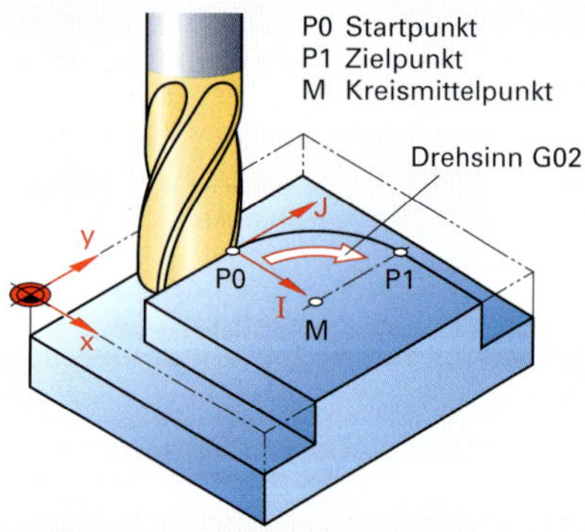

Bild 3: Kreisinterpolation

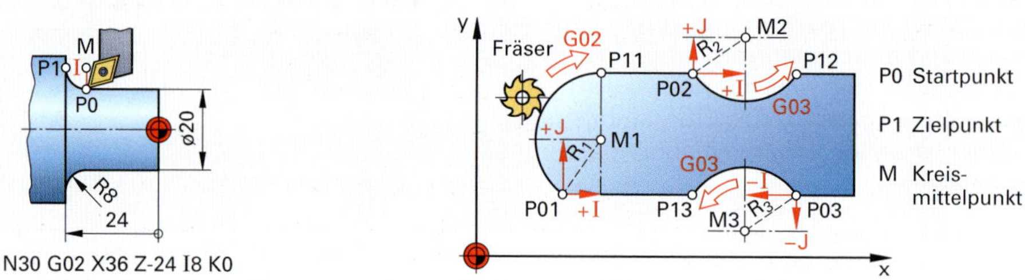

Bild 4: Kreisinterpolation beim Drehen und Fräsen

Programmierung von Werkstückkonturen

Die beiden Programme für ein zu fräsendes Werkstück **(Bild 1)** und ein zu schlichtendes Drehteil **(Bild 2)** enthalten nur die Wegbedingungen und die Koordinatenwerte. Die vorhergehenden Sätze für Nullpunktverschiebung, Werkzeugaufruf und Schaltbefehle werden im Beispiel für einen Programmaufbau **(Seite 128, Tabelle 1)** erläutert. Als Koordinatenwert wird in jedem Satz jeweils der anzufahrende Zielpunkt programmiert. **Tabelle 1** enthält einen Programmausschnitt mit Erläuterungen.

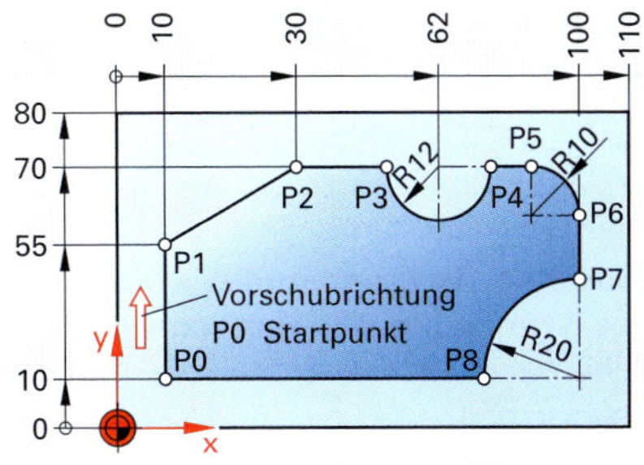

Bild 1: Grundplatte

Tabelle 1: Programmausschnitt für das Herstellen der Werkstückkontur (Bild 1)

Teile-Programm			Erläuterung
%1007			Programmanfang, Programmnummer
:			vorbereitende Sätze, Werkzeugaufruf und Anstellen des Werkzeuges
N50	G01	Y55	Geradeninterpolation zum Punkt P1
N55		X30 Y70	Geradeninterpolation zum Punkt P2
N60		X50	Geradeninterpolation zum Punkt P3
N65	G03	X74 Y70 I12 J0	Kreisinterpolation im Gegenuhrzeigersinn zum Punkt P4
N70	G01	X90	Geradeninterpolation zum Punkt P5
N75	G02	X100 Y60 I0 J-10	Kreisinterpolation im Uhrzeigersinn zum Punkt P6
N80	G01	Y30	Geradeninterpolation zum Punkt P7
N85	G03	X80 Y10 I0 J-20	Kreisinterpolation im Gegenuhrzeigersinn zum Punkt P8
N90	G01	X9	Geradeninterpolation bis 1 mm über Punkt P0

Bei Drehteilen wird der X-Koordinatenwert meistens im Durchmesser angegeben, damit beim Programmieren die Zeichnungsmaße übernommen werden können. Die Steuerung rechnet die Durchmesser in Radien um. Die Lage von Kreismittelpunkten wird inkremental vom Anfangspunkt des Kreises aus angegeben. Bei dem Wellenzapfen **(Bild 2)** wird die Kontur geschlichtet. Bei Drehmaschinen wird der Vorschub in mm je Umdrehung programmiert. Bei fallenden Konturen muss ein kleinerer Wert programmiert werden **(Tabelle 2)**.

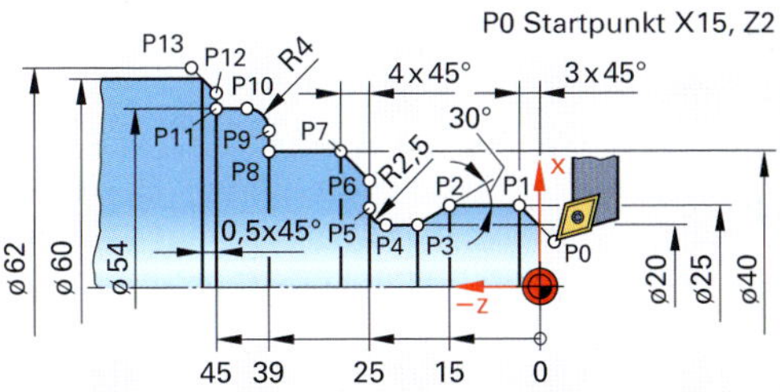

Bild 2: Schlichten eines Wellenzapfens

Tabelle 2: Programmausschnitt für das Schlichten des Wellenzapfens (Bild 2)

Teile-Programm			Erläuterung
N70	G01	X25 Z-3 F0.1	Drehen der Fase bis P1, Vorschub 0,1 mm
N75		Z-15	Längsdrehen zum Punkt P2
N80		X20 Z-19.33 F0.08	Drehen mit fallender Kontur zum Punkt P3, kleinerer Vorschub
N85		Z-22.5 F0.1	Längsdrehen zum Punkt P4, Vorschub 0,1 mm
N90	G02	X25 Z-25 I2.5 K0	Kreisinterpolation im Uhrzeigersinn bis zum Punkt P5
N95	G01	X32	Plandrehen bis P6
N100		X40 Z-29	Drehen der Fase bis P7
N105		Z-39	Drehen des Ansatzes bis P8
N110		X46	Plandrehen bis P9
N115	G03	X54 Z-43 I0 K-4	Kreisinterpolation im Gegenuhrzeigersinn bis zum Punkt P10
N120	G01	Z-45	Längsdrehen zum Punkt P11
N125		X59	Plandrehen bis P12
N130		X62 Z-46	Drehen bis zum Endpunkt P13 außerhalb des Rohrdurchmessers

Wiederholung und Vertiefung

1 Welche Aufgaben haben G-Funktionen in CNC-Programmen?

2 Erklären Sie die Wirkung gespeichert wirksamer G-Funktionen.

3 Wie lautet die Programmieranweisung, wenn ein Werkstück mit konstanter Schnittgeschwindigkeit von v_c = 220 m/min gedreht werden soll?

4 Warum werden die Koordinaten von Unterprogrammen meist als Inkrementalmaß eingegeben?

5 Ermitteln Sie für die Punkte 1 bis 5 auf dem Lochkreis **(Bild 1)** die Polarkoordinaten im Absolutmaß.

6 Die Werkstückkontur des Achsbolzens **(Bild 2)** soll mit Polarkoordinaten programmiert werden. Ermitteln Sie die Polarwinkel φ_1 bis φ_5.

7 Welche Angaben benötigt eine Steuerung zur Ausführung einer kreisförmigen Bahn?

8 Eine Stahlplatte soll mit einem Fräskopf mit einem Durchmesser von 63 mm und neun Schneiden überfräst werden. Die Schnittgeschwindigkeit beträgt 120 m/min, der Vorschub 0,15 mm je Zahn. Mit welchen Wörtern müssen die Drehzahl und die Vorschubgeschwindigkeit programmiert werden?

9 Bestimmen Sie für die Kreisbögen **(Bild 3)** jeweils die G-Funktion und die Mittelpunktsparameter.

10 Programmieren Sie die Sätze für das Schlichten der Werkstückkontur **(Bild 4)**. Es sind nur die notwendigen Wegbedingungen, Koordinaten und Mittelpunktsparameter zu programmieren.

11 Programmieren Sie die Sätze mit den Wegbedingungen, Koordinaten und Mittelpunktsangaben der Radien für das Schlichten des Wellenzapfens **(Bild 5)**.

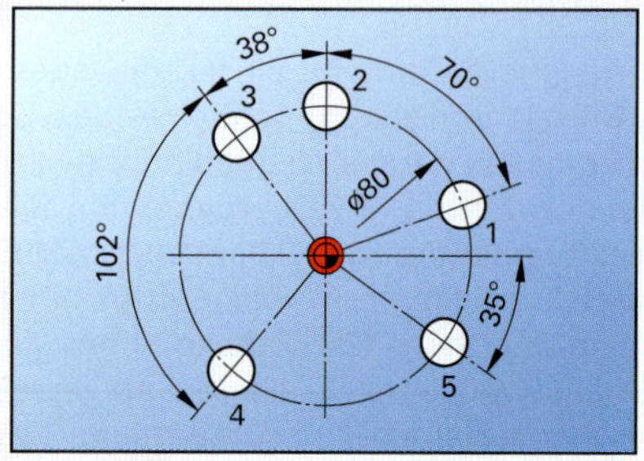

Bild 1: Lochkreis

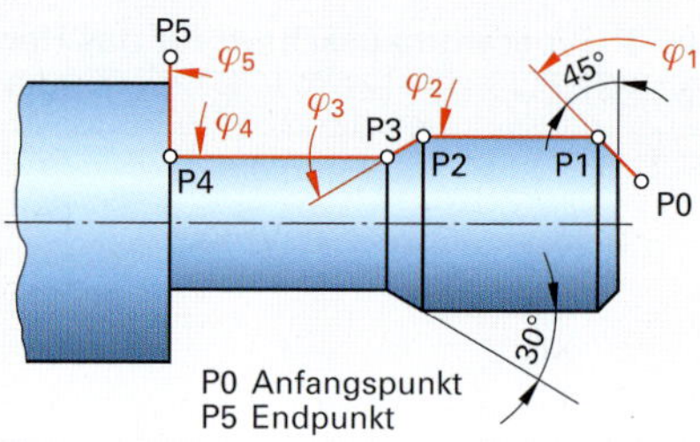

Bild 2: Achsbolzen

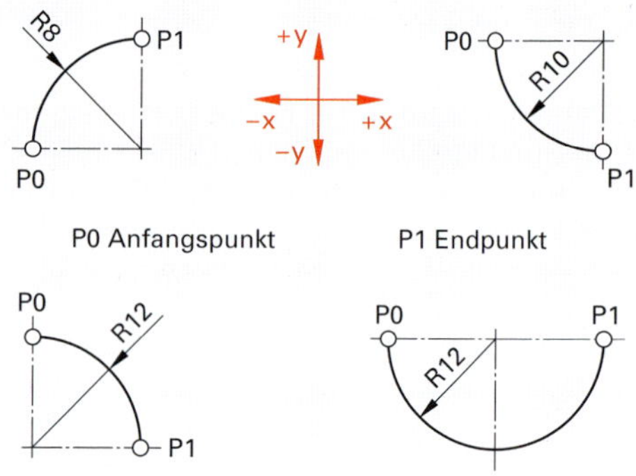

Bild 3: Programmierung von Kreisbögen

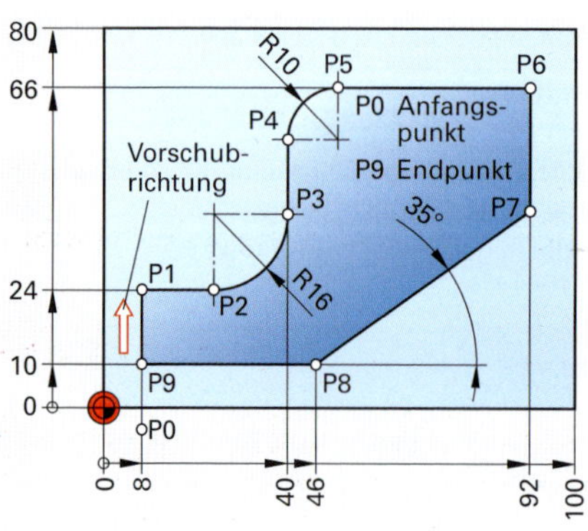

Bild 4: Grundplatte

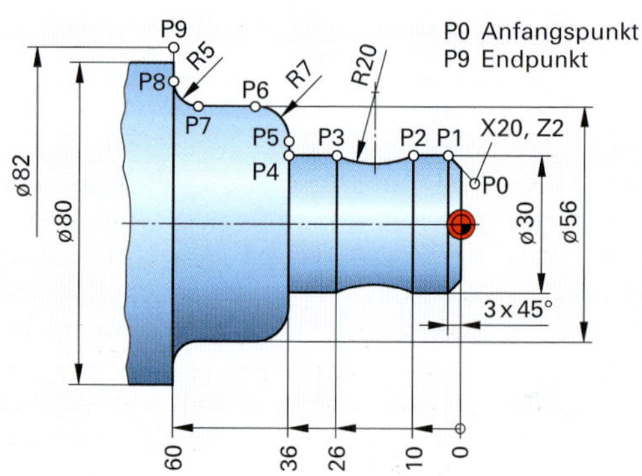

Bild 5: Wellenzapfen

2.9 Fügen

Maschinen, Vorrichtungen und Geräte bestehen aus verschiedenen Einzelteilen **(Bild 1)**. Bei der Herstellung bzw. bei der Montage werden die einzelnen Teile so miteinander verbunden, dass sich die geforderte Funktion ergibt. Das Verbinden von Einzelteilen zu Funktionseinheiten bezeichnet man als Fügen.

Gefügte Teile können Kräfte oder Drehmomente übertragen. So wird bei der Kreissägewelle (Bild 1) das Drehmoment von der Welle (Pos. 1) über die Passfeder (Pos. 2) auf die Anlage (Pos. 3) übertragen. Die auf das Pendelkugellager (Pos. 9) wirkenden Kräfte werden direkt über die Gehäusebohrung oder indirekt über den Deckel (Pos. 10) und die Sechskantschrauben (Pos. 11) auf das Lagergehäuse (Pos. 7) geleitet.

> Das Verbinden von Einzelteilen nennt man Fügen. Durch Fügen wird der Zusammenhalt der Einzelteile an der Fügestelle hergestellt oder verstärkt.

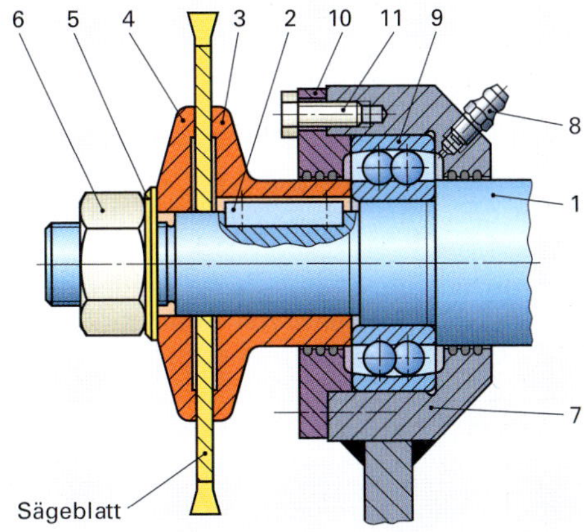

Pos.-Nr.	Menge Einheit	Benennung	Norm-Kurzbezeichnung bzw. Werkstoff	Bemerkung
1	1	Welle	E295	Rd 45
2	1	Passfeder	DIN 6885-A-8x7x30	
3	1	Anlage	S275JR	
4	1	Spannscheibe	S275JR	
5	1	Scheibe	ISO 7090-20-300 HV	
6	1	Sechskantmutter	ISO 8673-M20x1,5-8-LH	
7	1	Lagergehäuse	S275J2G3	
8	1	Schmiernippel	DIN 71412-AM6	
9	1	Pendelkugellager	DIN 630-2206 TV	
10	1	Deckel	S275JR	Rd 90 x 15
11	6	Sechskantschraube	ISO 4017-M6 x 16-8.8	

Bild 1: Kreissägewelle mit Lagerung

2.9.1 Fügeverfahren

Nach der Wirkungsweise unterscheidet man formschlüssiges, kraftschlüssiges, vorgespannt formschlüssiges und stoffschlüssiges Fügen **(Tabelle 1, Seite 237)**.

Formschlüssiges Fügen

Beim formschlüssigen Fügen sind die Werkstücke durch ineinander passende Formen miteinander verbunden. So überträgt z. B. die Passfeder (Pos. 2) das Drehmoment von der Welle (Pos. 1) auf die Anlage der Nabe (Pos. 3 – Bild 1 und **Bild 2**).

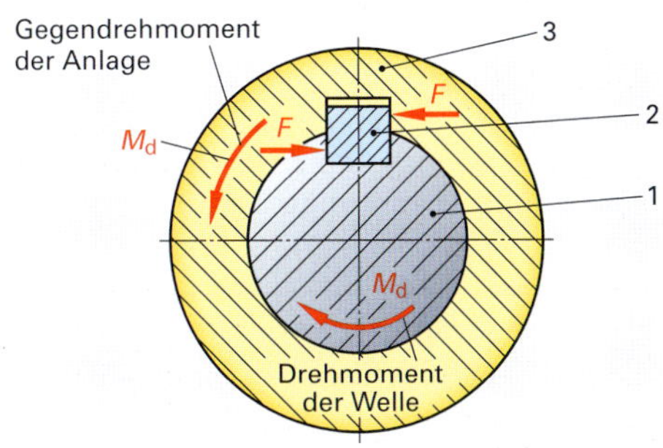

Bild 2: Drehmomentübertragung durch Formschluss

> **Formschlüssige Verbindungen werden hergestellt mit**
> - Passfedern
> - Keilwellen
> - Passschrauben
> - Stiften
> - Bolzen
> - Nieten

Kraftschlüssiges Fügen

Beim kraftschlüssigen Fügen werden Kräfte und Drehmomente durch Reibungskräfte übertragen, die durch das Aufeinanderpressen von Bauteilen entstehen **(Bild 3)**.

Bei der Kreissägewelle (Bild 1) z. B. wird beim Anziehen der Sechskantmutter (Pos. 6) das Sägeblatt zwischen der Anlage (Pos. 3) und der Spannscheibe (Pos. 4) verspannt. Die Reibungskräfte an den Berührungsstellen des Sägeblattes nehmen das Sägeblatt mit.

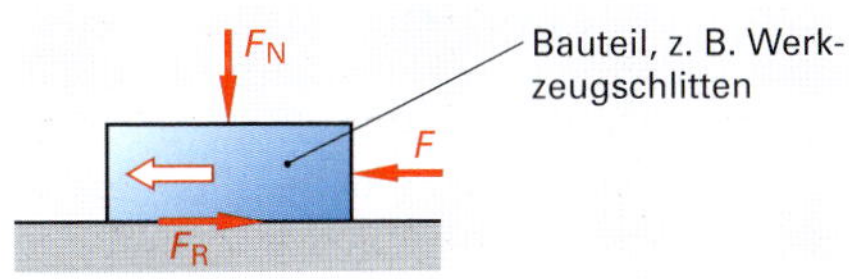

Bild 3: Reibungskraft F_R

Die Reibungszahl μ berücksichtigt
- die Oberflächenbeschaffenheit
- den Schmierzustand
- die Werkstoffpaarung
- die Art der Reibung

Bei gleicher Anpresskraft (Normalkraft) kann mit rauen Bauteiloberflächen mehr Kraft übertragen werden als mit glatten.

Zwischen geschmierten Oberflächen entsteht eine kleinere Reibungskraft als zwischen trockenen. Die Reibungskraft ist auch davon abhängig, ob sich die Bauteile aufeinander bewegen (Bewegungsreibung) oder ob sie sich auch unter Krafteinwirkung nicht gegeneinander verschieben (Haftreibung).

Die Reibungskraft wirkt immer der Bewegungsrichtung entgegen.

Kraftschlüssige Verbindungen sind
- Schraubenverbindungen
- Kegelverbindungen
- Klemmverbindungen
- Einscheibenkupplungen

Beispiel: Die Spannscheiben werden durch Anziehen der Sechskantmutter mit einer Kraft von 25 kN gegen das Sägeblatt gepresst **(Bild 1)**. Wie groß ist bei 2 Reibflächen und $\mu = 0{,}1$ die entstehende Reibungskraft F_R?

Lösung: $\boldsymbol{F_R} = \mu \cdot F_N \cdot 2 = 0{,}1 \cdot 25\,000 \text{ N} \cdot 2 = \mathbf{5000\ N}$

Vorgespannt formschlüssiges Fügen

Beim vorgespannt formschlüssigen Fügen erfolgt die Drehmomentübertragung zunächst kraftschlüssig. Eingetriebene Keile **(Bild 2)** verspannen Welle und Nabe, wobei der Keil seitlich in der Nabennut nicht anliegt. Beim Überschreiten der Reibungskraft wird das Drehmoment hauptsächlich formschlüssig übertragen, weil jetzt die Seitenflächen von Wellen- und Nabennut am Keil anliegen.

Vorgespannt formschlüssige Verbindungen sind
- Keilverbindungen
- Kegelverbindungen mit Scheibenfedern
- Stirnzahnverbindungen

Stoffschlüssiges Fügen

Beim stoffschlüssigen Fügen werden die Werkstücke durch Kohäsions- und Adhäsionskräfte zusammengehalten. So ist z.B. das Lagergehäuse **(Bild 1, vorherige Seite)** aus zwei Teilen zusammengeschweißt.

Stoffschlüssige Fügeverfahren sind
- Schweiß-, Löt- und Klebeverbindungen

Feste und bewegliche Verbindungen

Durch Fügen entstehen feste oder bewegliche Verbindungen **(Bild 3)**. Bei **festen** Verbindungen haben die Werkstücke stets die gleiche Lage zueinander. Bei **beweglichen** Verbindungen kann sich die Lage der gefügten Teile zueinander ändern, z.B. bei einem axial verschiebbaren Ritzel auf einer Keilwelle. Feste und bewegliche Verbindungen können lösbar oder unlösbar sein. Bei **lösbaren** Verbindungen können die zusammengebauten Teile ohne Zerstörung zerlegt werden **(Bild 4)**. Bei **unlösbaren** Verbindungen müssen zum Zerlegen Verbindungsstellen oder Bauteile zerstört werden **(Bild 5)**.

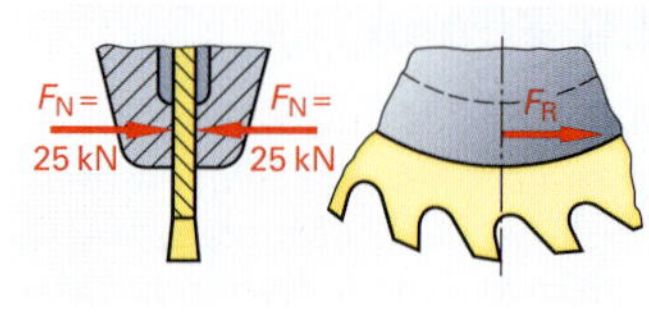

Bild 1: Sägeblatt

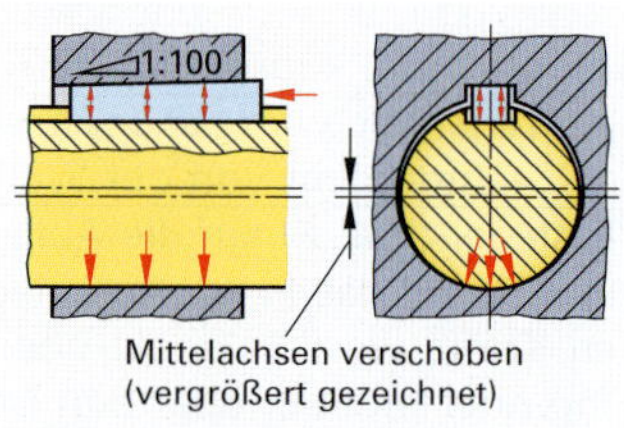

Bild 2: Keilverbindung

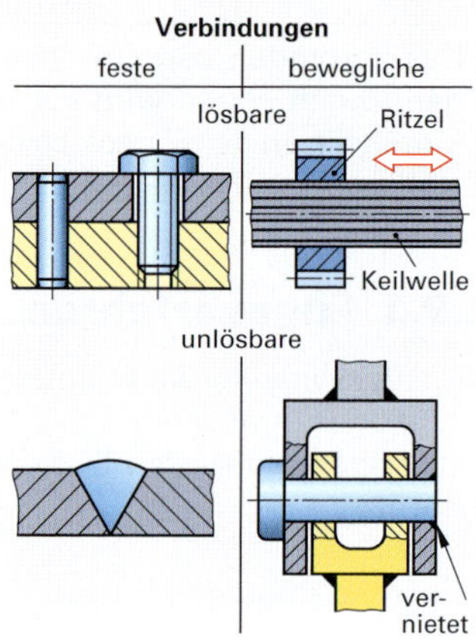

Bild 3: Feste und bewegliche Verbindungen

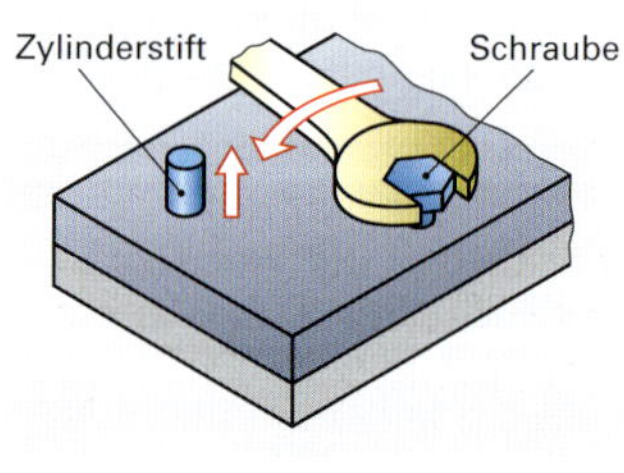

Bild 4: Lösbare Verbindungen

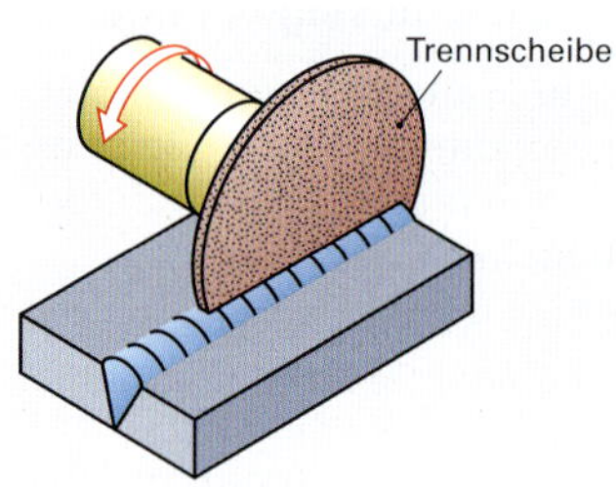

Bild 5: Trennen einer unlösbaren Verbindung

Tabelle 1: Übersicht über wichtige Fügeverfahren

Formschlüssiges Fügen durch ineinander passende Formen

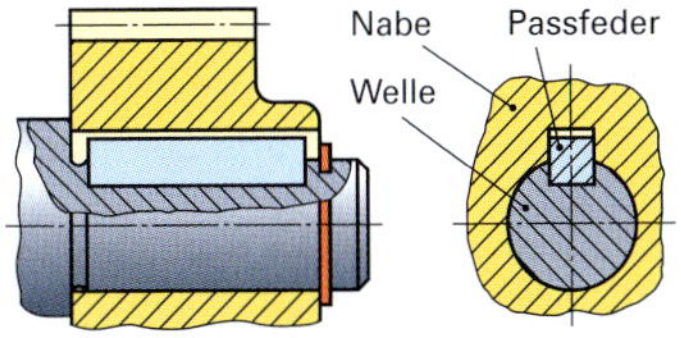

Passfederverbindung

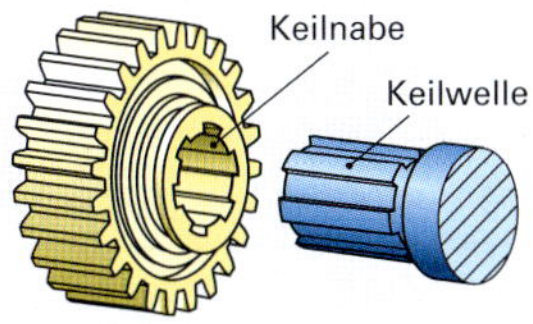

Keilwellenverbindung

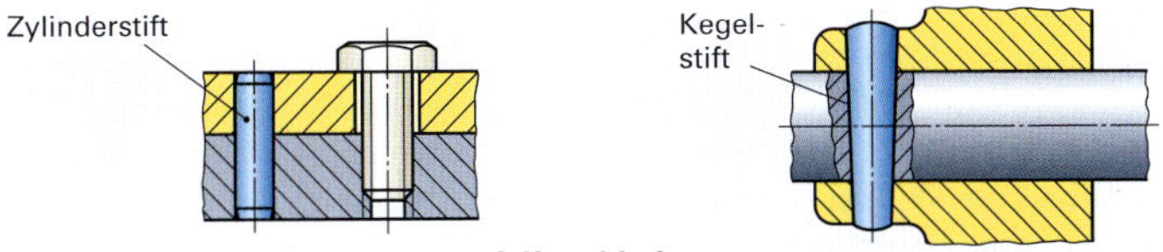

Stiftverbindungen

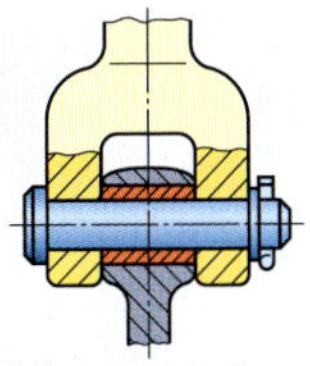
Bolzenverbindung

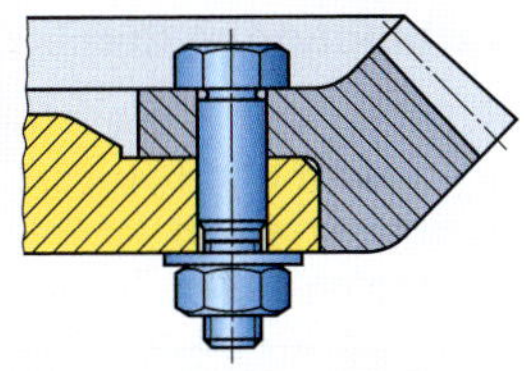
Passschraubenverbindung

Kraftschlüssiges Fügen durch Reibungskräfte

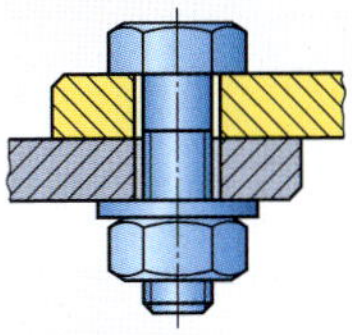
Schraubenverbindung

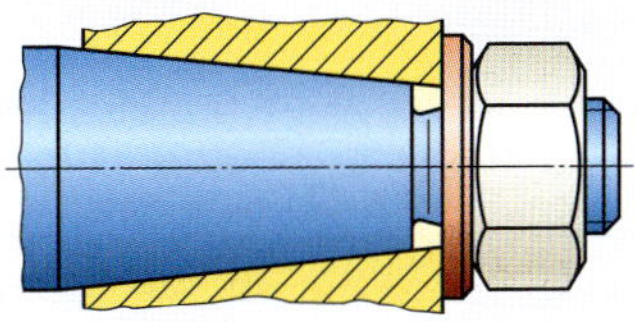
Kegelverbindung

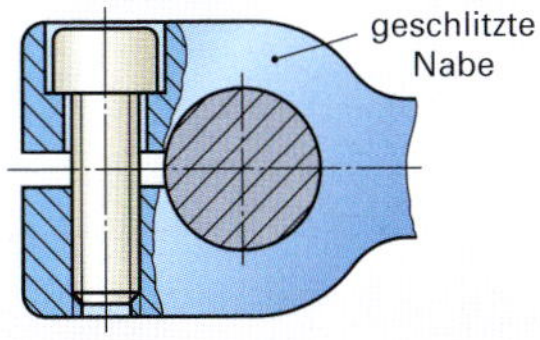

Klemmverbindung

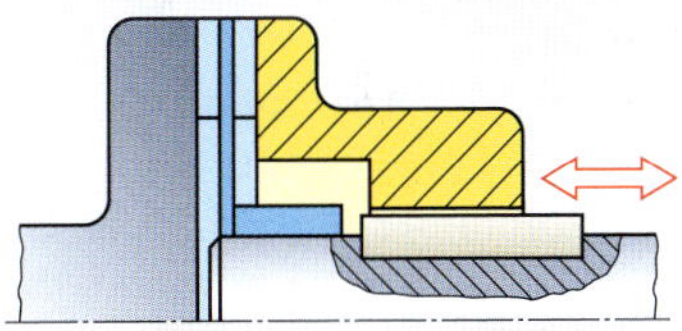
Einscheibenkupplung

Vorgespannt formschlüssiges Fügen durch Kraft- und Formschluss

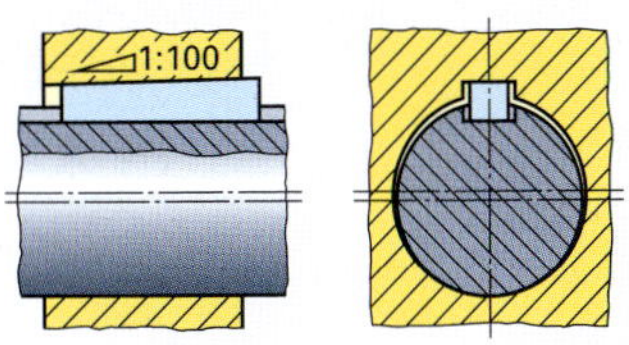

Keilverbindung

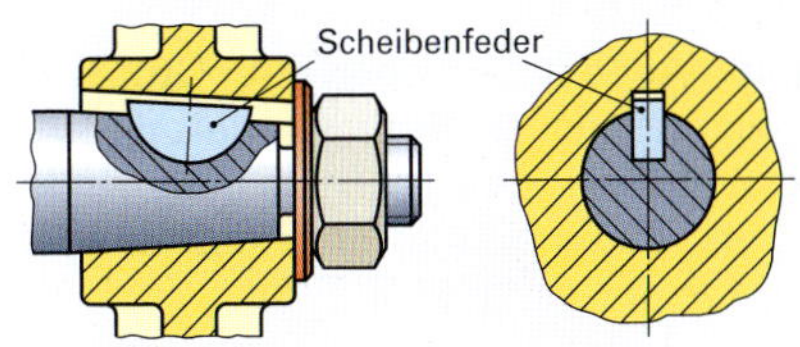

Kegelverbindung mit Scheibenfeder

Stoffschlüssiges Fügen durch Kohäsions- und Adhäsionskräfte

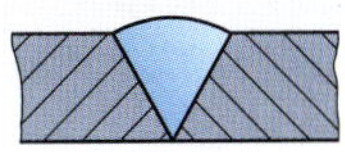
Schweißverbindung

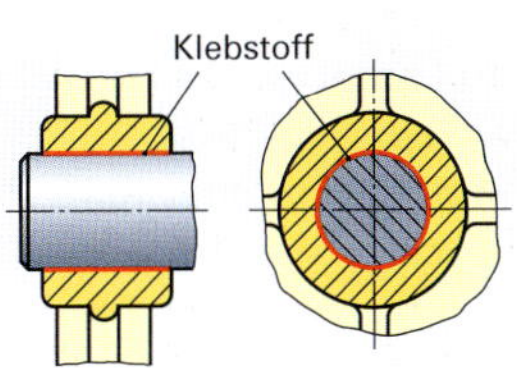

Klebeverbindung

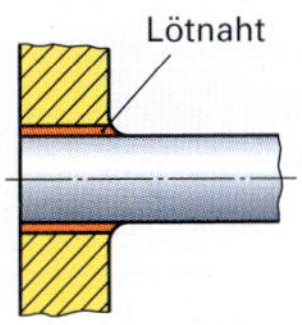

Lötverbindung

2.9.2 Press- und Schnappverbindungen

2.9.2.1 Pressverbindungen

Pressverbindungen entstehen, wenn beim Fügen von Bauteilen Übermaß zwischen den Passflächen vorhanden ist. Durch die auftretenden Presskräfte können Kräfte und Drehmomente ohne zusätzliche Verbindungselemente übertragen werden.

Pressverbindungen übertragen Kräfte und Drehmomente kraftschlüssig.

Pressverbindungen durch Längseinpressen

Beim Längseinpressen werden die Bauteile mithilfe einer Presse gefügt **(Bild 1)**. Weil scharfkantige Innenteile beim Einpressen die Rauheitsspitzen der Bohrungsfläche abschaben und damit den Bohrungsdurchmesser vergrößern und die Haftkraft verringern würden, erhält das Innenteil eine 2 bis 5 mm lange Einpressfase mit einem Winkel von maximal 5°. Das Einölen der Fügeflächen vor dem Einpressen verhindert das Festfressen der Bauteile.

Pressverbindungen durch Schrumpfen

Vor dem Fügen der Pressverbindung wird das Außenteil erwärmt und über das Innenteil geschoben. Beim Erkalten bildet sich die Pressverbindung durch Schrumpfen des Außenteiles **(Bild 2)**.

Die Maßverkleinerung beim Abkühlen eines zuvor erwärmten Bauteiles mit Innenpassflächen bezeichnet man als Schrumpfen.

Zur Erwärmung werden z.B. induktive Anwärmgeräte, Ölbäder und Gasbrenner verwendet.

Arbeitsregeln

- Vorgeschriebene Anwärmtemperaturen sind genau einzuhalten, um Gefügeänderungen zu vermeiden.
- Große, sperrige Teile sind gleichmäßig zu erwärmen, da sie sich sonst verziehen.
- Wärmeempfindliche Teile, z.B. Dichtungen, müssen vor dem Erwärmen entfernt werden.

Pressverbindungen durch Kühlen (Dehnen)

Können Außenteile wegen ihrer Größe, Form oder wegen möglicher Gefügeänderungen nicht erwärmt werden, kühlt man das Innenteil (Welle) soweit ab, bis es sich leicht in das Außenteil (Bohrung) fügen lässt **(Bild 3)**.

Als Kühlmittel dienen Trockeneis (festes Kohlendioxid, bis –79 °C) und flüssiger Stickstoff (bis –190 °C). Beim Wiedererwärmen dehnt sich das Innenteil und bildet mit dem Außenteil die Pressverbindung.

Bei allen Arbeiten mit Kühlmitteln sind die Unfallverhütungsvorschriften genau zu beachten.

Die Maßvergrößerung durch Erwärmen eines zuvor abgekühlten Bauteiles mit Außenpassflächen bezeichnet man als Dehnen.

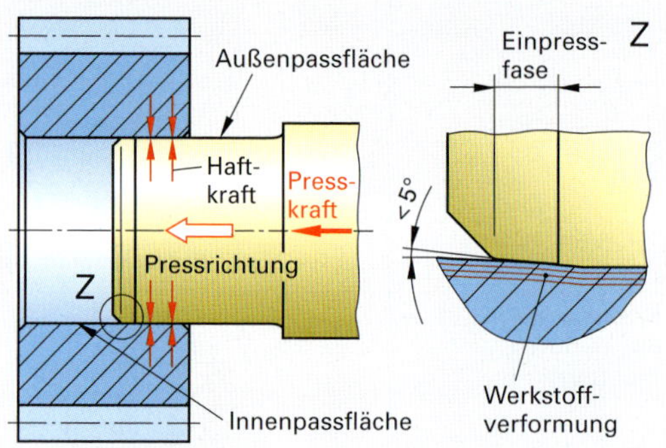

Bild 1: Pressverbindung durch Längseinpressen

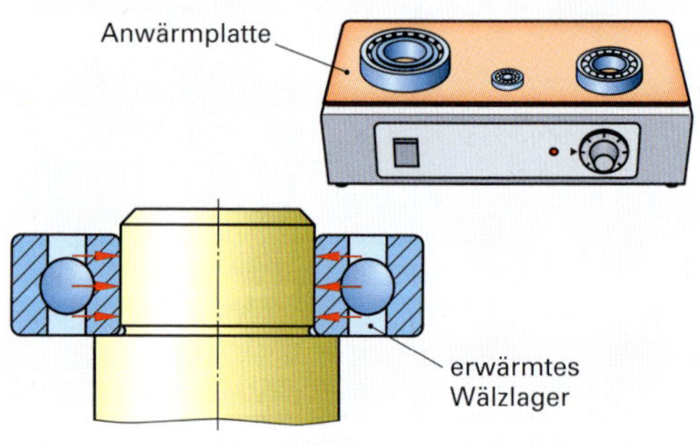

Bild 2: Pressverbindung durch Schrumpfen

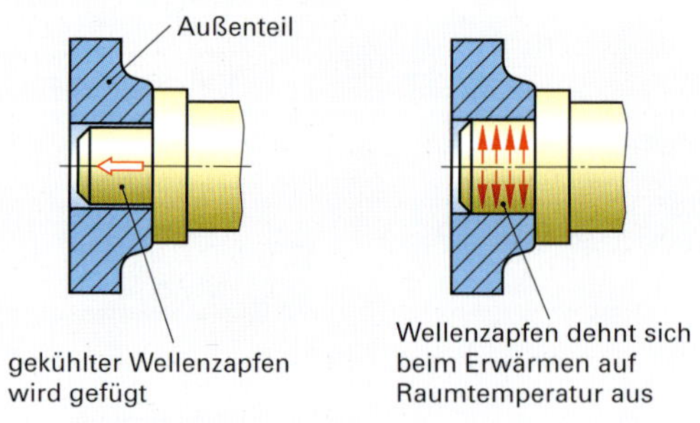

Bild 3: Pressverbindung durch Kühlen

Pressverbindungen mithilfe des Hydraulikverfahrens

Beim Hydraulikverfahren wird Maschinenöl durch eine in die Welle oder die Bohrung eingearbeitete Ringnut zwischen die Passflächen gepresst **(Bild 1)**. Die Bauteile verformen sich dabei elastisch und können mit geringem Kraftaufwand gegeneinander verschoben werden.

Bauteile mit kegeligen Passflächen können mit diesem Verfahren gefügt und getrennt werden. Zylindrische Bauteile werden meist durch Schrumpfen gefügt. Die Demontage kann mit dem Hydraulikverfahren erfolgen, solange z. B. die Wellen-Ringnut von der Nabe überdeckt wird (Bild 1). Anschließend kann die Nabe, weil sich zwischen den Passflächen noch Öl befindet, mit verhältnismäßig geringem Kraftaufwand vollends demontiert werden.

Das Hydraulikverfahren wird hauptsächlich zur Montage und Demontage von großen Wälzlagern verwendet.

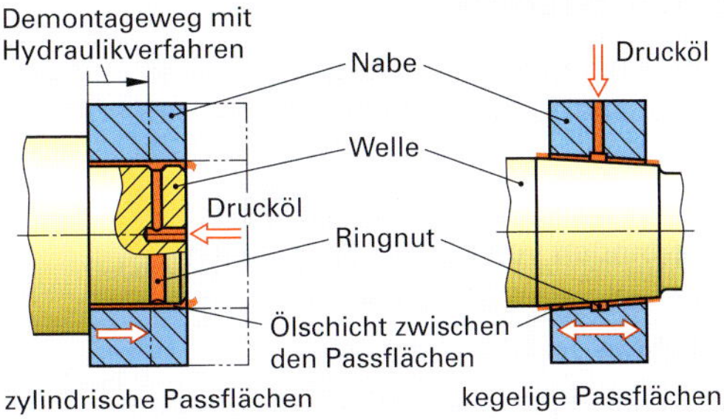

Bild 1: Hydraulisch hergestellte Pressverbindung

2.9.2.2 Schnappverbindungen

Bei den Schnappverbindungen wird die Elastizität der Werkstoffe, meist Kunststoffe oder Federstahl, für die Verbindung zweier Bauteile ausgenutzt.

Eine Kugel, ein Stirnwulst oder ein Haken greifen in die Hinterschneidung des anderen Teiles ein und bilden eine formschlüssige Verbindung **(Bild 2)**.

Mindestens ein Teil der Verbindung muss aus elastischem Werkstoff sein, der sich beim Fügen oder Lösen um die Wulsthöhe verformen lässt.

Man unterscheidet unlösbare und lösbare Schnappverbindungen **(Bild 3)**. Unlösbare Verbindungen haben auf ihrer Innenseite eine Planfläche, die das Trennen der Teile verhindert. Bei lösbaren Verbindungen haben die Wülste in beiden Bewegungsrichtungen Schrägen.

Bei Schnappverbindungen verformt sich ein Fügeteil elastisch und verhakt anschließend lösbar oder unlösbar.

Durch Schnappverbindungen mit zusätzlichen Befestigungselementen werden z. B. Zierleisten aus Kunststoff mit Pkw-Karosserieteilen gefügt.

Typische Befestigungselemente für Schnappverbindungen sind Klammern und Klipse, die geringe Fügekräfte benötigen und Fertigungsabweichungen in Bohrungen überbrücken können **(Bild 4)**.

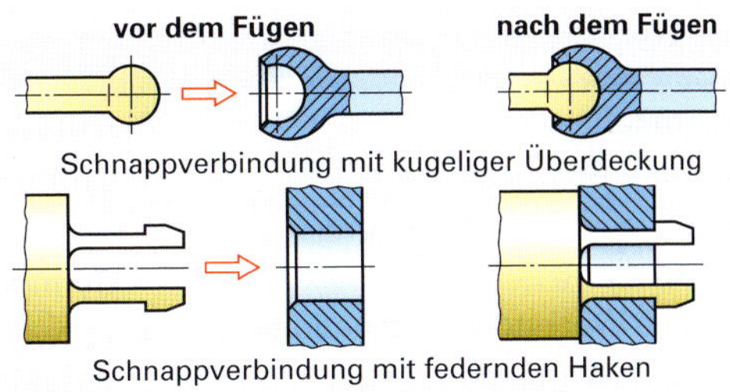

Bild 2: Bauformen von Schnappverbindungen

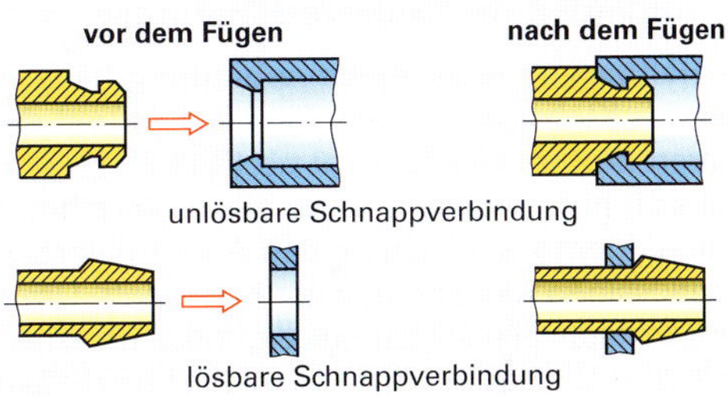

Bild 3: Arten von Schnappverbindungen

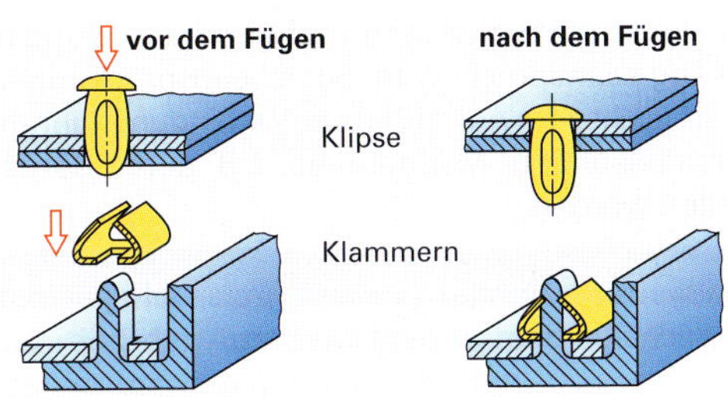

Bild 4: Schnappverbindungen mit Befestigungselementen

Wiederholung und Vertiefung

1. Welche Arbeitsregeln sind beim Anwärmen von Werkstücken für eine Pressverbindung zu beachten?
2. In welchen Fällen werden Pressverbindungen durch Kühlen angewendet?
3. Wie wird eine kegelige Pressverbindung mithilfe des Hydraulikverfahrens hergestellt?
4. Wodurch unterscheiden sich lösbare und unlösbare Schnappverbindungen?

2.9.4 Löten

Löten ist ein stoffschlüssiges Fügen und Beschichten von Werkstoffen mithilfe eines geschmolzenen Zusatzmetalls, dem **Lot**. Die Schmelztemperatur des Lotes liegt unterhalb der Schmelztemperatur der zu verbindenden Grundwerkstoffe. Die Grundwerkstoffe werden vom Lot benetzt, ohne geschmolzen zu werden. Das Löten erfolgt vielfach unter Anwendung von Flussmitteln, Schutzgasen oder im Vakuum.

Durch das Löten entstehen unlösbare, stoffschlüssige Verbindungen, die fest, dicht und leitfähig für Wärme und elektrischen Strom sind **(Bild 1)**. Die zu verbindenden Grundwerkstoffe können sehr unterschiedliche Eigenschaften und Zusammensetzung haben, sofern das Lot sich mit beiden Stoffen verbindet. So können z.B. Hartmetall-Schneidplatten auf Drehmeißelschäfte aus Baustahl gelötet werden.

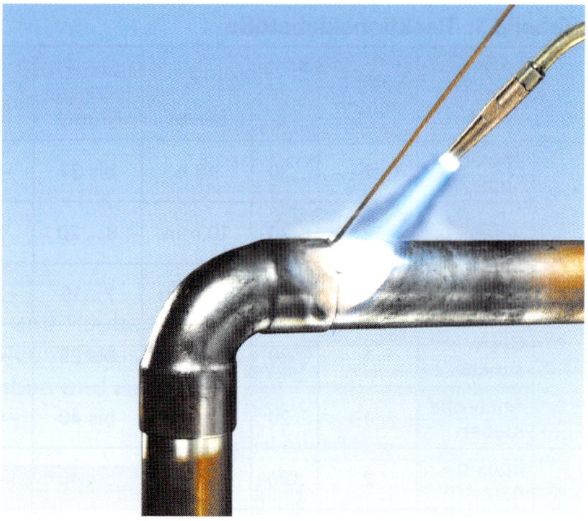

Bild 1: Löten eines Kupferrohres

> Durch Löten lassen sich gleiche oder verschiedenartige metallische Werkstoffe fest, dicht und leitfähig verbinden.

2.9.4.1 Grundlagen des Lötens

Benetzungsvorgang

Voraussetzung für eine Lötverbindung ist, dass das flüssige Lot den Grundwerkstoff benetzt. Dabei kommt es zu einer raschen Ausbreitung des flüssigen Lotes auf der Werkstückoberfläche **(Bild 2)**. Das Lot dringt in das Gefüge des Grundwerkstoffes, löst einen Teil davon und bildet eine Legierung **(Bild 3)**. Diesen Vorgang der gegenseitigen Durchdringung nennt man **Diffusion**.

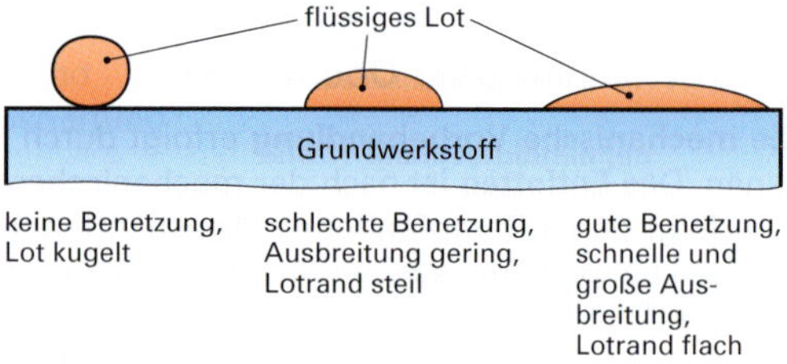

Bild 2: Benetzungsformen beim Löten

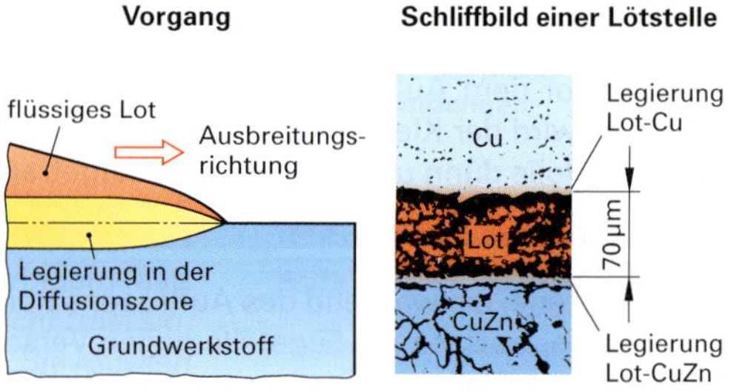

Bild 3: Legierungsbildung durch Diffusion

> Eine **gute Benetzung** wird nur erreicht, wenn
> - der Grundstoff mit dem Lot eine Legierung bilden kann,
> - die Lötstelle metallisch rein ist,
> - Werkstücke und Lot genügend erwärmt werden.

Lötspalt und Lötfuge

Der Abstand der beiden Fügeflächen ist von besonderem Einfluss auf den Lötvorgang. Einen Zwischenraum von weniger als 0,25 mm bezeichnet man als **Lötspalt**. Ist der Zwischenraum größer, so wird er als **Lötfuge** bezeichnet **(Bild 4)**. Durch die beiden dicht gegenüberliegenden Flächen des Lötspaltes wird die Adhäsion zwischen Werkstück und Lot größer als die Kohäsion im flüssigen Lot. Durch diese **Kapillarwirkung** wird das Lot in den Lötspalt hineingezogen.

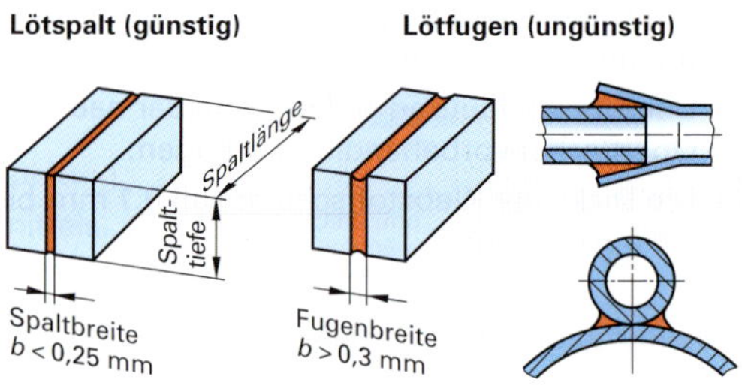

Bild 4: Lötspalt und Lötfuge

Die Kapillarwirkung ist umso größer, je geringer die Lötspaltbreite ist. Bei richtig bemessener Lötspaltbreite entsteht ein Fülldruck, der das Lot auch gegen die Schwerkraft in den Lötspalt zieht **(Bild 1)**.

Ist die Lötfuge breiter als 0,3 ... 0,5 mm, so wird das Lot nicht genügend in die Lötfuge hineingezogen **(Bild 2)**. Auch ein zu enger Lötspalt wird ungenügend gefüllt, da er nicht ausreichend Flussmittel zum Entfernen der Oxidhaut aufnimmt (Seite 246).

Der Lötspalt soll 0,05 mm bis 0,2 mm breit sein.

Lötspalttiefen über 15 mm sollten vermieden werden, da sie meist nur ungenügend gefüllt werden. Bei richtiger Bemessung des Lötspaltes und richtiger Wahl des Lotes erreichen die Lötverbindungen die gleiche Belastbarkeit wie die Grundwerkstoffe.

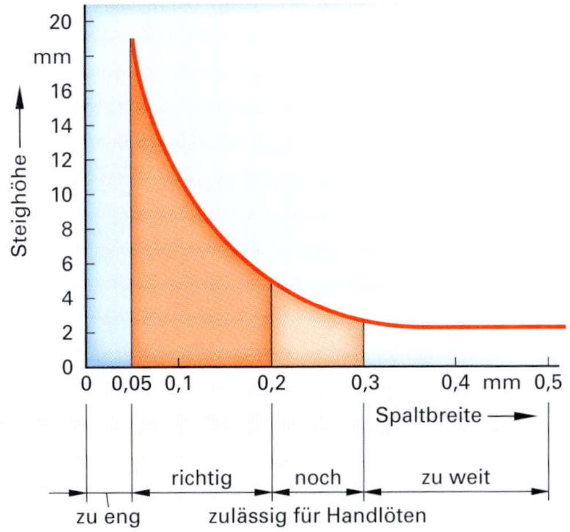

Bild 1: Steighöhe des Lotes in Abhängigkeit von der Breite des Lötspaltes

Temperaturen beim Löten

Reine Metalle und Zweistofflegierungen mit eutektischer Zusammensetzung besitzen einen festen **Schmelzpunkt**. Dabei liegt der Schmelzpunkt der eutektischen Legierung niedriger als die einzelnen Schmelzpunkte der reinen Grundmetalle. So schmilzt z. B. reines Zinn bei 232 °C, reines Blei bei 327 °C, eine Legierung aus 63 % Zinn und 37 % Blei dagegen bei 183 °C **(Bild 3)**.

Legierungen, die keine eutektische Zusammensetzung besitzen, haben keinen festen Schmelzpunkt, sondern einen **Schmelzbereich**.

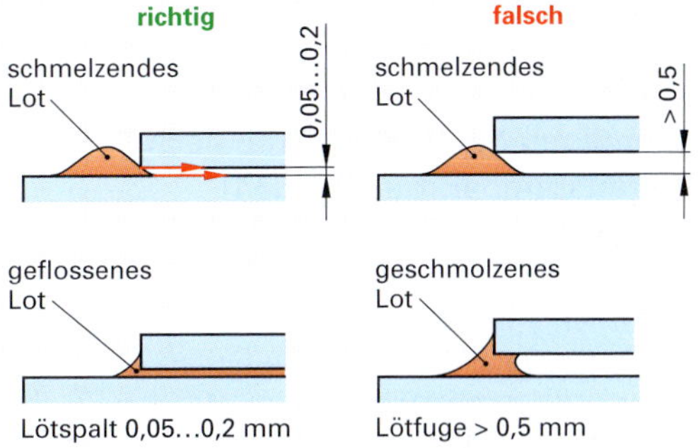

Bild 2: Kapillarwirkung beim Löten

Eutektische Legierungen besitzen einen Schmelzpunkt, andere Zusammensetzungen einen Schmelzbereich.

Erwärmt man z. B. eine Legierung aus 30 % Zinn und 70 % Blei, so schmelzen nur einzelne Kristalle bei 183 °C. Mit zunehmender Erwärmung werden immer mehr Kristalle geschmolzen. Erst beim Erreichen der Linie a–b im Schaubild ist die Legierung vollständig geschmolzen. Im Schmelzbereich zwischen 183 °C und 260 °C liegt dagegen ein breiiges Gemisch aus Schmelze und Kristallen vor (Bild 3).

Beim Erstarren wird das flüssige Lot zunächst wieder breiig und anschließend fest. Erschütterungen während des Erstarrens vermindern den Zusammenhang des Lotes und verringern damit wesentlich die Festigkeit der Lötverbindung.

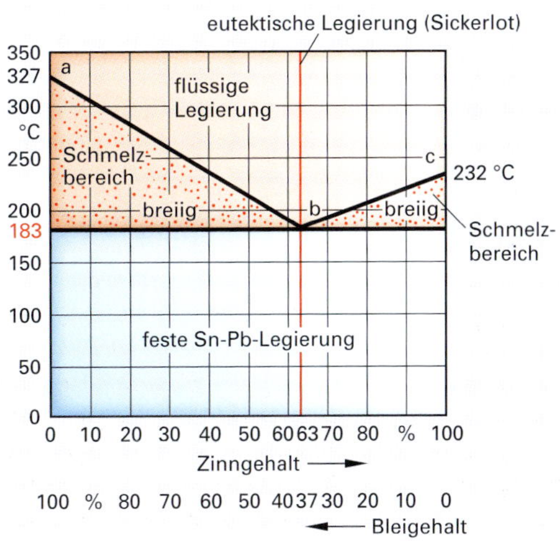

Bild 3: Zinn-Blei-Zustandsschaubild

Lot muss erschütterungsfrei erstarren.

Die **Arbeitstemperatur** eines Lotes ist die niedrigste Oberflächentemperatur des Werkstücks, bei der das Lot **benetzt, fließt und legiert**.

Bei Temperaturen unterhalb der Arbeitstemperatur erfolgt keine Verbindung zwischen Lot und Grundwerkstoff („kalte Lötstelle"). Lot und Lötstelle müssen mindestens die Arbeitstemperatur erreichen **(Bild 1)**. Beim Überschreiten der **maximalen Löttemperatur** verzundert das Werkstück und das Lot versprödet. Der **Wirktemperaturbereich** ist der Bereich, in dem das Flussmittel das Benetzen des Werkstücks durch das Lot ermöglicht (Bild 1).

Arbeitsregeln

- Werkstück und Lot sollen rasch und gleichmäßig erwärmt werden.
- Arbeitstemperatur und maximale Löttemperatur begrenzen den Löttemperaturbereich.
- Der Wirktemperaturbereich des Flussmittels muss größer sein als der Löttemperaturbereich.

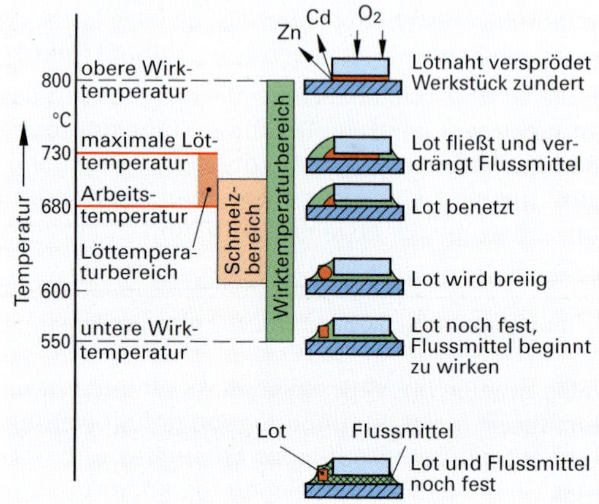

Bild 1: Wichtige Löttemperaturen für das Lot L-Ag30Cd und das Flussmittel FH10

Tabelle 1: Lötverfahren und Arbeitstemperatur

Weichlöten	Hartlöten	Hochtemperaturlöten
unter 450 °C mit Flussmittel	**über 450 °C** mit Flussmittel, unter Schutzgas oder im Vakuum	**über 900 °C** unter Schutzgas oder im Vakuum

2.9.4.2 Lötverfahren

Einteilung der Lötverfahren nach der Arbeitstemperatur (Tabelle 1)

Beim **Weichlöten** liegt die Arbeitstemperatur **unter 450 °C**. Das Weichlöten wendet man an, wenn dichte oder leitfähige Verbindungen erforderlich sind und an die Belastbarkeit keine hohen Ansprüche gestellt werden oder wenn die zu lötenden Bauteile wärmeempfindlich sind. Durch formschlüssige Gestaltung kann die Belastbarkeit der Weichlötstelle erhöht werden **(Bild 2)**.

Beim **Hartlöten** liegt die Arbeitstemperatur **über 450 °C**. Hartlötverbindungen können als Stumpfstoß ausgeführt werden; eine Vergrößerung der Spalttiefe erhöht die Festigkeit (Bild 2).

Hochtemperaturlöten ist ein Löten unter Schutzgas oder im Vakuum mit Loten, deren Arbeitstemperatur **über 900 °C** liegt.

Einteilung nach der Lotführung

Beim **Löten mit angesetztem Lot** werden die Werkstücke an der Lötstelle auf Löttemperatur erwärmt. Danach wird das Lot durch Berühren mit dem Werkstück zum Fließen gebracht.

Beim **Löten mit eingelegtem Lot** werden die Werkstücke zusammen mit einer abgestimmten Lotmenge (Lotformteil) auf Löttemperatur erwärmt.

Beim **Tauchlöten** werden die Werkstücke in einem Bad aus flüssigem Lot auf Löttemperatur erwärmt, wobei das geschmolzene Lot den Lötspalt ausfüllt.

Art der Lötstelle	Lötspalttiefe gering	Lötspalttiefe vergrößert	zusätzliche Erhöhung der Festigkeit
Blechnaht gerade	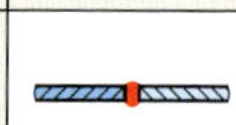	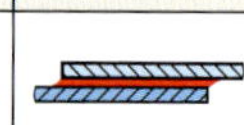	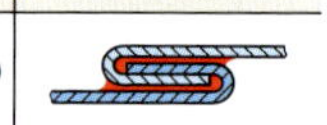
Blechnaht T-förmig	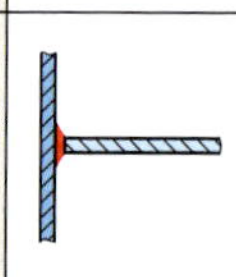	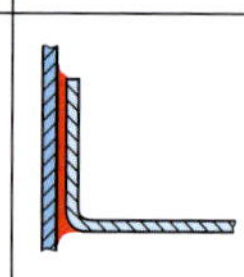	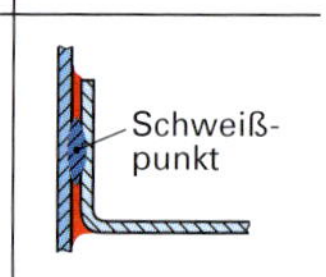
Rundteil mit Flachteil	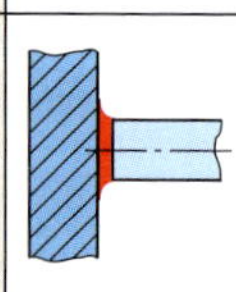	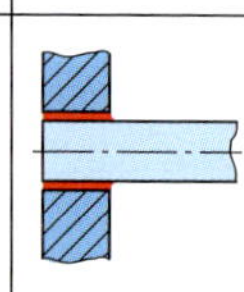	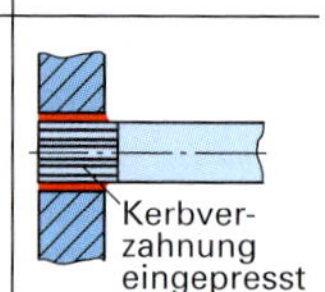
Rohrverbindung	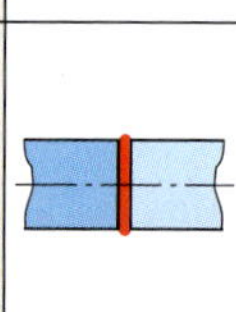	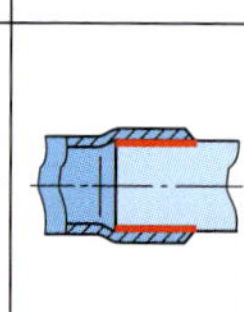	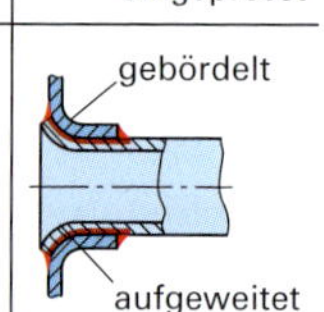
Eignung zum Weichlöten	ungeeignet	gut geeignet	sehr gut geeignet
Eignung zum Hartlöten	möglich	sehr gut geeignet	unnötiger Aufwand

Bild 2: Lötverfahren und Form der Lötstelle

Energiezufuhr beim Löten

Nach dem **Energieträger zum Erwärmen** unterscheidet man

- Löten durch Gas (Flammlöten, Ofenlöten),
- Löten durch feste Körper (Kolbenlöten, Blocklöten),
- Löten durch Flüssigkeiten (Lotbadlöten, Tauchlöten),
- Löten durch Strahlen (Laserstrahllöten),
- Löten durch elektrischen Strom (Widerstandslöten, Induktionslöten).

Beim **Flammlöten** werden die zu verbindenden Teile mit einer Gasflamme erwärmt. Das Lot wird erst zugeführt, wenn die Lötstelle die Arbeitstemperatur erreicht hat. Werden Lotformteile eingelegt, so muss die zugeführte Wärme über das Werkstück zum Lot fließen, andernfalls würde das Lot überhitzt **(Bild 1)**.

Beim **Kolbenlöten** werden die Werkstücke an der Lötstelle durch einen Lötkolben erwärmt **(Bild 2)**. Kolbenlöten ist nur zum Weichlöten geeignet. Der Lötkolben wird elektrisch oder mit Gas beheizt. Temperaturgeregelte Lötkolben sind besonders bei längeren Arbeitsunterbrechungen oder zum Löten von wärmeempfindlichen Bauelementen vorteilhaft.

Die Spitze des Lötkolbens besteht aus Kupfer oder einer Kupferlegierung. Die erwärmte Lötkolbenspitze muss vor Beginn der Lötarbeit von Oxiden gereinigt und durch Lotzugabe verzinnt werden.

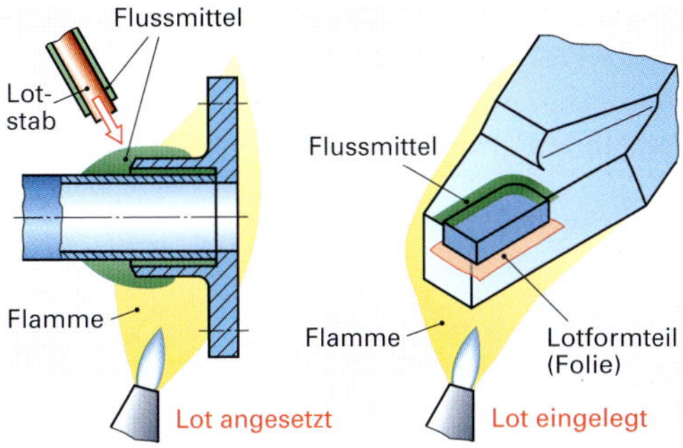

Bild 1: Flammlöten

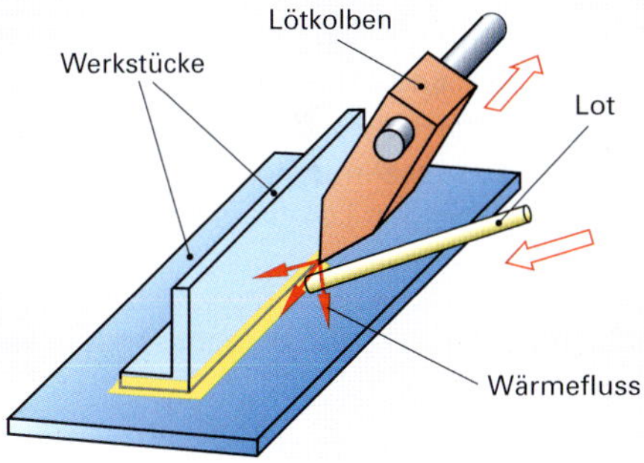

Bild 2: Kolbenlöten

2.9.4.3 Lote

Als Lote werden Legierungen, seltener reine Metalle, verwendet, deren Schmelzpunkt unter dem Schmelzpunkt der zu verbindenden Metalle liegt. Die Lote werden unterteilt in Weichlote, Hartlote, Hochtemperaturlote und Lote für Aluminium-Werkstoffe. Die Lote werden in Blöcken, Bändern, Folien, Stangen, Drähten, Fäden, als Lotformteile sowie in Pulver- und Pastenform geliefert **(Bild 3)**.

Weichlote für Schwermetalle sind in Gruppen eingeteilt **(Tabelle 1)**.

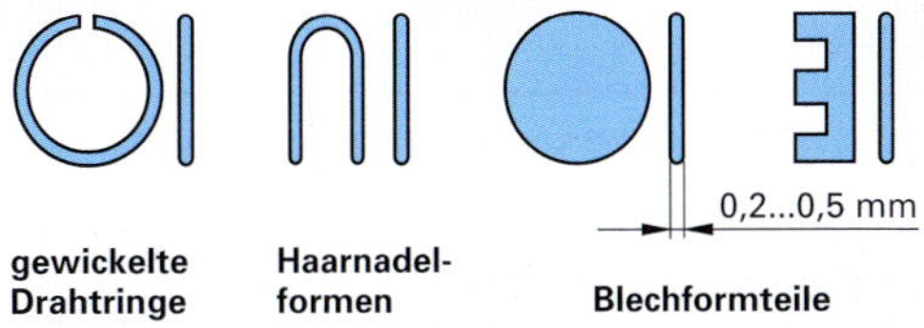

Bild 3: Lotformteile

Tabelle 1: Weichlote für Schwermetalle (Beispiele)

Gruppe	Leg.-Nr.	Legierungs-Kurzzeichen	Schmelz-temperatur	Hinweise für die Verwendung
Zinn-Blei	1	S-Sn63Pb37	183 °C	Feinwerktechnik, Elektrotechnik, Elektronik
	3	S-Pb50Sn50	183 ... 215 °C	Elektroindustrie, Verzinnung
	10	S-Pb98Sn2	320 ... 325 °C	Kühlerbau
Zinn-Blei-Kupfer	24	S-Sn97Cu3	230 ... 250 °C	Elektrogerätebau, Feinwerktechnik
	26	S-Sn50Pb49Cu1	183 ... 215 °C	
Zinn-Blei-Silber	28	S-Sn96Ag4	221 °C	Kupferrohrinstallation, Edelstahl
	34	S-Pb93Sn5Ag2	304 ... 365 °C	Für hohe Betriebstemperaturen

Hartlote für Schwermetalle werden nach ihrer Zusammensetzung, ihrer Verwendung und ihrer Arbeitstemperatur unterteilt **(Tabelle 1)**. Zum Hochtemperaturlöten werden Hartlote von großer Reinheit verwendet, vorwiegend Nickel-Chrom-Legierungen oder Silber-Gold-Palladium-Legierungen.

Tabelle 1: Hartlote für Schwermetalle (Beispiele)

Gruppe	Kurzzeichen EN 1044	Kurzzeichen DIN EN ISO 3677	Schmelztemperatur	Hinweise für die Verwendung
Kupferlote	CU 104	B-Cu100(P)-1085	1083 °C	Stähle, Hartmetall-Schneidplatten
	CU 303	B-Cu50Zn 870/900	870 ... 900 °C	Stahl, Cu, Ni und deren Legierungen
Silberhaltige Hartlote	AG 207	B-Cu48ZnAg 800/830	800 ... 830 °C	Stahl, Cu, Ni und deren Legierungen
	AG 203	B-Ag44CuZn-675/735	675 ... 735 °C	
	AG 304	B-Ag40ZnCdCu 595/630	595 ... 630 °C	
Phosphorhaltige Hartlote	CP 105	B-Cu92PAg 650/810	650 ... 810 °C	Kupfer und Nickelfreie Legierungen, **nicht** für Stahl oder Nickelwerkstoffe

Kupferlote bestehen aus sauerstofffreiem Kupfer oder Kupferlegierungen mit Zink und Zinn. Sie werden zum Hartlöten von Eisen-, Kupfer- und Nickelwerkstoffen verwendet. Die Arbeitstemperaturen liegen zwischen 825 °C und 1100 °C.

Silberhaltige Hartlote besitzen niedrigere Arbeitstemperaturen als Kupferlote. Die niedrigste Arbeitstemperatur ist mit cadmiumhaltigen Loten zu erreichen. Da Cadmium sehr giftig ist, ist die Verwendung von cadmiumhaltigen Loten nur in begründeten Ausnahmefällen und mit entsprechenden Sicherheitsvorkehrungen zulässig.

Cadmiumhaltige Lote können, besonders bei Überhitzung, giftige Dämpfe entwickeln.

2.9.4.4 Flussmittel

Erwärmte Metalle verbinden sich rasch mit Sauerstoff und bilden eine Oxidschicht. Diese verhindert das Benetzen durch das Lot **(Bild 1)**. Zum Lösen der Oxidschicht und zur Verhinderung weiterer Oxidation verwendet man beim Löten Flussmittel. Eine Oxidation kann auch durch Löten unter Schutzgas oder im Vakuum verhindert werden.

Flussmittel lösen Oxide und verhindern weitere Oxidation.

Die Auswahl des Flussmittels richtet sich nach dem zu lötenden Grundwerkstoff und dem Lötverfahren, vor allem aber nach der Arbeitstemperatur des verwendeten Lotes. Die Wirkung des Flussmittels muss unterhalb der Arbeitstemperatur einsetzen und über die maximale Löttemperatur hinaus reichen. Flussmittel werden daher nach ihrem **Wirktemperaturbereich** eingeteilt.

Um ein sicheres Löten der gesamten Fügefläche zu erreichen, werden die flüssigen oder pastenförmigen Flussmittel meist kurz vor dem Zusammensetzen der Teile auf den Lötbereich aufgetragen. Nach dem Löten müssen die Reste der Flussmittel von der Lötstelle entfernt werden, da sonst Korrosion entstehen kann.

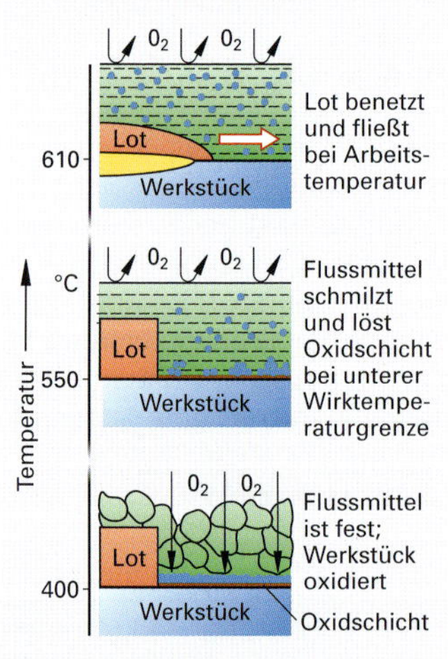

Bild 1: Wirkungsweise des Flussmittels FH10

Arbeitsregeln

- Lötstelle vor dem Löten gründlich reinigen und mit Flussmittel bestreichen.
- Nach dem Löten sind die Flussmittelreste von der Lötstelle zu entfernen.
- Flussmittel sollen nicht mit der Haut in Berührung kommen.
- Der Arbeitsplatz ist ausreichend zu lüften.

Die Kennzeichnung der Flussmittel erfolgt nach internationaler Norm durch Ziffern für Flussmitteltyp, Flussmittelbasis und Flussmittelaktivator sowie die Kennbuchstaben A für flüssig, B für fest und C für pastenförmig **(Tabelle 1)**. Die bisherige Kennzeichnung enthält die Buchstaben F für Flussmittel, S für Schwermetall, L für Leichtmetall und H für Hartlöten **(Tabelle 2)**.

Tabelle 1: Flussmittel zum Weichlöten (Beispiele)

Typ	Rückstände	Zusammensetzung, Hinweise für die Verwendung
3.2.2.A (F-SW 11)	stark korrodierend	Säurehaltige Lösung von Zink- und Ammoniumchlorid (Lötwasser), für stark oxidierte Oberflächen. Rückstände müssen abgewaschen werden.
2.2.1.C (F-SW 21)	leicht korrodierend	Pastenförmiges Gemisch aus Zink- und Ammoniumchlorid mit organischen Ölen oder Fetten (Lötfett), vorwiegend für Kupferlötungen. Rückstände müssen mit Lösungsmitteln entfernt werden.
1.1.1.B (F-SW 31)	nicht korrodierend	Natürliche oder synthetische Harze (Kolophonium), vorwiegend für Elektrotechnik und Elektronik. Rückstände müssen nicht entfernt werden.

Tabelle 2: Flussmittel zum Hartlöten (Beispiele)

Typ	Wirktemperatur	Zusammensetzung, Hinweise für die Verwendung
FH11	550 °C ... 800 °C	Fluor- und borhaltiges Flussmittel für Lote mit Arbeitstemperaturen von 600 °C bis 750 °C. Rückstände stark korrodierend.
FH21	750 °C ... 1100 °C	Borhaltiges Flussmittel (Borax) für Lote mit Arbeitstemperaturen über 800 °C. Die glasartigen Rückstände wirken wasseranziehend und korrodierend.

2.9.4.5 Beispiel einer Lötarbeit

Ein dünnwandiges, blankgezogenes Stahlrohr für eine Hochdruck-Gasleitung soll mit einer Kugelbuchse aus der Kupfer-Zinklegierung G-CuZn15 (Messing) verbunden werden **(Bild 1)**.

Lötverfahren. Aus Sicherheitsgründen und wegen der hohen mechanischen Belastung der Leitungsenden ist Hartlöten erforderlich.

Lot und Flussmittel. Um die Festigkeit des Stahlrohres zu erhalten, muss das Lot eine niedrige Arbeitstemperatur haben. Gewählt wird AG106. Das dazu passende Flussmittel ist F-SH1 in Pastenform.

Arbeitsvorgang. Aus Lotdraht mit 1,5 mm Durchmesser wird ein Ring gebogen (Bild 1), mit Flussmittel bestrichen und in die Buchse gelegt. Das Stahlrohr wird ebenfalls mit Flussmittel bestrichen und eingeschoben. Durch den Durchmesserunterschied von 0,2 mm zwischen Rohr und Buchse ergibt sich ein Lötspalt von 0,1 mm.

Zum Löten wird das Fügeteil senkrecht gestellt und mit der Flamme so erwärmt, dass Rohr und Buchse möglichst gleichzeitig die Arbeitstemperatur von 710 °C erreichen. Sobald das Lot schmilzt, sinkt die Buchse nach unten und der Lötspalt wird durch die Kapillarwirkung mit dem Lot gefüllt. Während des Erstarrens des Lotes sind Erschütterungen unbedingt zu vermeiden, da sonst die Festigkeit der Verbindung nicht gewährleistet ist.

Nach dem Erkalten werden in einer heißen, 10%igen Schwefelsäurelösung Oxide und Flussmittelreste abgebeizt. Anschließend spült man das Rohr mehrmals in kaltem Wasser, trocknet es und ölt es zum Korrosionsschutz leicht ein.

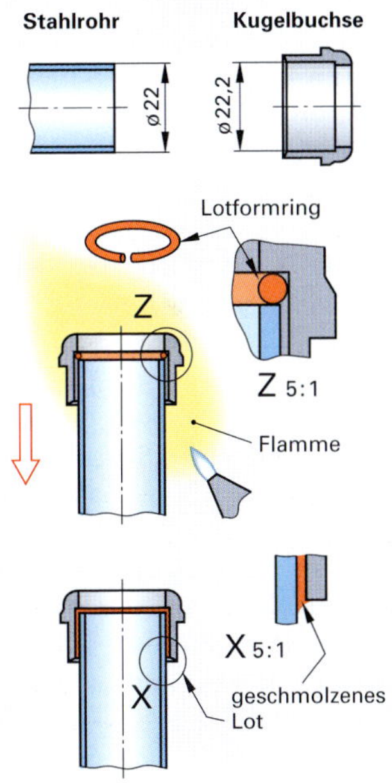

Bild 1: Lötbeispiel

Wiederholung und Vertiefung

1 Was versteht man unter Löten?
2 Welche Anforderungen können an eine Lötnaht gestellt werden?
3 Was versteht man unter der Arbeitstemperatur eines Lotes?
4 Wodurch unterscheidet sich das Weichlöten vom Hartlöten?
5 Welche Aufgaben haben die Flussmittel?
6 Warum müssen Flussmittelreste meist entfernt werden?

2.9.5 Schweißen

Beim Schweißen werden zwei Teile stoffschlüssig miteinander verbunden **(Bild 1)**. Dabei wird der Werkstoff an der Fügestelle durch Wärme oder Reibung in flüssigen oder plastischen Zustand gebracht. Bei den meisten Schweißverfahren muss Zusatzwerkstoff zum Füllen der Fugen zugegeben werden.

Das Schweißen wird wegen seiner besonderen Eigenschaften in vielen Bereichen der Technik eingesetzt, z.B. im Anlagenbau, bei Stahl- oder Leichtmetallkonstruktionen, beim Brückenbau, bei Fahrzeugen, Maschinenständern und Behältern, aber auch für Teile aus Kunststoff.

Schweißverbindungen sind stoffschlüssige und unlösbare Verbindungen.

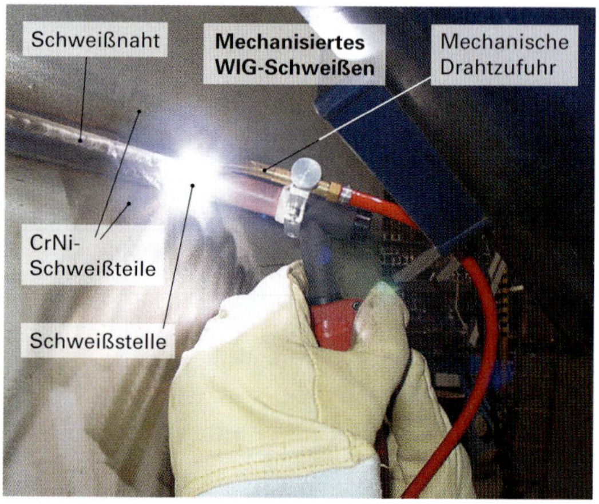

Bild 1: Schweißen einer Naht

Vorteile und Nachteile des Schweißens

Vorteile

- Schweißen ermöglicht vielfältige Form- und Gestaltungsmöglichkeiten.
- Überlappungen und zusätzliche Verbindungselemente, wie z.B. Schrauben, entfallen.
- Die Festigkeit der Schweißnaht ist meist so groß oder größer wie die der Bauteile.
- Mit Schweißnähten lassen sich dichte und unlösbare Verbindungen herstellen.

Nachteile

- Gefügeveränderungen in der Schweißzone können die Festigkeit der Bauteile herabsetzen.
- Der Verzug und die Schrumpfung der geschweißten Teile müssen beachtet werden.
- Nicht alle Werkstoffe sind zum Schweißen geeignet.
- Unterschiedliche Werkstoffe sind nicht bzw. nur bedingt miteinander verschweißbar.

2.9.5.1 Einteilung der Schweißverfahren

Es gibt eine Reihe von Schweißverfahren. Sie werden nach DIN EN ISO 4063 in die Hauptgruppen Lichtbogenschweißen, Widerstandsschweißen, Gasschmelzschweißen, Pressschweißen, Strahlschweißen und Sonstige Schweißverfahren eingeteilt **(Tabelle 1)**.

Bei den **Schmelzschweißverfahren**, z.B. beim Lichtbogen- oder Gasschmelzschweißen, werden die Bauteile an der Schweißstelle über den Schmelzpunkt hinaus erwärmt. Bei den **Pressschweißverfahren**, z.B. beim Reibschweißen, wird die Schweißstelle bis zum teigigen Zustand erwärmt. Anschließend werden die zu fügenden Teile durch Zusammenpressen verbunden.

Die **Schweißverfahren** können weiter eingeteilt werden nach

- den **zu schweißenden Werkstoffen,** z.B. in Metall- und Kunststoffschweißen,
- dem **Zweck des Schweißens,** z.B. in Verbindungs- und Auftragsschweißen,
- der **Art der Fertigung,** z.B. in Hand- und automatisches Schweißen.

Tabelle 1: Einteilung der Schweißverfahren nach DIN EN ISO 4063 (Auswahl)

	Kennzahl
Lichtbogenschweißen	**1**
• Lichtbogenhandschweißen	111
• Unterpulverschweißen	12
• Wolfram-Schutzgasschweißen	14
• Plasmaschweißen	15
Widerstandsschweißen	**2**
• Punktschweißen	21
• Rollennahtschweißen	22
• Buckelschweißen	23
Gasschmelzschweißen	**3**
• Autogenschweißen	311
Pressschweißen	**4**
• Ultraschallschweißen	41
• Reibschweißen	42
Strahlschweißen	**5**
• Elektronenstrahlschweißen	51
• Laserstrahlschweißen	52
Andere Schweißverfahren	**7**
• Bolzenschweißen	78

2.9.5.2 Lichtbogenschweißen

Zum Lichtbogenschweißen gehören die Verfahren Lichtbogenhand-, Schutzgas-, Plasma- und Unterpulverschweißen. Wärmequelle ist der Lichtbogen zwischen Elektrode und Werkstück.

Lichtbogenhandschweißen

Beim Lichtbogenhandschweißen schließt der Lichtbogen zwischen Stabelektrode und Werkstück den Stromkreis **(Bild 1)**. Die Polung hängt vom Umhüllungstyp der verwendeten Stabelektrode ab. In der Regel wird mit Gleichstrom geschweißt und die Stabelektrode an den Minuspol angeschlossen. Das führt zu einem guten Zünden, einem schmalen, tiefen Einbrand sowie zu einer geringen Erwärmung der Elektrode. Durch die hohe Temperatur des Lichtbogens schmelzen an der Schweißstelle sowohl die Kanten der Fügeteile als auch die von Hand zugeführte Stabelektrode. Die Schmelze wird von einem Schutzgasmantel und der Schlacke gegen Oxidation geschützt. Die abgekühlte Schmelze bildet die Schweißnaht.

Schweißstromquellen. In den Schweißstromquellen muss der aus dem Netz entnommene Wechselstrom mit der Spannung 230 V oder 400 V auf die Schweißspannung von 15 V bis 30 V transformiert werden. Beim Schweißen mit Gleichstrom wird der Wechsel- in Gleichstrom umgeformt.

Inverter sind moderne elektronische Schweißgeräte, die hohe Schweißströme und Leistungen bei geringer Baugröße ermöglichen. Sie geben neben Gleich- auch sinus- oder rechteckförmigen Wechselstrom ab und erlauben vielfältige Einstellmöglichkeiten **(Bild 2)**.

Strom-Spannungs-Kennlinien zeigen den Zusammenhang zwischen der Stromstärke und der Spannung von Schweißstromquellen. Beim Lichtbogenhandschweißen soll die Kennlinie möglichst steil fallen. Dann bewirken ungewollte Längenänderungen des Lichtbogens durch den Schweißer nur geringe oder keine Schwankungen der Schweißstromstärke (Konstantstrom), während die Spannung automatisch angepasst wird. An der Schweißstromquelle wird die Schweißstromstärke eingestellt und damit eine Kennlinie aus einer Kennlinienschar bestimmt. Der Schnittpunkt dieser Kennlinie mit der Widerstandskennlinie des Lichtbogens ergibt den Arbeitspunkt. Er gibt die beim Schweißvorgang wirkende Stromstärke und Spannung an **(Bild 3)**.

Die **Leerlaufspannung** einer Schweißstromquelle ist die Spannung des eingeschalteten Gerätes ohne Belastung. Die Leerlaufspannungen sind aus Sicherheitsgründen begrenzt **(Tabelle 1)**.

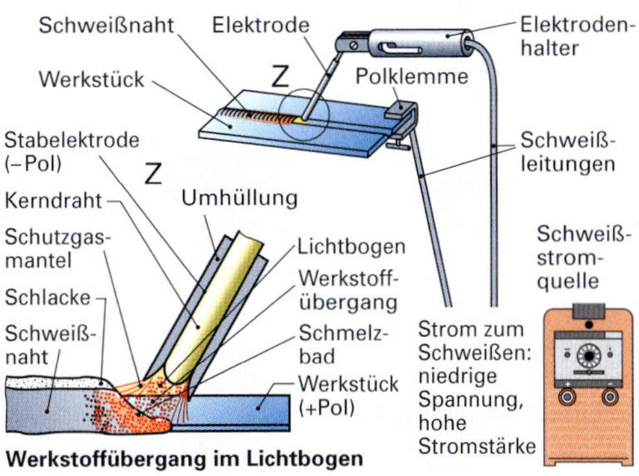

Bild 1: Anlage zum Lichtbogenhandschweißen

Inverter:
- klein, leicht, leistungsstark (z. B. $m = 18$ kg, I bis 180 A)
- Schweißstrom: DC, AC
- schnelle Regelung
- hoher Wirkungsgrad
- fern regelbar

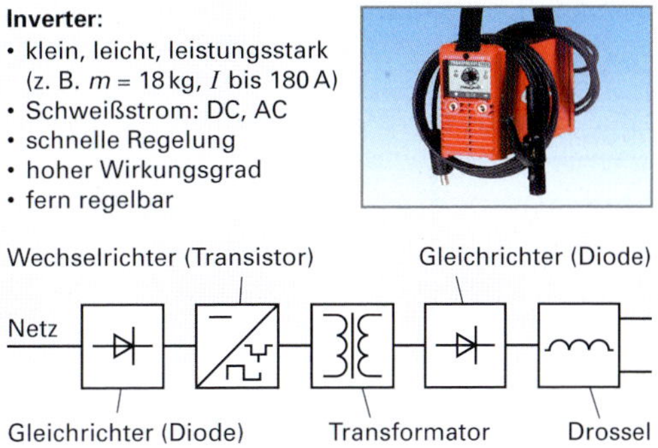

Bild 2: Moderne elektronische Schweißstromquelle mit Inverter-Technologie, Blockschaltbild

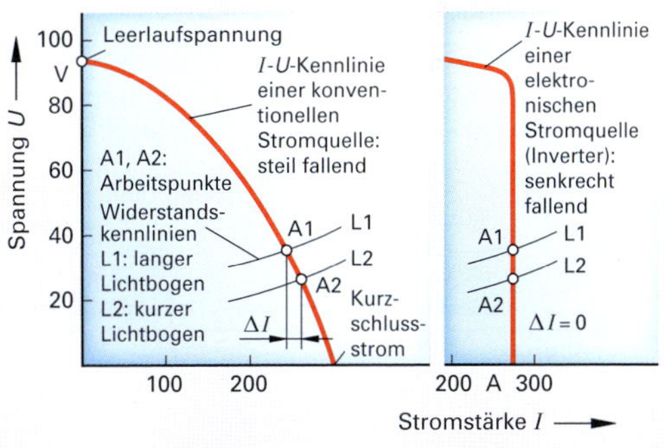

Bild 3: Strom-Spannungs-Kennlinien konventioneller und elektronischer Schweißstromquellen

Tabelle 1: Leerlaufspannungen

Betriebsbedingungen	Stromart	
	Gleichstrom	Wechselstrom
Normalbetrieb	<113 V	< 80 V
in Kesseln und engen Räumen	< 100 V	< 42 V
neue Kombigeräte	< 113 V	< 48 V

Stabelektroden. Sie bestehen aus dem **Kerndraht** und der **Umhüllung (Bild 1)**. Diese entwickelt beim Abschmelzen einen Schutzgasmantel, der den Lichtbogen stabilisiert und den flüssigen Werkstoffübergang und das Schmelzbad gegen die Umgebungsluft abschirmt **(Bild 2)**. Die abgeschmolzene Umhüllung schwimmt als Schlacke auf der Schweißnaht. Sie verhindert eine Verzunderung und zu schnelle Abkühlung der Schweißstelle. Schrumpfspannungen und eine Aufhärtung des Schweißnahtbereiches werden so vermindert. Die Umhüllung enthält meist Legierungselemente, welche die Festigkeit und Zähigkeit der Schweißnaht verbessern.

Eigenschaften. Die Eigenschaften einer Stabelektrode sind aus dem genormten Kurzzeichen ablesbar **(Bild 3)**. Es gibt die vier Umhüllungsgrundtypen **R, B, C, A (Tabelle 1)**, die Mischtypen **RA, RB, RC, RR** sowie verschiedene Umhüllungsdicken. Jeder Elektrodentyp hat spezifische Schweißeigenschaften für typische Schweißaufgaben.

Lichtbogen. Der Lichtbogen wird durch kurzes Berühren des Werkstücks mit der Stabelektrode gezündet. Durch Zurückziehen der Elektrode um einige Millimeter erhält er die zum Schweißen richtige Länge. Die kinetische Energie der Elektronen erhöht beim Auftreffen auf die Anode (Pluspol) die Temperatur. Am Minuspol entsteht eine Temperatur von etwa 3600 °C, am Pluspol, der meist an das Werkstück gelegt wird, etwa 4200 °C.

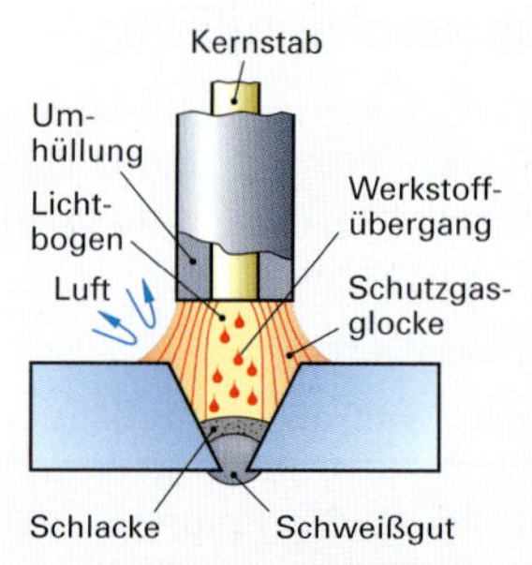

Bild 1: Abschmelzvorgang einer Stabelektrode

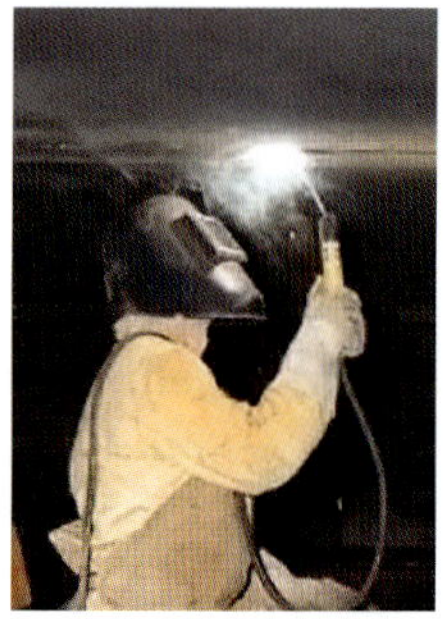

Bild 2: Lichtbogenhandschweißen

Elektroden-Kurzzeichen

ISO 2560-A E 46 3 1Ni B 5 4 H5

- ISO 2560-A: Norm-Nummer (Einteilung nach Streckgrenze und Kerbschlagarbeit von 47 J)
- E: Kurzzeichen für umhüllte Stabelektrode (Lichtbogenhandschweißen)
- 46: Kennziffer für Mindeststreckgrenze und die Mindestbruchdehnung (460 MPa, 20 %)
- 3: Kennziffer für die Kerbschlagarbeit (47 J bei −30 °C)
- 1Ni: Kurzzeichen für die chemische Zusammensetzung (1,4 % Mn und 0,6–1,2 % Ni)
- B: Kurzzeichen für den Umhüllungstyp (basisch)
- 5: Kennziffer für die Ausbringung und die Stromart (140 %, AC und DC)
- 4: Kennziffer für die Schweißposition (Wannenposition
- H5: Kennzeichen für den diffusiblen Wasserstoffgehalt (≤ 5 ml/100 g)

Bild 3: Bezeichnung der Stabelektroden (Beispiel)

Tabelle 1: Umhüllungsgrundtypen von Stabelektroden

	Rutil	Basisch	Zellulose	Sauer
Tropfenübergang	Feintropfiger Werkstoffübergang 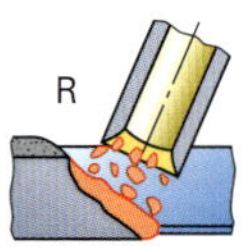 R	Grobtropfiger Werkstoffübergang 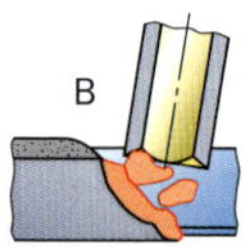 B	Feintropfiger Werkstoffübergang 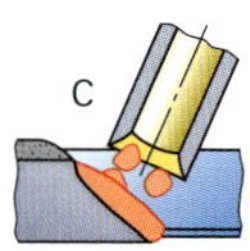 C	Sehr feintropfiger Werkstoffübergang 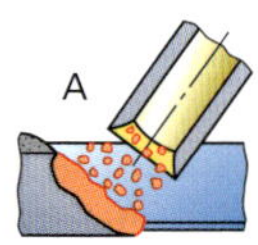 A
Zusammensetzung	Rutil TiO_2 45 % Quarz SiO_2 20 % Fe-Mn 15 % Magnetit Fe_3O_4 10 % Kalkspat $CaCO_3$ 10 % Wasserglas	Flussspat CaF_2 45 % Kalkspat $CaCO_3$ 40 % Quarz SiO_2 10 % Fe-Mn 5 % Wasserglas	Zellulose 40 % Quarz SiO_2 25 % Rutil TiO_2 20 % Fe-Mn 15 % Wasserglas	Magnetit Fe_3O_4 50 % Quarz SiO_2 20 % Fe-Mn 20 % Kalkspat $CaCO_3$ 10 % Wasserglas
Vorteile	• leicht zu verschweißen • schöne, flache Naht • AC und DC möglich	• leichte Nahtüberhöhung • hohe mech. Güte • meist DC +	• tiefer Einbrand • alle Positionen, besonders fallend • gute mech. Güte	• starker Einbrand • glatte, flache Naht • mittlere mech. Güte
Nachteile	• nicht alle Positionen möglich • niedrigere mech. Gütewerte als basische Elektroden • schlechte Spaltüberbrückbarkeit	• etwas schwieriger zu verschweißen • sollte rückgetrocknet werden	• sehr schwierig zu verschweißen • nicht für alle Schweißmaschinen geeignet • große Rauchentwicklung	• für Zwangslagen nur bedingt geeignet • Neigung zur Rissbildung

Blaswirkung. Beim Lichtbogenschweißen wird der Lichtbogen durch den Einfluss des elektromagnetischen Feldes abgelenkt, das sich um jeden stromdurchflossenen Leiter bildet. Steht die Elektrode z. B. senkrecht auf dem Werkstück, werden die Feldlinien in der zum Polanschluss gerichteten Krümmung zusammengedrängt und auf der gegenüberliegenden Seite aufgelockert. In diesen aufgelockerten Bereich wird der Lichtbogen abgelenkt **(Bild 1)**.

Die Blaswirkung tritt vorwiegend beim Schweißen mit Gleichstrom, besonders beim Schweißen von Stahl auf. Sie kann so stark werden, dass ein Schweißen unmöglich wird. Eine Verringerung der Blaswirkung kann erreicht werden durch die Verlegung der Polklemme am Werkstück, die Änderung der Schweißrichtung, die Verwendung dick umhüllter Elektroden, die Neigung der Elektrode gegen die Blasrichtung oder durch Schweißen mit Wechselstrom.

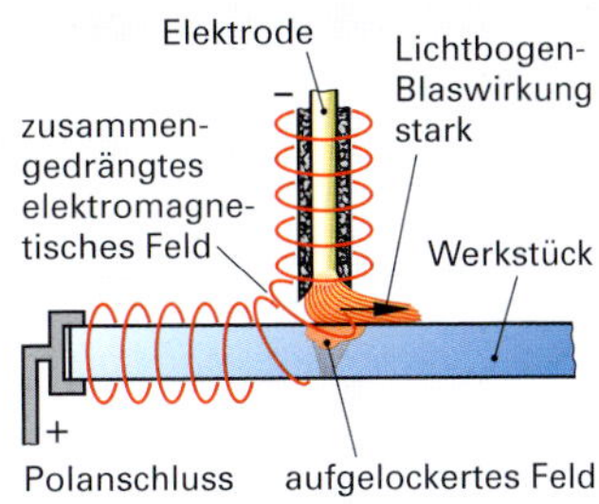

Bild 1: Einfluss der Blaswirkung auf den Lichtbogen

Arbeitstechnik des Lichtbogenhandschweißens

Art und Durchmesser der Stabelektrode werden von der Materialdicke, dem Bauteilwerkstoff und der Art des Schweißens (Verbindungs- oder Auftragsschweißen) bestimmt. Beim Schweißen muss das **Abschmelzen der Elektrode** durch laufendes Nachführen so ausgeglichen werden, dass die Lichtbogenlänge konstant bleibt. Durch entsprechende Führung der Stabelektrode können die Richtung und der Druck des Lichtbogens so beeinflusst werden, dass das nachfließende Schmelzbad nicht in Schweißrichtung vorläuft. Schlackeneinschlüsse und Bindefehler werden vermieden. Erreicht das Reststück einer abschmelzenden Elektrode Glühtemperatur, ist der eingestellte Schweißstrom zu groß. Ist dieser zu klein, kann der Lichtbogen schlecht gezündet und gehalten werden und die flüssige Schlacke behindert die Bildung einer normalen Schweißnaht.

Beim Lichtbogenhandschweißen sollte die Lichtbogenlänge etwa dem Kerndrahtdurchmesser der Elektrode entsprechen.

Große **Schweißfugen** werden in mehreren Lagen geschweißt **(Bild 2)**. Die Schlacke der zuvor geschweißten Lage muss vollständig entfernt werden. Die Decklage ist mit Pendelbewegungen zu schweißen. **Steignähte** werden mit besonderen Elektrodenbewegungen geschweißt **(Bild 3)**.

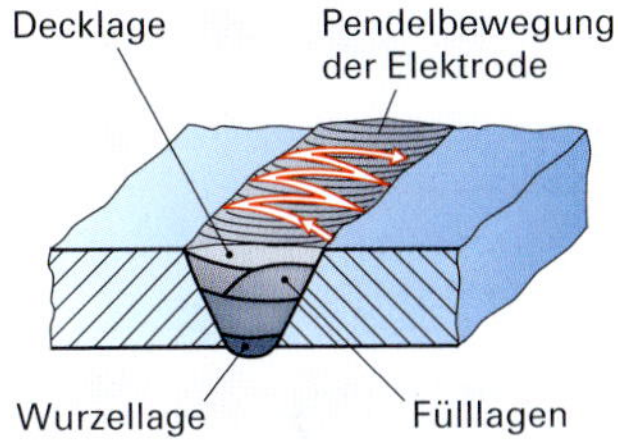

Bild 2: Schweißlagen

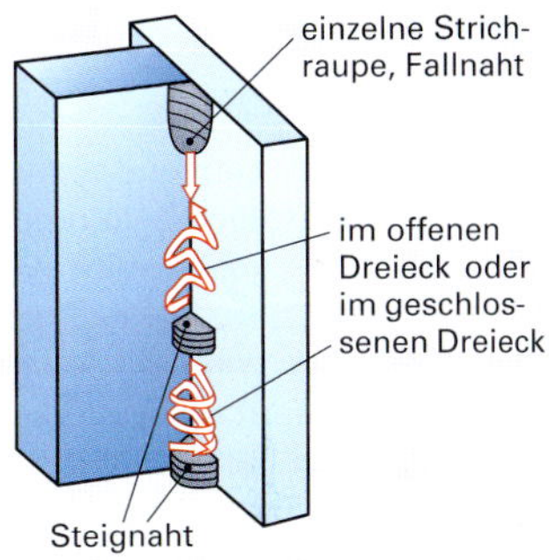

Bild 3: Führung der Stabelektrode bei einer Steignaht

Arbeitsregeln für das Lichtbogenhandschweißen

- Das Schweißen ist mit geeigneter Arbeitskleidung und Arbeitsschuhen durchzuführen: Sicherheitsschuhe, Lederbekleidung mit Nackenschutz, Schutzschild mit Seitenschutz.
- Schweißen mit entblößten Armen und freiem Oberkörper ist verboten. Die Strahlung des Lichtbogens würde zu Haut- und Augenschäden, die Schweißgutspritzer zu Verbrennungen führen.
- Beim Lichtbogenhandschweißen ist die Arbeitsstelle so abzuschirmen, dass andere Personen durch die Strahlen nicht geschädigt werden (Verblitzen der Augen).
- Die Schlacke auf der Naht darf erst nach dem Erkalten entfernt werden, damit der Nahtbereich langsam abkühlen kann. Auch für diese Arbeit ist der Schutzschild zu benutzen.

Wiederholung und Vertiefung

1. Welche Stromquellen eignen sich für das Lichtbogenschweißen?
2. Welche Kriterien sind bei der Auswahl einer Stabelektrode zu beachten?
3. Welche Aufgabe hat die Umhüllung der Stabelektrode beim Schweißen?
4. Wie kann die Blaswirkung beim Schweißen verringert werden?

2.9.5.3 Gasschmelzschweißen

Beim Gasschmelzschweißen, auch Autogenschweißen genannt, werden die Fügeteile an der Schweißstelle durch eine Brenngas-Sauerstoffflamme zum Schmelzen gebracht. Als Brenngas dient meist Acetylen. Mit diesem Gas wird eine Flammentemperatur von etwa 3200 °C erreicht. Die Gase werden Gasflaschen entnommen und über Gasschläuche zum Schweißbrenner geleitet **(Bild 1)**. Um Verwechslungen beim Umgang mit brennbaren und nicht brennbaren Gasen auszuschließen, sind die Gasflaschen farblich gekennzeichnet und haben unterschiedliche Anschlüsse **(Tabelle 1)**.

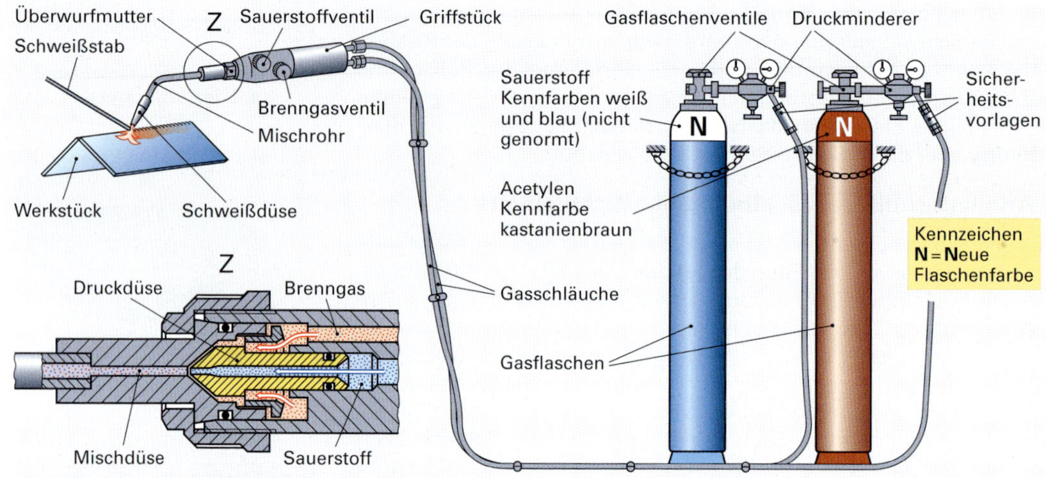

Bild 1: Gasschweißanlage

Das Gasschmelzschweißen wird meist nur noch für kleine Reparaturarbeiten eingesetzt. Es kann in allen Positionen geschweißt werden.

Regeln für den Umgang mit Gasflaschen

- Die Armaturen der Sauerstoffflaschen sind frei von Öl und Fett zu halten. Sauerstoff reagiert mit diesen Stoffen explosionsartig.
- Acetylenflaschen sind gegen Umfallen zu sichern und vor Stoß, Erwärmung und Frost zu schützen. Ansonsten kann Acetylenzerfall und als Folge ein Flaschenbrand ausgelöst werden.
- Gasflaschen dürfen nur mit abgeschraubtem Druckminderer und aufgeschraubter Schutzkappe transportiert werden.

Armaturen einer Gasflasche

Gasflaschen haben ein Flaschenventil, einen Druckminderer mit Einstellschraube und ein Absperrventil. Zusätzlich besitzen sie eine Sicherheitsvorlage, die bei einem Flammenrückschlag die Gaszufuhr sperrt.

Druckminderer. Zum Schweißen muss der hohe Gasdruck in den Flaschen durch den Druckminderer auf den erforderlichen Arbeitsdruck reduziert werden **(Bild 2)**. Der Druck in der Gasflasche wird vom Inhaltsmanometer, der einstellbare Arbeitsdruck vom Arbeitsmanometer angezeigt. Der Arbeitsdruck für Sauerstoff beträgt 2,5 bar, für Acetylen 0,25 bis 0,5 bar.

Tabelle 1: Anschlüsse der Druckgasflaschen und Kennfarbe der Flaschenschulter[1)]

Gasart		Kennfarbe	Anschlüsse
*	Sauerstoff	weiß	R3/4
brennbar	Acetylen	kastanienbraun	Spannbügel
	Wasserstoff	rot	W21,80x1/14
nicht brennbar	Stickstoff	schwarz	W24,32x1/14
	Kohlendioxid	grau	W21,80x1/14
	Argon	dunkelgrün	W21,80x1/14
	Helium	braun	W21,80x1/14
	Druckluft	leuchtend grün	R5/8

1) Die Kennfarbe des zylindrischen Flaschenkörpers ist nicht genormt.

* Brandfördernd

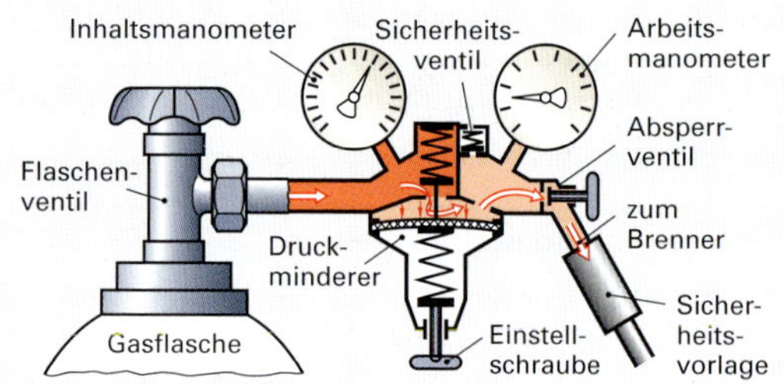

Bild 2: Druckminderer

Die Acetylen-Sauerstoff-Flamme wird mit den Ventilen am Schweißbrenner eingestellt **(Bild 1, vorherige Seite)**.

Bei der **normalen** Einstellung der Flamme werden Acetylen und Sauerstoff im Volumenverhältnis 1 : 1 gemischt. Die Verbrennung dieses Gemisches in der 1. Verbrennungsstufe ist unvollständig, weil zur vollständigen Verbrennung des Acetylengases das 2,5-fache Sauerstoffvolumen erforderlich ist. Die entstehenden Gase Kohlenmonoxid und Wasserstoff bilden in der Flamme eine reduzierende Zone. In diesem Flammenbereich wird 2 bis 4 mm vor dem Flammenkegel die höchste Temperatur von etwa 3200 °C erreicht. Der für die vollständige Verbrennung noch fehlende Sauerstoff wird in der 2. Verbrennungsstufe aus der umgebenden Luft angesaugt **(Bild 1)**.

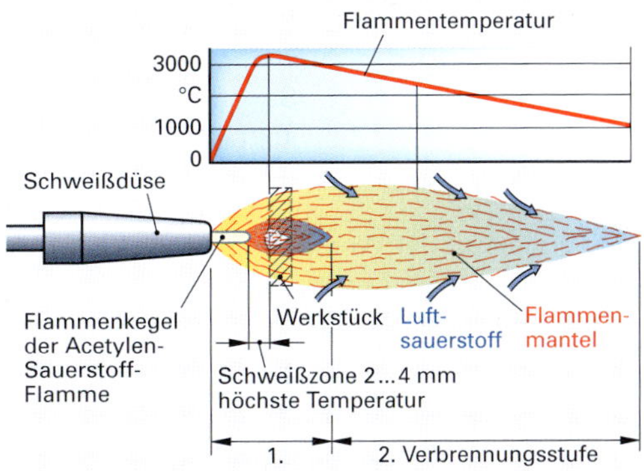

Bild 1: Acetylen-Sauerstoff-Flamme

Arbeitstechnik des Gasschweißens

Bei gleicher Brenner- und Stabhaltung kann „nach links“ **(Bild 2)** und „nach rechts“ **(Bild 3)** geschweißt werden.

Nach-links-Schweißen. Die Flamme zeigt in Schweißrichtung (Bild 2). Das Schmelzbad liegt dadurch außerhalb der höchsten Temperaturzone und kann klein gehalten werden. Dies ist für das Schweißen von dünnen Blechen vorteilhaft. Außerdem ermöglicht die Vorwärmung des Schweißstoßes durch die Flammenrichtung eine höhere Schweißgeschwindigkeit. Der Verzug wird dadurch verringert. Der Schweißstab wird unter dem Flammenkegel mit tupfenden Bewegungen in das Schmelzbad abgeschmolzen.

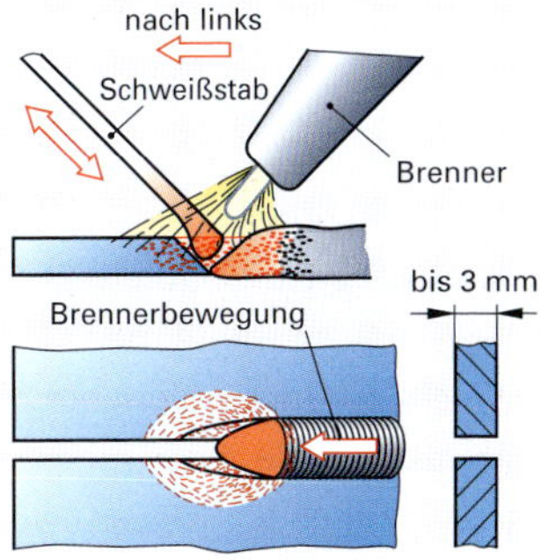

Bild 2: Nach-links-Schweißung

Nach-rechts-Schweißen. Die Flamme ist auf die schon geschweißte Naht gerichtet (Bild 3). Dadurch wird eine langsame Abkühlung und somit eine Verbesserung der Schweißverbindung erreicht. Beim Schweißen wird der Brenner ruhig und mit dem Flammenkegel auf das Schmelzbad gehalten. Durch diese Wärmekonzentration können dicke Bleche geschweißt werden. Der Schweißstab wird vor dem Flammenkegel mit kreisenden Bewegungen im Schmelzbad abgeschmolzen.

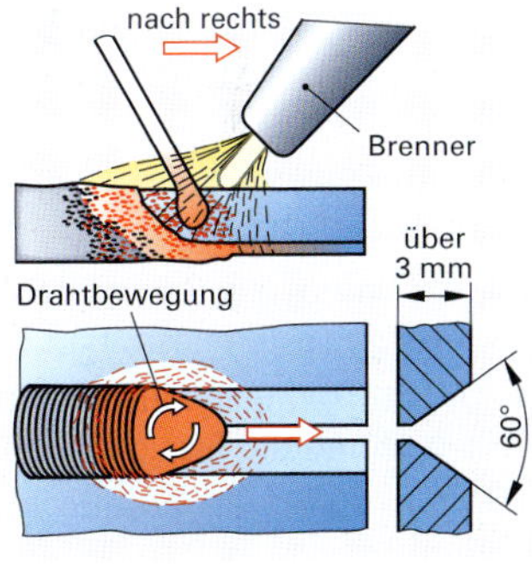

Bild 3: Nach-rechts-Schweißung

> Die Nach-links-Schweißung wird bis zu 3 mm Blechdicke angewandt. Über 3 mm Blechdicke wird nach rechts geschweißt.

Die zugeführten **Schweißstäbe** werden beim Gasschweißen als Zusatzwerkstoff zum Füllen der Schweißfuge abgeschmolzen. Sie sind für das Verbindungsschweißen von Stählen in die Klassen O I (für unlegierte Baustähle) bis O V (für legierte Stähle) eingeteilt. Ihre Eigenschaften können Tabellenbüchern entnommen werden.

Arbeitsregeln für das Gasschweißen

- Zum Schutz der Augen vor Blendung und vor Schweißspritzern muss eine Schutzbrille mit dunklen Gläsern getragen werden.
- Beim Schweißen in kleinen Räumen ist für Frischluftzufuhr zu sorgen. Sauerstoff aus der Gasflasche darf dafür nicht verwendet werden (Brandgefahr).

Wiederholung und Vertiefung

1 Welche Drücke werden für das Gasschmelzschweißen an den Arbeitsmanometern eingestellt?

2 Bei welchen Anwendungen wird nach links bzw. nach rechts geschweißt?

3 Welche Regeln müssen beim Umgang mit Gasflaschen beachtet werden?

Arbeitsbeispiel: Aufnahmewinkel

Von einem Aufnahmewinkel für eine Bohrvorrichtung werden nur fünf Stück benötigt. Die Winkel sollen deshalb durch Schweißen hergestellt werden **(Bild 1)**.

Schweißbarkeit der Werkstoffe

Für die Grundplatte und die Anschlagplatte ist auf der Zeichnung der Werkstoff S235JR angegeben.

a) Zu welcher Stahlgruppe gehört dieser Stahl?

b) Welches Schweißverfahren wird meist für derartige Schweißteile eingesetzt?

c) Welche besonderen Vorteile hat das von Ihnen genannte Verfahren?

Nahtverlauf, Nahtform und Nahtdicke

Die Anschlagplatte ist gegenüber der Grundplatte nach vorn versetzt. Wie wirkt sich diese Anordnung aus auf

a) den Nahtverlauf,

b) die Bearbeitbarkeit der rechten Flanschfläche,

c) die mögliche Nahtdicke?

d) Welche Nahtform sieht die Zeichnung vor?

e) Warum wurde die Grundplatte breiter als die Anschlagplatte gewählt?

Durchführung der Schweißung

Vor dem Schweißen werden die Grundplatte und die Anschlagplatte zusammengespannt und die MAG-Schweißanlage eingestellt.

a) Welche Werte werden an dem Schweißgerät gewählt?

b) Beschreiben Sie kurz den eigentlichen Schweißvorgang.

c) Wann kann die Schweißnaht frühestens von Schlackenresten gesäubert werden?

Die Qualität der Schweißnähte umfasst das äußere Aussehen und die Festigkeit der Nähte.

e) Wonach wird das äußere Aussehen der Nähte beurteilt?

f) Wie könnte die Festigkeit der Nähte geprüft werden?

Vergleich mit anderen möglichen Bauformen

Die Aufnahmewinkel könnten außer durch Schweißen auch durch Gießen, Verschrauben **(Bild 2)** oder durch Fräsen aus dem Vollen **(Bild 3)** hergestellt werden.

a) Nennen Sie die besonderen Vorteile und Nachteile dieser Ausführungen.

b) Welche Faktoren bestimmen die Wahl einer der genannten Bauformen?

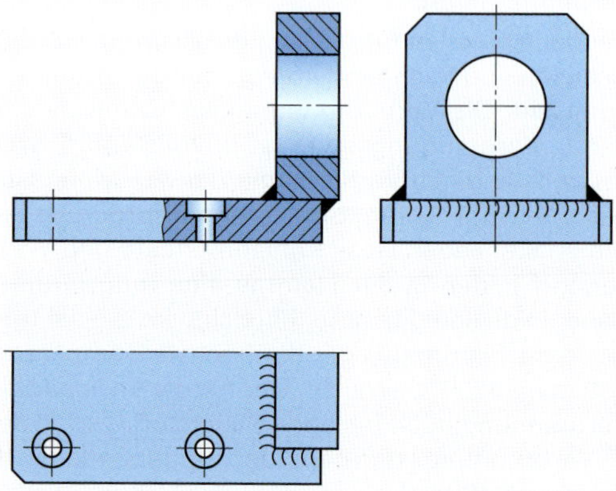

Bild 1: Aufnahmewinkel, geschweißt

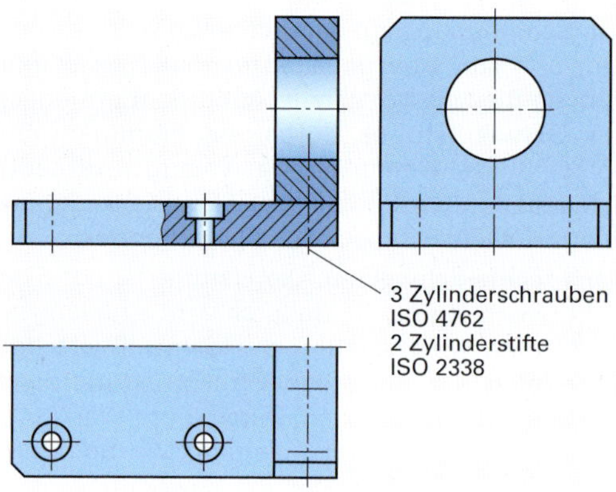

Bild 2: Aufnahmewinkel, geschraubt

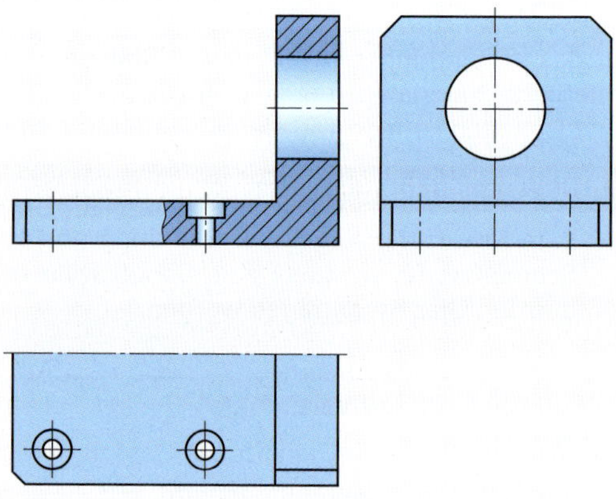

Bild 3: Aufnahmewinkel als Frästeil

2.10 Fertigungsbetrieb und Umweltschutz

Die Fertigungsverfahren sind so auszuwählen und die Fertigungsanlagen so zu betreiben, dass

- keine Giftstoffe freigesetzt werden, die die Gesundheit der Mitarbeiter beeinträchtigen
- keine Schadstoffe in die Umgebung abgelassen werden, die die Umwelt belasten oder schädigen.

Wo es möglich ist, müssen Schadstoffe ganz vermieden werden. Beispiele dafür sind das Asbestverbot, der Verzicht auf Blei und Cadmium in Weichloten und zum Korrosionsschutz sowie der Ersatz von gesundheitsschädlichen Kaltreinigern (Chlorierte Kohlenwasserstoffe CKW wie Per und Tri) durch ungiftige Reinigungsmittel zum Reinigen von ölverschmutzten Werkstücken.

Dort, wo die Vermeidung bzw. der Ersatz eines Schadstoffes technisch nicht möglich ist, sollten die eingesetzten Mengen so weit als möglich vermindert werden. Dies erreicht man z.B. beim Lackieren durch die Verwendung lösungsmittelarmer Lacke.

Erst wenn alle Möglichkeiten des Vermeidens und Verminderns ausgeschöpft sind, dürfen in streng begrenzten Fällen Fertigungsverfahren mit Schadstoffen eingesetzt werden. Diese Anlagen sind mit einem geschlossenen Stoffkreislauf zu betreiben, sodass keine Schadstoffe austreten können.

Die unvermeidlich anfallenden Reststoffe sind zu sammeln und nach der Aufarbeitung möglichst mehrfach zu verwenden (Recycling). Der unbrauchbare Rest der Schadstoffe ist sachgemäß zu entsorgen.

Im Umweltschutz gilt für den Umgang mit Schadstoffen eine Rangfolge der Maßnahmen: Möglichst **vermeiden** – Mengen **vermindern** – mehrfach **verwenden** – den Rest sachgerecht **entsorgen**.

Entsorgung bei spanenden Fertigungsanlagen

Der Betrieb spanender Werkzeugmaschinen und Fertigungsanlagen verursacht nicht zu vermeidende Schadstoffe und Abfälle. Sie müssen nach den Richtlinien des Abfallbeseitigungsgesetzes sachgemäß entsorgt werden. Zum Schutz der Gesundheit der Mitarbeiter und zum Erhalt einer unbeschädigten Umwelt dürfen Grenzwerte der Schadstoffgehalte in der Raumluft und im Abwasser des Betriebes nicht überschritten werden.

Entsorgungsmaßnahmen bei der spanenden Fertigung **(Bild 1)**:

- Der Öl- oder Emulsionsnebel der Kühlschmierstoffe muss abgesaugt und abgeschieden werden. Dies geschieht durch die Kapselung der Maschinen und die Abscheidung des Ölnebels in Filtern.
- Die Metallspäne müssen abgeführt und entölt werden.
- Der gebrauchte Kühlschmierstoff wird von Metallabrieb, kleinen Spänen und Schmutz mit Magnetabscheidern und Filtern grob gereinigt.
- Verbrauchter Kühlschmierstoff wird aufgearbeitet. Der Kühlschmierstoffschlamm wird verbrannt oder auf Sondermülldeponien entsorgt.

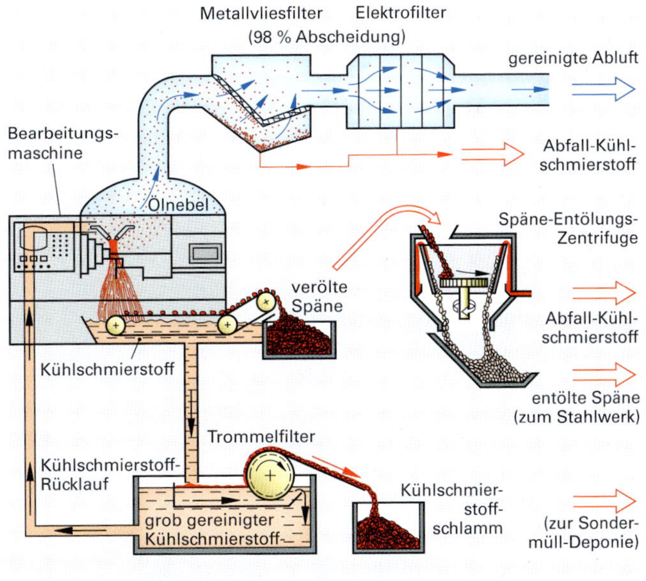

Bild 1: Entsorgung bei der spanenden Fertigung

Gesundheitsgefahren gehen beim Spanen von den Kühlschmierstoffen aus. Es sind Mineralöle mit einer Vielzahl chemischer Zusätze, z.B. gegen Korrosion oder Bakterienbefall. Bei empfindlichen Menschen kann es zu Erkrankungen der Haut (Ölekzeme) und der Atmungsorgane (Infektionen) kommen. Maschinenkapselung, Ölabsaugung und Anwendung von Hautcremes schaffen Abhilfe.

Reinigen von Werkstücken

Werkstücke müssen nach der Formgebung (z. B. dem Drehen) und vor der Weiterbehandlung, z. B. vor dem Lackieren, von anhaftenden Kühlschmierstoffresten und Schmutz gereinigt werden.

Früher reinigte man die Werkstücke durch Tauchen in Kaltreiniger-Flüssigkeiten. Diese Kaltreiniger wie Tetra (Tetrachlormethan) oder Tri (Trichlorethylen) bestehen aus **c**hlorierten **K**ohlen**w**asserstoffen (CKW) und sind stark gesundheitsschädlich und umweltbelastend.

Um diese Giftstoffe zu vermeiden, wurden Heißdampf-Waschanlagen entwickelt, die mit Heißdampf und seifenartigen Waschlaugen (Tensiden) genauso gut wie Kaltreiniger öl- und fettverschmutzte Werkstücke reinigen **(Bild 1)**. Die schmutzbeladene Waschlauge wird in einer Kläranlage gereinigt.

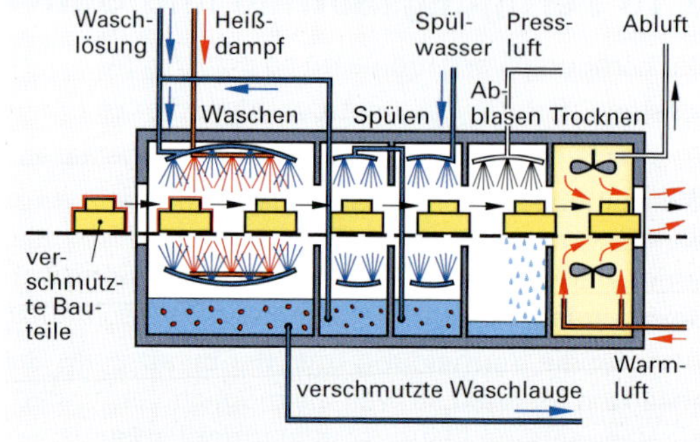

Bild 1: Reinigungsanlage für verschmutzte Werkstücke

Lackieren von Metallteilen

Beim Spritzlackieren von Metallteilen mit Lösemittel-Basislacken wird die Umwelt durch das nach dem Lackieren verdunstende Lösungsmittel und durch den anfallenden Lackschlamm belastet.

Durch Verwendung lösungsmittelarmer Lacke oder von Wasserbasis-Lacken beim Spritzlackieren wird die Umwelt weniger bzw. gar nicht belastet.

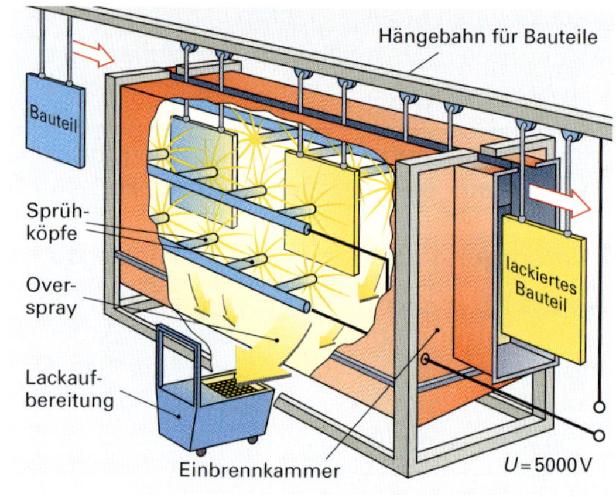

Bild 2: Pulverlackier-Durchlaufanlage

Eine ebenfalls umweltschonende Beschichtung von Bauteilen ist durch **Pulverlackieren** möglich **(Bild 2)**. Hierbei werden pulverförmige Lackpartikel in Sprühköpfen mit mehreren Tausend Volt elektrostatisch aufgeladen und mit Druck in Richtung des als Gegenpol geschalteten Bauteiles versprüht. Die aufgeladenen Lackpartikel werden vom Werkstück angezogen und haften elektrostatisch auf ihm. Das lose beschichtete Bauteil läuft anschließend durch eine Einbrennkammer, wo die Lackpartikel bei etwa 200 °C zur Lackschicht zusammenschmelzen und aushärten. Die nicht am Bauteil anhaftenden Lackpartikel (Overspray) werden aufgefangen und erneut versprüht.

Abluft-Reinigung

Die Abluft von Metallbetrieben mit schmutzintensiver Fertigung enthält eine Reihe von Schadstoffen **(Bild 3)**:

- **Schwermetallhaltige Feinstäube** und Dämpfe (Blei, Cadmium, Zinn usw.) aus Gießereien, Putzereien, Schweiß- und Lötanlagen.
- **Stickoxid-** und **Kohlenmonoxidgas** aus Verbrennungsanlagen, Schweißereien, Härteöfen, Salzschmelzen.
- **Dämpfe** und **Aerosole** (Nebel) von Säuren und giftigen Salzen, z. B. aus Beizereien, Härtereien und Galvanikbetrieben.

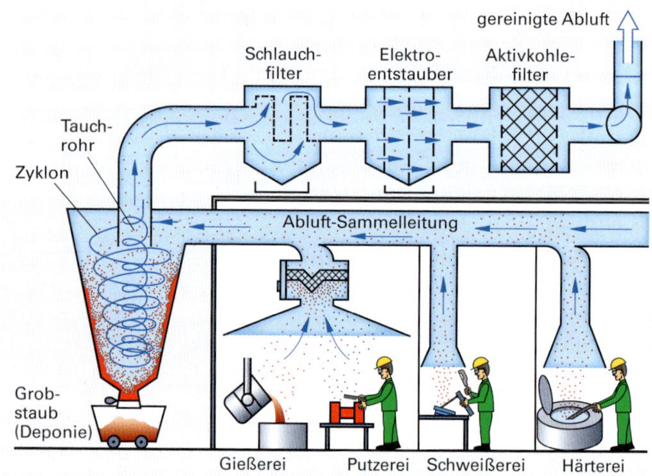

Bild 3: Abluft-Reinigungsanlage eines Fertigungsbetriebes

Die Abluft aus solchen Metallbetrieben muss in einer Abluft-Reinigungsanlage gefiltert und entgiftet werden. Sie besteht aus mehreren Stufen **(Bild 3, vorherige Seite)**. Zuerst werden der Grobstaub und die Aerosole in einem Zyklon abgeschieden. Danach folgt die Feinstaubabscheidung in Schlauchfiltern und Elektroentstaubern. Zum Schluss werden die giftigen Gase in einem Aktivkohlefilter festgehalten.

Gesundheitsgefahren gehen z.B. von schwermetallhaltigen Feinstäuben mit Blei, Cadmium, Zink, Mangan und Chrom aus, wie sie beim Löten, Schweißen und Gießen entstehen. Auch das beim MAG-Schweißen aus dem CO_2-Schutzgas sich bildende CO-Gas (Kohlenmonoxid) sowie die beim Härten eingesetzten Härtesalze sind hochgiftig. Für ausreichende Frischluftzufuhr und staubfreie Atemluft ist im Arbeitsbereich durch Lüftung und durch Absaugung zu sorgen.

In Arbeitsräumen mit giftigen Stoffen darf nicht gegessen, getrunken oder geraucht werden.
Die Betriebsanweisungen zum Umgang mit Giftstoffen sind zu beachten.

Reinigung des Abwassers aus Metallbetrieben

In metallverarbeitenden Betrieben fällt verschmutztes Abwasser in vielen Arbeitsbereichen an:

- Schlämme und Suspensionen, z.B. aus Schleifereien oder der Nass-Rauchgasreinigung.
- Abwasser aus der spanenden Fertigung, aus Lackieranlagen und aus Beizereien, das mit Ölrückständen, Lackresten oder Kaltreinigern verschmutzt ist.
- Mit Säuren, Laugen und Giftsalzen beladenes Abwasser aus Härtereien und Galvanikbetrieben.

Die Reinigung der gesammelten Abwässer eines Betriebes erfolgt in einer vielstufigen Anlage **(Bild 1)**.

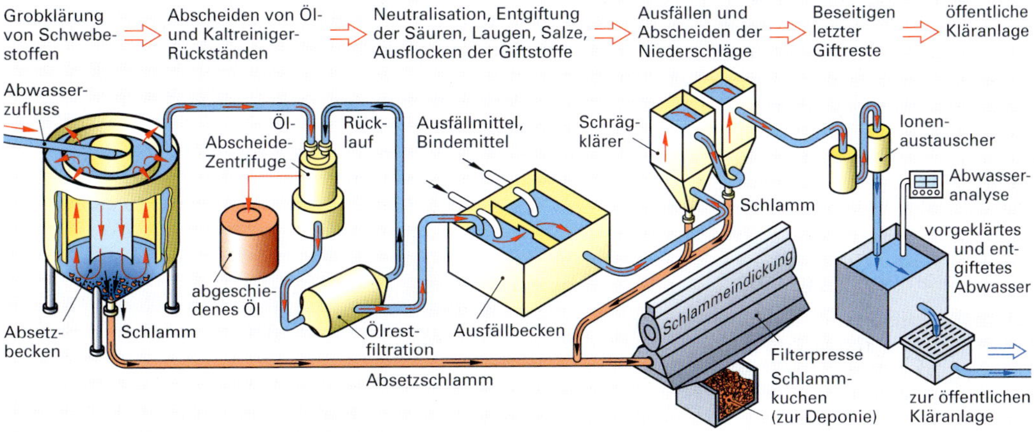

Bild 1: Reinigungsanlage für Abwässer aus Metallbetrieben

Entsorgung von Abfällen und Gefahrstoffen

Gebrauchte Gefahrstoffe und umweltbelastende Abfälle aus der Fertigung müssen gesammelt und der Aufbereitung und Wiederverwendung oder der sachgerechten Entsorgung zugeführt werden. Beispiele:

Verbrauchtes Öl (Altöl) Verbrauchte Entfettungs- und Reinigungsmittel (Tri, Tetra) Verbrauchte Härtesalze	⇒	Getrenntes Sammeln in gekennzeichneten Behältern	⇒	Aufbereitung und Entsorgung durch Spezialbetriebe

Wiederholung und Vertiefung

1 Erläutern Sie die Forderung beim Umgang mit Schadstoffen: Vermeiden – Vermindern – Verwerten – Entsorgen.

2 Welche Entsorgungsbereiche gibt es bei spanenden Fertigungsanlagen?

3 Warum müssen Abgase aus Schweißereien und Härtereien gereinigt werden?

4 Nennen Sie einige umweltbelastende Abfälle in Metallbetrieben, die gesammelt und entsorgt werden müssen.

2.11 Practise your English

Overview: Manufacturing technologies

Manufacturing processes can be classified according to the making, changing or maintaining the form of a workpiece. Casting is a process by which a liquid material is poured into a mold and then left to solidify. Forging or bending produces the shape of a workpiece by plastic deformation of a blank.

There are different joining methods to connect two or more components permanently or non-permanently. Depending on the application, methods such as screw or pin joints, compression molding, soldering, gluing or welding can be used.

The shape of the workpiece can also be produced by cutting off excessive material during machining. Common machining processes are drilling, milling and turning **(Figures 1 and 2)**.

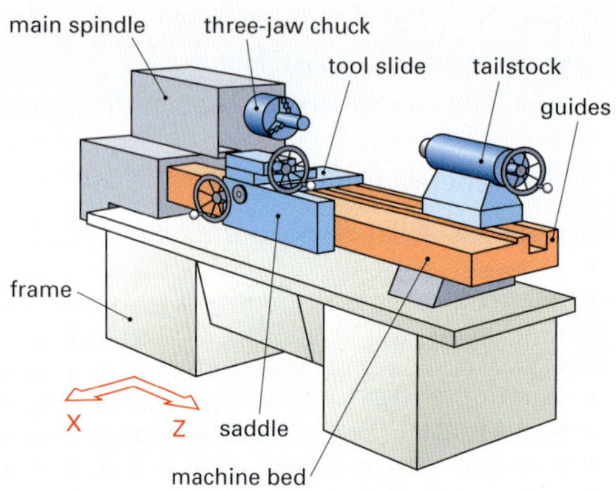

Figure 1: Components of a lathe

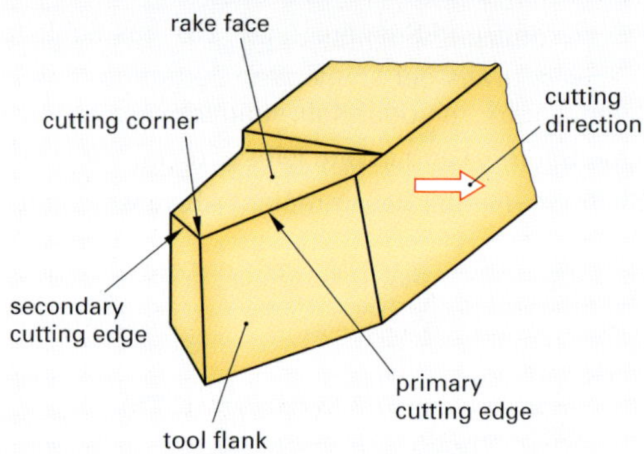

Figure 2: Cutting edges and surfaces of a cutting

Work plan of a piston

The dimensions of the workpiece "piston" **(Figure 3 and Table 1)** are ∅ 41 mm x 50 mm. The material is non-alloy steel C15.

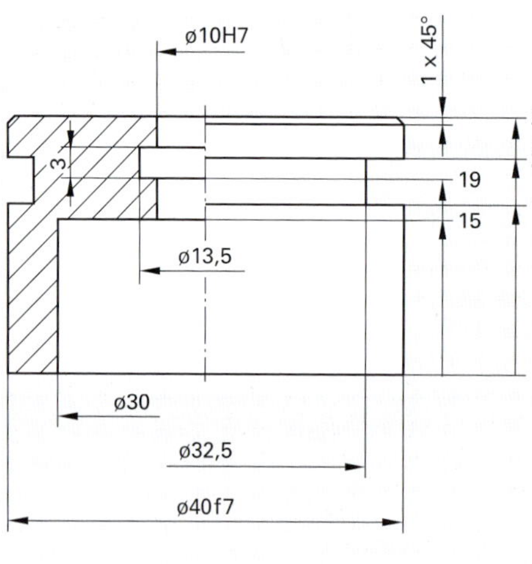

Figure 3: Technical drawing piston

Table 1: Work plan of a piston

Nr.	Work steps
1	facing
2	centering with NC-centre drill
3	drilling ∅ 9 mm, 28 mm deep
4	drilling ∅ 28 mm, 15 mm deep
5	drilling ∅ 9 mm turning to ∅ 10 mm H7
6	drilling ∅ 28 mm turning to ∅ 30 mm
7	turning an internal recess ∅ 13.5 mm, 3 mm wide
8	deburring all edges of the bores with an internal turning tool
9	turning the external diameter of ∅ 40f7, fit sized, length 26 mm
10	turning an external recess ∅ 32.5 mm, 4.5 mm wide
11	deburring all sharp edges
12	grooving at 25.1 mm length to ∅ 20 mm
13	turning the chamfer of 1 x 45°
14	cutting off the workpiece at 25 mm length
15	deburring the bore of ∅ 10 mm in the second clamping position

3 Werkstofftechnik

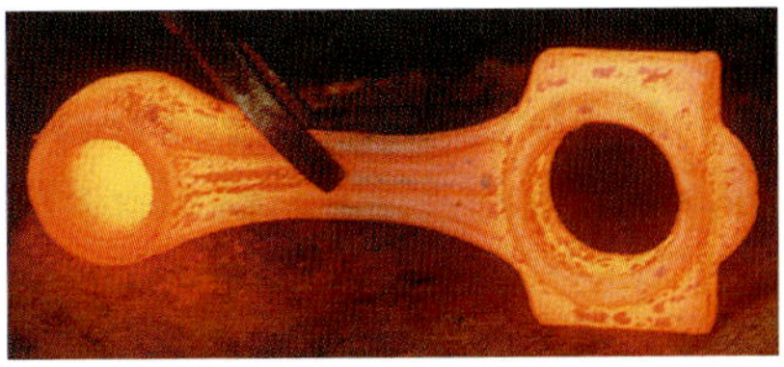

3 Werkstofftechnik

3.1 Übersicht der Werk- und Hilfsstoffe

3.1.1 Einteilung der Werkstoffe

Um einen Überblick über die Vielfalt der Werkstoffe zu erhalten, ordnet man sie nach ihrer Zusammensetzung oder gemeinsamen Eigenschaften in Werkstoffgruppen **(Bild 1)**.

Die drei Hauptgruppen der Werkstoffe sind die Metalle, die Nichtmetalle und die Verbundwerkstoffe. Sie können dann nochmals in Untergruppen unterteilt werden, wie z. B. die Eisenwerkstoffe in Stähle und Gusseisenwerkstoffe oder die Nichteisenmetalle in Schwer- und Leichtmetalle.

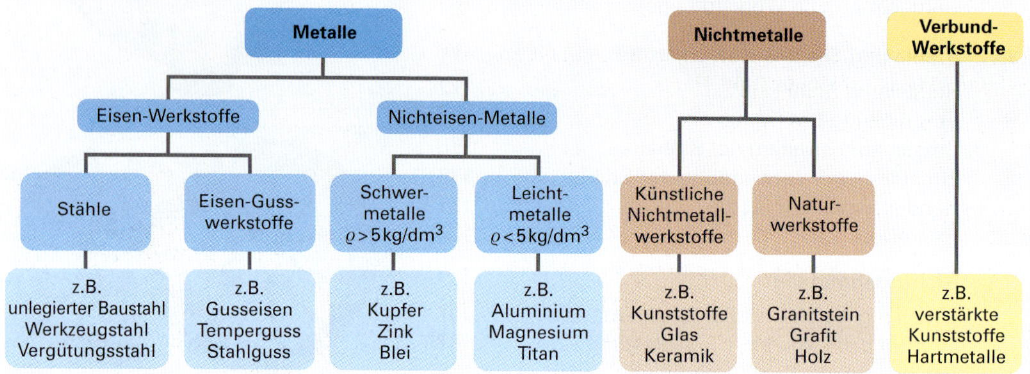

Bild 1: Einteilung der Werkstoffe in Werkstoffgruppen

Stähle

Stähle sind Eisen-Basiswerkstoffe mit großer Festigkeit. Aus ihnen werden vor allem Maschinenteile hergestellt, die Kräfte aufnehmen und übertragen müssen: Schrauben, Bolzen, Zahnräder, Profile, Wellen **(Bild 2)**.

Gusseisenwerkstoffe

Gusseisenwerkstoffe sind gut vergießbare Eisen-Basiswerkstoffe. Sie werden zu Bauteilen gegossen, deren schwierige Form am besten durch Gießen herstellbar ist, z. B. Gehäuse (Bild 2).

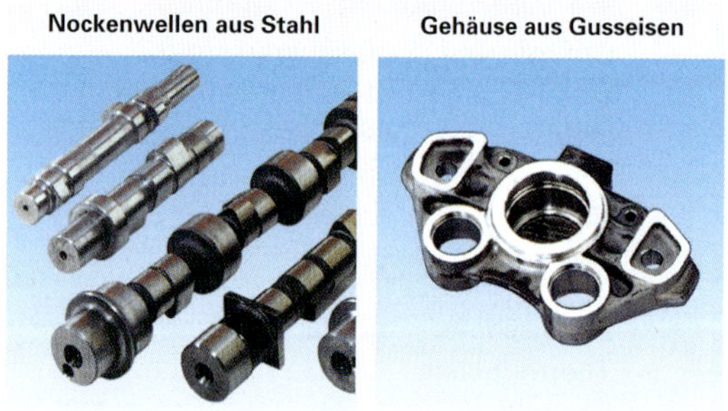

Bild 2: Werkstücke aus Eisenwerkstoffen

Schwermetalle (Dichte ϱ größer 5 kg/dm³)

Schwermetalle sind z. B. Kupfer, Zink, Chrom, Nickel, Blei. Sie werden meist wegen besonderer werkstofftypischer Eigenschaften verwendet:

Kupfer z. B. wegen seiner guten elektrischen Leitfähigkeit für Wicklungsdrähte **(Bild 3)**.

Chrom und **Nickel** z. B. als Legierungselement in Stählen, um bestimmte Eigenschaften zu erzielen bzw. zu verbessern.

Leichtmetalle (Dichte ϱ kleiner 5 kg/dm³)

Leichtmetalle sind Aluminium, Magnesium und Titan. Es sind leichte Werkstoffe mit zum Teil hoher Festigkeit. Ihr Hauptanwendungsgebiet sind Leichtbauteile z. B. für Pkw und Flugzeuge (Bild 3).

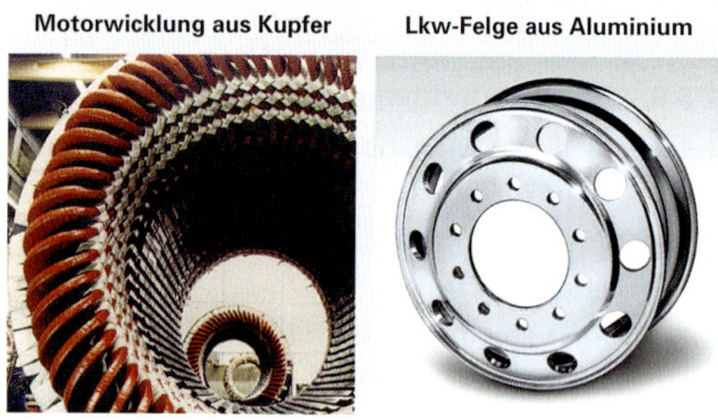

Bild 3: Bauteile aus Nichteisen-Metallen (NE-Metallen)

Künstliche nichtmetallische Werkstoffe

Zu ihnen zählt die große Gruppe der **Kunststoffe** sowie die Gläser und Keramiken.

Kunststoffe sind leicht, elektrisch isolierend und in Sorten von gummiartig bis formstabil und hart erhältlich. Ihre Verwendung ist äußerst vielseitig und reicht vom Reifenwerkstoff bis zu Bauteilen von Kleingetrieben **(Bild 1)**.

Industrie-keramische Werkstoffe werden vor allem wegen ihrer Härte und Verschleißfestigkeit eingesetzt, z. B. als Schneidplatten, Düsen, Gleitringe.

Natur-Werkstoffe

Dies sind in der Natur vorkommende Stoffe wie Gesteinsarten oder Holz. Verwendung: z. B. Granit als Platte eines Prüftisches **(Bild 1)**.

Verbundwerkstoffe

Verbundwerkstoffe sind aus mehreren Werkstoffen zusammengesetzt und vereinen die positiven Eigenschaften der Einzelwerkstoffe in einem neuen Werkstoff.

Glasfaserverstärkte Kunststoffe (GFK) z. B. sind hochfest, zähelastisch und leicht. Man fertigt aus ihnen z. B. Pkw- und Flugzeugteile **(Bild 2)**.

Ein anderer Verbundwerkstoff, die **Hartmetalle**, besitzen die Härte der Hartstoffkörner und die Zähigkeit des zusammenhaltenden Metalls (Bild 2). Hartmetalle werden als Schneidstoffe verwendet.

Bild 1: Bauteile aus nichtmetallischen Werkstoffen

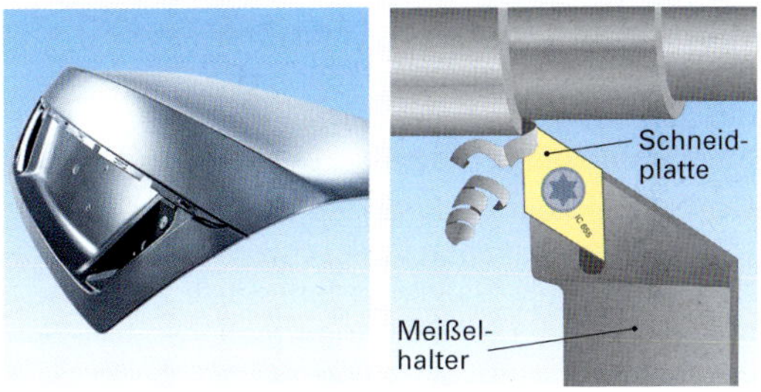

Bild 2: Bauteile aus Verbundwerkstoffen

3.1.2 Herstellung der Werkstoffe

Die Herstellung der Werkstoffe geht von den Rohstoffen aus **(Bild 3)**. Sie werden überwiegend aus Lagerstätten in der Erdkruste gewonnen, wie z. B. die zur Metallgewinnung dienenden Erze oder das zur Kunststoffherstellung erforderliche Erdöl. Durch chemische Umwandlung werden aus den Rohstoffen die Werkstoffe gewonnen und kommen als Halbzeuge und Fertigerzeugnisse in den Handel. Daraus werden die Werkstücke gefertigt. Die Naturwerkstoffe werden direkt der Natur entnommen.

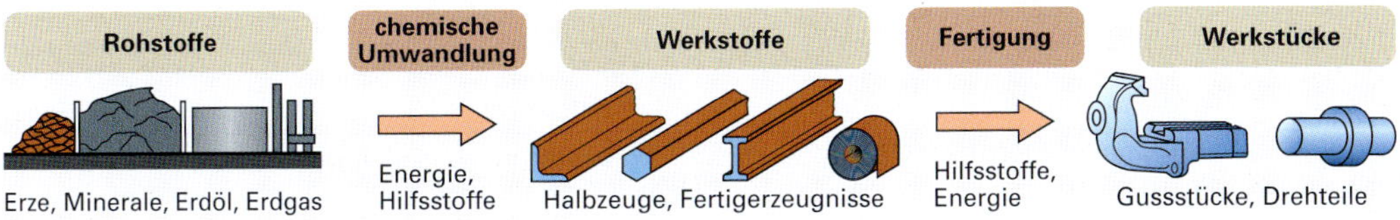

Bild 3: Vom Rohstoff zum Werkstück

3.1.3 Hilfsstoffe und Energie

Zur Herstellung der Werkstoffe und bei der Fertigung der Werkstücke sowie zum Betreiben von Maschinen braucht man zusätzliche Hilfsstoffe und Energien **(Bild 4)**. So benötigt man z. B. beim Drehen eines Werkstücks Kühlschmierstoff zum Kühlschmieren der Werkzeugschneide, Schmierstoffe zum Schmieren der Lager und elektrische Energie zum Antreiben der Werkzeugmaschine.

Kühlschmierstoffe	Schleif- und Poliermittel	Reinigungsmittel	Löt- und Schweiß-Hilfsmittel	Beschichtungsstoffe	Schmierstoffe	Treibstoffe	Drucköl Druckluft	Elektrischer Strom

Bild 4: Hilfsstoffe und Energien

3.2 Auswahl und Eigenschaften der Werkstoffe

Eine Maschine besteht aus einer Vielzahl von Bauteilen aus unterschiedlichen Werkstoffen. Jedes Bauteil hat eine bestimmte Aufgabe zu erfüllen und ist aus einem dazu geeigneten Werkstoff gefertigt.

Beispiel: Werkstoffe der Bauteile einer Bohrmaschine (Bild 1)

Die Zahnräder des Handvorschubgetriebes z. B. müssen die Handkraft auf die heruntergehende Bohrspindel übertragen. Dazu ist ein Werkstoff mit hoher **Festigkeit** erforderlich, z. B. ein Vergütungsstahl.

Der Bohrer muss aus einem Werkstoff mit großer **Härte** gefertigt sein, damit er in den zu bohrenden Werkstoff eindringen und Späne abheben kann. Er besteht z. B. aus gehärtetem Werkzeugstahl.

Der Riemen des Riementriebs muss **elastisch** sein und große Zugkräfte übertragen können. Dies kann z. B. ein gummiartiger Kunststoff mit Stahldrahteinlage leisten.

Der Fuß und der Tisch der Bohrmaschine müssen wegen ihrer schwierigen Form gegossen werden. Sie sollen zudem die Schwingungen dämpfen. Dazu ist ein Gusseisenwerkstoff am besten geeignet.

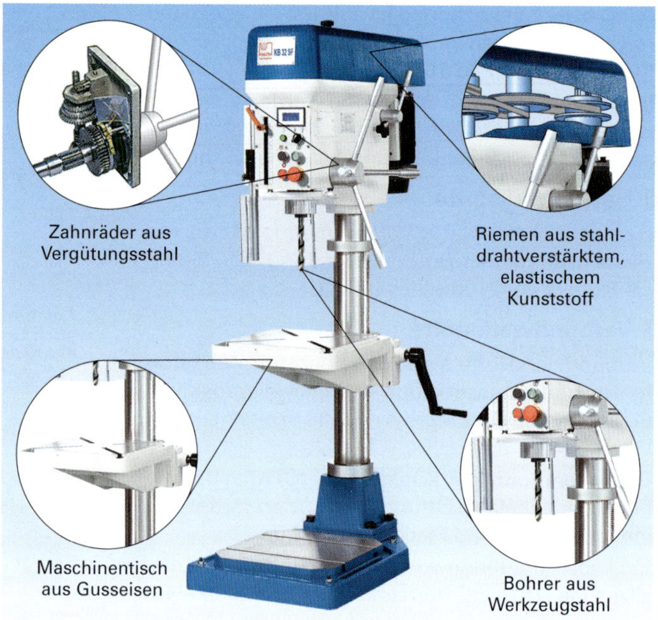

Bild 1: Werkstoffe der Bauteile einer Bohrmaschine

3.2.1 Werkstoffauswahl

Bei der Auswahl des geeigneten Werkstoffs für ein Maschinenteil sind die vom Bauteil zu leistenden Aufgaben klar zu beschreiben und danach die Forderungen an den Werkstoff zu formulieren **(Tabelle 1)**.

Tabelle 1: Technische Aufgabe des Werkstoffs und Werkstoffauswahl

Forderungen an den Werkstoff	Erforderliche Eigenschaften
Ist der Werkstoff z. B. aufgrund seines Gewichts, seiner Schmelztemperatur oder seines elektrischen Leitvermögens für diese Aufgabe geeignet?	Antwort geben die **physikalischen Eigenschaften** des Werkstoffs, wie Dichte, Schmelztemperatur und elektrische Leitfähigkeit.
Kann der Werkstoff den auf das Bauteil einwirkenden Kräften standhalten?	Dies beantworten die **mechanisch-technologischen Eigenschaften,** wie Festigkeit, Härte, Elastizität.
Verschleißt der Werkstoff an Gleitflächen?	Auskunft darauf geben die **Verschleißeigenschaften.**
Mit welchem Fertigungsverfahren lässt sich das Bauteil kostengünstig fertigen?	Hierüber informieren die **fertigungstechnischen Eigenschaften,** wie Gießbarkeit und Spanbarkeit.
Wird der Werkstoff des Bauteils bei seinem vorgesehenen Verwendungszweck von umgebenden Stoffen oder bei erhöhter Temperatur angegriffen?	Dieses Verhalten beschreiben die **chemisch-technologischen Eigenschaften,** wie das Korrosionsverhalten und die Zunderbeständigkeit.

Arbeitsregeln

Nach Abwägung aller Gesichtspunkte wird für ein Bauteil **der Werkstoff** ausgewählt,

- der die Funktion des Bauteils und die technischen Anforderungen am besten erfüllt,
- dessen Fertigung und Werkstoffpreis am günstigsten ist und
- der bei der Fertigung und nach dem Gebrauch keine Belastung für die Umwelt darstellt.

3.2.2 Physikalische Eigenschaften der Werkstoffe

Die physikalischen Eigenschaften beschreiben die grundlegenden Eigenschaften des Werkstoffs, unabhängig von seiner Form. Sie werden durch physikalische Größen angegeben.

Dichte

Unter der Dichte ϱ eines Stoffes versteht man den Quotienten aus der Masse m und dem Volumen V eines Körpers.

Dichte $\varrho = \frac{m}{V}$

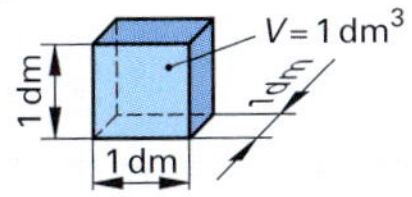

Anschaulich vorstellen kann man sich die Dichte als die Masse eines Würfels mit 1 dm Kantenlänge.

Einheiten der Dichte sind kg/dm³, g/cm³ oder t/m³ für Feststoffe und Flüssigkeiten sowie kg/m³ für Gase **(Tabelle 1)**.

Schmelzpunkt (Schmelztemperatur)

Der Schmelzpunkt ist die Temperatur, bei der ein Werkstoff zu schmelzen beginnt.

Die Schmelztemperatur wird meist in der Einheit Grad Celsius (°C) angegeben **(Tabelle 2)**.

Die reinen Metalle haben einen genauen Schmelzpunkt. Die Metallgemische (Legierungen), wie z. B. Stähle und CuZn-Legierungen, besitzen einen Schmelzbereich.

Elektrische Leitfähigkeit

Die elektrische Leitfähigkeit beschreibt die Fähigkeit eines Stoffs, den elektrischen Strom zu leiten.

Gute elektrische Leiter sind Silber, Kupfer und Aluminium. Sie werden als Leiterwerkstoffe verwendet **(Tabelle 3)**.

Stoffe, die den Strom nicht leiten, nennt man Isolierwerkstoffe. Zu ihnen gehören die Kunststoffe, Keramik, Glas.

Thermische Längenausdehnung (Bild 1)

Der thermische Längenausdehnungskoeffizient α gibt die Längenänderung Δl eines 1 m langen Körpers bei einer Temperaturänderung von $\Delta t = 1\,°C$ an.

Die Wärmeausdehnung Δl muss z. B. bei Messzeugen und Einbauteilen oder bei Gussteilen berücksichtigt werden. Gussteile haben eine Wärmeschwindung nach dem Gießen, die durch eine Maßzugabe der Gussform ausgeglichen werden muss.

Wärmeleitfähigkeit

Die Wärmeleitfähigkeit ist das Maß für die Fähigkeit eines Stoffs, Wärmeenergie in sich zu leiten **(Bild 2)**.

Hohe Wärmeleitfähigkeit besitzen die Metalle, insbesondere Kupfer, Aluminium und Eisen bzw. Stahl. Niedrige Wärmeleitfähigkeit haben die Kunststoffe, Glas und die Luft. Sie werden zur Wärmedämmung eingesetzt.

Tabelle 1: Dichte von Stoffen

Stoff	Dichte kg/dm³	Stoff	Dichte kg/dm³
Wasser	1,0	Kupfer	8,9
Aluminium	2,7	Blei	11,3
Unleg. Stahl	7,8	Wolfram	19,3
Luft (0 °C, 1,013 bar): ϱ = 1,29 kg/m³			

Tabelle 2: Schmelztemperaturen

Stoff	Schmelzpunkt (°C)	Stoff	Schmelzpunkt (°C)
Zinn	232	Kupfer	1083
Blei	327	Eisen	1536
Aluminium	658	Wolfram	3387

Tabelle 3: Elektrische Leitfähigkeit in Prozent der Leitfähigkeit von Kupfer

Stoff	Prozent	Stoff	Prozent
Kupfer	100	Zink	29
Silber	106	Eisen, Stahl	17
Aluminium	62	Blei	8

Thermische Längenausdehnung $\Delta l = l_1 \cdot \alpha \cdot \Delta t$

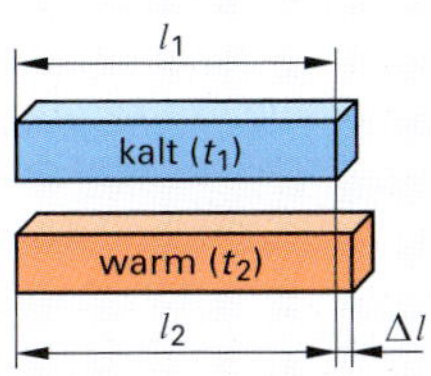

Δl Längenänderung
l_1 Ausgangslänge
α Längenausdehnungskoeffizient
Δt Temperaturänderung $t_2 - t_1$

Bild 1: Thermische Längenausdehnung

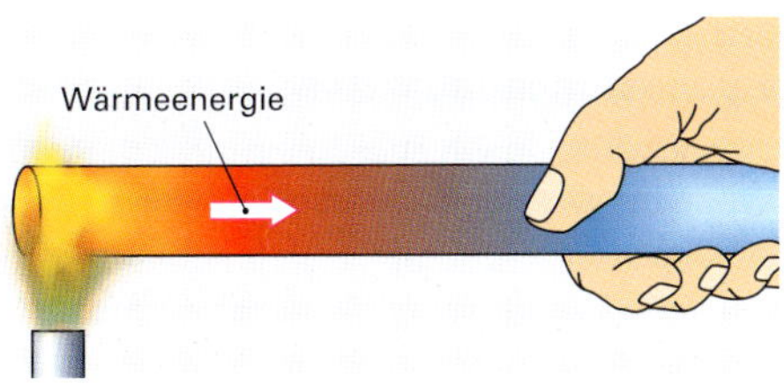

Bild 2: Wärmeleitfähigkeit

3.2.3 Mechanisch-technologische Eigenschaften

Die mechanisch-technologischen Eigenschaften kennzeichnen das Werkstoffverhalten unter der Wirkung von Kräften.

Elastische und plastische Verformung

Unter der Wirkung einer Kraft verformen sich die verschiedenen Werkstoffe ganz unterschiedlich.

Ein Sägeblatt aus gehärtetem Werkzeugstahl z. B. lässt sich biegen und federt nach Wegnahme der Kraft wieder in seine ursprüngliche, gerade Form zurück **(Bild 1)**. Dieses Verhalten nennt man elastische Verformung oder **Elastizität** des Werkstoffs. Rein elastisches Verformungsverhalten haben z. B. die Stähle für Sägeblätter oder für Federn.

Ein Stab aus Blei hingegen behält nach dem Biegen zum überwiegenden Teil die Verformung bei **(Bild 2)**. Dieser Werkstoff verformt sich annähernd rein plastisch. Diese Eigenschaft nennt man die **Plastizität** des Werkstoffs. Überwiegend plastisch verformbar sind z. B. auf Schmiedetemperatur erwärmter Stahl oder Weicheisen.

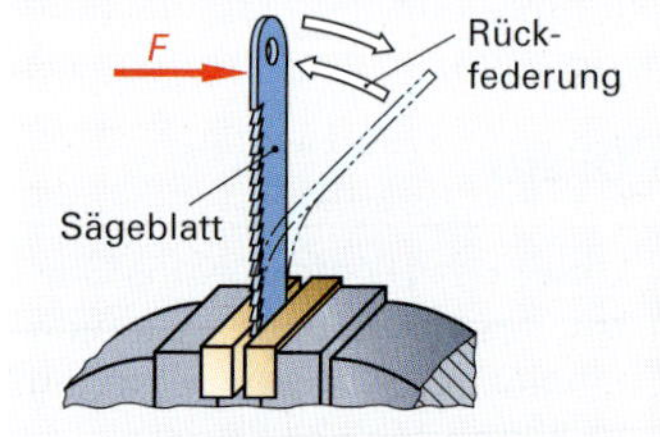

Bild 1: Elastizität eines Sägeblatts

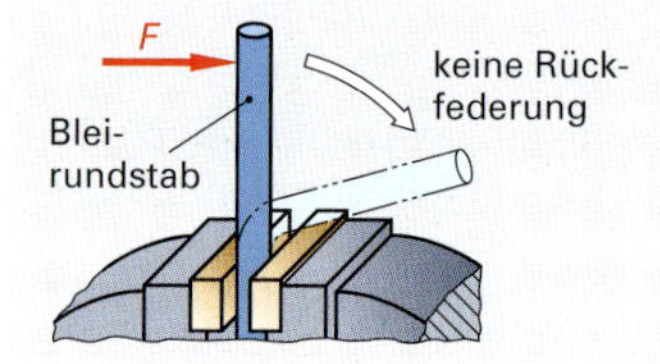

Bild 2: Plastizität eines Bleistabes

Elastisch-plastisches Verformungsverhalten

Ein Vierkantstab aus unlegiertem Baustahl zeigt beim Biegen sowohl elastische als auch plastische Verformung:

Bei starkem Biegen federt der Stab nur noch teilweise zurück. Es verbleibt eine bleibende plastische Verformung **(Bild 3)**. Der Werkstoff hat bei starker Belastung eine elastisch-plastische Verformung.

Elastisch-plastisches Verformungsverhalten zeigen viele Werkstoffe, wie z. B. ungehärtete Stähle, Aluminium- und Kupfer-Legierungen.

> Die verschiedenen Werkstoffe können elastisches, plastisches und elastisch-plastisches Verformungsverhalten haben.

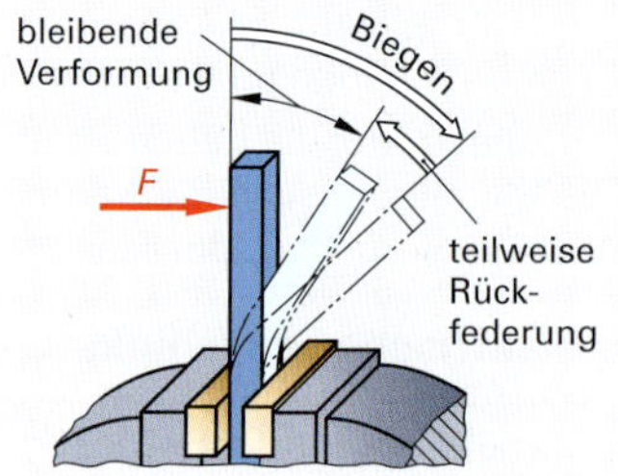

Bild 3: Elastisch-plastische Verformung eines Stabstahls

Zähigkeit, Sprödigkeit, Härte

Als **zäh** bezeichnet man einen Werkstoff, der sich bei starker Belastung in geringem Maß elastisch-plastisch verformen lässt, der Verformung aber großen Widerstand entgegensetzt. Baustähle oder die nichtrostenden Stähle z. B. sind zähe Werkstoffe.

Als Maß für die Zähigkeit verwendet man die **Kerbschlagarbeit** in Joule (J). Man misst sie im Kerbschlagbiegeversuch. Hierbei lässt man einen Fallhammer auf eine Werkstoffprobe fallen und misst die Energie (Arbeit), die zum Durchschlagen der Probe verbraucht wird.

Spröde nennt man Werkstoffe, die bei schlagartiger Beanspruchung in Bruchstücke zerspringen. Keramiken und Glas, aber auch einige Gusseisensorten und unsachgemäß gehärteter Stahl sind spröde.

Unter **Härte** versteht man den Widerstand, den ein Werkstoff dem Eindrücken eines Prüfkörpers entgegensetzt **(Bild 4)**. Harte Werkstoffe sind z. B. gehärteter Stahl und die Hartmetalle. Relativ weiche Werkstoffe sind Aluminium und Kupfer.

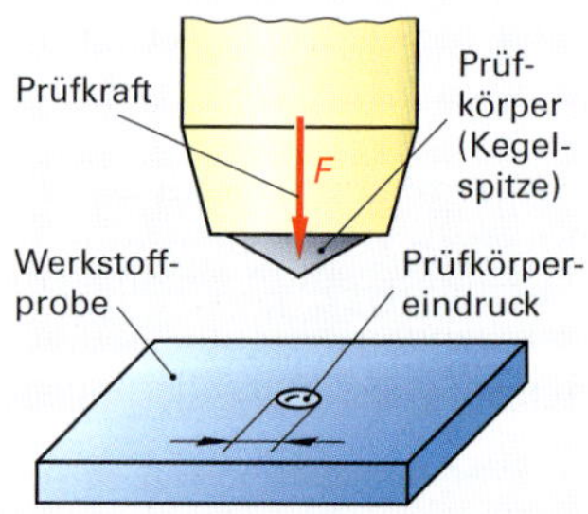

Bild 4: Bestimmung der Härte

Beanspruchungsarten

Je nachdem, in welcher Richtung Kräfte auf ein Bauteil wirken, herrschen im Werkstoff unterschiedliche Beanspruchungen.

Wirken zwei Kräfte in entgegengesetzter Richtung vom Bauteil weg auf einer Wirkungslinie, so liegt Zugbeanspruchung vor **(Bild 5)**.

Bei Einwirkung zweier Kräfte von entgegengesetzten Seiten auf das Bauteil hin herrscht Druckbeanspruchung.

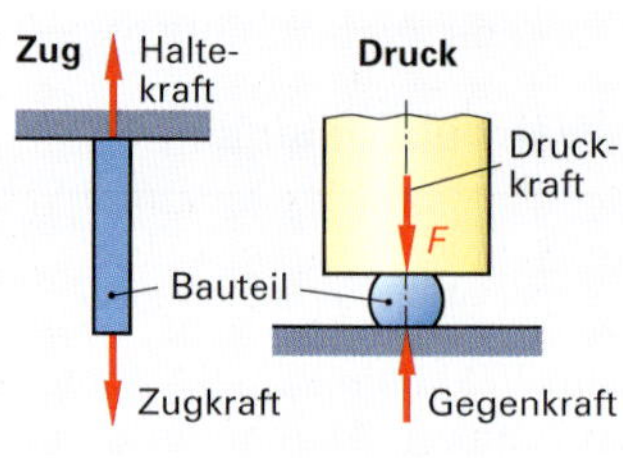

Bild 5: Zug- und Druckbeanspruchung

Weitere Beanspruchungsarten sind Biegung, Scherung, Verdrehung (Torsion) und Knickung **(Bild 1)**.

Für jede Beanspruchungsart hat ein Werkstoff eine höchste Belastungsgrenze, die man **Festigkeit** nennt. Je nach Beanspruchungsart heißen diese Belastungsgrenzen Zugfestigkeit, Druckfestigkeit, Biegefestigkeit, Scherfestigkeit usw.

In der Technik haben die Werkstoff-Kennwerte bei Zugbelastung die größte Bedeutung.

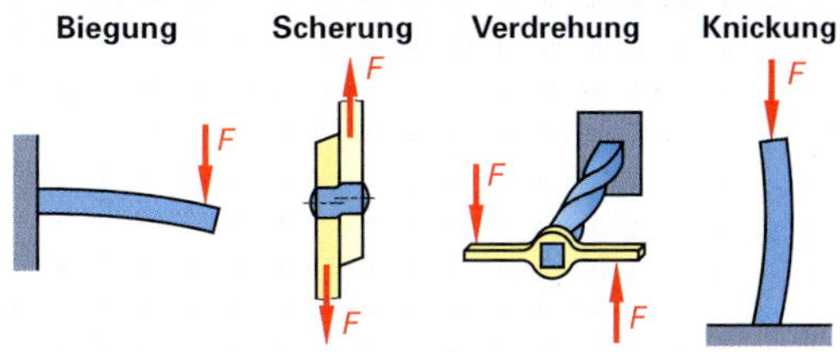

Bild 1: Weitere Beanspruchungsarten

Zugfestigkeit, Streckgrenze

Um die Größe der Zugbeanspruchung in einem Bauteil, unabhängig von der Bauteilgröße, zu beschreiben, bezieht man die einwirkende Zugkraft F auf den Bauteilquerschnitt S_0. Diese Größe nennt man Zugspannung σ_z. Ihre Einheit ist N/mm².

Zugspannung $\sigma_z = \frac{F}{S_0}$

Als Kenngrößen für die Belastbarkeit eines Werkstoffs benutzt man die in einem Probestab herrschenden Zugspannungen bei bestimmten Verformungszuständen **(Bild 2)**.

Wird der Probestab mit einer kleinen Zugkraft belastet, so dehnt er sich zunächst nur elastisch. Dies gilt, so lange die Zugkraft unter der Grenzkraft der elastischen Verformung F_e bleibt. Steigert man die Zugkraft über F_e, dann beginnt sich der Stab erheblich zu verlängern. Man sagt, der Werkstoff „wird gestreckt". Diese Verformung ist überwiegend plastisch.

Die Zugspannung, die unmittelbar vor Beginn des Streckens im Werkstoff herrscht, nennt man **Streckgrenze R_e**. Sie berechnet sich als Quotient aus der Kraft F_e und dem Stabquerschnitt S_0 und ist eine Kenngröße (Grenzwert) für die Belastbarkeit eines Werkstoffs ohne wesentliche plastische Verformung.

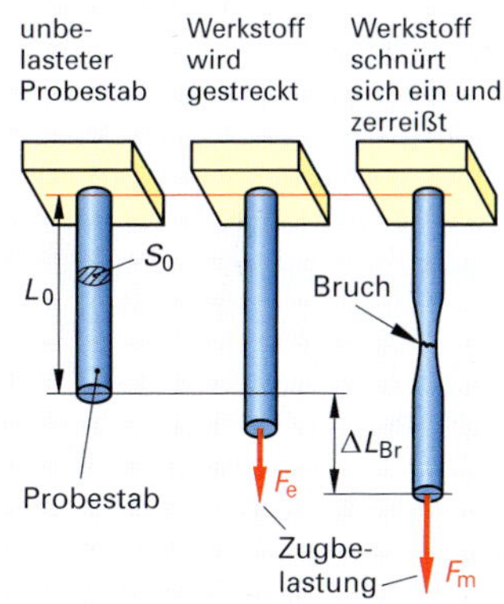

Bild 2: Probestab, unbelastet und unter Zugbeanspruchung

Wird die Zugbeanspruchung auf den Probestab über die Streckgrenze hinaus gesteigert, so beginnt er sich einzuschnüren und zerreißt schließlich (Bild 2). Die bei der größten Zugkraft F_m im Werkstoff herrschende Zugspannung ist die **Zugfestigkeit R_m**. Sie berechnet sich als Quotient aus F_m und S_0 und ist die maximale Zugspannung, die in einem Werkstoff herrschen kann.

Streckgrenze $R_e = \frac{F_e}{S_0}$

Die Streckgrenze R_e und die Zugfestigkeit R_m haben die gleiche Einheit N/mm². Der Stahl S235JR hat z. B. eine Streckgrenze von $R_e \approx 235$ N/mm² und eine Zugfestigkeit von $R_m \approx 360$ N/mm².

Zugfestigkeit $R_m = \frac{F_m}{S_0}$

Dehnung, Bruchdehnung

Durch die einwirkende Kraft verlängert sich der Probestab (Bild 2). Die auf die Ausgangslänge L_0 bezogene Verlängerung ΔL in Prozent nennt man **Dehnung ε**. Die bleibende Dehnung nach dem Bruch des Probestabes heißt **Bruchdehnung A**. Sie ist ein Maß für die größtmögliche Dehnung eines Werkstoffs.

Dehnung $\varepsilon = \frac{\Delta L}{L_0} \cdot 100\,\%$

Bruchdehnung $A = \frac{\Delta L_{Br}}{L_0} \cdot 100\,\%$

Verschleißfestigkeit

Zwischen sich gegeneinander bewegenden Maschinenteilen, wie z. B. dem Maschinenbett und dem Längsschlitten einer Drehmaschine, tritt Reibung und Verschleiß der Bauteiloberflächen auf **(Bild 3)**. Die Verschleißfestigkeit eines Bauteiles hängt außer von der Werkstoffpaarung und dem Schmiermittel von den Beanspruchungen ab: Kräfte, Geschwindigkeiten, Temperatur, Zeitdauer, Bewegungsart und umgebende Atmosphäre.

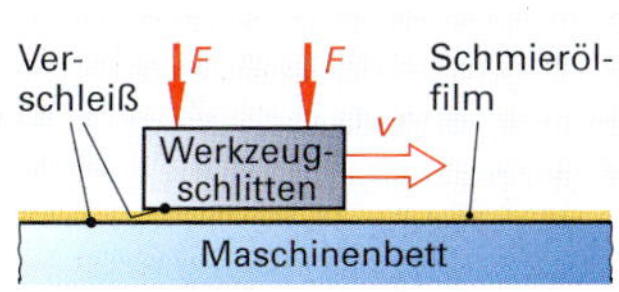

Bild 3: Verschleiß an Gleitflächen

3.2.4 Fertigungstechnische Eigenschaften

Die fertigungstechnischen Eigenschaften beschreiben die Eignung der Werkstoffe für die verschiedenen Fertigungsverfahren **(Bild 1)**.

- Die **Gießbarkeit** eines Werkstoffs ist gut, wenn er eine dünnflüssige Schmelze bildet, die die Gussform vollständig ausfüllt und im erstarrten Werkstoff keine Hohlräume (Lunker) bildet. Gut gießbar sind die verschiedenen Gusseisensorten, Aluminium-Gusslegierungen, Kupfer-Zink- und Zink-Gusslegierungen.

- Die **Umformbarkeit** ist die Fähigkeit eines Werkstoffs, sich unter Krafteinwirkung durch plastische Verformung zu einem Werkstück formen zu lassen. Warmumformverfahren sind z. B. das Warmwalzen und Schmieden, Kaltumformverfahren sind z. B. das Kaltwalzen, Biegen, Abkanten und Tiefziehen.

Gut umformbar sind kohlenstoffarme Stähle, Weicheisen sowie Aluminium- und Kupfer-Knetlegierungen. Nicht umformbar sind Eisen-Gusswerkstoffe.

- Die **Zerspanbarkeit** gibt an, ob und bei welchen Bedingungen ein Werkstoff mit spanenden Verfahren, wie z. B. Drehen, Fräsen, Schleifen, gefertigt werden kann. Als Bewertungsgrößen der Zerspanbarkeit dienen die Oberflächengüte der gespanten Fläche, die Spanbedingungen und die Standzeit der Spanwerkzeuge.

Die metallischen Werkstoffe sind überwiegend gut spanbar, insbesondere die unlegierten und niedrig legierten Stähle und Gusseisensorten sowie Aluminium und Al-Legierungen. Schwierig zu spanen sind sehr zähe Werkstoffe, wie weichgemachtes Kupfer, nichtrostende Stähle und Titan sowie sehr harte Werkstoffe, wie gehärtete Stähle.

- Die **Schweißbarkeit** beschreibt die Eignung oder Nichteignung eines Werkstoffs für das Schweißen.

Gut schweißbar sind unlegierte und niedrig legierte Stähle mit niedrigem Kohlenstoffgehalt. Mit Sonderschweißverfahren sind auch die hochlegierten Stähle sowie Aluminium- und Kupferlegierungen schweißbar.

- Die **Härtbarkeit** und die Vergütbarkeit ist die Fähigkeit eines Werkstoffs, durch eine gezielte Wärmebehandlung eine Steigerung seiner Härte und Festigkeit zu erlangen.

Härtbar sind die meisten Stähle, einige Eisen-Gusswerkstoffe und die aushärtbaren Aluminiumlegierungen.

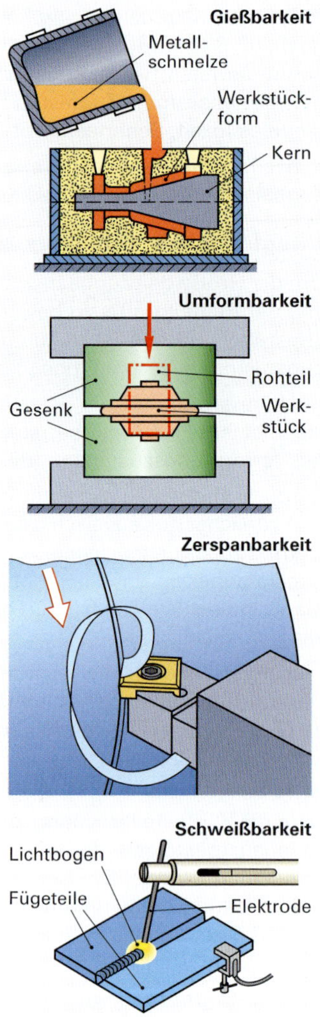

Bild 1: Fertigungstechnische Eigenschaften

3.2.5 Chemisch-technologische Eigenschaften

Die chemisch-technologischen Eigenschaften befassen sich mit den stoffverändernden Wirkungen von Umwelteinflüssen und aggressiven Stoffen (Wirkmedien) sowie hoher Temperaturen auf die Werkstoffe.

- Das **Korrosionsverhalten** beschreibt das Verhalten eines Werkstoffs unter der zerstörenden Wirkung von feuchter Luft, Industrieatmosphäre, verschmutztem Wasser oder anderen aggressiven Stoffen. Die von der Oberfläche ausgehende Zerstörung des Werkstoffs durch chemische und elektrochemische Vorgänge wird **Korrosion** genannt **(Bild 2)**.

Korrosionsbeständig sind z. B. die nichtrostenden Stähle sowie viele Kupfer- und Aluminium-Werkstoffe. Nicht korrosionsbeständig an

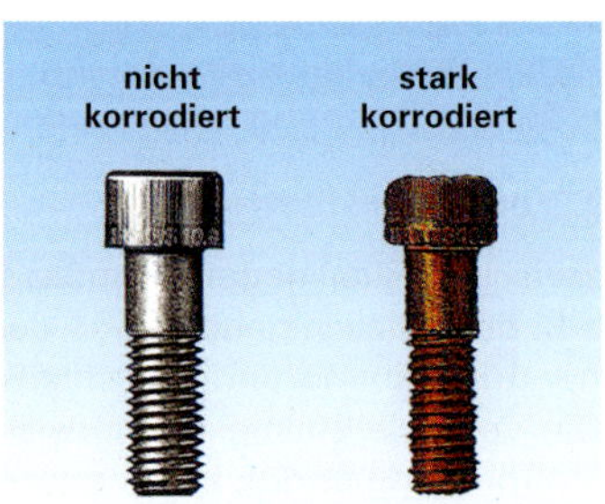

Bild 2: Korrosionsverhalten

feuchter Luft oder Industrieatmosphäre sind die unlegierten und niedrig legierten Stähle sowie Gusseisen; sie rosten.

Durch eine Oberflächenbehandlung, einen Anstrich oder eine Beschichtung kann die Korrosion für lange Zeit vermieden werden.

- Eine weitere chemisch-technologische Eigenschaft ist die **Verzunderungsbeständigkeit (Bild 1)**. Sie beschreibt das Reaktionsverhalten der Werkstoffe bei hohen Temperaturen.
- Bei einigen Werkstoffen, wie z. B. den Kunststoffen, ist zudem die **Brennbarkeit** bei der Werkstoffwahl zu beachten.

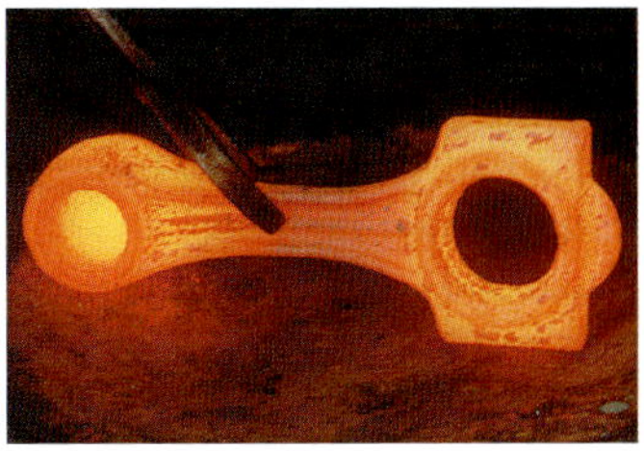

Bild 1: Verzundertes Schmiedeteil

3.2.6 Umweltverträglichkeit, gesundheitliche Unschädlichkeit

Die Werk- und Hilfsstoffe sollen bei ihrer Herstellung, bei der Bearbeitung und beim sachgemäßen Gebrauch keine gesundheitsgefährdende Wirkung ausüben. Nach dem Gebrauch der Geräte und Maschinen sollen die Werkstoffe wiederaufarbeitbar sein (Recycling).

- **Umweltverträgliche Stoffe.** Die am häufigsten verwendeten metallischen Werkstoffe sind überwiegend umweltverträglich und gesundheitlich unbedenklich: Stähle und Gusseisen, Aluminium- und Kupferwerkstoffe. Sie werden nach dem Gebrauch sortenrein gesammelt **(Bild 2)**, eingeschmolzen und zu neuen Werkstoffen verarbeitet.
- **Giftige Stoffe.** Die Metalle Blei (Pb) und Cadmium (Cd) sind giftig, wenn sie z. B. als Feinstaub eingeatmet werden. Ihr Gebrauch ist auf ein Mindestmaß einzuschränken. Bei ihrer Verarbeitung, z. B. beim Löten mit Pb- und Cd-haltigem Weichlot, muss die Abluft abgesaugt und der Arbeitsraum gut gelüftet werden. Das gilt ebenso beim Schweißen **(Bild 3)**. Auch beim Spanen mit Kühlschmierstoff sollte das Einatmen von Kühlschmierstoffnebel vermieden werden.

Hochgiftig sind die Härtesalze (Cyanidsalze), die bei speziellen Härteverfahren zum Einsatz kommen (Seite 207). Für diese Giftstoffe gibt es ein Sicherheitsdatenblatt des Herstellers und eine Betriebsanweisung des verarbeitenden Betriebs, die zu befolgen sind.

Beim Umgang mit Giftstoffen sind die Hinweise, Schutzmaßnahmen und Verhaltensregeln der Betriebsanweisung gemäß Gefahrstoffverordnung zu beachten.

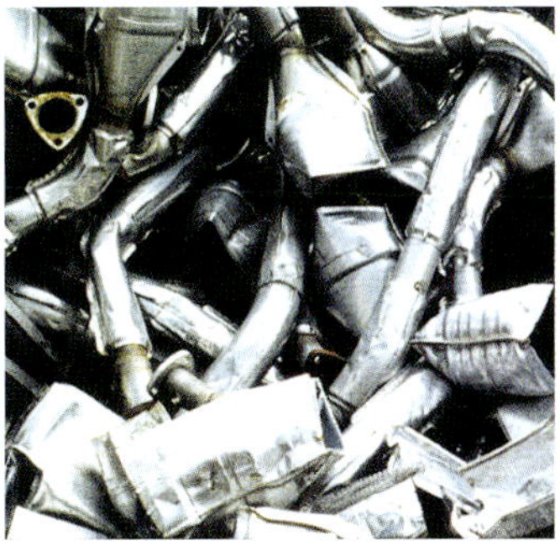

Bild 2: Recycling-Material

Bild 3: Absaugung von Gasen

Wiederholung und Vertiefung

1 Ordnen Sie die Metalle Kupfer, Eisen, Titan, Zink, Magnesium, Blei und Aluminium in die Gruppen Leichtmetalle und Schwermetalle ein.

2 Auf welchen Eigenschaften beruht die vielseitige Anwendung der Kunststoffe?

3 Aus welchen Werkstoffen könnte der Fräser und das bearbeitete Werkstück im gezeigten Bild bestehen? Begründen Sie Ihre Antwort.

4 Ein Werkstück hat eine Masse von 6,48 kg und ein Volumen von 2,4 dm³.
   a) Welche Dichte hat der Werkstoff des Werkstücks?
   b) Um welchen Werkstoff könnte es sich handeln?

5 Beschreiben Sie das elastisch-plastische Verformungsverhalten eines Stahlstabes.

6 Was geben die Streckgrenzen R_e und die Zugfestigkeit R_m eines Werkstoffs an?

7 Nennen Sie drei fertigungstechnische Eigenschaften. Erläutern Sie diese Eigenschaften mit jeweils einem Werkstoff, der für dieses Fertigungsverfahren gut geeignet ist.

8 Wie kann die Korrosion von Metallteilen vermieden werden?

3.3 Innerer Aufbau der Metalle

In natürlicher Größe erscheinen die Metalle als einheitlicher Stoff ohne erkennbare innere Struktur **(Bild 1, linker Bildteil).**

Betrachtet man die angeätzte Oberfläche eines Metalls rund 10 000-fach vergrößert, z. B. mit einem Elektronenmikroskop, so sieht man, dass die Metalle einen äußerst komplizierten Feinbau besitzen **(Bild 1, rechts).** Man erkennt, dass sie sich aus einer Vielzahl kleiner, regelmäßig geformter Körner, auch **Kristalle** genannt, zusammensetzen.

Den Feinbau der Metalle bezeichnet man als **kristallinen Aufbau** oder als **kristalline Struktur.**

Vergrößert man die Ecke eines Kristalls noch stärker, z. B. 10 000 000-fach, so gelangt man zu den kleinsten Teilchen der Metalle, den Atomen[1)] **(Bild 1, unten).** Sie sind in genauen Abständen und Winkeln angeordnet.

Verbindet man die Mittelpunkte der Metallatome, so ergeben die Verbindungslinien ein räumliches Gitter, das als **Raumgitter** oder **Kristallgitter** bezeichnet wird. Die kleinste typische Einheit dieses Kristallgitters nennt man **Elementarzelle.**

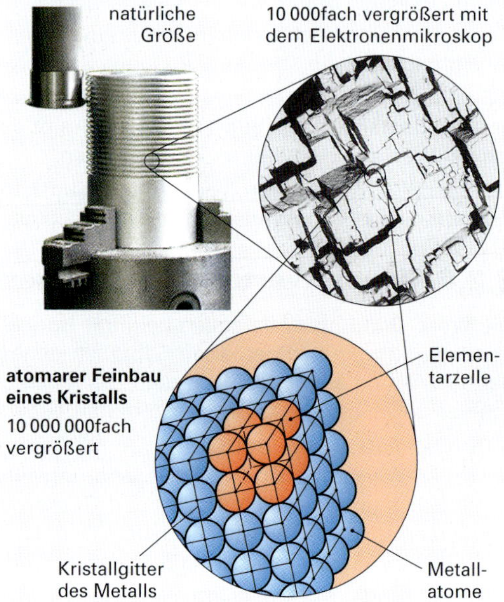

Bild 1: Metalloberfläche und innerer Aufbau

3.3.1 Innerer Aufbau und Eigenschaften der Metalle

Metallbindung und Festigkeit

Im festen Aggregatzustand besitzen die Metalle einen festen Zusammenhalt. Ursache hierfür ist die Metallbindung, die die einzelnen Metallteilchen zusammenhält. Die Metallbindung entsteht bei der Gewinnung des Metalls durch Zusammenlagern der Metallatome direkt nach der Reduktion des Erzes (Seite 168). Dabei werden locker gebundene Elektronen der Metallatome abgegeben **(Bild 2).** Sie umgeben den Metallatom-Verband als Elektronenwolke. Die Elektronen können sich in der Elektronenwolke bewegen, sie aber nicht verlassen. Sie halten die Metallatome[1)] wie eine Art „Elektronenkitt" zusammen.

Die Metallbindung bewirkt den äußerst festen Zusammenhalt der Metallteilchen und damit die **Festigkeit** der Metalle.

Elektrische Leitfähigkeit

Die beweglichen Elektronen können durch eine angelegte elektrische Spannung im Leiter in Bewegung gesetzt werden **(Bild 3).** Es fließt dann ein Strom von Elektronen (elektrischer Strom).

Metalle sind gute **elektrische Leiter.**

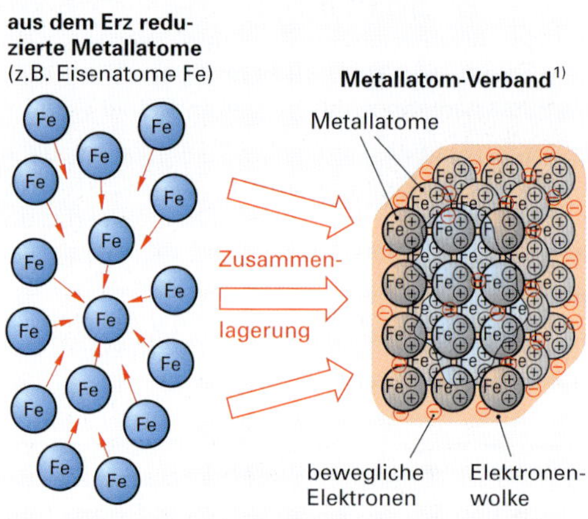

Bild 2: Entstehung der Metallbindung (Beispiel Eisen)

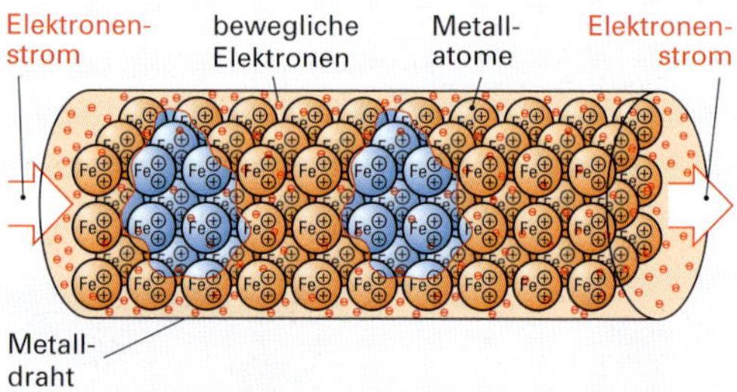

Bild 3: Stromleitung in einem Metalldraht

[1)] Hier wird vereinfachend von Metallatomen gesprochen. Wissenschaftlich exakt müssten sie Metallionen genannt werden.

Verformungsverhalten der Metalle

Metalle verformen sich bei geringer Belastung elastisch und bei hoher Belastung zusätzlich plastisch (Seite 162). Dieses Verformungsverhalten beruht auf ihrem kristallinen Feinbau **(Bild 1)**.

Ist die Krafteinwirkung gering, so werden die Metallatome nur geringfügig von ihrem Gitterplatz verdrängt und federn bei Wegnahme der Kraft wieder in ihre Ausgangslage zurück. Sie verformen sich elastisch.

Bei großer Krafteinwirkung kann an einer Stelle des Kristalls die obere Atomlage von der stabilen „Übereinander-Anordnung" in die ebenfalls stabile „Auf-Lücke-Anordnung" verschoben werden. Diese neue stabile Lage bleibt auch erhalten, wenn die Kraft weggenommen wird. Der Körper hat sich bleibend verformt **(plastische Verformung)**. Nach der Verschiebung wirken wieder ähnlich große Bindungskräfte zwischen den Metallatomen wie vorher. Deshalb erfolgt durch die Verschiebung kein Auseinanderbrechen des Körpers, sondern lediglich eine bleibende Verformung. Die Verformung kann bei fortdauernder Krafteinwirkung so lange fortschreiten, bis alle Metallatomlagen im belasteten Bereich des Bauteiles verschoben sind. Erst dann führt eine weitere Belastung zum Bruch des Körpers.

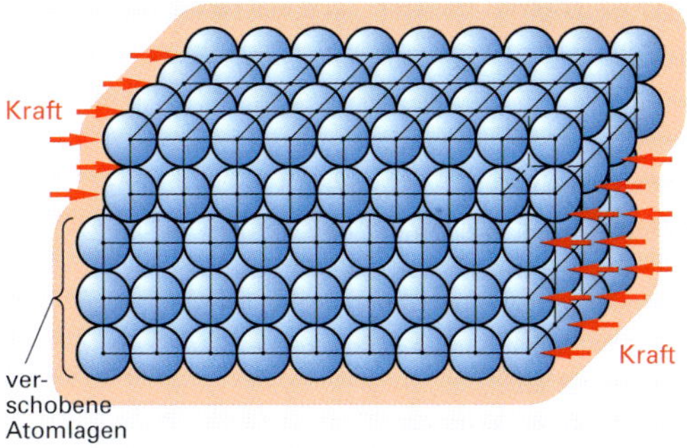

Bild 1: Plastische Verformung eines Kristalls durch Verschieben einer Metallatomlage

3.3.2 Kristallgittertypen der Metalle

Die Atome der verschiedenen Metalle können sich in unterschiedlichen geometrischen Anordnungen zusammenfügen. Diese sind von der Metallart und teilweise von der Temperatur abhängig.

> Die Metalle haben kubisch-raumzentrierte, kubisch-flächenzentrierte oder hexagonale Kristallgitter.

Die grafische Darstellung der Anordnung der Metallatome erfolgt anhand einer Elementarzelle **(Bild 2)**.

Kubisch-raumzentriertes Kristallgitter

Beim kubisch-raumzentrierten Kristallgitter (krz) ordnen sich die Metallatome so, dass die Verbindungslinien von Atommittelpunkt zu Atommittelpunkt einen Würfel (Kubus) bilden (Bild 2, oberer Bildteil). Zusätzlich befindet sich noch ein Metallatom in der Würfelmitte. Ein kubisch-raumzentriertes Kristallgitter hat z. B. Eisen bei Temperaturen unter 911 °C sowie Chrom, Wolfram und Vanadium.

Kubisch-flächenzentriertes Kristallgitter

Das kubisch-flächenzentrierte Kristallgitter (kfz) hat ebenfalls einen Würfel als Grundkörper und zusätzlich je ein Atom in der Mitte der Seitenflächen (Bild 2, mittlerer Bildteil). Diese Kristallform haben Aluminium, Kupfer und Nickel sowie Eisen über 911 °C.

Hexagonales Kristallgitter

Ein hexagonales Kristallgitter (hex) besitzen die Metalle Magnesium, Zink und Titan. Bei diesem Gittertyp bilden die Metallatome ein sechseckiges Prisma mit je einem Atom in der Mitte der Grundflächen sowie drei Atomen innerhalb des Prismas (Bild 2, unterer Bildteil).

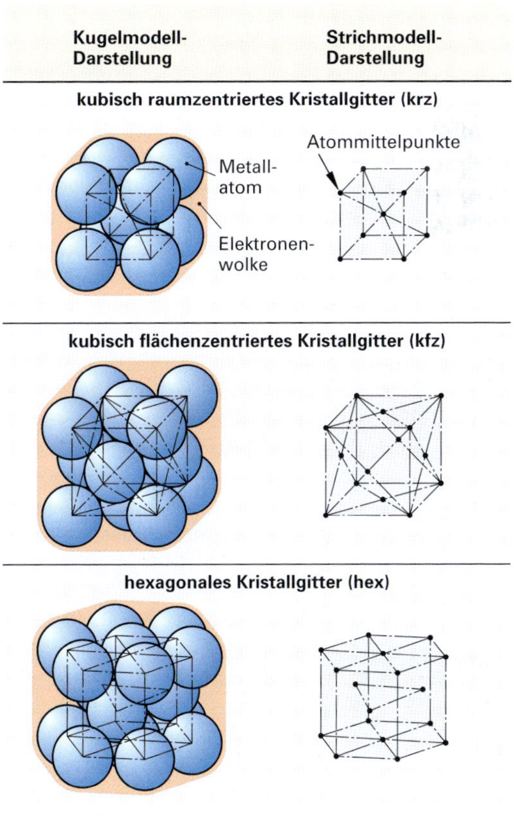

Bild 2: Kristallgittertypen

3.3.3 Baufehler im Kristall

Die Kristalle eines Metalls sind nicht fehlerfreie Idealkristalle, sondern mit Fehlern wie Lücken, Versetzungen und Fremdatomen durchsetzt **(Bild 1)**.

Eine **Lücke** ist ein nicht besetzter Gitterplatz im Kristallgitter. Bei einer **Versetzung** ist eine ganze Lage von Metallatomen eingeschoben oder sie fehlt. **Fremdatome** sind Atome eines anderen Elementes, die in das Kristallgitter des Grundmetalls eingebaut sind.

Baufehler bewirken Verzerrungen im Kristallgitter und führen zur Erhöhung der Festigkeit.

Die festigkeitssteigernde Wirkung tritt z. B. beim Legieren auf. Hierbei werden Fremdatome in das Kristallgitter des Grundmetalls eingelagert.

Bei der Verfestigung durch Kaltverformung entstehen festigkeitssteigernde Lücken und Versetzungen.

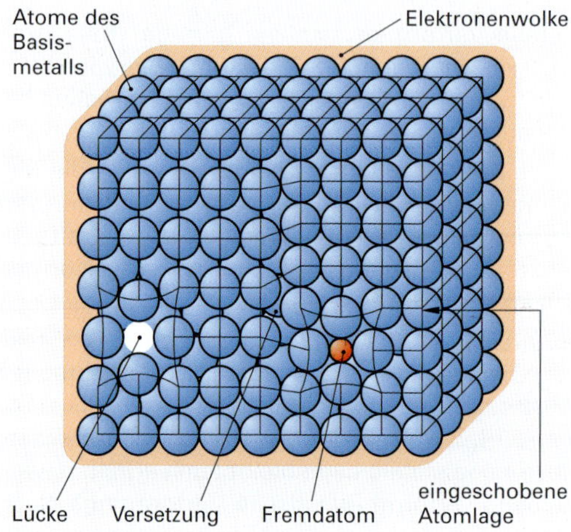

Bild 1: Baufehler im Metallkristall

3.3.4 Entstehung des Metallgefüges

Das Gefüge eines metallischen Werkstoffs, d. h. seine Gliederung in Kristalle **(Bild 1, Seite 166)**, entsteht nach dem Vergießen beim Erstarren der Metallschmelze zum festen Metallkörper.

Die Erstarrung einer Metallschmelze verläuft nicht schlagartig, sondern über Zwischenstufen.

Beispiel: Die Abkühlung von reinem Eisen und die dabei ablaufenden Vorgänge in der Schmelze **(Bild 2)**.

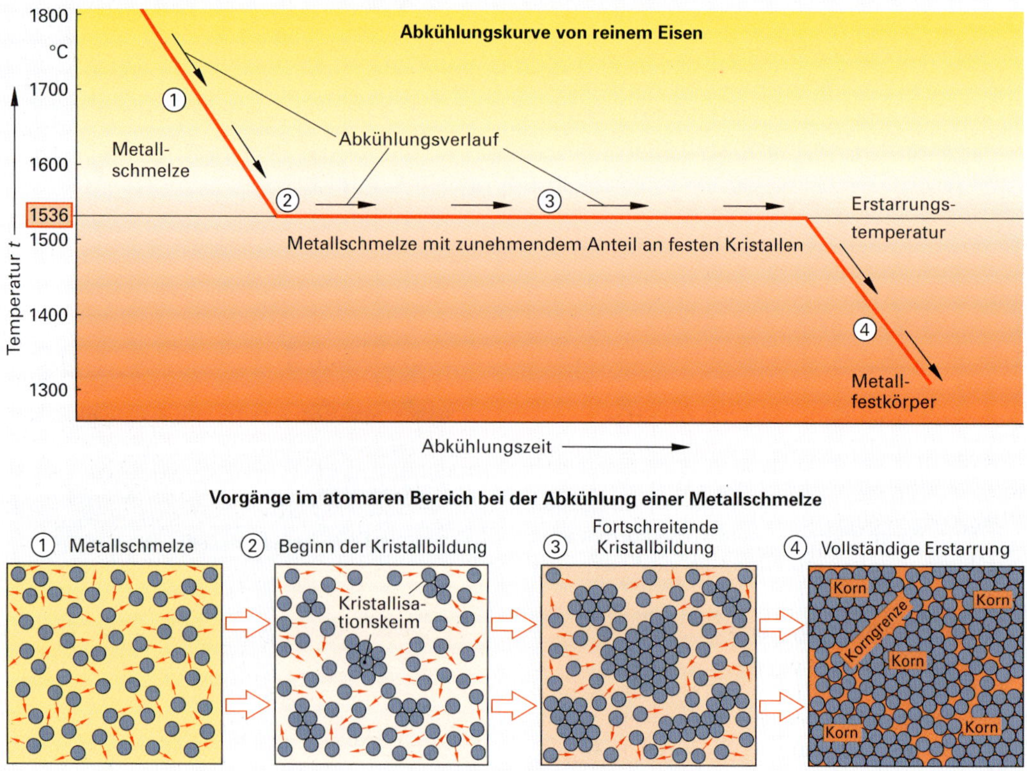

Bild 2: Abkühlungskurve und kristalline Vorgänge in einer Metallschmelze

Es kommt bei den in **Bild 2, vorherige Seite,** gezeigten Abkühlungsstufen ① bis ④ zu folgenden Vorgängen:

① **Metallschmelze.** In der Metallschmelze bewegen sich die Metallatome frei und regellos durcheinander. Bei der Abkühlung der Schmelze wird die Bewegung der Metallatome langsamer.

② **Beginn der Kristallbildung.** Bei Erreichen der Erstarrungstemperatur (bei Eisen: 1536 °C) in der Schmelze beginnt die Zusammenlagerung der Metallatome nach einem Kristallgittertyp. Die Stellen, an denen das Kristallwachstum beginnt, nennt man **Kristallisationskeime**.

③ **Fortschreitende Kristallbildung.** Von den Kristallisationskeimen ausgehend gliedern sich immer mehr Metallatome aus der Restschmelze den Kristallen an. Die Temperatur bleibt während des gesamten Auskristallisierens unverändert auf der Erstarrungstemperatur, da die entzogene Wärme zur Kristallbildung verbraucht wird. Die Abkühlungskurve verläuft waagerecht.

Wenn die Schmelze fast aufgebraucht ist, stoßen die wachsenden Kristalle an ihren Grenzen aneinander. Die dadurch unregelmäßig begrenzten Kristalle nennt man **Kristallite** oder **Körner**. Die Metallatome im Grenzbereich zwischen den Körnern können teilweise nicht in das Kristallgitter eingeordnet werden. Sie bilden zusammen mit Fremdatomen zwischen den einzelnen Körnern eine ungeordnete Begrenzungsschicht, die **Korngrenze**.

④ **Vollständige Erstarrung.** Haben alle Metallatome ihren festen Platz, so ist die Schmelze vollständig erstarrt. Das Gefüge des Werkstoffs hat sich gebildet. Die Temperatur des entstandenen, festen Metallkörpers nimmt durch den Wärmeentzug nun wieder stetig ab, die Abkühlungskurve fällt.

3.3.5 Gefügearten und Werkstoffeigenschaften

Das Gefüge eines Werkstoffs ist mit bloßem Auge nicht sichtbar. Die einzelnen Gefügekörner sind zu klein (im Größenbereich von 1 µm bis 100 µm) und die Korngrenzen sind nicht zu erkennen.

Um das Gefüge eines Werkstoffs sichtbar zu machen, bedarf es einer besonderen Technik, der **Metallografie**. Man trennt ein etwa walnussgroßes Stück des Werkstoffs ab, bettet es in Gießharz ein, schleift es auf einer Seite plan und poliert diese Fläche. Dann wird die polierte Metalloberfläche mit einem Ätzmittel angeätzt und unter einem Metallmikroskop betrachtet **(Bild 1)**.

Das sich darbietende Bild im Mikroskop wird **Schliffbild** genannt. Es zeigt das Werkstoffgefüge mit den Körnern und Korngrenzen.

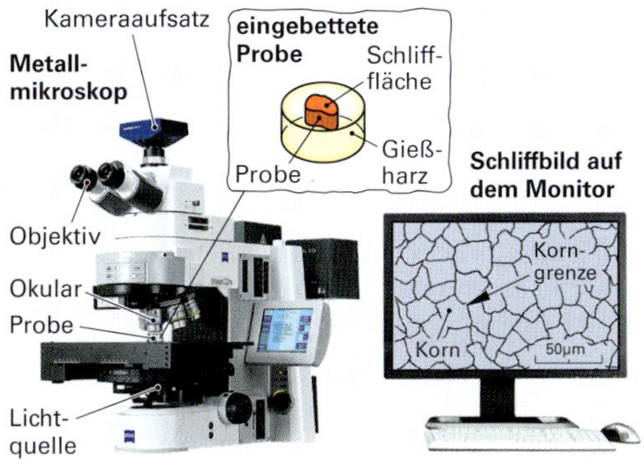

Bild 1: Sichtbarmachen eines Schliffbildes mit dem Metallmikroskop

Kornformen

Die verschiedenen Metalle und auch die unterschiedlichen Kristallgittertypen eines Metalls bilden bestimmte typische Kornformen **(Bild 2)**.

Reines Eisen bildet z. B. rundliche Körner (globulare Körner). Eisen mit Austenitgefüge hat Vieleckkörner (polyedrisch). Gehärteter Stahl (Martensitgefüge) zeigt nadelartiges Gefüge (dendritisch). Der Streifenzementit des Perlits und der Lamellengrafit von Grauguss bilden lamellenartige Schichten (lamellares Gefüge).

Die Kornform des Gefüges wird z. B. beim Kaltwalzen verändert. Hierbei werden die Körner in Walzrichtung gereckt, das Gefüge hat eine **Textur**. Die Festigkeit des Werkstoffs wird dadurch in Walzrichtung erhöht, die Dehnbarkeit verringert. Durch Rekristallisationsglühen kann die Textur wieder aufgehoben werden.

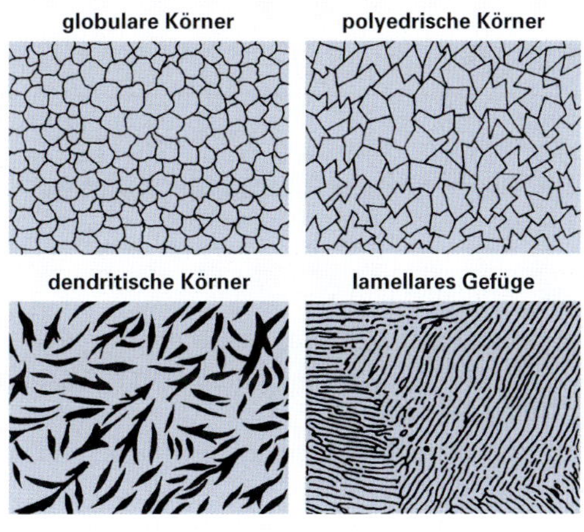

Bild 2: Kornformen bei Metallen

Korngrößen

Metalle haben Korngrößen von weniger als 1 µm bis zu 100 µm **(Bild 1)**. Ein Werkstoff mit feinkörnigem Gefüge hat eine höhere Festigkeit und eine bessere Dehnbarkeit als mit grobkörnigem Gefüge.

Die gewünschte Korngröße kann erzielt werden

- durch Wärmebehandlung, z. B. Normalglühen
- durch Warmumformen, z. B. Warmwalzen
- durch Zugabe von Legierungselementen, wie z. B. Mangan bei den Feinkornbaustählen.

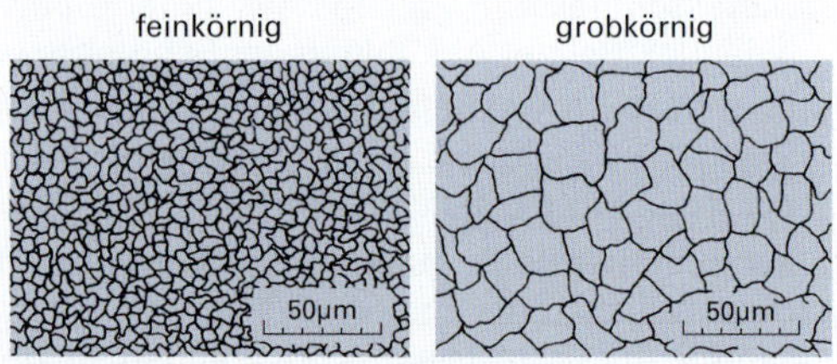

Bild 1: Gefüge mit unterschiedlichen Korngrößen

3.3.6 Gefüge reiner Metalle und Gefüge von Legierungen

Reine Metalle haben ein einheitliches (homogenes) Gefüge **(Bild 2)**. Alle Körner bestehen aus derselben Metallatomsorte und haben denselben Bauplan nach einem Kristallgittertyp. Bei Eisen z. B. sind die Eisenatome kubisch-raumzentriert angeordnet. Die Körner unterscheiden sich in der Ausrichtung des Kristallgitters.

Die reinen Metalle haben eine geringe Festigkeit.

Die meisten Metalle werden in der Technik nicht als Reinmetalle verwendet, sondern als Legierungen.

Legierungen sind Gemische aus mehreren Metallen bzw. Gemische aus Metallen und Nichtmetallen.

Im flüssigen Zustand (Schmelze) sind die Legierungselemente gleichmäßig in der Legierung verteilt.

Beim Erstarren der Schmelze bilden sich je nach Grundmetall und den Legierungselementen unterschiedliche Gefügearten aus.

Bei **Kristallgemisch-Legierungen** bleiben die verschiedenen Metallatome beim Erstarren der Legierungsschmelze nicht vermischt, sondern entmischen sich und lagern sich getrennt zu verschiedenartigen Gefügekörnern zusammen **(Bild 3)**.

Bei **Mischkristall-Legierungen** bleiben die Atome der Legierungselemente beim Erstarren der Schmelze gleichmäßig im Kristallgitter des Grundmetalls verteilt **(Bild 4)**.

> Legierungen haben gegenüber ihrem reinen Grundmetall meist verbesserte Eigenschaften, z. B. eine höhere Festigkeit, verbessertes Korrosionsverhalten oder größere Härte.

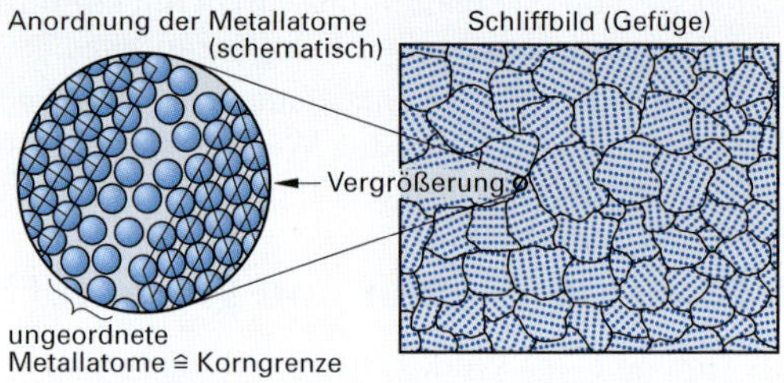

Bild 2: Innerer Aufbau eines reinen Metalls

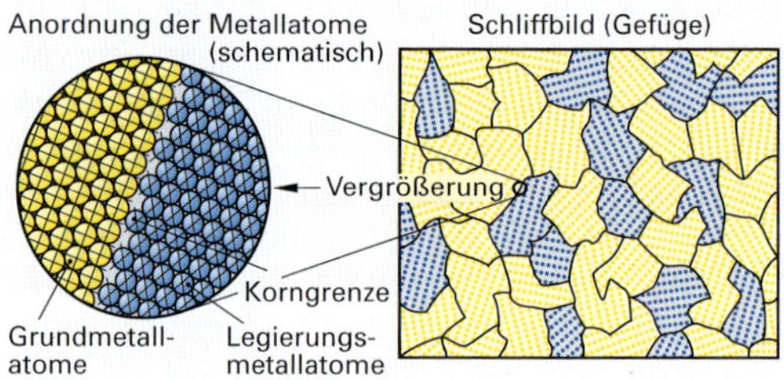

Bild 3: Innerer Aufbau einer Kristallgemisch-Legierung

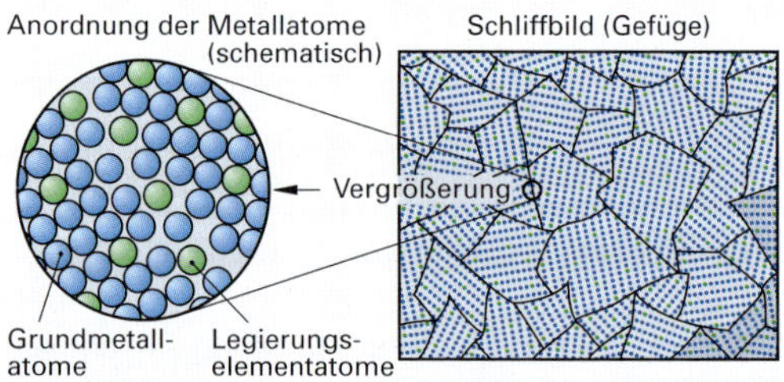

Bild 4: Innerer Aufbau einer Mischkristall-Legierung

Wiederholung und Vertiefung

1. Was zeigt das Gefüge eines Metalls?
2. Wie sind die Metalle im atomaren Größenbereich aufgebaut?
3. Welche drei Kristallgittertypen findet man bei den Metallen?
4. Welche Kristallbaufehler gibt es?
5. Worauf beruht die elastische und die plastische Verformbarkeit der Metalle?
6. Wie entsteht das Metallgefüge?
7. Wie wird das Metallgefüge sichtbar gemacht?
8. Wodurch unterscheiden sich reine Metalle und Legierungen bezüglich Gefüge und Eigenschaften?

3.4 Stähle und Eisen-Gusswerkstoffe

Als **Stähle** bezeichnet man Werkstoffe, deren Hauptbestandteil Eisen ist, die im Allgemeinen weniger als 2 % Kohlenstoffgehalt aufweisen und die zusätzlich noch andere Elemente enthalten. Stähle werden durch Walzen zu Halbzeugen und Fertigerzeugnissen weiterverarbeitet.

Eisen-Gusswerkstoffe sind ebenfalls Eisen-Basiswerkstoffe. Sie enthalten jedoch mehr als 2 % Kohlenstoff, können ebenfalls andere Elemente enthalten und werden durch Gießen zu Werkstücken vergossen.

Stähle und Eisen-Gusswerkstoffe können durch gezielte Herstellung, durch Legieren und durch Wärmebehandlung ganz verschiedene Werkstoffeigenschaften erhalten **(Bild 1)**. Da sie außerdem preisgünstig hergestellt werden können, sind sie die am meisten verwendeten metallischen Werkstoffe.

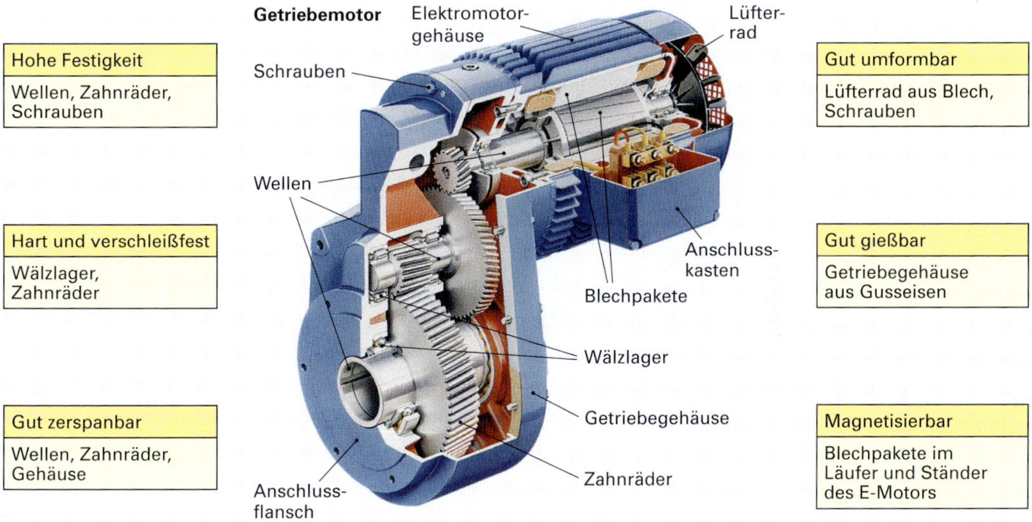

Bild 1: Eigenschaften der Stähle und Eisen-Gusswerkstoffe am Beispiel eines Getriebemotors

Weitere typische Eigenschaften der Stähle und Eisen-Gusswerkstoffe sind:

- korrosionsanfällig im unlegierten Zustand
- korrosionsbeständig durch Legieren
- große Dichte: $\varrho = 7{,}85\ \text{kg/dm}^3$
- wiederverwertbar

3.4.1 Gewinnung von Roheisen

Stähle und Eisen-Gusswerkstoffe werden aus Roheisen hergestellt. Das Roheisen selbst wird im Hochofen aus Eisenerzen gewonnen **(Bild 2)**.

Vorgänge im Hochofen. Der Hochofen wird schichtweise mit einem Gemisch aus Erz, Zuschlägen und Koks beschickt. Die Zuschläge nehmen beim Schmelzen die erdigen Bestandteile der Erze auf. Der Koks verbrennt durch eingeblasene Heißluft teilweise und liefert dadurch die Schmelzwärme für die Einsatzstoffe. Der Rest des Kokses reduziert das Eisenerz zum metallischen Eisen. Es enthält aus dem Koks gelösten Kohlenstoff. Das entstehende flüssige Roheisen sammelt sich am Boden des Hochofens. Es wird in Abstichen abgelassen.

Im Hochofen werden Eisenerze durch Reduktion in Roheisen umgewandelt.

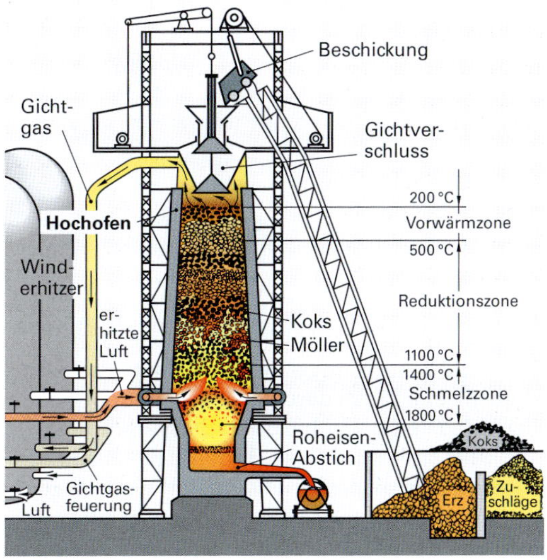

Bild 2: Roheisengewinnung im Hochofen

3.4.2 Herstellung von Stahl

3.4.2.1 Frischen

Roheisen enthält neben dem Hauptbestandteil Eisen etwa 4% Kohlenstoff und unerwünschte oder zu hohe Mengen der Begleitstoffe Silicium, Mangan, Schwefel und Phosphor.

Bei der Herstellung von Stahl aus Roheisen müssen der Kohlenstoffgehalt herabgesetzt und die unerwünschten Begleitstoffe fast ganz beseitigt werden. Diesen Vorgang nennt man **Frischen.**

Nach dem Frischen wird der Stahl nachbehandelt (folgende Seite).

Die wichtigsten Frischverfahren sind das Sauerstoffaufblas-Verfahren, das kombinierte Sauerstoff-/Inertgas-Blasverfahren und das Elektrostahl-Verfahren.

Beim Frischen von Roheisen zu Stahl wird der Kohlenstoffgehalt des Roheisens vermindert und die unerwünschten Begleitstoffe werden weitgehend beseitigt.

Sauerstoffaufblas-Verfahren

Das Sauerstoffaufblas-Verfahren wird in einem Konverter (Umwandlungsgefäß) durchgeführt **(Bild 1)**. Der Konverter wird in der Füllstellung mit Schrott und flüssigem Roheisen beschickt ①. Anschließend wird er aufgerichtet und Sauerstoff mit 8 bis 12 bar auf die Roheisenschmelze geblasen ②. Es beginnt eine stürmische Reaktion des Sauerstoffs mit den Eisenbegleitern, welche die Schmelze kochen lässt. Nun wird Kalk zugegeben. Er bildet eine flüssige Schlacke auf der Schmelze und bindet darin die festen Abbrandprodukte und die unerwünschten Eisenbegleiter. Der Kohlenstoff im Roheisen verbrennt beim Frischen fast völlig zu CO und CO_2, die als Gase aufsteigen. Die erforderlichen Legierungsbestandteile und Desoxidationsmittel werden am Ende des Frischvorganges vor dem Abgießen des Stahls zugegeben. Dann werden zuerst der Stahl durch das Ausgussloch des Konverters in die bereitstehende Gießpfanne ③ und anschließend die Schlacke über den Konverterrand abgegossen ④.

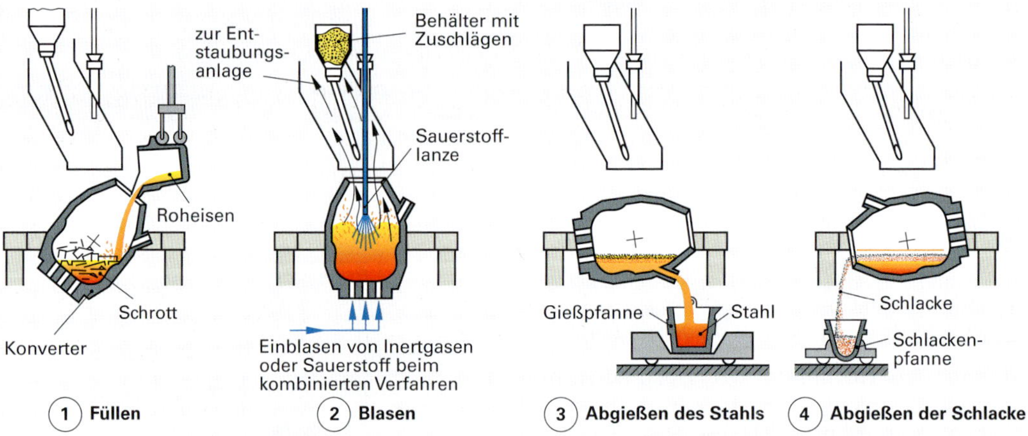

Bild 1: Stahlherstellung nach dem Sauerstoffaufblas-Verfahren sowie dem kombinierten Blasverfahren

Kombiniertes Sauerstoff-/Inertgas-Blasverfahren

Beim Sauerstoffaufblas-Verfahren wird das Schmelzbad durch den von oben auftreffenden Sauerstoffstrahl nicht optimal durchmischt. Außerdem ist der Schrotteinsatz begrenzt und die Schlacke enthält viel Eisenoxid. Beim kombinierten Blasverfahren bläst man zusätzlich Sauerstoff und inerte Gase wie Argon und Stickstoff durch den Boden des Konverters in die Schmelze. Diese Gase mischen die Schmelze besser durch, sodass mehr Schrott eingesetzt werden kann. Außerdem ist die Blaszeit kürzer und der Verlust an Eisen und Legierungselementen geringer. Der gefrischte Stahl enthält weniger oxidische Einschlüsse und kann für weiche Stahlsorten bis zu einem Kohlenstoffgehalt von weniger als 0,02% verwendet werden. Wegen dieser Vorteile wird meist nur noch das kombinierte Verfahren angewandt.

Elektrostahl-Verfahren

Das Elektrostahl-Verfahren wird in einem elektrischen Lichtbogenofen oder einem Induktionsofen durchgeführt **(Bild 1)**.

Der **Lichtbogenofen** wird überwiegend mit Stahlschrott, zum Teil auch mit Eisenschwamm und Roheisen beschickt. Außerdem werden noch Kalk zur Schlackenbildung und Reduktionsmittel zugegeben. Der zwischen den Kohleelektroden und dem Schmelzgut verlaufende Lichtbogen erzeugt Temperaturen bis zu 3500 °C. Deshalb können auch schwer schmelzbare Legierungselemente wie Wolfram und Molybdän eingeschmolzen werden.

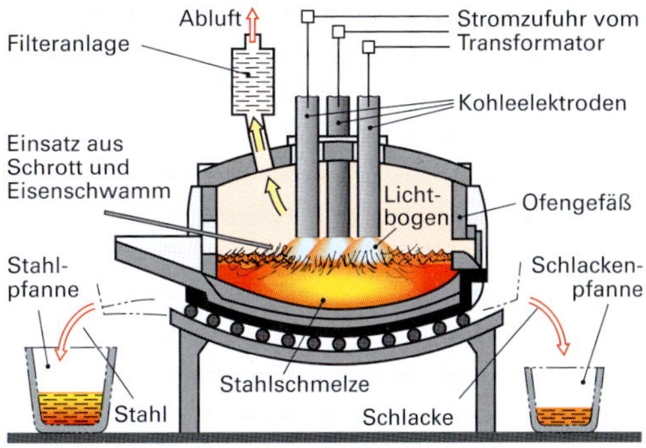

Bild 1: Elektrostahl-Verfahren im Lichtbogenofen

> Mit Lichtbogenöfen wird bevorzugt Stahlschrott zu Stahl verarbeitet (recycelt).

3.4.2.2 Nachbehandlungsverfahren für Stähle

Desoxidation

Bei der Desoxidation wird der Stahlschmelze Silicium oder Aluminium zugesetzt. Diese Elemente binden den beim Erstarren der Schmelze frei werdenden Sauerstoff. In der Stahlschmelze steigen keine Gasblasen auf, sodass im Stahlblock keine Gasblasen-Hohlräume vorliegen **(Bild 2)**. Der Stahl erstarrt desoxidiert (beruhigt). Die Randzone und der Kern haben die gleiche Zusammensetzung. Deswegen werden alle Stähle desoxidiert vergossen.

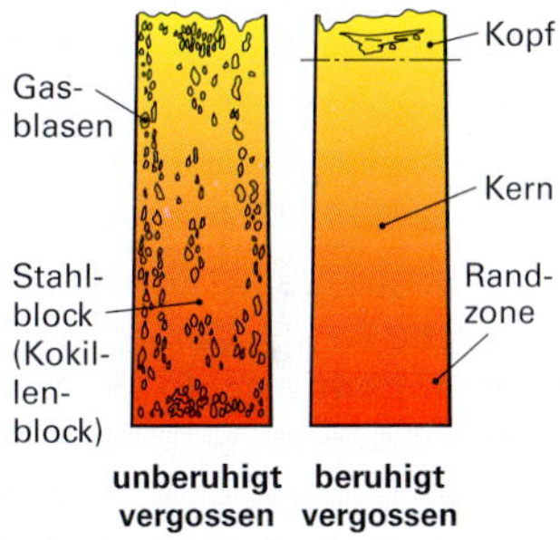

Bild 2: Unberuhigt und beruhigt vergossene Stahlblöcke

Vakuum-Entgasung

Auch nach der Desoxidation verbleibt ein Rest an gelösten Gasen, vor allem Wasserstoff, im Stahl. Sie scheiden sich im Laufe der Zeit aus, bewirken starke Spannungen und kleine Risse im Gefüge des Stahls und setzen dadurch Dehnung und Alterungsbeständigkeit herab. Durch Umgießen des flüssigen Stahls in einen Vakuumbehälter entweichen die Gase fast vollständig aus der Schmelze und können abgesaugt werden **(Bild 3)**.

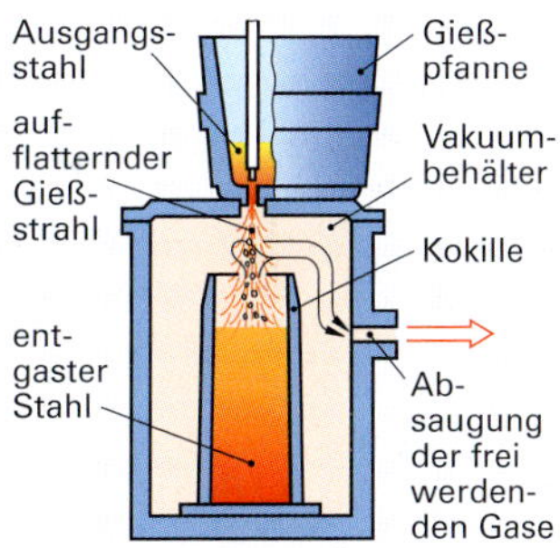

Bild 3: Vakuum-Entgasung

Spülgasbehandlung

Bei der Spülgasbehandlung wird Spülgas (Argon) von unten durch die Schmelze gepresst. Es durchmischt sie und schwemmt dabei die Verunreinigungen an die Oberfläche. Die Spülgasbehandlung mit Argon kann die Vakuumbehandlung ersetzen oder ergänzen.

Umschmelzverfahren

Mit dem Umschmelzverfahren werden besonders reine Edelstähle hergestellt. Beim **Elektro-Schlacke-Umschmelzverfahren** taucht der mit dem Elektrostahl-Verfahren hergestellte Edelstahlblock als Abschmelzelektrode in die flüssige Schlacke einer Kokille **(Bild 4)**. Die notwendige Schmelzwärme entsteht beim Stromdurchgang durch das Schlackenbad, das als elektrischer Widerstand wirkt. Der abgeschmolzene Stahl tropft durch die reinigende Schlacke und erstarrt in der wassergekühlten Kupferkokille zum umgeschmolzenen Block mit äußerst reiner und gleichmäßiger Zusammensetzung.

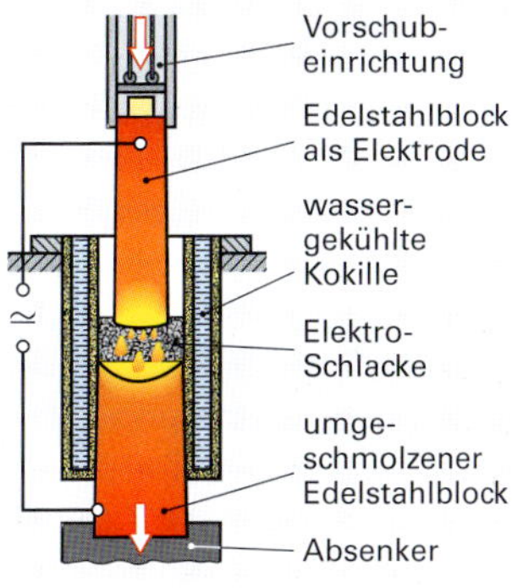

Bild 4: Elektro-Schlacke-Umschmelzverfahren

> Durch die Nachbehandlungsverfahren wird die Stahlqualität verbessert, indem unerwünschte Begleitstoffe entfernt werden.

3.4.2.3 Vergießen der Stähle

Der fertig behandelte, flüssige Stahl wird zum überwiegenden Teil in einer Stranggussanlage zu Strängen vergossen **(Bild 1)**. Er hat damit die Ausgangsform für das Walzen. Für sehr große Schmiedestücke werden Kokillenblöcke gegossen.

Strangguss

Beim Strangguss wird der flüssige Stahl aus der Gießpfanne in einen Zwischenbehälter gegossen (Bild 1). Aus diesem fließt er kontinuierlich in eine wassergekühlte Kokille aus Kupfer und erstarrt dort in der Randzone. Der entstehende, innen noch flüssige Stahlstrang wird fortlaufend nach unten aus der Kokille herausgezogen. In einer bogenförmigen Kühlkammer mit Umlenkwalzen wird der Stahlstrang mit Wasser besprüht und in die Waagerechte umgelenkt. Nach der Umlenk- und Kühlkammer wird er gerichtet und abgelängt.

> Durch Stranggießen erhält man Walzstränge, die nahe an den Abmessungen der Fertigprofile liegen. Beim nachfolgenden Walzen sind deshalb nur wenige Walz-Arbeitsgänge erforderlich.

Durch die rasche Abkühlung hat der stranggegossene Stahl ein feineres Gefüge als beim Blockguss. Durch diese Vorteile hat der Strangguss den Blockguss **(Bild 2)** weitgehend verdrängt.

3.4.2.4 Weiterverarbeitung der Stähle

Der zum Strang oder Block vergossene Stahl wird durch Walzen, Ziehen (Seite 62), Schmieden (Seite 67) und Strangpressen (Seite 68) zu Halbzeugen und Fertigerzeugnissen umgeformt.

Halbzeuge sind Zwischenprodukte, wie z. B. vorgewalzte Blöcke und Brammen. Sie werden zu Fertigerzeugnissen weiterverarbeitet. **Fertigerzeugnisse** sind Form- und Stabstähle, Bleche, Rohre und Drähte.

Wiederholung und Vertiefung

1 Was versteht man unter dem „Frischen" des Stahls?
2 Nach welchen Verfahren wird Stahl hergestellt?
3 Welchen Zweck hat die Nachbehandlung des Stahls?
4 Welche Auswirkung hat die Desoxidation auf das Stahlgefüge?
5 Wie wirkt sich die Vakuumbehandlung auf die Qualität des Stahles aus?
6 Welche Vorteile hat der Strangguss gegenüber dem Blockguss?

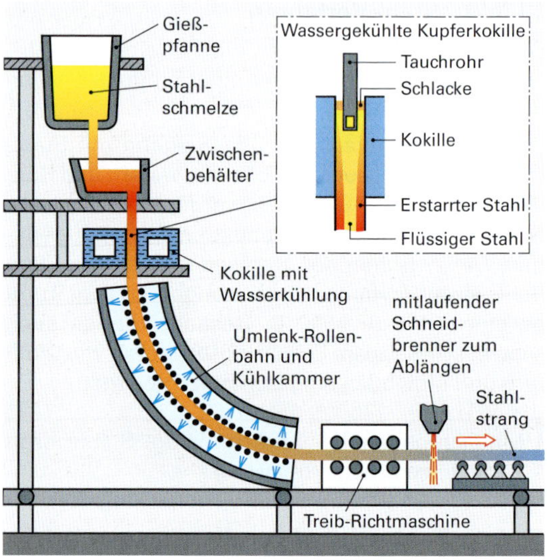

Bild 1: Stranggussanlage

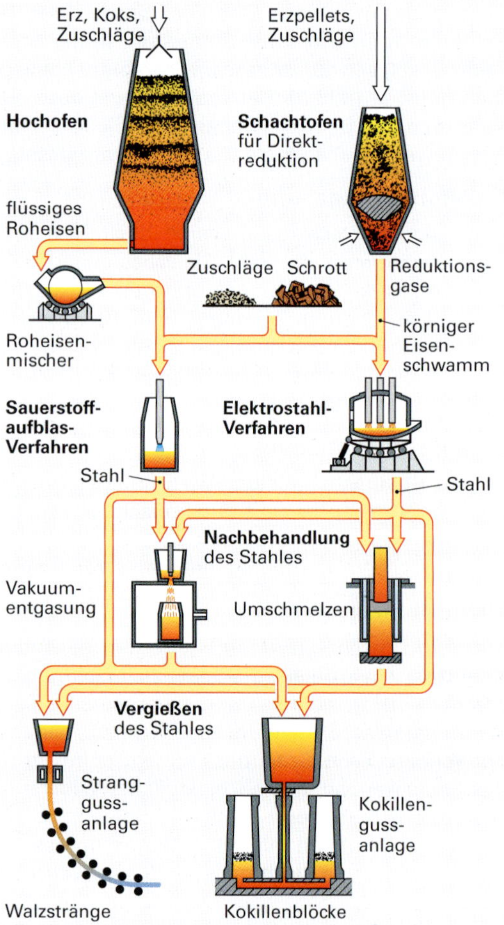

Bild 2: Übersicht über die Stahlherstellung

3.4.3 Das Bezeichnungssystem für Stähle

Die Bezeichnungssystematik der Stähle ist in Europa einheitlich durch die Normen DIN EN 10027 festgelegt. Teil 1 dieser Norm legt den Aufbau der Kurznamen, Teil 2 den Aufbau der Werkstoffnummern fest.

Die Kurznamen werden bei den Hauptsymbolen nach dem Verwendungszweck und den Eigenschaften oder nach der chemischen Zusammensetzung der Stähle gebildet.

Die Zusatzsymbole sind von der jeweiligen Stahlgruppe bzw. Erzeugnisgruppe abhängig.

3.4.3.1 Kurznamen von Stählen nach Verwendungszweck und Eigenschaften

Die Kurznamen werden aus Haupt- und Zusatzsymbolen zusammengesetzt **(Bild 1)**. Die Hauptsymbole bestehen aus dem Kennbuchstaben mit dem Hinweis auf die Verwendung und einer Zahl bzw. einem weiteren Buchstaben und einer Zahl für die mechanischen oder physikalischen Eigenschaften **(Tabelle 1).** Die Zusatzsymbole für den jeweiligen Stahl werden ohne Leerzeichen direkt am Hauptsymbol angehängt **(Tabelle 2)**. Weitere Zusatzsymbole für die Stahlerzeugnisse dürfen mit einem Pluszeichen (+) angehängt werden (Seite 177).

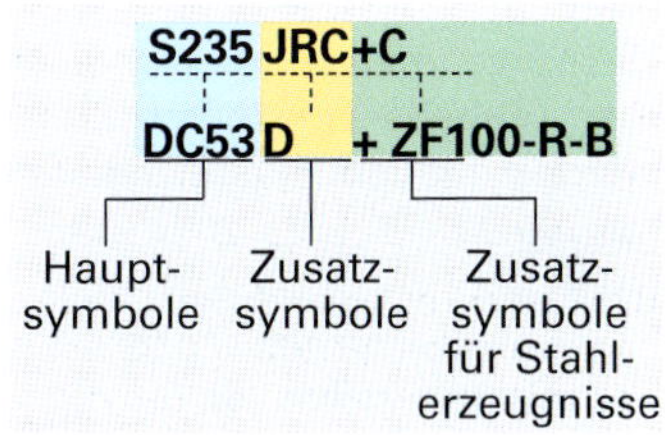

Bild 1: Aufbau von Kurznamen

Für die Maschinenbaustähle und die Stähle für den Stahlbau sind die Zusatzsymbole in zwei Gruppen unterteilt **(Tabelle 2)**. Die Gruppe 1 enthält Zusatzsymbole für die Kerbschlagarbeit und die Wärmebehandlung sowie die Möglichkeit, andere Merkmale zu erfassen. Die Gruppe 2 enthält Zusatzsymbole für besondere Eigenschaften und Eignung, z. B. für die besondere Eignung eines Stahles zum Kaltumformen.

Tabelle 1: Hauptsymbole für Kurznamen von Stählen nach Verwendung und Eigenschaften (Auswahl)

Verwendung	Hauptsymbole (Beispiele)		Verwendung	Hauptsymbole (Beispiele)	
Betonstähle	B	500[1]	Stähle für den Druckbehälterbau	P	265[1]
Flacherzeugnisse zum Kaltumformen	D	X52[2]	Schienenstähle	R	260[4]
Maschinenbaustähle	E	360[1]	Stähle für den Stahlbau	S	235[1]
Flacherzeugnisse aus höherfesten Stählen	H	C400[2]	Verpackungsblech und -band	T	S550[1]
Stähle für Leitungsrohre	L	360[1]	Spannstähle	Y	1770[3]
	Mechanische oder physikalische Eigenschaften				

1) Streckgrenze R_e für die kleinste Erzeugnisdicke
2) Walzzustand C, D, X und zwei Symbole bzw. Mindeststreckgrenze R_e
3) Nennwert für Mindestzugfestigkeit R_m
4) Mindesthärte nach Brinell HBW

Tabelle 2: Zusatzsymbole für Kurznamen der Stähle für den Stahlbau (Auswahl)

Gruppe 1						Gruppe 2	
Kerbschlagarbeit in Joule			Prüftemp. in °C	A	ausscheidungshärtend	C	besonders kaltumformbar
27 J	40 J	60 J		M	thermomechanisch gewalzt	D	für Schmelztauchüberzüge
				N	normalgeglüht oder normalisierend gewalzt	L	für tiefe Temperaturen
JR	KR	LR	+20	Q	vergütet	T	für Rohre
J0	K0	L0	0			W	wetterfest
...	...	...	...				

Beispiel: Stähle für den Stahlbau

Stähle für den Stahlbau haben den Kennbuchstaben S. Diese Stähle werden zu Profilen und Stabstählen warm gewalzt. Sie werden für Stahlkonstruktionen wie z. B. für Hallentragwerke, Krananlagen und Brücken, aber auch im Maschinenbau, z. B. für geschweißte Maschinengestelle, verwendet.

Beispiel eines unlegierten Stahls nach DIN EN 10025-2: **S235 JRC**

Hauptsymbole		Zusatzsymbole Gruppe 1		Zusatzsymbole Gruppe 2	
S	Stähle für den Stahlbau	**JR**	Kerbschlagarbeit 27 J bei +20 °C	**C**	besondere Kaltumformbarkeit
235	Mindeststreckgrenze $R_e = 235\ N/mm^2$				

3.4.3.2 Kurznamen von Stählen nach der chemischen Zusammensetzung

Mit diesen Kurznamen werden die unlegierten Stähle, die nicht nach ihrer Verwendung bezeichnet sind, die nichtrostenden Stähle und die anderen legierten Stähle bezeichnet.

Man unterscheidet bei der Bildung der Kurznamen nach der chemischen Zusammensetzung vier Untergruppen:

Unlegierte Stähle mit einem Mangangehalt kleiner als 1 % (außer Automatenstähle)

Die Kurznamen setzen sich aus Haupt- und Zusatzsymbolen zusammen **(Tabelle 1)**. Weitere Zusatzsymbole für die Stahlerzeugnisse werden mit dem Pluszeichen angehängt (folgende Seite).

Beispiel:

C35E ist ein unlegierter Stahl (C) mit einem Mangangehalt < 1 %, einem C-Gehalt von 35:100 = 0,35 % und einem vorgeschriebenen maximalen Schwefelgehalt (E). Er wird wegen seines C-Gehalts als Vergütungsstahl verwendet.

Unlegierte Stähle mit einem Mangangehalt ≥ 1 %, Automatenstähle sowie legierte Stähle, sofern der Gehalt jedes Legierungselementes unter 5 % liegt (außer Schnellarbeitsstähle)

Der Kurzname besteht aus:

- der Kennzahl für den Kohlenstoffgehalt (Kennzahl = Kohlenstoffgehalt in % · 100)
- den chemischen Symbolen der Legierungselemente, in der Reihenfolge nach deren Gehalten
- den mit Faktoren multiplizierten Gehalten der Legierungselemente **(Tabelle 2)**

Beispiel (Bild 1):

22CrMoS3-3 ist ein legierter Stahl (Einsatzstahl) mit 22:100 = 0,22 % C, 3:4 = 0,75 % Cr und 3:10 = 0,3 % Mo-Gehalt. Der S-Gehalt ist nicht angegeben.

Legierte Stähle (außer Schnellarbeitsstähle), sofern der Gehalt eines Legierungselementes ≥ 5 % ist

Der Kurzname besteht aus:

- dem Kennbuchstaben X für „hochlegierte" Stähle
- der Kennzahl für den Kohlenstoffgehalt (Kennzahl = Kohlenstoffgehalt in % · 100)
- den chemischen Symbolen der Legierungselemente
- den Gehalten der Legierungselemente, die direkt in Prozent angegeben sind

Beispiel (Bild 2):

X37CrMoV5-1 ist ein legierter Warmarbeitsstahl mit 37:100 = 0,37 % C, 5 % Cr und 1 % Mo. Der V-Gehalt ist nicht angegeben.

Schnellarbeitsstähle

Der Kurzname besteht aus:

- den Kennbuchstaben HS für Schnellarbeitsstähle
- den Gehalten der Legierungselemente (Reihenfolge W, Mo, V, Co), direkt in Prozent

Beispiel:

HS6-5-2-5 ist ein Schnellarbeitsstahl mit 6 % Wolfram, 5 % Molybdän, 2 % Vanadium und 5 % Cobalt.

Tabelle 1: Haupt- und Zusatzsymbole unlegierter Stähle mit Benennung nach chemischer Zusammensetzung

Hauptsymbole	
C und **Kennzahl** für den Kohlenstoffgehalt (Kennzahl = Kohlenstoffgehalt in % · 100)	
Zusatzsymbole	
E	maximaler S-Gehalt
R	Bereich des S-Gehaltes
C	besondere Eignung zum Kaltumformen
G	andere Merkmale
S	für Federn
U	für Werkzeuge
W	für Schweißdraht
D	zum Drahtziehen

Tabelle 2: Multiplikationsfaktoren

Legierungselement	Faktor
Cr, Co, Mn, Ni, Si, W	4
Al, Cu, Mo, Pb, Ta, Ti, V	10
C, Ce, N, P, S	100
B	1000

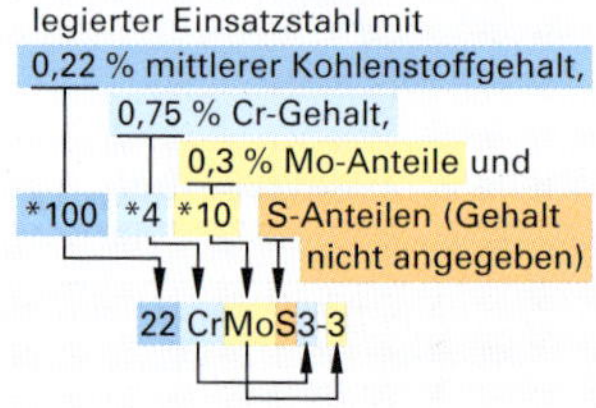

Bild 1: Kurznamenbildung legierter Stähle, jedes Legierungselement < 5 %

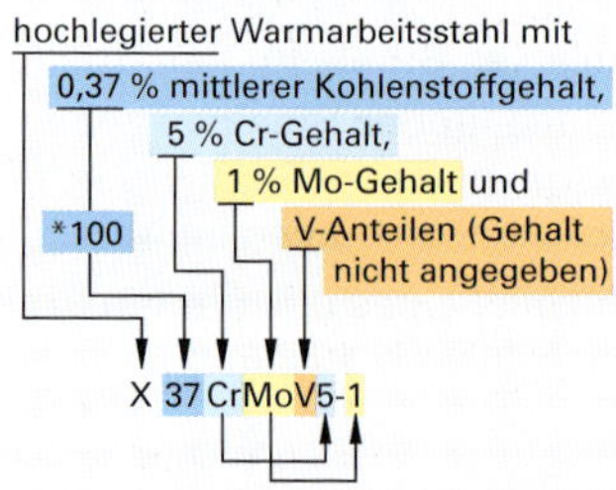

Bild 2: Kurznamenbildung legierter Stähle, mindestens ein Legierungselement ≥ 5 %

3.4.3.3 Zusatzsymbole für Stahlerzeugnisse

Werden Stähle bei der Verarbeitung zu Stahlerzeugnissen, z. B. zu Profilstählen, einer weiteren Behandlung unterzogen, kann diese im Kurznamen durch Zusatzsymbole angegeben werden. Diese Symbole betreffen die Eignung des Stahles für besondere Anforderungen, die Art des Überzugs oder den Behandlungszustand **(Tabelle 1)**. Die Zusatzsymbole bestehen aus Buchstaben und Zahlen. Sie werden an den eigentlichen Kurznamen des Stahles durch ein Pluszeichen angehängt.

Beispiele:

S235J2+Z ist ein Stahlbaustahl mit einer Mindeststreckgrenze R_e = 235 N/mm², einer Kerbschlagarbeit von 27 J bei −20 °C (Seite 175), feuerverzinkt.

X30Cr13+C ist ein nichtrostender Stahl mit 0,3 % Kohlenstoff, 13 % Chrom, kaltverfestigt.

Tabelle 1: Zusatzsymbole für Stahlerzeugnisse (Auswahl)

für besondere Anforderungen	
+CH	mit Kernhärtbarkeit
+H	mit Härtbarkeit
+Z15	Mindestbrucheinschnürung 15 %
+Z25	Mindestbrucheinschnürung 25 %
+Z35	Mindestbrucheinschnürung 35 %
für die Art des Überzuges	
+AZ	AlZn-Überzug
+CU	Kupferüberzug
+Z	feuerverzinkt
+S	feuerverzinnt
+SE	elektrolytisch verzinnt
für den Behandlungszustand	
+A	weichgeglüht
+C	kaltverfestigt
+N	normalgeglüht
+QT	vergütet
+U	unbehandelt

3.4.3.4 Bezeichnung von Stählen mit Werkstoffnummern

Alle metallischen Werkstoffe können entweder mit Kurznamen oder mit Werkstoffnummern bezeichnet werden.

Die Werkstoffnummern der Stähle bestehen aus der Hauptgruppennummer 1 für Stahl, einer zweistelligen Nummer für die Stahlgruppe und einer zweistelligen Zählnummer (00...99), die bei Bedarf auf vier Stellen (9901...9999) erweitert werden kann.

Beispiel: **1.0143(XX)** **(S275J0)**

Werkstoff-Hauptgruppe 1 für Stahl	Stahlgruppen-Nummer 01 für Baustahl	Zählnummer 43 (erweiterbar)

Das System für die Stahlgruppen-Nummer unterscheidet unlegierte Stähle und legierte Stähle, die jeweils in Qualitäts- und Edelstähle unterteilt sind **(Tabelle 2)**.

Der vollständige Nummernschlüssel kann Tabellenbüchern entnommen werden.

Die Werkstoffnummern haben sich beim Wechsel der Kurznamen, z. B. von St37-2 auf S235JR, nicht geändert.

Tabelle 2: Stahlgruppen-Nummern (Auswahl)

Nummer	Stahlgruppe
unlegierte Qualitätsstähle	
01, 91	allgemeine Baustähle, R_m < 500 N/mm²
02, 92	sonstige, nicht für eine Wärmebehandlung bestimmte Baustähle mit R_m < 500 N/mm²
03, 93	Stähle mit C < 0,12 % oder R_m < 400 N/mm²
04, 94	Stähle mit 0,12 % ≤ C < 0,25 % oder 400 N/mm² ≤ R_m < 500 N/mm²
unlegierte Edelstähle	
11	Bau-, Maschinenbau- und Behälterstähle mit C < 0,5 %
12	Maschinenbaustähle mit C ≥ 0,5 %
legierte Qualitätsstähle	
08, 98	Stähle mit besonderen physikalischen Eigenschaften
09, 99	Stähle für verschiedene Anwendungsbereiche
legierte Edelstähle	
20 ... 28	legierte Werkzeugstähle
32	Schnellarbeitsstähle ohne Cobalt
33	Schnellarbeitsstähle mit Cobalt
35	Wälzlagerstähle
40 ... 45	nichtrostende Stähle
47, 48	hitzebeständige Stähle
85	Nitrierstähle

Wiederholung und Vertiefung

1 Wie sind die Kurznamen von Stählen nach dem Verwendungszweck aufgebaut?

2 Wodurch unterscheiden sich die Kurznamen der legierten Stähle, bei denen der Gehalt jedes Legierungselementes unter 5 % bzw. über 5 % liegt?

3 Ordnen Sie die folgenden Werkstoffbezeichnungen den richtigen Stahlgruppen zu: S355JR, 42CrMo4, X30Cr13.

3.4.4 Einteilung der Stähle nach Zusammensetzung und Güteklassen

Die Eigenschaften der Stähle, wie z. B. die Zugfestigkeit, Zähigkeit und Umformbarkeit, werden durch ihre Zusammensetzung (Kohlenstoffgehalt, Legierungselemente), ihr Gefüge und ihren Behandlungszustand bestimmt. Bei den Gefügen spielen die Gefügebestandteile, wie z. B. Ferrit und Perlit, und die Korngröße, wie z. B. Feinkorn und Grobkorn, eine entscheidende Rolle.

Die Stähle werden nach der Zusammensetzung und nach Hauptgüteklassen in Stahlgruppen eingeteilt.

Einteilung nach der Zusammensetzung

Unlegierte Stähle

Bei den unlegierten Stählen darf kein Legierungselement die in der **Tabelle 1** genannten Grenzwerte erreichen.

Nichtrostende Stähle

Nichtrostende Stähle besitzen einen Chromgehalt von mindestens 10,5 % und einen Kohlenstoffgehalt von höchstens 1,2 %. Nach den Haupteigenschaften unterscheidet man korrosionsbeständige, hitzebeständige und warmfeste Stähle.

Tabelle 1: Grenzwerte der Legierungselemente für unlegierte Stähle

Element	%	Element	%	Element	%
Al	0,30	Mo	0,08	Te	0,10
Bi	0,10	Nb	0,06	Ti	0,05
Co	0,30	Ni	0,30	V	0,10
Cr	0,30	Pb	0,40	W	0,30
Cu	0,40	Se	0,10	Zr	0,05
Mn	1,65	Si	0,60		

Andere legierte Stähle

Zu diesen gehören alle legierten Stähle, die wenigstens einen Grenzwert der Tabelle 1 erreichen oder überschreiten und keine nichtrostenden Stähle sind.

Einteilung nach Hauptgüteklassen

Von großem Einfluss ist auch der Restgehalt an Roheisen-Begleitstoffen im Stahl, die durch den Roheisen-Gewinnungsprozess im Stahl enthalten sind. Diese Roheisen-Begleitstoffe, wie Kohlenstoff, Phosphor, Schwefel, Wasserstoff usw., wurden durch den Stahl-Herstellungsprozess sowie durch die Stahl-Nachbehandlungsprozesse (Desoxidation, Vakuumbehandlung) vermindert.

Nach dem erzielten Verminderungsgrad der Begleitstoffe sowie der Genauigkeit der Legierungselement-Gehalte unterteilt man die Stähle in **Qualitätsstähle** und **Edelstähle**.

Die Edelstähle zeichnen sich durch eine besonders hohe Reinheit und Genauigkeit der Zusammensetzung aus. Nur sie erhalten durch eine Wärmebehandlung gewährleistete Härte- und Festigkeitswerte.

Man unterscheidet vier Hauptgüteklassen:

- Unlegierte Qualitätsstähle
- Unlegierte Edelstähle
- Legierte Qualitätsstähle
- Legierte Edelstähle

Beispiele für Stahlgruppen in den vier Hauptgüteklassen

Unlegierte Qualitätsstähle

Stahlgruppe	Beispiel
unlegierte Baustähle	S275J0
unlegierte Baustähle	E295
Automatenstähle	35S20
unlegierte Vergütungsstähle	C60
unlegierte Feinkornbaustähle	S355N
unlegierte Druckbehälterstähle	P265GH

Unlegierte Edelstähle

Stahlgruppe	Beispiel
unlegierte Einsatzstähle	C10E
unlegierte Vergütungsstähle	C60E
unlegierte Werkzeugstähle	C45U
unlegierte Stähle für Flamm- und Induktionshärtung	C45E

Legierte Qualitätsstähle

Stahlgruppe	Beispiel
Schienenstähle	R260Mn
Elektroblech und -band	M390-50E
Mikrolegierte Stähle mit höherer Streckgrenze	H400M
Phosphorlegierte Stähle mit höherer Streckgrenze	H180P

Legierte Edelstähle

Stahlgruppe	Beispiel
legierte Einsatzstähle	16MnCr5
legierte Vergütungsstähle	50CrMo4
Nitrierstähle	34CrAlMo5
legierte Werkzeugstähle	115CrV3
Schnellarbeitsstähle	HS10-4-3-10

3.4.5 Stahlsorten und ihre Verwendung

Die Stähle können nach ihrer Verwendung in **Baustähle** oder **Werkzeugstähle** eingeteilt werden. Aus Baustählen werden Teile für den Maschinen- und Fahrzeugbau sowie für den Stahl-, Behälter- und Schiffsbau hergestellt. Werkzeugstähle verwendet man für spanende Werkzeuge und für Spritzgieß- und Gesenkformen.

3.4.5.1 Baustähle

Baustähle müssen je nach Verwendung unterschiedliche Eigenschaften aufweisen:
- ausreichende Festigkeit und Zähigkeit
- gute Zerspanbarkeit
- gute Umformbarkeit, Schweißeignung
- Korrosions- und Verschleißfestigkeit

Zu den Baustählen gehören die folgenden Stahlgruppen:

Unlegierte Baustähle

Unlegierte Baustähle für den Stahl- und Maschinenbau sind preiswerte Stähle mit mittlerer Zugfestigkeit und Streckgrenze für niedrige und mittlere Belastungen. Sie besitzen ihre Gebrauchseigenschaften im Anlieferungszustand und werden deshalb nicht wärmebehandelt. Sie kommen als warmgewalzte oder blankgezogene Stäbe und Profile in den Handel. Die Stahlbaustähle sind gut schweißbar.

Beispiel: S235J0 ⇒ unlegierter Baustahl mit R_e = 235 N/mm², Kerbschlagarbeit 27 J bei 0 °C

Schweißgeeignete Feinkornbaustähle (Bild 1)

Diese Stähle besitzen einen niedrigen C-Gehalt sowie geringe Anteile an Cr, Ni, Cu und V. Dadurch sind sie gut schweißbar sowie alterungs- und sprödbruchunempfindlich. Eine thermomechanische Nachbehandlung macht sie besonders zäh. Sie werden für hochbelastete Schweißkonstruktionen eingesetzt.

Beispiel: S275M ⇒ schweißgeeigneter Feinkornbaustahl, R_e = 275 N/mm², thermomechanisch gewalzt (M)

Bild 1: Geschweißtes Pressengestell aus Feinkornbaustahl

Automatenstähle (Bild 2)

Automatenstähle besitzen einen erhöhten Schwefelgehalt und zum Teil einen Zusatz an Blei. Durch diese Legierungsbestandteile brechen die Späne beim Zerspanen kürzer. Automatenstähle werden auf Drehautomaten zu Drehteilen verarbeitet.

Beispiel: 10SPb20 ⇒ Unlegierter Automateneinsatzstahl mit 0,10 % C, 0,20 % S und Bleizusatz

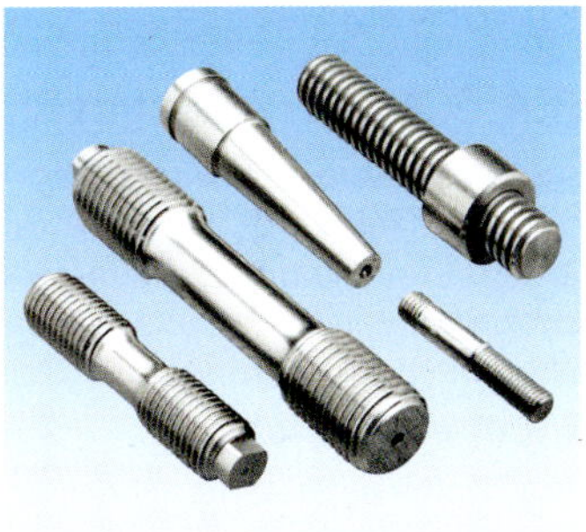

Bild 2: Drehteile aus Automatenstahl

Einsatzstähle (Bild 3)

Einsatzstähle sind Stähle mit einem geringen Kohlenstoffgehalt. Durch das Einsatzhärten erhalten sie eine kohlenstoffreiche Randschicht und sind dort härtbar. Man fertigt daraus Bauteile, die einen zähen Kern sowie eine harte und verschleißfeste Randschicht benötigen, wie z. B. Zahnräder.

Beispiel: 20MoCr4 ⇒ Legierter Einsatzstahl mit 0,20 % C, 0,4 % Mo und etwas Cr

Nitrierstähle

Nitrierstähle erhalten durch Nitrieren eine dünne, aber besonders harte Randschicht. Sie eignen sich für Teile, die eine harte und verschleißfeste Oberfläche benötigen, z. B. Ventile.

Beispiel: 31CrMoV9 ⇒ Nitrierstahl mit 0,31 % C, 2,25 % Cr, wenig Mo und V

Vergütungsstähle

Vergütungsstähle haben Kohlenstoffgehalte zwischen 0,2 % und 0,65 % und erhalten durch Vergüten ihre hohe Festigkeit. Sie werden hauptsächlich zu dynamisch hoch beanspruchten Bauteilen verarbeitet, wie z. B. Getriebewellen.

Beispiele: 51CrV4 ⇒ Legierter Vergütungsstahl mit 0,51 % C, 1 % Cr und etwas V

Bild 3: Zahnräder aus Einsatzstahl

Stähle für besondere Anwendungen

Zu diesen Stählen gehören z. B. die kaltzähen Stähle und die nichtrostenden Stähle.

Kaltzähe Stähle behalten ihre Zähigkeit auch bei tiefen Temperaturen. Sie werden z. B. in der Kältetechnik und bei Flüssiggasanlagen eingesetzt.

Nichtrostende Stähle unterteilt man in korrosionsbeständige, hitzebeständige und warmfeste Stähle. Sie werden verwendet, wenn eine dieser Eigenschaften oder die Kombination der Eigenschaften gefordert wird, z. B. in der Lebensmittelindustrie oder bei Turbinenlaufrädern **(Bild 1)**.

Beispiel: X10CrAl24 ⇒ Hitzebeständiger Stahl, besonders verzunderungsbeständig gegen schwefelhaltige Gase

Bild 1: Turbinenlaufrad aus warmfestem Stahl

Stähle für Stahlbleche und Druckbehälter

Stahlbleche werden nach der Dicke in Feinstbleche (unter 0,5 mm), Feinbleche (0,5 bis 3 mm), Mittelbleche (3 bis 4,75 mm) und Grobbleche (über 4,75 mm) eingeteilt. Sie werden aus speziellen Stahlsorten hergestellt. **Feinbleche** werden hauptsächlich im Karosseriebau und für Haushaltsgeräte verwendet **(Bild 2)**. **Mittel- und Grobbleche** verwendet man vor allem für tragende Konstruktionen, z. B. im Maschinen-, Behälter-, Kran- und Schiffsbau.

Druckbehälter und Kessel werden aus sprödbruchsicheren und schmelzschweißbaren, oft warmfesten Stählen hergestellt.

Beispiele:

- **DC03** Kaltgewalztes Blech aus weichem Stahl mit einer Streckgrenze R_e = 240 N/mm²
- **HC420LA** Kaltgewalztes Blech aus mikrolegiertem Stahl mit hoher Streckgrenze R_e = 420 N/mm²
- **P265GH** Flacherzeugnis aus Druckbehälterstahl mit einer Streckgrenze R_e = 265 N/mm²

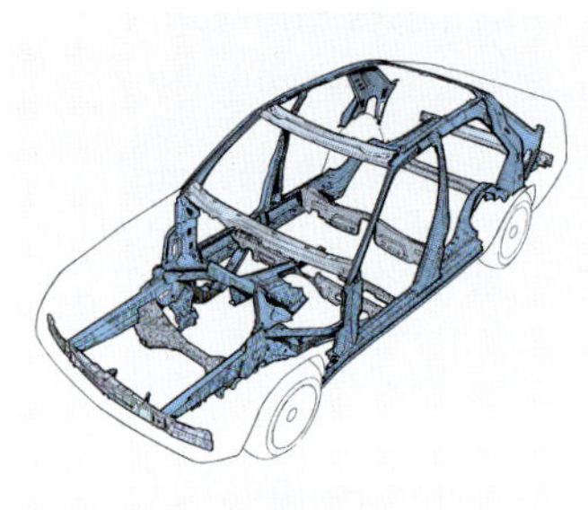

Bild 2: Selbsttragender Karosserierahmen aus mikrolegiertem Stahlblech (1,5 bis 2 mm dick)

3.4.5.2 Werkzeugstähle

Aus Werkzeugstählen werden Werkzeuge hergestellt. Sie werden nach den Temperaturen bei ihrer Verwendung in Kaltarbeits-, Warmarbeits- und Schnellarbeitsstähle eingeteilt. Außer wenigen Stahlsorten bei den Kaltarbeitsstählen sind alle Werkzeugstähle legiert. Sie werden vor ihrer Verwendung gehärtet (Seite 195).

Kaltarbeitsstähle

Aus Kaltarbeitsstählen hergestellte Teile sollten beim Gebrauch höchstens einer Temperatur von 200 °C ausgesetzt sein. Sie werden für einfache Werkzeuge, wie Meißel, oder für Schneidplatten und Schneidstempel von Schneidwerkzeugen sowie für Tiefziehwerkzeuge und Spritzgießformen verwendet **(Bild 3)**.

Beispiel: X42Cr13 ⇒ Kaltarbeitsstahl mit 0,42 % C und 13 % Cr

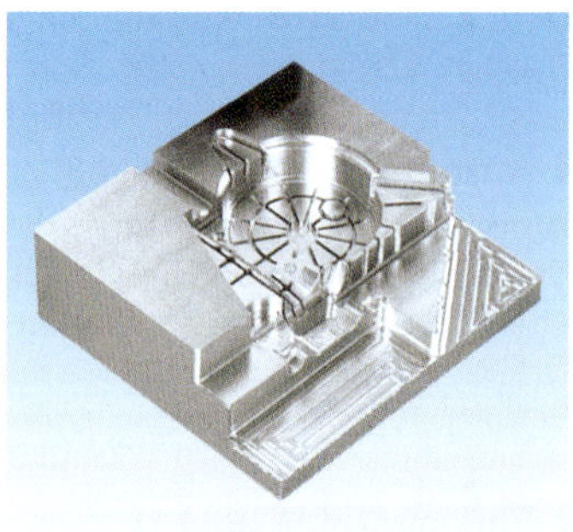

Bild 3: Spritzgießform für Pkw-Scheibenwischer-Getriebe aus Kaltarbeitsstahl

Warmarbeitsstähle

Warmarbeitsstähle werden verwendet, wenn bei der Anwendung die Temperatur bis 400 °C betragen darf. Dazu gehören Pressenstempel für Strangpressen, Druckgießformen für Leicht- und Schwermetalle sowie Schmiedegesenke **(Bild 4)**.

Beispiel: X38CrMoV5-3 ⇒ Warmarbeitsstahl mit 0,38 % C, 5 % Cr, 3 % Mo und wenig V

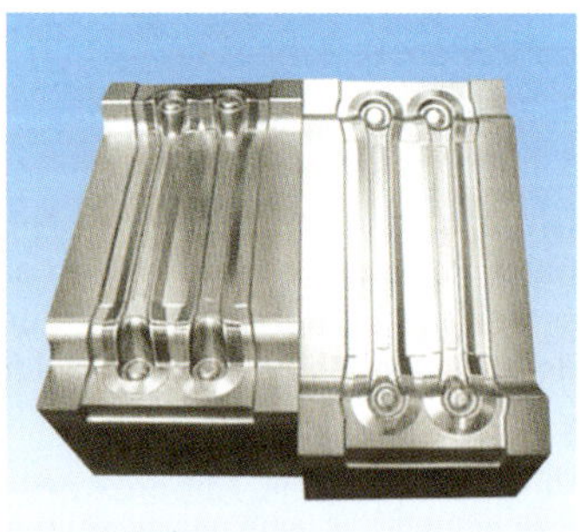

Bild 4: Schmiedegesenk für Ringschlüssel aus Warmarbeitsstahl

Schnellarbeitsstähle

Schnellarbeitsstähle werden hauptsächlich zum Zerspanen (Seite 77) und Umformen verwendet. Aufgrund ihrer Zusammensetzung sind Schnellarbeitsstähle bis etwa 600 °C einsetzbar.

Beispiel: HS6-5-2 ⇒ Schnellarbeitsstahl mit 6 % W, 5 % Mo und 2 % V

3.4.6 Handelsformen der Stähle

Der erschmolzene Stahl wird durch Stranggießen zu Strängen vergossen, die durch Walzen, Strangpressen und Ziehen zu den verschiedenen Stahlerzeugnissen für den Handel geformt werden **(Tabelle 1)**. Die häufigsten Stahlerzeugnisse sind Formstähle, Stabstähle, Rohre und Hohlprofile, Bleche und Bänder sowie Drähte. Sie werden mit genormten Kurzzeichen bezeichnet.

Tabelle 1: Handelsformen der Stähle (Beispiele)

Form	Beispiel	Kurzbezeichnung
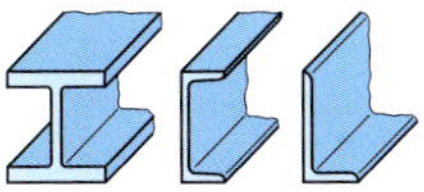 **Formstähle**	Breiter I-Träger (Doppel-T-Träger), 220 mm hoch, aus Stahl S275JR, warmgewalzt	I-Profil DIN 1025 – IPB220 – S235JR
	U-Stahl mit 240 mm Höhe aus Stahl S235JR	U-Profil DIN 1026 – U240 – S235JR
	Ungleichschenkliger Winkelstahl, Schenkelbreiten 100 mm und 50 mm, Schenkeldicke 8 mm, aus Stahl S235J0	L-Profil EN 10056 – 100x5x8 – S235J0
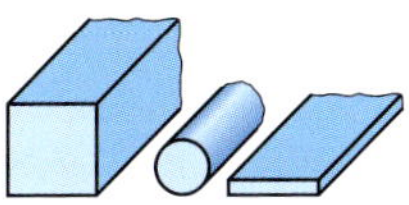 **Stabstähle**	Warmgewalzter Vierkantstahl mit 10 mm Seitenlänge aus Werkzeugstahl	Vierkant EN 10059 – 10 – C80U
	Blanker Rundstahl, ∅ 32 mm, ISO-Toleranzklasse h8 aus Automatenstahl 35S20, kaltverformt	Rund EN 10278-32h8 – EN 10277-3 – 35S20+C
	Blanker Flachstahl, 16 mm breit, 8 mm dick, aus nichtrostendem Stahl	Flach EN 10278 – 16x8 – EN 10088-3 – X5CrNi18-10
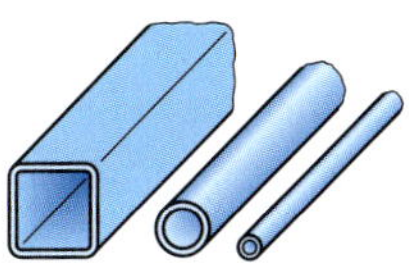 **Rohre, Hohlprofile**	Rechteckiges Vierkantrohr, Außenmaße 115 mm x 140 mm, Wanddicke 8 mm, aus Stahl S275JR	Hohlprofil DIN EN 10210 – 140x115x8 – S275JR
	Nahtloses Präzisionsstahlrohr, 60 mm Außen-∅, 4 mm Wanddicke, aus Stahl S355J2+N	Rohr EN 10305 – 60x4 – S355J2+N
	Quadratisches Hohlprofil, 60 mm breit, Wanddicke 5 mm, verzinkt, aus Stahl S355J0	Hohlprofil EN 10210 – 60x60x5 – S355J0, verzinkt
Bänder, Coils 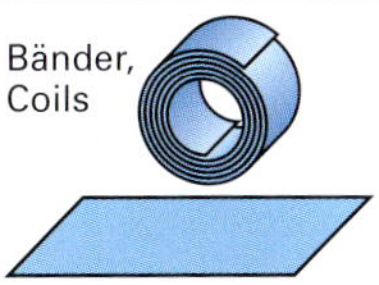 **Bleche (Tafeln)**	Warmgewalztes Stahlblech, 4,5 mm dick, aus S235J0, 2000 mm breit, 4500 mm lang	Blech EN 10029 – 4,5x2000x4500 – S235J0
	Kaltgewalztes Blech aus weichen Stählen, 2 mm dick, beste Oberfläche, matte Ausführung	Blech EN 10130 – 2 – DC04 – B-m
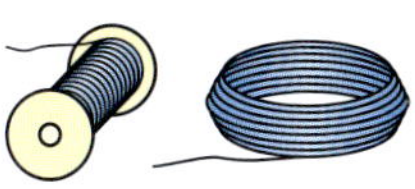 **Drähte**	Verzinkter Stahldraht aus unlegiertem Stahl C4D, ∅ 5 mm	Draht EN 10016 – 5, verzinkt
	Runder, warmgewalzter Federdraht, ∅ 8 mm, aus Vergütungsstahl 50CrV	Draht DIN 2077 – 50CrV-8

Wiederholung und Vertiefung

1 Nach welchen Unterscheidungsmerkmalen werden die Stähle eingeteilt?
2 Wodurch unterscheiden sich die Edelstähle von den Qualitätsstählen?
3 Welche Hauptgüteklassen unterscheidet man bei den Stählen?
4 Nennen Sie mindestens vier zu den Baustählen gehörende Stahlgruppen.
5 Aus welchen Teilen besteht die Bezeichnung eines Stahlerzeugnisses?
6 Nennen Sie je einen Kurznamen eines unlegierten Vergütungsstahles, eines legierten Einsatzstahls, eines Automatenstahls und eines Warmarbeitsstahls.

3.4.7 Erschmelzen der Eisen-Gusswerkstoffe

Ausgangsstoffe der Eisen-Gusswerkstoffe sind Gießerei-Roheisen, Stahl- und Gussschrott und Kreislaufmaterial der Gießerei. Zum Kreislaufmaterial einer Gießerei gehören z. B. die Eingüsse und Speiser (Seite 99) der Gussstücke. Dazu kommen Legierungselemente in Form von Ferrolegierungen. Ferrolegierungen sind Legierungen aus Eisen und einem hohen Anteil (z. B. 60 %) eines Legierungsmetalls.

Zur Herstellung der Eisen-Gusswerkstoffe werden die metallischen Ausgangsstoffe in Öfen eingeschmolzen. Je nach Gusseisenart, Einsatzstoffen und verwendeter Heizenergie werden unterschiedliche Ofentypen eingesetzt.

Kupolofen (Bild 1). Der Kupolofen, auch als Gießerei-Schachtofen bezeichnet, ist die häufigste Schmelzeinrichtung für Eisen-Gusswerkstoffe, vor allem für Gusseisen mit Lamellengrafit.

Einsatzstoffe des Kupolofens sind:

- Gießerei-Roheisen, Schrott, Kreislaufmaterial und Legierungselemente
- Koks als Heiz- und Aufkohlungsmittel
- schlackenbildende Zuschläge (Kalkstein)

Der Kupolofen hat einen schachtförmigen, feuerfest ausgemauerten Ofenraum. Die Verbrennungsluft, der „Wind", wird von unten durch Düsen eingeblasen und verbrennt den Koks. Die aufsteigenden heißen Verbrennungsgase erwärmen den von oben nachrutschenden Einsatz. Kurz über den Düsen schmilzt das Eisen und tropft in den Herd. Das flüssige Eisen läuft aus dem Kupolofen in einen Vorherd, der als Sammelbehälter dient. Durch einen Siphonabfluss wird das Gusseisen von der leichteren Schlacke getrennt.

Heißwind-Kupolöfen arbeiten mit vorgewärmter Verbrennungsluft. Dadurch können höhere Ofentemperaturen und höhere Durchsatzmengen erreicht werden.

Induktions-Tiegelofen (Bild 2). Dieser Ofen wird sowohl zum Schmelzen als auch zum Warmhalten von Gusseisen-Schmelzen eingesetzt. Induktionsöfen bestehen aus einem feuerfesten Tiegel, um den eine wassergekühlte Kupferspule angeordnet ist. Durch diese Spule fließt Wechselstrom und induziert in dem Einsatz des Tiegels ein elektromagnetisches Wechselfeld, das den Einsatz zum Schmelzen bringt. Durch das Wechselfeld entsteht zudem eine Rührbewegung, welche die Legierungselemente gleichmäßig verteilt.

Lichtbogenöfen. Zum Erschmelzen von Eisen-Gusswerkstoffen werden die gleichen Lichtbogenöfen wie zum Einschmelzen von Stahl (Seite 173) eingesetzt.

Mit Induktions- und Lichtbogenöfen können Gussschmelzen großer Reinheit und exakter Zusammensetzung erzielt werden.

Duplex-Verfahren. Beim Duplex-Verfahren wird das im Kupolofen erschmolzene Gusseisen vor dem Vergießen in Induktionsöfen umgefüllt und dort legiert.

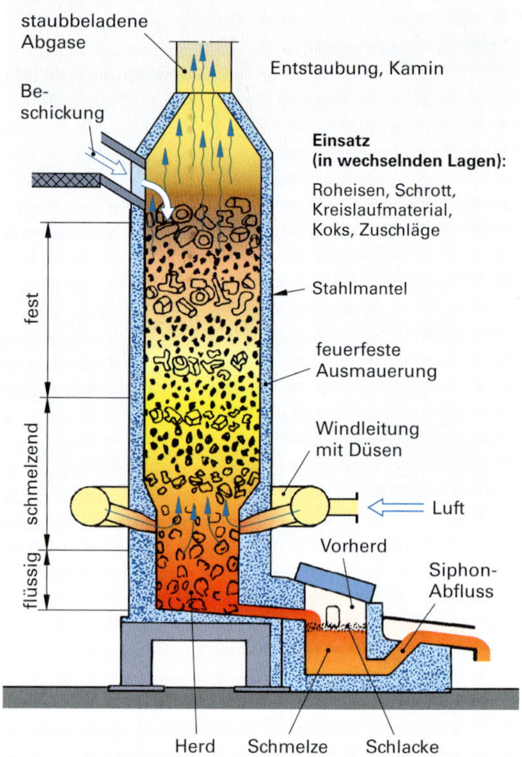

Bild 1: Kupolofen

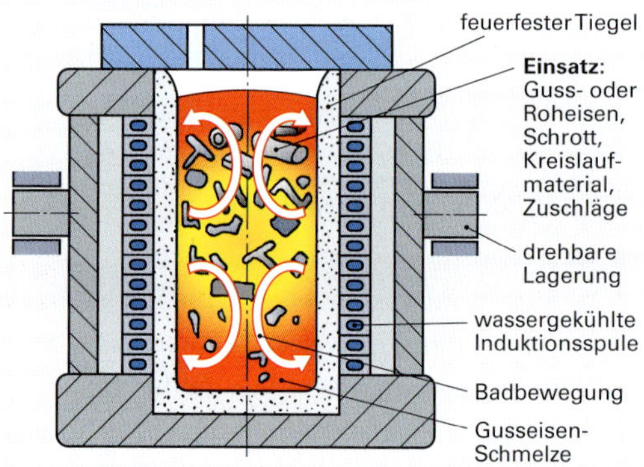

Bild 2: Induktions-Tiegelofen

3.4.8 Das Bezeichnungssystem für Gusseisenwerkstoffe

3.4.8.1 Kurznamen der Gusseisenwerkstoffe nach DIN EN 1560

Für die Kurznamen der Gusseisen-Werkstoffe sind sechs Teile vorgesehen, die aber nicht alle belegt sein müssen.

Beispiele:

EN – GJ L – HB215

EN – GJ MW – 360 – 12C – W

Europäische Norm

Gusseisenwerkstoffe
G Guss
J Eisen

Grafitstruktur, z. B.
L lamellar
M Temperkohle
S kugelig
N grafitfrei

Mikro- oder Makrostruktur, z. B.
A Austenit
B nicht entkohlend geglüht
F Ferrit
P Perlit
W entkohlend geglüht

Chemische Zusammensetzung
oder
Mindestzugfestigkeit R_m
in N/mm²

Bruchdehnung *A* in % mit Hinweis auf Probestück, z. B.
C Probe dem Gussstück entnommen
oder
Härte (HB, HV oder HR)

Zusatzanforderungen, z. B.
H wärmebehandeltes Gussstück
W Schweißeignung

Erläuterung: **EN-GJL-HB215:** Gusseisen (GJ) mit Lamellengrafit (L), Härte HB 215
EN-GJMW-360-12C-W: Entkohlend geglühter Temperguss (GJMW), Zugfestigkeit R_m = 360 N/mm², Bruchdehnung 12 %, Probe dem Gussstück entnommen (C), zum Schweißen geeignet (W)

3.4.8.2 Werkstoffnummern der Gusseisenwerkstoffe nach DIN EN 1560

Die Werkstoffnummern der Gusseisenwerkstoffe bestehen aus sechs Bezeichnungspositionen (fünf Ziffern und ein Punkt), die ohne Zwischenraum aneinander geschrieben werden. Der grundsätzliche Aufbau ist wie bei den Stählen in DIN EN 10027-2.

Beispiele:

5 . 1 3 0 5
5 . 3 1 0 6
5 . 4 2 0 5

Werkstoffgruppe
5. Gusseisen

Grafitstruktur
1 lamellar
2 vermikular
3 kugelig
4 Temperkohle (auch entkohlend geglüht)
5 grafitfrei

Matrixstruktur
1 Ferrit
2 Ferrit/Perlit
3 Perlit
4 Ausferrit
5 Austenit
6 Ledeburit

Werkstoffkennziffer
00–99
Jedem Gusseisen ist eine zweistellige Kennziffer zugeordnet. Eine höhere Kennziffer weist auf eine höhere Festigkeit hin.

Erläuterung: **5.1305:** Gusseisen (5.), mit Lamellengrafit (1), perlitische Matrixstruktur (3), Werkstoffkennziffer 05
5.3106: Gusseisen (5.), mit Kugelgrafit (3), ferritische Matrixstruktur (1), Werkstoffkennziffer 06
5.4205: Gusseisen (5.), Temperguss (4), Ferrit/Perlit-Matrixstruktur (2), Werkstoffkennziffer 05

Wiederholung und Vertiefung

1 Erläutern Sie den Gusseisen-Kurznamen EN-GJL-200.

2 Entschlüsseln Sie die Gusseisen-Nummer 5.3100.

3.4.9 Eisen-Gusswerkstoffarten

3.4.9.1 Gusseisen mit Lamellengrafit (EN-GJL)

Beim Gusseisen mit Lamellengrafit (Grauguss) ist ein großer Teil des Kohlenstoffs als mikroskopisch feiner, blättchenförmiger Grafit im Gefüge eingelagert **(Bild 1)**.

Eigenschaften. Der schwarze, weiche Grafit im hellen, ferritisch-perlitischen Grundgefüge lässt die Bruchfläche des Gusseisens grau erscheinen. Er bewirkt die guten Gleiteigenschaften, die leichte Zerspanbarkeit und die Fähigkeit, Schwingungen zu dämpfen. Der hohe Kohlenstoffgehalt von 2,6% bis 3,6% verursacht die gute Vergießbarkeit von Grauguss. Dadurch können aus Grauguss auch aufwendig geformte Werkstücke gegossen werden **(Bild 2)**.

Die Grafitlamellen im Grauguss wirken bei Belastung wie innere Kerben, die die Zugfestigkeit und Bruchdehnung wesentlich herabsetzen. Die Größe der Grafitlamellen hängt von der Abkühlungsgeschwindigkeit ab. Größere Lamellen vermindern die Festigkeit stärker als feinere Lamellen. Die Festigkeit hängt auch vom Grundgefüge ab. Sie ist bei ferritischem Gefüge relativ gering und nimmt bei steigendem Perlitanteil zu **(Bild 3)**. Die Druckfestigkeit des Gusseisens mit Lamellengrafit dagegen ist etwa viermal so groß wie die Zugfestigkeit.

Gusseisen mit Lamellengrafit ist wegen seiner speziellen Eigenschaften und der preiswerten Herstellung der häufigste Gusswerkstoff. Durch den lamellenförmigen Grafit ist die Festigkeit begrenzt und die Zähigkeit sehr gering.

Einteilung. Gusseisen mit Lamellengrafit wird entweder nach der Zugfestigkeit oder nach der Brinellhärte in jeweils sechs Sorten eingeteilt:

EN-GJL-100...EN-GJL-350 bzw. EN-GJL-HB155...EN-GJL-HB255

Die Kennzeichnung nach der Brinellhärte wird gewählt, wenn die Härte z. B. für Verschleißteile oder für die Bearbeitung maßgebend ist.

Verwendung. Aus Grauguss werden z. B. Ständer und Schlitten für Werkzeugmaschinen sowie Getriebe- und Kurbelgehäuse hergestellt.

Gusseisen mit Vermiculargrafit besitzt wurmförmige Grafitausscheidungen. Die Festigkeit ist daher bei etwa gleichgroßer Wärmeleitfähigkeit höher als bei Gusseisen mit Lamellengrafit. Es eignet sich besonders für wärmebeanspruchte Teile wie Zylinderblöcke, Zylinderköpfe und Teile von Fahrzeugbremsen.

Gusseisen mit Lamellengrafit	
Kurzname (z. B.)	EN-GJL-200
Dichte	7,25 kg/dm³
Schmelzpunkt	1150...1250 °C
Zugfestigkeit	100...350 N/mm²
Bruchdehnung	etwa 1 %
Schwindmaß	1 %

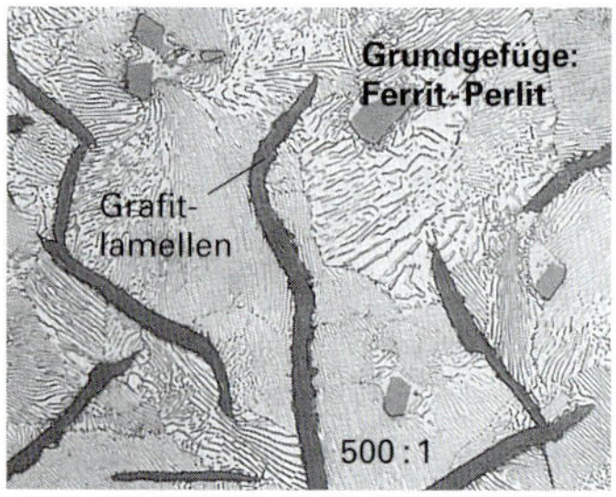

Bild 1: Gefüge von Gusseisen mit Lamellengrafit

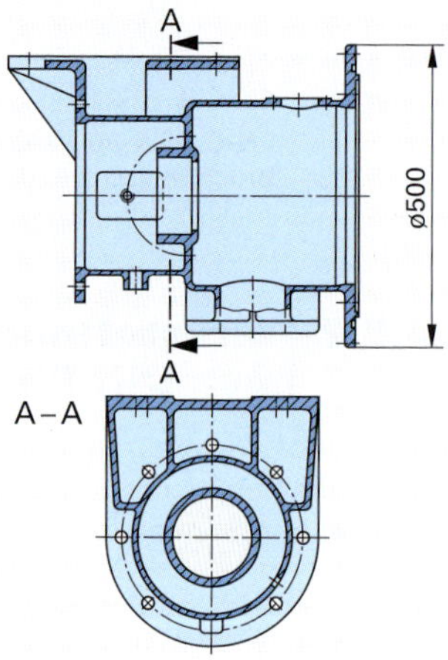

Bild 2: Gehäuse einer Filterpresse aus EN-GJL-250

Merkmale	Gusseisen			Schwarzer Temperguss	Unlegierter Stahlguss
	mit Lamellengrafit		mit Kugelgrafit		
Gefügebilder M 100 : 1	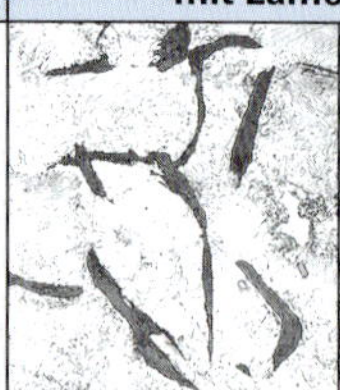		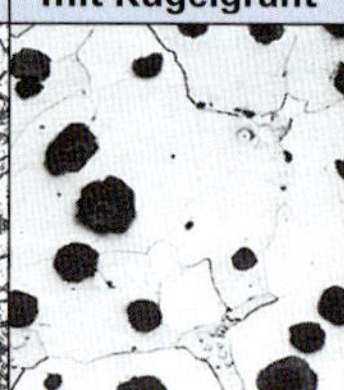	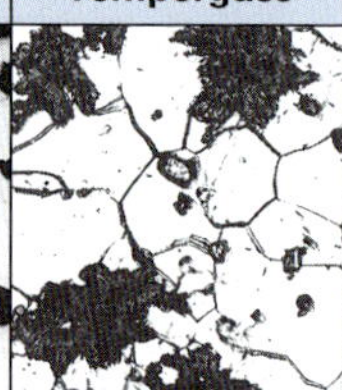	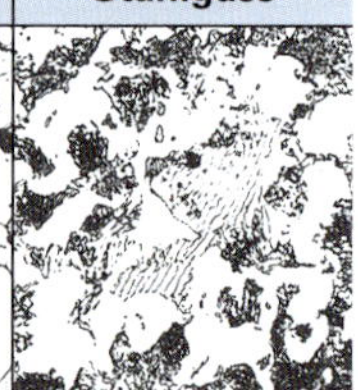
Form des ausgeschiedenen Kohlenstoffs	grobblätterig...feinblätterig		kugelig	flockig	(keine Grafitausscheidung)
	Grafit + Streifenzementit				
Grundgefüge	Ferrit...Perlit			Ferrit	Perlit und Ferrit
Zugfestigkeit N/mm²	100...450		350...900	300...800	380...600

Bild 3: Gefüge der verschiedenen Eisen-Gusswerkstoffe

3.4.9.2 Gusseisen mit Kugelgrafit (EN-GJS)

Beim Gusseisen mit Kugelgrafit ist der Grafit in kugeliger Form in dem stahlähnlichen Grundgefüge eingelagert **(Bild 3, vorherige Seite)**.

Eigenschaften. Durch die Kugelform des Grafits ist die Kerbwirkung gering. Gusseisen mit Kugelgrafit besitzt daher eine höhere Festigkeit und Bruchdehnung als Grauguss. Es kommt in seinen Eigenschaften von allen Gusseisenarten dem Stahlguss am nächsten. Durch Glühen lässt sich die Bruchdehnung, durch Vergüten die Festigkeit zusätzlich erhöhen. Werkstücke aus Gusseisen mit Kugelgrafit können auch randschichtgehärtet werden.

Gusseisen mit Kugelgrafit enthält Grafit in kugeliger Form. Es besitzt eine hohe Festigkeit und Bruchdehnung.

Verwendung. Für Gussstücke, die hohe Festigkeit und Zähigkeit aufweisen müssen, wie große Zahnräder, Kurbelwellen, Pumpen- und Turbinengehäuse, Radträger **(Bild 1)**.

Gusseisen mit Kugelgrafit	
Kurzname (z. B.)	EN-GJS-700-2
Dichte	7,2 kg/dm³
Zugfestigkeit	350 ... 900 N/mm²
Bruchdehnung	22 ... 2 %
Schwindmaß	0,5 ... 1,2 %

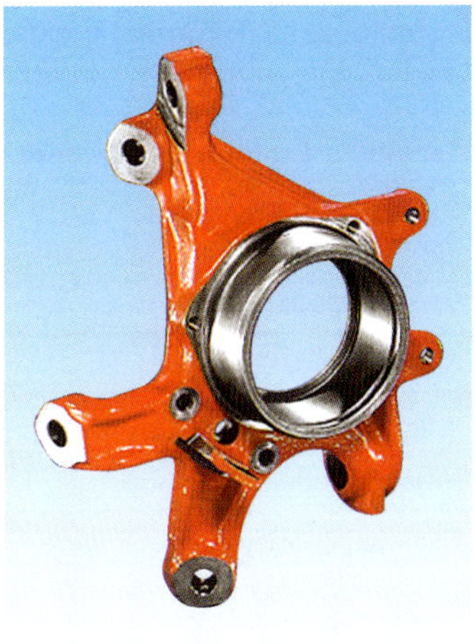

Bild 1: Pkw-Radträger aus Gusseisen mit Kugelgrafit

3.4.9.3 Temperguss (EN-GJMW und EN-GJMB)

Ausgangsstoff für Temperguss ist eine Eisenschmelze mit rund 3 % Kohlenstoff, 1 % Silicium und 0,5 % Mangan. Sie wird zu dünnwandigen Gussteilen vergossen (Temperrohguss). Diese sprödharten, noch nicht verwendbaren Rohteile werden einer langandauernden Wärmebehandlung unterzogen. Nach den Vorgängen bei der Glühbehandlung bzw. nach dem Aussehen des entstehenden Gefüges unterscheidet man **entkohlend geglühten Temperguss** (Weißer Temperguss; Kurzname EN-GJMW) und **nicht entkohlend geglühten Temperguss** (Schwarzer Temperguss; Kurzname EN-GJMB).

Beim **entkohlend geglühten Temperguss** wird den kleinen bzw. dünnwandigen Rohgussstücken in oxidierender Ofenatmosphäre durch mehrtägiges Glühen Kohlenstoff entzogen. Die Bruchfläche der entkohlten Randzone ist metallisch hell **(Bild 2)**. Er hat stahlähnliche mechanische Eigenschaften. Die Werkstücke werden jedoch nur bis zu einer Tiefe von etwa 5 mm entkohlt. Bei dickeren Querschnitten zerfällt das Eisenkarbid im Innern der Werkstücke in Temperkohle.

Bei **nicht entkohlend geglühtem Temperguss** werden die Rohgussstücke mehrere Tage in inerter Ofenatmosphäre (Stickstoff) geglüht. Dabei zerfällt der Zementit (Fe_3C) in Ferrit (Fe) und flockenförmige Temperkohle (C). Das schwarzkörnige Bruchgefüge **(Bild 3, vorherige Seite)** ist unabhängig von der Wanddicke überall gleich.

Eigenschaften. Beide Tempergusssorten sind wesentlich zäher als Gusseisen mit Lamellengrafit und lassen sich gut gießen. Schweißbar ist die Temperguss-Sondergüte EN-GJMW-360-12.

Entkohlend geglühter Temperguss enthält in der Randzone wenig Kohlenstoff. Beim nicht entkohlend geglühten Temperguss ist der Kohlenstoff in flockiger Form enthalten.

Bei den Kurzzeichen der Tempergusssorte wird an den Kurznamen EN-GJMW bzw. EN-GJMB die Zugfestigkeit in N/mm² und die Bruchdehnung in % angefügt.

Verwendung. Temperguss wird vor allem im Fahrzeugbau, z. B. für Pleuelstangen, Lenksäulen und Schaltgabeln, eingesetzt. Daneben wird er im Maschinenbau, z. B. für Hebel und in der Installationstechnik für Fittings und Ventilgehäuse verwendet **(Bild 3)**.

Temperguss	
Kurzname (z. B.)	EN-GJMW-450-7
Dichte	7,4 kg/dm³
Zugfestigkeit	350 ... 550 N/mm²
Bruchdehnung	12 ... 4 %
Schwindmaß	1,6 %

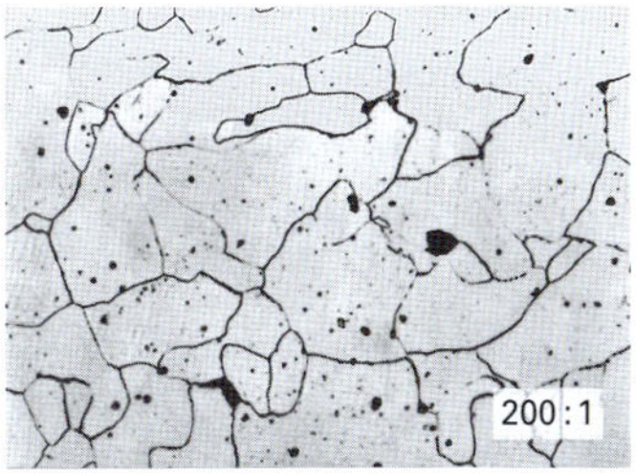

Bild 2: Gefüge von entkohlend geglühtem Temperguss

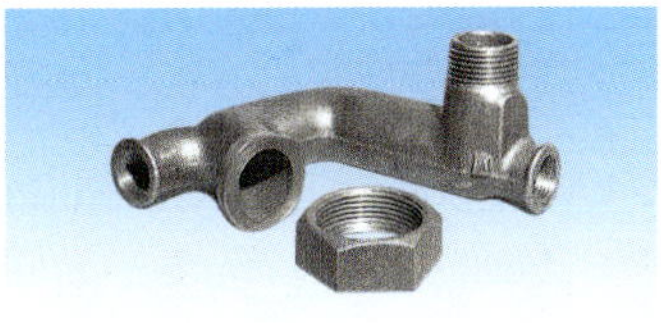

Bild 3: Installationsteile aus entkohlend geglühtem Temperguss

3.4.9.4 Stahlguss

Bei Stahlguss verbinden sich die Vorteile des Stahles mit den Möglichkeiten der Werkstück-Formgebung durch Gießen. So können z. B. hochfeste und zähe Werkstücke hergestellt werden, deren Form nur durch Gießen erreicht werden kann **(Bild 1)**. Es gibt verschiedene Stahlgusssorten, deren Zusammensetzung sich nach dem Verwendungszweck richtet **(Tabelle 1)**. Im Unterschied zu den Stählen enthalten die Stahlgusswerkstoffe geringe Zusätze zur Verbesserung der Gießbarkeit, wie z. B. Phosphor. Bei Stahlguss wird dem Hauptsymbol des Stahles der Buchstabe G vorangestellt.

Stahlguss ist in Formen gegossener Spezialstahl.

Tabelle 1: Stahlgusssorten mit Beispielen

Stahlguss für allgemeine Verwendungszwecke	GE240
Vergütungsstahlguss	G34CrMo4
Nichtrostender Stahlguss	GX6CrNi26-7
Warmfester Stahlguss	G17CrMo5-5
Hitzebeständiger Stahlguss	GX40CrNiSi27-4
Nichtmagnetisierbarer Stahlguss	GX2CrNi18-11

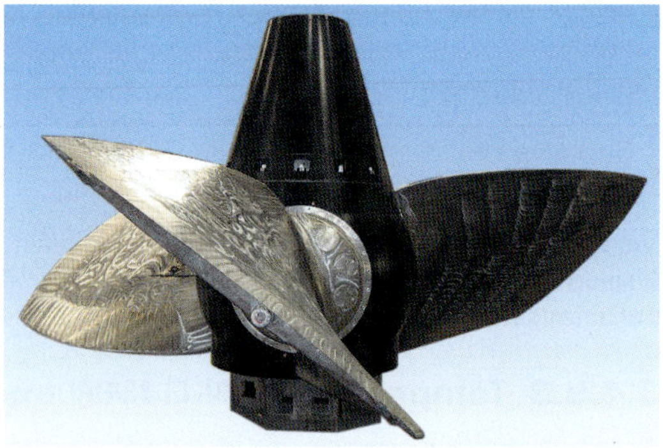

Bild 1: Kaplan-Laufrad, Schaufeln und Nabe aus GX5CrNi13-4

Verwendung. Aus Stahlguss werden hoch belastete Teile des Großmaschinenbaus wie Turbinengehäuse, Pressenständer und Kranhaken, hochbelastbare Fahrzeugteile, aber auch kleinere Werkstücke für Maschinen hergestellt.

3.4.10 Kohlenstoffgehalt der Stähle und Eisen-Gusswerkstoffe im Vergleich

Der Kohlenstoffgehalt der Stähle und Eisen-Gusswerkstoffe **(Tabelle 2)** beeinflusst zusammen mit den anderen Legierungselementen das Gefüge (Seite 170). Das Gefüge ist maßgebend für die mechanischen Eigenschaften (Seite 162), z. B. für die Zugfestigkeit, und für die fertigungstechnischen Eigenschaften (Seite 164), z. B. für die Gießbarkeit, Spanbarkeit oder die Umformbarkeit.

Tabelle 2: Kohlenstoffgehalt der Stähle und Eisen-Gusswerkstoffe

		Kohlenstoffgehalt (%C)
Stähle	Baustähle, unlegiert	0,17 – 0,5
	Einsatzstähle, unlegiert	0,1 – 0,9 Randzone eingesetzt
	Vergütungsstähle, unlegiert	0,2 – 0,6
	Werkzeugstähle, unlegiert	0,5 – 1,4
	Werkzeugstähle, legiert	0,2 – 2,2
Gusswerkstoffe	Gusseisen mit Lamellengrafit (GJL)	2,6 – 3,6
	Gusseisen mit Kugelgrafit (GJS)	3,2 – 4,0
	Temperguss, entkohlend geglüht (GJMW)	0,5 getempert 1,7; 2,5 ungetempert 3,5
	Temperguss, nicht entkohlend geglüht (GJMB)	2,0 – 2,9
	Stahlguss (GS)	0,15 – 0,45
Kohlenstoffgehalt		0 1 2 3 %C

Wiederholung und Vertiefung

1 Welche Eigenschaften verleihen die Grafitausscheidungen dem Gusseisen mit Lamellengrafit?
2 Welche Vorteile hat Gusseisen mit Kugelgrafit gegenüber Gusseisen mit Lamellengrafit?
3 Erläutern Sie die Werkstoffbezeichnungen EN-GJL-300, EN-GJMW-400-5, GE240.
4 Wodurch unterscheidet sich Weißer Temperguss von Schwarzem Temperguss?

3.5 Nichteisenmetalle (NE-Metalle)

Als Nichteisenmetalle bezeichnet man alle reinen Metalle und ihre Legierungen, bei denen Eisen nicht den größten Anteil besitzt. Sie werden nach ihrer Dichte in **Leichtmetalle** und **Schwermetalle** eingeteilt **(Bild 1)**.

Die reinen NE-Metalle sind weich und als Konstruktionswerkstoff nicht verwendbar. Durch Legieren wird insbesondere ihre Festigkeit verbessert, sodass sie vielseitig einsetzbar sind.

Die NE-Metalle werden nach ihrer Herstellung in **Knetlegierungen** und **Gusslegierungen** eingeteilt.

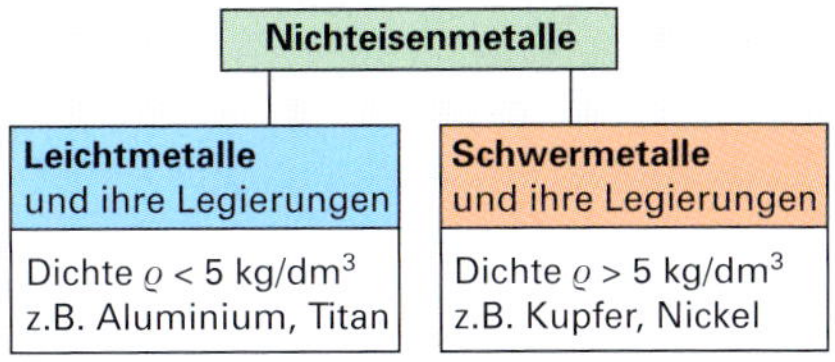

Bild 1: Einteilung der NE-Metalle

3.5.1 Leichtmetalle

Die wichtigsten Leichtmetalle sind Aluminium (ϱ = 2,7 kg/dm^3), Magnesium (ϱ = 1,7 kg/dm^3) und Titan (ϱ = 4,5 kg/dm^3). Durch ihr geringes Gewicht, ihre Korrosionsbeständigkeit und ihre ausreichende Festigkeit haben die Leichtmetall-Legierungen im Fahrzeug- und Flugzeugbau große Bedeutung.

Bild 2: Pressgeschmiedete Pkw-Felgen aus einer AlMgSi-Knetlegierung

3.5.1.1 Aluminium-Werkstoffe

Eigenschaften der Al-Werkstoffe:

- Dichte: rund 2,7 kg/dm^3 (≈ 1/3 der Dichte von Stahl)
- Niedriger Schmelzpunkt: ≈ 660 °C
- Gut umformbar, schweißbar, gießbar
- Witterungs- und korrosionsbeständig

Al-Knetlegierungen

Al-Knetlegierungen sind mit Mg, Mn, Si, Zn oder Cu sowie Kombinationen dieser Metalle legiert. Sie haben das geringe Gewicht des Aluminiums und annähernd die Festigkeit unlegierter Baustähle: Zugfestigkeit R_m = 200 N/mm^2 bis 450 N/mm^2.

Die Mg- und Mn-haltigen Al-Legierungen haben eine mittlere Festigkeit und können durch Schmieden weiter verfestigt werden. Man fertigt aus ihnen Fahrzeugteile für mittelhohe Belastung, wie z. B. Pkw-Felgen **(Bild 2)**.

Beispiel: EN AW-5754 [Al Mg3]: Al-Legierung mit 3 % Mg, Zugfestigkeit R_m: bis 300 N/mm^2

Aushärtbare Al-Knetlegierungen enthalten Anteile an Mg und Si, Zn und Mg oder Cu und Mg. Sie werden nach der Formgebung gehärtet (siehe folgende Seite). Aus ihnen werden hoch belastbare Bauteile gefertigt **(Bild 3)**.

Beispiel: EN AW-2024 [Al Cu4Mg1]: Aushärtbare Al-Legierung mit 4 % Cu und 1 % Mg, Zugfestigkeit R_m: bis 425 N/mm^2

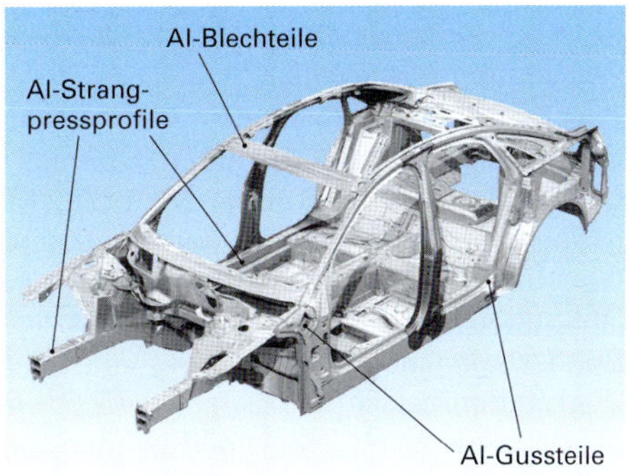

Bild 3: Geschweißter Karosserierahmen eines hochwertigen Pkw aus verschiedenen Al-Legierungen

Al-Automatenlegierungen haben neben den anderen Legierungselementen einen Bleizusatz (Pb). Er macht sie kurzspanend und daher besonders für zu spanende Bauteile geeignet. **Beispiel: EN AW-Al-2030 [Al CuPbMg]**

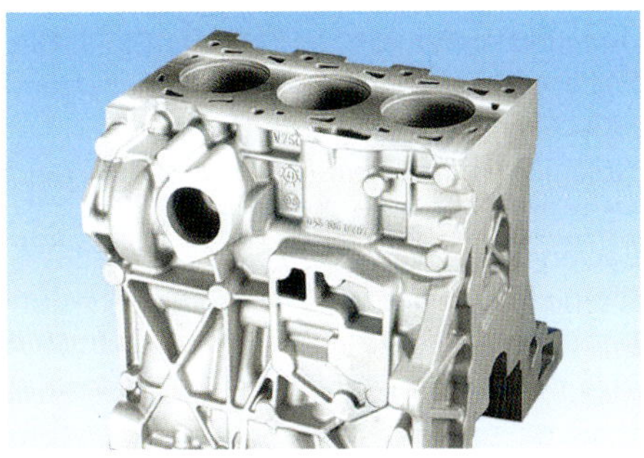

Bild 4: Motorblock aus einer Al-Gusslegierung

Al-Gusslegierungen

Im Maschinenbau wird überwiegend die Al-Gusslegierung mit 12 % Silicium eingesetzt: EN AC-44200 [Al Si12]. Sie ist gut vergießbar, hat eine mittlere Zugfestigkeit (R_m bis 170 N/mm^2) und ist korrosionsbeständig.

Aus AlSi12-Gusslegierungen werden kompliziert geformte, dünnwandige Bauteile gefertigt, die ein geringes Gewicht haben müssen: Gerätegehäuse, Karosserieknotenteile, Pkw-Motorenblöcke **(Bild 4)**.

Aushärten von Aluminiumlegierungen

Das Aushärten besteht aus Lösungsglühen bei rund 500 °C, Abschrecken in Wasser und Auslagern. Die aushärtbaren Al-Legierungen erhalten durch das Aushärten deutlich verbesserte Festigkeitswerte. Die Endfestigkeit wird nicht sofort, sondern im Laufe von einigen Tagen erreicht.

Aushärtbare Al-Legierungen werden z. B. für den Bau von ICE-Fahrzeugrahmen, von tragenden Flugzeugteilen und Bootskörpern eingesetzt **(Bild 1).**

Bezeichnung von Aluminiumlegierungen

Die **Aluminium-Werkstoffe** werden nach DIN EN 573 mit einem Kurznamen oder mit einer Werkstoffnummer bezeichnet. Der **Kurzname** besteht bei Knetlegierungen aus den Buchstaben EN AW-Al und bei Gusslegierungen aus EN AC-Al **(Bild 2).** Dann folgen in Klammern die Symbole der Legierungselemente und die Gehalte in Prozent. Am Schluss können noch Werkstoffzustände genannt sein.

Bild 1: Bootskörper aus meerwasserfester Al-Legierung EN AW-5083 [Mg4,5Mn0,7]

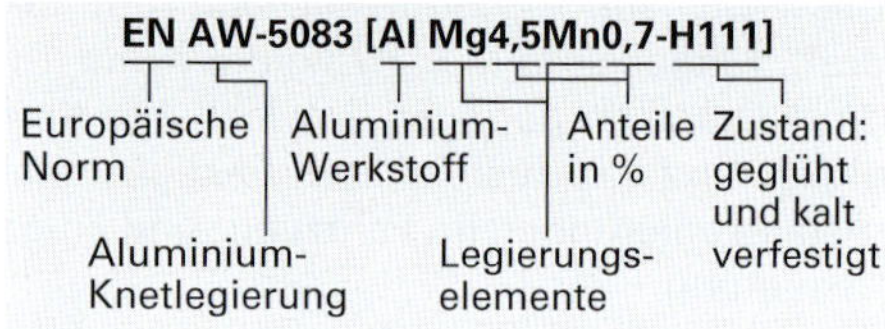

Bild 2: Kurzname einer Al-Knetlegierung

3.5.1.2 Magnesium-Werkstoffe

Die besondere Eigenschaft der Magnesium-Werkstoffe ist ihre geringe Dichte von 1,8 bis 2,0 kg/dm³. Damit sind sie der Metallwerkstoff mit der geringsten Dichte (rund 1/4 der Dichte von Stahl). Mg-Legierungen sind im Aussehen, der Korrosionsbeständigkeit und der Festigkeit den Al-Werkstoffen vergleichbar.

Zum Einsatz kommen überwiegend Mg-Gusslegierungen, wie z. B. EN MC-21110 [MgAl8Zn1]. Daraus werden Leichtbau-Gehäuse für Getriebe, Motoren, Maschinen und Kleingeräte (z. B. Laptopgehäuse) gefertigt **(Bild 3).** Magnesium-Gusslegierungen werden überwiegend durch Druckgießen vorgefertigt und spanend nachbearbeitet.

Bei der spanenden Bearbeitung von Bauteilen aus Mg-Werkstoffen besteht die Gefahr der Entzündung der Späne. Deswegen sind Schutzmaßnahmen zu treffen. Auftretende Brände dürfen nicht mit Wasser, sondern müssen mit Feuerlöschern der Brandklasse D gelöscht werden.

Bild 3: Gehäuse einer Kettensäge aus Magnesium-Druckguss

3.5.1.3 Titan-Werkstoffe

Titan-Werkstoffe haben eine Dichte von rund 4,5 kg/dm³ und sind damit 40 % leichter als Stahl. Sie besitzen hohe Festigkeit, Zähigkeit und Korrosionsbeständigkeit. Titan ist jedoch ein teurer Werkstoff.

Unlegiertes Titan, wie Ti1, wird z. B. in der Medizintechnik als Hüftprothesen u. Ä. eingesetzt.

Legierte Titanwerkstoffe, wie z. B. TiAl6V4, besitzen etwa die gleiche Festigkeit wie legierte Vergütungsstähle: R_m bis 1000 N/mm². Aus ihnen werden hoch belastbare Bauteile für Flugzeuge gefertigt **(Bild 4).**

Bild 4: Schaufelkranz eines Jet-Triebwerks aus der Titanlegierung TiAl6V4

Wiederholung und Vertiefung

1 Welche Dichte haben die NE-Metalle Aluminium, Magnesium und Titan?
2 Welche Al-Werkstoffe eignen sich besonders für hoch belastbare Bauteile?
3 Was kann aus dem Kurznamen der Al-Legierung EN AW-7022 [Al Zn5Mg3Cu] abgelesen werden?
4 Welche besonderen Eigenschaften haben die Magnesiumwerkstoffe bzw. die Titanwerkstoffe?

3.5.2 Schwermetalle

Die wichtigsten Schwermetalle, die im Maschinenbau für Bauteile verwendet werden, sind Kupfer (Cu), Zinn (Sn) und Zink (Zn) sowie ihre Legierungen. Mit weiteren Schwermetallen wie z. B. Chrom (Cr), Nickel (Ni) und Vanadium (V) werden Stähle legiert.

3.5.2.1 Kurzbezeichnung der Schwermetalle

Die Kurznamen der Schwermetall-Legierungen bestehen aus dem chemischen Symbol des Basismetalls, gefolgt von den Symbolen der Legierungselemente und Gehaltsangaben in Prozent **(Bild 1)**.

Vorangestellt sein können bei Gusswerkstoffen Buchstaben für die Gussart, z.B. G für Sandguss, GD für Druckguss usw. Nachgestellt sein können Angaben zur Festigkeit, wie z.B. R420, d. h. eine Zugfestigkeit von 420 N/mm^2.

Für die unlegierten Kupferwerkstoffe gibt es spezielle Kurznamen. Beispiel: Cu-DHP-R220. Die Bedeutung ist unten erläutert.

Kupfer-Knetlegierungen werden zusätzlich mit einem numerischen Kurznamen (Werkstoffnummer) benannt. Er besteht aus den Buchstaben CW und einer Zählnummer **(Bild 2)**. Angehängt sein kann ein Buchstabe für die Legierungsgruppe.

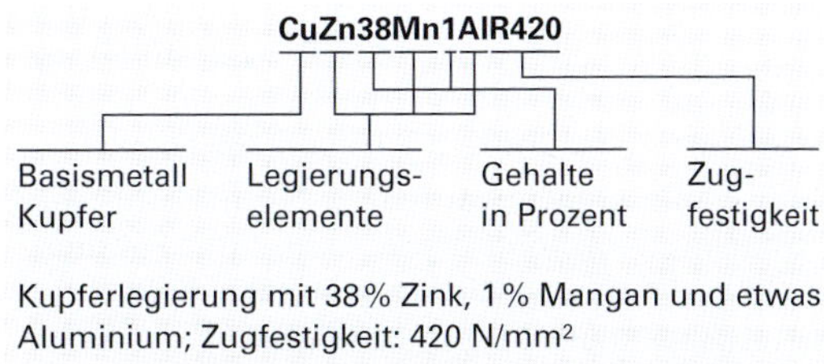

Bild 1: Kurzname einer Schwermetall-Legierung

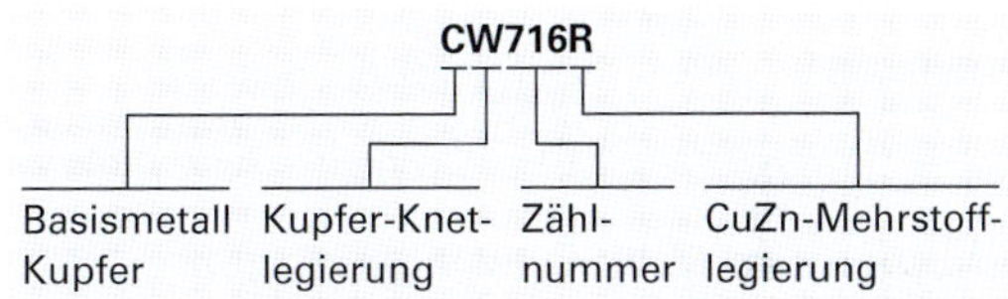

Bild 2: Numerischer Kurzname einer Kupferlegierung

3.5.2.2 Kupfer und Kupferlegierungen

Unlegiertes Kupfer

Eigenschaften und Verwendung

Kupfer ist ein Metall mit roter Farbe sowie einer Dichte von 8,94 kg/dm^3 und einer Schmelztemperatur von 1083 °C.

Unlegiertes Kupfer ist im warmgewalzten Zustand weich und gut dehnbar. Durch Hämmern oder Pressen (Kaltverfestigung) wird es hart. Durch Glühen wird es wieder weich.

Kupfer besitzt eine hohe Leitfähigkeit für Wärme und Elektrizität. Es wird für elektrische Leitungen **(Bild 3)** und im Anlagenbau für Kühl- und Wärmetauscherrohre verwendet.

Für den Anlagenbau wichtig sind die schweiß- und hartlötbaren Kupfersorten, wie **Cu-DPH**. Für elekrische Leitungen wird die Kupfersorte **Cu-ETP** verwendet.

Bild 3: Kupferleitungen für die Stromleitung aus Cu-ETP

Kupfer-Zink-Legierungen (Messing)

Eigenschaften und Verwendung

CuZn-Legierungen enthalten 5 % bis 40 % Zink und haben eine goldgelbe Farbe. Sie sind korrosionsbeständig und haben eine gleitfähige Oberfläche. Bei niedrigem Zn-Gehalt sind sie weich und gut umformbar, bei hohem Zn-Gehalt sind sie härter. Durch Kaltverfestigung kann ihre Zugfestigkeit von 250 N/mm^2 auf ca. 600 N/mm^2 gesteigert werden. CuZn-Legierungen lassen sich gut umformen, gießen und spanend bearbeiten. Man fertigt aus ihnen Armaturengehäuse, korrosionsbeständige Schrauben, Kleindrehteile **(Bild 4)**. Teilweise erhalten sie zusätzlich zum Zink weitere Legierungselemente.

Beispiel: CuZn36Pb3 ⇒ Kupfer-Zink-Blei-Knetlegierung mit 36 % Zn und 3 % Blei; für Automatendrehteile.

Bild 4: Drehteile aus Kupfer-Zink-Legierungen

Kupfer-Zinn-Legierungen (Zinnbronze)

CuSn-Legierungen enthalten 2 % bis 15 % Zinn und haben eine goldbraune Farbe.

Sie sind korrosionsbeständig und besitzen hohe Zugfestigkeit, Verschleißfestigkeit und gute Gleiteigenschaften. Mit steigendem Zinngehalt werden die Festigkeit und der Verschleißwiderstand erhöht. Durch Kaltverfestigen (z. B. Walzen) können sie bis auf „federhart" verfestigt werden und besitzen dann eine Zugfestigkeit von 750 N/mm².

CuSn-Legierungen werden zu Schneckenrädern, Spindelmuttern, Kontaktfedern, Gleit- und Führungsbahnen sowie Lagerschalen verarbeitet **(Bild 1)**.

Beispiele für Kupfer-Zinn-Legierungen:

CuSn8P ⇒ Knetlegierung mit sehr guten Gleiteigenschaften und hoher Verschleißfestigkeit, z. B. für hochbelastete Gleitlager in Motoren

G-CuSn12Pb ⇒ Gusslegierung mit Bleizusatz, sehr verschleißfest, mit Notlaufeigenschaften, z. B. für Gleitlagerschalen **(Bild 2)**

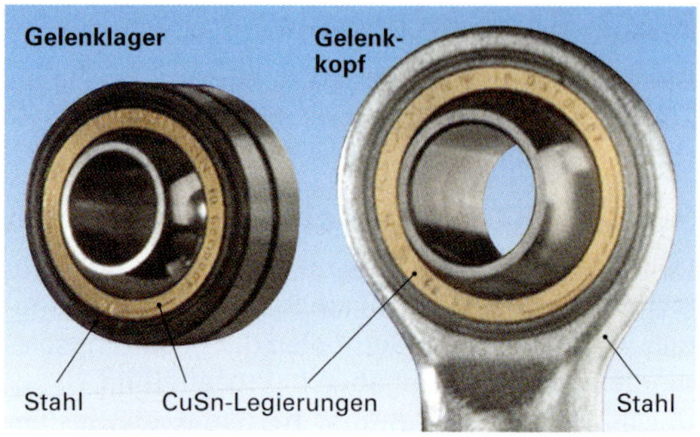

Bild 1: Lagerschalen für Gelenklager und Gelenkkopf aus der CuSn-Legierung CuSn8P

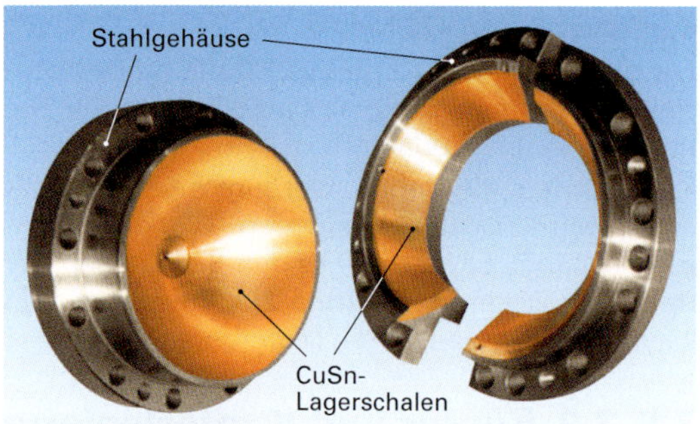

Bild 2: Kalotten-Lagerschalen aus G-CuSn12Pb in Stahlgehäuse

Kupfer-Zinn-Zink-Gusslegierungen

Diese Legierungen sind gut vergießbar, korrosionsbeständig, gut spanend bearbeitbar und haben gute Gleiteigenschaften. Sie werden z. B. zu Armaturen- und Pumpengehäusen verarbeitet **(Bild 3)**.

Beispiel: G-CuSn6Zn4Pb2

Bild 3: Pumpengehäuse aus CuSnZn-Gusslegierung

Kupfer-Aluminium-Legierungen

Die CuAl-Legierungen zeichnen sich durch hohe Festigkeit, Zähigkeit und Korrosionsbeständigkeit, insbesondere gegen Meerwasser aus. Sie werden bevorzugt im Schiffbau sowie im Anlagenbau für Meerwasser führende Anlagenteile und im Chemieanlagenbau verwendet.

Beispiele:

CuAl7Si2 ⇒ Meerwasser-beständige Legierung für Schiffbauteile

CuAl10Fe3Mn2 ⇒ Korrosionsbeständige verschleißfeste Knetlegierung, z. B. für Schneckenräder und Ventilsitze

Kupfer-Nickel-Legierungen

Kupfer-Nickel-Legierungen (silberfarbig) sind federhart, elektrisch gut leitend, korrosionsbeständig und haben eine silberartig aussehende Oberfläche. Sie werden z. B. zu federnden elektrischen Kontakten, zu Schlüsseln, Reißzeugen, Wasserarmaturen, Geräteverkleidungen und den „Silbermünzen" verarbeitet **(Bild 4)**.

Beispiel:

CuNi9Sn2 ⇒ Federnde elektrische Kontakte

Eine Besonderheit ist die Legierung **CuNi44,** auch Konstantan genannt. Sie besitzt einen temperaturkonstanten elektrischen Widerstand und wird zu elektrischen Widerständen verarbeitet.

Federnde Elektroteile

Sicherheitsschlüssel

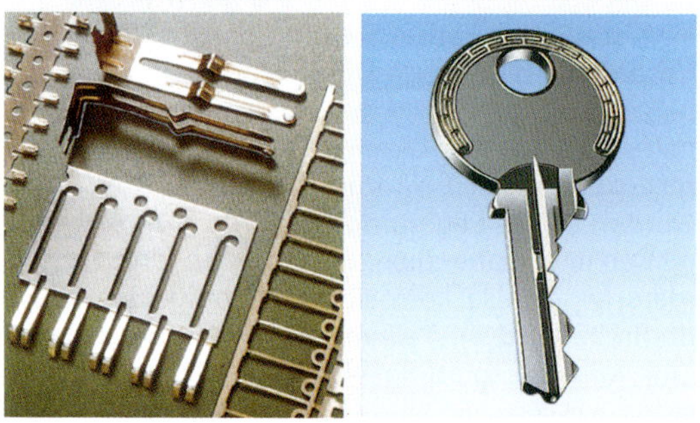

Bild 4: Teile aus CuNi-Legierungen

Arbeitsbeispiel: Bestimmung der Bauteile und Werkstoffe für ein Schneckengetriebe

Das nebenstehende **Bild 1** zeigt ein Schneckengetriebe, dessen Gehäuse aufgeschnitten ist und einen Einblick in das Innere des Getriebes freigibt.

Das Getriebe dient in einem kunststoffverarbeitenden Betrieb zum Antrieb einer Knetwalze.

Damit die einzelnen Bauteile des Schneckengetriebes ihre Funktion dauerhaft erfüllen können, sind sie aus verschiedenen Werkstoffen gefertigt.

Um über die Eigenschaften und die Eignung dieser Werkstoffe einen Überblick zu gewinnen, sollen folgende Aufgaben erarbeitet werden:

- Die Bauteile sollen benannt werden.
- Die Aufgabe des Bauteiles mit seinen Funktionen soll beschrieben werden.
- Die erforderlichen Haupteigenschaften des Bauteiles sollen definiert werden.
- Die Werkstoffsorte ist zu bezeichnen.
- Ein Werkstoff, der zur Fertigung des jeweiligen Bauteiles geeignet ist, soll mit Kurzbezeichnung und Werkstoffnummer angegeben werden oder ein Normteil mit Normnummer soll aus einem Tabellenbuch ausgewählt werden.

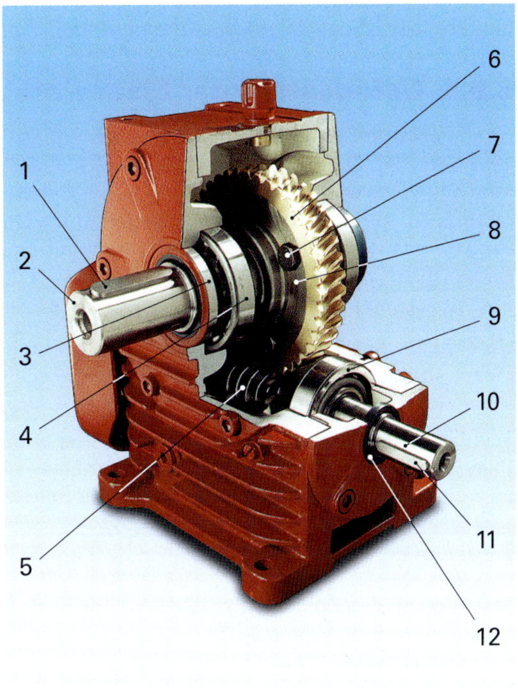

Bild 1: Schneckengetriebe

Erstellen Sie nach dem unten stehenden Muster eine Tabellenliste.

Tragen Sie dort die Ergebnisse Ihrer Überlegungen gemäß dem Beispiel *Pos. 1 Passfeder* in die Tabellenliste ein.

Pos.-Nr.	Bauteil-Benennung	Funktion des Bauteiles	Erforderliche Eigenschaften des Bauteiles	Werkstoffsorte Werkstoff-Norm	Bauteil-Norm
1	Passfeder	Übertragung des Drehmoments	Hohe Scherfestigkeit und Oberflächenhärte	Vergütungsstahl DIN EN 10083-2	Passfedern DIN 6885-1
2					
3					
4					
11					
12					

3.6 Wärmebehandlung der Stähle

Durch Wärmebehandlung können die Eigenschaften der Stähle und Eisen-Gusswerkstoffe in gewünschter Weise verändert werden. Besonders die Härte, die Festigkeit und die Bearbeitbarkeit lassen sich verbessern. Ursache der Verbesserung der Eigenschaften sind Veränderungen des Werkstoffgefüges.

3.6.1 Gefügearten der Eisenwerkstoffe

Eisenwerkstoffe enthalten aus dem Herstellungsprozess einen bestimmten Gehalt an Kohlenstoff. Dieser Kohlenstoffgehalt kann störend sein, weil er das Eisen bei zu großem Gehalt versprödet. Andererseits ist ein gewisser Kohlenstoffgehalt im Eisen die Voraussetzung vieler Eigenschaftsverbesserungen durch Wärmebehandlung.

Die Ursache dieser Wirkung des Kohlenstoffs im Eisen ist sein Einfluss auf den inneren Aufbau, das **Gefüge**.

Untersucht man das Gefüge (Seite 343) von langsam abgekühltem Eisen, so stellt man fest, dass es je nach Kohlenstoffgehalt unterschiedliche Gefügearten besitzt **(Bild 1)**.

Technisch **reines Eisen** bildet ein Gefüge aus abgerundeten Körnern (Bild 1a). Dieses Gefüge wird **Ferrit** oder **α-Eisen** genannt. Es ist relativ weich, leicht umformbar und magnetisierbar.

Eisen mit 0,1 % bis rund 2 % Kohlenstoff nennt man Stahl.

Stahl enthält den Kohlenstoff nicht in reiner Form, sondern als chemische Verbindung **Eisencarbid Fe_3C**. Man nennt diesen Gefügebestandteil **Zementit**. Er ist hart und spröde.

Bei geringem Kohlenstoffgehalt im Stahl (0,1 % bis 0,8 %) scheidet sich der Zementit in Form dünner Streifen (Streifenzementit) aus, die einzelne Ferritkörner durchziehen (Bild 1b).

In **Stahl mit 0,8 % Kohlenstoff** (eutektoider Stahl) sind alle Ferritkörner mit **Streifenzementit** durchzogen (Bild 1c). Dieses Gefüge heißt wegen seines perlmuttartigen Aussehens im Schliffbild **Perlit**.

Stähle mit weniger als 0,8 % Kohlenstoff (untereutektoider Stahl) haben ein Gefüge, das Ferritkörner und Perlitkörner enthält. Man bezeichnet es als **Ferrit-Perlit-Gefüge** (Bild 1b).

Stähle mit mehr als 0,8 % Kohlenstoff (übereutektoider Stahl) enthalten so viel Kohlenstoff, dass sich zusätzlich zum Streifenzementit in den Perlitkörnern noch Zementit an den Korngrenzen **(Korngrenzenzementit)** ablagert (Bild 1d). Je größer der Zementitanteil im Gefüge ist, umso härter, aber auch umso spröder ist der Stahl.

Eisen mit 2,5 % bis 3,7 % Kohlenstoff ist Gusseisen.

Gusseisen enthält zusätzlich zum Kohlenstoff einen hohen Siliciumanteil. Er bewirkt, dass sich der überwiegende Teil des Kohlenstoffs nicht in chemisch gebundener Form als Zementit Fe_3C, sondern als reiner Kohlenstoff C in Form von Grafitlamellen ausscheidet.

Im Allgemeinen liegt in Gussstücken folgende Ausscheidungsart vor: Der über 0,8 % liegende Anteil des Kohlenstoffs scheidet sich als Grafitlamellen an den Korngrenzen aus, während der übrige Anteil des Kohlenstoffs als Streifenzementit kristallisiert. Das Gefüge der Eisen-Gusswerkstoffe besteht demnach aus einer **perlitischen** oder **ferritisch-perlitischen Grundmasse** und zwischen den Körnern eingelagerten **Grafitlamellen** (Bild 1e).

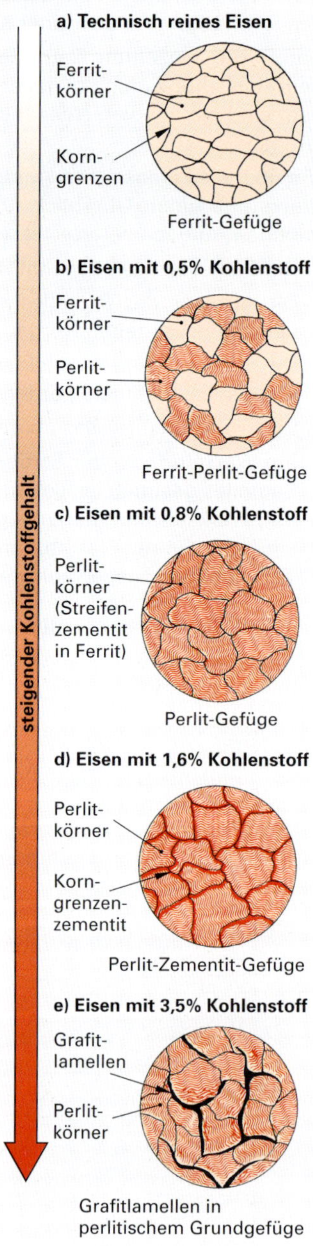

Bild 1: Gefügearten von Eisenwerkstoffen mit unterschiedlichem Kohlenstoffgehalt

3.6.2 Eisen-Kohlenstoff-Zustandsdiagramm

Eisenwerkstoffe haben bei Raumtemperatur und bis 723 °C je nach Kohlenstoffgehalt unterschiedliche Gefüge **(Bild 1, vorherige Seite).** Erwärmt man sie über 723 °C hinaus, so treten noch andere Gefügearten auf.

Eine Übersicht, welche Gefügeart ein Eisenwerkstoff mit einem bestimmten Kohlenstoffgehalt bei einer bestimmten Temperatur hat, gibt das **Eisen-Kohlenstoff-Zustandsdiagramm (Bild 1)**.

Die durchgezogenen und unterbrochenen Linien im Schaubild begrenzen die Gefügebereiche. So trennt z. B. die Linie P–S den Bereich des Ferrit-Perlit-Gefüges vom Bereich des Austenit-Ferrit-Gefüges oder die Linie G–S den Bereich des Austenit-Ferrit-Gefüges vom Bereich des Austenit-Gefüges.

Die Gefügearten bei Raumtemperatur und bis 723 °C sind im Eisen-Kohlenstoff-Zustandsdiagramm über der Kohlenstoffachse eingetragen. **Beispiele:** Eisen mit 0,5 % Kohlenstoff hat ein Ferrit-Perlit-Gefüge, Eisen mit 1,2 % Kohlenstoff ein Perlit-Korngrenzenzementit-Gefüge. Beide Gefügebereiche haben ihre gegenseitige Begrenzungslinie bei 0,8 % Kohlenstoff. Dort liegt reines Perlit-Gefüge vor.

Beim Überschreiten bzw. Unterschreiten einer Gefügebegrenzungslinie wandelt sich das Gefüge um.

Beispiel: Bei der Abkühlung einer Stahlschmelze mit 0,8 % Kohlenstoff beginnt in der Schmelze ab 1480 °C die Bildung von Austenitkristallen. Unter 1380 °C ist der ganze Werkstoff erstarrt und besteht aus Austenitkristallen. Bei weiterer Abkühlung wandelt sich das Austenit-Gefüge bei 723 °C in Perlit-Gefüge um.

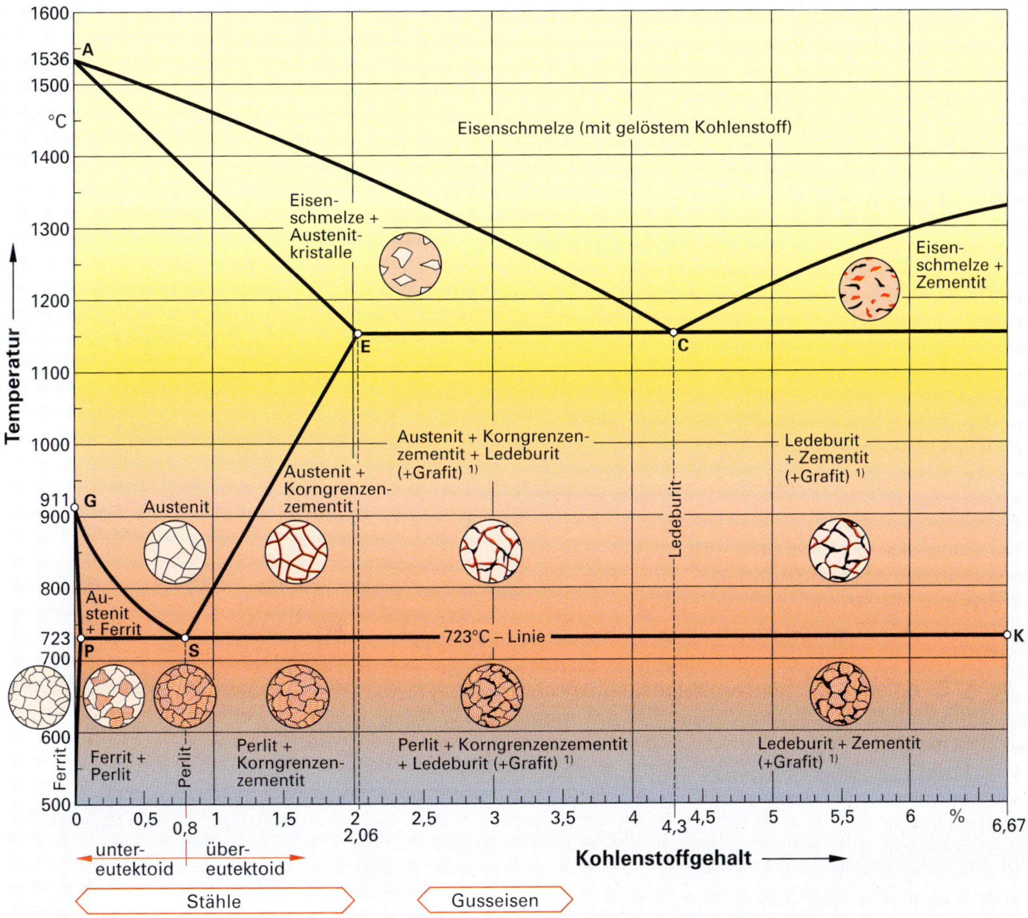

Bild 1: Eisen-Kohlenstoff-Zustandsdiagramm (mit den Gefügebereichen kohlenstoffhaltiger Eisenwerkstoffe)

1) Bei Eisensorten mit einem Kohlenstoffgehalt über 2,06 % (Gusseisen) und zusätzlichem Si-Gehalt scheidet sich ein Teil des Kohlenstoffs in Form von Grafit aus (Bild 1).

Übersicht über die Wärmebehandlungsarten

Als Wärmebehandlung bezeichnet man eine durch Wärmeeinwirkung hervorgerufene, bleibende Gefüge- und Eigenschaftsänderung von Werkstoffen. Man unterscheidet folgende Wärmebehandlungsverfahren:

Glühen	Härten	Vergüten	Randschicht-härten	Einsatz-härten	Nitrier-härten	Carbo-nitrieren

3.6.3 Glühen

Glühen ist eine Wärmebehandlung, bestehend aus langsamem Erwärmen, Halten auf Glühtemperatur und langsamem Abkühlen.

Glühverfahren. Die Glühverfahren unterscheiden sich durch die Höhe der Glühtemperaturen und die Länge der Glühzeiten **(Bild 1)**.

- Durch **Spannungsarmglühen** werden innere Spannungen im Werkstück durch plastisches Fließen des Werkstoffs verringert. Die inneren Spannungen können durch Gießen, Walzen, Schmieden oder Schweißen entstanden sein. Man glüht die Werkstücke bei 550 °C bis 650 °C während 1 bis 2 Stunden (Bild 1).
- Das **Rekristallisationsglühen** (Zwischenglühen) wird angewandt, wenn ein durch Kaltverformung verzerrtes Gefüge wieder in einen unverzerrten Gefügezustand zurückgeführt werden soll. Durch mehrere Stunden langes Glühen bei 550 °C bis 650 °C bildet sich ein völlig neues Gefüge aus **(Bild 2)**.
- Beim **Weichglühen** erwärmt man den Stahl je nach Kohlenstoffgehalt auf 680 °C bis 750 °C und hält ihn dort mehrere Stunden. Die gleiche Wirkung erreicht man durch Pendelglühen, d. h. durch mehrmalige Temperaturänderung um die PSK-Linie (Bild 1). Durch das Weichglühen wandelt sich der Streifenzementit in körnigen Zementit um **(Bild 3)**. Dadurch ist der Werkstoff leichter umformbar und spanbar.
- **Normalglühen** wird angewandt, wenn ein ungleichmäßiges oder grobkörniges Gefüge beseitigt werden soll. Es erfolgt durch kurzzeitiges Glühen bei Temperaturen knapp oberhalb der GSK-Linie (Bild 1). Dabei kommt es zur völligen Kornneubildung. Es entsteht ein gleichmäßiges, feinkörniges Gefüge **(Bild 4)**. Diesen Vorgang nennt man auch **Rückfeinen**.
- Unter **Diffusionsglühen** versteht man ein langzeitiges Glühen bei 1050 °C bis 1250 °C. Es dient dazu, beim Vergießen eingetretene Konzentrationsunterschiede im Gussstück (Seigerung) auszugleichen.

Glühfehler. Nicht eingehaltene Glühtemperaturen und Glühzeiten führen zu nicht beabsichtigten Gefügeumwandlungen. Bei lang anhaltender, weit überschrittener Glühtemperatur wird der Werkstoff geschädigt oder zerstört.

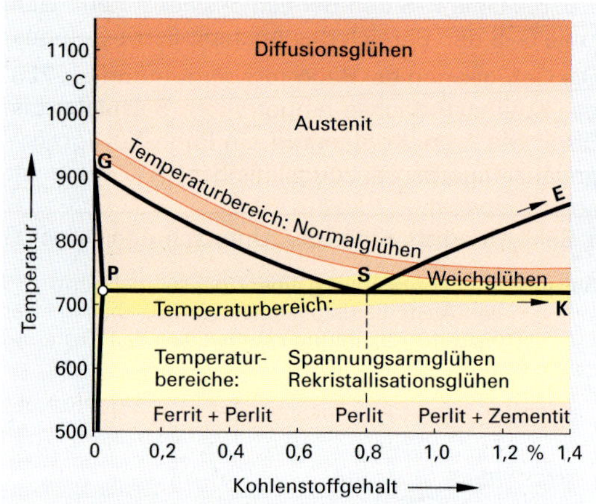

Bild 1: Glühtemperaturen unlegierter Stähle, eingezeichnet im Fe-C-Zustandsdiagramm

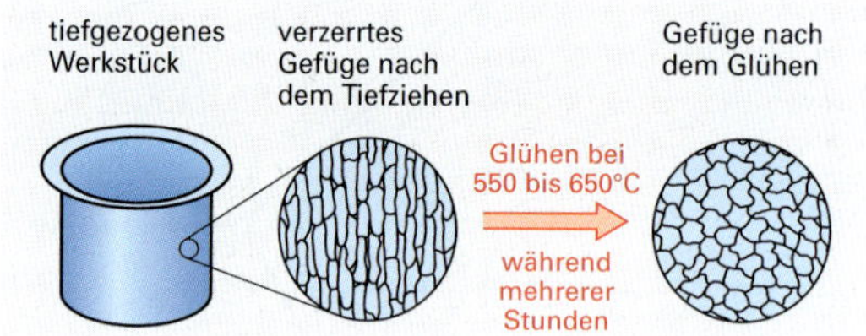

Bild 2: Rekristallisationsglühen

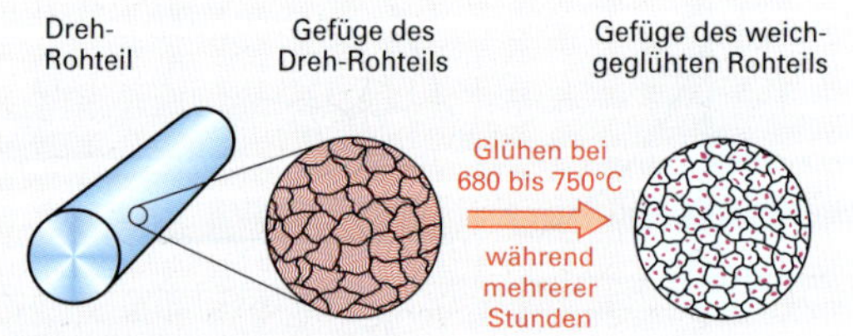

Bild 3: Weichglühen

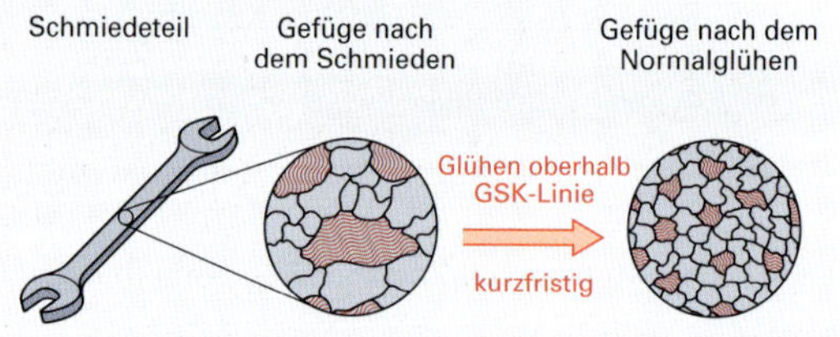

Bild 4: Normalglühen (Rückfeinen)

3.6.4 Härten

Härten ist eine Wärmebehandlung, um Stahlwerkstücke hart und verschleißfest zu machen.

> Der Härtevorgang besteht aus Erwärmen, Halten auf Härtetemperatur, Abschrecken und Anlassen **(Bild 1)**.

Zuerst wird das zu härtende Werkstück in einem Ofen auf Härtetemperatur erwärmt und dort auf Temperatur gehalten.

Dann wird es aus dem Ofen genommen und sofort mit langsam kreisender Bewegung in ein Wasser- oder Ölbad getaucht. Diesen Vorgang nennt man **Abschrecken**. Bei ihm erfolgt die Härtung des Werkstoffs. Der Stahl ist nach dem Abschrecken glashart, aber auch spröde und bruchempfindlich. Um die Sprödigkeit zu beseitigen, wird das Werkstück anschließend in einem Ofen auf Anlasstemperatur erwärmt, dort eine Zeitlang gelassen und dann herausgenommen, um abzukühlen. Durch diese Nachbehandlung, **Anlassen** genannt, erhält das Werkstück seine Gebrauchshärte: es ist hart, verschleißfest und nicht mehr spröde.

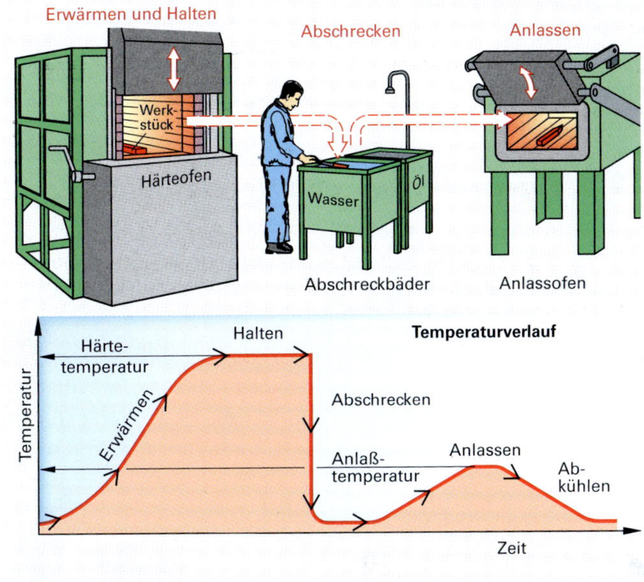

Bild 1: Arbeitsgänge und Temperaturverlauf beim Härten

Gehärtet werden vor allem Schneidwerkzeuge, wie z.B. Handmeißel, Feilen, Drehmeißel, Fräser oder Bauteile und Werkstücke, die auf Verschleiß beansprucht werden, wie z.B. Anreißnadeln, Hammerfinnen, Lagerkugeln und Gleitbahnen.

Ursache der Härtbarkeit eines Werkstoffs ist eine erzwungene Gefügeumwandlung beim Abschrecken. Durch sie entsteht das **Härtegefüge** (Martensit), das dem Werkstück die Härte verleiht.

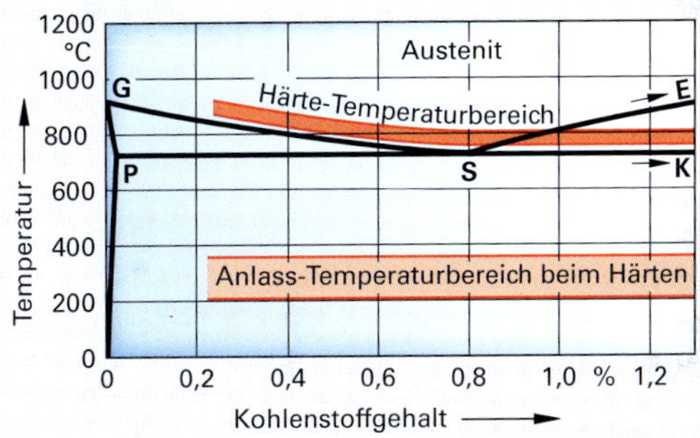

Bild 2: Härte- und Arbeitstemperaturen unlegierter Stähle im Fe-C-Zustandsdiagramm

Voraussetzung für die Bildung von Härtegefüge ist ein Mindestgehalt an Kohlenstoff im Stahl. Härtbare Stähle haben zwischen 0,2 % bis 2,2 % Kohlenstoff.

Die **Härtetemperatur** der Stähle richtet sich vor allem nach ihrem Kohlenstoffgehalt sowie den Legierungselementen. Bei unlegierten Stählen ist die Härtetemperatur nur vom Kohlenstoffgehalt abhängig **(Bild 2)**. Sie sollte etwa 40 °C über der Linie GSK im Eisen-Kohlenstoff-Zustandsdiagramm liegen.

Die **Anlasstemperatur** ist ebenfalls von der Stahlsorte abhängig. Bei unlegierten Stählen beträgt sie 200 °C bis 350 °C, bei hochlegierten Stählen bis zu 650 °C.

Wiederholung und Vertiefung

1 Welches Gefüge haben Eisenwerkstoffe mit 0 %, 0,8 %, 1,6 % und 3,5 % Kohlenstoff?

2 Was kann man aus dem Eisen-Kohlenstoff-Zustandsdiagramm ablesen?

3 Nach welchen Fertigungsverfahren werden Werkstücke rekristallisationsgeglüht?

4 Aus welchen Arbeitsschritten besteht das Härten?

5 Welche Härtetemperatur hat ein Werkzeugstahl mit 0,6 % Kohlenstoff?

3.7 Kunststoffe

Die Kunststoffe, auch Plaste oder Plastik genannt, sind synthetisch erzeugte, organische Werkstoffe. Sie werden aus Rohstoffen, wie z. B. Erdöl, durch chemische Umwandlung (Synthese) hergestellt. Kunststoffe werden als organische Stoffe bezeichnet, weil sie aus organischen Kohlenstoff- oder Siliciumverbindungen bestehen.

3.7.1 Eigenschaften und Verwendung

Die Kunststoffe nehmen heute in der Technik als Werkstoffe einen bedeutenden Platz ein. Ihre vielseitige Verwendbarkeit beruht auf ihren besonderen Eigenschaften sowie der Möglichkeit, Kunststoffe mit sehr unterschiedlichen Eigenschaften herzustellen **(Tabelle 1)**.

Typische Eigenschaften der Kunststoffe sind:

- Geringe Dichte
- Je nach Sorte hart, biegsam oder elastisch
- Elektrisch isolierend und wärmedämmend
- Witterungs- und chemikalienbeständig
- Glatte, dekorative Oberfläche
- Kostengünstige Formgebung

Tabelle 1: Typische Eigenschaften und Verwendungen der Kunststoffe

Geringe Dichte: 0,9 bis 1,4 kg/dm^3 (Ausnahme PTFE: $\varrho = 2{,}2$ kg/dm^3)	Behälter Kfz-Teile Flugzeugteile Leichtbauteile	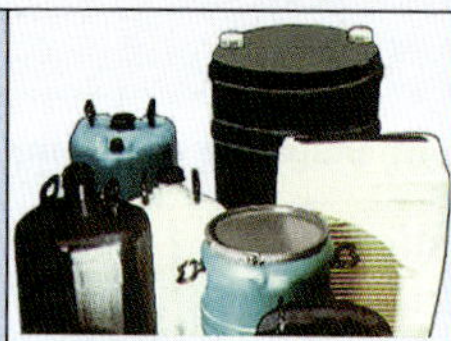 Fässer, Kanister	 Lüfterrad	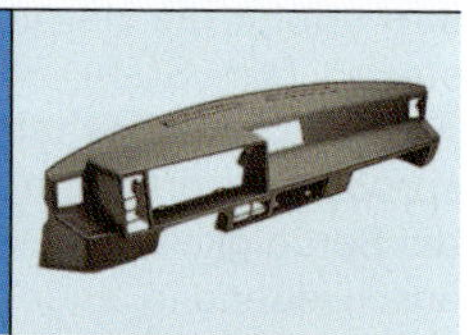 Pkw-Armaturenträger
Je nach Sorte hart und fest oder weich und elastisch. Gut formbar und bearbeitbar	Maschinenteile Gummi-elastische Bauteile Gehäuse	 Teile für Kleingetriebe	 Pkw-Reifen	 Maschinengehäuse
Elektrisch isolierend, wärme- und schalldämmend	Werkzeuggriffe Elektrobauteile Wärmedämm-material	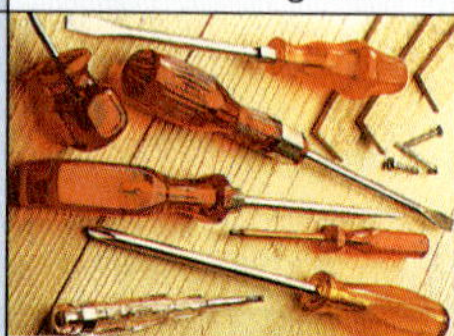 Werkzeuggriffe	 Drehstromstecker	 Wärmedämmplatten
Witterungs- und chemikalien-beständig gegen viele Chemikalien und aggressive Umwelteinflüsse	Chemikalien-gefäße Rohrleitungen Armaturen Beschichtungen	 Pkw-Aggregatgehäuse	 Rohr-Auskleidungen	 Beschichtungen

Kunststoffe besitzen aber auch Eigenschaften, die ihre Einsetzbarkeit begrenzen:

- Sie haben im Vergleich zu den Metallen eine geringe Wärmebeständigkeit.
- Sie sind zum Teil brennbar.
- Sie besitzen Festigkeiten, die deutlich geringer als bei Metallen sind.
- Sie sind z.T. unbeständig gegen Lösungsmittel.
- Sie sind nur begrenzt durch Recycling wiederverwendbar.

Technologische Einteilung

Man unterteilt die Kunststoffe nach ihrem inneren Aufbau in drei **Gruppen**:

Jede Kunststoffgruppe besitzt einen gruppentypischen inneren Aufbau, der ein ähnliches mechanisches Verhalten bei Erwärmung zur Folge hat.

Thermoplaste

Duroplaste

Elastomere

3.7.2 Thermoplaste

Zu den Thermoplasten gehören die am häufigsten verwendeten Kunststoffe. Das liegt vor allem an ihrer leichten Verarbeitbarkeit: sie sind **warm umformbar** und **schweißbar**. Dadurch können Massenteile, z. B. durch Extrudieren und Spritzgießen, kostengünstig gefertigt werden. Zudem gibt es eine breite Sortenvielfalt thermoplastischer Kunststofftypen mit Eigenschaften für fast jeden Verwendungszweck.

Polyethylen (PE)

Eigenschaften: Farblos, wachsartige, gleitfähige Oberfläche. Formsteif bis 80 °C, beständig gegen Säuren und Laugen. Massenkunststoff mit niedrigem Preis.

Niederdruck-Polyethylen: Steif, schwer biegbar.

Hochdruck-Polyethylen: Weich, leicht biegbar.

Verwendung: Niederdruck-PE (steif): Behälter, Rohre, Tanks, Lagerringe **(Bild 1).** Hochdruck-PE (weich): Schläuche, elastische Folien zum Verpacken und Schrumpfen.

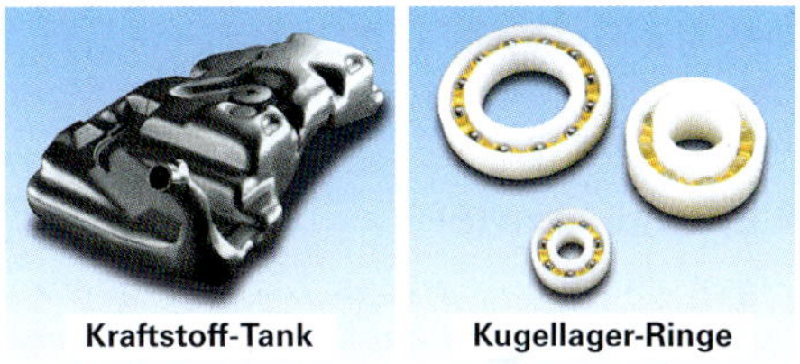

Bild 1: Typische Verwendung von Polyethylen

Polypropylen (PP)

Eigenschaften: Dem Niederdruck-PE (steif) sehr ähnlich, jedoch bis 130 °C formbeständig.

Verwendung: Waschmaschinenteile, Kfz-Teile, Behälter, Kraftstofftanks.

Polyvinylchlorid (PVC)

Eigenschaften: Farblos, chemikalienbeständig.

Hart-PVC: Hart, zäh, schwer zerbrechlich.

Weich-PVC: Weichgummielastisch oder lederartig. Weich-PVC wird durch Zusatz sogenannter Weichmacher zum Hart-PVC hergestellt.

Verwendung: Hart-PVC: Abwasserrohre, Gehäuse, Fensterrahmen, Ventile. Weich-PVC: Kunstleder, Schläuche, Stiefel, Schutzhandschuhe, Kabelummantelungen **(Bild 2).**

Bild 2: Typische Verwendung von PVC

Polyamide (PA)

Eigenschaften: Milchig weiß, gleitfähige und abriebfeste Oberfläche. Chemikalien- und lösungsmittelbeständig. Hart und zäh, hohe Zugfestigkeit bis 70 N/mm^2.

Verwendung: Zahnräder, Lagerschalen, Kugellagerkäfige, Gleitschienen, Pkw-Ansauggehäuse **(Bild 3).**

Polyamidfasern. Polyamide können zu Fasern versponnen werden (Perlon, Nylon). Aus ihnen stellt man reißfeste Gewebe, Schnüre und Seile her.

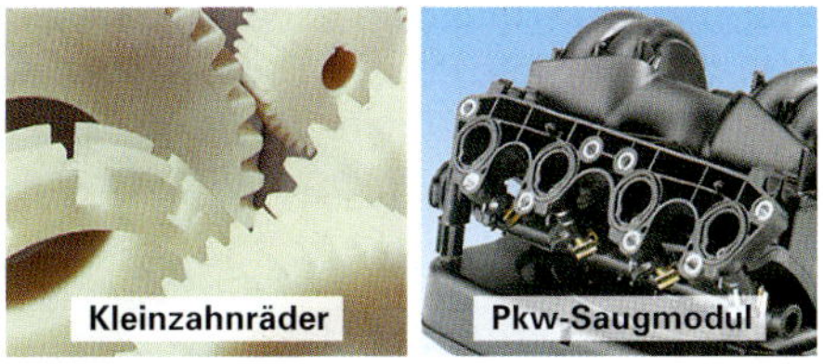

Bild 3: Typische Verwendung von Polyamiden

Polyoximethylen (POM)

Eigenschaften: Milchig weiß, gleitfähige, abriebfeste Oberfläche, hohe Festigkeit, Härte und Steifigkeit, große Zähigkeit auch bei tiefen Temperaturen, gute Federungseigenschaften (gute Schnappverbindungen).

Beständig gegen Lösungsmittel sowie verdünnte Säuren und Laugen; problemlose Verarbeitung.

Verwendung: Zahnräder, Kettenglieder, Haken **(Bild 4).**

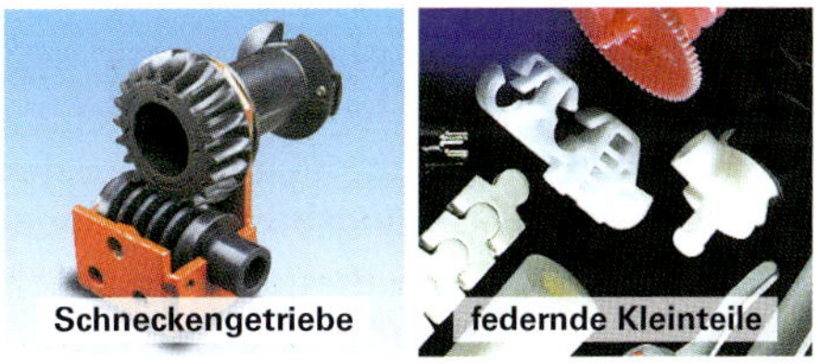

Bild 4: Bauteile aus POM

3.7.3 Duroplaste

Die duroplastischen Kunststoffe gelangen als flüssiges oder pulverförmiges Vorprodukt zum Verarbeiter. Durch Zugabe eines Härters oder unter der Wirkung von Wärme und Druck härten die Vorprodukte in ihrer endgültigen Form zu gebrauchsfertigen Kunststoffteilen aus. Diesen Vorgang nennt man **Aushärtung** und die Duroplaste deshalb **aushärtbare Kunststoffe**. Nach der Aushärtung sind die duroplastischen Kunststoffe **nicht warm umformbar** und **nicht schweißbar**.

Ungesättigte Polyesterharze (UP)

Eigenschaften: Farblos, glasklar mit Oberflächenglanz. Von hart und spröde bis zäh und elastisch. Als flüssiges Harz gute Haftfähigkeit und Vergießbarkeit. Beständig gegen Kraftstoffe sowie verdünnte Säuren und Laugen.

Verwendung: Basisharz für glasfaserverstärkte Kunststoff-Bauteile für Pkw **(Bild 1)**, Klebeharz für Metalle, Lackharz für kratzfeste Lacke, Gießharz für Modelle, Ausgangsharz für Fasern.

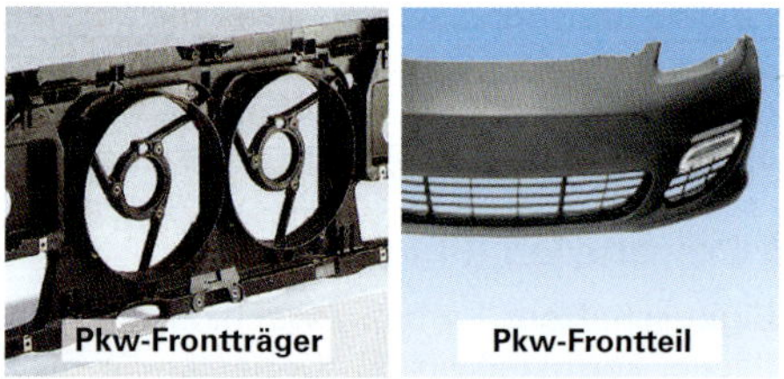

Bild 1: Verwendung verstärkter UP-Harze

Epoxidharze (EP)

Eigenschaften: Farblos bis honiggelb. Hartelastisch, schlagzäh. Klebend auf Metallen, gut vergießbar. Beständig gegen schwache Säuren, Laugen, Salzlösungen und Lösungsmittel. Temperaturbeständig bis 180 °C.

Verwendung: Als Klebeharz, Lackharz und Gießharz sowie als Bindeharz für Formmassen, Gießerei-Formsandkerne und glasfaserverstärkte Kunststoffe **(Bild 2)**.

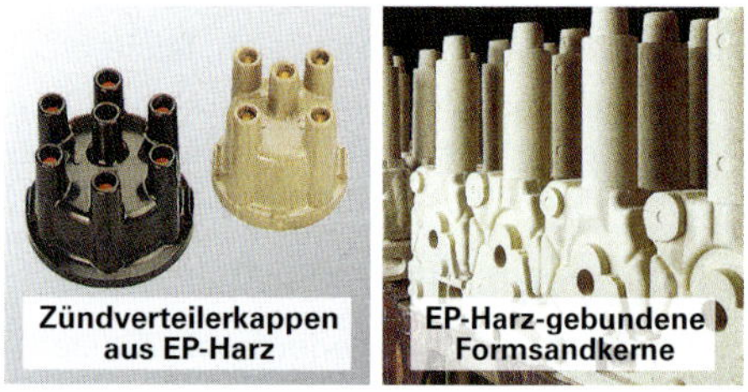

Bild 2: Typische Verwendung von Epoxidharz

Faserverstärkte Polyester- und Epoxidharze

Ein großer Teil der Polyester- und Epoxidharze wird als Bindeharz mit Glasfasern zu **faserverstärkten Kunststoff-Bauteilen** (GFK, CFK) verarbeitet (folgende Seite).

Polyurethanharze (PUR)

Eigenschaften: Honiggelb, durchsichtig. Je nach Sorte von hartelastisch und zäh bis gummielastisch. Gute Haftfähigkeit. Beständig gegen schwache Säuren, Laugen, Salzlösungen und viele Lösungsmittel, schäumbar.

Verwendung: Hart-PUR: Lagerschalen, Zahnräder, Rollen.
Mittelhartes PUR: Zahnriemen, Puffer, Stoßfänger **(Bild 3)**.
Weich-PUR: Dichtungen, Kabelummantelungen.
PUR-Schaumstoff: Polster, Fugenfüllmasse.
Polyurethan kann zudem als Lack (DD-Lack) sowie als Gießharz und Klebstoff verwendet werden.

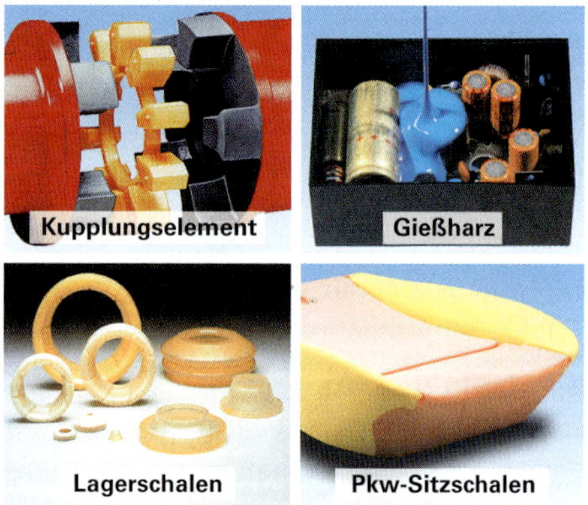

Bild 3: Anwendung von Polyurethanharzen

3.7.4 Elastomere

Elastomere sind gummielastische Kunststoffe, in der Umgangssprache als **Gummi** bezeichnet. Der weitaus häufigste Elastomer ist der synthetisch hergestellte **Butadienkautschuk (Synthesekautschuk)**.

Synthesekautschuk

Eigenschaften: Gelb bis dunkelbraun, meistens mit Ruß schwarz eingefärbt. Je nach Herstellung hartgummielastisch bis weichgummielastisch. Schwingungs- und schalldämpfend, alterungsbeständig, abriebfest.

Verwendung: Fahrzeugreifen, Radialdichtungen, Manschetten, Schutzkappen, Gummifedern, Schläuche **(Bild 4)**.

Bild 4: Verwendung von Synthesekautschuk

3.8 Verbundwerkstoffe

Als Verbundwerkstoffe bezeichnet man Stoffe, die aus mehreren Einzelstoffen bestehen und zu einem neuen Werkstoff verbunden wurden.

Im Verbundwerkstoff sind die guten Eigenschaften mehrerer Einzelstoffe vereinigt. Die nachteiligen Eigenschaften der Einzelstoffe sind überdeckt. Bei den glasfaserverstärkten Kunststoffen z. B. ist die hohe Zugfestigkeit der Glasfasern mit der Zähigkeit der Kunststoffe kombiniert. Die Sprödigkeit der Glasfasern und die geringe Festigkeit der Kunststoffe sind überdeckt.

Nach der Form, der im Verbund zusammengefügten Stoffe, unterscheidet man verschiedene Verbundwerkstoffarten:

- faser- bzw. drahtverstärkte Verbundwerkstoffe
- teilchenverstärkte Verbundwerkstoffe
- Schichtverbundwerkstoffe

Häufig verwendete Verbundwerkstoffe sind:

Glasfaserverstärkte Kunststoffe (GFK)

Die glasfaserverstärkten Kunststoffe, kurz **GFK** genannt, bestehen aus Kunststoff (meistens Polyester- oder Epoxidharzen) und darin eingebetteten, hochreißfesten Glasfasern. GFK besitzen eine vergleichbar große Festigkeit wie Stähle (bis 1000 N/mm^2) bei der geringen Dichte von 1,8 kg/dm^3. Man fertigt daraus z.B. Zahnräder, Spezialwerkzeuge, Lkw-Blattfedern, Karosserieelemente, Flugzeug-Strukturteile, Rohrleitungen und Behälter **(Bild 1).**

Bild 1: Lkw-Motorhaube

Schleifkörper und Honsteine

Sie bestehen aus dem körnigen Schleifmittel (Edelkorund- oder Diamantteilchen) und einer Kunststoff-, Weichkeramik- oder Metallbindung **(Bild 2).** Bei diesen Verbundwerkstoffen übernehmen die sprödharten Schleifmittelkörner die Spanabnahme, während die Bindung dem Schleifkörper Zusammenhalt, Festigkeit und Zähigkeit verleiht.

Bild 2: Schleifkörper

Hartmetalle und oxidkeramische Schneidstoffe

Die Hartmetalle bestehen aus einem Gerüst aus mikroskopisch kleinen sprödharten Karbid-Pulverkörnern (Verstärkungsteilchen) und einer metallischen Bindung, meist aus Cobalt oder Nickel. Diese Kombination ergibt einen Verbundwerkstoff mit der Härte und Verschleißfestigkeit der Karbide und der Zähigkeit der Metallbindung.

Die oxidkeramischen Schneidstoffe bestehen aus Edelkorundteilchen (Al_2O_3) mit TiC- und ZrO_2-Bindung.

Aus Hartmetallen und oxidkeramischen Schneidstoffen werden spanabhebende Werkzeuge sowie Verschleißteile hergestellt **(Bild 3).**

Bild 3: Wendeschneidplatten

Plattierte Bleche

Sie bestehen aus einem billigen Grundwerkstoff, meist hochfestem, unlegiertem Stahl, auf den ein dünnes Blech eines rost- und säurebeständigen Werkstoffs aufgewalzt ist. Der Grundwerkstoff übernimmt die mechanischen Belastungen, während der aufplattierte Werkstoff gegen Korrosion schützt. Plattierte Bleche werden vor allem im chemischen Apparatebau eingesetzt **(Bild 4).**

Bild 4: Chemieapparat

Wiederholung und Vertiefung

1 Welche Eigenschaften haben die Kunststoffe?
2 Wie teilt man die Kunststoffe ein?
3 Was bedeuten die Kurznamen PVC, PA, PUR?
4 Welche Eigenschaften hat Silikonharz?
5 Was sind GFK?
6 Woraus bestehen die Hartmetalle?

3.9 Werkstoffprüfung

Die Werkstoffprüfung hat drei Aufgabenbereiche:

- **Bestimmung technologischer Eigenschaften** der Werkstoffe, wie z. B. der Festigkeit, der Härte und der Fertigungseignung. Dadurch erhält man Hinweise für die Verwendbarkeit der Werkstoffe.
- **Überprüfung fertiger Werkstücke,** z. B. auf Risse oder fehlerhafte Wärmebehandlung. Dadurch soll verhindert werden, dass fehlerhafte Werkstücke zum Einsatz kommen und Schadensfälle verursacht werden.
- **Ermittlung der Schadensursachen** bei Werkstücken, die zu Bruch gegangen sind **(Bild 1).** Dadurch werden geeignetere Werkstoffe ausgewählt und damit ähnliche Schäden in Zukunft vermieden.

Fragen an die Werkstoffprüfung:

- Wurde der richtige Werkstoff verwendet?
- Hatte der Werkstoff die vom Hersteller gewährleisteten technologischen Eigenschaften?
- Lagen Werkstofffehler vor?
- Wurde die vorgeschriebene Wärmebehandlung durchgeführt?
- Welchen Korrosionsbedingungen war das Bauteil ausgesetzt?

Bild 1: Gebrochene Hohlwelle und mögliche werkstoffbedingte Bruchursachen

3.9.1 Prüfung der Verarbeitungseigenschaften

Zur Prüfung der Eignung eines Werkstoffs oder eines Halbzeugs für eine bestimmte Anwendung oder ein Fertigungsverfahren dienen die technologischen Prüfungen **(Bild 2).**

Der **Biegeversuch** und **Faltversuch** dient dazu, das Umformvermögen von Stabmaterial und Schweißnähten zu prüfen (2a). Die Probe wird in einer Biegevorrichtung gebogen, bis ein Riss eintritt. Der Biegewinkel beim Auftreten des Risses wird gemessen und dient als Maßzahl. Tritt kein Riss auf, wird die Probe anschließend bis auf 180° gefaltet.

Der **Hin- und Herbiegeversuch** prüft die Eignung zum mehrmaligen Biegen von Blechen und Bändern aus Stahl (2b). Die Probe wird solange hin und her gebogen, bis ein Riss auftritt. Die Anzahl der Biegevorgänge dient als Maßzahl.

Der **Tiefungsversuch nach Erichsen** liefert Anhaltswerte über die Tiefziehfähigkeit von Blechen. Die Eindrücktiefe *IE* bis zum Anriss dient als Kennwert (2c).

Beim **Stauchversuch** wird die Warmstauchfähigkeit von Niet- und Schraubenwerkstoffen geprüft. Sie müssen ohne Riss bis auf $^1/_3$ der Ausgangshöhe stauchbar sein (2d).

Mit dem **Ausbreitversuch** wird die Schmiedbarkeit von Stählen geprüft (2e). Hierzu wird eine Flachprobe bei Rotglut mit der Finne eines Handhammers auf 1,5-fache Breite geschmiedet. Dabei darf kein Riss auftreten.

Die **Schweißnahtprüfung** dient zur Beurteilung von Schweißnähten (2f). Eine geschweißte Probe wird im Schraubstock oder mit Hammerschlägen bis zum Bruch der Schweißnaht gebogen. Beurteilt wird das Bruchgefüge und etwa vorhandene Schweißfehler.

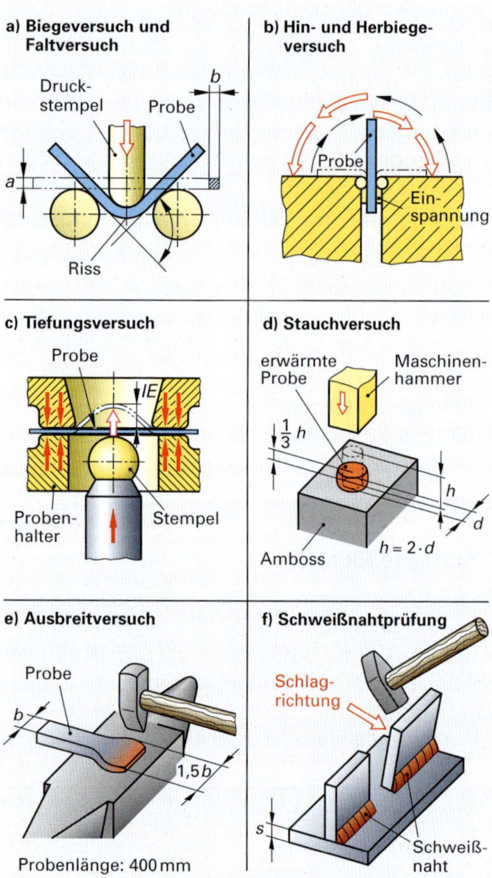

Bild 2: Technologische Prüfverfahren

3.9.2 Prüfung mechanischer Eigenschaften

Prüfverfahren mit schlagartiger, schnell aufgegebener oder wechselnder Belastung nennt man **dynamische Prüfungen**, wie z. B. den Kerbschlagbiegeversuch, die Dauerfestigkeitsprüfung und die Bauteil-Betriebslasten-Prüfung.

Wird die Belastung dagegen langsam aufgebracht oder konstant gehalten, so spricht man von **statischen Prüfungen**. Dazu gehören der Zugversuch, der Druckversuch, der Scherversuch sowie die Härteprüfungen.

Metall 34

3.9.2.1 Zugversuch

Der Zugversuch dient zur Bestimmung der mechanischen Kennwerte eines Werkstoffs bei Zugbeanspruchung. Er wird mit einer runden oder flachen Zugprobe durchgeführt (**Bild 1**, rechts oben). Bei runden Zugproben ist die Anfangsmesslänge L_0 fünfmal so groß wie ihr Durchmesser d_0.

Versuchsdurchführung

Der Zugversuch wird auf einer **Universalprüfmaschine** durchgeführt (Bild 1).

Die Zugprobe wird an den Einspannenden in den unteren und oberen Spannkopf der Prüfmaschine eingespannt. Dann wird die Prüfmaschine in Gang gesetzt: Das Joch mit dem unteren Spannkopf fährt langsam nach unten und belastet die Zugprobe mit einer langsam stetig wachsenden Zugkraft. Unter ihrer Wirkung verlängert sich die Zugprobe (**Bild 2**, oberer Bildteil). Bis zum Höchstwert der Zugkraft verlängert sich die Zugprobe ohne deutlich sichtbare Querschnittsveränderung. Dann schnürt sich die Zugprobe etwa in der Mitte ein, verlängert sich dort beträchtlich und zerreißt schließlich an dieser Stelle. Während des Einschnürens der Zugprobe sinkt die Zugkraft immer mehr ab. Beim Zerreißen fällt sie auf null.

Versuchsauswertung

Während des Zugversuchs wird mit Messeinrichtungen die auf die Zugprobe wirkende Zugkraft F und ihre Verlängerung ΔL fortlaufend gemessen. In der Auswerteeinheit der Prüfmaschine wird aus der Zugkraft F und dem Querschnitt S_0 der Zugprobe die **Zugspannung σ_z** ermittelt.

Mit der Verlängerung $\Delta L = L - L_0$ wird die **Dehnung ε** errechnet.

Zugspannung $\sigma_z = \frac{F}{S_0}$

Dehnung $\varepsilon = \frac{L - L_0}{L_0} \cdot 100\,\% = \frac{\Delta L}{L_0} \cdot 100\,\%$

Auf einem Monitor werden die beiden Größen σ_z und ε als Kurve im **Spannungs-Dehnungs-Diagramm** aufgezeichnet (**Bild 2**, unterer Bildteil).

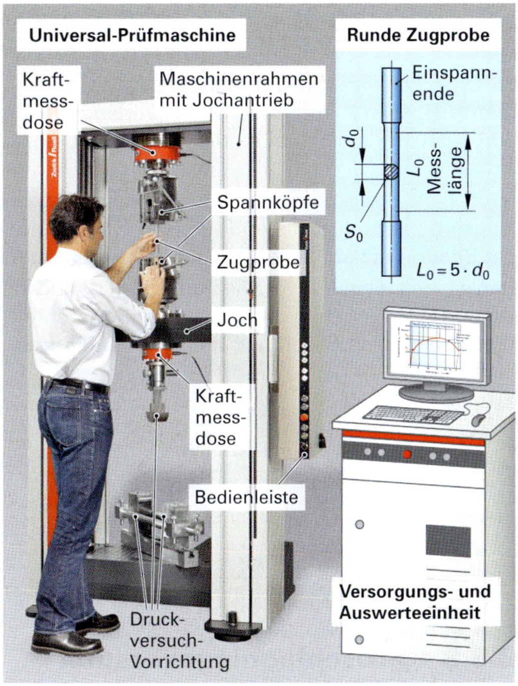

Bild 1: Zugversuch mit der Universalprüfmaschine

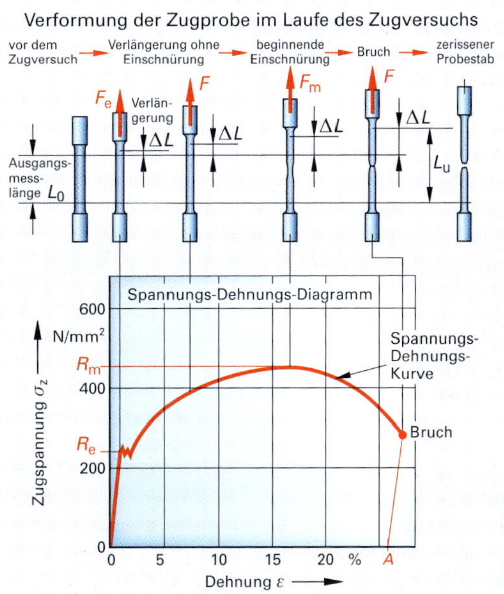

Bild 2: Verformung einer Zugprobe und Spannungs-Dehnungs-Diagramm eines Stahls mit ausgeprägter Streckgrenze (S235JR)

Kennwerte für Werkstoffe mit ausgeprägter Streckgrenze

Unlegierter Baustahl, z.B. S235JR (St 37-2), hat eine Spannungs-Dehnungs-Kurve mit **ausgeprägter Streckgrenze (Bild 2, vorherige Seite).** Bei ihm steigt die Spannung σ_z im Anfangsbereich proportional (in gleichem Maß) mit der Dehnung ε an. Deshalb ist die Kurve im Anfangsbereich eine Gerade.

Dieser proportionale Zusammenhang zwischen Spannung σ_z und Dehnung ε wird mit dem **Hooke'schen Gesetz** beschrieben (siehe rechts). Der Faktor ***E*** in der Gleichung heißt **Elastizitätsmodul** und ist ein Kennwert für die Steifigkeit eines Werkstoffs. Für Stähle ist $E = 210\,000$ N/mm².

Bei Erreichen einer bestimmten Spannung, man nennt sie **Streckgrenze R_e** (Bild 2, vorherige Seite), verlängert sich die Zugprobe erheblich bei gleichbleibender Zugkraft: Die Probe wird „gestreckt".

Nach dem Streckbereich steigt die Spannung in der Zugprobe langsam bis zum höchsten Punkt der Kurve. Diesen Höchstwert der Spannung bezeichnet man als **Zugfestigkeit R_m**.

Danach fällt die Kurve ab. Die Zugprobe schnürt sich immer mehr ein und zerreißt schließlich. Die bleibende Dehnung, die die Zugprobe nach dem Bruch hat, heißt **Bruchdehnung *A*** (Bild 2, vorherige Seite).

Berechnungsformeln	
Hooke'sches Gesetz	$\sigma_z = E \cdot \varepsilon$
Streckgrenze	$R_e = \frac{F_e}{S_0}$
Zugfestigkeit	$R_m = \frac{F_m}{S_0}$
Bruchdehnung	$A = \frac{L_u - L_0}{L_0} \cdot 100\,\%$

Beispiel: Eine runde Zugprobe mit dem Anfangsdurchmesser $d_0 = 8$ mm und einer Anfangsmesslänge $L_0 = 40$ mm wird in einem Zugversuch geprüft. Die Zugkraft bei der Streckgrenze beträgt $F_e = 11\,810$ N, die Höchstzugkraft $F_m = 18\,095$ N. Nach dem Bruch der Zugprobe wird eine bleibende Länge der Messlänge $L_u = 50{,}8$ mm gemessen. Wie groß sind a) die Streckgrenze, b) die Zugfestigkeit und c) die Bruchdehnung?

Lösung: $\boldsymbol{S_0} = \frac{\pi}{4} \cdot d^2 = \frac{\pi}{4} \cdot (8\text{ mm})^2 = \mathbf{50{,}265\ mm^2}$

a) $\boldsymbol{R_e} = \frac{F_e}{S_0} = \frac{11\,810\text{ N}}{50{,}265\text{ mm}^2} = \mathbf{235\ \frac{N}{mm^2}}$

b) $\boldsymbol{R_m} = \frac{F_m}{S_0} = \frac{18\,095\text{ N}}{50{,}265\text{ mm}^2} = \mathbf{360\ \frac{N}{mm^2}}$

c) $\boldsymbol{A} = \frac{L_u - L_0}{L_0} \cdot 100\,\% = \frac{50{,}8\text{ mm} - 40\text{ mm}}{40\text{ mm}} \cdot 100\,\% = \mathbf{27\,\%}$

3.9.3 Kerbschlagbiegeversuch

Beim Kerbschlagbiegeversuch nach Charpy wird eine genormte Probe mit U- oder V-förmiger Kerbe in einem Schlagwerk von einem herunterfallenden Pendelhammer getroffen **(Bild 3).** Er durchschlägt die Probe oder zieht sie verformt durch die Auflager.

Dabei wird ein Teil der anfänglich im Hammer gespeicherten potenziellen Energie verbraucht. Der Pendelhammer schwingt bis zum Umkehrpunkt weiter, der von einem Schleppzeiger am Anzeigegerät festgehalten wird. Die Bewegung des Hammers wird umso mehr abgebremst, je zäher der Probenwerkstoff ist.

Der Höhenunterschied von Ausgangsstellung und Umkehrpunkt ist ein Maß für die **verbrauchte Schlagarbeit W_v**. Sie kann am Anzeigegerät abgelesen werden und wird als Prüfergebnis in der Einheit Joule (J) angegeben.

Beispiel: **KU = 68 J** (Die verbrauchte **K**erbschlagarbeit beträgt 68 J, gemessen mit einer Normalprobe mit **U**-Kerbe.)

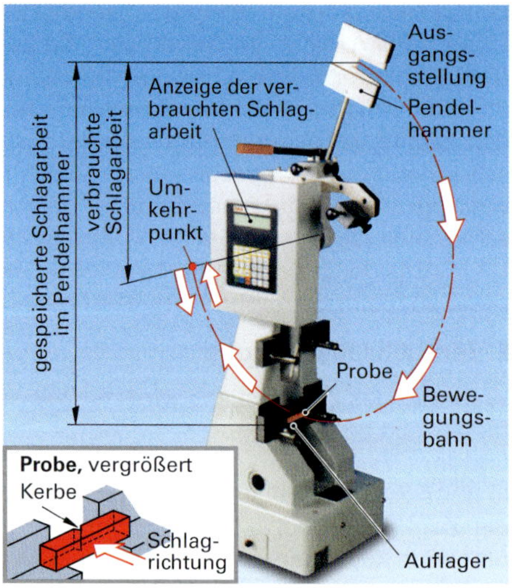

Bild 1: Kerbschlagbiegeversuch nach Charpy

Wiederholung und Vertiefung

1 Welche Werkstoffkennwerte liefert der Zugversuch eines Werkstoffs mit ausgeprägter Streckgrenze?

2 Was gibt die 0,2 %-Dehngrenze an?

3 Wie wird der Kerbschlagbiegeversuch durchgeführt?

4 Der Zugversuch an einer Zugprobe mit d_0 = 16 mm und L_0 = 80 mm liefert folgende Messwerte: Zugkraft bei der Streckgrenze $F_e = 55\,292$ N, Höchstzugkraft $F_m = 96\,510$ N, Messlänge nach dem Bruch $L_u = 96{,}8$ mm. Berechnen Sie: Streckgrenze, Zugfestigkeit, Bruchdehnung.

3.9.4 Härteprüfungen

Härte ist der Widerstand, den ein Werkstoff dem Eindringen eines Prüfkörpers entgegensetzt.

Härteprüfung nach Vickers

Bei der Härteprüfung nach Vickers wird die Spitze einer vierseitigen Pyramide aus Diamant mit einer Prüfkraft F in die Probe eingedrückt und die Diagonalen des entstandenen Pyramideneindrucks gemessen **(Bild 1)**.

Die Diagonale d bestimmt man durch Ausmessen der beiden Diagonalen d_1 und d_2 des Eindrucks (Bild 1) und Bildung des Mittelwertes: $d = (d_1 + d_2)/2$.

Die **Vickershärte** errechnet sich aus der Prüfkraft F (in N) und der Pyramideneindruckdiagonalen d (in mm) nach nebenstehender Formel:

$$\mathbf{HV = 0{,}189 \cdot \frac{F}{d^2}}$$

Beispiel: Ein Pyramideneindruck mit d = 0,47 mm bei einer Prüfkraft F von 490,3 N ergibt: $\textbf{HV 50} = 0{,}189 \cdot \frac{490{,}3}{0{,}47^2} = \mathbf{419}$

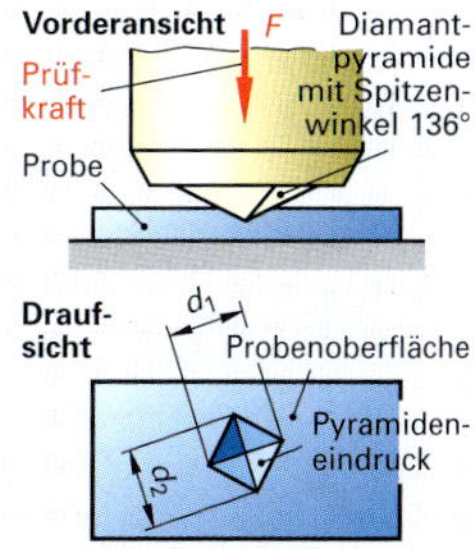

Bild 1: Härteprüfung nach Vickers

Versuchsdurchführung. Die Härteprüfung wird meist mit einer Universal-Härteprüfmaschine durchgeführt **(Bild 2)**. Sie hat einen Werkzeugrevolver mit den verschiedenen Eindrückkörpern und Objektiven. Der Eindrückkörper, z. B. bei der Vickers-Härteprüfung eine Diamantpyramide, wird mit der Prüfkraft in die Probe eingedrückt. Nach 10 bis 15 Sekunden wird der Eindrückkörper zur Seite geschwenkt. Dadurch gelangt ein Objektiv über den entstandenen Eindruck, der erfasst und auf einem Monitor abgebildet wird. Dort wird er mit einer virtuellen Messschiene ausgemessen. Daraus werden die Härtewerte geräteintern berechnet und angezeigt.

Für den **Makrobereich** werden Prüfkräfte von 49,03 N (HV 5) bis 980,7 N (HV 100) eingesetzt.

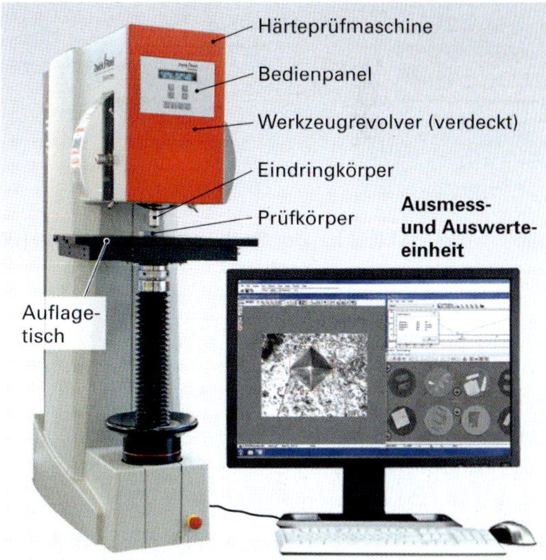

Bild 2: Universal-Härteprüfmaschine mit Auswerte-Computer

Bei der Vickers-Härteprüfung gibt es nur einen Eindringkörper, mit dem sowohl weiche als auch harte Werkstoffe geprüft werden.

Kurzzeichen. Die Vickershärte wird mit einem Kurzzeichen angegeben. Es besteht aus dem Härtewert, den Kennbuchstaben HV sowie den Prüfbedingungen (Beispiel rechts).

Beträgt die Einwirkdauer 10 bis 15 Sekunden, so wird diese Angabe im Kurzzeichen weggelassen, also z. B. 360 HV 50.

Für weiche und mittelharte Werkstoffe (bis 350 HV) ergeben die Vickers- und Brinell-Härteprüfung gleiche Zahlenwerte. Bei härteren Werkstoffen weichen die Werte voneinander ab.

Beispiel einer Härteangabe nach Vickers

210 HV 50 / 30

- 210: Härtewert
- HV: Härte nach Vickers
- 50: Prüfkraft $F = 50 \cdot 9{,}81$ N = 490,3 N
- 30: Einwirkdauer in Sekunden

Kleinlast- und Mikrohärteprüfung nach Vickers. Soll der Prüfkörper-Eindruck möglichst klein sein, dann verwendet man Kleinlast-Härteprüfgeräte. Die Prüfkräfte betragen bei der Kleinlasthärteprüfung 2 N bis 50 N (HV 0,2 bis HV 5) und ergeben Eindrücke, die mit einem Mikroskop ausgemessen werden, das am Gerät angebaut ist. Die Kleinlasthärteprüfung wird zur Prüfung dünner Härteschichten und bei fertigen Werkstücken angewandt. Für die Vickershärteprüfung im **Mikrobereich**, z. B. an einzelnen Gefügekörnern, werden Prüfkräfte von weniger als 2 N eingesetzt.

Härteprüfung nach Knoop. Sie wird ähnlich der Vickershärteprüfung durchgeführt und dient zur Prüfung sprödharter Werkstoffe, z. B. von Keramiken. Der Prüfkörper ist eine rhombische Diamantpyramide.

Härteprüfung nach Rockwell

Eine Härteprüfung nach Rockwell besteht aus vier Arbeitsschritten **(Bild 1)**. Sie werden von der Härteprüfmaschine automatisch durchgeführt und ausgewertet.

Ein Prüfkörper wird zunächst mit einer Prüfvorkraft (z. B. 98 N) in die Probe gedrückt ① und dann die Eindringtiefe auf 0 gestellt ②. Danach wird die eigentliche Prüfkraft (z. B. 1373 N beim HRC-Verfahren) aufgegeben ③ und nach kurzer Zeit wieder weggenommen. Die bleibende Eindringtiefe *h* des Prüfkörpers in die Probe wird auf dem Display direkt als Rockwellhärtewert angezeigt ④.

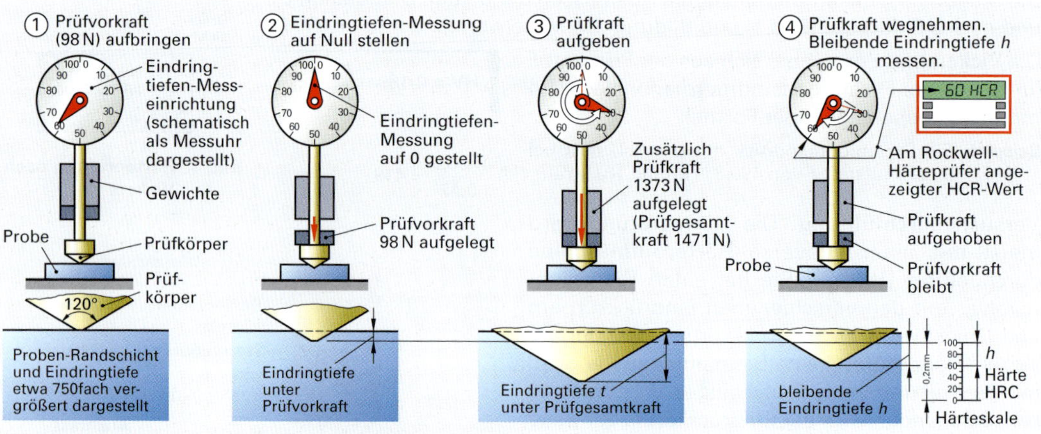

Bild 1: Arbeitsablauf bei der Rockwell-Härteprüfung (HRC) und Eindringtiefen in der Probe

Für harte Werkstoffe verwendet man als Prüfkörper einen Diamantkegel mit einem Spitzenwinkel von 120° (z. B. beim HRC- und HRA-Verfahren).

Weiche Werkstoffe werden mit einer Hartmetallkugel von 1,59 mm oder 3,175 mm Durchmesser geprüft (z. B. beim HRB- und HRF-Verfahren).

Um verschieden harte Werkstoffe prüfen zu können, werden unterschiedliche Prüfkräfte eingesetzt.

Beispiele: HRA: $F = 490{,}3$ N, HRB: $F = 882{,}6$ N, HRC: $F = 1373$ N.

Kurzzeichen. Das Kurzzeichen der Rockwellhärte besteht aus dem Härtewert und dem Zeichen für das angewandte Verfahren (siehe Beispiel).

Beispiel einer Härteangabe nach Rockwell

56 HRC

Härtewert — Härte nach Rockwell C

Mit den verschiedenen Rockwell-Härteprüfverfahren können weiche und harte Werkstoffe geprüft werden.

Härteprüfung nach Brinell

Bei der Härteprüfung nach Brinell wird eine Kugel aus Hartmetall mit einer Prüfkraft in die Probe eingedrückt und der Durchmesser des entstandenen Kugeleindrucks ermittelt **(Bild 2)**.

Die **Brinellhärte** wird aus der Prüfkraft *F* (in N) und der Oberfläche des Kugeleindrucks in der Probe berechnet. In der Praxis wird der Brinell-Härtewert mit der Prüfkraft *F* und dem Eindruckdurchmesser *d* des Monitorbildes geräteintern berechnet und auf dem Monitor angezeigt **(Bild 2, Seite 203)**.

Die Prüfkraft wird an der Universal-Härteprüfmaschine eingestellt, der Kugeleindruckdurchmesser *d* wird durch Mittelwertbildung aus d_1 und d_2 (Bild 1) berechnet: $d = \frac{d_1 + d_2}{2}$

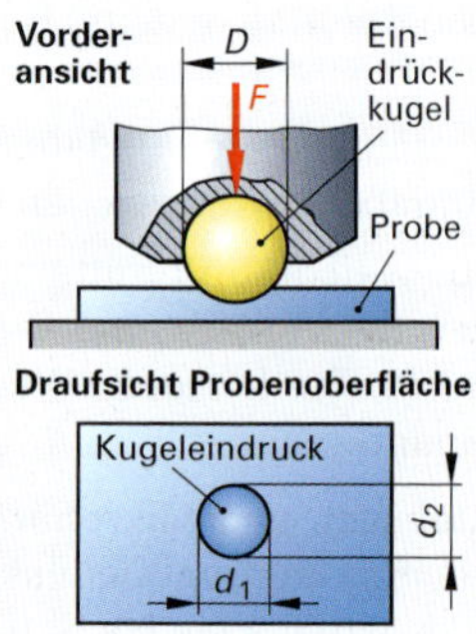

Bild 2: Härteprüfung nach Brinell

Beispiel: Bei einer Brinell-Härteprüfung mit einer Prüfkugel von $D = 2{,}5$ mm und einer Prüfkraft von $F = 1839$ N wird ein mittlerer Eindruckdurchmesser von $d = 1{,}35$ mm ermittelt. Die Auswerteeinheit der Härteprüfmaschine errechnet damit einen Brinellhärtewert von 121 HBW.

3.10 Umweltproblematik der Werk- und Hilfsstoffe

Auswahl der Werk- und Hilfsstoffe

Bei der Auswahl der Werk- und Hilfsstoffe sind nicht nur die physikalischen, werkstofftechnischen und fertigungstechnischen Eigenschaften zu berücksichtigen. Immer wichtiger werden die Eigenschaften, die den Umweltschutz und die Gesundheitsverträglichkeit betreffen.

Es sollten nur Werk- und Hilfsstoffe eingesetzt werden, die nicht gesundheitsschädlich sind und die ohne Schädigung der Umwelt zu erzeugen, zu verarbeiten und zu entsorgen sind.

Zu berücksichtigen ist bei der Bewertung eines Werkstoffs die Gesamtheit der umweltbelastenden Faktoren. Dies beginnt bei der Erzeugung des Werkstoffs und umfasst vor allem seine Recyclingfähigkeit.

Energieverbrauch und Umweltbelastung bei der Herstellung

Energieverbrauch. Zur Erzeugung der Werkstoffe aus den natürlichen Rohstoffen (Primärerzeugung) ist ein hoher Energieaufwand erforderlich **(Tabelle 1)**.

Eisenwerkstoffe und Kunststoffe zeigen hier deutliche Vorteile gegenüber Aluminium und Kupfer.

Sehr günstig ist der Energieverbrauch bei der Gewinnung der Metalle aus Metallschrott (Recyclingmaterial).

Metallschrott wird deshalb überwiegend recycelt, bei den Kunststoffen sucht man nach geeigneten Technologien.

Tabelle 1: Energieverbrauch in kWh zur Erzeugung von 1 t Werkstoff

Werkstoffe	Primär-erzeugung	Recycling-gewinnung
Eisen/Stahl	4300	1670
Aluminium	16000	2000
Kupfer	13500	1739
Polyethylen (PE)	3500	–
Polyvinylchlorid (PVC)	4000	–

Umweltbelastung. Bei der Erzeugung der Metalle entstehen durch Stäube und Abgase starke Umweltbelastungen. Durch aufwendige Abgasreinigungsanlagen können sie auf ein erträgliches Maß gesenkt werden.

Bei den Kunststoffen gibt es bezüglich der Umweltverträglichkeit große Unterschiede. Während z. B. die Herstellung von Polyethylen unproblematisch ist, müssen bei der PVC-Produktion durch den Chloranteil der Ausgangsstoffe und die Giftigkeit der Zwischenprodukte umfangreiche Umweltschutzmaßnahmen getroffen werden. Dasselbe gilt für die Verbrennung von PVC-Abfällen.

Recycling der Metalle

Bei den meisten Fertigungsverfahren fallen Werkstoffabfälle an, z. B. Späne, Stanzreste, Gießereiabfälle und Ausschußteile **(Bild 1)**. Auch die Produkte der metallverarbeitenden Fertigung, die Maschinen, Pkw, Haushaltsgeräte usw. landen nach ihrer Nutzung auf dem Schrottplatz und müssen entsorgt werden.

Diese Abfälle und Altgeräte sind eine wertvolle Rohstoffquelle und werden in den Stoffkreislauf rückgeführt. Sie müssen entweder sortenrein gesammelt oder sortenrein getrennt werden.

Bei den Metallen wird das Recycling schon lange praktiziert. Eisen- und Stahlwerkstoffe werden annähernd 100% wiederverwertet. Bei Kupfer- und Aluminiumwerkstoffen liegt die Recyclingquote bei etwa 85%.

Bild 1: Sortenreines Sammeln von Metallabfällen

3.11 Practise your English

Classification of materials

To provide an overview of the variety of materials, they are classified in material groups according to their composition or common properties **(Figure)**.

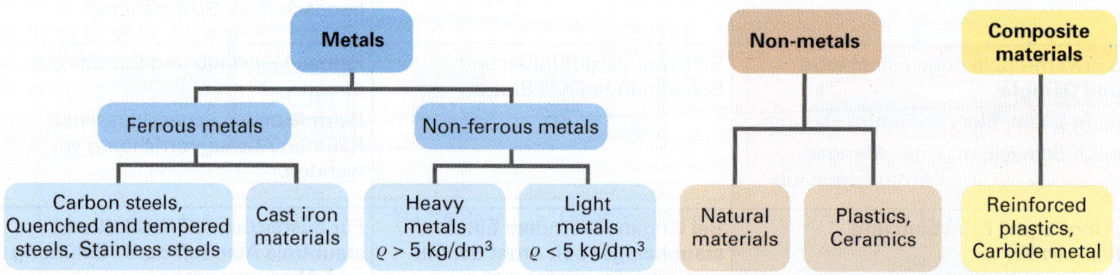

Steels are iron-based materials with a high strength. They are used mainly for machine parts to withstand and transfer forces: e.g. screws, bolts, gears, profiles, shafts. There are approximately 2000 standardized steels. Most commonly used steel grades are alloy steels, quenched and tempered steels and stainless steels.

Cast iron materials are easy to cast. They are poured into a mold to make complex components, for example housings, or cylinder blocks.

Heavy metals are for example copper, zinc, chromium, nickel, lead. They are usually used due to special material properties:

Copper, for example, has good electrical conductivity for winding wires.

Chromium and nickel are alloying elements used, for example in order to achieve and improve certain steel properties.

Light metals are aluminium, magnesium and titanium. They are lightweight materials with a high strength. Their main area of application are lightweight components in cars and airplanes, etc.

Natural materials are naturally occurring substances such as granite, marble or wood.

Plastics are lightweight and electrically insulating. The hardness varies from rubbery to extremely rigid. Their use is extremely versatile and ranges from materials for tires to components of small gears.

Industrial ceramic materials are used mainly because of their hardness and resistance to wear. Uses include cutting inserts, nozzles and seal rings.

Composites contain several materials, such as glass-reinforced plastics or metals from carbide powder and cobalt.

Important properties of materials

The **hardness** of a material is defined as the resistance of a material to withstand the force of a specimen

The **density** ϱ of a material is calculated from the mass m of a component divided by its volume V.

$$\varrho = \frac{m}{V}$$

The **melting point** ϑ_m is the temperature of a material when it begins to melt or become liquid.

Corrosion is the attack and destruction of metallic materials by chemical and electrochemical reactions from other materials or elements in the environment.

The **thermal expansion coefficient** α is the change in length Δl of a part with the length of 1 m at temperature change of $\Delta\vartheta = 1\,°C$.

The **tensile strength** R_m is the material's resistance to tension. It is calculated by the highest existing force F_m divided by the cross section of a component S_0.

$$R_m = \frac{F_m}{S_0}$$

The **yield strength** R_e is the stress at which a material deforms permanently.

$$R_e = \frac{F_e}{S_0}$$

Elongation at fracture means the quotient of the compressed length ΔL_{Br} and the initial length L_0, which a probe has to withstand till it fractures. It is normally written as a percentage.

$$El = \frac{\Delta L_{Br}}{L_0} \cdot 100\,\%$$

4 Maschinentechnik

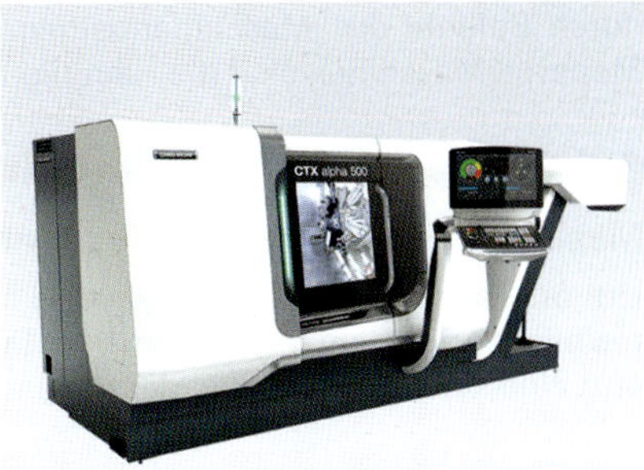

5 Instandhaltung

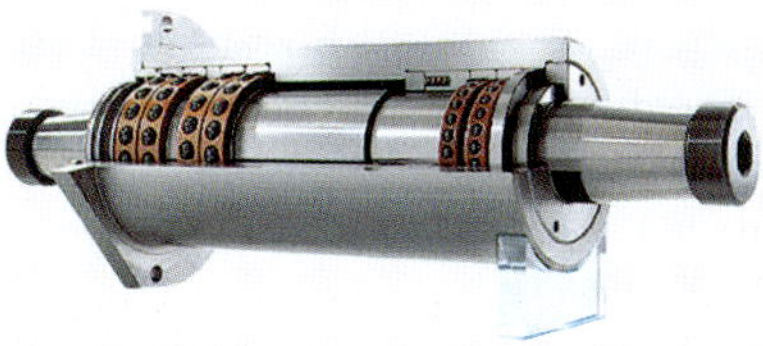

4 Maschinentechnik

Maschinen unterstützen den Menschen bei seiner Arbeit. Sie führen Fertigungsschritte aus, entweder durch Befehle des Maschinenbedieners oder automatisch gesteuert nach Programmanweisungen. Moderne Maschinen sind die Hauptvoraussetzung, um die Produktivität einer Fertigung zu erhöhen.

4.1 Einteilung der Maschinen

Maschinen als technische Systeme

Um die Funktion und Wirkungsweise einer Maschine zu erkennen, kann man sie verallgemeinernd als **technisches System** betrachten, dem Energie, Stoffe oder Informationen zugeführt werden. Sie erfahren dort eine Umsetzung und verlassen danach die Maschine wieder **(Bild 1)**.

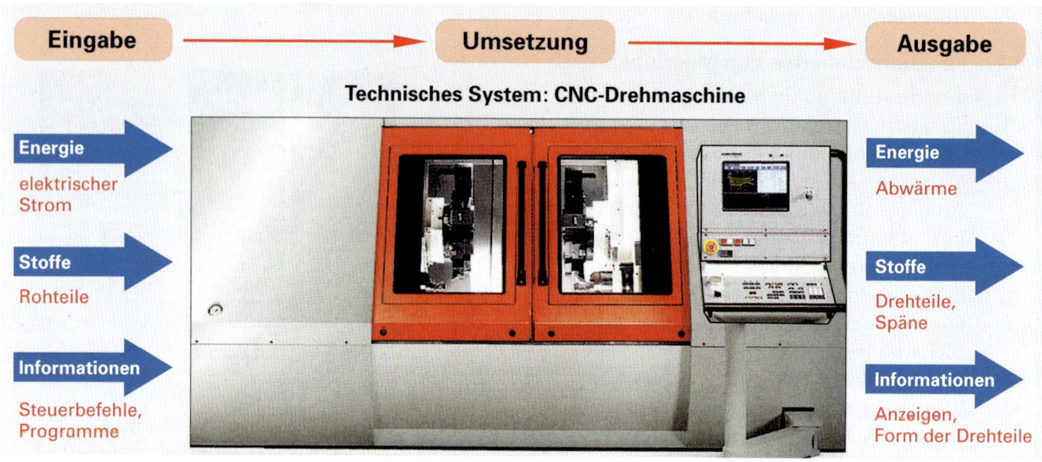

Bild 1: Die Maschine als technisches System am Beispiel einer CNC-Drehmaschine

Nach der systemtechnischen Betrachtungsweise kann man die Maschinen entsprechend ihrer Hauptfunktion in drei Maschinenarten unterteilen:

- Energieumsetzende Maschinen: **Kraftmaschinen**
- Stoffumsetzende Maschinen: **Arbeitsmaschinen**
- Informationsumsetzende Maschinen: **EDV-Anlagen**

4.1.1 Kraftmaschinen

Kraftmaschinen sind in ihrer **Hauptfunktion** Maschinen zur **Energieumwandlung**. In ihnen wird eine zugeführte Energie in eine für einen bestimmten Verwendungszweck erforderliche Energieform umgewandelt.

Beispiel: Der Pkw-Motor ist eine Kraftmaschine. In ihm wird die im Kraftstoff gespeicherte chemische Energie in die für den Antrieb des Pkws benötigte Bewegungsenergie umgesetzt.

Mithilfe eines **Energieflusses** kann dies anschaulich dargestellt werden **(Bild 2)**. Die Energie wird der Kraftmaschine zugeführt. Nach der Umsetzung steht sie als nutzbare Energie zur Verfügung.

Nebenfunktionen sind bei Kraftmaschinen:

- Der **Stofffluss,** z.B. das Eintreten des Kraftstoffs in den Motor und das Austreten der Verbrennungsgase.
- Der **Informationsfluss,** d.h. die Ein- und Ausgabe von Signalen.

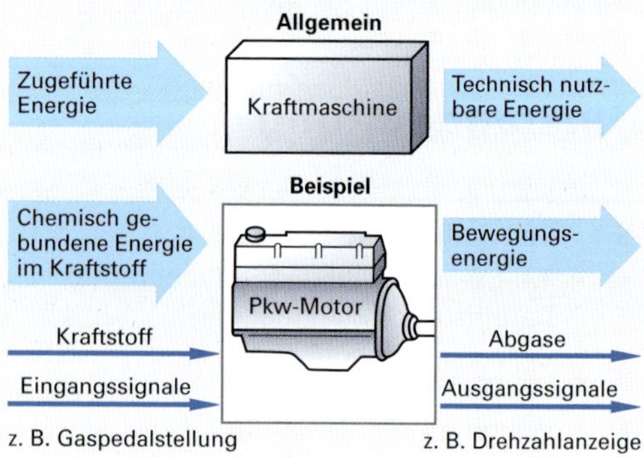

Bild 2: Das technische System Kraftmaschine am Beispiel eines Pkw-Motors

4.1.1.1 Physikalische Grundlagen der Kraftmaschinen

Um die Wirkung und die Qualität von Kraftmaschinen zu beschreiben, benötigt man Begriffe aus der Physik, wie z. B. Arbeit, Energie, Leistung, Wirkungsgrad.

Arbeit

> Als Arbeit W bezeichnet man bei Bewegungsvorgängen das Produkt aus der Kraft F und dem Weg s: $W = F \cdot s$

Die Einheit der Arbeit ist das **Joule** (Einheitenzeichen **J**).

Die Arbeit 1 J wird verrichtet, wenn eine Kraft von 1 N auf der Strecke von 1 m wirkt: **1 J = 1 Nm**

Hubarbeit wird z. B. verrichtet, wenn ein Werkstück hochgehoben wird **(Bild 1)**. Im hochgehobenen Werkstück ist die Hubarbeit gespeichert.

Beispiel: Ein Werkstück von $m = 4{,}5$ kg wird mit der Hubkraft $F = 44{,}15$ N auf eine Höhe von 2,4 m gehoben. Wie groß ist die Hubarbeit?

Lösung: $W = F \cdot s = 44{,}15\ \text{N} \cdot 2{,}4\ \text{m} = \mathbf{105{,}96\ Nm}$

Auch beim Zerspanen von Werkstoff oder beim Beschleunigen eines Pkws wird Arbeit verrichtet.

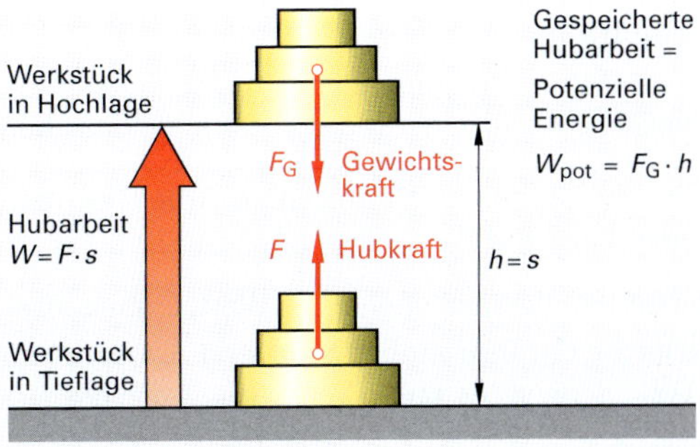

Bild 1: Arbeit und Energie

Arbeit	$W = F \cdot s$
Potenzielle Energie	$W_{pot} = F_G \cdot h$ $W_{pot} = m \cdot g \cdot h$
Erdbeschleunigung	$g = 9{,}81\,\frac{\text{m}}{\text{s}^2} = 9{,}81\,\frac{\text{N}}{\text{kg}}$; $1\ \text{N} = 1\,\frac{\text{kg} \cdot \text{m}}{\text{s}^2}$
Kinetische Energie	$W_{kin} = \frac{1}{2} \cdot m \cdot v^2$

Energie

Die in einem Körper gespeicherte Arbeit bzw. seine Fähigkeit, Arbeit zu verrichten, bezeichnet man als **Energie**.

Die Einheit der Energie ist das **Joule (J)**. Energie kommt in verschiedenen **Energieformen** vor:

- **Potenzielle Energie W_{pot}** (Energie der Lage) ist z. B. die gespeicherte Hubarbeit in einem hochgehobenen Werkstück. Sie berechnet sich aus der Gewichtskraft F_G des Werkstücks und der Hubhöhe h.
  Die **Gewichtskraft F_G** des Körpers ermittelt man aus der Masse m des Körpers und der Erdbeschleunigung g zu: $F_G = m \cdot g$. Die Erdbeschleunigung g beträgt $g = 9{,}81\ \text{m/s}^2$.
- **Kinetische Energie W_{kin}** (Bewegungsenergie) ist die Energie, die in bewegten Körpern steckt. Sie hängt von der Masse m des Körpers und seiner Geschwindigkeit v ab.
- **Wärmeenergie** steckt in erwärmten Körpern, z. B. in einem heißen Gas, das eine Turbine antreibt.
- **Elektrische Energie** kann aus dem Leitungsnetz entnommen werden und einen Elektromotor antreiben.
- **Chemische Energie** ist in chemischen Verbindungen gespeichert. Sie wird frei, wenn die chemische Verbindung aufgebrochen wird. Dies ist z. B. beim Verbrennen eines Kraftstoffs der Fall.

Energieumwandlung. Die verschiedenen Energieformen können ineinander umgewandelt werden. Im Elektromotor wird z. B. die zugeführte elektrische Energie in die Bewegungsenergie der Motorwelle und in Wärmeenergie umgewandelt **(Bild 2)**.

Für die Energie gilt der folgende **Energieerhaltungssatz**.

> Energie lässt sich nicht erzeugen und nicht vernichten. Sie kann nur von einer Energieform in eine andere umgewandelt werden.

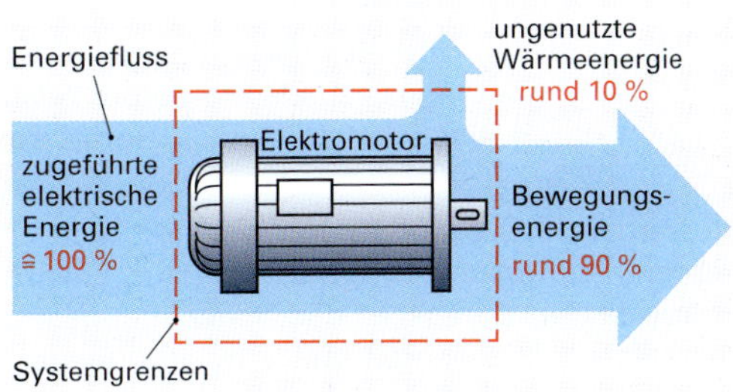

Bild 2: Energiefluss beim Elektromotor

Energiebilanz. In der Technik wird zur Beurteilung der Leistungsfähigkeit einer Maschine die zugeführte Energie mit der abgegebenen Energie verglichen. Dazu zieht man eine gedachte Grenze um ein technisches System und betrachtet die in das System eintretenden und aus dem System austretenden Energien (**Bild 2, vorherige Seite**). Üblicherweise drückt man die Energien in Bilanzbetrachtungen in Prozent aus.

Leistung

Um Maschinen miteinander vergleichen zu können, wird die umgesetzte Energie bzw. die geleistete mechanische Arbeit einer Maschine auf die dazu benötigte Zeit bezogen.

Die pro Zeiteinheit t geleistete Arbeit W nennt man **Leistung P.**

Leistung $P = \frac{W}{t} = \frac{F \cdot s}{t} = F \cdot v$

Die Einheit der Leistung ist das **Watt**, Einheitenzeichen **W**; benannt nach dem engl. Physiker James Watt.

Vielfache der Basiseinheit Watt sind: Kilowatt (kW), Megawatt (MW) und Gigawatt (GW).

1 kW = 1000 W; 1 MW = 1000 kW = 1 000 000 W; 1 GW = 1000 MW = 1 000 000 kW

Beispiel: Eine Werkzeugmaschine mit einer Gewichtskraft F_G = 15 400 N wird von einem Elektrohebezeug innerhalb 12 Sekunden um 1,8 m angehoben. Wie groß ist die dabei aufgebrachte Leistung des Hebezeugs?

Lösung: $\mathbf{P} = \frac{F_G \cdot h}{t} = \frac{15400\ \text{N} \cdot 1{,}8\ \text{m}}{12\ \text{s}} = 2310 \frac{\text{N} \cdot \text{m}}{\text{s}} = 2310\ \text{W} = \mathbf{2{,}31\ kW}$

Wirkungsgrad

Bei Maschinen und Geräten kann nur ein Teil der zugeführten Leistung in technisch nutzbare Leistung umgesetzt werden. Der andere Teil der Leistung wird z. B. bei Maschinen mit bewegten Teilen in Reibungswärme umgewandelt oder geht bei Wärmekraftmaschinen und elektrischen Maschinen als Abwärme verloren. Sie kann technisch meistens nicht genutzt werden.

Das Verhältnis der technisch nutzbaren Leistung P_2 zur zugeführten Leistung P_1 wird als Wirkungsgrad η bezeichnet.

Wirkungsgrad $\eta = \frac{P_2}{P_1}$

Der Wirkungsgrad wird entweder als Dezimalzahl oder als Prozentzahl angegeben, z. B. η = 0,85 bzw. η = 85 %. Der Wirkungsgrad ist immer kleiner als 1 bzw. kleiner als 100 %, da die technisch nutzbare Leistung P_2 aufgrund der Verluste immer kleiner ist als die zugeführte Leistung P_1.

Beispiel: Einem Zahnradgetriebe wird von einem Elektromotor eine Eingangsleistung von 12 kW zugeführt. An der Abtriebswelle des Getriebes werden 10,8 kW Leistung an ein Hebezeug abgegeben. Wie groß ist der Wirkungsgrad des Getriebes?

Lösung: $\boldsymbol{\eta} = \frac{P_2}{P_1} = \frac{10{,}8\ \text{kW}}{12\ \text{kW}} = \mathbf{0{,}90} = \mathbf{90\,\%}$

4.1.1.2 Arten von Kraftmaschinen

Elektromotore sind die am häufigsten eingesetzten stationären Kraftmaschinen im industriellen Bereich **(Bild 1).** Sie dienen z. B. als Antriebseinheit für Werkzeugmaschinen, Hebezeuge, Transportsysteme, Pumpen, Verdichter.

In Elektromotoren wird elektrische Energie in Bewegungsenergie umgesetzt. Elektromotore zeichnen sich durch einen hohen Wirkungsgrad aus (η = 70 ... 95 %).

Sie werden in Baugrößen von wenigen Watt bis mehreren zehntausend Kilowatt gebaut. Elektromotore laufen geräusch- und schwingungsarm, sind sofort betriebsbereit und kurzzeitig überlastbar. Außerdem sind sie umweltfreundlich, da sie keine Abgase erzeugen.

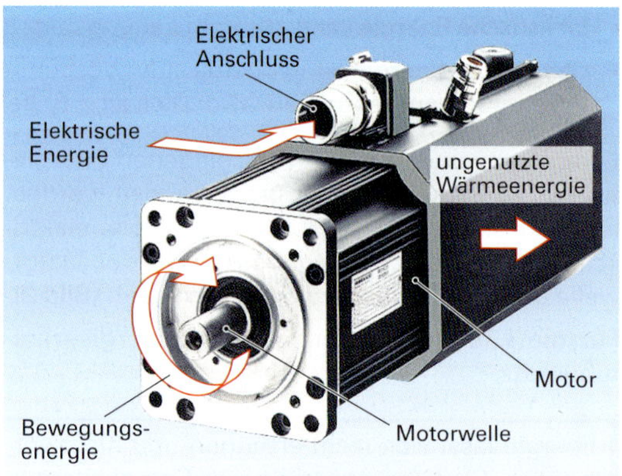

Bild 1: Energieumwandlung beim Elektromotor

Verbrennungskraftmaschinen sind Maschinen, in denen die in einem Kraftstoff gespeicherte chemische Energie durch Verbrennen zuerst in Wärmeenergie und dann durch thermodynamische Umsetzung (Wärme-Kraft-Umsetzung) in Bewegungsenergie umgewandelt wird. Verbrennungskraftmaschinen sind z. B. die Gasturbine, der Dieselmotor und der Ottomotor **(Bild 1)**. Sie sind die bevorzugten Antriebseinheiten für nichtstationäre Maschinen, wie z. B. Kraftfahrzeuge oder Baumaschinen. Ihr Wirkungsgrad beträgt 30 % bis 40 %.

Eine moderne Anwendung von Verbrennungskraftmaschinen ist ihr Einsatz als Mini-Kraftwerk durch die **Kraft-Wärme-Kopplung**. Hierbei treibt ein Dieselmotor einen Generator an und erzeugt Strom. Die Abwärme des Dieselmotors wird zur Gebäudeheizung genutzt. Der Gesamtwirkungsgrad einer solchen Anlage beträgt bis zu 90 %.

Hydraulische Kraftmaschinen sind z. B. Wasserkraftmaschinen sowie Hydromotore und Hydrozylinder **(Bild 2)**. In hydraulischen Kraftmaschinen wird die Strömungs- und Druckenergie von Flüssigkeiten in mechanische Energie bewegter Bauteile umgesetzt. Wasserkraftmaschinen treiben z. B. den Läufer von Stromgeneratoren an. Hydromotore erzeugen eine Drehbewegung, Hydrozylinder eine geradlinige Bewegung. Durch den hohen Druck in hydraulischen Bauelementen können auf kleinem Raum sehr große Kräfte erzeugt werden. Sie dienen zur Bewegung von Maschinenteilen.

Pneumatische Kraftmaschinen sind z. B. Windkraftmaschinen, Pneumatikzylinder von Steuerungen oder Druckluftmotoren in Druckluft-Schraubern **(Bild 3)**. In ihnen wird die Strömungs- und Druckenergie von bewegter oder unter Druck stehender Luft in mechanische Bewegungsenergie umgewandelt.
Häufige Anwendungen für pneumatische Kraftmaschinen sind der Druckluft-Schlagschrauber sowie druckluftbetriebene Zylinder und Motore in Werkzeugmaschinen und Steuerungen.

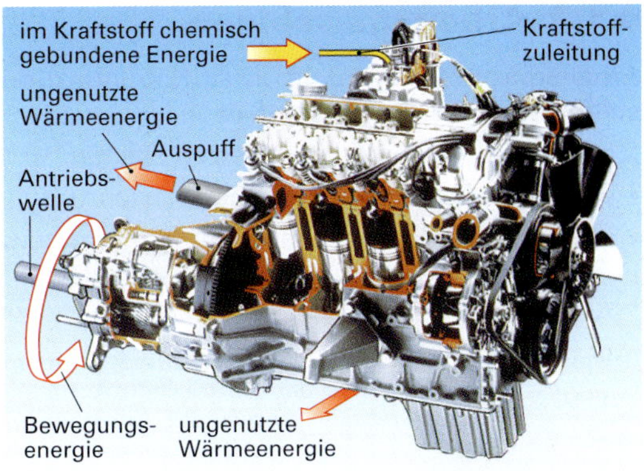

Bild 1: Energieumwandlung beim Ottomotor

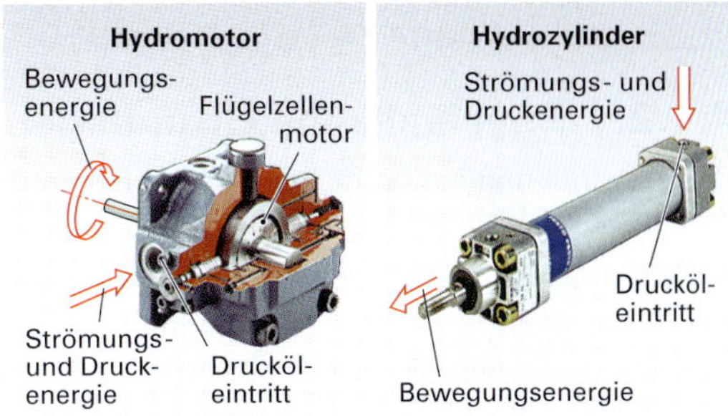

Bild 2: Energieumwandlung bei hydraulischen Kraftmaschinen

Bild 3: Energieumwandlung beim Druckluft-Schrauber

Wiederholung und Vertiefung

1 Welche Hauptfunktionen haben Kraftmaschinen bzw. Arbeitsmaschinen?
2 Erläutern Sie mit einer Handskizze den Energiefluss bei einem Verbrennungsmotor.
3 Mit welcher physikalischen Größe kann man das Arbeitsvermögen von Maschinen beschreiben?
4 Was versteht man unter dem Wirkungsgrad einer Maschine?
5 Mit welcher Energie prallt ein Gesenkschmiedehammer auf ein Schmiedestück, wenn der Hammer ($m = 1{,}2$ t) aus 0,8 m Höhe auf das Schmiedestück fällt?
6 Der Elektromotor eines Hebezeugs entnimmt während des Betriebs aus dem Leitungsnetz eine Leistung von 8,4 kW. Der Motor und das Hebezeuggetriebe haben insgesamt einen Wirkungsgrad von 82 %. Welche Last kann das Hebezeug in 20 Sekunden auf eine Höhe von 4 m anheben?

4.1.2 Arbeitsmaschinen

Arbeitsmaschinen sind in ihrer Hauptfunktion stoffumsetzende Maschinen **(Bild 1)**.

Mit ihnen werden Stoffe mithilfe von Energie

- von Ort zu Ort transportiert (Stofftransport)
- in eine andere Form gebracht (Stoffumformung)
- in einen anderen Energiezustand versetzt (Stoffzustandsänderung)

Beispiele: Auf einer Drehmaschine werden aus Stangenmaterial mithilfe der elektrischen Antriebsenergie Drehteile hergestellt (Stoffumformung).

Mit Pumpen und Hebezeugen werden Stoffe transportiert (Stofftransport).

Mit Glühöfen wird das Gefüge von Werkstoffen verändert (Änderung des Stoffzustandes).

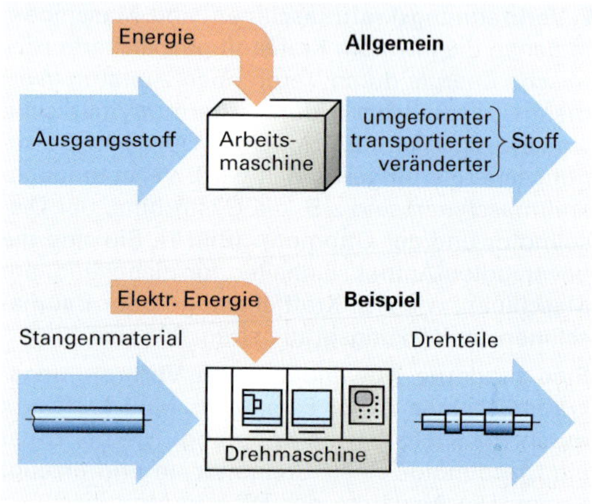

Bild 1: Die Arbeitsmaschine als technisches System

4.1.2.1 Physikalische Grundlagen der Arbeitsmaschinen

Zur Beschreibung der Stoffe, der Stoffgrößen und des Stofftransports in einer Arbeitsmaschine benötigt man physikalische Größen.

Die **Masse *m*** eines Stoffs wird in Kilogramm (kg) oder Tonnen (t) angegeben. 1 t = 1000 kg

Die **Dichte** ϱ gibt die Masse eines Stoffs *m* pro Volumeneinheit *V* an. Einheiten der Dichte sind kg/dm³, g/cm³ oder t/m³ für Feststoffe und Flüssigkeiten sowie kg/m³ für Gase.

$$\textbf{Dichte} = \frac{\textbf{Masse}}{\textbf{Volumen}} \qquad \varrho = \frac{m}{V}$$

Stoffarten. Je nach Anwendungszweck gibt es verschiedene Möglichkeiten, die Stoffe zu gliedern:

- Nach ihrem Aggregatzustand unterteilt man sie in **Feststoffe, Flüssigkeiten** und **Gase**.
- In der Produktion und Fertigung unterteilt man sie in **formlose Stoffe**: Flüssigkeiten, Pulver, Granulat, sowie **Stoffe mit geometrisch bestimmter Form**: Halbzeuge, Werkstücke, Bauteile.

Stofftransport. Ein Stofftransport ist gekennzeichnet durch die Geschwindigkeit und den Stoffstrom.

Die **Geschwindigkeit *v*** ist der von einem Körper pro Zeiteinheit *t* zurückgelegte Weg *s*. Einheiten der Geschwindigkeit sind: m/s, m/min, mm/min, km/h.

$$\textbf{Geschwindigkeit} = \frac{\textbf{Weg}}{\textbf{Zeit}} \qquad v = \frac{s}{t}$$

Mit der **Drehzahl *n*,** auch Umdrehungsfrequenz genannt, beschreibt man die Drehbewegung eines Maschinenteiles. Sie gibt die Anzahl der Umdrehungen *z* in der Zeiteinheit *t* an. Einheiten der Drehzahl sind: 1/min bzw. min^{-1} oder 1/s bzw. s^{-1}.

$$\textbf{Drehzahl} = \frac{\textbf{Umdrehungen}}{\textbf{Zeit}} \qquad n = \frac{z}{t}$$

Die Menge des transportierten Stoffs wird bei Feststoffen durch den **Massestrom** $\dot{m}$, bei Flüssigkeiten und Gasen durch den **Volumenstrom** $\dot{V}$ beschrieben. Hierbei handelt es sich um die in der Zeit *t* transportierte Masse *m* bzw. das pro Zeit geförderte Volumen *V*. Einheiten des Masse- bzw. Volumenstroms sind kg/s oder t/h bzw. l/s, l/min oder m³/h.

$$\textbf{Massestrom} = \frac{\textbf{Masse}}{\textbf{Zeit}} \qquad \dot{m} = \frac{m}{t}$$

$$\textbf{Volumenstrom} = \frac{\textbf{Volumen}}{\textbf{Zeit}} \qquad \dot{V} = \frac{V}{t}$$

Für Stoffe gilt, ähnlich wie bei der Energie (Seite 211), ein **Satz von der Erhaltung der Materie:** Materie kann nicht erzeugt und nicht zerstört, sondern nur umgewandelt werden.

Eine **Stoffbilanz** besagt, dass die in ein System eintretende Masse genauso groß ist, wie die aus dem System austretende Masse **(Bild 2)**. So ist z. B. bei einer Drehmaschine die als Stangenmaterial zugeführte Masse genauso groß wie die Massen der erzeugten Werkstücke und Späne zusammen.

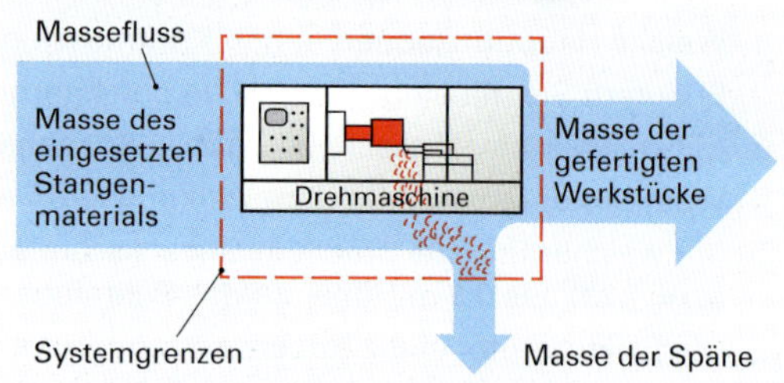

Bild 2: Stoffbilanz an einer Werkzeugmaschine

4.1.2.2 Arten von Arbeitsmaschinen

In metallverarbeitenden Betrieben häufig eingesetzte Arbeitsmaschinen sind Fördermittel, Werkzeugmaschinen, Wärmebehandlungsöfen sowie Klima- und Heizungsanlagen.

Fördermittel

Fördermittel sind Arbeitsmaschinen, deren Aufgabe der Transport von Stoffen ist.

Hebezeuge und Krananlagen

Hebezeuge und Krananlagen dienen zum Hochheben von Lasten, zum Be- und Entladen, zur Montage von Maschinen, zum Transport schwerer Palettenwagen und zum Zuführen schwerer Werkstücke bei Werkzeugmaschinen. Eine Fertigungshalle besitzt meist einen **Brückenkran** (Laufkran). Er besteht aus Trägern, Kranbrücke, Laufkatze und Elektrozug **(Bild 1)**. Mit seinen vier Bewegungen Heben, Senken, Katzfahren und Kranfahren überstreicht er die gesamte Fläche einer Fertigungshalle und ermöglicht damit den Transport schwerer Lasten an jede Stelle der Halle.

Fertigungsbereiche mit häufiger Be- und Entladung in einem begrenzten Arbeitsbereich werden zusätzlich mit einem **Schwenkkran** versorgt.

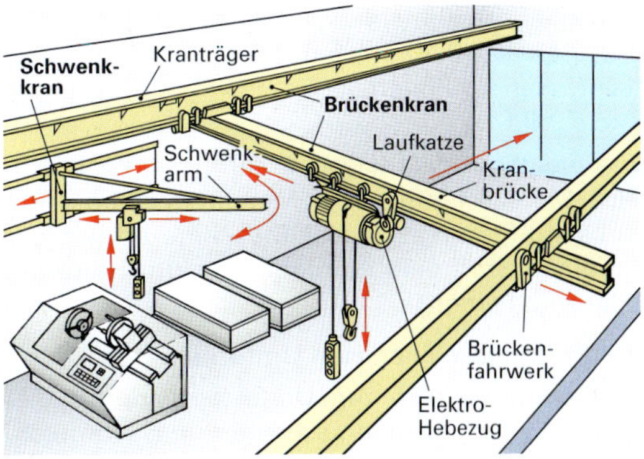

Bild 1: Krananlagen einer Fertigungshalle

Förderer, Transportsysteme

Der Transport der Werkstücke zwischen den Bearbeitungsstationen einer Fertigungsanlage wird von Förderern durchgeführt **(Bild 2)**. Bei der Großserienfertigung werden **Transportbänder** und Hängeförderer eingesetzt, die je nach Werkstückgröße und Werkstückform eine Gliederkette oder eine Rollenbahn besitzen. Sie gewährleisten einen kontinuierlichen Materialfluss; Werkstück-Speicher dienen als Puffer. Kleinere Werkstücke werden in **Paletten** transportiert. Sie werden entweder mit einem schienengebundenen Transportwagen oder einem Gabelstapler bewegt. Die Entnahme der Werkstücke vom Transportband oder der Palette und die Beladung in die Bearbeitungsmaschine übernehmen bei automatischer Fertigung Handhabungsgeräte, wie z. B. ein Portallader.

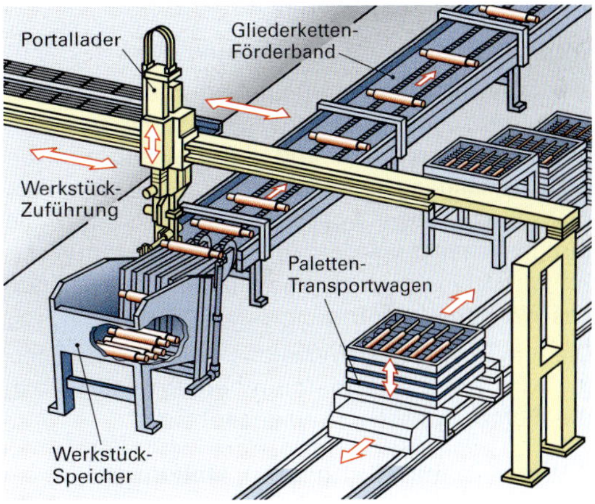

Bild 2: Transportsystem für Werkstücke

Pumpen, Verdichter

Pumpen dienen zum Fördern von Flüssigkeiten. Verdichter verwendet man zum Fördern von Gasen und zur Erzeugung von Druckgas. In Pumpen und Verdichtern wird die Energie der Antriebsmaschine als Strömungs- und Druckenergie auf die Flüssigkeit bzw. das Gas übertragen. Es gibt verschiedene Bauarten **(Bild 3)**.

Bei **Kreiselradpumpen** wird die Flüssigkeit axial angesaugt, von einem Schaufelrad in Drehung versetzt und radial in das Leitungsnetz gedrückt.

Im **Kolbenverdichter** wird das Gas vom heruntergehenden Kolben angesaugt, vom hochgehenden Kolben komprimiert und ausgestoßen.

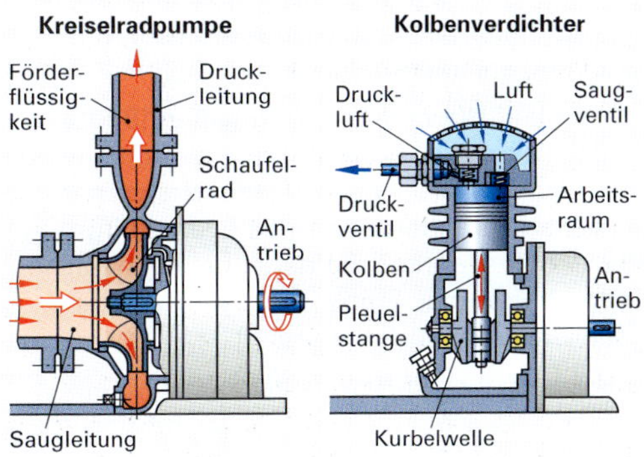

Bild 3: Pumpen- bzw. Verdichterbauarten

Werkzeugmaschinen

Werkzeugmaschinen sind Arbeitsmaschinen zur Fertigung von Werkstücken (Stoffumformung).

Je nach Fertigungsverfahren unterscheidet man:

Werkzeugmaschinen zum Urformen

Werkzeugmaschinen zum Urformen sind z. B. Druckgießmaschinen für niedrigschmelzende NE-Metalle, wie z. B. Aluminium oder Zink sowie Formteilpressen für Sinterteile oder Extruder für Kunststoffe **(Bild 1)**.

Das Ausgangsmaterial ist ein formloser Stoff, z. B. eine Metallschmelze, ein Metallpulver oder ein Kunststoffgranulat. In der Maschine erfährt der formlose Stoff eine Formgebung zum Halbzeug oder zum Fertigteil.

Werkzeugmaschinen zum Umformen

Werkzeugmaschinen zum Umformen sind z. B. Biegemaschinen, Tiefziehmaschinen und Schmiedepressen **(Bild 2)**. Ausgangsmaterial ist ein vorbereitetes Rohteil, z. B. ein Profilabschnitt, ein Blechabschnitt oder ein Stangenabschnitt. Sie werden in der Umformmaschine umgeformt.

Werkzeugmaschinen zum Spanen

Werkzeugmaschinen zum Spanen sind z. B. Sägen, Schleifmaschinen, Bohrmaschinen, Fräsmaschinen, Drehmaschinen und Bearbeitungszentren **(Bild 3)**. Ausgangsmaterial sind Stangen- oder Profilabschnitte sowie vorgefertigte Werkstücke, die fertigbearbeitet werden. In der spanenden Werkzeugmaschine wird durch Abheben von Spänen das Werkstück geformt.

Die zum Spanen des Werkstoffs erforderliche Energie wird von Elektromotoren bereitgestellt, die in die Werkzeugmaschine eingebaut sind.

Wärmebehandlungsöfen, Heizungsanlagen

Öfen und Heizungsanlagen sind Anlagen (Arbeitsmaschinen), die Wärmeenergie bereitstellen, um die Temperatur von Stoffen zu erhöhen und damit in ihrem Innern Stoffumsetzungen (Gefügeveränderungen) ablaufen zu lassen.

In **Durchlauf-Wärmebehandlungsöfen (Bild 4)** z. B. werden Werkstücke aus Stahl erwärmt und anschließend abgeschreckt. Dadurch werden gewünschte Veränderungen des Werkstoffgefüges erzielt. In der Folge werden die mechanischen Eigenschaften der Stähle, z. B. die Härte und die Festigkeit, wesentlich verbessert.

Im **Heizkessel** einer Heizungsanlage wird ein Wärmeträger (Luft oder Wasser) erwärmt und durch Leitungen in die Räume transportiert, wo die Wärme benötigt wird.

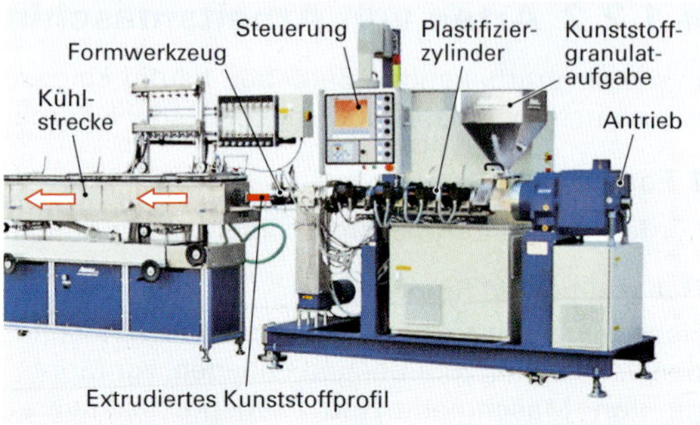

Bild 1: Extruder zum Urformen von Kunststoffrohren und Profilen

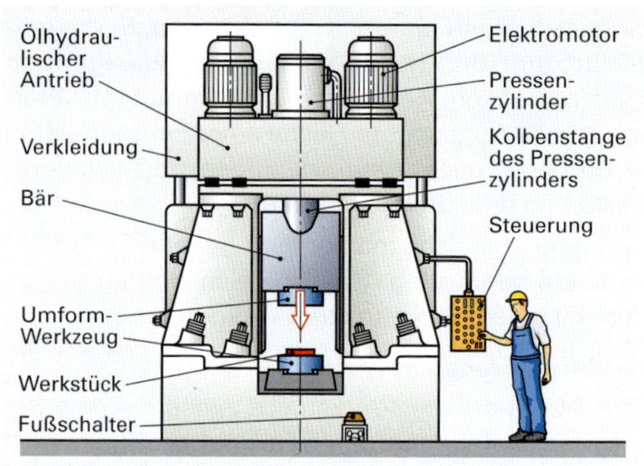

Bild 2: Schmiedepresse zum Umformen von Schmiedeteilen

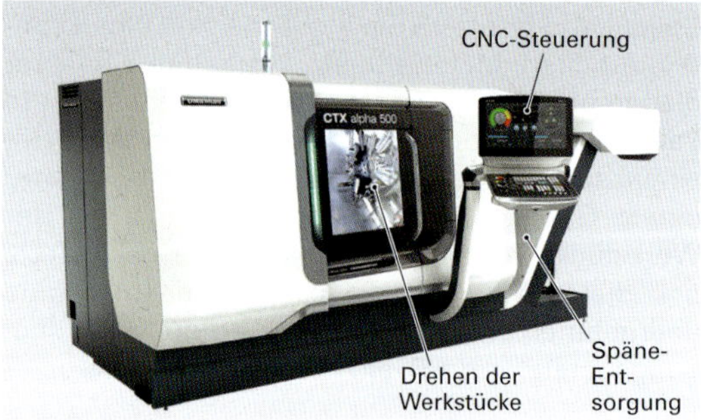

Bild 3: Drehmaschine zum Spanen

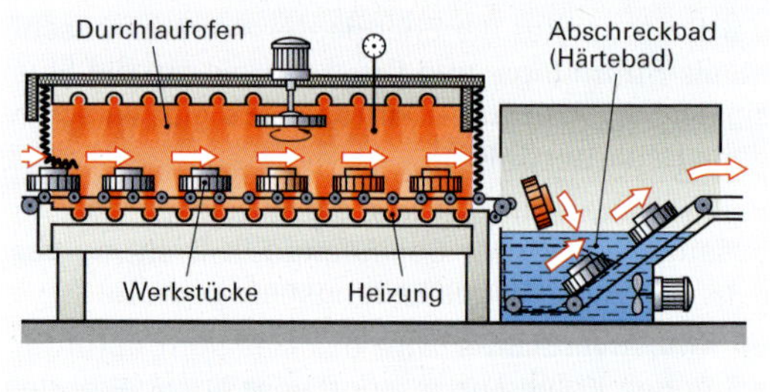

Bild 4: Wärmebehandlungs-Durchlaufofen zum Härten

4.1.3 Datenverarbeitungsanlagen

Datenverarbeitungsanlagen nehmen Daten und Eingabebefehle (Informationen) auf, verarbeiten sie und geben Daten und Steuerbefehle aus **(Bild 1)**.

Sie können allgemein als informationsumsetzende Maschinen bezeichnet werden.

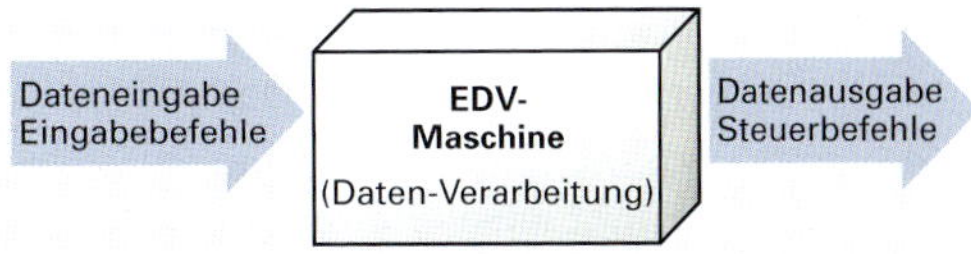

Bild 1: Die Datenverarbeitungsanlage (EDV-Maschine) als technisches System

> Die Arbeitsweise der Datenverarbeitungsanlagen nennt man kurz **EVA-Prinzip**: Daten-**E**ingabe – Daten-**V**erarbeitung – Daten-**A**usgabe.

Datenverarbeitungsanlagen bestehen aus Geräte-Baugruppen, der sogenannten **Hardware (Bild 2)**.

Die **Daten-Eingabe** erfolgt über Eingabegeräte, z. B. eine Tastatur oder das Bedienfeld einer CNC-Steuerung.

Die **Daten-Verarbeitung** übernimmt der Rechner. Er besteht aus der Zentraleinheit sowie den internen und externen Speichern. Die Arbeitsanweisungen erhält der Rechner von Programmen, der **Software**.

Die **Daten-Ausgabe** kann z. B. als Messwert bzw. Bilddarstellung auf einem Monitor oder als Schaltbefehl für die Vorschubmotore einer Werkzeugmaschine erfolgen.

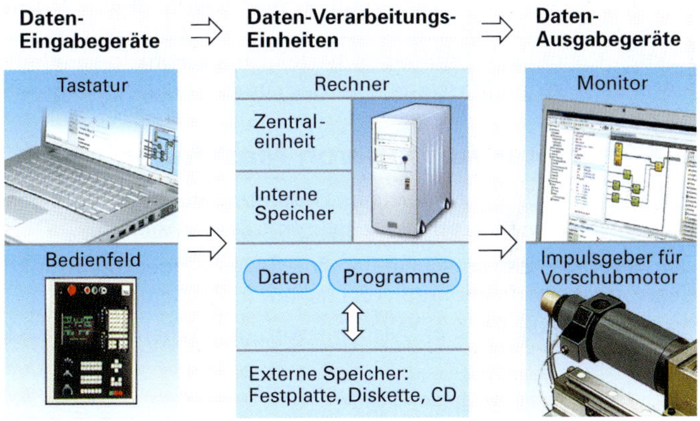

Bild 2: Aufbau von Datenverarbeitungsanlagen aus Komponenten

Geräte und Anlagen zur Datenverarbeitung

EDV-Geräte sind heute allgegenwärtig im Privat- und Berufsleben: Taschenrechner, Personalcomputer, Laptops, Tablett-PCs, Smartphones.

Mit **CNC-Steuerungen** werden die einzelnen Arbeitsschritte der Fertigung auf einer Werkzeugmaschine selbsttätig gesteuert **(Bild 3)**.

CAD-Anlagen (von engl. **C**omputer **A**ided **D**esign = Computergestütztes Konstruieren) dienen der Anfertigung von Konstruktionszeichnungen am Bildschirm.

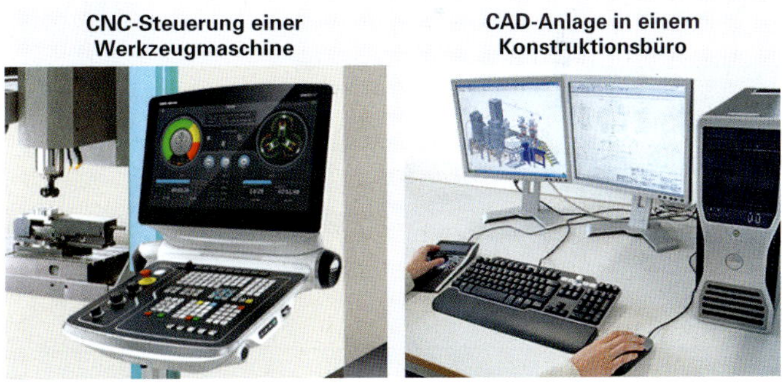

Bild 3: Datenverarbeitungsgeräte im metallverarbeitenden Betrieb

Wiederholung und Vertiefung

1 Erklären Sie den Begriff stoffumsetzende Maschine am Beispiel der in **Bild 1, Seite 100,** gezeigten Drehmaschine.

2 Feuchtes Schüttgut läuft zur Trocknung auf einem Gliederförderband durch einen 12 m langen Tunnelofen. Welche Geschwindigkeit muss das Förderband haben, damit eine Trockenzeit von 1,6 Minuten erreicht wird?

3 Wie lautet die Formel für die Dichte?

4 Wie groß ist die Drehzahl eines Elektromotors in 1/min, wenn er in 3 Sekunden 36 Umdrehungen ausführt?

5 Mit welcher Gleichung berechnet man den Massestrom auf einem Transportband?

6 Welche Umwandlungen erfährt die der Antriebswelle einer Kreiselradpumpe zugeführte Energie bis zur Druckleitung **(Bild 3, Seite 215)**?

7 Was versteht man unter dem EVA-Prinzip?

4.2 Funktionseinheiten von Maschinen und Geräten

Maschinen und Geräte lassen sich nach ihrem konstruktiven Aufbau in **Baugruppen** (auch **Baueinheiten** genannt) untergliedern. Eine Säulenbohrmaschine besteht z. B. aus den Baugruppen Elektromotor, Riementrieb, Bohrspindel, Maschinentisch, Maschinenfuß und Steuerung **(Bild 1)**.

Andererseits kann man Maschinen und Geräte nach den von ihren Baugruppen zu leistenden Aufgaben (Funktionen) in **Funktionseinheiten** unterteilen. Eine Säulenbohrmaschine hat z. B. Funktionseinheiten zum Antreiben, zur Drehmomentübersetzung, zum Bohren, zum Stützen und zum Steuern.

Gleiche Funktionen können durch unterschiedliche Baueinheiten erfüllt werden. Die Übertragung des Drehmoments vom Elektromotor zur Bohrerspindel kann z. B. mit einem Zahnradgetriebe, mit einem Riementrieb oder mit einem Reibradgetriebe erfolgen.

Durch Untergliederung einer Maschine in Funktionseinheiten kann die Arbeitsweise der Maschine, unabhängig von der Bauart der Baueinheiten, besser verstanden werden.

Durch Kenntnis der Aufgaben der einzelnen Funktionseinheiten und ihr Zusammenwirken kann die Arbeitsweise der Maschine oder des Gerätes erkannt werden.

4.2.1 Innerer Aufbau von Maschinen

Eine Maschine ist ein technisches Gesamtsystem (Bild 1). Es besteht aus einer Reihe von Teilsystemen, den Baueinheiten. Sie erfüllen bestimmte Teilfunktionen.

Das Gesamtsystem Maschine hat eine **Gesamt-** oder **Hauptfunktion**. Bei einer Bohrmaschine z. B. ist die Gesamtfunktion das Bohren von Löchern in Werkstücke.

Die **Gesamtfunktion** einer Maschine wird durch mehrere Teilfunktionseinheiten verwirklicht (Bild 1).

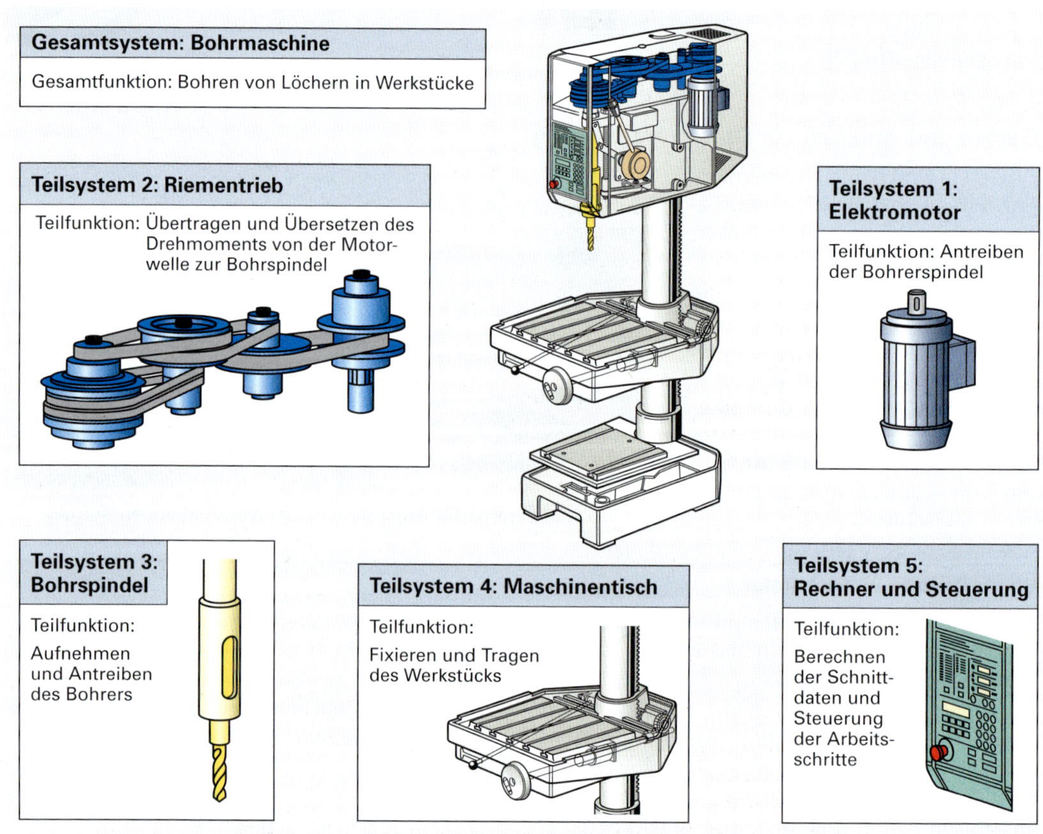

Bild 1: Untergliederung einer Bohrmaschine in Baueinheiten mit Teilfunktionen

Die Teilfunktionen einer **Bohrmaschine** sind z. B. das Antreiben der Bohrspindel durch den Elektromotor, das Übertragen des Drehmoments von der Motorwelle zur Bohrspindel, das Bohren der Löcher mit dem Bohrer, das Fixieren und Tragen des Werkstücks durch den Maschinentisch, das Steuern der Zustellbewegung des Bohrers und die Kapselung des Riementriebs zum Schutz vor Verletzungen.

Bei einer **Drehmaschine (Bild 1, folgende Seite)** erhält man ähnliche Funktionseinheiten. Teilfunktionen sind hierbei z. B. das Antreiben der Hauptspindel der Drehmaschine, die Übertragung des Drehmoments vom Motor auf die Hauptspindel, die spanende Bearbeitung des Werkstücks, das Steuern der Vorschub- und Zustellbewegungen, das Tragen und Führen des Werkzeugschlittens und die Kapselung der Maschine.

Maschinen erfüllen ihre Gesamtfunktion mit einer begrenzten Anzahl typischer Funktionseinheiten.

Die Baugruppen aller Maschinen und Geräte lassen sich in wenige Funktionseinheiten gliedern:

- Antriebseinheiten
- Übertragungseinheiten
- Arbeitseinheiten
- Stütz- und Trageinheiten
- Verbindungseinheiten
- Mess-, Steuer- und Regeleinheiten
- Einheiten für Umweltschutz und Arbeitssicherheit

Maschinentechnische Grundfunktionen

Untergliedert man die einzelnen Funktionseinheiten einer Maschine weiter, so erkennt man, dass sie ihre Funktion durch das Zusammenwirken sogenannter maschinentechnischer Grundfunktionen erfüllen.

Beispiel: Die Antriebseinheit einer Drehmaschine, der Elektromotor, besteht aus mehreren Bauelementen mit maschinentechnischen Grundfunktionen. Das Kabel dient zum **Leiten** des elektrischen Stroms zum Elektromotor; die Wicklung des Motors bewirkt das **Umwandeln** der elektrischen Energie in mechanische Rotationsenergie; die Motorwelle **überträgt** das im Motorinnern entstehende Drehmoment zum Getriebe; die Wälzlager **stützen und tragen** die Motorwelle.

Die maschinentechnischen Grundfunktionen werden von Maschinenelementen ausgeführt.

Tabelle 1 zeigt eine Auswahl von Grundfunktionen und dazu eingesetzten Maschinenelementen.

Tabelle 1: Grundfunktionen bei Maschinen und dazu verwendete Bauelemente (Beispiele)

Leiten, Transportieren	Flüssigkeiten werden durch **Rohre** geleitet, Feststoffe durch Rüttelrinnen transportiert. Elektrische Energie wird durch Kabel geleitet, Drehmomente werden mit einer **Welle** übertragen.		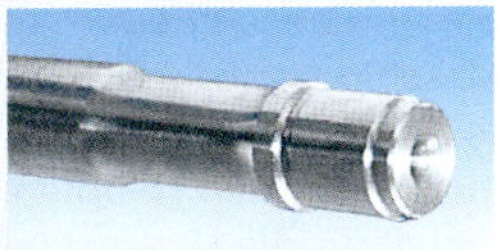
Umformen, Wandeln, Übersetzen	Drehzahlen werden mit einem **Zahnradpaar** übersetzt. Elektrische Energie wird in den Wicklungen des **Elektromotors** in mechanische Energie umgewandelt.		
Verbinden, Fügen	Verbindungen zwischen Bauteilen werden z.B. mit **Schrauben** hergestellt. Die Verbindung elektrischer Leitungen erfolgt mit **Steckdose und Stecker.**	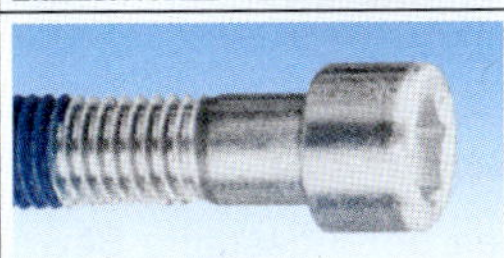	
Teilen, Trennen	Teilen ist z.B. das **Zerschneiden** eines Bleches, das **Spanen** eines Werkstücks oder das **Brennschneiden** eines Trägers. Energieströme oder Signale werden mit einem **Schalter** unterbrochen (getrennt).		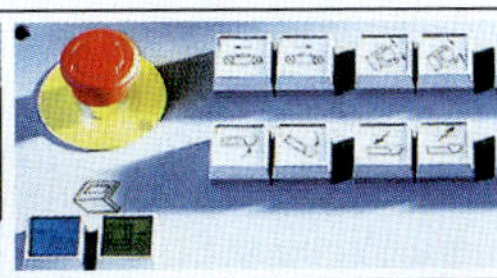
Speichern	Gase werden in **Druckgasflaschen** gespeichert, Werkstücke in **Paletten.** Elektrische Energie lässt sich in **Akkus** speichern, mechanische Energie in Federn.	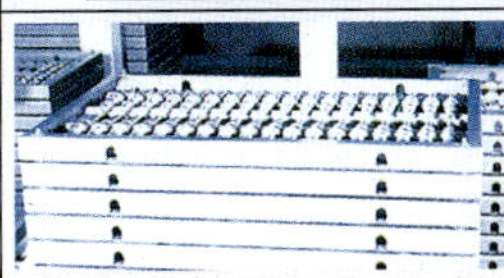	

4.2.2 Funktionseinheiten einer CNC-Werkzeugmaschine

Auch eine CNC-Drehmaschine lässt sich in Baugruppen untergliedern, die den typischen Funktionseinheiten der Maschinen und Geräte entsprechen **(Bild 1)**.

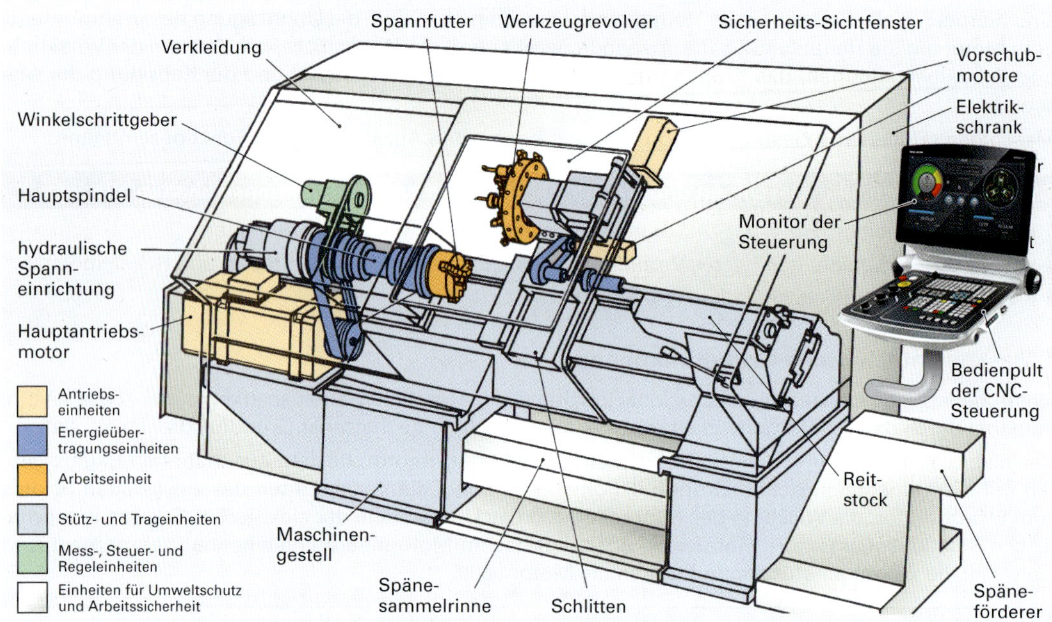

Bild 1: CNC-Schrägbett-Drehmaschine und ihre Funktionseinheiten

Antriebseinheiten

Die Antriebseinheiten stellen die zum Betrieb einer Maschine erforderliche mechanische Energie bereit. Bei Werkzeugmaschinen sind dies **Elektromotore** für den Hauptantrieb, für die Vorschubantriebe, für die Hydraulikpumpe und den Späneförderer. Die vollständigen Antriebseinheiten einer CNC-Drehmaschine bestehen aus den Elektromotoren und den im Schaltschrank untergebrachten Steuereinheiten **(Bild 2)**. Sie stellen die Stromversorgung der Motore sicher und ermöglichen die stufenlose Drehzahlverstellung.

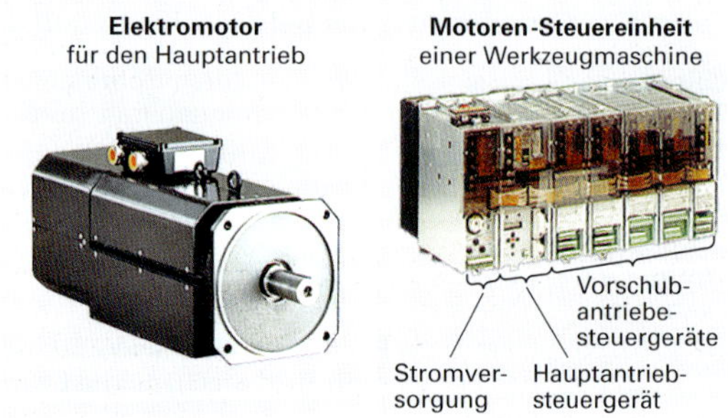

Bild 2: Antriebseinheit (Elektromotor) für die Hauptspindel und Motoren-Steuereinheit

Energieübertragungseinheiten

Die von der Antriebseinheit bereitgestellte Bewegungsenergie muss zur Arbeitseinheit geleitet und bezüglich der Drehzahl so umgeformt werden, dass sie den Anforderungen der Arbeitseinheit entspricht. Bauteile zur Energieübertragung sind Riemen, Wellen, Spindeln, Kupplungen, Zahnräder und Getriebe **(Bild 3)**.

Bei der CNC-Drehmaschine (Bild 1) erfolgt die Energieübertragung vom Motor des Hauptantriebs über einen Riementrieb, die Kupplung, die Hauptspindel und das Spannfutter auf das Werkstück.

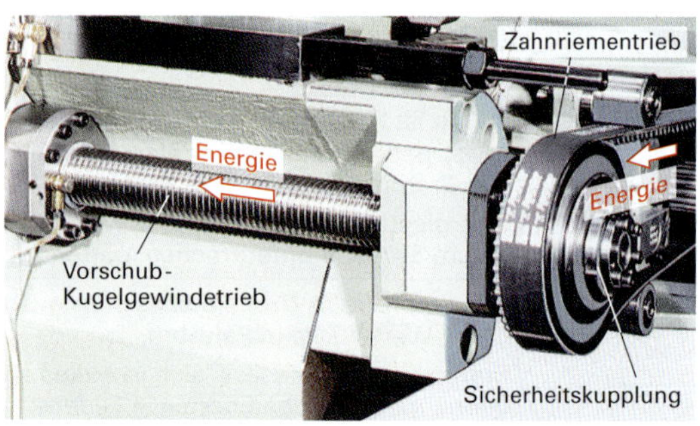

Bild 3: Energieübertragungseinheiten

Arbeitseinheiten

Die Arbeitseinheit ist der Teil der Maschine, der die eigentliche Hauptfunktion der Maschine ausführt. Die Hauptfunktion einer Drehmaschine ist die spanende Bearbeitung von Werkstücken durch Drehen. Bei der CNC-Drehmaschine besteht die Arbeitseinheit aus der Arbeitsspindel mit der Spanneinrichtung für das Werkstück (Spannfutter) sowie dem Revolver mit den Werkzeugen, die das Werkstück bearbeiten **(Bild 1)**.

Stütz- und Trageinheiten

Die Basis-Stütz- und Trageinheit einer Maschine ist das Maschinengestell **(Bild 2)**. Darauf sind alle weiteren Baugruppen montiert und stützen sich darauf ab. Bauteile, die verschiebbar sein müssen, wie z. B. der Werkzeugschlitten, werden von Führungen getragen. Rotierende Bauteile sind in Lagern geführt und übertragen die auf sie wirkenden Kräfte auf das Gestell.

Verbindungseinheiten

Die Verbindungseinheiten stellen die Verbindung zwischen den Bauteilen und Baugruppen her. Verbindungselemente sind z. B. Stifte, Schnapphaken, Schrauben und Muttern, Passfedern für Welle-Nabe-Verbindungen, Spannelemente und Werkzeughalter **(Bild 3)**.

Mess-, Regel- und Steuerungseinheiten

Messeinrichtungen messen z. B. Drehzahlen, Verfahrwege, Werkstückabmessungen oder die Leistungsaufnahme der Motore.

Kombinierte **Mess- und Regeleinheiten** gewährleisten die Einhaltung einer gewählten Betriebsgröße. Bei CNC-Werkzeugmaschinen wird z. B. der Vorschubweg gemessen. Bei Abweichung vom Sollwert korrigiert die Regeleinrichtung die Vorschubbewegung, bis der Sollwert erreicht ist.

Steuerungseinheiten dienen dazu, Vorgänge und Arbeitsgänge auf Maschinen automatisch ablaufen zu lassen. Bei einer CNC-Maschine z. B. wird über das Bedienpult der gewünschte Arbeitsablauf (das Programm) in die Steuerung eingegeben und gespeichert **(Bild 4)**. Die Maschine führt die eingegebene Arbeitsfolge dann durch die Steuerbefehle selbsttätig aus.

Einheiten für Umweltschutz, Entsorgung und Arbeitssicherheit

Zum Schutz der Mitarbeiter hat die Maschine eine geschlossene Verkleidung. Wegfliegende Späne werden abgefangen und vom Späneförderer ausgetragen. Der Kühlschmierstoffnebel wird abgesaugt. Das Sicherheits-Sichtfenster schafft freie Sicht auf den Arbeitsvorgang. Der Not-Aus-Schalter ermöglicht den Sofortstopp der Maschine.

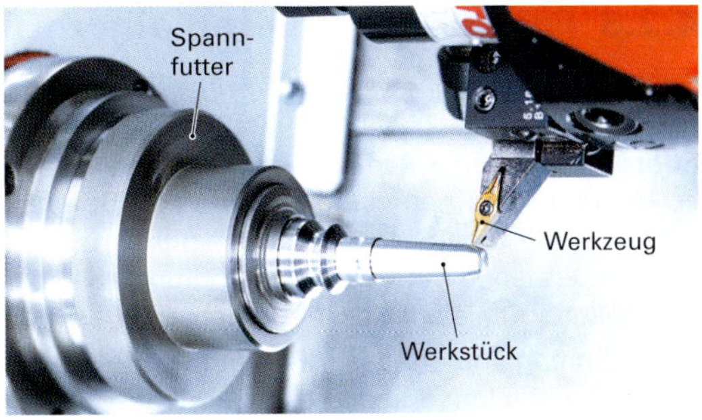

Bild 1: Arbeitseinheit einer Drehmaschine

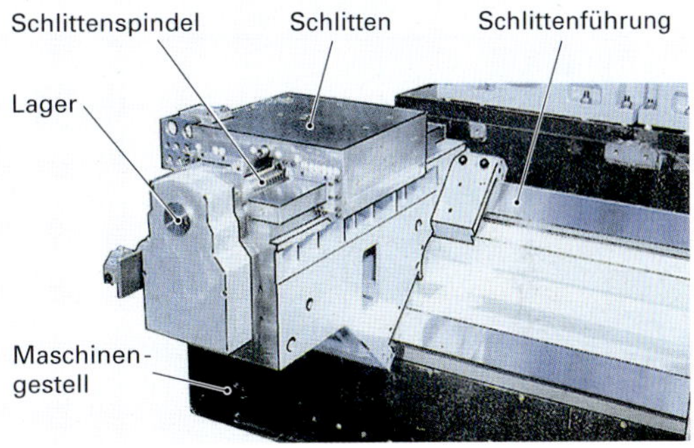

Bild 2: Stütz- und Trageinheit einer CNC-Schrägbett-Drehmaschine

Bild 3: Verbindungseinheiten einer Drehmaschine

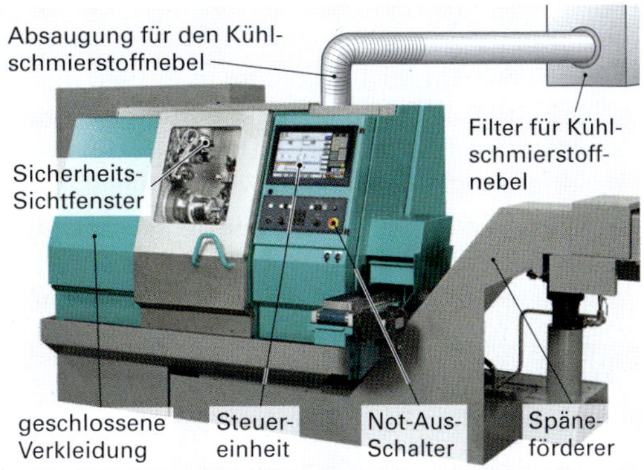

Bild 4: Funktionseinheiten Regeln und Steuern, Umweltschutz, Entsorgung und Arbeitssicherheit

4.2.3 Funktionseinheiten einer Klimaanlage

Aufgabe einer Klimaanlage ist es, in einem Raum ein gesundes und für die Arbeit angenehmes Raumklima zu schaffen sowie ausreichend saubere und sauerstoffreiche Atemluft zur Verfügung zu stellen.

Erforderlich ist eine Klimaanlage, wenn in einer großen Fertigungshalle mit zahlreichen Werkzeugmaschinen und Wärmebehandlungsöfen im Sommer soviel Wärme freigesetzt wird, dass es zu einer unerträglichen Aufheizung kommt, die durch natürliche Lüftung nicht beseitigt werden kann. Im Winter ist z. B. bei Betrieben mit Wärmebehandlungs-Salzbädern oder Lötarbeitsplätzen zusätzlich zur Heizung ein geregelter Luftaustausch erforderlich, um gesundheitsschädliche Abgase rasch abzusaugen.

Eine Klimaanlage umfasst die eigentliche **Klimazentrale**, in der die Reinigung und Befeuchtung bzw. Trocknung der Luft durchgeführt werden, sowie ein Luftkanalsystem für die Zuluft und die Abluft **(Bild 1)**.

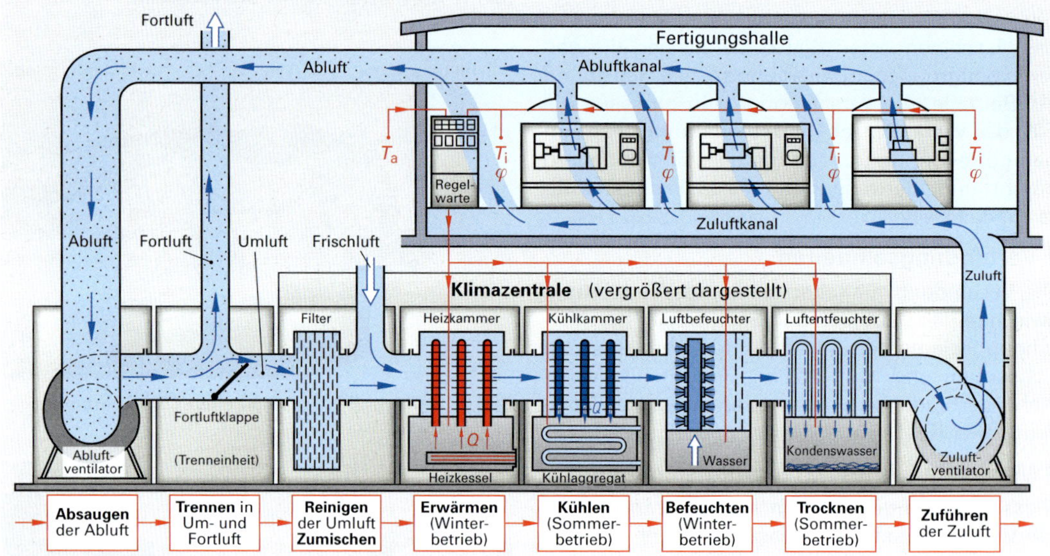

Bild 1: Klimazentrale einer Fertigungshalle mit den einzelnen Funktionseinheiten (schematisch)

Die Klimazentrale besteht aus einer Reihe von baukastenartig hintereinander geschalteten Baugruppen, welche die einzelnen **Funktionseinheiten** enthalten. Sie werden von der Luft nacheinander durchströmt.

Der **Abluftventilator** saugt die Abluft aus der Fertigungshalle und drückt sie in die Klimazentrale. Mit einer **Fortluftklappe** (Trenneinheit) wird ein Teil der Abluft abgetrennt und ausgeblasen. Die im Kreislauf geführte Luft (Umluft) wird in einem **Filter** gereinigt und mit Frischluft angereichert.

Dann durchströmt sie einen **Heizkessel**, der im Winter in Betrieb ist und die kalte Umluft auf die gewünschte Raumtemperatur erwärmt. Im Sommer ist der Heizkessel außer Betrieb. Dafür arbeitet das **Kühlaggregat** und kühlt die überhitzte Umluft auf eine angenehme Arbeitstemperatur herunter.

Der **Luftbefeuchter** ist im Winter in Betrieb und befeuchtet die trockene Heizungsluft. Im Sommer ist er außer Betrieb. Dann arbeitet der **Luftentfeuchter**, der der feuchtwarmen Sommer-Umluft überschüssige Feuchtigkeit entzieht. In einer Übergangsphase im Herbst und Frühling, wenn weder Heizung noch Kühlung erforderlich sind, arbeitet die Klimaanlage nur als Raumlüftung mit Luftreinigung.

Die Klimazentrale wird von einer Regelwarte aus überwacht, geregelt und gesteuert, die die Außentemperatur (T_a), die Raumtemperatur (T_i) und die Luftfeuchtigkeit (φ) in der Fertigungshalle misst und nach vorgegebenen Sollwerten die Funktionseinheiten regelt.

Wiederholung und Vertiefung

1 Aus welchen Funktionseinheiten besteht eine Säulenbohrmaschine **(Bild 1, Seite 218)**?

2 Nennen Sie drei Grundfunktionen bei Maschinen und die dazu verwendeten Bauelemente.

3 Welche Aufgaben haben die Mess-, Regel- und Steuereinheiten einer CNC-Drehmaschine?

4 Welche Funktionseinheiten besitzt eine Klimazentrale (Bild 1)?

4.2.4 Sicherheitseinrichtungen an Maschinen

Die Sicherheitseinrichtungen an Maschinen dienen dem Schutz der arbeitenden Menschen (Personenschutz), dem Werterhalt der Maschine (Maschinenschutz) und dem Schutz der Umwelt vor Beeinträchtigungen und gesundheitsschädlichen Stoffen (Umweltschutz).

Personenschutz

Sicherheitstechnische Gestaltung. Maschinen müssen so gebaut bzw. verkleidet sein, dass keine Gefahr von ihnen ausgeht. Moderne Werkzeugmaschinen besitzen z. B. eine Vollkapselung mit Spritzschutzkabine, Schiebetür und Sicherheitsfenster **(Bild 1)**. Dadurch werden Verletzungen durch bewegte Maschinenteile und Werkstücke oder durch Späne vermieden und das Einatmen von Kühlschmierstoffnebel verhindert.

Sicherheitsverriegelung. Die Kabinentür hat einen Sicherheits-Kontaktschalter. Die Maschine kann erst in Gang gesetzt werden, wenn die Kabinentür geschlossen ist. Wird sie während des Arbeitszyklus geöffnet, dann schaltet die Maschine ab.

Einrichtebetrieb. Durch Umschalten am Eingabepult auf Einrichtebetrieb (Handbetrieb) wird der Kabinentür-Sicherheitsschalter außer Betrieb gesetzt, sodass die Maschine bei geöffneter Maschinentür eingerichtet werden kann. Diese Arbeit darf nur von einem erfahrenen Fachmann ausgeführt werden.

Schutzgitter. Der Arbeitsbereich von Pressen und Handhabungsautomaten ist durch ein Schutzgitter abgesperrt und darf nicht betreten werden.

Schalter und Kontrolllampen (Bild 2). Mit dem **Schlüsselschalter** wird die Inbetriebnahme einer Maschine durch unbefugte Personen verhindert. Der **Not-Aus-Schalter** dient dem sofortigen Stillstand der Maschine im Notfall. Die **Funktionskontrolllampen** zeigen durch Aufleuchten die ordnungsgemäße Funktion der Baugruppen an, während die **Störungsanzeigeleuchten** durch Aufleuchten eine Störung melden. Der Fachmann kann durch **einen** Blick auf das Bedienfeld den Maschinenzustand rasch erfassen.

Zusätzliche **Sicherheitseinrichtungen** gibt es z. B. an Pressen **(Bild 3)**. Der **Zweihandschalter** muss gleichzeitig mit beiden Händen betätigt werden, sodass keine Hand im Gefahrenbereich der Maschine ist. Eine **Lichtschranke** setzt die Maschine still, wenn eine Hand in den Gefahrenbereich greift.

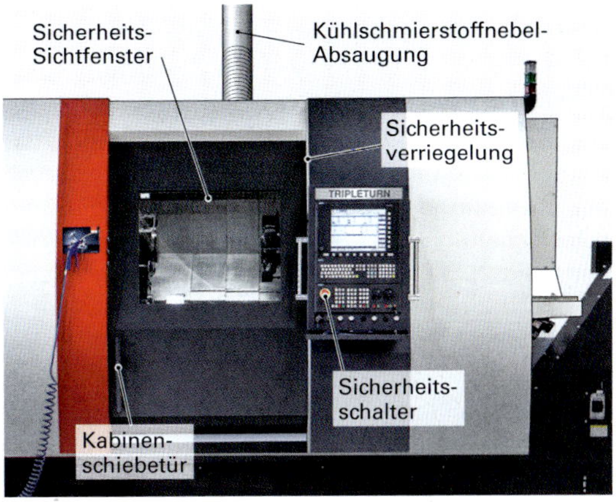

Bild 1: Vollkapselung einer CNC-Drehmaschine

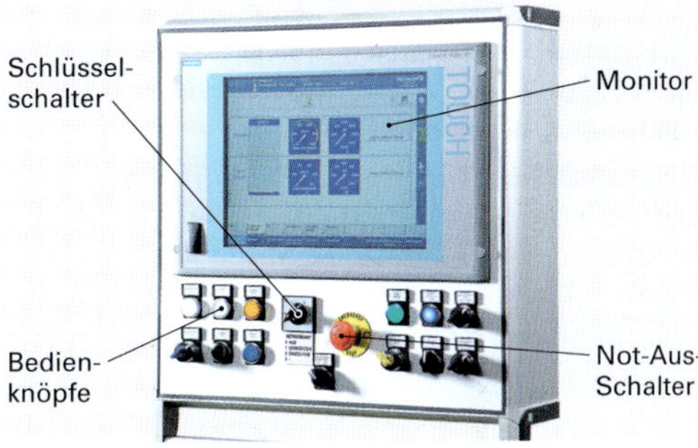

Bild 2: Bedienfeld einer Pressensteuerung

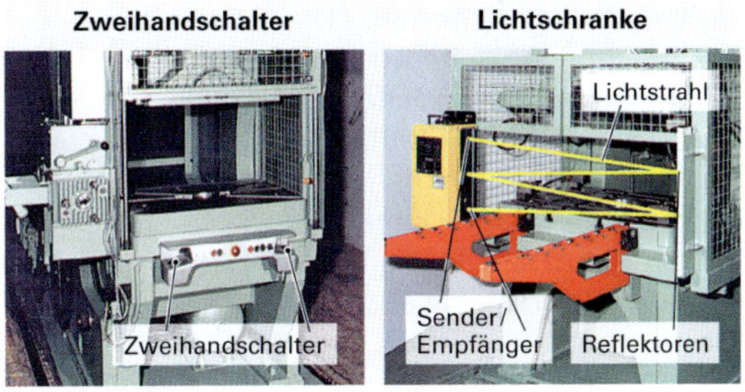

Bild 3: Sicherheitseinrichtungen an Pressen

Sicherheitsvorschriften

- Bei Wartungs- und Reparaturarbeiten im Arbeitsbereich ist die Maschine durch den Schlüsselschalter am Bedienpult und durch den Hauptschalter am Schaltschrank außer Betrieb zu setzen.
- Sicherheitseinrichtungen dürfen während der Fertigung nicht außer Kraft gesetzt werden.
- Arbeiten und Reparaturen an der Elektrik sind nur vom Elektro-Fachmann auszuführen.
- Undichtigkeiten am Hydrauliksystem sind sofort zu beseitigen (Brandgefahr, Sturzgefahr).

Maschinenschutz

Eine **Absicherung** gegen das gewaltsame Auffahren eines verfahrbaren Maschinenteiles wird durch Begrenzung des Verfahrweges mit **Grenztastern** erreicht **(Bild 1)**. Eine Schaltnocke am bewegten Maschinenteil löst den Grenztaster aus und schaltet den Vorschub ab. Es müssen alle drei Bearbeitungsachsen (X, Y, Z) sowie die Zusatzaggregate abgesichert sein.

Die **mechanische Überlastung** von Bauteilen der Antriebs- und Energieübertragungseinheiten (Wellen, Kupplungen, Getriebe) wird durch die Zwischenschaltung einer **Sicherheitskupplung** vermieden **(Bild 2)**. Je nach Bauart der Kupplung rutscht sie bei Überschreiten einer einstellbaren Last durch oder schaltet die Maschine ab.

Bei spanenden Werkzeugmaschinen sind die Führungen besonders durch Späne gefährdet und deshalb durch **Teleskopabdeckungen** oder durch **Späneabstreifer** geschützt.

Zur Überwachung des **Schmiersystems** dienen z. B. elektronische Störungsanzeigen auf dem Bedienfeld der Steuerung oder Schmierdruckwächter.

Die **Betriebssicherheit** einer Maschine wird vor allem durch die einwandfreie Funktion seines Schmiersystems gewährleistet.

Kollisionsschutz. Um ein Kollidieren der Werkzeuge mit dem Spannfutter oder dem Reitstock zu vermeiden, sind viele Werkzeugmaschinensteuerungen mit einem elektronischen Kollisionsschutz durch Begrenzung des Arbeitsraums ausgerüstet. Dazu wird in das Programm der Steuerung eine Schutzzone eingegeben, in der sich das Spannfutter und der Reitstock befinden **(Bild 3)**. Das Werkzeug kann nicht in diese Schutzzone verfahren werden, sodass eine Kollision ausgeschlossen ist.

Elektrische Absicherung. Die Bauelemente der elektrischen Absicherung sind in einem Schaltschrank an der Rückseite der Maschine untergebracht **(Bild 4)**. Sie schützen die elektrisch betriebenen Baugruppen gegen Schäden durch den elektrischen Strom. Überlastungssicherungen und Motor-Schutzschalter schalten die Stromzufuhr bei zu hoher Stromstärke ab.

Umweltschutz

Von einer Maschine dürfen keine Schadstoffe in die Umwelt freigesetzt werden. Werkzeugmaschinen besitzen dazu eine Vollkapselung **(Bild 1, vorherige Seite)**.

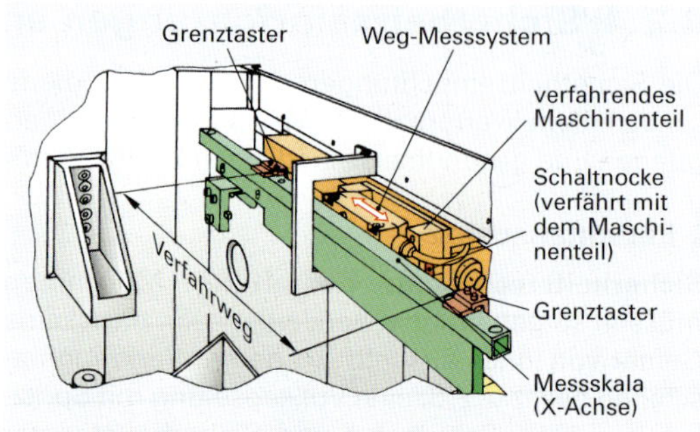

Bild 1: Grenztaster am Verfahrweg der X-Achse

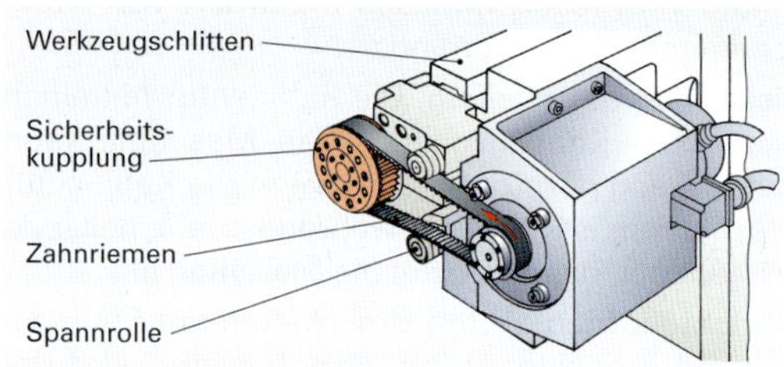

Bild 2: Sicherheitskupplung

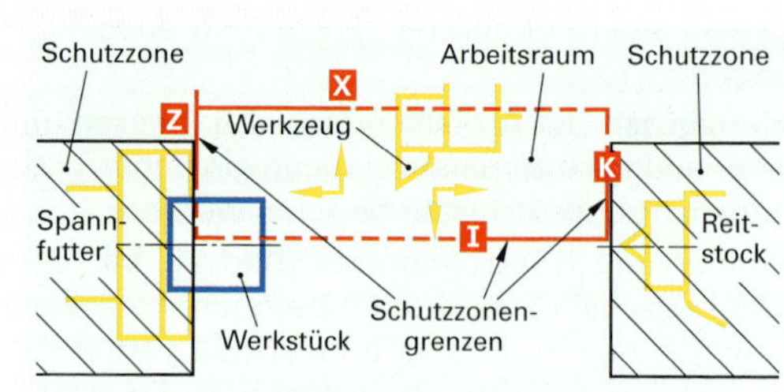

Bild 3: Monitorbild beim Schutzzonen-Setzen

Bild 4: Schaltschrank einer Werkzeugmaschine

Wiederholung und Vertiefung

1 Nennen Sie drei Arten von Sicherheitsschaltern und beschreiben Sie ihre Arbeitsweise.
2 Welche Aufgabe haben Grenztaster?
3 Wie funktioniert eine Schutzzonen-Sicherung bei einer Werkzeugmaschine?

4.3 Funktionseinheiten zum Verbinden

4.3.1 Gewinde

Eine Schraubenlinie entsteht, wenn auf der Mantelfläche eines sich drehenden Zylinders ein Punkt parallel zur Zylinderachse bewegt wird. Der Weg, der bei einer Umdrehung des Zylinders zurückgelegt wird, entspricht der **Steigung *P*** des Gewindes. Die Abwicklung der Schraubenlinie ergibt eine schiefe Ebene **(Bild 1).** Der vom Umfang und der abgewickelten Schraubenlinie eingeschlossene Winkel ist der **Steigungswinkel α** des Gewindes.

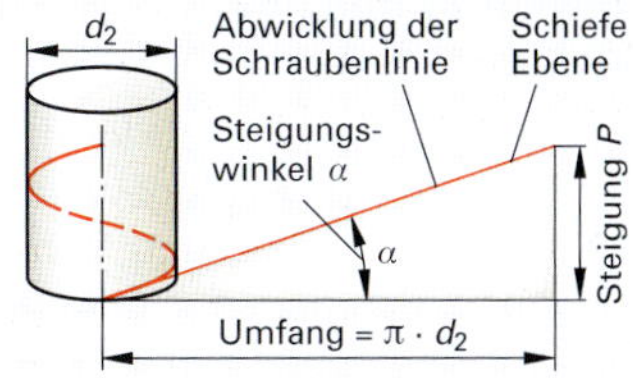

Bild 1: Schraubenlinie

Bezeichnungen am Gewinde

Wichtige Bezeichnungen am Gewinde sind (Bild 2):

- Nenndurchmesser
- Kerndurchmesser
- Flankenwinkel
- Flankendurchmesser
- Gewindeprofil
- Steigung

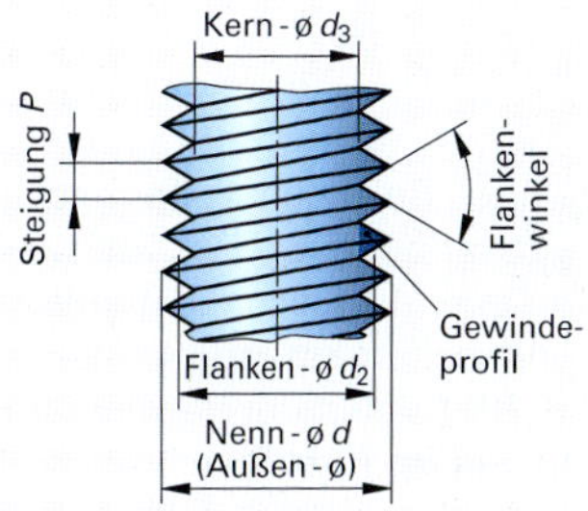

Bild 2: Bezeichnungen am Gewinde

Gewindearten

Die in der Technik verwendeten Gewinde können nach Verwendungszweck, Gewindeprofil, Drehsinn und Gangzahl eingeteilt werden.

Einteilung nach dem Verwendungszweck

Mit **Befestigungsgewinden** versehene Schrauben und Muttern sollen Bauteile fest miteinander verspannen (**Bild 3,** links). Um ein selbstständiges Lösen zu erschweren, verwendet man für Befestigungsgewinde eingängige Spitzgewinde. Durch den kleinen Steigungs- und den großen Flankenwinkel dieser Gewinde ergibt sich eine große Reibungskraft.

Die senkrecht bzw. parallel zur schiefen Ebene wirkenden Komponenten der Schraubenkraft F_S heißen Normalkraft F_N bzw. Hangabtriebskraft F_H **(Bilder 4** und **5).** Bei kleinen Steigungswinkeln erhält man eine kleine Hangabtriebskraft, aber eine große Normalkraft, die eine große Reibungskraft F_R ergibt. Befestigungsgewinde sind deshalb immer selbsthemmend.

Mit **Bewegungsgewinden** werden drehende Bewegungen in geradlinige umgewandelt (**Bild 3,** rechts). Bewegungsgewinde sind selbsthemmend oder nicht selbsthemmend. Selbsthemmende Bewegungsgewinde, wie z. B. Trapezgewinde in Schraubstöcken und Vorschubspindeln von Werkzeugmaschinen, bleiben unter Betriebslast stehen.

Durch große Steigungen und kleine Flankenwinkel, vor allem aber durch die Verringerung der Reibung, wird die Selbsthemmung aufgehoben (Kugelgewindetrieb). Solche Gewindespindeln benötigen im Stillstand eine Lagepositionierung (Lageregelung bei CNC-Maschinen). Wegen des nur geringen Unterschiedes zwischen Haft- und Gleitreibungskraft tritt kein Ruckgleiten auf. Dadurch ist eine genaue Positionierung des angetriebenen Werkzeugschlittens möglich.

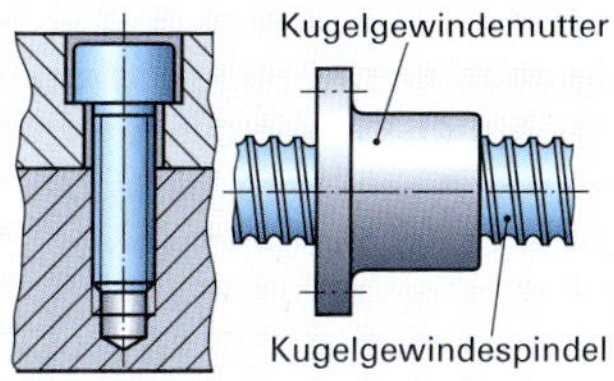

Bild 3: Befestigungs- und Bewegungsgewinde

F_R = Reibungskraft bei Gleitreibung

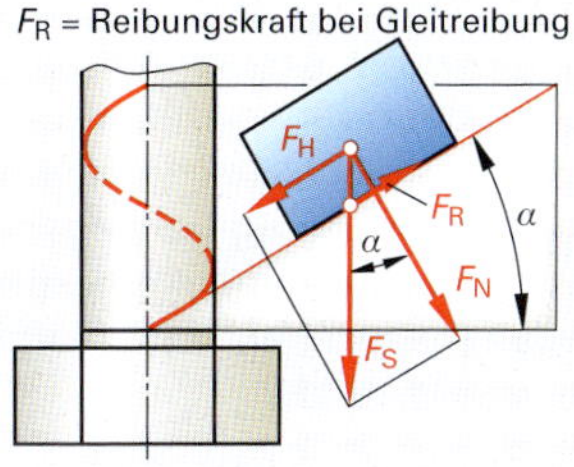

Bild 4: Nicht selbsthemmendes Gewinde

F_R = Reibungskraft bei Haftreibung

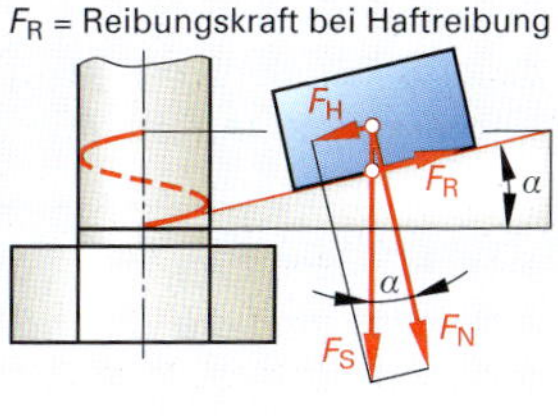

Bild 5: Selbsthemmendes Gewinde

Beispiel: Ein Trapezgewinde Tr20x4 (α = 3,64°) wird mit der Schraubenkraft F_S = 8 kN in Achsrichtung belastet. Die Gleitreibungszahl beträgt μ = 0,1, die Haftreibungszahl μ = 0,12. Durch Rechnung soll untersucht werden, ob das Gewinde selbsthemmend ist.

Lösung: $F_H = F \cdot \sin\alpha = 8000\ \text{N} \cdot 0{,}0635 = \mathbf{507\ N}$

$F_N = F \cdot \cos\alpha = 8000\ \text{N} \cdot 0{,}9979 = \mathbf{7983\ N}$

$F_R = \mu \cdot F_N = 0{,}1 \cdot 7983\ \text{N} = \mathbf{798\ N}$; $F_R = \mu \cdot F_N = 0{,}12 \cdot 7983\ \text{N} = \mathbf{958\ N}$

Das Gewinde ist selbsthemmend, weil die Hangabtriebskraft F_H kleiner ist als die errechneten Reibungskräfte F_R.

Einteilung nach dem Gewindeprofil

Metrische ISO-Gewinde. Bei den metrischen ISO-Gewinden beträgt der Flankenwinkel 60° **(Bild 1).** Je nach Größe der Steigung wird in Regelgewinde und Feingewinde unterschieden. Bei **Regelgewinden** wird nur das Kurzzeichen M mit dem Nenndurchmesser in der Bezeichnung angegeben, z. B. **M16.** Sie werden vorwiegend als Befestigungsgewinde eingesetzt. **Feingewinde** haben bei gleichem Nenndurchmesser eine kleinere Steigung als Regelgewinde. In der Gewindebezeichnung wird außer dem Nenndurchmesser auch die Steigung (z. B. **M16 x 1,5**) angegeben.

Rohrgewinde. Rohrgewinde besitzen einen Flankenwinkel von 55° **(Bild 2).** Das Außengewinde am Rohr wird nach dem Bohrungsdurchmesser des Rohres in Inch bzw. Zoll (1 in = 1″ = 25,4 mm) bezeichnet. Bei einem zylindrischen Außen- und Innengewinde wird ein **G** verwendet (z. B. **G¾**). Hierbei liegt keine dichtende Verbindung vor. Wird ein metallisch dichtendes Gewinde gefordert, setzt man zu dem zylindrischen Innengewinde (z. B. **Rp¾**) ein kegliges Außengewinde (z. B. **R¾**) ein. In der Bezeichnung wird dann, wie im Beispiel verdeutlicht, ein **Rp** bzw. **R** verwendet.

Trapezgewinde. Bei Trapezgewinden beträgt der Flankenwinkel 30° **(Bild 3).** Man verwendet sie meist als Bewegungsgewinde, z. B. bei Schraubstöcken. Die Gewindebezeichnung enthält das Kurzzeichen **Tr** mit der Angabe des Nenndurchmessers und der Steigung (z. B. **Tr 24 x 6**).

Sägengewinde. Sägengewinde besitzen einen Flankenwinkel von 33° **(Bild 4).** Wegen des unsymmetrischen Gewindeprofils sind sie in einer Richtung hoch belastbar. Sie werden meist als Bewegungsgewinde, z. B. für Spannzangen an Werkzeugmaschinen, verwendet. In der Gewindebezeichnung werden das Kurzzeichen **S,** der Nenndurchmesser und die Steigung angegeben, z. B. **S 24 x 5.**

> Nach dem Gewindeprofil unterscheidet man vor allem metrische, Rohr-, Trapez- und Sägengewinde.

Einteilung nach dem Drehsinn

Linksgewinde werden entgegen dem Uhrzeigersinn eingeschraubt und nur dann verwendet, wenn sich ein **Rechtsgewinde** lösen würde, z. B. bei einer Schleifscheibenbefestigung, oder wenn eine bestimmte Bewegungsrichtung bei gegebener Drehrichtung verlangt wird, z. B. bei der Planzugspindel einer Drehmaschine. **Linksgewinde** müssen mit den Buchstaben „**LH**“ (Left Hand) zusätzlich gekennzeichnet werden, z. B. **M 16-LH.**

Einteilung nach der Gangzahl

Mehrgängige Gewinde verwendet man, wenn bei einer Umdrehung große axiale Bewegungen verlangt werden, wie z. B. bei Spindelpressen **(Bild 5).** Bei der Bezeichnung von mehrgängigen Gewinden folgt nach dem Nenndurchmesser und der Steigung die Teilung *P*, z. B. **Tr 32 x 18 P6** (18 : 6 = 3-gängiges Trapezgewinde mit 32 mm Nenndurchmesser, 18 mm Steigung und 6 mm Teilung).

Wiederholung und Vertiefung

1 Welches sind die wichtigsten Gewindemaße?

2 Wie werden Gewinde nach dem Verwendungszweck eingeteilt?

3 Welche Aufgaben haben Befestigungsgewinde?

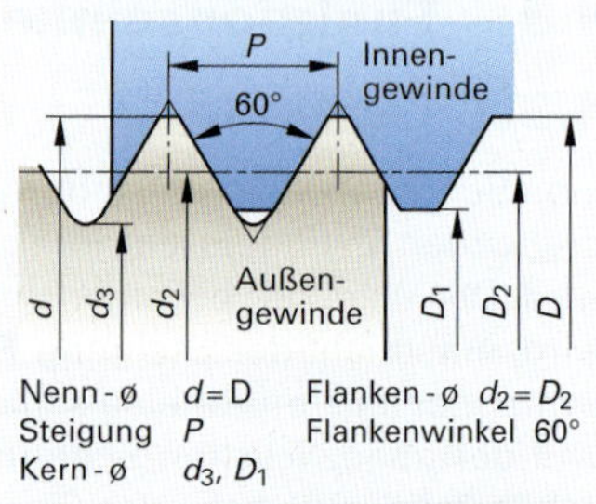

Bild 1: Metrisches ISO-Gewinde

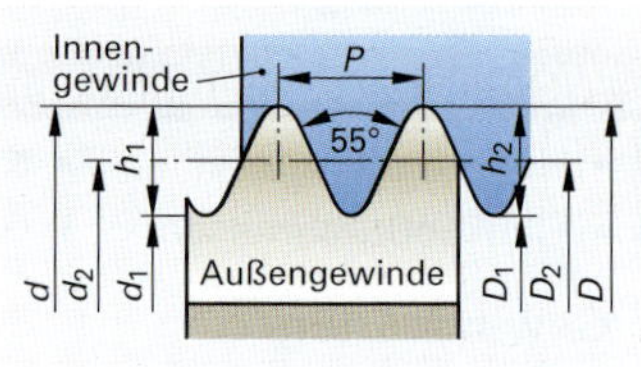

Bild 2: Rohrgewinde (zylindrisch)

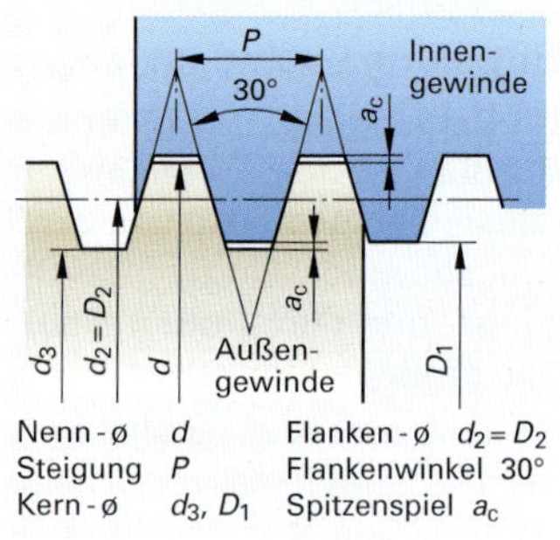

Bild 3: Trapezgewinde

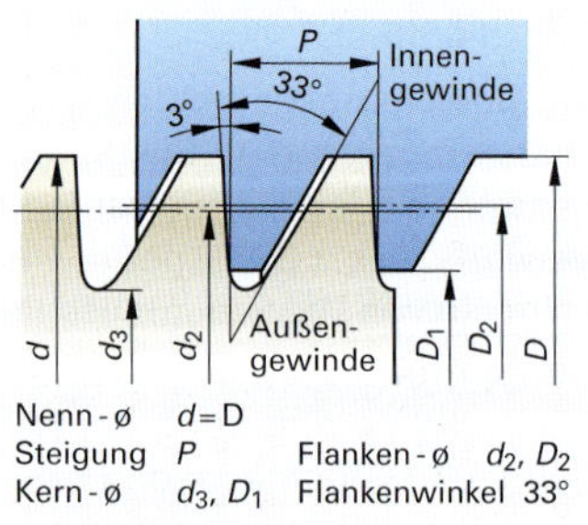

Bild 4: Sägengewinde

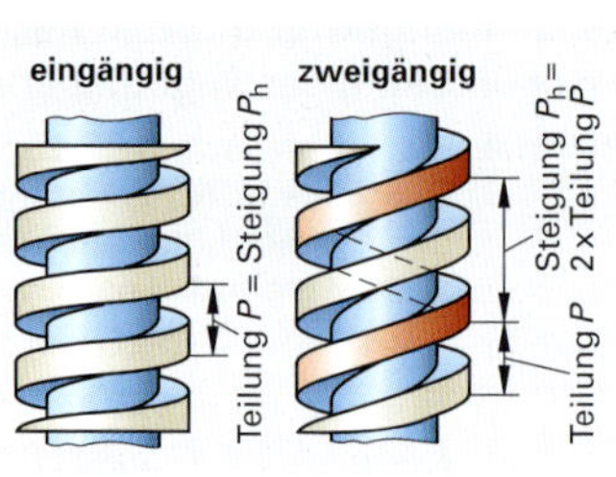

Bild 5: Ein- und zweigängiges Gewinde

4.3.2 Schraubenverbindungen

Schraubenverbindungen können mit **Durchsteckschrauben, Einziehschrauben** und **Stiftschrauben** ausgeführt werden **(Bild 1)**. Bei Durchsteckschrauben werden die zu verbindenden Teile durch das Anziehen der Mutter zusammengepresst. Mit Einziehschrauben werden Bauteile mit Werkstücken, in denen sich ein Innengewinde befindet, verschraubt. Bei Stiftschrauben ersetzt eine Mutter den Schraubenkopf.

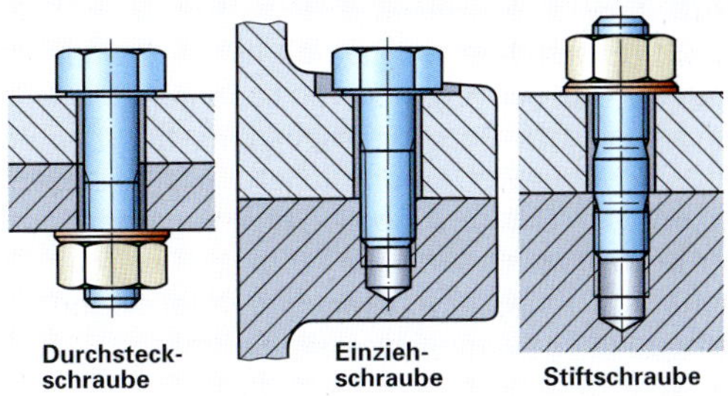

Bild 1: Schraubenverbindungen

Schrauben

Schrauben dürfen weder auf Abscherung (Ausnahme: Passschrauben) noch auf Biegung beansprucht werden. Um Biegebeanspruchung zu vermeiden, werden z. B. bei Gussstücken die Auflageflächen für den Schraubenkopf mit Flachsenkern gefertigt (**Bild 1,** Mitte).

Die Schrauben unterscheiden sich durch Kopfform, Schaftabmessungen, Gewindemaße und andere Einzelheiten **(Bilder 2** und **3** und **Bild 1, folgende Seite)**.

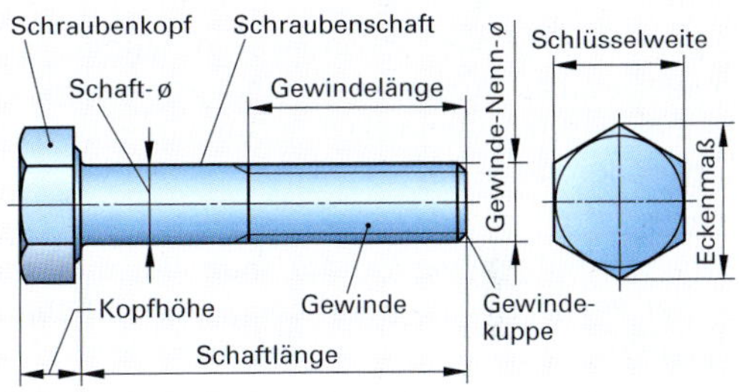

Bild 2: Bezeichnungen an einer Sechskantschraube

Einteilung nach der Kopfform

Sechskantschrauben bieten den Schraubwerkzeugen eine gute Führung. Das Gewinde, als Regel- oder Feingewinde ausgeführt, reicht bei einigen Ausführungen bis zum Kopf. Dieser ist meist mit einem Telleransatz versehen.

Zylinderschrauben mit Innensechskant werden verwendet, wenn die Schraubenabstände klein sind oder wenn der Schraubenkopf nicht aus dem Werkstück herausragen darf. Zylinderschrauben mit Innensechskant werden mit hohem Kopf ($h = d$), niedrigem Kopf und mit oder ohne Schlüsselführungen als hochfeste Schrauben hergestellt.

> Sechskantschrauben und Zylinderschrauben mit Innensechskant sind die im Maschinenbau am häufigsten verwendeten Schrauben.

Senkschrauben mit Innensechskant besitzen eine geringere Kopfhöhe als Zylinderschrauben mit Innensechskant. Sie werden meist dann verwendet, wenn Werkstücke mit geringen Wanddicken verschraubt werden sollen. Wegen ihrer kegeligen Kopfform zentrieren sie das Werkstück.

Schlitzschrauben werden mit dem Schraubendreher angezogen. Sie werden deshalb nur mit relativ kleinen Gewindeabmessungen geliefert. Die erzielbaren Klemmkräfte sind erheblich geringer als z. B. bei Sechskantschrauben.

Schrauben mit Kreuzschlitz lassen sich wegen der tieferen und größeren Mitnahmefläche und wegen des sich selbst zentrierenden Schraubendrehers fester anziehen als Schlitzschrauben.

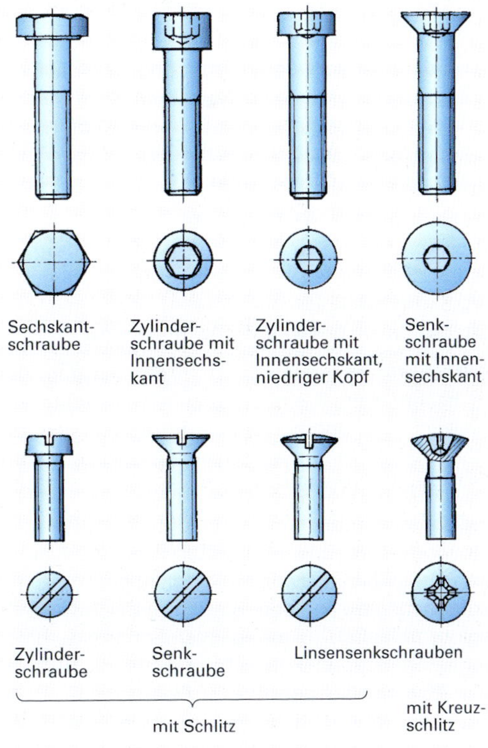

Bild 3: Kopfformen von Schrauben

Einteilung nach der Schaftform

Mit **Stiftschrauben** werden die Innengewinde der Bauteile, z. B. bei Turbinen und Lagergehäusen, geschont **(Bild 1)**. Durch kräftiges Einschrauben der Stiftschraube oder durch Sicherung mit Klebstoffen wird ein Mitdrehen beim Anziehen oder Lösen der Mutter verhindert. Stiftschrauben werden anstelle von Kopfschrauben verwendet, wenn die Verbindung häufig gelöst werden muss.

Bei **Dehnschrauben**, z. B. für Pleuelstangen und Hochdruckflanschverbindungen, wird der lange, dünne Schaft beim Anziehen elastisch gedehnt **(Bild 2)**. Dehnschrauben benötigen deshalb keine Schraubensicherung. Der Schaftdurchmesser beträgt etwa 90 % des Gewindekerndurchmessers. Dehnschrauben müssen mit hoher Vorspannkraft montiert werden, wenn sie ihre Aufgabe richtig erfüllen sollen (Seite 437).

> Dehnschrauben verwendet man bei dynamischer Beanspruchung und bei größeren Schaftlängen.

Passschrauben werden eingesetzt, wenn die Schraubenverbindung Querkräfte aufnehmen muss oder wenn die Lage der Werkstücke zueinander gesichert werden soll **(Bild 3)**. Passschraubenverbindungen sind teuer, weil der Schraubenschaft geschliffen und die Bohrung gerieben werden.

Gewindestifte verwendet man hauptsächlich zur Sicherung der Lage von Werkstücken mit Naben auf Wellen und Achsen. Ihre Enden sind oft gehärtet und, je nach Art der Befestigung auf der Welle, unterschiedlich geformt **(Bild 4)**.

Blechschrauben sind gehärtet und haben ein scharfkantiges Gewinde mit großer Steigung **(Bild 5)**. Sie werden zum Verbinden von Blechen bis 2,5 mm Blechdicke verwendet. Beim Einschrauben formen sie das Muttergewinde selbst.

Bohrschrauben gleichen in ihrem Aufbau den Blechschrauben, besitzen aber am Schaftanfang zusätzlich eine Bohrspitze zum Bohren des Grundlochs (Bild 5). Mit ihnen lassen sich bis zu 10 mm dicke Bleche durchbohren.

Fließbohrschrauben erfordern zum Eindrehen hohe Schrauber-Drehzahlen. Durch Druck auf die Schraube entsteht Reibungswärme zwischen der konischen Schraubenspitze und dem Blech: Der Blechwerkstoff beginnt zu fließen. In das so entstehende Grundloch furcht die Schraube ihr Muttergewinde **(Bild 6)**. Beim Abkühlen schrumpft das Innengewinde auf die eingeschraubte Fließbohrschraube. Eine zusätzliche Schraubensicherung ist deshalb meist nicht erforderlich.

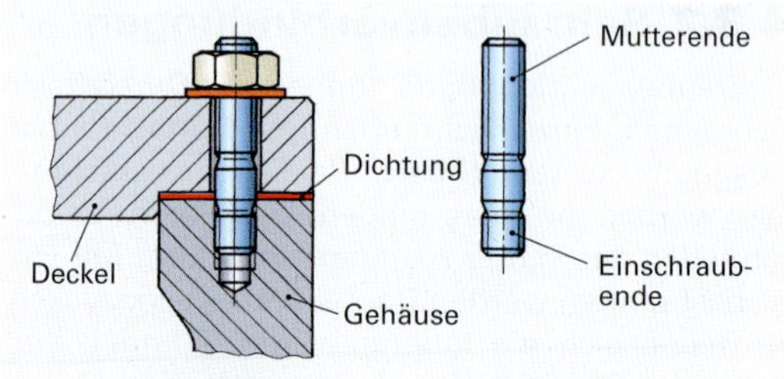

Bild 1: Stiftschraube

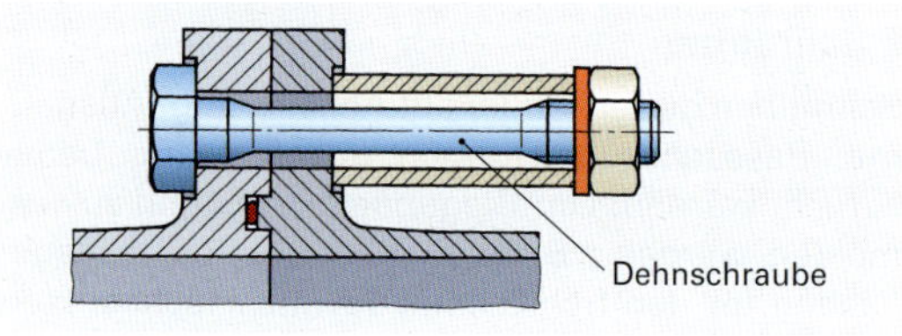

Bild 2: Dehnschraube

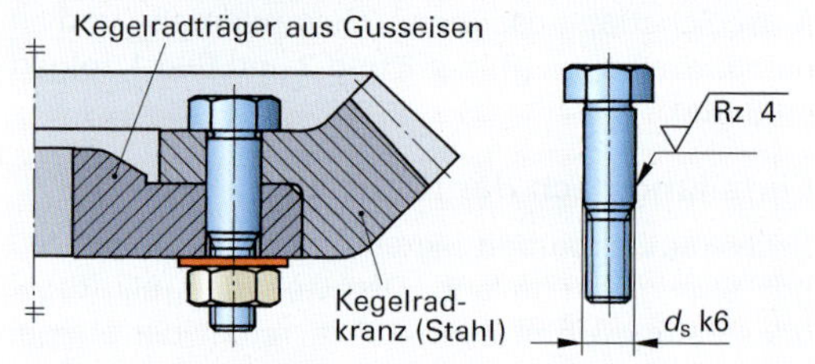

Bild 3: Passschraube

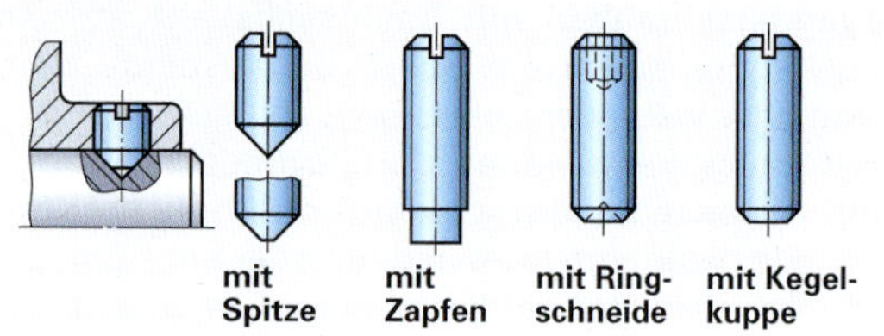

Bild 4: Gewindestifte

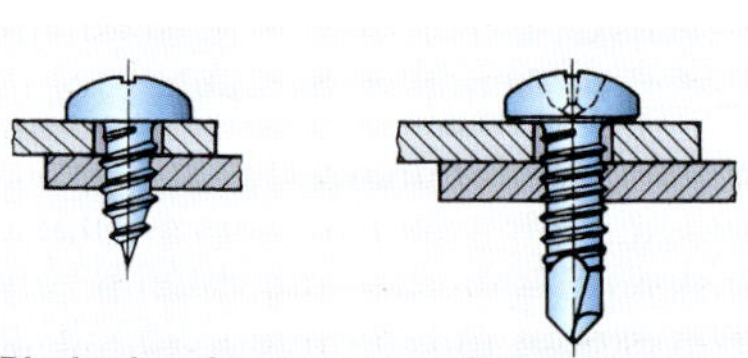

Bild 5: Blech- und Bohrschraube

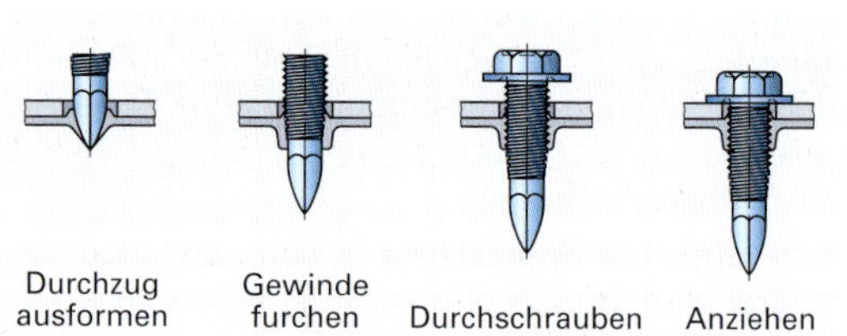

Bild 6: Fließbohrschraube

Muttern

Muttern stellt man nach ihrem Verwendungszweck in verschiedenen Formen her **(Tabelle 1)**.

Tabelle 1: Muttern

Form	Bezeichnung/Verwendung	Form	Bezeichnung/Verwendung
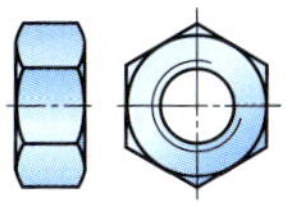	**Sechskantmutter** In Verbindung mit Sechskantschrauben, Schlitzschrauben und Stiftschrauben.	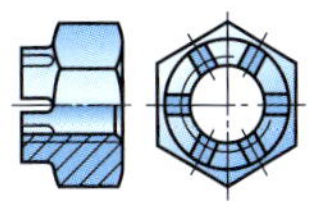	**Kronenmutter** Wenn die Schraubenverbindung mit Splinten gesichert werden soll.
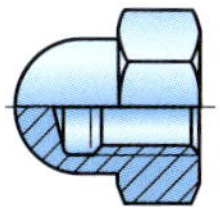	**Hutmutter** Verhindern Beschädigung und Korrosion des Gewindeendes; schützen vor Verletzung durch scharfe Schraubenenden.	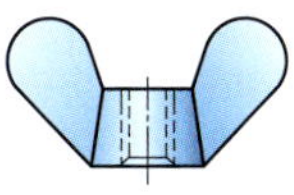	**Flügelmutter** Wenn die Schraubenverbindung oft gelöst werden muss, z. B. bei Vorrichtungen.
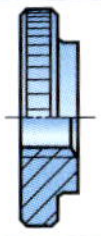	**Rändelmutter** Wenn die Schraubenverbindung oft von Hand gelöst werden muss, z. B. bei Vorrichtungen.	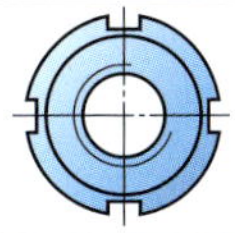	**Nutmutter** Zum Ein- und Nachstellen des axialen Spiels und zum Befestigen von Wälzlagern auf Wellen.
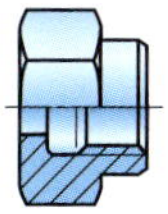	**Überwurfmutter** Für Rohrverschraubungen.	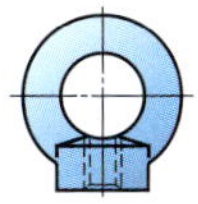	**Ringmutter** Als Ösen zum Transport von Maschinen.

Sechskantmuttern werden meist in Verbindung mit Sechskantschrauben verwendet.

Die in der Schraube wirkende Zugkraft wird durch Schraubenkopf und Mutter auf die Bauteile übertragen. Beim Anziehen der Verbindung wird die Schraube gedehnt, die Mutter dagegen in Achsrichtung gestaucht. Dadurch entstehen Steigungsunterschiede zwischen dem Bolzen- und dem Muttergewinde, die bewirken, dass der erste tragende Muttergewindegang am stärksten beansprucht wird. Bei den folgenden Gewindegängen der Mutter nimmt die Beanspruchung dann stetig ab **(Bild 1)**.

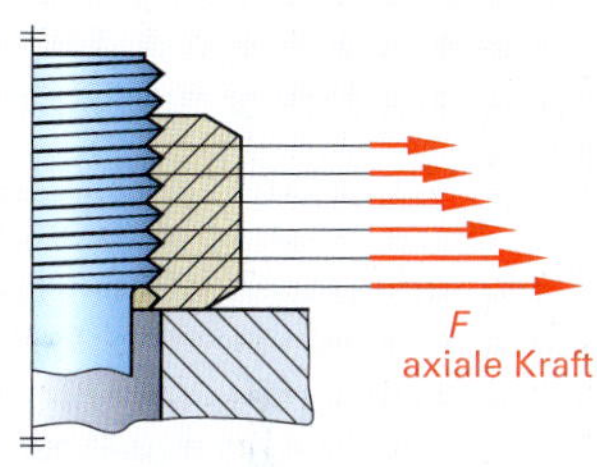

Bild 1: Kraftverteilung auf die Gewindegänge

Gewindeeinsätze

Bei Werkstoffen mit geringer Scherfestigkeit, wie z. B. Leichtmetall, Kunststoff und Holz, reißen Innengewinde bei großer Belastung aus.

Mit **Gewindeeinsätzen aus profiliertem Draht** können in metallischen Werkstoffen, z. B. in Aluminium und Al-Mg-Legierungen, hochbelastbare Gewinde hergestellt werden **(Bild 2)**. Solche Gewindeeinsätze werden auch verwendet, wenn Werkstücke mit beschädigten Gewinden repariert werden müssen oder wenn Schrauben oft in Gewinde eingedreht werden, wie z. B. bei Rasterspannplatten flexibler Vorrichtungssysteme. Weil die aus legiertem Stahl gefertigten Gewindeeinsätze große Vorspannkräfte zulassen, können bei Verwendung hochfester Schrauben kleinere Schraubendurchmesser verwendet werden. Dadurch sind z. B. Gewichtseinsparungen möglich.

Selbstschneidende Gewindeeinsätze aus Cu-Zn-Legierungen besitzen Außengewinde und schneiden oder drücken sich ihr Aufnahmegewinde selbst (Bild 2). Sie eignen sich z. B. für Kunststoffe und Holz.

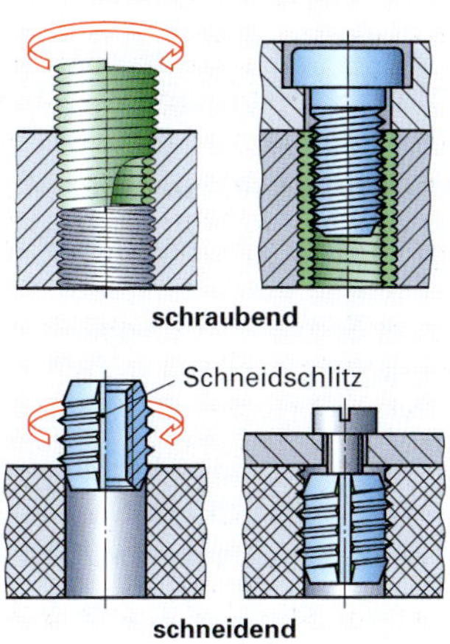

Bild 2: Gewindeeinsätze

Festigkeitsklassen für Schrauben

Bei Schrauben aus **unlegierten** und **legierten** Stählen wird die Festigkeitsklasse durch zwei Zahlen auf dem Schraubenkopf, z.B. 10.9 (zehn Punkt neun), angegeben (**Tabelle 1** und **Bild 1**). Die Zugfestigkeit R_m wird durch die Multiplikation der 1. Zahl mit 100 berechnet. Die Streckgrenze R_e ergibt sich aus dem Produkt beider Zahlen und der Zahl 10.

Beispiel: Sechskantschraube ISO 4017 – M12 x 50 – 10.9
- $R_m = 10 \cdot 100\ \text{N/mm}^2 = 1000\ \text{N/mm}^2$
- $R_e = 10 \cdot 9 \cdot 10\ \text{N/mm}^2 = 900\ \text{N/mm}^2$

Schrauben aus **nichtrostenden Stählen** werden mit der Festigkeitsklasse **A2** bezeichnet. Nichtrostende und **säurebeständige** Schrauben erhalten die Festigkeitsklasse **A4.** Zu der Festigkeitsklasse wird eine 2-stellige Zahl angegeben (Tabelle 1 und Bild 1). Aus dieser Zahl berechnet sich die Zugfestigkeit R_m durch die Multiplikation mit der Zahl 10.

Beispiel: Sechskantschraube ISO 4017–M12x50–A2-50
- $R_m = 50 \cdot 10\ \text{N/mm}^2 = 500\ \text{N/mm}^2$

Wegen der Gefahr einer bleibenden Verlängerung darf bei Schrauben die Streckgrenze R_e bzw. die 0,2-Dehngrenze $R_{p0,2}$ nicht überschritten werden.

Aus Sicherheitsgründen liegt die zulässige Spannung niedriger. Dies wird durch eine Sicherheitszahl ν berücksichtigt. Sie beträgt 1,5 bis 3.

Der bei Zugbeanspruchung gefährdete Querschnitt ist der **Spannungsquerschnitt A_s.** Er kann berechnet werden, wird aber meist aus Tabellenbüchern entnommen.

Die in der Schraube auftretende Spannung σ_z errechnet sich aus der im Schraubenschaft wirkenden Zugkraft F dividiert durch den Spannungsquerschnitt A_s:

Beispiel: Ein Blindflansch soll mit $n = 6$ Schrauben der Festigkeitsklasse 10.9 abgedichtet werden. Die aufzunehmende Gesamtkraft beträgt $F_{ges} = 288$ kN, die Sicherheitszahl $\nu = 1{,}5$. Welche Schraubengröße muss verwendet werden?

Lösung: $$\sigma_{zzul} = \frac{R_e}{\nu} = \frac{900\ \text{N/mm}^2}{1{,}5} = 600\ \text{N/mm}^2$$

$$\sigma_{zzul} = \frac{F}{A_s};\quad F = \frac{F_{ges}}{n} = \frac{288\,000\ \text{N}}{6} = 48\,000\ \text{N}$$

$$A_s = \frac{F}{\sigma_{zzul}} = \frac{48\,000\ \text{N}}{600\ \text{N/mm}^2} = 80\ \text{mm}^2.$$ **Gewählt: M 12** (mit $A_s = 84{,}3\ \text{mm}^2$, → Tabellenbuch)

Festigkeitsklassen für Muttern

Bei Muttern aus unlegierten und legierten Stählen wird die Festigkeitsklasse durch eine Zahl, z.B. 10, angegeben. Die Mindestzugfestigkeit R_m berechnet sich durch Multiplizieren der Zahl mit 100.

Beispiel: Sechskantmutter ISO 4032 – M12 – 10
- $R_m = 10 \cdot 100\ \text{N/mm}^2 = 1000\ \text{N/mm}^2$

Bei nichtrostenden Stählen erhält die Mutter die gleiche Bezeichnung wie die Schraube (vgl. Beispiel Sechskantschraube).

Beispiel: Sechskantmutter ISO 4032 – M12 – A2-50

Eine Mutter, die mit einer Schraube kombiniert werden soll, muss mindestens dieselbe Festigkeitsklasse wie die Schraube besitzen **(Tabelle 2).**

Tabelle 1: Zuordnung der Festigkeitsklassen von Schrauben zum Werkstoff der Fügeteile

Schraube			Verbindung
Festigkeitsklasse	Zugfestigkeit R_m	Streckgrenze R_e bzw. Dehngrenze $R_{p0,2}$	Werkstoff der Fügeteile
	in N/mm²		
6.8	600	480	unlegierte und legierte Stähle $R_e < 350\ \text{N/mm}^2$
8.8	800	640	
10.9	1000	900	legierte Stähle $R_e > 350\ \text{N/mm}^2$
12.9	1200	1080	hochfeste Vergütungsstähle
A2-50	500	210	nichtrostende Stähle
A2-70	700	450	
A4-50	500	210	nichtrostende und säurebeständige Stähle

Zulässige Spannung $$\sigma_{zzul} = \frac{R_e}{\nu}$$

Zugspannung $$\sigma_z = \frac{F}{A_s}$$

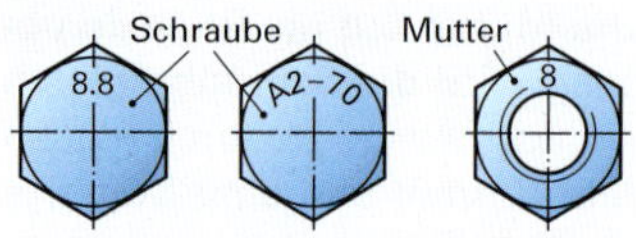

Bild 1: Kennzeichnung der Festigkeitsklassen bei Schrauben und Muttern

Tabelle 2: Festigkeitsklassen von Muttern

Festigkeitsklasse	
Mutter	zugehörige Schraube
6	6.8
8	8.8
10	10.9
12	12.9
A2-50	A2-50
A2-70	A2-70
A4-50	A4-50

Ab der Festigkeitsklasse 8 müssen Muttern mit der Festigkeitsklasse gekennzeichnet werden (Bild 1).

Schraubensicherungen

Durch kontrolliertes Anziehen wird in der Schraube eine Vorspannkraft F_V erzeugt, welche die Schraubenverbindung z. B. bei Verwendung langer Schrauben ohne zusätzliche Elemente sichert.

Setzsicherungen. Die Vorspannkraft kann durch Kriechen des Werkstoffs, z. B. durch plastische Verformung der Schraube, und durch Setzen abnehmen. Als Setzen wird z. B. das Einebnen der Oberflächenrauheiten im Gewinde und unter dem Schraubenkopf bezeichnet.

Setzsicherungen gleichen Kriech- und Setzbeträge aus und verhindern so, dass Vorspannkräfte unzulässig abnehmen.

Zu den Setzsicherungen zählen **Spannscheiben** und **Tellerfedern,** die sich, bei gleicher Form, nur in den Abmessungen unterscheiden **(Bild 1).** Andere federnde Elemente, wie z. B. **Federringe, Zahnscheiben** und **Fächerscheiben,** sind ab der Schraubenfestigkeitsklasse 8.8 unwirksam, weil sie bei großen Vorspannkräften nicht mehr federn.

Losdrehsicherungen. Bei Schraubenverbindungen, die in Achsrichtung stark dynamisch beansprucht werden, können Gleitbewegungen z. B. zwischen den Gewindeflanken von Schraube und Mutter auftreten, die durch Verformung der Verbindungselemente verursacht werden. Dabei kann sich die Schraubenverbindung losdrehen.

Losdrehsicherungen verhindern ein Losdrehen der Schraubenverbindung.

Als Losdrehsicherungen verwendet man **Sperrzahnschrauben, Sperrzahnmuttern** und **Klebstoffe (Bild 2).** Sperrzahnschrauben und Sperrzahnmuttern besitzen radial verlaufende Verriegelungszähne, die sich beim Anziehen der Verbindung in das Werkstück eindrücken und so durch Formschluss ein selbsttätiges Losdrehen verhindern. Ihre Sicherungseigenschaften sind gut, solange die Werkstückhärte geringer ist als die Härte der Zähne.

Klebstoff, der sich z. B. auf dem Schraubengewinde befindet, ist in kleinen Kapseln eingeschlossen und von einer dünnen Härterschicht umgeben. Beim Eindrehen platzen die Kapseln; Kleber und Härter mischen sich und härten innerhalb von 24 Stunden aus. Klebstoffe können auch bei gehärteten Oberflächen verwendet werden.

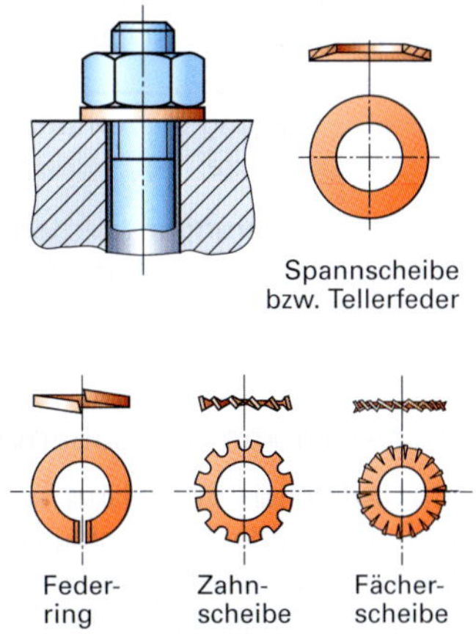

Bild 1: Setzsicherungen

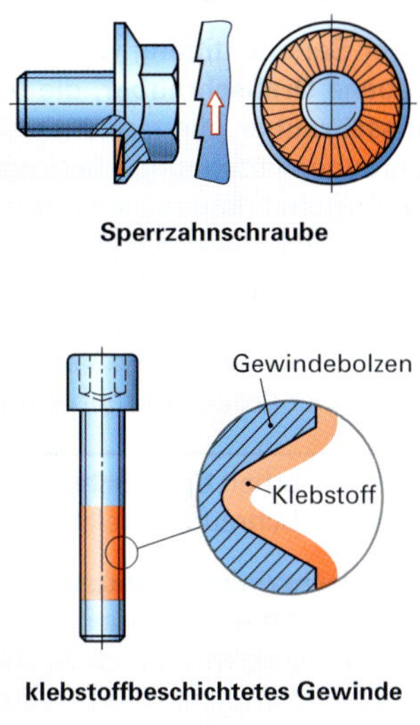

Bild 2: Losdrehsicherungen

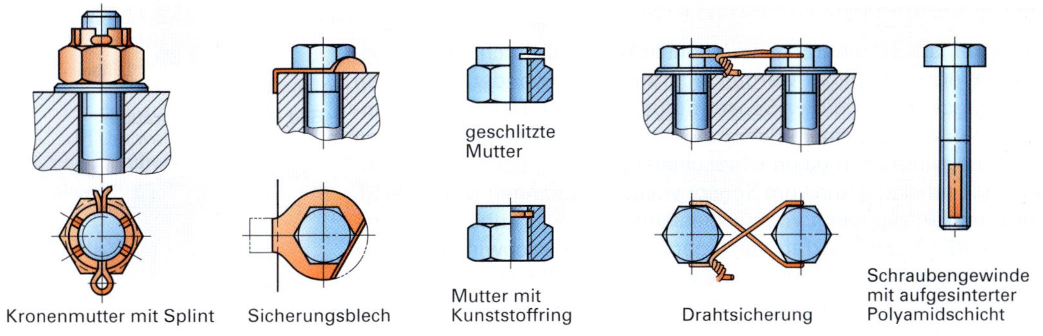

Bild 3: Verliersicherungen

Bei Stiftverbindungen genügt es meist, wenn die Stiftenden ungefähr auf die Länge, die dem Stiftdurchmesser entspricht, in die Aufnahmebohrungen der Bauteile hineinragen **(Bild 1)**. Bei dicken Werkstücken sollten deshalb die Stiftbohrungen aufgebohrt werden, um die Reibwerkzeuge zu schonen und die Montage zu erleichtern. Für den Ausbau der Stifte können zudem durchgehende Bohrungen angebracht werden (Bild 1).

Bei Stiften, die große Querkräfte aufnehmen, müssen der gefährdete Querschnitt auf Abscherung **(Bild 2)** und die Aufnahmebohrung auf die zulässige Flächenpressung berechnet werden **(Tabelle 1)**. Die Scherspannung errechnet sich aus der am gefährdeten Querschnitt wirkenden Kraft F, dividiert durch den Stiftquerschnitt S:

Scherspannung $$\tau_a = \frac{F}{S}$$

Die zulässigen Scherspannungen $\tau_{a\,zul}$ sind Erfahrungswerte des Maschinen- und Gerätebaus. Sie sind abhängig vom jeweiligen Belastungsfall. Für ungehärtete Stifte wird empfohlen:

Belastungsfall		
I (ruhend)	II (schwellend)	III (wechselnd)
$\tau_{azul} = 80\ N/mm^2$	$\tau_{azul} = 60\ N/mm^2$	$\tau_{azul} = 40\ N/mm^2$

Die Flächenpressung p in der Aufnahmebohrung wird berechnet aus der Kraft F, dividiert durch die projizierte Fläche A:

Flächenpressung $$p = \frac{F}{A}$$

Beispiel: Ein Zahnrad soll auf einer Welle mit $d_W = 40$ mm mit einem Zylinderstift ISO 2338 befestigt werden. Das zu übertragende Drehmoment beträgt $M = 65$ N · m. Wie groß muss der Stiftdurchmesser mindestens sein, wenn schwellende Belastung vorliegt? Anzahl der beanspruchten Querschnitte $n = 2$.

Lösung: Bei schwellender Belastung beträgt $\tau_{azul} = 60\ N/mm^2$ (Tabelle oben).

$$M = F \cdot \frac{d_W}{2}$$

$$F = \frac{2 \cdot M}{d_W} = \frac{2 \cdot 65\,000\ N \cdot mm}{40\ mm} = 3250\ N$$

$$S_i = \frac{F}{\tau_{azul} \cdot n} = \frac{3250\ N}{60\ N/mm^2 \cdot 2} = 27{,}1\ mm^2$$

$$d = \sqrt{\frac{4 \cdot S_i}{\pi}} = \sqrt{\frac{4 \cdot 27{,}1\ mm^2}{\pi}} = 5{,}9\ mm$$

gewählt: $\boldsymbol{d = 6\ mm}$

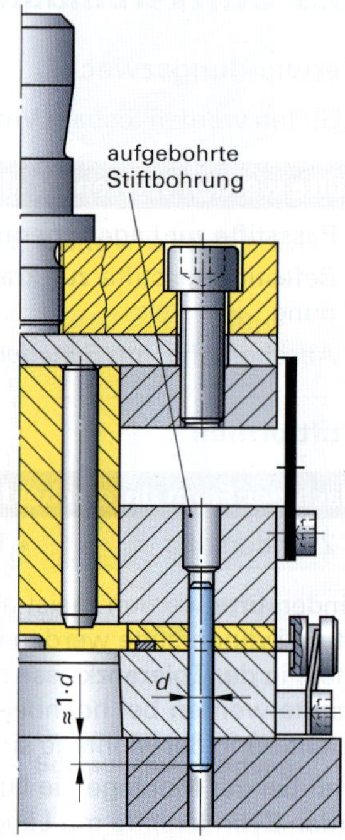

Bild 1: Montierter Zylinderstift

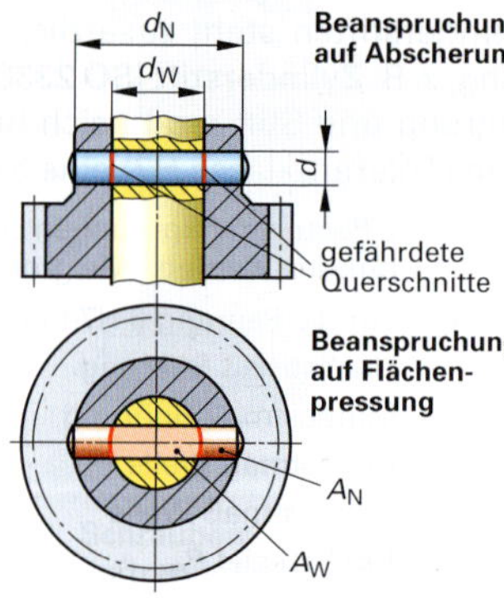

Bild 2: Gefährdete Stiftquerschnitte

Tabelle 1: Zulässige Flächenpressung bei schwellender Belastung (Erfahrungswerte)

Werkstoff	Flächenpressung p_{zul} in N/mm²
S235	70
E295	75
EN-GJL-150	50
EN AC-AlSi	30
EN AW-AlCu4Mg1	45

Wiederholung und Vertiefung

1 Wozu werden Passstifte verwendet?

2 In welchen Toleranzklassen werden ungehärtete Zylinderstifte (DIN EN ISO 2338) hergestellt?

3 Warum werden für Grundlöcher Zylinderstifte mit Längsrillen verwendet?

4 Beim Fügen eines Zylinderstiftes 8h8 mit einer Bohrung 8H7 ergibt sich eine Spielpassung. Wie groß sind Höchst- und Mindestspiel?

5 Wie groß ist die Verjüngung von Kegelstiften?

Arbeitsbeispiel: Spannwinkel

Aufgabenstellung

Zur Herstellung einer Bohrvorrichtung muss ein Spannwinkel (1), der bis auf die Bohrarbeiten fertig bearbeitet ist, auf der Grundplatte (2) befestigt werden **(Bild 1)**. Dazu werden 3 Schrauben M8 (3) und 2 Stifte (4) verwendet.

Der Spannwinkel muss beim Spannen des mit der Bohrvorrichtung zu bearbeitenden Werkstücks eine Kraft *F* in der in Bild 1 eingezeichneten Richtung aufnehmen.

Hinweis: Zur Beantwortung einiger der folgenden Fragen ist ein Tabellenbuch erforderlich.

Arbeitsplan

a) Aus welchem Grund werden Arbeitspläne erstellt?

b) Entwerfen Sie einen Arbeitsplan zum Bearbeiten und zum Befestigen des Spannwinkels (1) auf der Grundplatte (2). Geben Sie für die Bearbeitung und die Montage auch alle erforderlichen Werkzeuge an.

Schraubenverbindung

a) An welchen Stellen des Spannwinkels befinden sich die Innengewinde?

b) Warum hat der Konstrukteur die Schrauben an diesen Stellen angeordnet?

c) Ermitteln Sie die Mindesteinschraubtiefe der Schrauben (Festigkeitsklasse 8.8).

d) Welche Länge *l* müssen die Schrauben besitzen, wenn die Grundplatte (2) 16 mm dick ist.

e) Welche Normbezeichnung haben die Schrauben?

f) Ermitteln Sie nach DIN 974-1 die Durchmesser d_1 und d_h und die Senktiefe *t* **(Bild 2).**

g) Auf welche Tiefe *t* muss das Gewindegrundloch mindestens gebohrt werden **(Bild 3).**

Stiftverbindung

a) Welche Aufgabe haben die Stifte?

b) Warum werden 2 Stifte verwendet?

c) Welche Stiftart wird verwendet?

d) Der Stiftdurchmesser soll 6 mm betragen. Welche genormte Länge schlagen Sie für die Stifte vor?

e) Wie lautet die Normbezeichnung der von Ihnen gewählten Stifte?

f) Wie wird gewährleistet, dass die Stiftlöcher aufeinander passen?

Verbesserungsvorschläge

a) Die Demontage des Spannwinkels ist schwierig. Nennen Sie die Ursache und verbessern Sie die Konstruktion.

b) Beurteilen Sie den Abstand der beiden Stifte. Wie lautet Ihr Verbesserungsvorschlag?

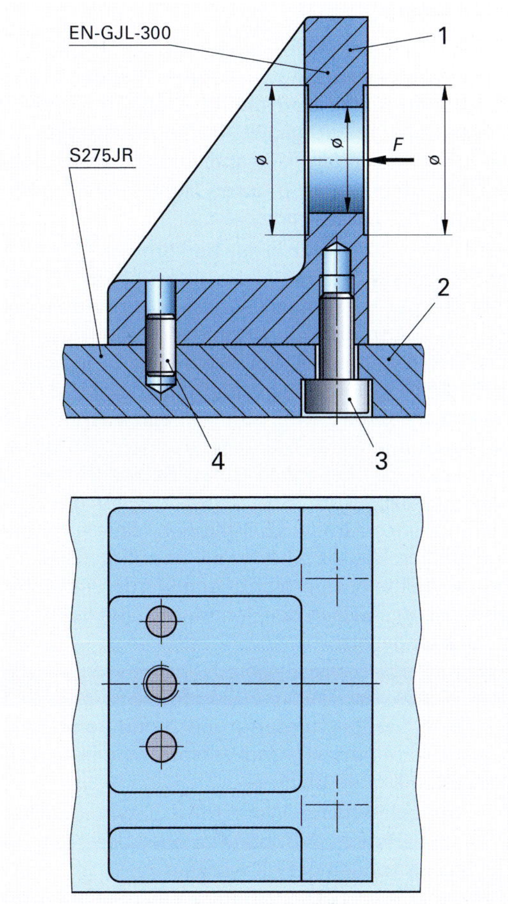

Bild 1: Spannwinkel und Grundplatte

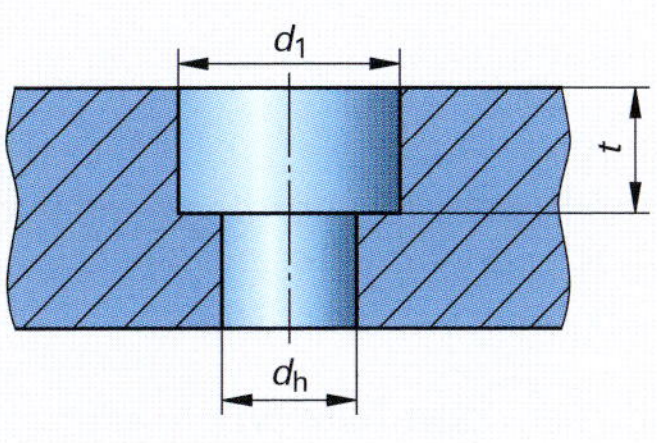

Bild 2: Senkungsmaße

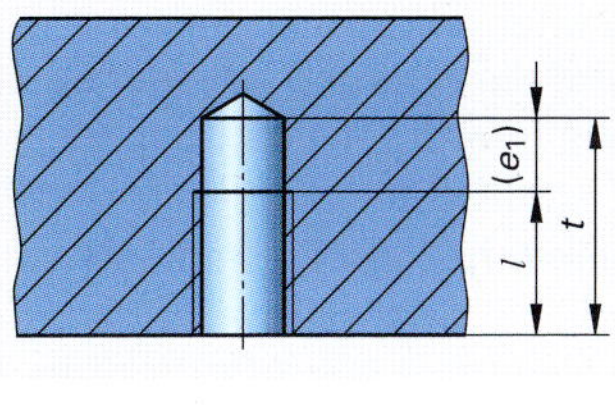

Bild 3: Tiefenmaße am Innengewinde

4.3.4 Nietverbindungen

Aufgaben

Durch Nieten entstehen unlösbare Verbindungen.

Feste Nietverbindungen können große Kräfte übertragen. **Feste und dichte** Nietverbindungen müssen gleichzeitig große Kräfte übertragen und die zu verbindenden Teile abdichten. **Extrem dichte** Nietverbindungen müssen Bauteile verbinden und gegeneinander abdichten.

Im Maschinenbau wurde das herkömmliche Nieten fast vollständig durch Schweißen ersetzt (Seite 248). Bei der Herstellung von Blechverbindungen, z. B. im Automobil- und Karosseriebau, gewinnt das Nieten mit fester Nietverbindung zunehmend an Bedeutung. In der Flugzeugindustrie ist das Nieten unverzichtbar, weil dort vielfach aushärtbare Al-Legierungen oder Titan-Legierungen verarbeitet werden, deren Festigkeit durch Schweißen stark herabgesetzt würde. So werden z. B. für die Herstellung eines Airbus 3,5 Millionen Niete für feste und dichte Nietverbindungen benötigt **(Bild 1)**. Extrem dichte Nietverbindungen werden im Rohrleitungsbau sowie in der Hochdruck- und Vakuumtechnik eingesetzt.

Vorteile des Nietens gegenüber dem Schweißen

- keine Gefügeänderung und damit keine Festigkeitsminderung und Versprödung in den zu verbindenden Blechen
- unterschiedliche Werkstoffe sowie oberflächenveredelte, z. B. polierte oder beschichtete Bleche können gefügt werden
- Verbindung kann auch bei einseitiger Zugänglichkeit hergestellt werden
- geringerer Energieverbrauch
- keine Gesundheitsgefahr durch Gase und Lichtstrahlung

Nietarten

Niete können nach der Kopfform, nach der Ausführung des Schaftes und nach dem Verfahren beim Nieten eingeteilt werden **(Bild 2)**.

Verfahren beim Nieten

Hammernieten. Der fertig geformte Niet besteht aus Setzkopf, Schaft und Schließkopf **(Bild 3)**. Die gebohrten und angesenkten Teile werden mit dem Nietenzieher zusammengepresst. Durch Anstauchen wird die Bohrung vollständig ausgefüllt. Anschließend wird der aus dem Nietloch herausragende Schaftteil zum Schließkopf geformt.

Taumelnieten. Beim Taumelnieten drückt ein Nietwerkzeug bei einer taumelartigen Kreisbewegung um die Nietachse den umzuformenden Werkstoff in die gewünschte Kopfform **(Bild 4)**.

Bild 1: Airbus mit vernieteter Außenkontur

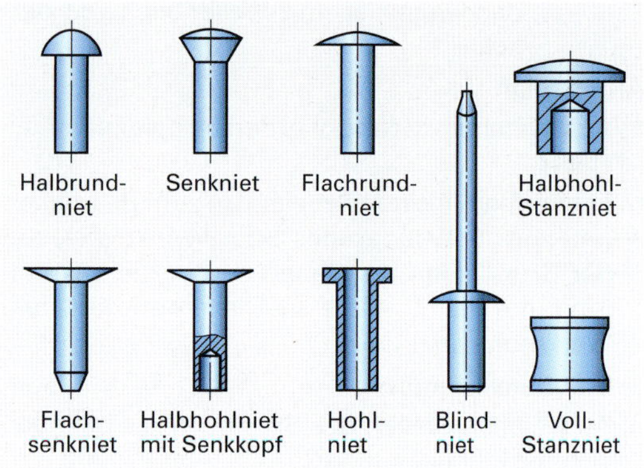

Bild 2: Nietarten

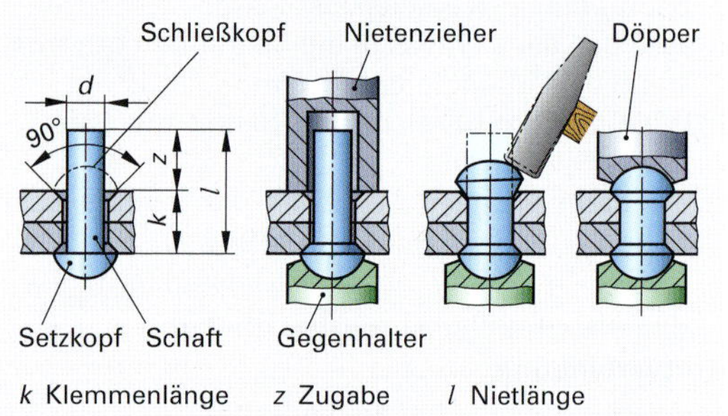

Bild 3: Hammernieten

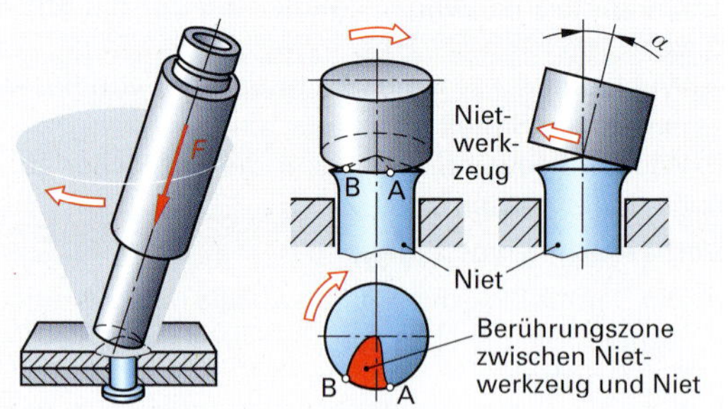

Bild 4: Taumelnieten

Blindnieten. Blindniete werden verwendet, wenn die Nietstelle nur von einer Seite aus zugänglich ist. Sie bestehen aus einer Niethülse und dem Nietdorn. Dieser besitzt eine Sollbruchstelle. Mit einem Nietwerkzeug wird der Kopf des Dornes in das überstehende Schaftende des hohlen Niets gezogen. Dadurch wird dieses plastisch verformt und bildet den Schließkopf. Beim Erreichen des größtmöglichen Anpressdruckes reißt der Nietdorn an der Sollbruchstelle **(Bild 1).**

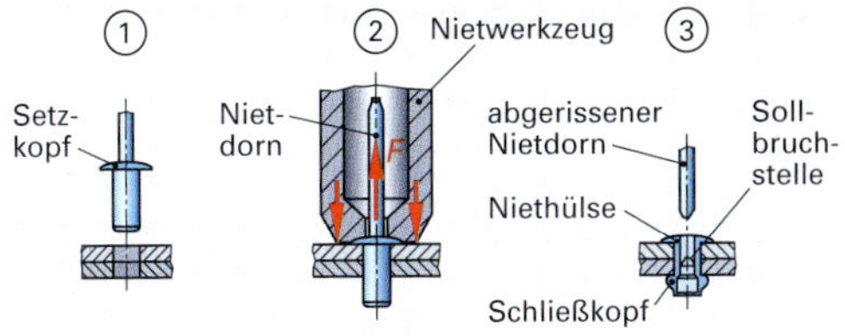

Bild 1: Blindnieten

Stanznieten. Beim Stanznieten stanzt sich der Niet seine Aufnahmebohrung selbst. Man unterscheidet Stanznieten mit Halbhohlnieten und mit Vollnieten.

Der **Halbhohlniet** durchstanzt zunächst das stempelseitige Blech. Anschließend weitet er sich und verformt dabei das matrizenseitige Blech. Die Werkstoffe werden in den Matrizenhohlraum verdrängt und bilden den Schließkopf **(Bild 2).** Das aus dem stempelseitigen Blech ausgestanzte Teil füllt den hohlen Nietschaft und wird dort eingeschlossen. Weil das matrizenseitige Blech nicht durchstoßen wird, ist die Verbindung hochfest und dicht.

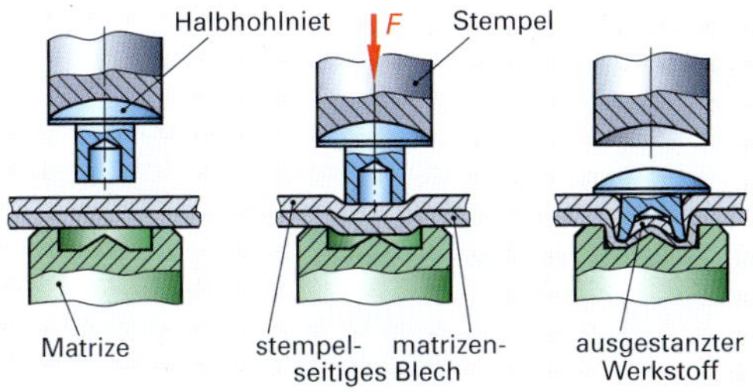

Bild 2: Stanznieten mit Halbhohlniet

Der **Vollniet** wird beim Nietvorgang nicht umgeformt. Er durchtrennt die Bleche; das ausgestanzte Material fällt durch die Matrize. Stempel und Matrize besitzen an den Stirnseiten Ansätze. Dadurch wird gegen Ende des Stempelhubs Fügeteilwerkstoff in den Hinterschneidungsbereich des Niets gedrängt **(Bild 3).**

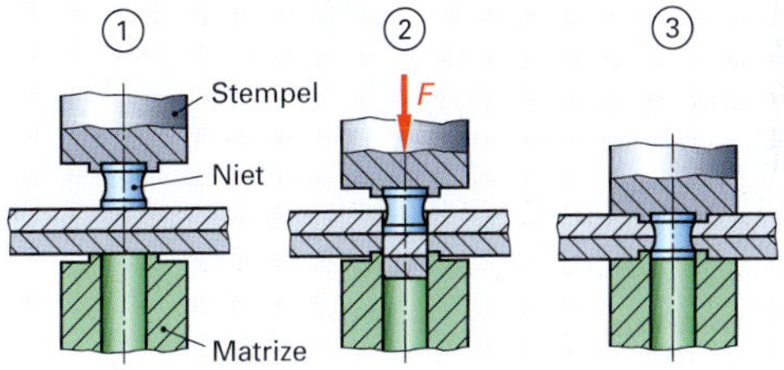

Bild 3: Stanznieten mit Vollniet

Nietähnliche Verfahren

Durchsetzfügen. Beim Durchsetzfügen werden die Bleche ohne Niet durch Kaltumformung miteinander verbunden. Ein Stempel zieht die zu verbindenden Teile in die Matrize. Sobald der Stempel den Matrizenboden erreicht hat, fließen die Werkstoffe in die Breite. Die Bleche verbinden sich formschlüssig miteinander **(Bild 4).**

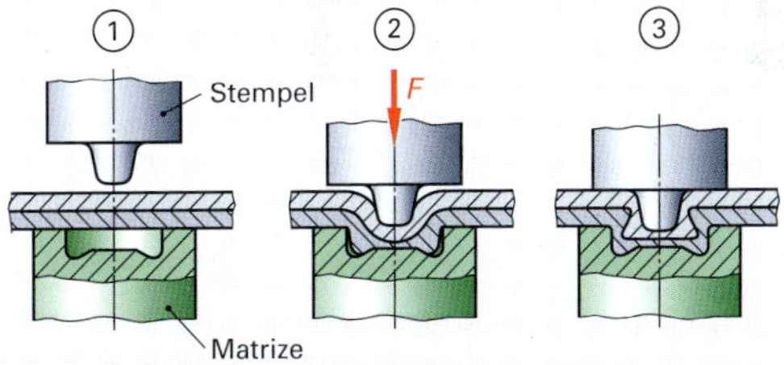

Bild 4: Durchsetzfügen

Nietwerkstoffe

Als Nietwerkstoffe verwendet man Stahl, Kupfer, Kupfer-Zink- und Al-Legierungen, in Ausnahmefällen auch Kunststoffe und Titan. Um elektrochemische Korrosion und ein Lockern der Verbindung bei Erwärmung zu vermeiden, sollen die Niete möglichst aus dem gleichen Werkstoff wie die zu fügenden Teile bestehen.

Niete sollen eine ausreichende Festigkeit aufweisen und sich gut umformen lassen.

Wiederholung und Vertiefung

1 Wie können Nietverbindungen nach den an sie gestellten Anforderungen eingeteilt werden?
2 Welche Vorteile hat das Nieten gegenüber dem Schweißen?
3 In welchen Fällen verwendet man Blindniete?
4 Welche Vorteile bietet das Stanznieten?
5 Aus welchen Werkstoffen werden Niete hergestellt?
6 Warum sollen die Bauteile und die Niete aus dem gleichen Werkstoff bestehen?

4.3.5 Welle-Nabe-Verbindungen

Aufgabe und Arten

Maschinenelemente wie Kupplungen und Zahnräder müssen mit Wellen so verbunden werden, damit das Drehmoment übertragen werden kann.

Die Drehmomentübertragung kann formschlüssig, vorgespannt formschlüssig, kraftschlüssig oder stoffschlüssig erfolgen.

> Welle-Nabe-Verbindungen übertragen Drehmomente.

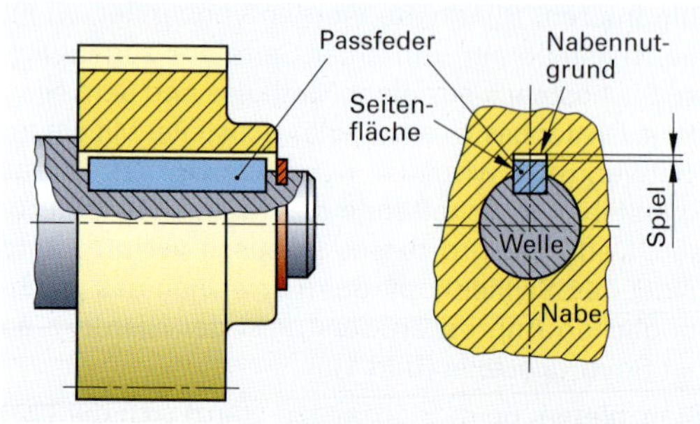

Bild 1: Passfeder-Verbindung

Formschluss-Verbindungen

Passfederverbindungen sind reine Mitnehmer-Verbindungen. Die parallelen Seitenflächen der Passfeder liegen in der Wellen- und Nabennut an **(Bild 1)**. Zwischen dem Passfeder-Rücken und dem Nabennut-Grund ist Spiel vorhanden. Für stoßartige Belastung ist diese Verbindung nicht geeignet, weil dabei Passfeder und Seitenflächen der Nut plastisch verformt und damit zerstört werden können. Bei Zahnrädern, die zum Schalten auf einer Welle verschoben werden müssen, erhalten die Passfedern durch entsprechende Toleranzen einen Gleitsitz.

Formen von Passfedern (Bild 2):

Form A besitzt abgerundete Stirnflächen. Solche Passfedern werden in Wellennuten eingepasst, die mit Langlochfräsern hergestellt werden.

Form B besitzt gerade Stirnflächen. Die dazu erforderlichen Wellennuten werden mit Scheiben- oder Schaftfräsern hergestellt.

Form C entspricht der Form A, besitzt aber zusätzlich eine Bohrung für eine Halteschraube, mit der die Passfeder in der Nut befestigt werden kann.

Keilwellen-Verbindungen werden für hochbeanspruchte Mitnehmerverbindungen, z. B. bei Schaltgetriebewellen von Werkzeugmaschinen, verwendet. Durch eine gerade Anzahl von Nuten entsteht eine gerade Anzahl von Passfedern (nicht „Keilen"), welche das Drehmoment gleichmäßig über den Umfang verteilt übertragen **(Bild 3)**. Welle und Nabe einer Keilwellen-Verbindung können bei geeigneten Passungen axial verschoben werden. Deshalb wendet man sie auch bei Verschieberädern an **(Bild 4)**. Die Zentrierung der Nabe auf der Welle erfolgt meist durch die Innenzentrierung von Welle und Nabe (Bild 3).

> Mit Keilwellen-Verbindungen versehene Bauteile sind axial verschiebbar und können große Drehmomente übertragen.

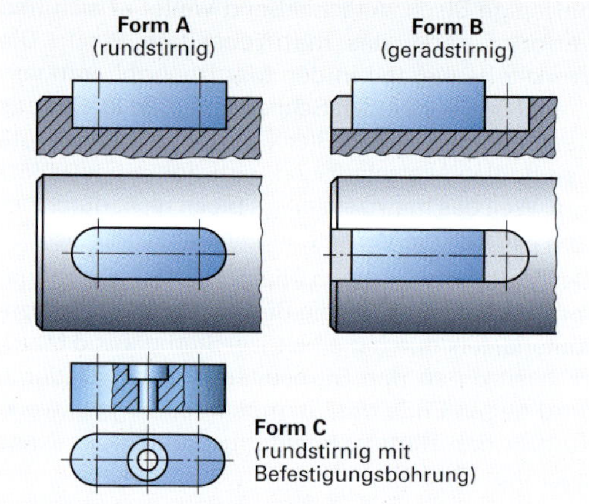

Bild 2: Formen von Passfedern

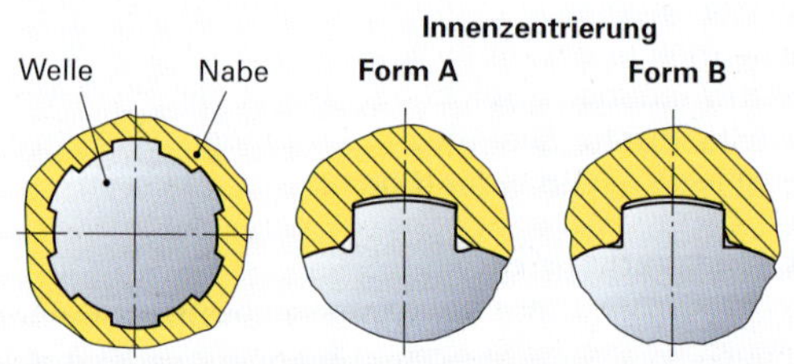

Bild 3: Keilwellen-Profile

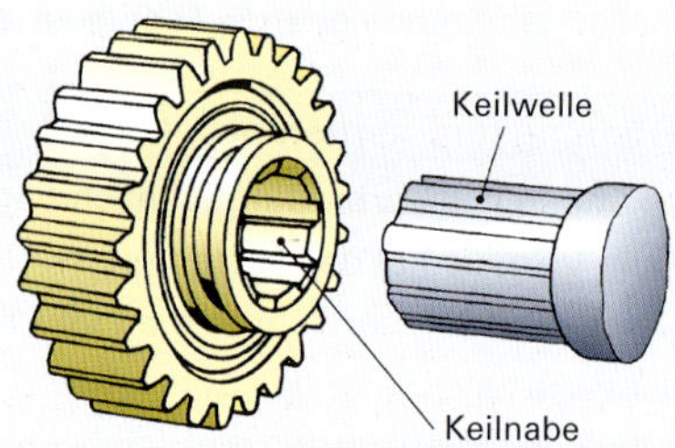

Bild 4: Keilwellen-Verbindung

Bei **Zahnwellen-Verbindungen** werden durch die feinere Zahnung die Welle und Nabe gegenüber dem Keilwellenprofil weniger geschwächt **(Bild 1)**. Deshalb können bei gleichem Durchmesser größere Drehmomente übertragen werden. Wegen der vielen Zähne sind Zahnwellen-Verbindungen besonders für stoßartige Belastungen geeignet. Außerdem kann die Winkellage zwischen Welle und Nabe, z. B. bei Hebeln, schrittweise von Zahn zu Zahn verändert werden.

Zahnwellen-Verbindungen werden nach der Form der Zahnflanken unterschieden. Die überwiegend eingesetzte **Evolventenverzahnung** („involute spline") hat eine Zahnform wie bei Zahnrädern. Die Anzahl der Zähne ist vom Durchmesser der Welle und vom Modul abhängig.

Bei der **Parallelverzahnung** haben die Zähne Keilflanken („straight sided spline"). Die beiden Flanken des Zahns bilden parallele Ebenen.

Die **Kerbverzahnung** mit ihren Kerbflanken („serration spline") hat spitze Zähne.

Die Zahnwellen-Verbindung erfordert eine hohe Fertigungsgenauigkeit, damit möglichst alle Flanken an der Drehmomentenübertragung beteiligt sind. Welle und Nabe lassen sich grundsätzlich axial verschieben, was in vielen Anwendungsfällen ausgenutzt wird.

Polygonwellen-Verbindungen sind Welle-Nabe-Verbindungen mit großer Zentriergenauigkeit. Da sie praktisch keine Kerbwirkung haben, können gegenüber Passfeder-Verbindungen größere Drehmomente übertragen werden **(Bilder 2** und **3)**.

> Polygonwellen-Verbindungen sind selbstzentrierend und kerbwirkungsfrei.

Vorgespannte Formschluss-Verbindungen

Keilverbindungen werden durch Keile, die eine Neigung von 1:100 und seitlich geringes Spiel in der Wellen- und Nabennut aufweisen, hergestellt. Durch das Eintreiben werden Welle und Nabe gegeneinander verspannt **(Bild 4)**. Durch dieses Verspannen werden die Mittelachsen von Welle und Nabe geringfügig gegeneinander verschoben. Die Verschiebung darf die Funktion der verbundenen Teile nicht beeinträchtigen.

Wegen der durch die Verschiebung der Mittelachsen entstehenden Unwucht eignen sich Keilverbindungen nicht für hohe Drehzahlen.

Stirnzahn-Verbindungen sind selbstzentrierende Verbindungselemente, bei denen an Planflächen radial angeordnete Zähne ineinander greifen **(Bild 5)**. Stirnzahnverbindungen werden z. B. wegen der möglichen hohen Teilgenauigkeit für Rundschalttische, wegen des geringen Platzbedarfs in Getrieben eingesetzt.

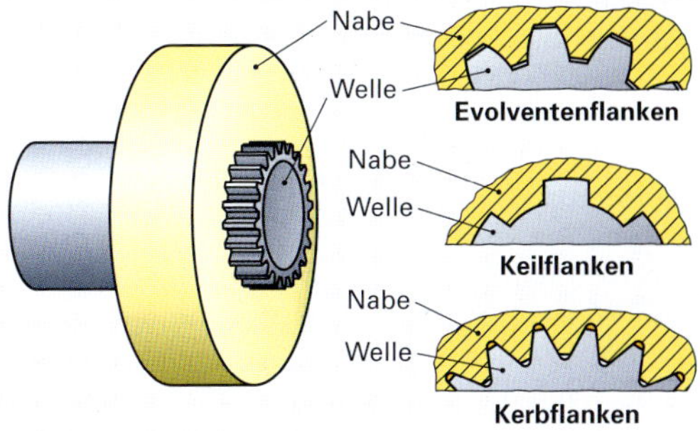

Bild 1: Zahnwellen-Verbindung

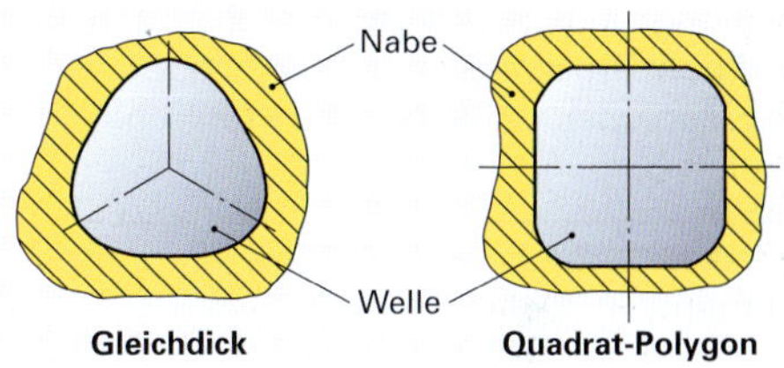

Bild 2: Polygon-Profile

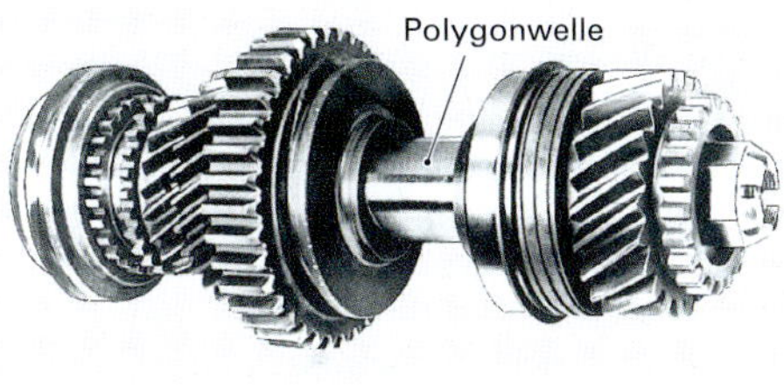

Bild 3: Polygonwellen-Verbindung in einem Schaltgetriebe

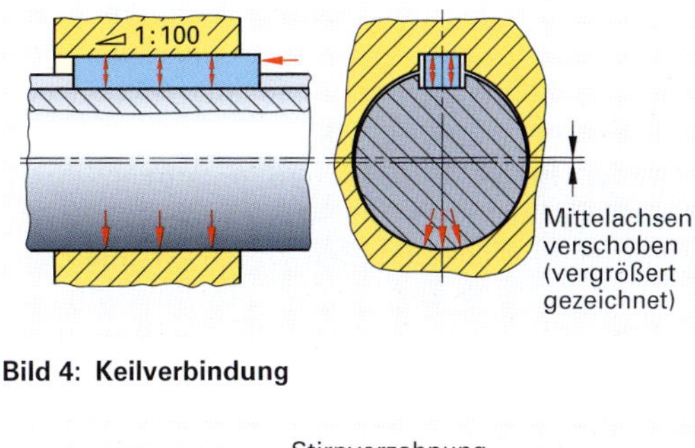

Bild 4: Keilverbindung

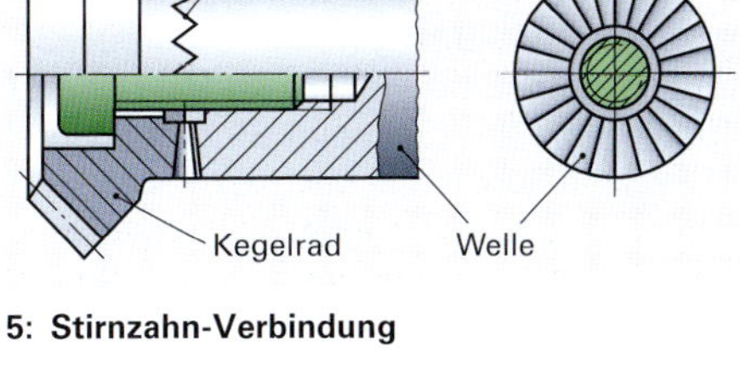

Bild 5: Stirnzahn-Verbindung

Kreiskeil-Verbindungen werden durch unrunde Fügequerschnitte hergestellt, die an ihrem Umfang meist drei Kreiskeile aufweisen **(Bild 1).** Die Keilsegmente haben die Form einer logarithmischen Spirale. Weil das Kreiskeil-Profil der Nabe um etwa 0,03 mm größer ist als das der Welle, lassen sich die Teile mit Spiel axial fügen. Durch Verdrehen der Nabe relativ zur Welle um einen vorausberechneten Winkel oder mit einem bestimmten Anzugsmoment werden die Teile gegeneinander verspannt. Weil die Keilsegmente eine geringe Steigung aufweisen, ist die Verbindung bei hoher Rundlaufgenauigkeit in beiden Richtungen selbsthemmend. Die Fügeprofile werden je nach Beanspruchung und geforderter Rundlaufgenauigkeit z. B. durch Druckgießen, CNC-Hochgeschwindigkeitsfräsen oder -Schleifen und Profilschleifen hergestellt.

Kreiskeil-Verbindungen übertragen große Drehmomente in beiden Drehrichtungen.

Kraftschluss-Verbindungen

Bei den Kraftschluss-Verbindungen können Nabe und Welle in jeder Winkelstellung verspannt werden. Die Wellen sind glatt ausgeführt und nicht durch Nuten oder Querbohrungen geschwächt.

Ringfeder-Spannverbindungen entstehen durch gegenseitiges Verspannen kegeliger Spannelemente **(Bild 2).** Durch eine mit Schrauben erzeugte Axialkraft werden die Ringe radial geweitet bzw. zusammengedrückt und verspannen so Welle und Nabe miteinander.

Druckhülsen sind Spannelemente aus federhartem Stahl mit Eindrehungen am Außendurchmesser und in der Bohrung **(Bild 3).** Durch das Anziehen der Spannschrauben werden die radial leicht schräg stehenden Wandungen aufgerichtet und die Durchmesser geringfügig verändert.

Sternscheiben-Verbindungen entstehen durch axiales Spannen von flachkegeligen, radial geschlitzten Ringscheiben **(Bild 4).** Diese richten sich auf und pressen sich gegen die Bohrung des Außenteiles und gegen die Welle. Die Anzahl der Scheiben ist abhängig vom zu übertragenden Drehmoment.

Spannbuchsen verbinden Welle und Nabe durch hydraulisch erzeugte Kräfte **(Bild 5).** Zwischen Welle und Nabe befindet sich eine doppelwandige, mit einem Druckmedium gefüllte Stahlbuchse mit einem Flanschteil. Im Flansch ist ein Schraubkolben untergebracht, der beim Eindrehen zusätzliches Druckmedium in die Buchse presst. Die Buchse dehnt sich dadurch gegen Welle und Nabe aus und erzeugt eine reibschlüssige Verbindung. Eine Stahlkugel verhindert den Druckabbau.

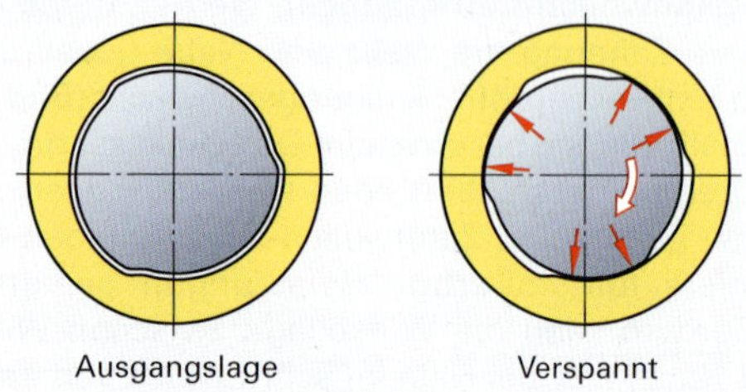

Bild 1: Kreiskeil-Verbindung

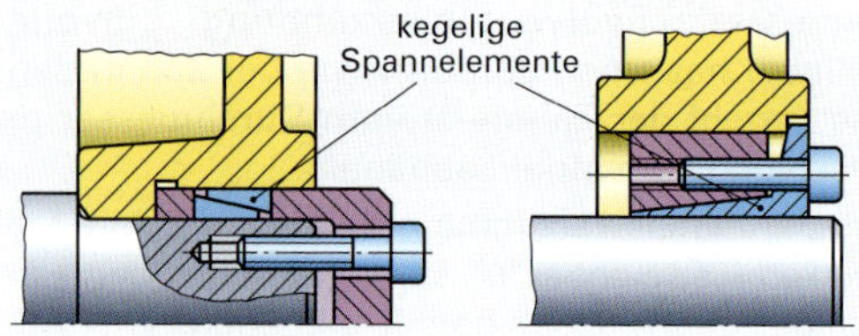

Bild 2: Ringfeder-Spannverbindungen

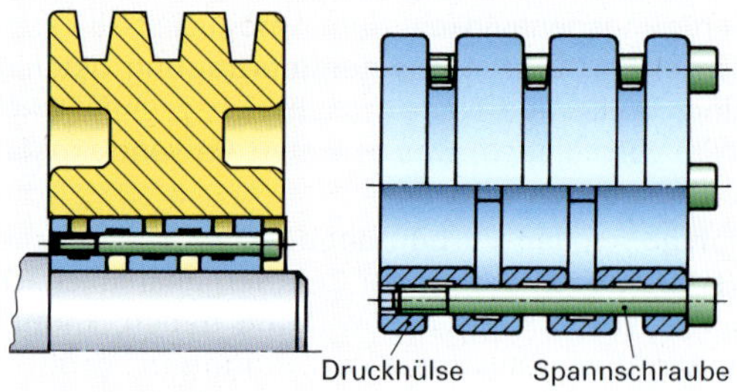

Bild 3: Druckhülse

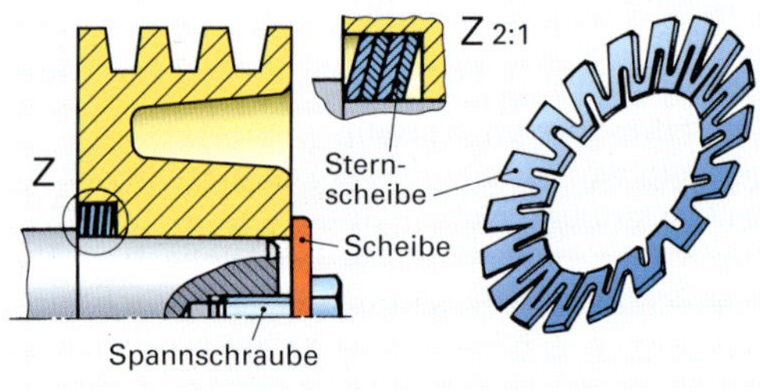

Bild 4: Sternscheiben-Verbindung

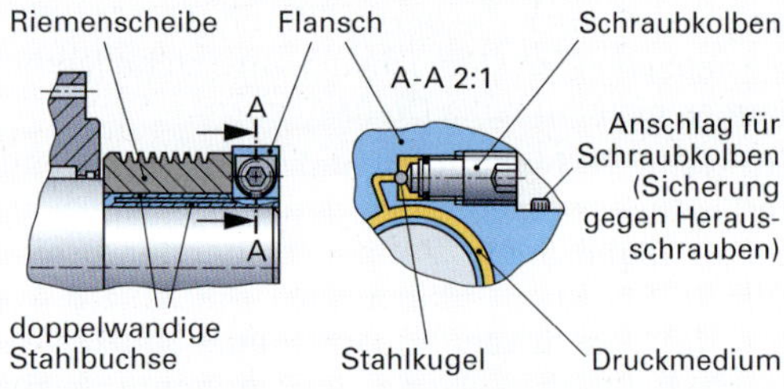

Bild 5: Spannbuchse

Arbeitsbeispiel: Passfederverbindung

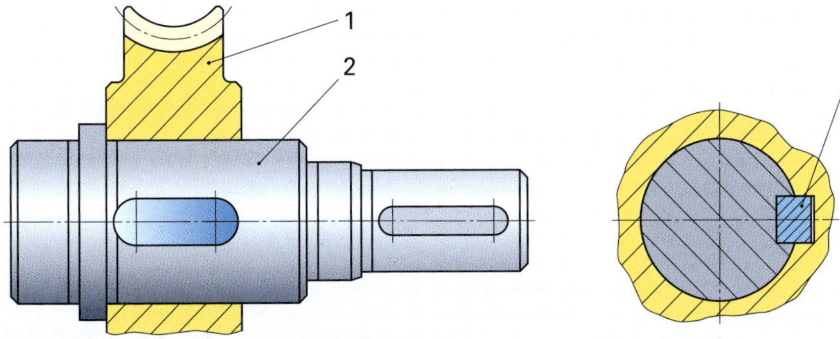

Bild 1: Welle mit Schneckenrad und Passfeder

Bei einem Schneckengetriebe müssen Schneckenrad (1) und Welle (2) ersetzt werden **(Bild 1)**. Das Schneckenrad liegt komplett bearbeitet vor. Bei der Welle muss noch vor dem Fügen mit der Passfeder (3) die Passfedernut gefräst werden.

Hinweis: Zur Beantwortung einiger der folgenden Fragen ist ein Tabellenbuch erforderlich.

Fügeverfahren

a) Um welche Art von Fügen handelt es sich, wenn eine Passfeder das Drehmoment überträgt?

b) Nennen Sie eine andere mögliche Fügeart zur Übertragung des Drehmomentes.

Maße und Toleranzen

a) Wie groß sind Breite *b* und Höhe *h* der Passfeder, wenn der Wellendurchmesser 35j6 beträgt?

b) Wie groß ist die Toleranz für die Breite *b* der Wellennut, wenn ein fester Passfeder-Sitz vorgeschrieben ist **(Bild 2)**?

c) Wie groß sind Nennmaß und Toleranz für die Wellennuttiefe t_1 (Bild 2)?

d) Wie groß ist die Toleranz der Nutlänge *l*, wenn die Passfederlänge 28 mm beträgt **(Bild 3)**?

e) Welche Passungsart ergibt sich beim Fügen von Schneckenrad und Welle, wenn der Bohrungsdurchmesser 35H7 beträgt?

Fertigung der Nut

a) Zum Fräsen kann die Welle z. B. im Maschinenschraubstock gespannt werden **(Bild 4)**.

b) Wie lautet die genaue Bezeichnung des Fräsers, mit dem Sie die Nut fertigen?

c) Mit welcher Schnittgeschwindigkeit kann gefräst werden, wenn ein beschichteter Fräser verwendet wird und die Welle aus 16MnCr5 hergestellt ist?

d) Welchen Kühlschmierstoff verwenden Sie?

Montage

a) Welche Hilfsmittel verwenden Sie für die Montage?

b) Beschreiben Sie das Fügen des Schneckenrades.

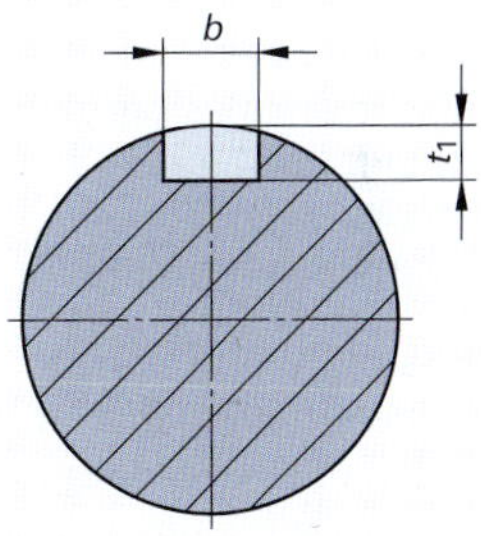

Bild 2: Querschnitt der Wellennut

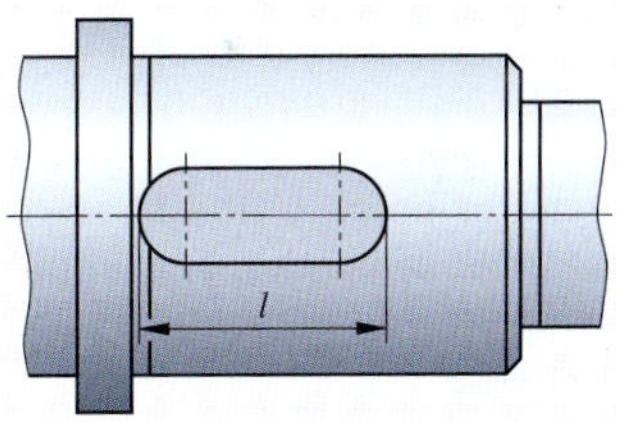

Bild 3: Nutlänge der Wellennut

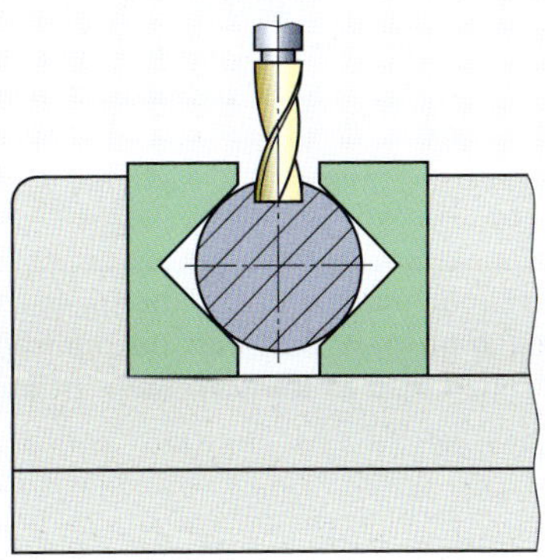

Bild 4: Spannen der Welle im Maschinenschraubstock

4.4 Practise your English

Functional units and basic tasks of a conventional lathe

The overall function of a machine or an appliance can easily be identified. The **main task** of the conventional lathe **(Figure 1)** is turning cylindrical workpieces and removing material.

A detailed analysis of the machine or the equipment is necessary to see how the main task is fulfilled. The **operation of the machine** can be clearly illustrated if the different units of the system are categorized. The example of the conventional lathe shows which units are relevant to perform the **main task** of "turning". Each of the color-coded functional units in Figure 1 fulfill a specific task.

The **drive unit** is usually an electric motor in a lathe. The **main transmission unit,** in conjunction with **a control unit** can change the speed. By operating the control lever, the gears are pushed apart and it changes the configuration of the spur gears.

The **work units** allow the "turning" of the workpiece. For the feed movements of the longitudinal and cross slide, the **feed-gear unit** and **transmission unit** is needed. The guiding unit allows the linear movement of the carriage. The **disposal unit** with its chip tray is used to collect the chips. All functional units are attached or integrated in the **support and structural unit.**

In general, several basic functions are necessary to ensure that the **main task** of each unit is achieved. **Table 1** illustrates some of the basic functions of the different units of a lathe. The implementation of the basic functions is achieved by using specific machine elements.

For example: the main transmission unit consists of several gear pairs. Their basic function is **the transformation** of speeds. The gears are attached on shafts in order to **transmit** the torque. Gears and shaft are **connected** by a fitted key. There are ball bearings on each shaft to **support** and enable a smooth rotation.

> By using machine elements, the basic functions of a machine or a unit can be realized. Their concurrence lead to the formation of functional units.

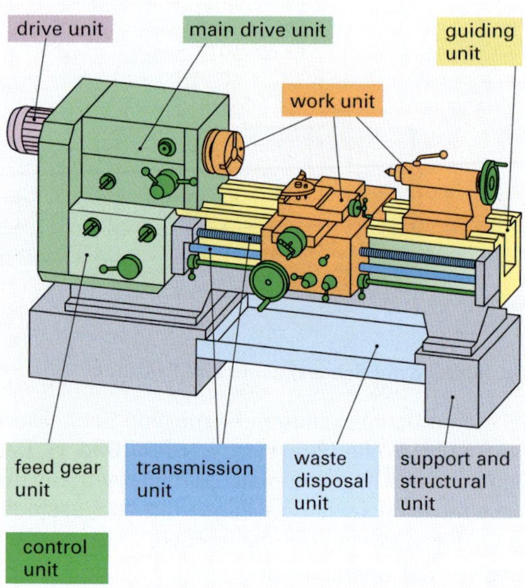

Figure 1: Individual functional units of a conventional lathe

Table 1: Functions of a conventional lathe

functional unit	main tasks
drive unit	• converting and providing energy • transmitting the torque
main drive unit and feed gear unit	• transforming the speeds • transmitting the torque • connecting drive and work unit
transmission unit	• converting the rotational movement into a linear feed motion
control unit	• moving the gears • setting the slide motion
work unit	• performing the main task "turning"
guiding unit	• guiding of the slide • guiding tailstock
waste disposal unit	• chip collection • collection of cooling lubricant
support and structural unit	• supporting the functional units

5.1 Instandhaltung

5.1.1 Tätigkeitsgebiete und Definition

Der reibungslose Fertigungsprozess bei der Produktion bzw. Herstellung von Bauteilen, Maschinen oder kompletten Anlagen sowie die maximale Ausnutzung der Lebenszeit des Bauteiles, der Maschine oder der Anlage verlangen eine optimale Instandhaltung.

Unter Instandhaltung versteht man alle Maßnahmen zur Bewahrung, Feststellung, Wiederherstellung und Verbesserung des funktionsfähigen Zustandes einer Maschine oder Anlage. Die Instandhaltung umfasst die Wartung, die Inspektion, die Instandsetzung und die Verbesserung **(Bild 1).**

Die Betriebe investieren aus Kostengründen nur soviel in die Instandhaltung, wie zum Erreichen ihrer Fertigungsziele unbedingt erforderlich ist.

Der Investitionsaufwand hängt dabei oft von der Betriebsgröße ab. So existiert in **Großbetrieben** eine **Instandhaltungsabteilung,** welche die Vorschriften des Maschinen- oder Anlagenherstellers, darüber hinaus aber auch zusätzliche betriebliche Instandhaltungsvorschriften an der Maschine oder Anlage durchführt.

Bei **mittelständischen Betrieben** beschränkt sich die Instandhaltung meist auf die **Empfehlungen des Maschinen- oder Anlagenherstellers.** Dabei werden Arbeiten wie z. B. Filter- oder Ölwechsel durchgeführt, vorgeschriebene Reinigungs- und Schmierpläne vom Maschinenführer- oder Anlagebetreuer beachtet und die dazu erforderlichen Arbeiten ausgeführt.

In **Kleinbetrieben** ist eine planmäßige **Instandhaltung meist nicht organisiert.** Sie hängt vom Interesse und der Verantwortung des Bedieners der Anlage oder Maschine ab. Häufig werden erst bei Störungen Maßnahmen eingeleitet und von fachkundigen Personen durchgeführt.

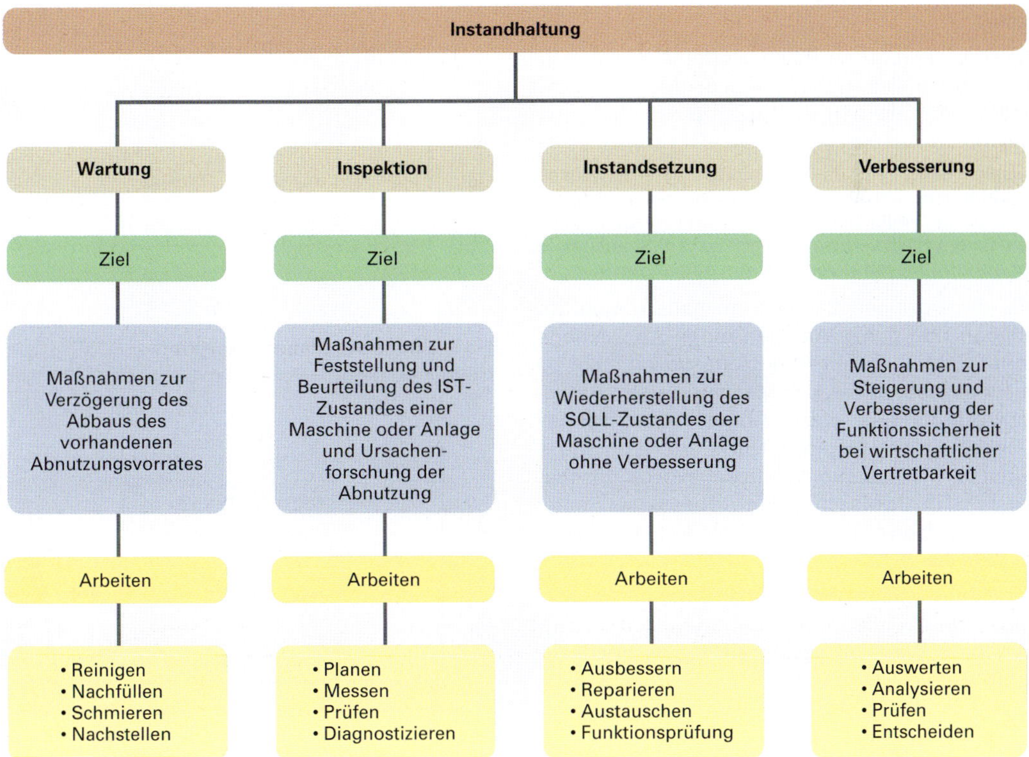

Bild 1: Überblick über die Teilbereiche der Instandhaltung

5.1.2 Begriffe der Instandhaltung

Abnutzung und Abnutzungsvorrat

Abnutzung ist der Abbau des Abnutzungsvorrats an Bauteilen, z.B. Wellen, oder an Werkzeugen, z.B. Wendeschneidplatten.

Unter dem **Abnutzungsvorrat** versteht man den maximalen maßlichen Bereich, bis zu dem das Bauteil oder Werkzeug abgenutzt werden darf, ohne dass eine Auswechslung stattfinden müsste. Ursache der Abnutzung sind z.B. Verschleiß, Alterung oder Korrosion.

Der Verschleiß erfolgt ungleichmäßig über die Nutzungsdauer **(Bild 1)**. In der Einlaufphase (Phase I) ist der Verschleiß groß. Hier kommt es bei rotierenden Teilen zum Abtrag der Oberflächenrauheit. In Phase II verläuft die Verschleißkurve zunächst flacher. Der Oberflächenverschleiß eines in Phase I „geglätteten" Bauteiles ist deutlich geringer. Gegen Ende der Phase II nimmt der Verschleiß pro Zeiteinheit wieder zu.

Wenn der gesamte Abnutzungsvorrat aufgebraucht ist, muss das Bauteil oder Werkzeug ausgetauscht werden, weil nach Phase II die Abnutzungskurve überproportional ansteigt. Die Bauteilfunktion bzw. der Zerspanungsprozess mit einem derartigem Werkzeug wäre nicht mehr gewährleistet.

Die Zeit, während der Bauteile oder Werkzeuge bis zum Abbau des Abnutzungsvorrats im Einsatz sind, bezeichnet man als **Nutzungszeit** (Bild 1 und **Bild 3**).

Beispiel: Bild 2 zeigt die Verschleißkurve einer Wendeschneidplatte. Die Abnutzung der Wendeschneidplatte wird durch Freiflächenverschleiß, Kolkverschleiß und Kantenverschleiß verursacht. Nach 8000 m Spanlänge ist der Abnutzungsvorrat von 0,25 mm aufgebraucht.

Wie die einzelnen Bauteile, so haben auch Maschinen und ganze Anlagen einen Abnutzungsvorrat (Bild 3). Dieser Abnutzungsvorrat steht bei der Inbetriebnahme der Maschine oder Anlage zur Verfügung. Ist dieser Abnutzungsvorrat verbraucht, ist eine Instandsetzung erforderlich. Dadurch wird erneut ein Abnutzungsvorrat geschaffen. Wird in die Maschine ein verbessertes Bauteil eingesetzt, so vergrößert sich der Abnutzungsvorrat **(Bild 4)**.

Bei einer abgenutzten Wendeschneidplatte wird durch das Wenden ein neuer Abnutzungsvorrat aufgebaut. Wird dagegen eine Wendeschneidplatte mit einer dickeren Verschleißschicht verwendet, so ist ein größerer Abnutzungsvorrat vorhanden.

Aus kaufmännischer Sicht entspricht der Abnutzungsvorrat der Zeit für die Abschreibung des Bauteiles bzw. der Maschine.

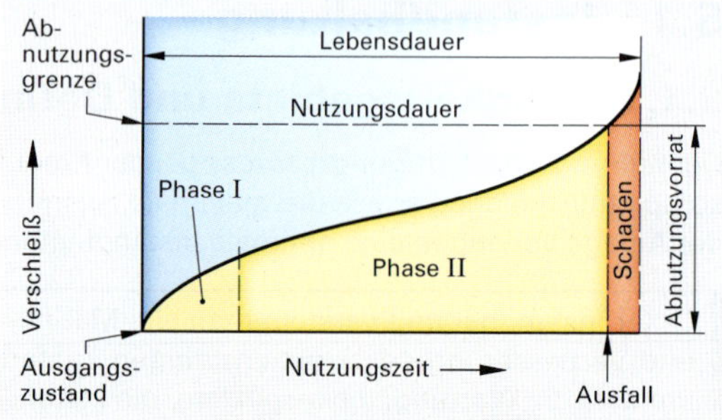

Bild 1: Verschleißkurve allgemein

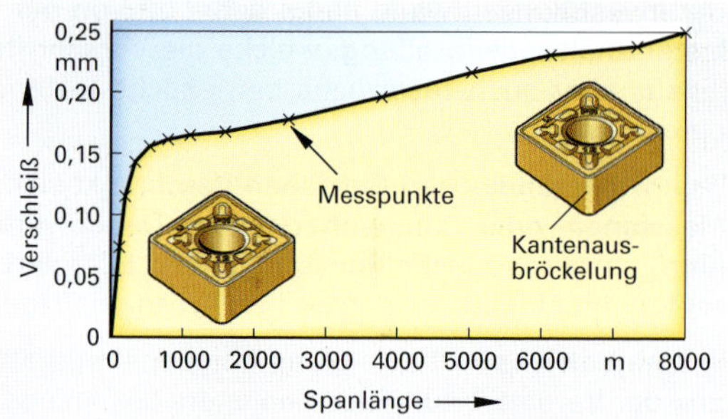

Bild 2: Verschleißkurve einer Wendeschneidplatte

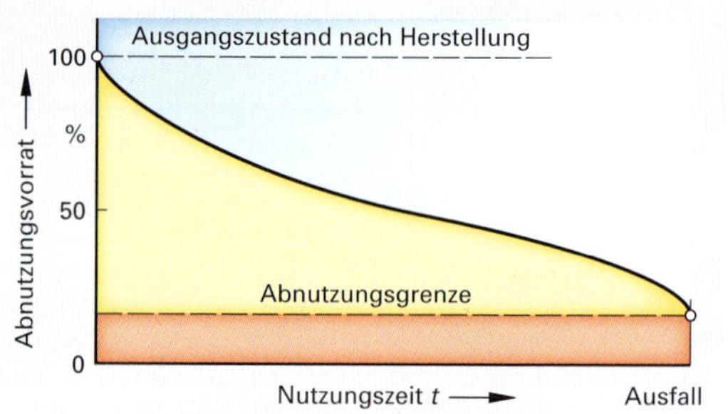

Bild 3: Abbau des Abnutzungsvorrats

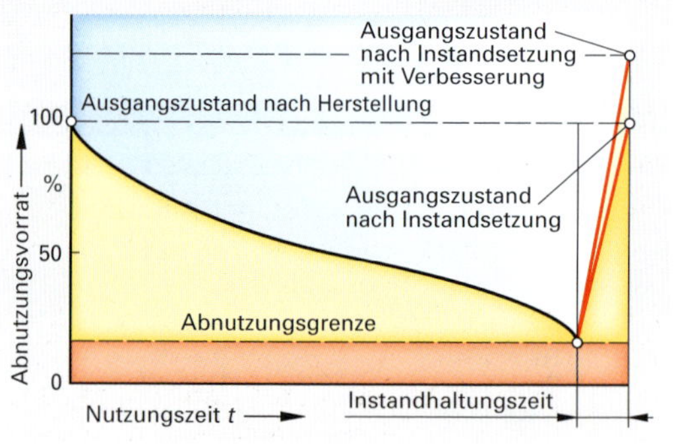

Bild 4: Abnutzungsvorrat durch Instandsetzung oder Verbesserung

5.1.3 Ziele der Instandhaltung

Ein Hauptziel der Instandhaltung ist die Steigerung der Wirtschaftlichkeit des Betriebes. Dabei ist auf die Bewahrung der Gesundheit der Beschäftigten und die Bewahrung einer lebenswerten Umwelt zu achten.

Wirtschaftliche Ziele

Das wirtschaftliche Ziel der Instandhaltung besteht in der Sicherstellung der Produktionsfähigkeit der technischen Anlagen bzw. des Produktionssystems zu günstigsten Kosten.

Die Instandhaltung kann vom betriebseigenen Personal **(autonome Instandhaltung)** oder von einer Fremdfirma durchgeführt werden.

Wird eine autonome Instandhaltung angestrebt, so müssen die Mitarbeiter zu verantwortungsbewussten Maschinenführern geschult werden und eine hohe Sensibilität gegen Unregelmäßigkeiten und Störungen in der Produktion und Fertigung entwickeln.

Humanitäre und ökologische Ziele

Die humanitäre Ausrichtung der Instandhaltung soll die Gesundheit und die Arbeitsfähigkeit der Mitarbeiter erhalten, sowie Umwelt und Ressourcen schonen.

So müssen z. B. Kühlschmierstoffe oder Altöl sachgerecht gehandhabt, umweltschonend gelagert und entsorgt werden. Sie dürfen keinesfalls ausgeschüttet oder in die öffentliche Kanalisation oder in Gewässer gelangen.

5.1.4 Instandhaltungskonzepte

Man unterscheidet drei Instandhaltungskonzepte **(Tabelle 1)**.

Intervallabhängige Instandhaltung

Die intervallabhängige Instandhaltung erfolgt bei der in regelmäßigen Zeitabständen ausgeführten Wartung (Seite 562). Es handelt sich deshalb um eine **vorbeugende** Instandhaltung. Verschleißteile, wie z. B. Dichtungen, Lager oder Ölfilter, haben eine durch Erfahrung zu erwartende Lebensdauer. Vor deren Ablauf werden sie ausgewechselt.

Bei dieser vorbeugenden Instandhaltung wird unabhängig vom noch vorhandenen Abnutzungsvorrat eine Instandhaltungsmaßnahme durchgeführt. Sie dient der Vermeidung von Schäden durch Unterschreitung der Abnutzungsgrenze und kommt zum Einsatz, wenn Maschinen oder Bauteile auf keinen Fall versagen dürfen oder gesetzliche Vorschriften eine regelmäßige Inspektion erfordern.

Bedingungen zum Erreichen der wirtschaftlichen Ziele der Instandhaltung

- Hohe Anlagenlaufzeit
- Hohe Anlagenverfügbarkeit
- Hohe Zuverlässigkeit der Einzelbauteile
- Vermeidung von Produktionsstörungen
- Vermeidung von Produktionsausfällen
- Erkennen von Schwachstellen und deren Beseitigung
- Erkennen sich anbahnender Schäden und deren Verhinderung
- Reduzierung der Instandhaltungszeit

Humanitäre und ökologische Ziele der Instandhaltung

- Erhöhung der Arbeitssicherheit
- Erhöhung der Anlagensicherheit
- Einhaltung gesetzlicher Vorschriften
- Vermeidung von Umweltbelastungen
- Vermeidung von Umweltschäden
- Vermeidung von Materialverschwendung

Tabelle 1: Instandhaltungskonzepte

Intervallabhängige Instandhaltung	Die Instandhaltungsarbeiten erfolgen in regelmäßigen festgelegten Zeitabständen.
Zustandsabhängige Instandhaltung	Die Instandhaltungsarbeiten erfolgen nach dem Verbrauch des Abnutzungsvorrats des Werkzeuges oder der Maschine.
Störungsbedingte Instandhaltung	Die Instandhaltungsarbeiten erfolgen erst nach dem Schadensfall des Werkzeuges oder der Maschine.

Vorteile intervallabhängiger Instandhaltung

- Gute Planbarkeit der Maßnahme
- Minimierung der Ersatzteilhaltung
- Reduzierung unvorhersehbarer Ausfälle
- Hohe Zuverlässigkeit der Maschinen
- Planungssicherheit des Personaleinsatzes

Nachteile intervallabhängiger Instandhaltung

- Abnutzungsvorrat wird nicht bis zur Abnutzungsgrenze verbraucht
- Lebensdauer von Bauteilen wird nicht voll ausgenutzt
- Hoher Ersatzteilbedarf
- Hohe Instandhaltungskosten
- Ausfallverhalten von Maschinen kann nicht ermittelt werden

Zustandsabhängige Instandhaltung

Die zustandsabhängige Instandhaltung gehört ebenfalls zur vorbeugenden Instandhaltung und beruht auf der messenden Überwachung der Maße sich abnutzender Verschleißteile sowie sich ändernder Einstellmaße.

Beispiel: Die Überprüfung und Nachjustierung des Einstellmaßes der Eindringtiefe eines Werkzeughalters in den Werkzeugspanner **(Bild 1)**. Das eng tolerierte Einstellmaß garantiert, dass die Spannzange in eine Nut im Werkzeughalter einrastet und den Werkzeughalter in den Kegelsitz zieht und fixiert. Das Einstellmaß kann z. B. durch Verschmutzung oder Verschleiß verändert sein. Werden Maßabweichungen festgestellt, so ist eine Reinigung durchzuführen oder der Werkzeughalter muss ausgetauscht werden.

Die Auswechslung des Verschleißteiles erfolgt entweder

- nach Überschreiten einer Maßabweichung **(Bild 2)**

oder

- nach Erschöpfung des Abnutzungsvorrats.

Um den Abnutzungsvorrat bei der spanenden Bearbeitung zu ermitteln, wird zurzeit mit „Intelligenten Drehmeißeln" **(Bild 3)** Forschung betrieben. Die mit Verschleißsensoren versehene Wendeschneidplatte gibt ein Signal an die Steuerung, wenn die Abnutzungsgrenze erreicht ist, sodass das Werkzeug rechtzeitig gewechselt werden kann.

Die zustandsabhängige Instandhaltung setzt Zusatzwissen voraus, das entweder durch Stichproben oder durch Dauerüberwachung der Maschine oder Anlage erreicht wird.

Vorteile der zustandsabhängigen Instandhaltung

- Maximale Nutzung der Lebensdauer der Bauteile und Anlagen
- Erkenntnisse des Abnutzungsvorrates lassen terminabhängige Planungen zu
- Betriebssicherheit ist gewährleistet
- Geringere Lagerkosten der Betrachtungseinheit
- Längere Verfügbarkeit der Betrachtungseinheit

Nachteile der zustandsabhängigen Instandhaltung

- Erhöhter messtechnischer Aufwand
- Zusätzliche Inspektionsmittel
- Erhöhter Planungsaufwand
- Erhöhter Kostenaufwand
- Zusätzliches Personal

Beispiel eines Störfalls: Der Werkzeughalter rastet nicht mehr problemlos in die Arbeitsspindel ein.

Lösung: Störfallbeseitigung durch Reinigung des Anschlags und der Einfahröffnung oder Austausch des beschädigten Werkzeughalters.

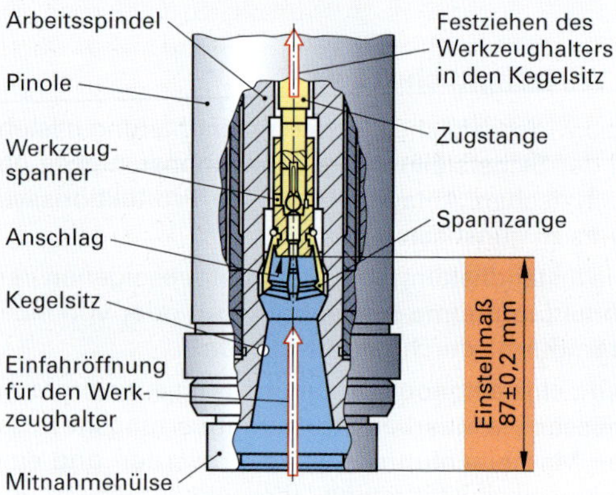

Bild 1: Kontrolle des Einstellmaßes bei einem Werkzeughalter

Während der Fertigung von Drehteilen wird der Durchmesser in bestimmten Zeitabständen geprüft und mit einer Qualitätsregelkarte überwacht. Kommt es zu Abweichungen außerhalb der erlaubten Toleranzgrenzen, wird das Werkzeug gewechselt.

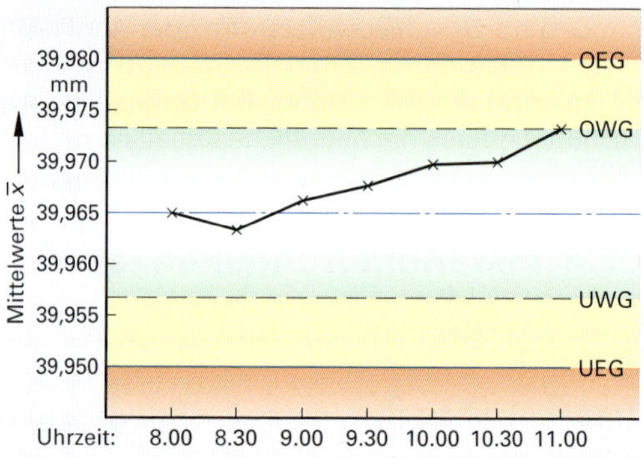

Bild 2: Qualitätsregelkarte

Bild 3: Wendeschneidplatte mit Verschleiß- und Temperatursensoren

Störungsbedingte Instandhaltung

Die störungsbedingte Instandhaltung erfolgt, wenn eine Maschine während der Fertigung durch eine Störung außer Betrieb gesetzt wird oder die geforderte Fertigungsqualität nicht mehr gewährleistet ist. Ursache ist häufig die Erschöpfung des Abnutzungsvorrats. Ist die Störungsursache ermittelt, z. B. ein defekter Werkzeugspanner, wird das schadhafte Bauteil ersetzt **(Bild 1)**. Der Ausbau des defekten Bauteiles und der Einbau des Ersatzteiles erfolgen anhand von Ausbauanweisungen und einem Anordnungsplan aus dem Benutzerhandbuch. Es dürfen nur die vom Maschinenhersteller benannten Ersatzteile verwendet werden.

Beispiel: Der Keilriemen eines Antriebmotors ist eingerissen **(Bild 2)**. Bei der Instandhaltung muss ein neuer Keilriemen eingebaut werden. Dabei ist auf das Fluchten der Riemenscheiben zu achten.

Vorteile störungsbedingter Instandhaltung

- Ausnutzung des gesamten Abnutzungsvorrates
- Geringer Planungsaufwand

Nachteile störungsbedingter Instandhaltung

- Überraschende und unvorhersehbare Maschinenausfälle
- Instandhaltung muss oft unter Zeitdruck ausgeführt werden
- Hohe Kosten für Beschaffung und Lagerung von Ersatzteilen
- Hohe Fertigungs-Ausfallkosten, wenn Ersatzteile nicht vorrätig sind

Betriebsgerechte Instandhaltung

Die **optimale Instandhaltung** für einen Fertigungsbetrieb ist von der Betriebsgröße und der Firmenstrategie abhängig. Häufig ist eine Kombination aus vorbeugender und zustandsabhängiger Instandhaltung das wirtschaftlich optimale Konzept. Die Auswechslung von Verschleißteilen wird auf das Notwendige, aber Erforderliche begrenzt und die Instandhaltungskosten sowie die Stillstandzeiten minimiert.

Beispiel: Der Bohrer lässt sich nicht mehr spielfrei im Werkzeugspanner befestigen.

Lösung: Anhand der Ersatzteilbezeichnung der Bohrmaschine wird beim Maschinenhersteller ein Werkzeugspanner bestellt und entsprechend den Anleitungen in die Maschine eingebaut.

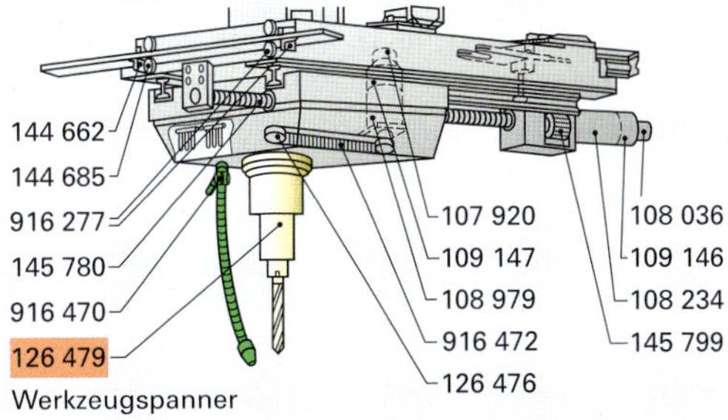

Bild 1: Bohrmaschine mit Werkzeugspanner

Bild 2: Eingerissener Keilriemen eines Riemengetriebes

Bild 3: Schrägbett-Drehmaschine

Wiederholung und Vertiefung

1 Welche Maßnahmen versteht man unter dem Begriff Instandhaltung in der Fertigungstechnik?

2 Wie unterscheiden sich häufig die Instandhaltungsmaßnahmen zwischen Großbetrieb und Kleinbetrieb?

3 Erklären Sie am Beispiel eines Pkw-Reifens die Begriffe Abnutzung und Abnutzungsvorrat.

4 Welche wirtschaftlichen Ziele werden durch die Instandhaltung verfolgt?

5 In der Verdichterstation eines Betriebes wird vorsorglich ein Ölfilter gewechselt. Um welche Instandhaltungsmaßnahme handelt es sich?

6 Nennen Sie für jedes Instandhaltungskonzept ein Beispiel anhand der Bauteile einer Schrägbett-Drehmaschine **(Bild 3)**.

5.1.5 Wartung

Die Wartung zählt zu den vorbeugenden (präventiven) Instandhaltungsmaßnahmen. Durch die Wartung wird der Abbau des Abnutzungsvorrates während der Nutzungsdauer der Maschine oder Anlage hinausgezögert **(Bild 1)**. Dadurch wird eine störungsfreie Fertigung über eine längere Zeit gewährleistet.

Während des Betriebes ist die Maschine auf ihre Arbeitsqualität, d.h. auf die Maßhaltigkeit der gefertigten Werkstücke, auf auffällige Geräusche oder Schwingungen sowie auf Dichtheit der Hydraulik- und Schmierölleitungen zu überwachen.

Die Wartung beinhaltet alle Maßnahmen zur Bewahrung des ordnungsgemäßen Zustands einer Maschine oder Anlage **(Tabelle 1)**.

Beispiel: Wartungsarbeiten an einem Bearbeitungszentrum

Reinigen

Entfernen von Spänen und Schmutzpartikeln mittels Spanhaken oder Handbesen aus dem Bearbeitungs- und Maschinenraum.

Keine fasernden Lappen oder Putzwolle verwenden. Keine Druckluft einsetzen, da durch hohen Druck Späne und Schmutzpartikel unter die Abdichtungen der Maschine gedrückt werden können.

Schmieren

Einölen, einfetten oder einsprühen von Gleitbahnen und Führungsschienen oder Werkzeugspannsystemen. Vom Hersteller vorgeschriebene Schmierstoffe verwenden.

Ergänzen

Kühlschmierstoffeinrichtungen und Zentralschmieraggregate für Führungsbahnen nachfüllen, Ölbehälter an Schmieraggregaten nachfüllen.

Nachstellen

Werkzeuge vermessen und kalibrieren. Keilriemen oder Zahnriemen nachspannen.

Auswechseln

Bei Bedarf sind Späne- und Spritzschutzeinrichtungen, Drehdurchführungen, Leitungen, Kabel, Schläuche, Abstreifer und Filter zu tauschen.

Konservieren

Werkzeuge, die z.B. gelagert werden, sind mittels Überzug gegen Umwelteinflüsse und Korrosion zu schützen.

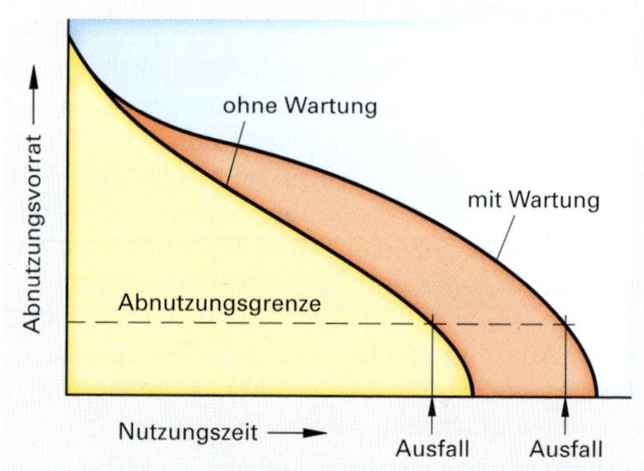

Bild 1: Abbau des Abnutzungsvorrats, ohne Wartung und mit Wartung

Tabelle 1: Wartungsarbeiten

Reinigen	Schmieren	Ergänzen
	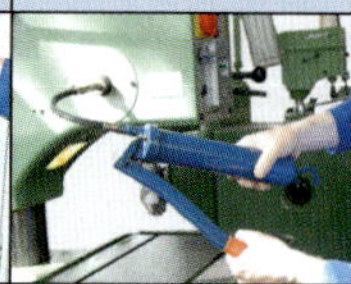	
Entfernen von Fremdkörpern durch Putzen, Saugen, Verwendung von Lösungsmitteln	Bewahrung der Gleitfähigkeit durch Zuführung von Schmierstoffen an den Schmierstellen	Auffüllen von Hilfsstoffen z.B. Kühlmittel, Getriebeöl, Hydrauliköl, Emulsionen
Nachstellen	**Auswechseln**	**Konservieren**
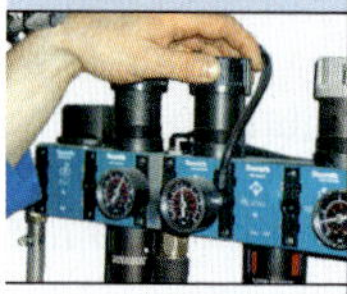		
Justieren einstellbarer Maße Beseitigung von Abweichungen, z.B. Lagerspiel, Anschläge, Druck	Austausch von Teilen und Hilfsstoffen Ölwechsel, Filterwechsel, Schlauchklemmen, Dichtungen	Schutz gegen äußere Einflüsse durch Abdichten, Einfetten, Anstreichen, Folienüberzug

Die regelmäßige Wartung einer Maschine erfolgt am Ende eines Arbeitstages oder einer Schicht durch den Maschinenführer.

Für eine fachmännische Wartung ist es erforderlich, dass exakte Arbeitsanweisungen vorliegen. Diese Anweisungen sind z. B. in einem Wartungs- und Inspektionsplan einer Maschine enthalten **(Bild 1)**.

In einem beigefügten Wartungsplan sind die Wartungsarbeiten im Einzelnen aufgeführt **(Tabelle 1)**.

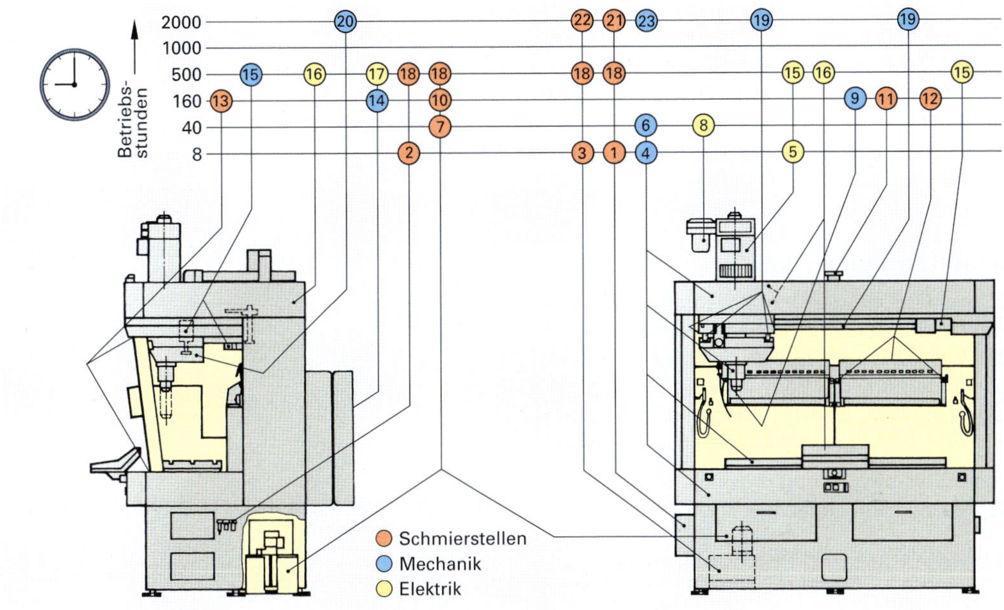

Bild 1: Wartungs- und Inspektionsplan eines Bearbeitungszentrums

Übliche Wartungs- und Inspektionsintervalle sind 8, 40, 160 und 500 und 2000 Betriebsstunden.

Das bedeutet, dass jeweils nach 8 Betriebsstunden die im Wartungsplan genannten Wartungsarbeiten durchgeführt werden müssen, nach 40 Betriebsstunden zusätzlich die dann geforderten Wartungsarbeiten, nach 160 Betriebsstunden zusätzlich die dann genannten Wartungsarbeiten usw.

Tabelle 1: Wartungsarbeiten an einem Bearbeitungszentrum

Wartung nach	**Durchzuführende Arbeiten** (Nummer im Kreis aus Bild 1)
8 Betriebsstunden (bei Einschichtbetrieb täglich)	– Ölstände der Zentralschmierung ①, der Pneumatik-Wartungseinheit ② und der Hydraulik ③ überprüfen und bei Bedarf Öl nachfüllen. – Allgemeine Reinigung der Maschine, insbesondere des Arbeitsraumes und der Führungsbahnen ④. Entfernen von Spänen und Kühlschmierstoffresten. – Antriebmotore auf Laufruhe und Temperatur prüfen ⑤.
40 Betriebsstunden (bei Einschichtbetrieb wöchentlich)	– Gründliche Reinigung der ganzen Maschine, insbesondere Endschalter, Führungsbahnen, Abdeckungen, Sichtfenster, bewegliche Teile ⑥. – Späneräume entleeren und reinigen sowie Sieb des Kühlschmieraggregats reinigen ⑦. – Filter des Kühlgebläsemotors prüfen und reinigen oder austauschen ⑧.
160 Betriebsstunden (bei Einschichtbetrieb monatlich)	– Mechanische Bauteile, wie z. B. Werkzeughalter, auf Funktion prüfen ⑨. – Kühlschmierstoffe erneuern ⑩, Schmierfilmbildung auf den Führungen und der Kugelrollspindel überprüfen. – Stößelstangen ⑪, Werkzeugmagazin ⑫ und Schiebetürführungen ⑬ ölen. – Lüftermotor überprüfen, reinigen ⑭.
500 Betriebsstunden (bei Einschichtbetrieb vierteljährlich)	– Kohlebürsten und Kollektoren der Elektromotore überprüfen, reinigen, erneuern ⑮. – Grenzschalter und Not-Aus-Schalter auf Funktion überprüfen ⑯. – Überprüfen der Schützkontakte auf Abbrand sowie der Sicherung (im Schaltschrank) ⑰. – Schlauchanschlüsse an Hydraulik-, Kühlschmier- und Schmiersystem prüfen ⑱.
2000 Betriebsstunden (bei Einschichtbetrieb jährlich)	– Führungsbahnen auf Verschleiß und Schmierfilmbildung prüfen ⑲, nachstellen. – Zahnriemen der Antriebe prüfen, nachspannen ⑳. – Ölwechsel im Zentralschmiersystem ㉑ und im Hydraulikaggregat ㉒ durchführen. – Verschleißteile austauschen ㉓.

Insbesondere Hydraulikanlagen, Führungen und Kühlschmierstoffanlagen bedürfen der regelmäßigen Wartung. Der Maschinenhersteller schreibt vor, welche Schmierstoffe und Hydraulikflüssigkeiten zu verwenden sind **(Tabelle 1).** In den Anleitungen werden Symbole für Wartungsarbeiten verwendet. Die Positionsnummern sind im Wartungs- und Instandhaltungsplan angegeben, sodass eine eindeutige Zuordnung möglich ist.

Besonders wichtig sind der richtige Schmierstoff und die Verträglichkeit von Schmierstoff und Kühlschmierstoff.

Funktionsprüfung

Nach Durchführung der Wartungsmaßnahmen ist die Maschine wieder in Betriebsbereitschaft zu stellen. Absperrungen und Warnhinweisschilder sind zu entfernen, die Energieversorgung muss wieder hergestellt und das Personal informiert werden, dass die Wartungsarbeiten beendet sind.

Mit einer Funktionsprüfung muss die Arbeitsfähigkeit der Maschine nachgewiesen werden.

Dokumentation und Protokollierung

Herstellerfirmen von Maschinen und Anlagen übernehmen keine Gewährleistung für Schäden, wenn bei Wartungsarbeiten die verbindlichen Angaben zu den Wartungsintervallen nicht beachtet oder falsche Schmierstoffe verwendet werden. Alle durchgeführten Wartungsarbeiten und aufgetretenen Störungen müssen in ein Logbuch eingetragen oder in einer Wartungsliste dokumentiert werden **(Tabelle 2).**

Die durchgeführten Wartungsarbeiten und die eingesetzten Hilfsstoffe und Austauschteile sind dort einzutragen und die Liste ist dann vom Wartungspersonal zu unterzeichnen.

Abschließend ist ein Abnahmeprotokoll zu fertigen. In diesem Protokoll sind neben den Maschinendaten auch die durchgeführten Arbeiten und die benötigten Zeiten für die Arbeiten einzutragen.

> Wartungs-, Inspektions- und Instandsetzungsarbeiten werden in der Praxis häufig zusammen mit Inspektionen durchgeführt.

Tabelle 1: Schmierarbeiten und Schmierstoffe (für das Bearbeitungszentrum Seite 457)

Schmierstelle	①	②	③
Maschinenteil	Zentral-schmierung	Nebel-öler	Hydraulik-system
Wartungsarbeit Symbol Bedeutung	Nachfüllen	6 bar Öldruck	Nachfüllen
Schmierstoff bzw. Hydrauliköl	CG-LP 68	HLPD 22	HLPD 22
Schmierstelle	⑦	⑪	⑫
Maschinenteil	Kühl-schmier-stoff	Stößel-stange	Werkzeug-magazin
Wartungsarbeit Symbol Bedeutung	Nachfüllen	Ölen per Hand	Ölen per Hand
Schmierstoff	CG-LP 68	CG-LP 68	CG-LP 68

Tabelle 2: Wartungsliste einer Hydraulikanlage (Ausschnitt)

Lfd. Nr.	Arbeiten	Ergebnis
1	Sichtkontrolle (Istzustand)	
1.1	äußerer Zustand	
1.2	Geräusche	
. .		
2	Wartungsarbeiten	
2.1	alle Baugruppen reinigen	
2.2	Ölzustand prüfen	
2.3	Ölstand ergänzen/erneuern	
2.4	Ölfilter reinigen/erneuern	
2.5	Luftfilter reinigen/erneuern	
2.6	Leckagen beseitigen	
2.7	Drücke nachstellen	
3	Wiederinbetriebnahme	
3.1	Druck mit Prüfmanometer prüfen	
3.2	auf Leckölstrom kontrollieren	
.		

Maschine Nr.: .... Datum: ....

Wartungspersonal

Name: .... Unterschrift: ....

Wiederholung und Vertiefung

1. Warum zählt die Wartung zu den vorbeugenden Instandhaltungsmaßnahmen?
2. Welche typischen Wartungsarbeiten werden am Ende eines Arbeitstages an einer Drehmaschine durchgeführt?
3. Welche Angaben können aus dem Wartungs- und Pflegeplan einer Maschine herausgelesen werden?
4. Warum müssen bei der Wartung die vom Maschinenhersteller vorgeschriebenen Schmierstoffe verwendet werden?

5.1.6 Schmierstoffe und Reibung

Lager und Führungen haben die Aufgabe, Maschinenteile genau zu führen und Kräfte vom beweglichen auf das ruhende Maschinenteil mit möglichst geringen Verlusten zu übertragen **(Bild 1)**.

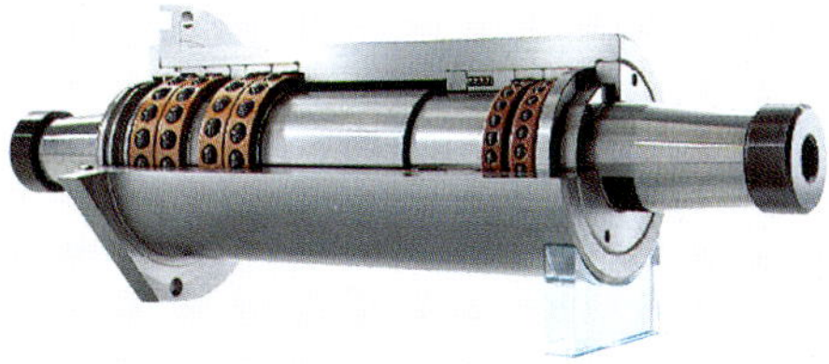

Bild 1: Werkzeugmaschinenspindel

Bewegen sich Bauteile relativ zueinander, entsteht an den sich berührenden Grenzflächen Reibung, die die Bewegung hemmt. Schmierstoffe sollen eine Berührung vermeiden und die Reibung und den dadurch entstehenden Verschleiß mindern **(Bild 2)**.

Die Reibungskraft **(Bild 3)** zwischen starren Körpern wird nach folgender Formel berechnet:

Reibungskraft $F_R = \mu \cdot F_N$
mit $\mu = \mu_0$ (Haftreibung), $\mu = \mu_G$ (Gleitreibung), $\mu = \mu_R$ (Rollreibung)

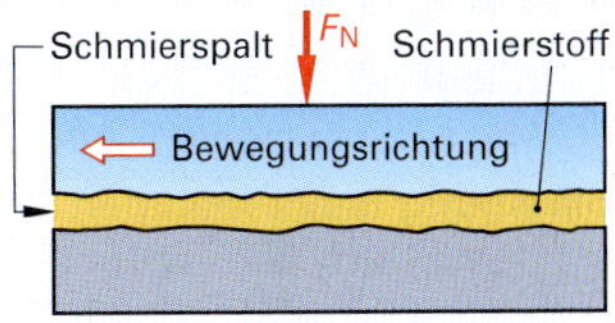

Bild 2: Durch Schmierstoff getrennte Gleitflächen

Die Einflüsse der Oberflächenbeschaffenheit, der Werkstoffpaarung, der Schmierung und der Reibungsart fließen in den Reibungskoeffizienten μ (dimensionslos) ein. Dieser wird durch Versuche ermittelt **(Tabelle 1)**.

Will man einen Körper langsam aus der Ruhe in eine gleichförmige Bewegung versetzen, so stellt man fest, dass die Kraft, die zum Ingangsetzen dieser Bewegung notwendig ist, größer ist als die Kraft zum Aufrechterhalten der Bewegung. Die Haftreibung ist somit immer größer als die Gleitreibung. Im Ruhezustand können sich die „Spitzen" der sich berührenden Grenzflächen ineinander verhaken, während sie im Bewegungszustand aufeinander gleiten. Gleiten die Grenzflächen übereinander, können die „Spitzen" der sich berührenden Grenzflächen nicht so tief ineinander eindringen. Mit zunehmender Gleitgeschwindigkeit und Schmierung nimmt der Einfluss der Werkstoffpaarung stark ab.

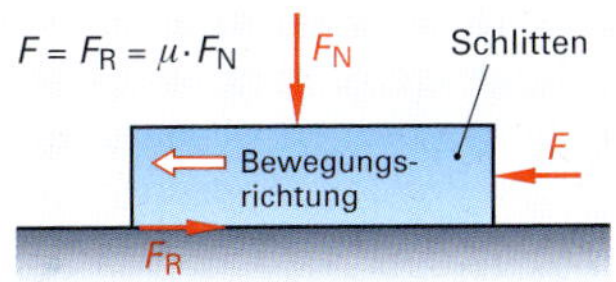

Bild 3: Wirksame Kräfte

Beim langsamen Gleiten, z. B. von Werkzeugschlitten auf Führungen, findet ein ständiger Wechsel zwischen Haft- und Gleitreibung statt. Dies führt zum Ruckgleiten (Stick-Slip-Effekt) und verhindert eine ungleichförmige Vorschubbewegung des Schlittens.

In Lagern verursacht die Reibungskraft F_R ein Reibungsmoment M_R, das der Drehbewegung entgegenwirkt.

Reibungsmoment $M_R = F_R \cdot r$

Die auftretende Reibungsenergie muss als Wärmeenergie abgeführt werden.

Reibungsenergie $W_R = F_R \cdot v \cdot t$

Beispiel: Ein Lagerzapfen mit $d = 40$ mm nimmt eine Kraft $F_N = 2{,}5$ kN auf. Seine Drehzahl beträgt $n = 500$/min, die Reibungszahl $\mu = 0{,}04$, die Laufzeit $t = 5$ h. Wie groß sind F_R, M_R und W_R?

Lösung:
$\boldsymbol{F_R} = \mu \cdot F_N = 0{,}04 \cdot 2500\text{ N} = \mathbf{100\ N}$
$\boldsymbol{M_R} = F_R \cdot r = 100\text{ N} \cdot 0{,}02\text{ m} = \mathbf{2\ N \cdot m}$
$\boldsymbol{W_R} = F_R \cdot v \cdot t = F_R \cdot \pi \cdot d \cdot n \cdot t$
$= 100\text{ N} \cdot \pi \cdot 0{,}04\text{ m} \cdot 500/\text{min} \cdot 300\text{ min} = \mathbf{1{,}88\ MJ}$

Tabelle 1: Reibungszahlen

Reibfaktor / Werkstoff	Haftreibung μ_0 trocken	Haftreibung μ_0 geschmiert
Stahl–Stahl	0,15–0,3	0,1–0,12
Stahl–GJ	0,18–0,2	0,1–0,2
Stahl–CuSn	0,18–0,2	0,1–0,2
Stahl–Reibbelag	0,6	–
Reibfaktor / Werkstoff	**Gleitreibung μ_G trocken**	**Gleitreibung μ_G geschmiert**
Stahl–Stahl	0,1–0,12	0,04–0,07
Stahl–GJ	0,15–0,2	0,05–0,1
Stahl–CuSn	0,15–0,2	0,05–0,1
Stahl–Reibbelag	0,5	–
Reibfaktor / Werkstoff	**Rollreibung μ_R**	
Stahl–Stahl	0,005	
Gummi–Asphalt	0,015	

Reibungszustände

Bei der **Festkörperreibung** berühren sich die aufeinander gleitenden Flächen und ebnen die Oberflächenerhöhungen ein **(Bild 1)**. Bei ungünstiger Werkstoffpaarung und großer Flächenpressung verschweißen die Oberflächen (Fressen).

Mischreibung entsteht bei Beginn der Bewegung oder unzureichender Schmierung. Die Gleitflächen berühren sich dabei noch an einzelnen Stellen **(Bild 2)**. Die auftretende Reibungskraft und der Verschleiß sind geringer als bei der Festkörperreibung. Für den Dauerbetrieb ist dieser Zustand jedoch nicht zulässig.

Flüssigkeitsreibung. Unter idealen Bedingungen ist soviel Schmierstoff zwischen den Gleitflächen, dass diese vollständig voneinander getrennt sind **(Bild 3)**. Die Reibungskraft ist deshalb sehr klein; sie entsteht durch das Gleiten der Schmierstoffmoleküle aufeinander.

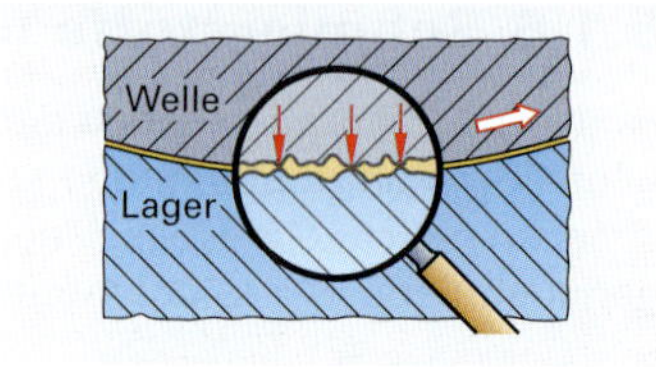

Bild 1: Festkörperreibung

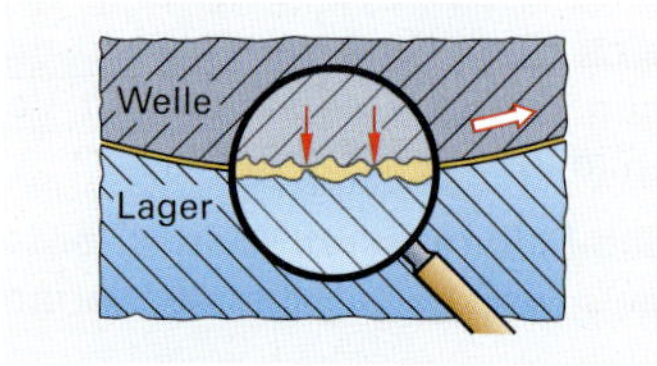

Bild 2: Mischreibung

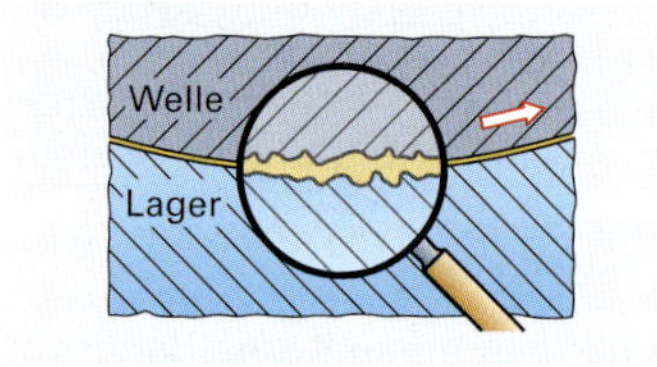

Bild 3: Flüssigkeitsreibung

Reibungsarten

Gleitreibung tritt zwischen zwei aufeinander gleitenden Werkstücken auf, wie. z. B. bei einem Gleitlager **(Bild 4)**.

Rollreibung nennt man den Widerstand, der bei aufeinander abrollenden Werkstücken zu überwinden ist. Die Werkstückgrenzflächen berühren sich punkt- oder linienförmig, wie z. B. bei Zylinderrollenlagern zwischen den Rollen und dem Innenring **(Bild 5)**.

Bei der **Wälzreibung** tritt gleichzeitig Roll- und Gleitreibung auf. Die Kugel des Wälzlagers berührt z. B. den Außenring auf einer Linie, d. h. auf verschiedenen Durchmessern auf der Rille **(Bild 6)**. Wegen der verschiedenen Berührungsdurchmesser werden bei einem bestimmten Kugelweg unterschiedliche Wege am Rillenumfang zurückgelegt. Mit dem Abrollen ist daher auch ein Gleiten verbunden. Deswegen müssen Wälzlager geschmiert werden.

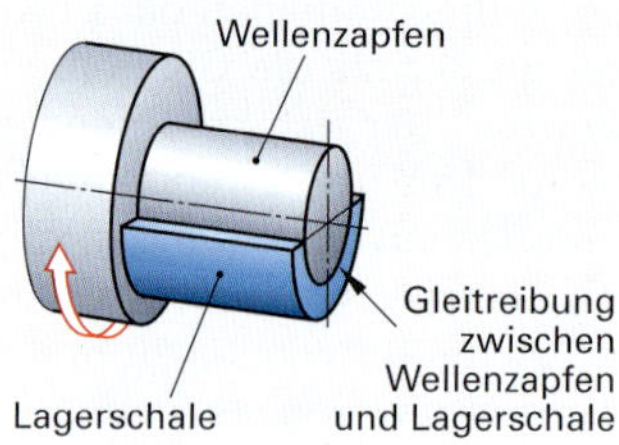

Bild 4: Gleitreibung

Schmierstoffe

Die wichtigsten Aufgaben der Schmierstoffe sind:

- Verminderung der Reibung
- Dämpfung von Stößen
- Korrosionsschutz
- Wärmeabfuhr
- Abfuhr von Verschleißteilchen
- Geräuschminderung

Schmierstoffe sollen folgende Eigenschaften besitzen:

- druckfest
- geringe innere Reibung
- säure- und wasserfrei
- haftfähig
- frei von festen Bestandteilen
- geringe Viskositätsänderung
- hoher Flammpunkt
- hoher Brennpunkt
- niedrige Fließgrenze
- alterungsbeständig

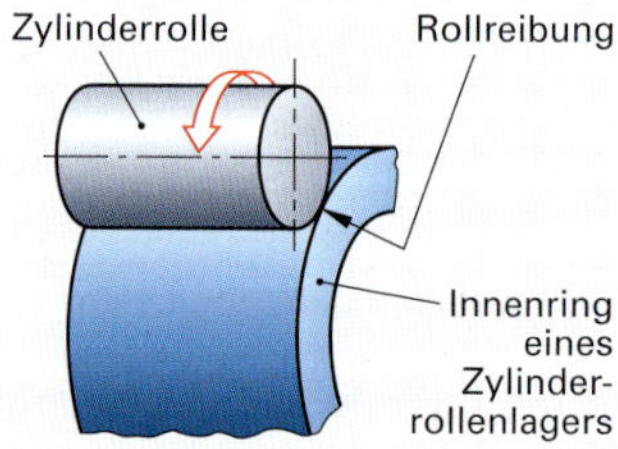

Bild 5: Rollreibung

Eigenschaften der Schmierstoffe. Die **Viskosität** (Zähflüssigkeit) ist ein Maß für die innere Reibung des Schmierstoffs, die zwischen den Schmierstoffmolekülen stattfindet. Flüssigkeiten mit hoher Viskosität (z. B. Honig) sind zähflüssig, solche mit niedriger Viskosität (z. B. Wasser) dünnflüssig. Als **Fließgrenze** bezeichnet man die Temperatur, bei welcher der Schmierstoff unter Prüfbedingungen gerade noch fließt. Der **Flammpunkt** ist die Temperatur, bei der ein Schmierstoff brennbare Gase entwickelt. Beim **Brennpunkt** brennen die vom Schmierstoff gebildeten Gase nach ihrer Entzündung von selbst weiter. Der **Zündpunkt** ist die Temperatur, bei der sich ein Schmierstoffgas-Luftgemisch von selbst entzündet.

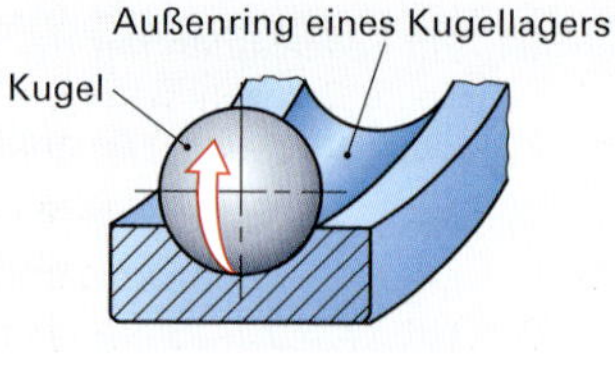

Bild 6: Wälzreibung

Schmierstoffarten

Als **flüssige Schmierstoffe** werden meist Mineralöle und synthetische Öle verwendet. **Mineralöle** werden aus Erdöl gewonnen und enthalten Zusätze (Additive), die Viskosität, Druckfestigkeit und Alterungsbeständigkeit erhöhen. **Synthetische Öle** besitzen ein wesentlich günstigeres Viskositäts-Temperatur-Verhalten **(Bild 1)** und eine höhere Alterungsbeständigkeit als Mineralöle. Sie sind aber teurer.

Schmierfette sind pastenartige Schmierstoffe, die aus Mineralöl und/oder Syntheseöl sowie einem Dickungsmittel (Barium-, Natrium- oder Lithiumseifen) bestehen **(Bild 3)**. Sie können Additive und/oder Festschmierstoffe enthalten (DIN 51825). Neben der Schmierung sollen sie gegen Wasser und abrasive (lat.: abkratzen) Stoffe abdichten, vor Korrosion schützen und Schmutz aufnehmen, ohne die Funktion zu beeinträchtigen.

Festschmierstoffe (Tabelle 1) werden verwendet, wenn sich wegen zu geringer Gleitgeschwindigkeit kein Schmierfilm bilden kann oder die Betriebstemperatur sehr niedrig bzw. sehr hoch ist. Es kommen Pulver aus Grafit, Molybdändisulfid (MoS_2) und Kunststoff (PTFE) zum Einsatz. Die Pulverteilchen von Grafit und MoS_2 sind plättchenförmig, gleichen dadurch Oberflächenunebenheiten aus, trennen somit die Grenzflächen, sodass das Gleiten nur innerhalb des Schmierstoffs stattfindet **(Bild 2)**. Festschmierstoffe werden meist in Pasten oder Gleitlacken aufgetragen. Gleitlacke sind Festschmierstoffe, die an Kunststoffharze gebunden sind. Sie schmieren z. B. Gewindespindeln und Gleitführungen (Bild 3).

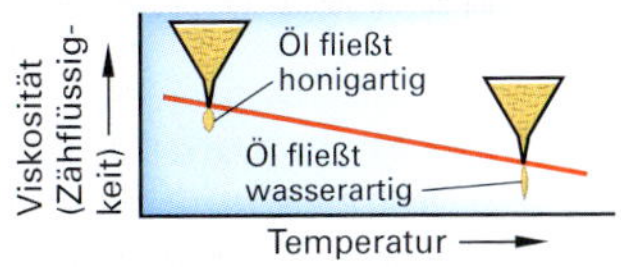

Bild 1: Abhängigkeit der Viskosität von der Temperatur

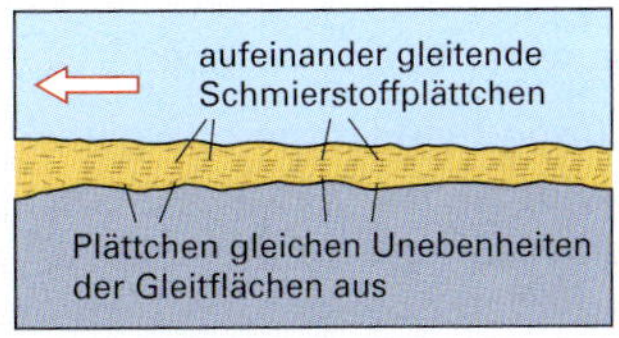

Bild 2: Schmierspalt mit Festschmierstoff

Tabelle 1: Festschmierstoffe

	Farbe	Betriebs-temperatur °C	Gleitreibungszahl μ
Grafit	grau-schwarz	−120 bis +600	0,1 bis 0,2
Molybdän-disulfid	grau-schwarz	−100 bis +400	0,04 bis 0,09

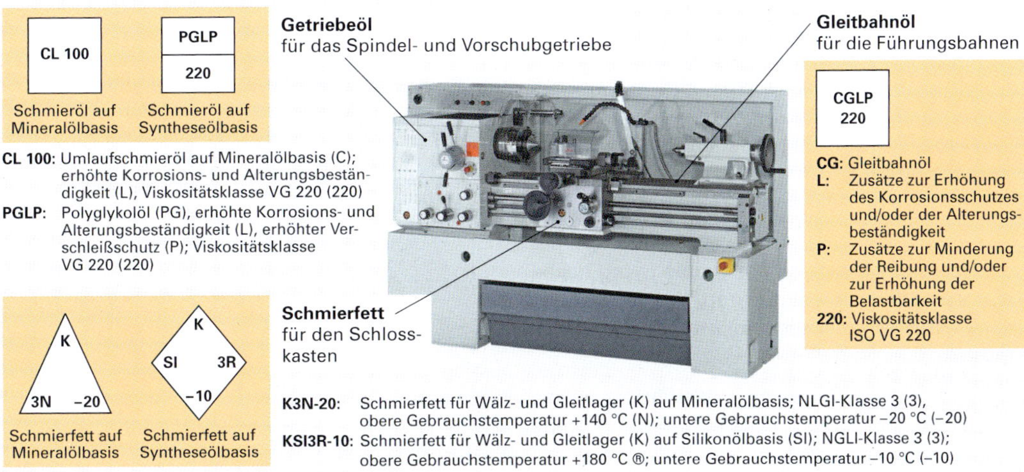

Bild 3: Unterschiedliche Schmierstoffarten an einer Drehmaschine (Erläuterung weiterer Kurzzeichen siehe Tabellenbuch)

Wiederholung und Vertiefung

1 Wie groß ist die zum Verschieben des Reitstockes erforderliche Kraft, wenn die Masse $m = 80$ kg und die Reibzahl $\mu = 0{,}09$ beträgt?

2 Welche Reibungsarten unterscheidet man?

3 Welche Reibungsart tritt in einem Rillenkugellager auf?

4 Welche Aufgaben haben Schmierstoffe?

5 Welche Ursachen kann das Verschweißen (Fressen) beim Gleitvorgang haben?

6 Was versteht man unter Viskosität von Schmierstoffen?

7 Wo werden Festschmierstoffe verwendet?

5.2 Practise your English

Maintenance: Contamination of lubricants and hydraulic fluids

Maintenance involves inspection, repair and improvements. This entails measures for the preservation, identification, restoration and improvement of the functional state of a machine or system performance.

During the lifetime of a plant, costs occur caused by functional breakdown, downtime and associated maintenance measures. An important criteria is the state of the working medium: 70 % of the failures of lubrication and hydraulic systems are caused by the fluid.

Impurities and contamination of the fluid significantly affect the function of hydraulic and lubricating fluids.

Contamination is caused by the integrated components such as valves, cylinders, pumps, tanks, hydraulic motors, hoses, tubes or by contamination from outside, e.g. by ventilation or defective seals **(Figure 1)**.

The severity of the component's damage essentially depends on the material of the particles, their shape (round or sharp edge) and their size and number.

Rule: The harder the particles, the greater the damage to components. Another factor is the operating pressure: the higher the pressure, the higher the amount of the particles, which are forced into the lubrication gap.

The majority of these solid particles are smaller than 30 microns (µm) and not visible to the naked eye. Particularly critical are particles that are as large as the fit clearance of the moving parts **(Figure 2)**.

The solid contamination is classified in accordance to ISO 4406/1999 **(Figure 3)**. To determine the level of contamination, the solid particles, present in 100 ml of liquid, are counted, ordered by size/ number and divided into areas.

The level of contamination is determined by electronic particle counters and is indicated by a triple combination of numbers, e.g. 21/18/15. If counting of particle numbers is carried out microscopically, it is expressed by a double combination of numbers, e.g. 18/15th

Many manufacturers recommend certain purity levels for system pressures of 100 to 160 bar in different components **(Figure 4)**.

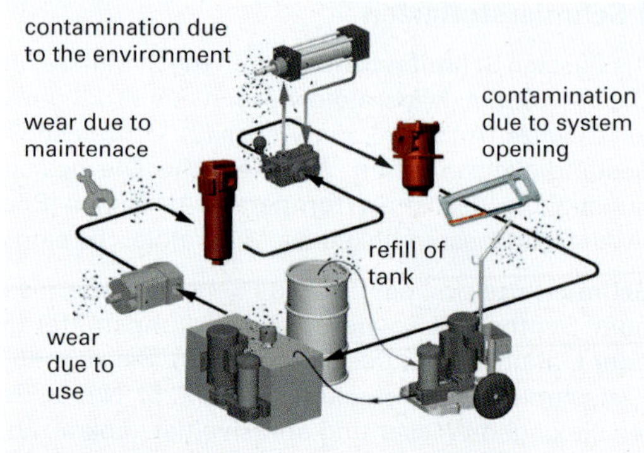

Figure 1: Formation of contamination in hydraulic systems

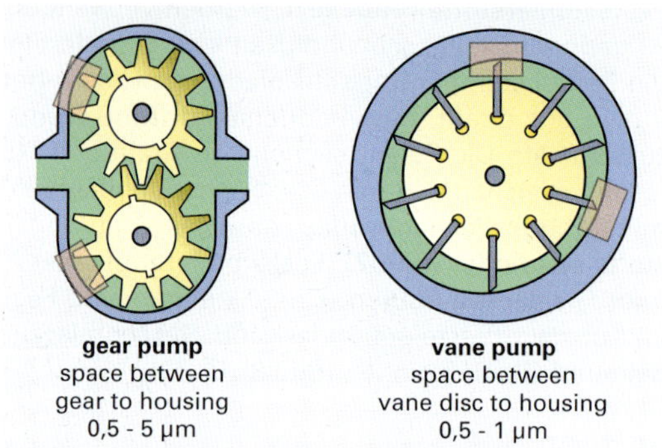

Figure 2: Fit clearance of hydro pumps

ISO code*	Amount of particles/100 ml from	to
5	16	32
6	32	64
7	64	130
8	130	250
9	250	500
10	500	1000
11	1000	2000
12	2000	4000
13	4000	8000
14	8000	16000
15	16000	32000
16	32000	64000
17	64000	130000
18	130000	260000
19	260000	500000
20	500000	1000000
21	1000000	2000000
22	2000000	4000000
23	4000000	8000000
24	8000000	16000000
25	16000000	32000000
26	32000000	64000000

Determination by...
...electronic particle counters
21 / 18 / 15
$>4\,\mu m_c$ $>6\,\mu m_c$ $14\,\mu m_c$

...microscopic counting
– / 18 / 15
$>5\,\mu m_c$ $15\,\mu m_c$

* according to ISO 4406

Figure 3: Determination of the level of contamination

System/application/components	Purity level
Fresh oil	21/19/16
Pumps/engines • Axial piston pumps • Radial piston pumps • Gear pump	 18/16/13 19/17/13 20/18/15

Figure 4: Recommended purity levels

6 Automatisierungstechnik

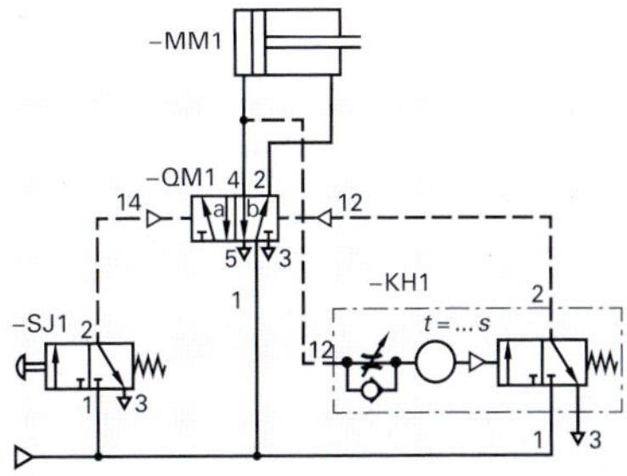

7 Elektrotechnik

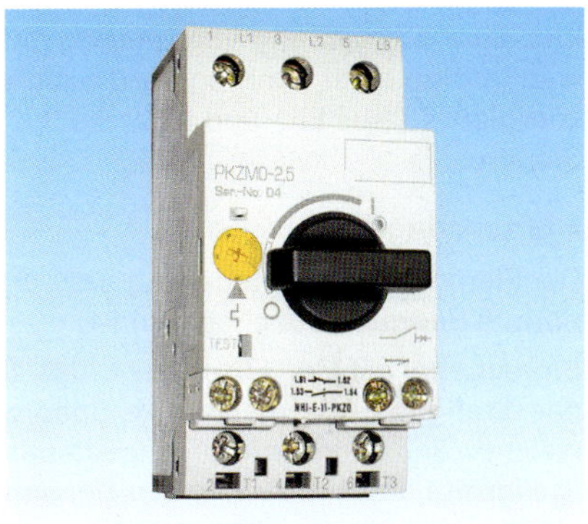

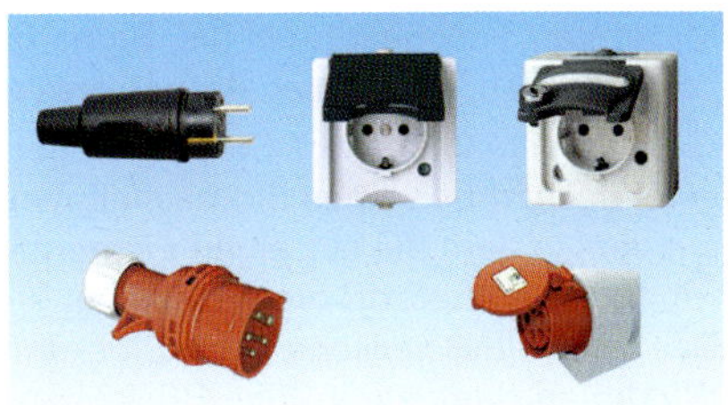

8 Technische Kommunikation und Projektarbeit

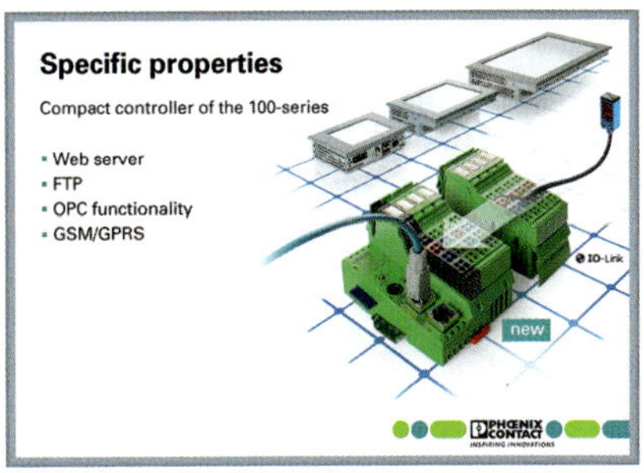

6 Automatisierungstechnik

6.1 Steuern und Regeln

Maschinen und Anlagen werden mithilfe der Steuerungs- und Regelungstechnik automatisiert. Wird z.B. der Antriebsmotor für die Arbeitsspindel einer Drehmaschine auf die Drehzahl 1000/min geschaltet, so bezeichnet man diesen Vorgang als **Steuern.** Beim **Regeln** dagegen wird der Istwert der Drehzahl gemessen, mit dem vorgegebenen Sollwert verglichen und bei Abweichungen auf den Sollwert korrigiert.

6.1.1 Grundlagen der Steuerungstechnik

Steuerungen arbeiten nach dem E-V-A-Prinzip

- **Eingabe** der Signale z.B. durch Taster, Druckschalter und Sensoren
- **Verarbeitung** der Signale z.B. durch Verknüpfen in einem Relais
- **Ausgabe** der Signale z.B. an einen Antriebsmotor

Beim Antrieb des Maschinentisches **(Bild 1)** wird der Elektromotor durch einen Taster über ein Steuergerät eingeschaltet und treibt die Spindel an. Der Maschinentisch fährt aus, bis der Nocken den Grenztaster erreicht und ein AUS-Signal auslöst. Eine Abweichung vom eingestellten Verfahrweg infolge einer Störung wird nicht erfasst und korrigiert. Dieses Ein- und Ausschalten nennt man Steuern.

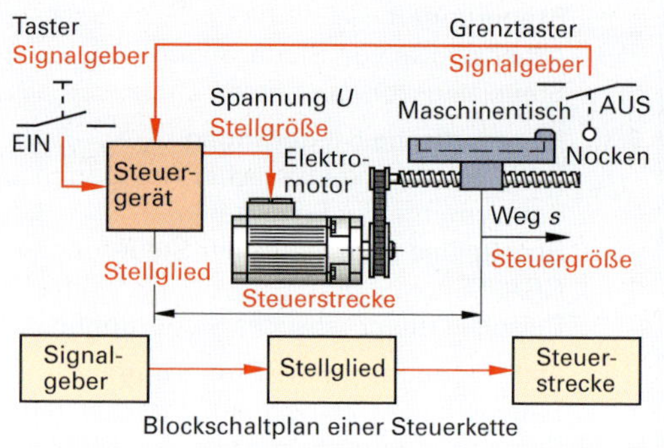

Bild 1: Beispiel einer Steuerung

Grundbegriffe

Die Elemente einer Steuerung werden durch genormte Begriffe bezeichnet (Bild 1):

Signalgeber ist der EIN-Taster, das Steuergerät das **Stellglied,** die elektrische Spannung *U*, mit welcher der Elektromotor angesteuert wird, die **Stellgröße.** Der Weg *s* des Maschinentisches wird als **Steuergröße** bezeichnet. Die Baueinheiten der Maschine, welche durch die Signalgabe beeinflusst werden, nennt man **Steuerstrecke.**

Die Gesamtanlage, kurz Steuerung genannt, kann vereinfacht durch einen Blockschaltplan dargestellt werden, in dem die einzelnen Elemente der Steuerung als Rechteckblöcke gezeichnet sind (Bild 1). Der Signalfluss zwischen den Blöcken wird durch **Wirklinien** dargestellt. Eine Rückwirkung von der Steuergröße auf die Stellgröße findet nicht statt. Deshalb spricht man von einer **Steuerkette** oder von einem offenen Wirkungsablauf.

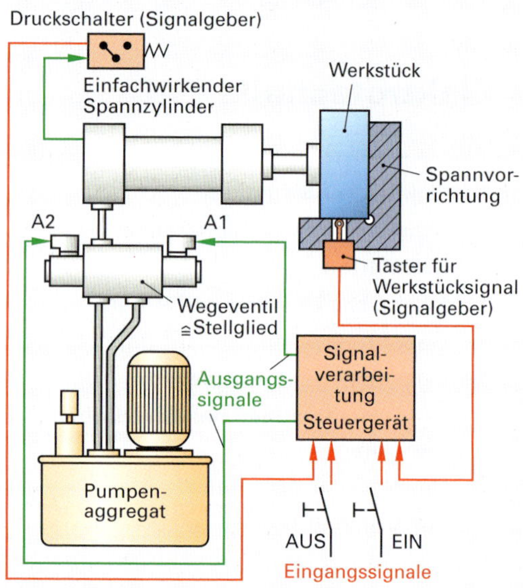

Bild 2: Hydraulische Spanneinrichtung

Beim Steuern wird eine Abweichung der Istgröße von der Sollgröße nicht korrigiert.

Beispiel einer Steuerung (Bild 2)

Der Kolben des Spannzylinders darf erst ausfahren, wenn sich ein Werkstück in der Vorrichtung befindet UND der EIN-Taster gedrückt ist. Die Verknüpfung beider Eingangssignale schaltet das Wegeventil auf Zylindervorlauf (Seite 265). Ist der Spanndruck erreicht, gibt der Druckschalter das Signal für die Werkstückbearbeitung. Durch den AUS-Taster und das Signal A2 wird der Zylinder zurückgesteuert.

Steuerungsarten

Steuerungen kann man nach der Signalverarbeitung und nach der Programmierung unterscheiden.

Einteilung nach der Art der Signalverarbeitung

Verknüpfungssteuerungen. Um den Vorschubmotor des Maschinentisches einzuschalten (–MA1), muss das Schutzgitter zu (–BG1), der Tisch in Endlage (–BG2) und der Taster (–SJ1) betätigt sein **(Bild 1).** Es müssen also drei Eingangssignale UND-verknüpft werden, um das Ausgangssignal –MA1 zu erhalten.

> Bei Verknüpfungssteuerungen wird eine Schaltbedingung nur erfüllt, wenn Signale logisch miteinander verknüpft sind.

Ablaufsteuerungen. Bei Ablaufsteuerungen werden Bewegungsvorgänge schrittweise ausgelöst. Bei **zeitabhängigen Ablaufsteuerungen** erfolgt die Signalgabe z. B. durch ein Nockenschaltwerk **(Bild 2),** ein Zeitrelais oder einen Taktgeber.

Bei **prozessabhängigen Ablaufsteuerungen** beginnt ein nachfolgender Arbeitsschritt erst, wenn der vorhergehende abgeschlossen ist **(Bild 3).** Nach dem Start durch den Tastschalter –SJ1 fährt der Maschinentisch in Arbeitsstellung. Dort gibt der Grenztaster –BG1 das Signal für den Eilgang der Bohreinheit. Anschließend löst –BG2 das Signal für den Arbeitsvorschub aus usw.

Erfolgt bei zeitabhängigen Ablaufsteuerungen ein Arbeitsschritt fehlerhaft oder gar nicht, so wird der nachfolgende trotzdem ausgeführt. Dies kann zu Störungen führen. Prozessabhängige Ablaufsteuerungen sind darum sicherer als zeitabhängige.

Prozessabhängige Ablaufsteuerungen werden **Wegplansteuerungen** genannt, wenn die Arbeitsschritte den abgefahrenen Wegen z. B. eines Maschinentisches entsprechen (Bild 3).

Einteilung nach der Art der Programmierung

Verbindungsprogrammierte Steuerungen. In der pneumatischen Steuerung **(Bild 4)** sind die Bauelemente durch Leitungen nach einem Schaltplan miteinander verbunden. Bei einer Änderung des Ablaufs der Steuerung müssen die Leitungen neu verlegt werden.

> Bei verbindungsprogrammierten Steuerungen ist der Programmablauf durch die Bauteile und deren Verbindung fest vorgegeben.

Speicherprogrammierte Steuerungen (SPS). Bei speicherprogrammierten Steuerungen (Bild 4) wird der Steuerungsablauf durch ein Programm festgelegt.

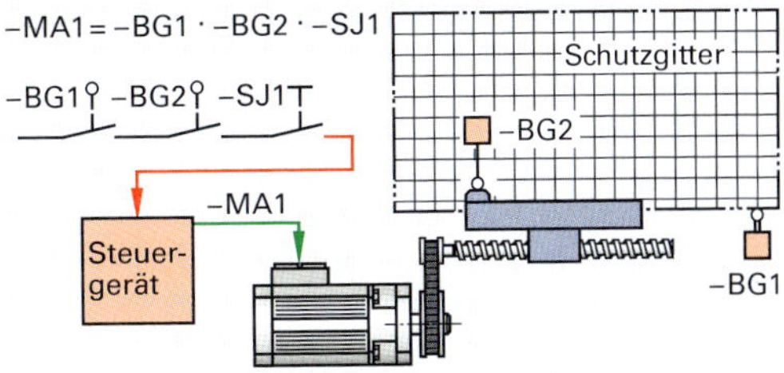

Bild 1: Verknüpfungssteuerung

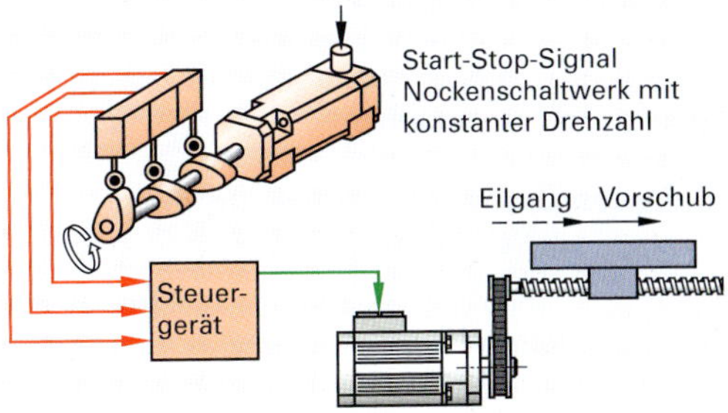

Bild 2: Zeitabhängige Ablaufsteuerung

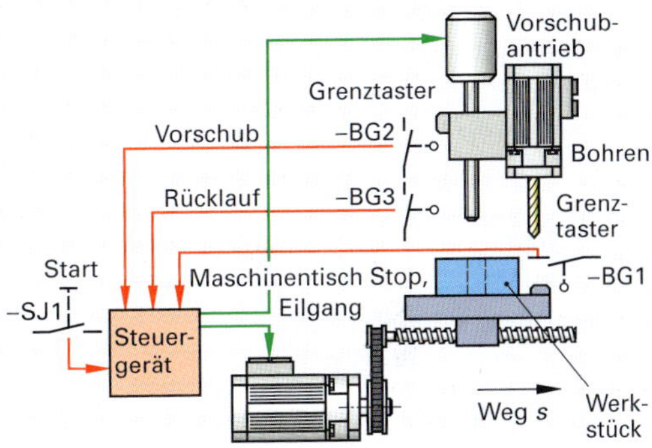

Bild 3: Prozessabhängige Ablaufsteuerung

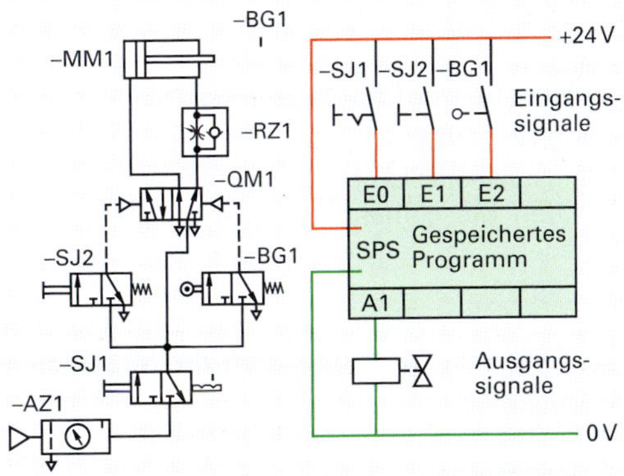

verbindungsprogrammiert | speicherprogrammiert

Bild 4: Verbindungs- und speicherprogrammierte Steuerungen

6.1.2 Grundlagen der Regelungstechnik

Mit Regelungseinrichtungen werden in der Technik Vorgänge automatisiert. Die Aufgabe der Regeleinrichtungen ist es, vorgegebene Werte wie z. B. Drehzahlen, Positionen, Geschwindigkeiten, Temperaturen usw. zu erreichen oder einzuhalten.

Festwertregelung. Muss ein vorgegebener Wert konstant gehalten werden, z. B. die Drehzahl beim Drehen, so bezeichnet man dies als Festwertregelung.

Folgeregelung. Wird das Werkzeug einem laufend vorausberechneten Wert nachgeführt, z. B. dem Durchmesser beim Konturdrehen, so spricht man von einer Folgeregelung.

Beispiel: Drehzahlregelung an einer CNC-Drehmaschine (Bild 1)

Die Drehzahl der Arbeitsspindel **(Regelgröße)** wird z. B. digital durch einen Tachogenerator gemessen und an der Vergleichsstelle fortlaufend mit dem Sollwert der Drehzahl **(Führungsgröße)** verglichen. Bei einer Abweichung z. B. durch schwankende Schnittkraft **(Störgröße)** regelt der Regler die Drehzahl nach und gleicht sie dem Sollwert an.

Eine Regelung bildet durch den fortlaufenden Vergleich des Istwertes der Regelgröße mit dem Sollwert immer einen geschlossenen Kreislauf. Deshalb spricht man von einem Regelkreis **(Bild 2)**.

Jede Regelung ist durch drei Vorgänge gekennzeichnet:

- **Messen** der Regelgröße
- **Vergleichen** mit der Führungsgröße
- **Angleichen** durch Nachstellen

Der Regler und die Nachstelleinrichtung bilden zusammen die **Regeleinrichtung.** Die durch die Regeleinrichtung beeinflusste Einheit wird als **Regelstrecke** bezeichnet.

Beispiel einer Lageregelung (Bild 3)

Jede CNC-Maschine besitzt außer der Drehzahlregelung auch eine Lageregelung, um das Werkzeug oder den Maschinentisch dem vom Programm vorgegebenen Sollwert nachführen zu können. Die Regelstrecke des Lagerregelkreises (Bild 3) umfasst den Antriebsmotor, den Kugelgewindetrieb, den Maschinentisch und die Messeinrichtung.

Die Position des Maschinentisches wird fortlaufend gemessen und mit den Sollwerten des Programmes verglichen. Weicht der Istwert vom Sollwert ab, wird der Maschinentisch solange bewegt, bis der Sollwert erreicht ist.

Beispiele für Regelungsvorgänge
• Regelung der Drehzahl beim Plandrehen
• Geschwindigkeitsregelung beim Kfz (Tempomat)
• Regelung der Temperatur im Härteofen
• Druckregelung in Pneumatikanlagen
• Abstandsregelung der Düse beim Laserschneiden

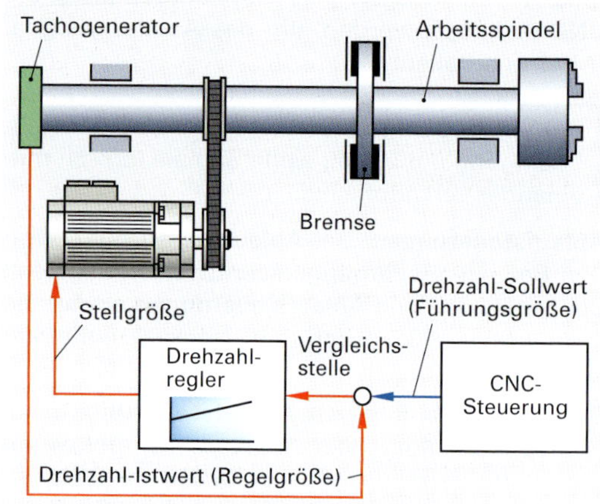

Bild 1: Drehzahlregelung beim Drehen

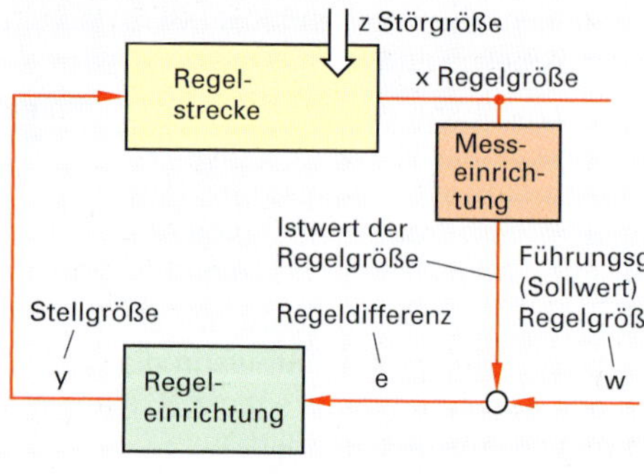

Bild 2: Blockschaltbild eines Regelkreises

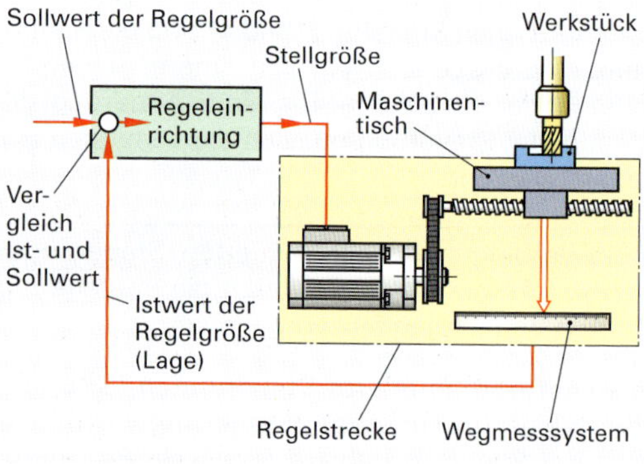

Bild 3: Lageregelkreis eines Vorschubantriebes

Für die Darstellung wichtiger Teile des Regelkreises werden genormte Bildzeichen verwendet **(Tabelle 1)**.

Tabelle 1: Bildzeichen der Steuerungs- und Regelungstechnik

Bildzeichen	Bedeutung	Bildzeichen	Bedeutung
○——	Messort, Fühler		Signal- oder Messumformer
▽	Stellglied, Stellort		Regler, allgemein
	Stellantrieb, allgemein		Einsteller, allgemein

Beispiel: Druckregelung

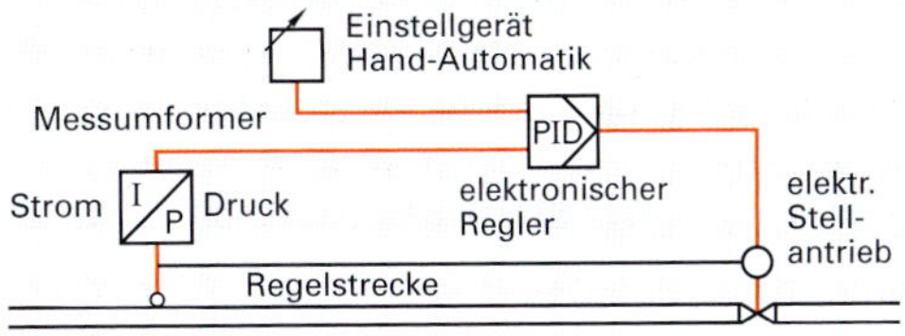

Reglerarten

Nach ihrer Wirkungsweise unterscheidet man unstetige und stetige Regler.

Unstetige Regler

Ein unstetiger Regler besitzt zwei oder mehrere Schaltstellungen. Er verändert die Stellgröße unstetig durch Schalten in Stufen. Besitzt der Regler nur zwei Schaltstellungen EIN und AUS, so wird er auch Zweipunktregler genannt.

Zweipunktregler werden z. B. als Bimetallregler in Temperaturregelkreisen eingesetzt **(Bild 1)**. Beim Einschalten der Ofenheizung ist der Kontakt der Bimetallfeder zunächst geschlossen. Bei Erwärmung durch die Heizung biegt sich die Bimetallfeder auf und öffnet den Kontakt (obere Grenztemperatur). Erst wenn die Temperatur durch die einsetzende Abkühlung wieder unter den unteren Grenzwert abgesunken ist, schließt der Kontakt wieder und die Heizung setzt erneut ein.

Der Unterschied zwischen Einschalt- und Ausschalttemperatur ist die **Schaltdifferenz** des Zweipunktreglers. Die Temperatur im Ofen stellt sich durch die verzögerte Wärmeleitung auf einen Wert zwischen den beiden Grenztemperaturen ein **(Bild 2)**.

Stetige Regler

Stetige Regler erfassen die Regelgröße x stufenlos (stetig) und ändern dann die Stellgröße y ebenfalls stufenlos innerhalb des Stellbereiches **(Bild 3)**. Sie können die Regelgröße, z. B. den Füllstand eines Wasserbehälters, genauer einhalten als unstetige Regler.

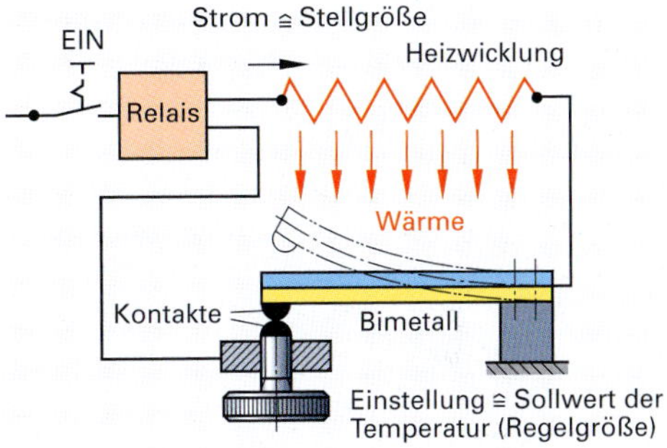

Bild 1: Unstetiger Regler einer Ofenheizung

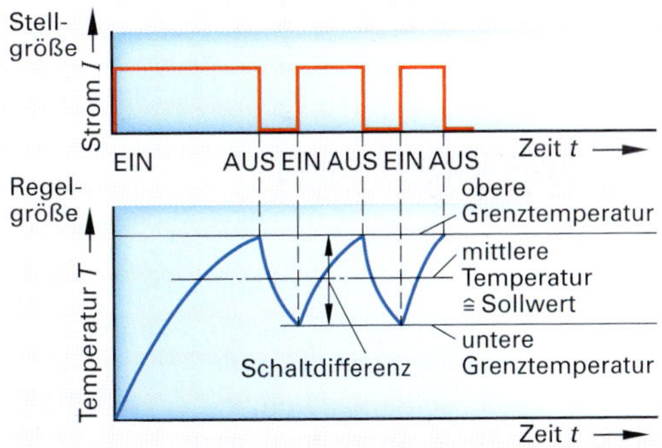

Bild 2: Regelverhalten eines Zweipunktreglers

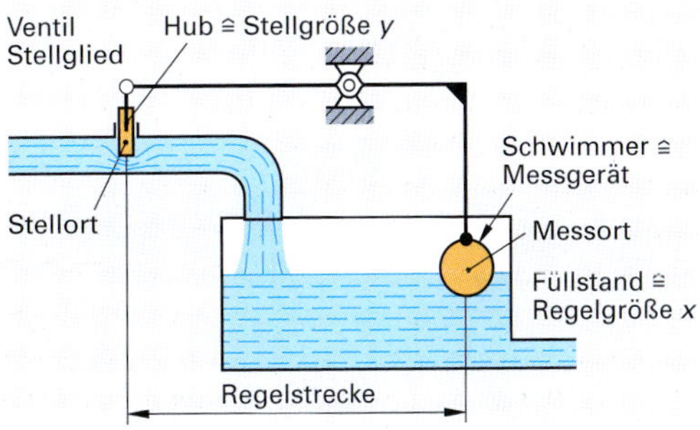

Bild 3: Stetiger Regler

Wiederholung und Vertiefung

1 Welche Eigenschaften hat eine Verknüpfungssteuerung?

2 Wie unterscheidet sich eine verbindungsprogrammierte Steuerung von einer speicherprogrammierten Steuerung?

3 Wie unterscheiden sich unstetige und stetige Regler?

6.2 Grundlagen und Grundelemente von Steuerungen

Die Funktion von Maschinen, Geräten und ganzen Anlagen wird durch ihre Steuerungen bestimmt. Die Steuerungen bestehen aus Signalgebern, Steuerelementen, Schaltgeräten und Antriebselementen (Aktoren). Diese Bauelemente können elektrisch, hydraulisch, pneumatisch oder mechanisch betrieben sein. Der grundsätzliche Aufbau und die Funktion der Steuerungen kann aber unabhängig von der Betriebsart einheitlich dargestellt werden.

6.2.1 Arbeitsweise von Steuerungen

Steuerungen nehmen die von den Signalgebern kommenden Signale auf, „verarbeiten" sie in den eigentlichen Steuerelementen und geben danach Schaltbefehle an die Schaltgeräte aus. Die von den Schaltgeräten gesteuerten Antriebselemente führen dann die Bewegung an den Maschinen aus.

Beispiel einer Steuerung:

Sortiereinrichtung für Werkstücke (Bild 1)

Aufgabe. Lange Werkstücke (W1) und kurze Werkstücke (W2) werden auf einem Förderband einer Sortiereinrichtung zugeführt und sollen dort sortiert werden.

Sortiervorgang. In der Sortiereinrichtung laufen die Werkstücke an drei Sensoren -BG1, -BG2 und -BG3 vorbei. Die langen Werkstücke überdecken dabei kurzzeitig alle drei Sensoren, die kurzen Werkstücke kurzzeitig nur den mittleren Sensor allein. Die Signale der Sensoren werden in der Steuerung miteinander verknüpft (Seite 265) und das Ergebnis als Schaltbefehl an das 5/2-Wegeventil ausgegeben. Dieses steuert den Pneumatikzylinder. Bei langen Werkstücken zieht der Zylinder die Weiche nach links. Sie bleibt so lange in dieser Stellung, bis wieder ein kurzes Werkstück von den Sensoren erfasst wird. Erst dann schiebt der Zylinder die Weiche nach rechts. Auch diese Stellung wird bis zum nächsten langen Werkstück beibehalten.

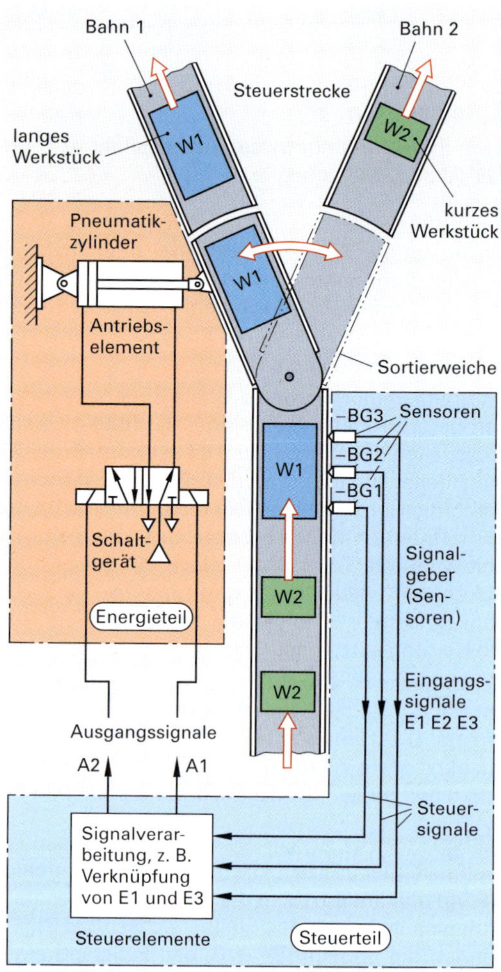

Bild 1: Steuerung einer Sortiereinrichtung

Baugruppen von Steuerungen

Steuerungen kann man in den eigentlichen Steuerteil und in den Energieteil gliedern **(Bild 2)**. Steuer- und Energieteil sind durch Schnittstellen verbunden. Die im Steuerteil aufgenommenen und verarbeiteten Signale werden über die Schnittstelle an den Energieteil weitergegeben, in dem die Schaltgeräte die Antriebselemente steuern.

Um die Steuerung möglichst klein zu halten, wird der Steuerteil oft mit kleinerer Spannung oder geringerem Druck als der Energieteil betrieben. An der Schnittstelle müssen dann die Ausgangssignale des Steuerteiles verstärkt werden.

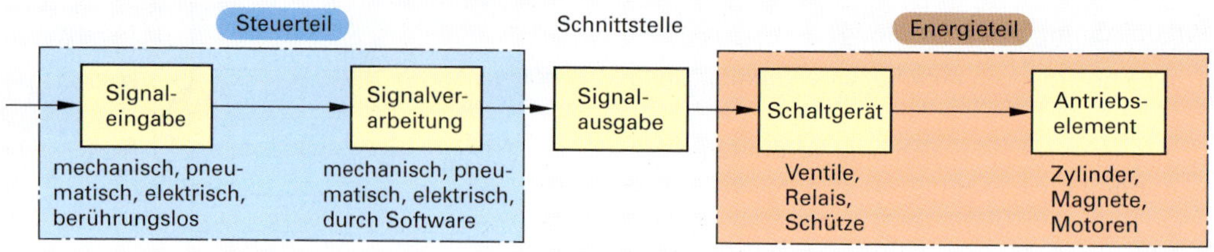

Bild 2: Baugruppen von Steuerungen

6.2.2 Steuerungskomponenten

Steuerungen bestehen aus **Signalgebern**, z. B. Schaltern und Sensoren, **Steuerelementen**, z. B. Relais und Mikroprozessoren, **Stellelementen**, z. B. monostabile oder bistabile Ventile, sowie **Antriebselementen**, z. B. Zylinder, Schütze und Motoren **(Tabelle 1)**.

Tabelle 1: Aufbau einer Steuerung (EVA-Prinzip)

Steuerungskomponenten	Bauelemente
Signalgeber (Signal – **E**ingabe)	Schalter, Taster, Sensoren
Steuerelemente (Signal – **V**erarbeitung)	Zweidruckventile, Wechselventile, Relais
Antriebselemente (Signal – **A**usgabe)	Zylinder, Greifer, Verdichter, Pumpen, Schütze, Motoren

Die in Steuerungen eingesetzten Bauelemente können nach der Art des Signaleingangs und der Signalverarbeitung in drei Kategorien eingeteilt werden **(Tabelle 2)**.

Tabelle 2: Bauelemente der Signalverarbeitung einer Steuerung

Steuerungsarten	Bauelemente
Analoge Steuerung	Stetigventile, stufenlose Getriebe, analoge Sensoren
Digitale Steuerung	Wegmesssysteme, Mikroprozessoren, digitale Sensoren
Binäre Steuerung	Tastschalter und Stellschalter; Wegeventile; binäre Näherungsschalter

6.2.2.1 Signalarten – Signalformen

Die Signale, die von Schaltern und Sensoren abgegeben werden und den Steuerungsablauf beeinflussen, haben unterschiedliche **Signalformen**. Man unterscheidet **analoge, digitale** und **binäre Signale**.

Analoge (kontinuierliche) Signale ändern sich stetig mit der Eingangsgröße **(Bild 1)**. Je größer z. B. der Weg des Schlittens (Eingangsgröße) und damit des Messbolzens der Messuhr ist, desto größer ist der Drehwinkel des Zeigers der Messuhr (Ausgangsgröße). Pneumatische Messtaster oder analoge Sensoren (Seite 290) geben analoge Ausgangssignale ab.

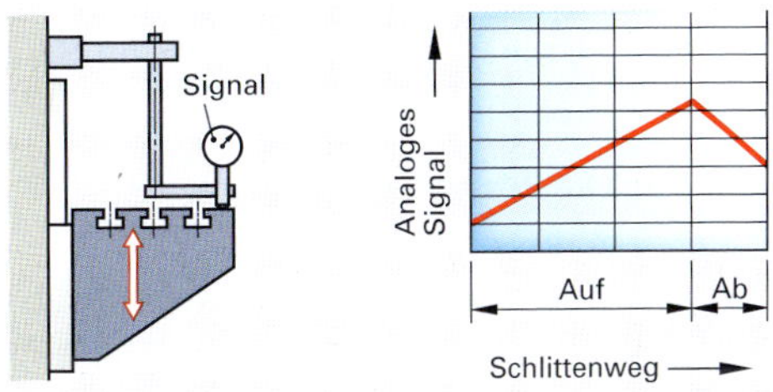

Bild 1: Analoges Signal

> Analoge Signale können beliebige Werte annehmen.

Digitale (diskrete) Signale bestehen aus einer endlichen Anzahl von gestuften Werten **(Bild 2)**. So besteht z. B. bei CNC-Maschinen das digitale Signal für einen 10 mm langen Weg aus 10000 Impulsen am Glasmaßstab der Wegmesseinrichtung. Werden digitale Signale benötigt, so werden die analogen Signale in einem Analog-Digitalwandler in digitale Signale gewandelt.

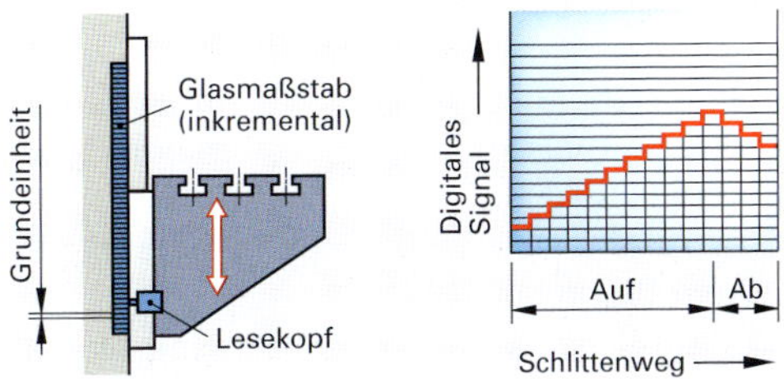

Bild 2: Digitales Signal

> Alle Zählvorgänge ergeben diskrete Werte.

Binäre (zweiwertige) Signale nehmen nur zwei Werte bzw. Zustände an **(Bild 3)**. Diese zwei Werte können mit 0 und 1 oder AUS und EIN bezeichnet werden. Die beiden Grenztaster –BG1 und –BG2 **(Bild 3)** geben beim Überfahren durch den Schaltnocken ein Signal ab, sodass der Vorschubmotor stillgesetzt wird.

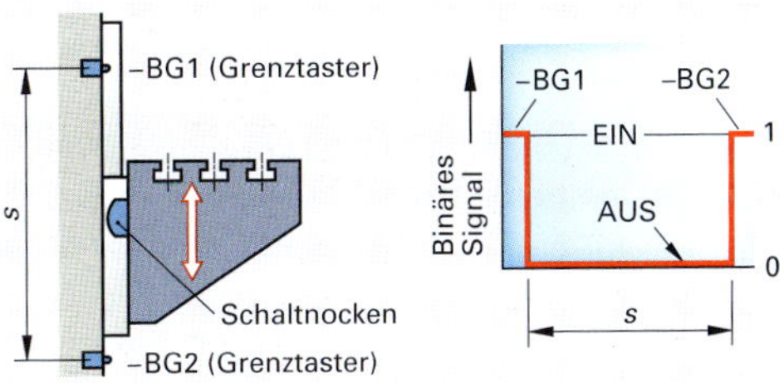

Bild 3: Binäres Signal

Bei statischen Elementen (Schalter) wird der Signalzustand bei Betätigung sprunghaft hergestellt. Probleme können bei dynamischen Signalgliedern (z.B. Transistoren) auftreten, denn hier fehlt das Kippverhalten. Durch Restströme oder Restspannungen bzw. Spannungsschwankungen können Fehlsignale entstehen. Deshalb wird vom Hersteller (z.B. einer SPS) ein High-Bereich bzw. ein Low-Bereich definiert **(Bild 1)**. Würde der Signalpegel im Sicherheitsbereich anliegen, so könnte es zu Fehlschaltungen kommen. Deshalb sind die Signalgeber z.B. mit einem Schnappmechanismus (Seite 286) versehen.

Binärsignale stellen die kleinste Einheit der Information dar, die abgeleitet von **bi**nary digi**t** als **bit** bezeichnet wird.

Stellt man sich die Signalarten als geometrische Gebilde dar, so entspricht das Analogsignal einer Kugel, das Digitalsignal einem Würfel und das Binärsignal einer Münze **(Bild 2)**.

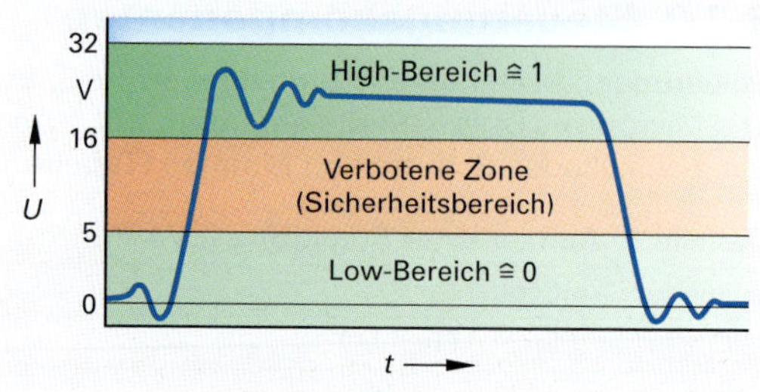

Bild 1: 0–1-Signal am Eingang einer SPS

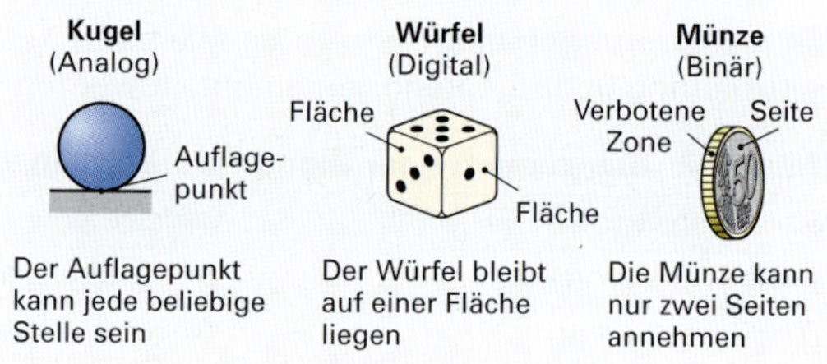

Bild 2: Signaldarstellungen

6.2.2.2 Bauarten von Signalgebern

Signalgeber werden unterschieden in **mechanische Positionsschalter** (Grenztaster) und **Sensoren (Bild 3)**.

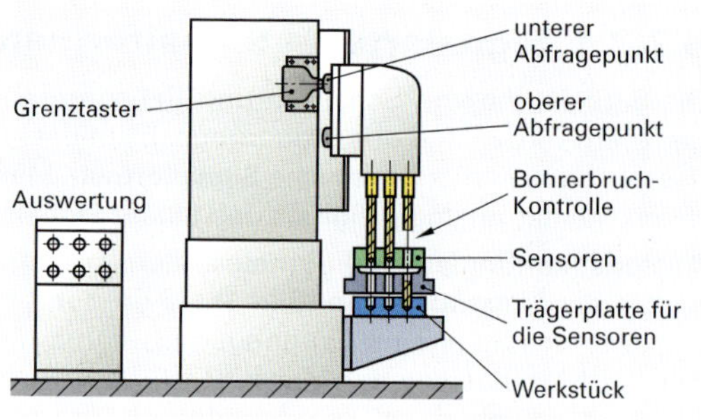

Bild 3: Signalgeber in der Steuerungstechnik

Mechanische Positionsschalter

Schalter

Mit Schaltern werden vor allem Bewegungsabläufe und Arbeitsvorgänge an Maschinen gestartet und gestoppt. Sie sind binär arbeitende Bauteile. Schalter werden von Hand, mechanisch, z.B. durch Schaltnocken, elektromagnetisch oder durch Luft- bzw. Öldruck betätigt.

Tastschalter geben nur während der Betätigung ein Signal ab. Auch pneumatische oder hydraulische Wegeventile können als Tastschalter verwendet werden **(Bild 4)**.

Stellschalter rasten bei Betätigung ein und geben dann ein Dauersignal ab.

NOT-AUS-Schalter sind Stellschalter mit einer pilzförmigen roten Betätigungskappe. Nach der Betätigung rastet der Schalter ein und darf erst nach der Behebung der Gefahr wieder entriegelt werden.

Tastschalter geben nur ein kurzes Signal, Stellschalter geben ein Dauersignal ab.

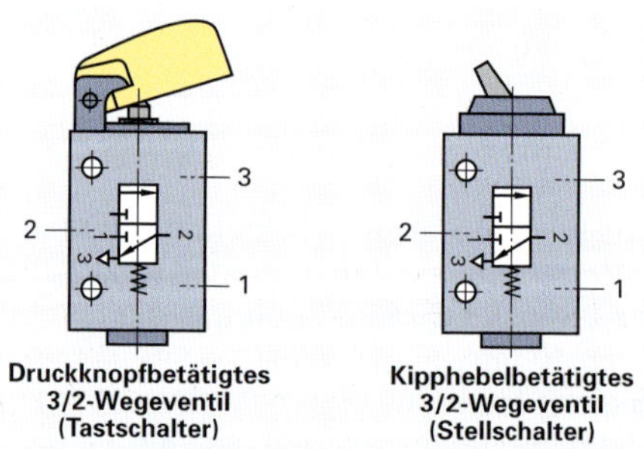

Bild 4: Pneumatische Ventile als Tast- und Stellschalter

Elektrische Schalter (Seite 286) können mit mehreren Kontaktpaaren ausgestattet sein, z.B. je einem Öffner und einem Schließer oder einem Wechsler.

Grenztaster werden durch Nocken in den Grenzstellungen einer Baueinheit betätigt. Sie müssen so eingebaut werden, dass sie „schleifend" angefahren werden **(Bild 5)**, um Schäden zu vermeiden.

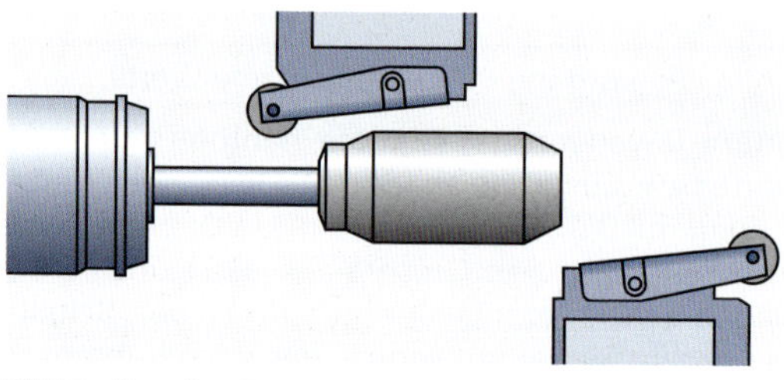

Bild 5: Korrekte Betätigung eines Grenztasters

6.2.2.3 Steuerelemente

Die von den Signalgebern kommenden Signale werden durch die Steuerelemente „verarbeitet" und das Ergebnis an die Schaltgeräte ausgegeben.

Zur Signalverarbeitung gehören

- die **Verknüpfung** der Eingangssignale
- die **Verzögerung** von Ausgangssignalen
- das **Speichern** von Signalverknüpfungen
- die **Vervielfältigung** von Signalen

Die Signalverarbeitung erfolgt durch Geräte (Hardware) oder durch Programme (Software). Die Hardware kann aus mechanischen, pneumatischen, hydraulischen, elektrischen und elektronischen Geräten bestehen. Software wird in SPS-, CNC- und Prozesssteuerungen eingesetzt.

Beispiel: Bei der Steuerung der Sortierweiche **(Bild 1, Seite 262)** wird die Weiche durch den Pneumatikzylinder nach links geschwenkt, wenn bei langen Werkstücken die drei Eingangssignale E1, E2 und E3 gleichzeitig vorhanden sind. Wie müssen diese Signale miteinander verknüpft werden?

Lösung: Die drei Signale können z. B. durch zwei Zweidruckventile pneumatisch miteinander verknüpft werden **(Bild 1)**.

6.2.2.4 Die Verknüpfung von Signalen

Alle Signalverknüpfungen werden mit den Grundfunktionen UND, ODER und NEGATION verwirklicht. Die Verknüpfungen können durch Funktionsgleichungen (Schaltalgebra), Wertetabellen, Logikpläne, Programme und Schaltpläne dargestellt werden (folgende Seite und **Tabelle 1**).

UND-Verknüpfung

Bei UND-Verknüpfungen erhält man das Ausgangssignal A nur, wenn die beiden Eingangssignale E1 und E2 gleichzeitig vorhanden sind (Tabelle 1). UND-Verknüpfungen können z.B. durch pneumatische Zweidruckventile oder durch zwei in Reihe geschaltete Schließerkontakte verwirklicht werden.

Beispiel: Ein hydraulischer Spannstock **(Bild 2)** darf erst schließen (A = 1), wenn die beiden Tastschalter gleichzeitig gedrückt werden (–SJ1 = 1, –SJ2 = 1). Wie müssen die Eingangssignale miteinander verknüpft werden?

Lösung: –SJ1 und –SJ2 werden durch die UND-Funktion verknüpft (Tabelle 1). Sind –SJ1 = 1 UND –SJ2 = 1, erhält man das Ausgangssignal A. Der Spannzylinder fährt aus.

UND-Verknüpfungen liefern an ihrem Ausgang ein Signal (A = 1), wenn an beiden Eingängen gleichzeitig ein Signal (E1 = 1 UND E2 = 1) anliegt.

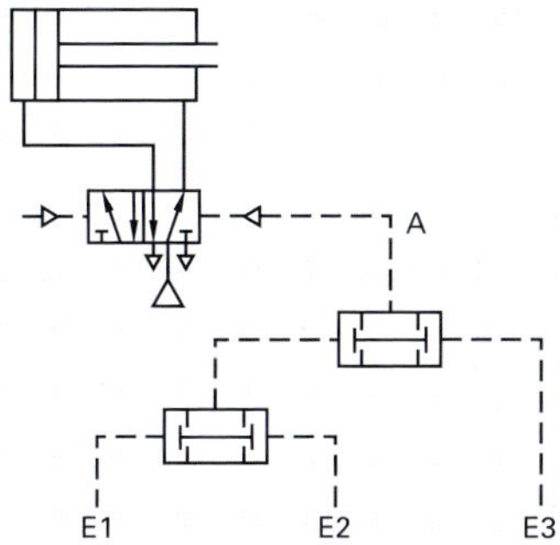

Bild 1: Pneumatische UND-Verknüpfung von drei Eingangssignalen

Tabelle 1: UND-Verknüpfung

Schaltalgebra	Wertetabelle	Logikplan
Funktionsgleichung E1 · E2 = A (E1 UND E2 ist gleich A) · Zeichen für UND-Verknüpfung	E2 E1 A 0 0 0 0 1 0 1 0 0 1 1 1	2 Eingangssignale 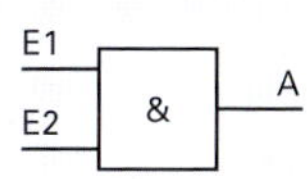
Pneumatischer Schaltplan	**Relais-Schaltung**	**SPS-Funktionsplan**
mit Wegeventilen: 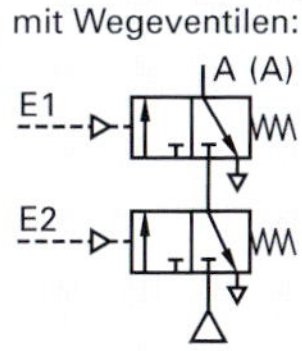 mit Zweidruckventil: 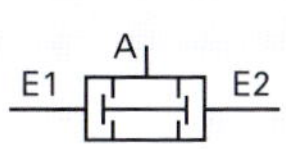	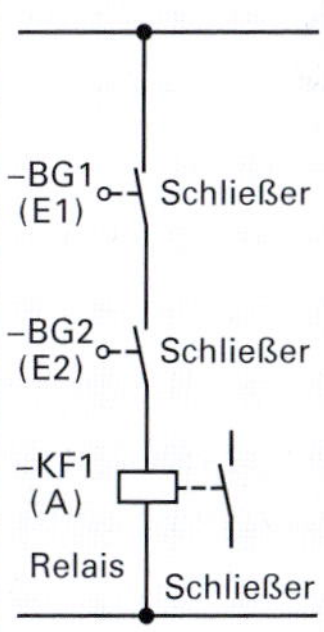	Allgemein / SPS: E1 – E0.0 E2 – E0.1 A – A0.0 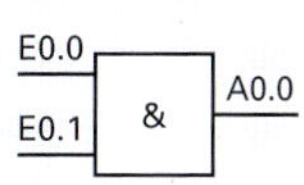

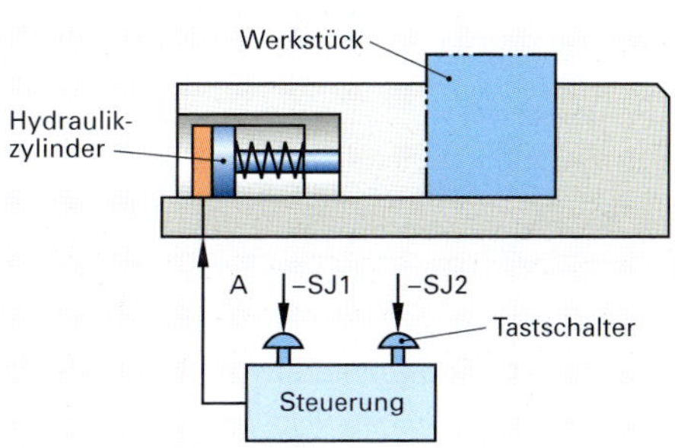

Bild 2: Vereinfachte Zweihandbedienung

Darstellung von Signalverknüpfungen

Die **Schaltalgebra** kann benutzt werden, um Steuerungen zu entwerfen oder zu vereinfachen. Die Verknüpfungen werden dabei durch **Funktionsgleichungen** beschrieben.

In **Wertetabellen** wird zu allen möglichen Kombinationen der Eingangssignale E1, E2 ... die sich durch die Verknüpfung ergebende Ausgangsgröße A dargestellt. Bei drei Eingangsgrößen ergeben sich $2^3 = 8$, bei vier Eingangsgrößen $2^4 = 16$ Kombinationsmöglichkeiten. Zur Vereinfachung werden oft nur die Kombinationen aufgeführt, welche die Ausgangsgröße A = 1 ergeben.

Im **Logikplan** werden die Verknüpfungen mit genormten Symbolen dargestellt. Sie werden von links nach rechts aufgebaut und gelesen.

Die logischen Verknüpfungen können auch durch **Programme,** z. B. Anweisungslisten, beschrieben werden. Diese Programme werden in besonderen oder in allgemeinen Programmiersprachen geschrieben. Die Ausgangssignale werden an die zu steuernden Geräte ausgegeben.

Beispiel: Die Steuerung für die linke Stellung der Sortierweiche **(Bild 1, Seite 262)** soll durch einen Logikplan und durch eine Wertetabelle beschrieben werden.

Lösung: Lange Werkstücke überdecken kurzfristig alle drei Sensoren gleichzeitig. Dadurch erhält man: E1 = 1 UND E2 = 1 UND E3 = 1. Nur bei dieser Kombination darf das Ausgangssignal A = 1 werden **(Bild 1)**.

Logikplan

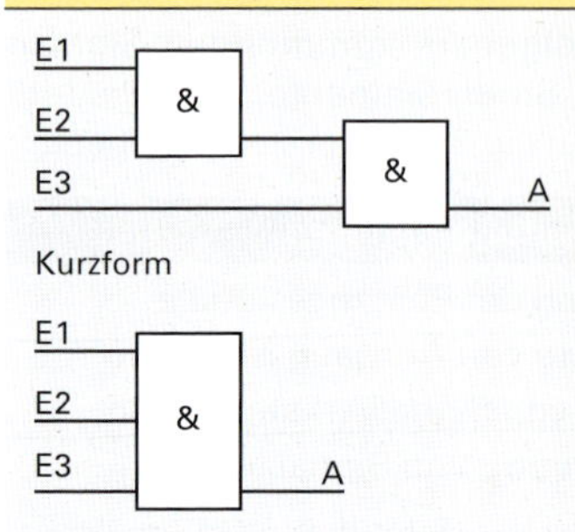

Wertetabelle

E3	E2	E1	A
0	0	0	0
0	0	1	0
0	1	0	0
0	1	1	0
1	0	0	0
1	0	1	0
1	1	0	0
1	1	1	1

Bild 1: UND-Verknüpfung von 3 Eingangssignalen

Tabelle 1: ODER-Verknüpfung

Schaltalgebra

Funktionsgleichung

E1 + E2 = A

(E1 ODER E2 ist gleich A)

+ Zeichen für ODER-Verknüpfung

Wertetabelle

E2	E1	A
0	0	0
0	1	1
1	0	1
1	1	1

Logikplan

2 Eingangssignale

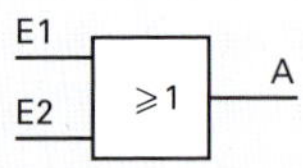

Pneumatischer Schaltplan

mit Wegeventilen:

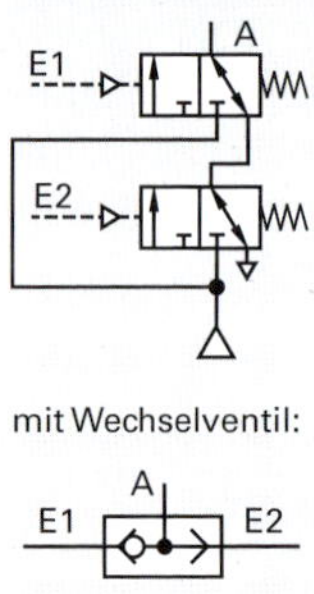

Relais-Schaltung

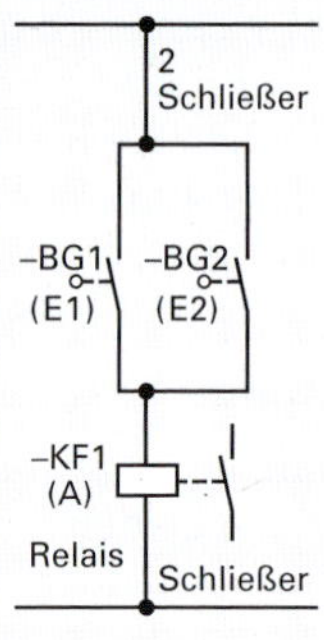

SPS-Funktionsplan

Allgemein	SPS
E1	E0.0
E2	E0.1
A	A0.0

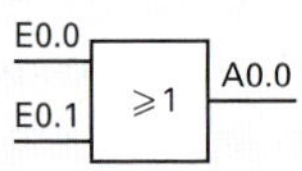

ODER-Verknüpfung

Bei der ODER-Verknüpfung wird das Ausgangssignal A = 1, wenn entweder das Eingangssignal E1 = 1 oder das Eingangssignal E2 = 1 oder beide Eingangssignale 1 sind **(Tabelle 1)**. Die ODER-Verknüpfung kann z. B. durch ein Wechselventil oder durch parallel geschaltete Schließerkontakte verwirklicht werden.

Beispiel: Ein Förderband kann durch je einen Tastschalter an den beiden Enden des Bandes oder vom Leitstand aus stillgesetzt werden. Die Verknüpfung soll durch Logikplan und Wertetabelle dargestellt werden.

Lösung: Wenn mindestens eines der drei Eingangssignale E1 ODER E2 ODER E3 vorhanden ist, wird das Ausgangssignal A = 1 **(Bild 2)**.

Logikplan

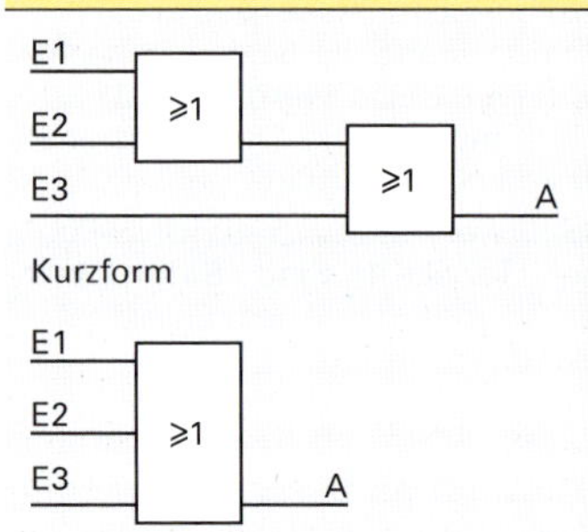

Wertetabelle

E3	E2	E1	A
0	0	0	0
0	0	1	1
0	1	0	1
0	1	1	1
1	0	0	1
1	0	1	1
1	1	0	1
1	1	1	1

Bild 2: ODER-Verknüpfung von 3 Eingangssignalen

ODER-Verknüpfungen liefern an ihrem Ausgang ein Signal A = 1, wenn an einem der Eingänge oder an allen Eingängen ein Signal (E1 = 1 ODER E2 = 1) ansteht.

NICHT-Verknüpfung

Die NICHT-Verknüpfung kehrt das Eingangssignal E1 um. Das Ausgangssignal A ist "1", wenn das Eingangssignal E1 = 0 ist und umgekehrt **(Tabelle 1)**. Die NICHT-Verknüpfung wird deshalb auch als NEGATION (Verneinung) bezeichnet. Sie kann z. B. durch ein 3/2-Wegeventil mit Durchgangs-Nullstellung oder durch ein Relais mit einem Öffnerkontakt verwirklicht werden.

Beispiel: Eine Meldeleuchte soll eingeschaltet werden, wenn eine elektrische Leitung bricht. Die NICHT-Funktion soll mithilfe eines Relais verwirklicht werden.

Lösung: **Stromlaufplan.** Wenn die Leitung im Strompfad 1 unterbrochen wird, fällt das Relais ab. Der Öffnerkontakt im Strompfad 2 schließt und schaltet die Meldeleuchte ein **(Bild 1)**.

> Die **NICHT-Funktion** kehrt Eingangssignale um. Aus einem "1"-Signal am Eingang wird ein "0"-Signal am Ausgang und aus einem "0"-Signal am Eingang ein "1"-Signal am Ausgang.

Verknüpfung mehrerer Grundfunktionen

Bei Steuerungen werden oft viele Grundfunktionen miteinander verknüpft. Die Verknüpfungen können auch hier durch Logikpläne und Wertetabellen übersichtlich dargestellt werden. Die Logikpläne können an Rechnern mit geeigneter Software erstellt und durch grafische Simulation getestet werden.

Beispiel: Bei der Sortierweiche **(Bild 1, Seite 262)** sollen die Verknüpfungen für folgende Betätigungen dargestellt werden:

a) Schwenken auf Bahn 1, wenn ein langes Werkstück an den Sensoren vorbeiläuft (A1 = 1)

b) Schwenken auf Bahn 2, wenn ein kurzes Werkstück vorbeiläuft (A2 = 1)

Lösung: Die Eingangssignale E1, E2 und E3 werden folgendermaßen verknüpft **(Bild 2)**:

a) E1 UND E2 UND E3 = A1

b) $\overline{E1}$ UND E2 UND $\overline{E3}$ = A2

6.2.2.5 Schaltgeräte und Antriebselemente

Die Ausgangssignale der Steuerelemente werden an die Schaltgeräte ausgegeben. Dazu gehören die Ventile, die Zylinder steuern, und Relais sowie Schütze, die Elektromotoren zu- und abschalten. Die Antriebselemente („Aktoren") wie Zylinder, Motoren, Heizgeräte, Bildschirme oder Drücker führen dann als letztes Glied der Steuerkette die von der Steuerung vorgegebenen Schritte aus.

Tabelle 1: NICHT-Verknüpfung

Schaltalgebra	Wertetabelle	Logikplan
Funktionsgleichung $\overline{E1} = A$ E1 nicht ist gleich A oder $E1 = \overline{A}$ E1 ist gleich nicht A	E1 | A 0 | 1 1 | 0	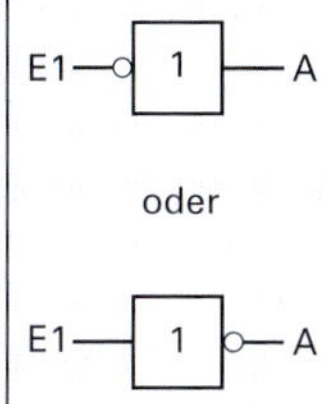
Pneumatischer Schaltplan	**Relais-Schaltung**	**SPS-Funktionsplan**
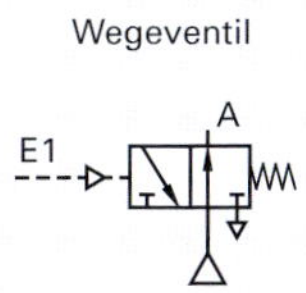	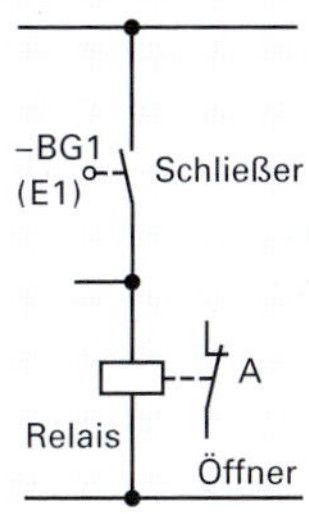	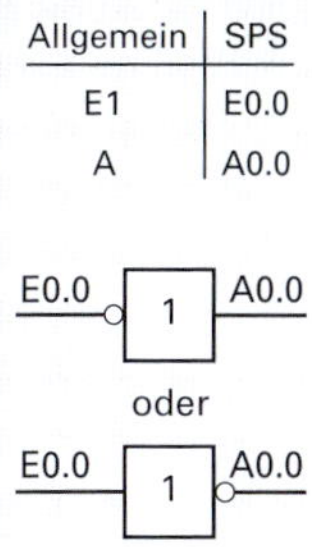

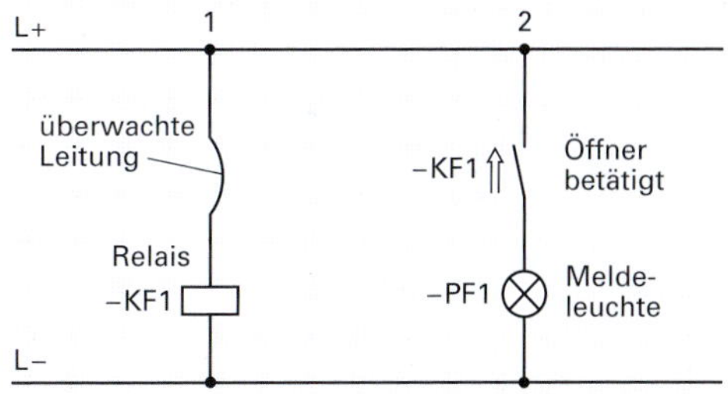

Bild 1: NICHT-Funktion bei der Überwachung einer elektrischen Leitung

Logikplan	Wertetabelle
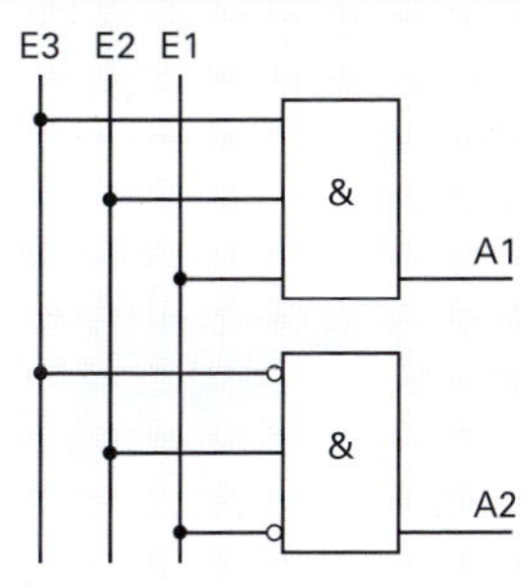	

E3	E2	E1	A1	A2
0	0	0	0	0
0	0	1	0	0
0	1	0	0	1
0	1	1	0	0
1	0	0	0	0
1	0	1	0	0
1	1	0	0	0
1	1	1	1	0

Bild 2: Logikplan und Wertetabelle für die Steuerung der Sortierweiche

6.3 Pneumatische Steuerungen

Unter Pneumatik versteht man die Lehre vom Verhalten der Gase, insbesondere der Luft. In der Technik umfasst die Pneumatik vor allem die Erzeugung der Druckluft und ihre Nutzung zur Steuerung und zum Antrieb von Maschinen. Pneumatische Steuerungen werden z. B. in Türschließanlagen von Schienenfahrzeugen und Kraftfahrzeugen, bei Verpackungsmaschinen, in Handhabungssystemen und in Montagewerkzeugen eingesetzt.

6.3.1 Baugruppen pneumatischer Anlagen

Pneumatikanlagen können in drei Baugruppen gegliedert werden **(Bild 1)**.

- **Drucklufterzeugung** mit Verdichter, Kühler, Trockner und Druckluftbehälter
- **Druckluftaufbereitung,** bestehend aus Filter, Druckregelventil, eventuell Öler und Hauptventil
- **Pneumatische Steuerung** mit Wege-, Sperr- und Stromventilen, Zeitbausteinen sowie Pneumatikzylindern und Druckluftmotoren.

Pneumatikanlagen und ihre Bauelemente werden bildlich oder mit Schaltplänen dargestellt. Bei den Schaltplänen werden dazu international genormte Symbole verwendet. Sie vereinfachen den Entwurf, das Verstehen der Funktion, die Montage und die Fehlersuche bei pneumatischen Steuerungen wesentlich und sind weltweit verständlich.

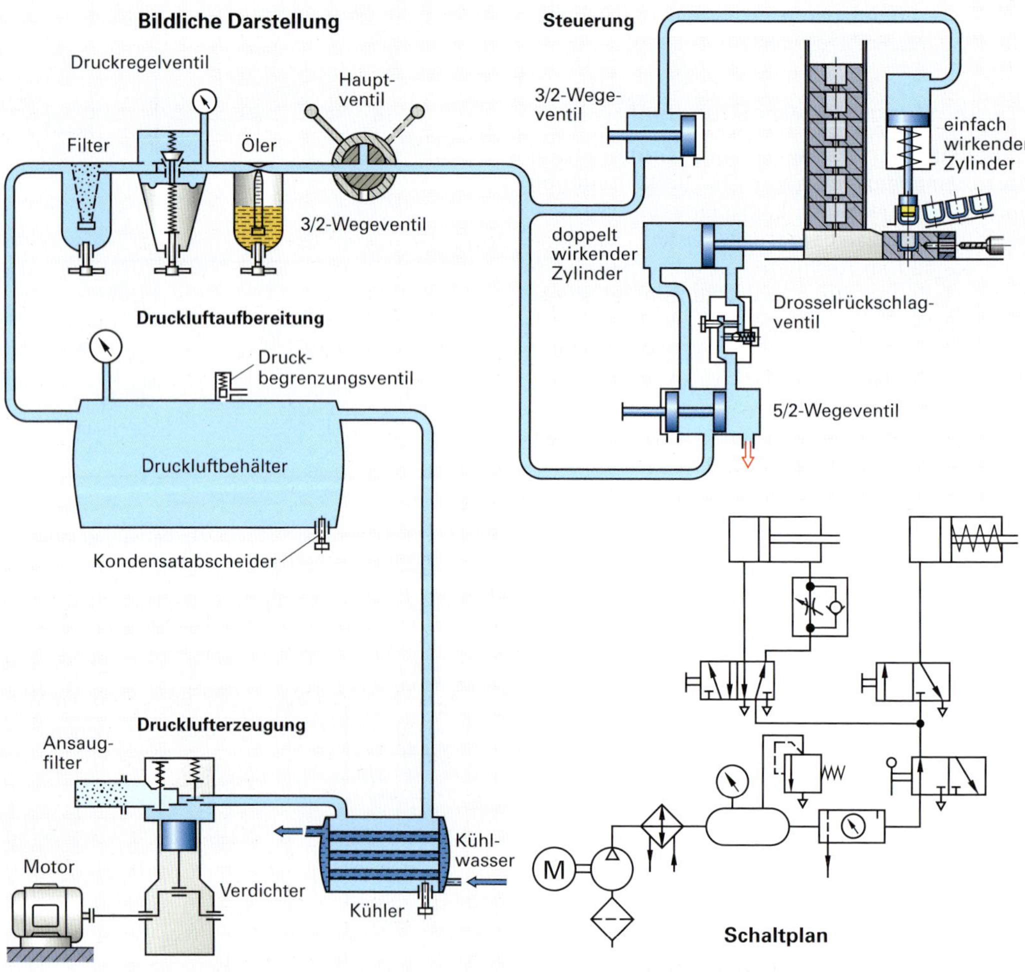

Bild 1: Bildliche Darstellung und Schaltplan einer Pneumatikanlage

6.3.2 Bauelemente der Pneumatik

6.3.2.1 Druckluftanlage

Druckeinheiten und Druckarten

Drückt ein Kolben der Fläche A mit der Kraft F auf eine eingeschlossene Luftmenge, entsteht dort der Überdruck p_e **(Bild 1)**.

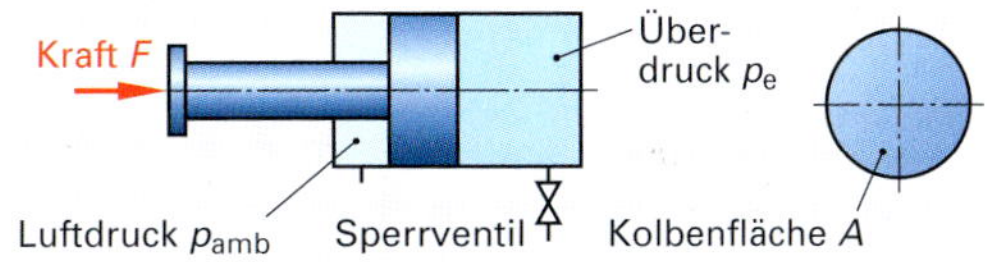

Bild 1: Entstehung des Druckes

Druck	$p_e = \frac{F}{A}$

Die Einheiten des Druckes sind das Pascal (Pa) und das Bar (bar):

$$1\ \text{Pa} = 1\frac{\text{N}}{\text{m}^2} = 0{,}00001\ \text{bar}; \quad 1\ \text{bar} = 10\frac{\text{N}}{\text{cm}^2}$$

Beispiel: Zylinder (Bild 1) mit $F = 4$ kN, $A = 78{,}5$ cm².
Welcher Überdruck p_e entsteht?

Lösung: $\boldsymbol{p_e} = \frac{F}{A} = \frac{4000\ \text{N}}{78{,}5\ \text{cm}^2} = 51\frac{\text{N}}{\text{cm}^2} = \mathbf{5{,}1\ bar}$

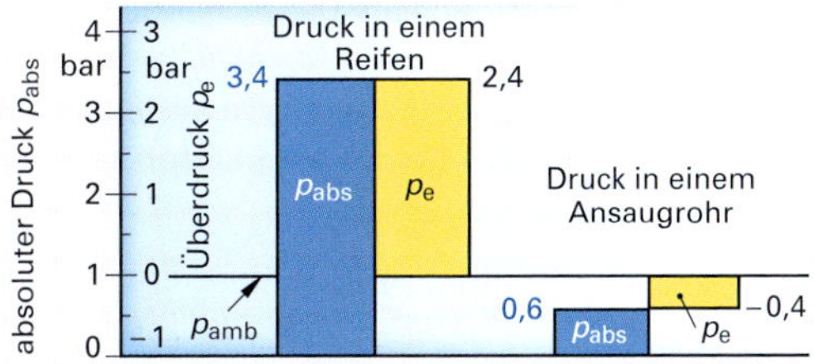

Bild 2: Absoluter Druck und Überdruck

Der Überdruck p_e ist die Differenz zwischen dem absoluten Druck p_{abs} und dem herrschenden Luftdruck p_{amb}. Er kann positiv oder negativ sein **(Bild 2)**. Der negative Überdruck wird oft als „Unterdruck" bezeichnet.

Überdruck	$p_e = p_{abs} - p_{amb}$

Beispiel: Eine pneumatische Presse wird mit einem absoluten Druck von $p_{abs} = 7$ bar betrieben **(Bild 3)**. Bei einem Luftdruck $p_{amb} = 1$ bar stehen für die Presskraft somit $p_e = p_{abs} - p_{amb} = 7\ \text{bar} - 1\ \text{bar} = 6\ \text{bar}$ zur Verfügung.

Manometer zeigen meist den Überdruck an.

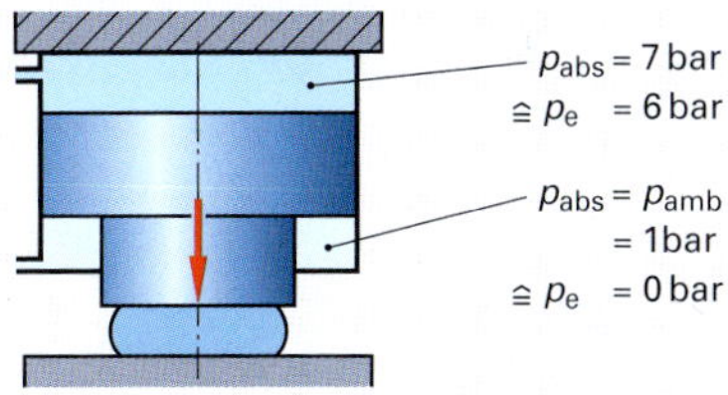

Bild 3: Drücke bei einer pneumatischen Presse

Erzeugen der Druckluft

Druckluft wird mit Kolbenverdichtern, Membranverdichtern oder Schraubenverdichtern erzeugt **(Bild 4)**. Sie saugen Luft durch das Ansaugfilter an, verdichten sie und drücken sie über den Kühler in den Druckluftbehälter **(Bild 1, folgende Seite)**.

Die sich beim Verdichten erwärmende Luft wird im Kühler gekühlt. Das entstehende Kondenswasser wird abgeschieden. Druckluft mit sehr geringer Restfeuchtigkeit erhält man durch Abkühlen der Druckluft auf 4 °C (Kältetrocknung).

Ist der maximale Druck im Druckluftbehälter erreicht, wird die Zufuhr weiterer Druckluft ausgesetzt. Dazu wird der Antriebsmotor des Verdichters stillgesetzt (Aussetzregelung) oder es werden die Ansaugventile offen gehalten, während der Antriebsmotor weiterläuft (Entlastungsregelung).

Aufgaben der Druckluftbehälter

- Speichern und Kühlen der Druckluft
- Abscheiden restlicher Luftfeuchtigkeit
- Ausgleich von Druckschwankungen

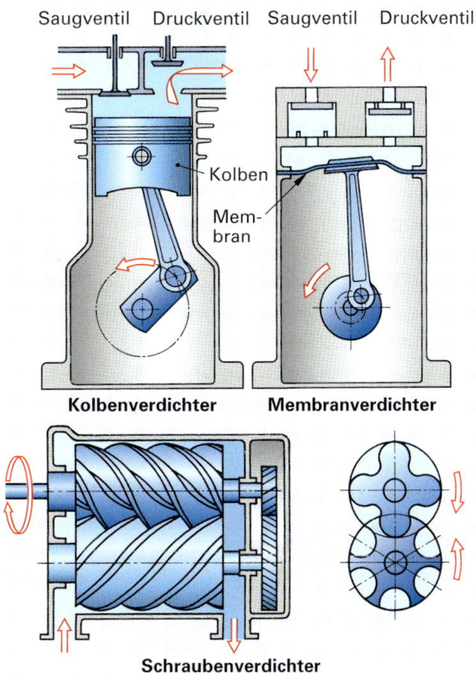

Bild 4: Bauarten von Verdichtern

Verteilung und Aufbereitung der Druckluft

Die Druckluft wird vom Druckbehälter über Rohrleitungen den Entnahmestellen zugeführt **(Bild 1)**.

Forderungen an das Druckluftnetz

- Das Druckluftnetz ist als Ringleitung anzulegen, um die Versorgung auch bei Reparaturen zu gewährleisten.
- Die Leitungsquerschnitte sind so groß zu wählen, dass nicht mehr als 0,2 bar Druckverlust entsteht.
- Die Leitungen sind mit Gefälle zu verlegen, damit das Kondenswasser abgelassen werden kann.

Vor den Zylindern und Ventilen einer Pneumatiksteuerung ist die Aufbereitungseinheit (Wartungseinheit) eingebaut **(Bild 2)**. Sie besteht aus Druckluftfilter, Druckregelventil und Druckluftöler. Der Filter reinigt die Druckluft von restlichen Verunreinigungen. Das Druckregelventil hält den Druck in der Steuerung konstant. Der Öler mischt der Druckluft fein zerstäubtes Öl bei, um bewegte Bauteile zu schmieren und Korrosion zu verhindern.

Viele pneumatische Steuerungen, z. B. in der Computer- und Nahrungsmittelindustrie, benötigen ölfreie und hochreine Druckluft. Bei diesen Steuerungen entfällt der Öler. Auch bei anderen Anwendungen wird zunehmend ölfreie Druckluft verwendet, um Mitarbeiter und Umwelt vor ölhaltiger Abluft zu schützen.

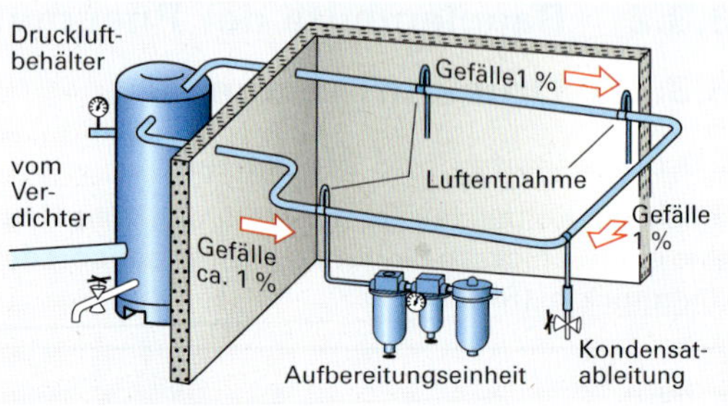

Bild 1: Druckluftverteilung

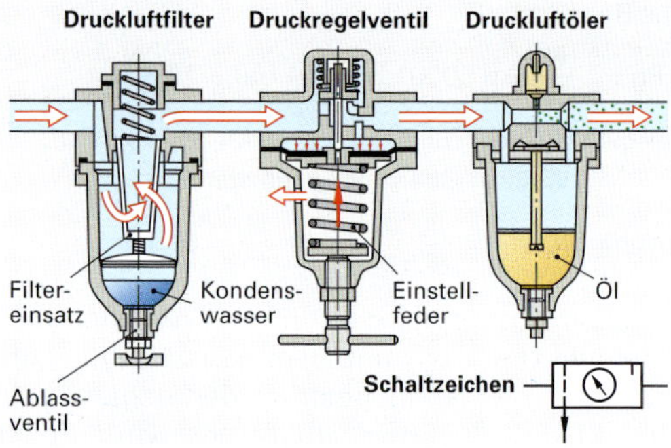

Bild 2: Aufbereitungseinheit

6.3.2.2 Pneumatische Arbeitselemente

Druckluftzylinder

Die Druckluftzylinder führen hin- und hergehende Bewegungen aus. Man unterscheidet einfachwirkende und doppeltwirkende Zylinder.

Beim **einfachwirkenden Zylinder** verschiebt die Druckluft den Kolben nur in eine Richtung **(Bild 3)**. Eine eingebaute Feder holt den Kolben in seine Ausgangslage zurück.

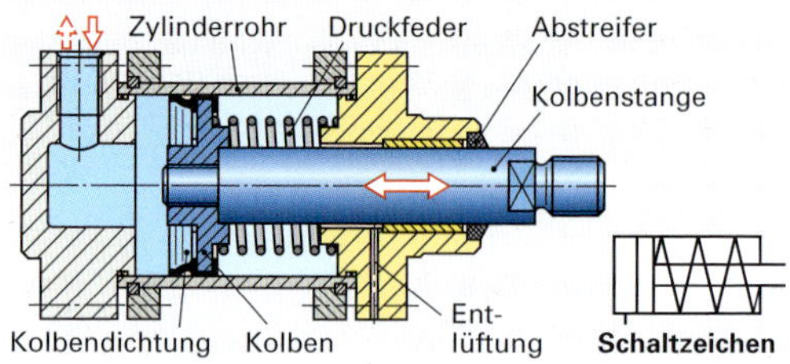

Bild 3: Einfachwirkender Zylinder

Bei **doppeltwirkenden Zylindern** wird der Kolben in beiden Richtungen durch Druckluft bewegt **(Bild 4)**. Zylinder mit eingebauter Endlagendämpfung bremsen den Kolben am Ende des Hubes ab. Die vom Kolben verdrängte Druckluft kann nicht mehr durch die große Mittelbohrung entweichen, weil diese durch den Dämpfungszapfen gesperrt wird. Sie muss jetzt den engen Drosselspalt durchströmen und baut dadurch einen Gegendruck auf. Der Kolben wird elastisch abgebremst und fährt mit verminderter Geschwindigkeit in seine Endlage ein. Die Geschwindigkeit lässt sich durch Verändern des Drosselspaltes einstellen.

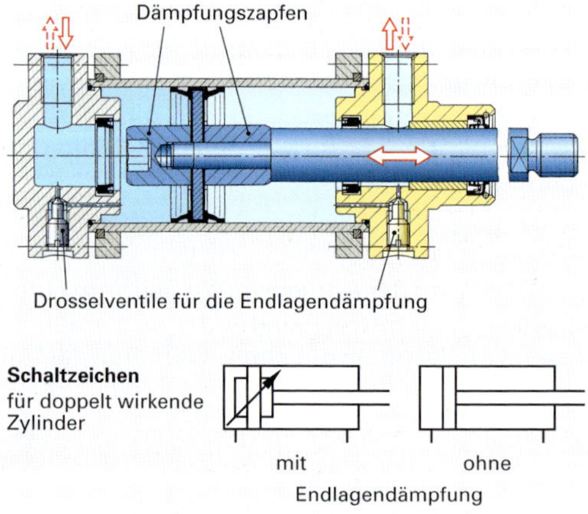

Bild 4: Doppeltwirkender Zylinder mit beidseitiger einstellbarer Endlagendämpfung

Druckluftzylinder werden, wie alle pneumatischen Bauelemente, in den Schaltplänen durch Schaltzeichen dargestellt **(Bilder 3 und 4, vorherige Seite)**.

Die Endlagen der Kolben können auch berührungslos abgetastet werden. Dazu haben die Kolben einen ringförmigen Dauermagneten und auf dem Zylinderrohr sitzen berührungslos betätigte Schalter **(Bild 3, Seite 292)**. Fährt der Kolben unter diese Schalter, wird ein Kontakt geschlossen und ein elektrisches Signal ausgelöst. Der Schaltzustand der Kontakte wird durch eine Diode angezeigt.

Kolbenstangenlose Zylinder

Pneumatikzylinder werden mit Kolbenstangen oder kolbenstangenlos hergestellt.

Kolbenstangenlose Zylinder benötigen weniger Platz als Zylinder mit Kolbenstange **(Bild 1)**. Beim kolbenstangenlosen Zylinder mit direktem Antrieb wird der Kolben über eine Kraftbrücke durch das geschlitzte Zylinderrohr mit dem Mitnehmer verbunden **(Bild 2)**. Der Schlitz im Zylinderrohr wird innen durch ein Stahlband abgedichtet und durch ein zweites Band von außen vor Verschmutzung geschützt. Bei anderen Bauarten wird ein Seil oder Band am Kolben befestigt, das durch die Zylinderdeckel geführt und umgelenkt wird (Bild 2). Der Mitnehmer wird bei allen Bauarten auch als Laufschlitten ausgeführt, der auf dem Zylinderrohr läuft und durch Kräfte belastet werden kann.

Kolbenkräfte bei Zylindern

Die wirksame Kolbenkraft F erhält man als Differenz zwischen der theoretischen Kolbenkraft $F_{th} = p_e \cdot A$ und den Reibungskräften F_R, die am Kolben und an der Kolbenstangenführung wirken **(Bild 3)**.

Die Reibungskräfte werden durch den Wirkungsgrad η des Zylinders berücksichtigt.

Wirksame Kolbenkraft

$$F = F_{th} - F_R$$
$$F = F_{th} \cdot \eta$$
$$F = p_e \cdot A \cdot \eta$$

Die wirksame Kolbenkraft bei Zylindern mit einseitiger Kolbenstange ist beim Einfahren kleiner als beim Ausfahren, weil die wirksame Kolbenfläche um die Fläche der Kolbenstange geringer ist.

Beispiel: Pneumatikzylinder **(Bild 4)**

Wirksame Kolbenkraft beim Ausfahren:

$$F = p_e \cdot A \cdot \eta = 60 \frac{\text{N}}{\text{cm}^2} \cdot \frac{\pi \cdot (10\text{ cm})^2}{4} \cdot 0{,}90 = \mathbf{4241\ N}$$

Wirksame Kolbenkraft beim Einfahren:

$$F = p_e \cdot A \cdot \eta = 60 \frac{\text{N}}{\text{cm}^2} \cdot \frac{\pi \cdot (10^2 - 2{,}5^2)\text{ cm}^2}{4} \cdot 0{,}85 = \mathbf{3755\ N}$$

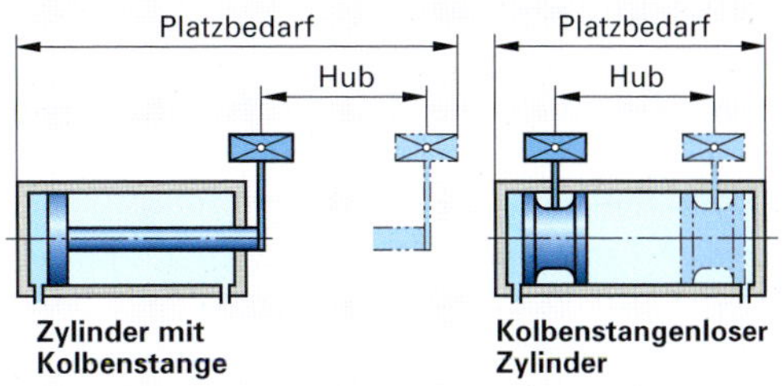

Bild 1: Platzbedarf von Zylindern

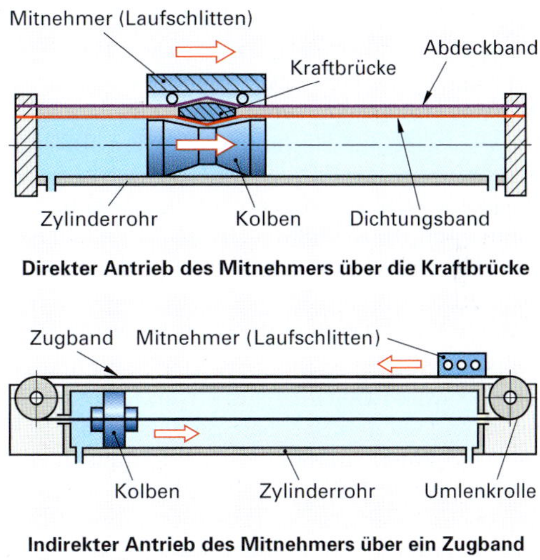

Bild 2: Bauarten kolbenstangenloser Zylinder

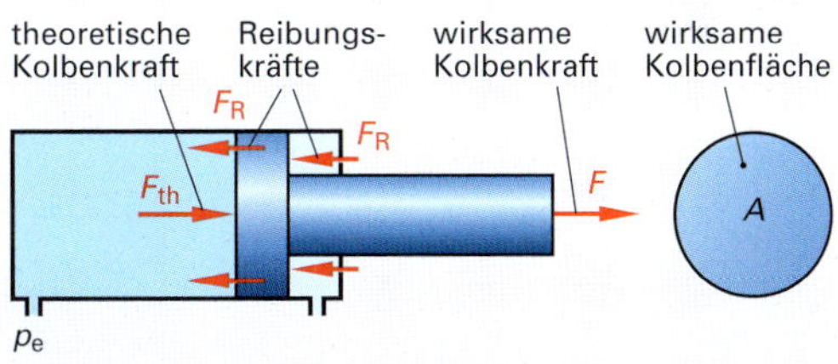

Bild 3: Kolbenkräfte bei Zylindern

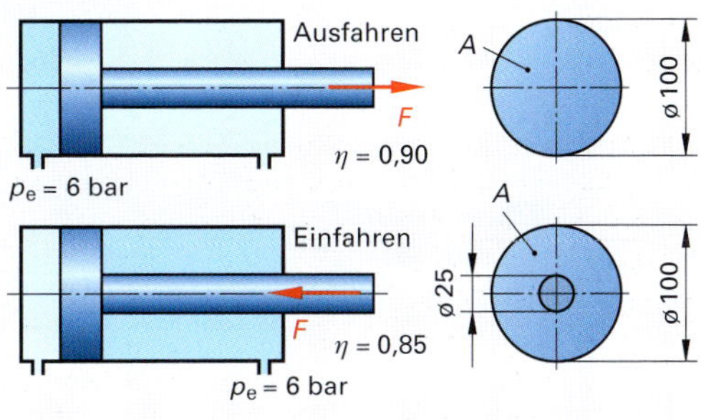

Bild 4: Kolbenkräfte beim Ausfahren und Einfahren

Druckluftmotoren

Druckluftmotoren treiben Schrauber, Handschleifgeräte, Hebezeuge und andere Maschinen mit drehender Arbeitsbewegung an. Sie werden als **Lamellen-, Kolben- und Zahnradmotoren** gebaut.

Druckluft-Lamellenmotoren bestehen aus dem Gehäuse mit zylindrischer Bohrung und dem Rotor mit den Lamellen, die den sichelförmigen Arbeitsraum in mehrere Druckkammern unterteilen **(Bild 1)**. Die durch die Druckluftzuführung einströmende Druckluft dreht den exzentrisch gelagerten Rotor über die in Schlitzen radial verschiebbaren Lamellen. Da sich die Druckkammern bei der Drehung vergrößern, entspannt sich die Druckluft und strömt dann durch den Auslass ins Freie. Das abgegebene Drehmoment des Motors hängt vom Druck der Luft und von der beaufschlagten Fläche der Lamellen ab. Druckluftmotoren für zwei Drehrichtungen besitzen zwei Druckluftanschlüsse, die je nach der gewünschten Drehrichtung des Motors abwechselnd über ein 4/2-Wegeventil mit Druckluft versorgt werden.

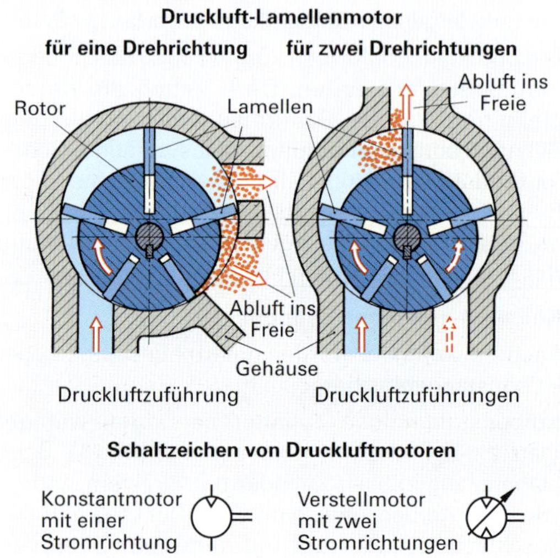

Bild 1: Druckluft-Lamellenmotor

Beispiel für die Anwendung pneumatischer Arbeitselemente

In der automatischen Montage- und Bearbeitungsmaschine (**Bild 2)** werden durch den doppeltwirkenden **Zylinder –MM1** Gehäuse aus einem Fallmagazin gegen einen Anschlag geschoben und gespannt. Anschließend werden Buchsen, die von einem Schwingförderer zugeführt werden, durch den einfachwirkenden **Zylinder –MM2** eingepresst. Danach wird mit einer Bohrvorschubspindel die fehlende seitliche Bohrung gebohrt. Die Vorschubbewegung der Bohrspindel erfolgt durch einen doppeltwirkenden **Pneumatikzylinder –MM3,** der Drehantrieb durch einen Druckluft-Lamellenmotor. Der waagerechte **Zylinder –MM4,** der hinter der Spannstelle liegt, schiebt das fertige Werkstück aus der Maschine. Der Ablauf der Bewegungen kann in einem GRAFCET dargestellt werden (Seite 280).

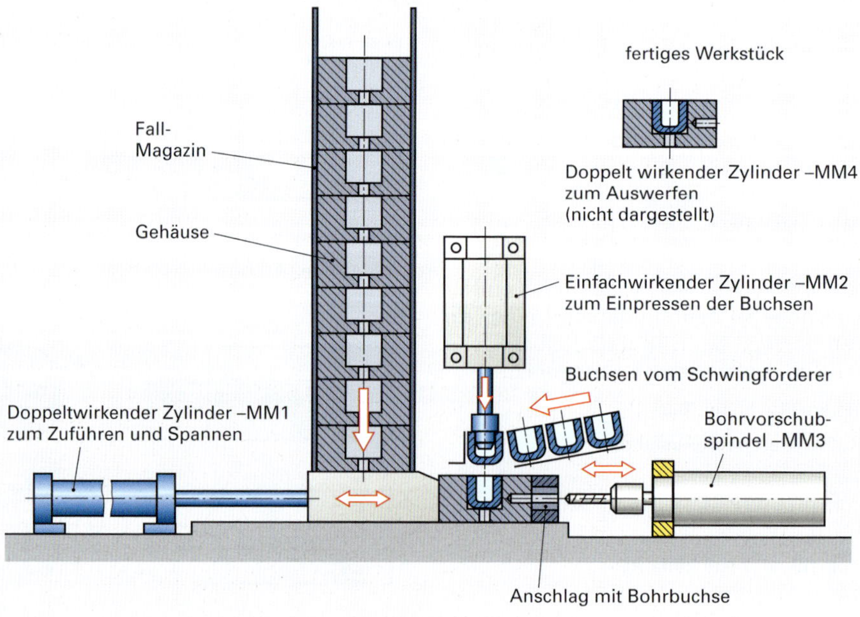

Bild 2: Automatische Montage- und Bearbeitungsmaschine

6.3.2.3 Ventile

Bei den Ventilen unterscheidet man nach der Funktion Wege-, Sperr-, Strom- und Druckventile.

Wegeventile

Wegeventile bestimmen Start, Stopp und Durchflussrichtung der Druckluft. Mit ihnen werden deshalb die Bewegungen von Zylindern und Druckluftmotoren sowie die Schaltstellungen anderer Wegeventile gesteuert.

Funktion (Bild 1). Die unterschiedlichen Verbindungen (Wege) zwischen den Anschlüssen eines Wegeventils werden durch Verschieben des Steuerkolbens hergestellt. In der Schaltstellung a wird die Druckluft vom Druckanschluss 1 zur linken Arbeitsleitung 4 geleitet. Der Kolben des Zylinders fährt aus. Die vom Kolben im rechten Zylinderraum verdrängte Luft entweicht über die Arbeitsleitung 2 des Wegeventils zur Entlüftung 3.

In der Schaltstellung b des Wegeventils strömt die Druckluft von 1 nach 2 und von dort in den rechten Zylinderraum. Die aus dem linken Zylinderraum verdrängte Luft entweicht von 4 nach 5. Der Kolben fährt ein.

Bezeichnung. Wegeventile werden nach der Anzahl ihrer Anschlüsse und nach der Anzahl ihrer Schaltstellen bezeichnet. Das in Bild 1 gezeigte Wegeventil hat fünf Anschlüsse (1, 2, 3, 4, 5) und zwei Schaltstellungen (a und b). Es ist demnach ein 5/2-Wegeventil.

Schaltzeichen. Wegeventile werden durch genormte Schaltzeichen dargestellt **(Bild 2).** Diese bestehen aus aneinander gefügten Rechtecken, den Anschlüssen und den Betätigungen. Jedes Rechteck stellt eine Schaltstellung dar. Die Anschlussleitungen gehen von dem Rechteck aus, das die Ruhestellung symbolisiert.

Betätigungsarten. Wegeventile können von Hand, mit dem Fuß, mechanisch, elektromagnetisch, durch Druck oder durch Kombination von zwei Betätigungsarten geschaltet werden **(Bild 3).** Die Symbole der Betätigungen werden links und rechts an die Rechtecke des Schaltzeichens gezeichnet. Die linke Betätigung bewirkt die linke Schaltstellung, die rechte Betätigung die rechte Schaltstellung des Wegeventils (Bild 2).

Bezeichnung der Anschlüsse. Bei pneumatischen Wegeventilen werden der Druckanschluss, die Entlüftungsanschlüsse und die Anschlüsse der Arbeitsleitungen mit Zahlen (Bild 1), die Anschlüsse hydraulischer Wegeventile dagegen mit Buchstaben bezeichnet.

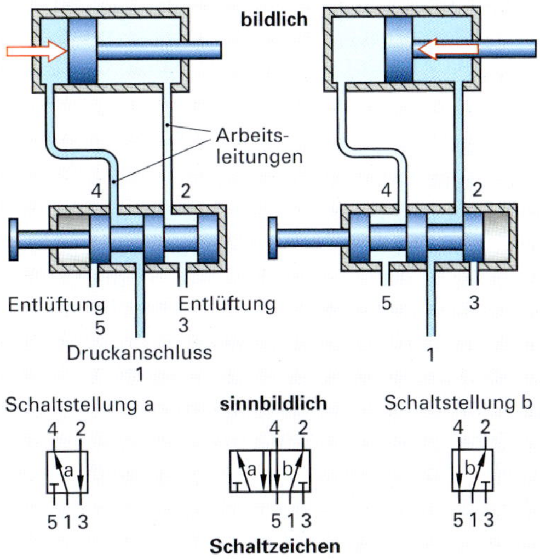

Bild 1: Darstellung von Wegeventilen

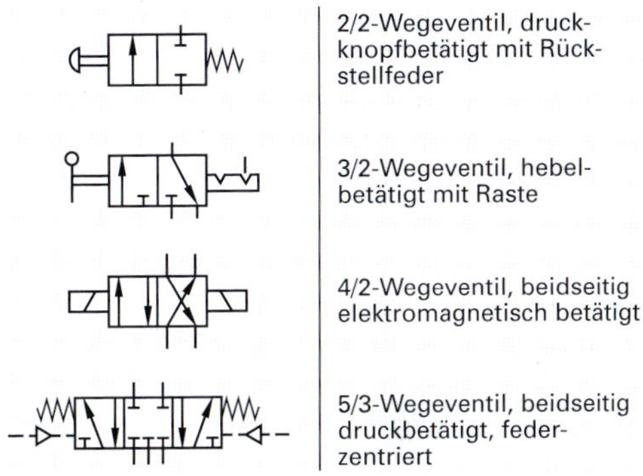

Bild 2: Schaltzeichen von Wegeventilen

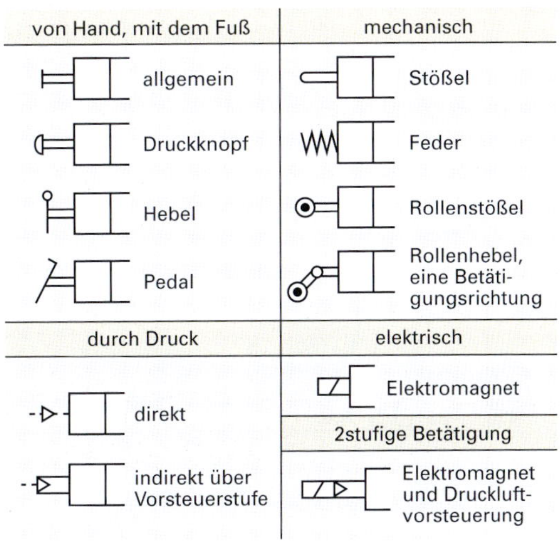

Bild 3: Betätigungsarten von Ventilen

Direkte Steuerung mit Wegeventilen. In nicht automatisierten Maschinen wird die Bewegung pneumatischer Zylinder und Motoren durch hand- oder pedalbetätigte Ventile „direkt" ausgelöst. Bei einem Druckluftschrauber z. B. sitzt das 3/2-Wegeventil im Gehäuse und wird durch die Drucktaste geöffnet und geschlossen **(Bild 1)**. In der Schaltstellung „a" erhält der Druckluftmotor Luft. Die Schraubspindel dreht sich. Wird der Handhebel des Ventils losgelassen, drückt die Feder das Ventil in die Stellung „b". Die Luftzufuhr zum Motor wird gesperrt.

Indirekte Steuerung mit Wegeventilen. Müssen die Bewegungen von Zylindern selbsttätig erfolgen, werden die Wegeventile zur Steuerung der Zylinder nicht mehr von Hand betätigt. Die Umsteuerung erfolgt durch Signale weiterer Wegeventile oder Sensoren. Der Zylinder zum Einpressen von Stiften z. B. fährt von selbst zurück, wenn er in der vorderen Endlage das 3/2-Wegeventil –SJ1 betätigt **(Bild 2)**.

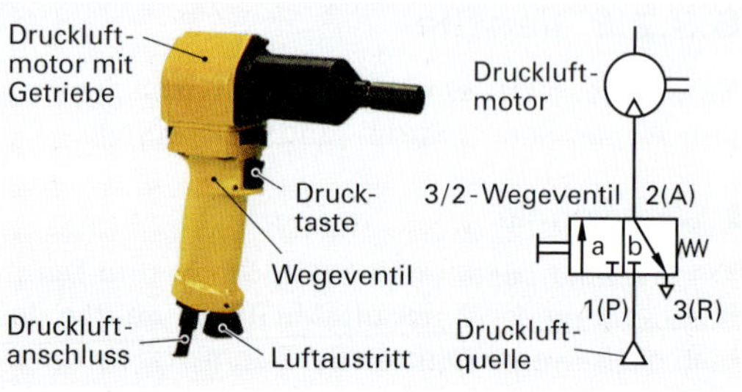

Bild 1: Direkte Steuerung eines Druckluftmotors

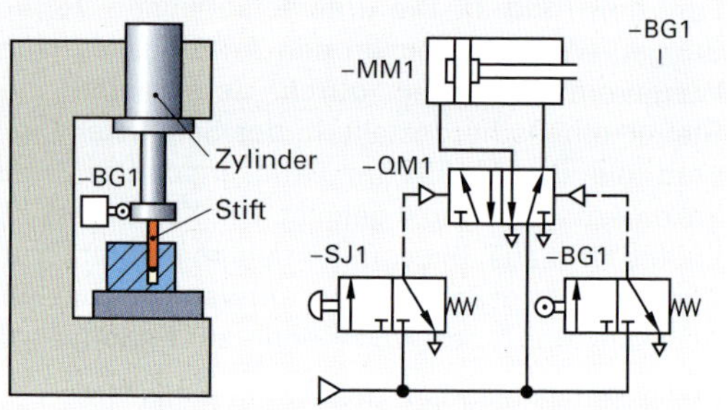

Bild 2: Indirekte Steuerung eines Druckluftzylinders

Sperrventile

Sperrventile verhindern den Durchfluss der Luft in einer Richtung.

Das Sperrelement wird von der Druckluft so verschoben, dass immer ein Anschluss nach außen gesperrt wird.

Rückschlagventile lassen die Luft von A nach B durchströmen, sperren aber den Durchfluss in der Sperrrichtung von B nach A **(Bild 3)**.

Wechselventile besitzen zwei wechselseitig sperrbare Anschlüsse P1 und P2 sowie einen Ausgang A **(Bild 4)**. Wird entweder der Eingang P1 **oder** der Eingang P2 mit Druckluft beaufschlagt, sperrt das Sperrelement den nicht beaufschlagten Eingang ab und die Druckluft gelangt zum Anschluss A. Ein Wechselventil wirkt als logische **ODER-Verknüpfung.**

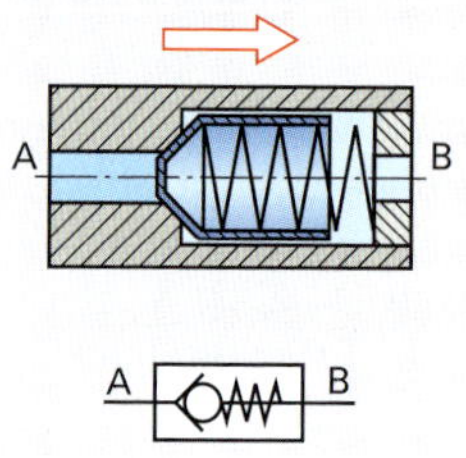

Bild 3: Rückschlagventil

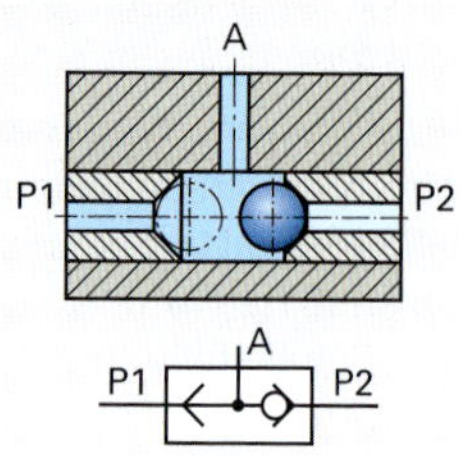

Bild 4: Wechselventil

Mit Wechselventilen kann z. B. ein doppeltwirkender Zylinder von zwei räumlich getrennten Stellen aus gesteuert werden **(Bild 5)**. Der kolbenstangenlose Zylinder –MM1 betätigt die Schiebetür zum Arbeitsraum einer Drehmaschine. Mit den beiden Wegeventilen –SJ1 **oder** –SJ2 wird das Ventil –QM1 in die Stellung „a" geschaltet und die Schiebetür damit geöffnet. Mit den Ventilen –SJ3 **oder** –SJ4 wird sie wieder geschlossen.

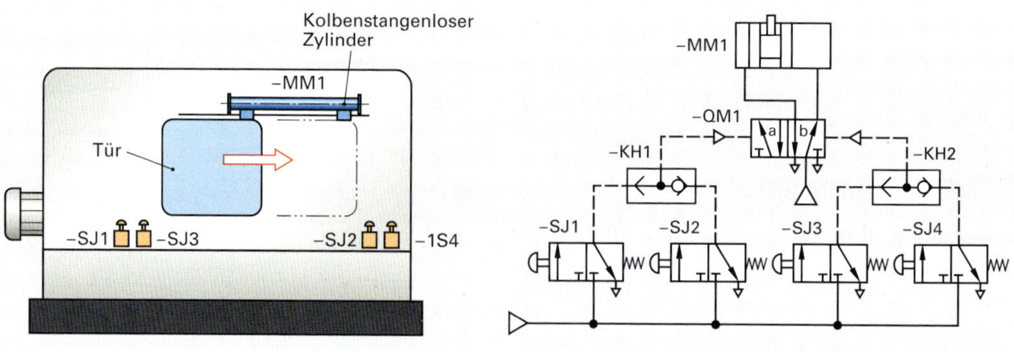

Bild 5: Steuerung einer Schiebetür von zwei Stellen aus

Schnellentlüftungsventile werden direkt an den Zylinder angebaut. Sie leiten die aus dem Zylinder beim Rückhub ausströmende Luft nicht über das Wegeventil zurück, sondern unmittelbar ins Freie **(Bild 1)**. Durch den kürzeren Weg werden der Strömungswiderstand der Abluft verringert und die Rücklaufgeschwindigkeit des Kolbens erhöht.

Schnellentlüftungsventile werden z. B. an pneumatisch betätigte Kupplungen angebaut, die sehr schnell schalten sollen.

Zweidruckventile besitzen zwei Eingänge P1 und P2 sowie einen Ausgang A **(Bild 2)**. Wird nur einer der beiden Eingänge mit Druckluft beaufschlagt, sperrt das Sperrelement die Verbindung zum Ausgang A. Erst wenn an den Eingängen P1 **und** P2 Druckluft ansteht, ist Durchfluss zum Ausgang A möglich. Zweidruckventile verknüpfen somit zwei Eingangssignale zu einem Ausgangssignal **(UND-Verknüpfung)**.

Sie werden z. B. bei Steuerungen mit Zweihandbedienung und Sicherheitsschaltungen **(Bild 3)** eingesetzt. Der Zylinder –MM1 der Presse fährt erst aus, wenn das Schutzgitter beim Schließen das Wegeventil –BG2 betätigt **und** das Startventil –SJ1 gedrückt wird. Bei Zweihandsteuerungen an unfallgefährlichen Maschinen müssen die beiden mit den Händen ausgelösten Signale gleichzeitig erfolgen und vor jedem neuen Hub des Zylinders ganz gelöscht sein.

Stromventile

Mit Stromventilen wird die Größe des durch eine Leitung fließenden Druckluftstromes eingestellt. Es gibt Drosselventile und Drosselrückschlagventile. Sie können in die zum Zylinder führende Leitung (Zuluftdrosselung) oder in die vom Zylinder kommende Leitung (Abluftdrosselung) eingebaut werden.

Drosselventile haben eine konstante oder eine einstellbare Engstelle (Drossel), welche den Durchfluss der Luftmenge beeinflusst **(Bild 4)**.

Drosselrückschlagventile werden von der Druckluft in einer Richtung frei durchströmt, während der Durchfluss in der Gegenrichtung gedrosselt wird **(Bild 5)**. Das Drosselrückschlagventil wird meist in die Arbeitsleitung auf der Kolbenstangenseite eingebaut, wenn die Ausfahrgeschwindigkeit des Kolbens eingestellt werden soll **(Abluftdrosselung)**. Durch den Strömungswiderstand des Drosselrückschlagventils baut sich ein Gegendruck auf. Der Kolben wird „eingespannt" und fährt dadurch gleichmäßiger aus.

So können z. B. bei dem pneumatischen Greifer eines Roboters die Schließ- und die Öffnungsgeschwindigkeit mit den eingeschraubten Drosselventilen eingestellt werden **(Bild 6)**.

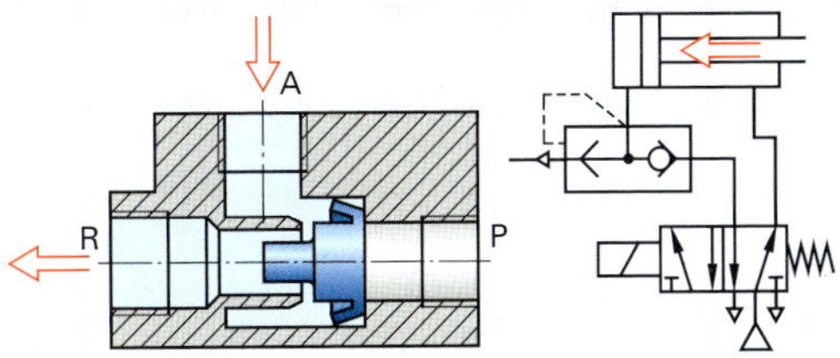

Bild 1: Schnellentlüftungsventil

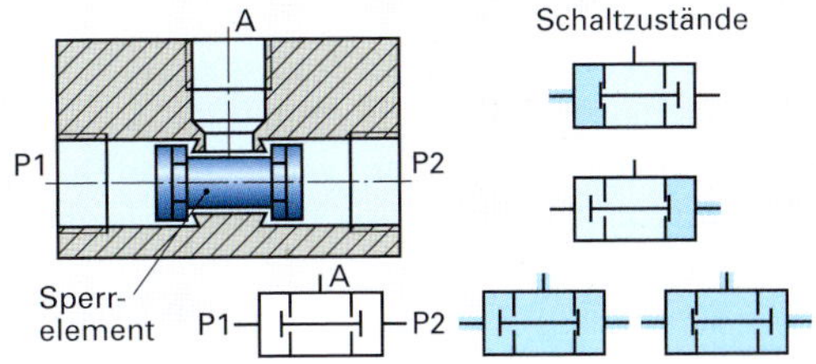

Bild 2: Zweidruckventil

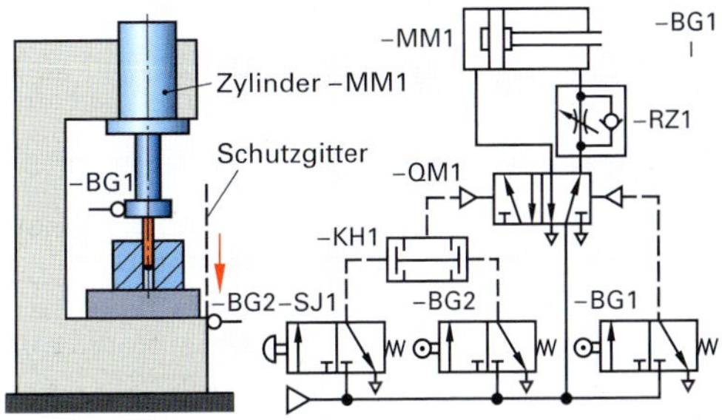

Bild 3: UND-Verknüpfung

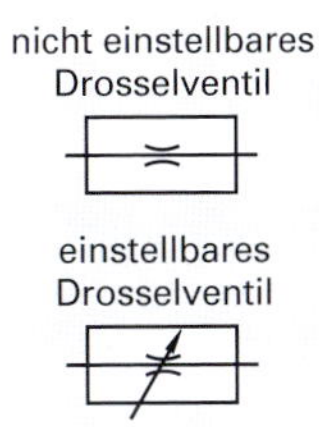

Bild 4: Drosselventile

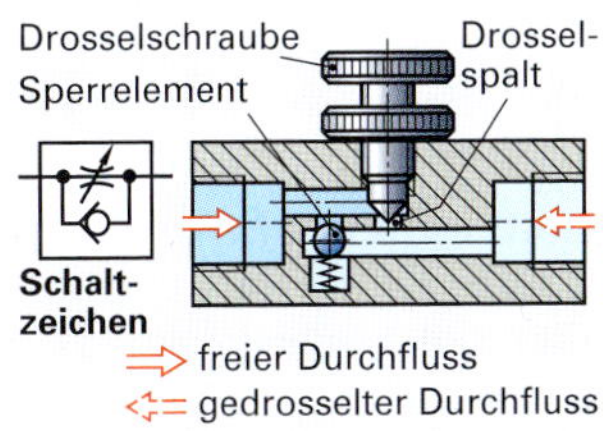

Bild 5: Drosselrückschlagventil

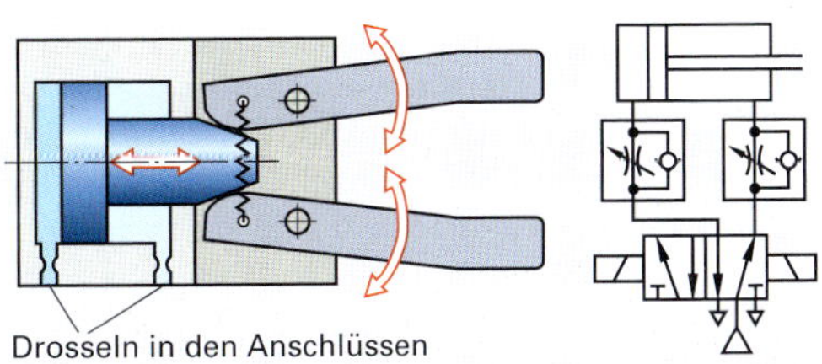

Bild 6: Pneumatischer Greifer mit Drosseln

6.3.2.4 Zeitelemente in der Pneumatik

Ventile, die ein Ausgangssignal erst nach einer eingestellten Zeit (zeitverzögert) weiterleiten, werden als Verzögerungsventile bezeichnet **(Bild 1)**.

Das Zeitverzögerungsventil setzt sich aus einem 3/2-Wegeventil (in Sperrnullstellung oder Durchflussnullstellung), einem Drosselrückschlagventil und einem kleinen Luftspeicher zusammen, die zu einer Baugruppe zusammengefasst sind.

Zeitelement als Einschaltverzögerung

Die Einschaltverzögerung gibt das Eingangssignal verzögert weiter, sodass das Ausgangssignal erst nach der eingestellten Zeit ansteht **(Bild 3)**.

Die Zeitverzögerung wird am verstellbaren Durchflussquerschnitt am Drosselrückschlagventil eingestellt (Bild 1). Wird dann am Steueranschluss 12 Druck angelegt (1-Signal), so muss die Druckluft durch das Drosselventil und füllt den Luftspeicher. Im Luftspeicher baut sich Druck auf, der den Steuerkolben des 3/2-Wegeventils belastet. Ist die aus dem Druck resultierende Kraft größer als die Vorspannkraft der Feder am Steuerkolben, schaltet das 3/2-Wegeventil und die Druckluft fließt von 1 nach 2. Die Verzögerungszeit ist die Zeit zum Druckaufbau. Fällt am Steueranschluss 12 die Druckluft ab, so drückt die Feder den Steuerkolben sofort wieder in die Ruhestellung, denn die Steuerluft entweicht über das Rückschlagventil.

Beispiel: Ein doppelt wirkender Zylinder soll nach Betätigung eines Signalelementes ausfahren und nach 20 Sekunden wieder automatisch zurückfahren.

Lösung: Bei der Steuerung **(Bild 2)** erhält das Zeitverzögerungsventil –KH1 seine Steuerluft aus der Arbeitsleitung 4 des 5/2 Wegeventils, wenn dieses von –SJ1 auf Stellung a geschaltet wird. Nach Ablauf der Verzögerungszeit t = 20 s wird –QM1 von –KH1 wieder zurückgeschaltet, –MM1 fährt ein.

Zeitelement als Ausschaltverzögerung

Die Ausschaltverzögerung gibt das Eingangssignal sofort weiter, schaltet es jedoch erst nach einer eingestellten Zeit ab **(Bild 4)**. Dieses Zeitverhalten wird durch die Umkehrung der Durchflussrichtung erreicht. Die Zeitverzögerung wird am verstellbaren Durchflussquerschnitt am Drosselrückschlagventil eingestellt. Wird am Steueranschluss 12 Druck angelegt, so strömt die Druckluft ungedrosselt durch das Rückschlagventil und schaltet das 3/2-Wegeventil und die Druckluft fließt von 1 nach 2. Verschwindet am Steueranschluss 12 das 1-Signal, so kann die Feder das Ventil nicht sofort in Sperrstellung schalten, da die Luft zwischen dem 3/2-Wegeventil und Drosselrückschlagventil über die Drossel abgeleitet wird. Die Verzögerungszeit ist die Zeit des Druckabbaus über die Drossel.

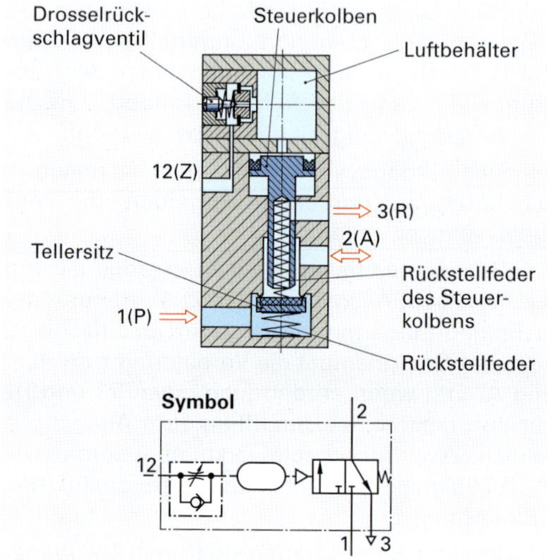

Bild 1: Zeitverzögerungsventil

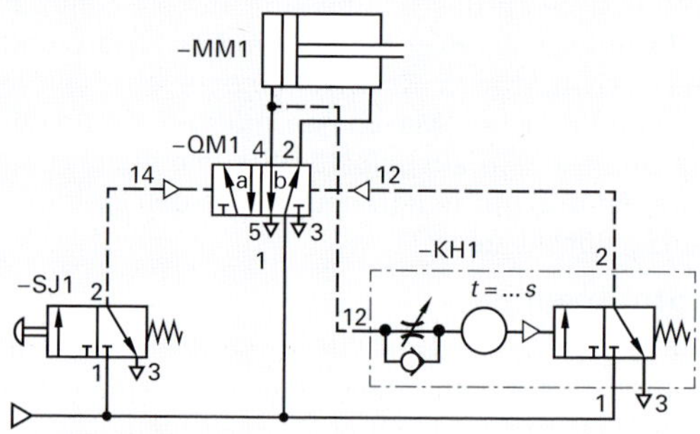

Bild 2: Zeitabhängige Steuerung

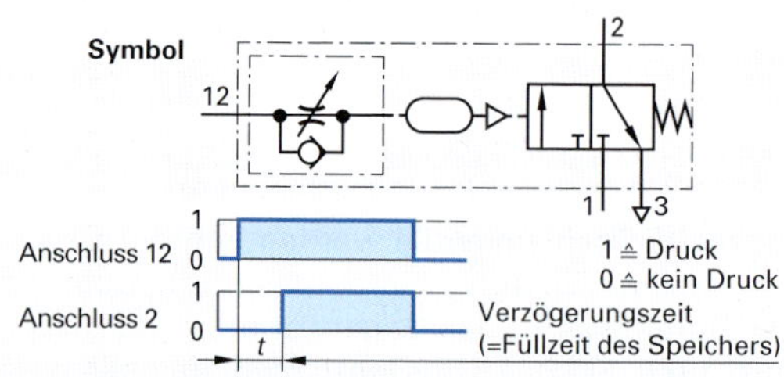

Bild 3: Zeitdiagramm der Einschaltverzögerung

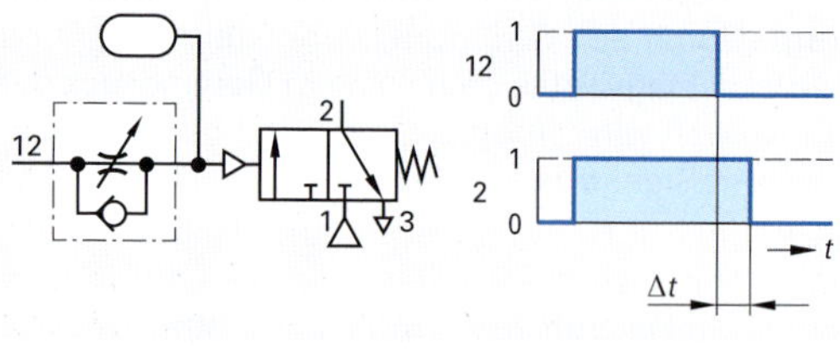

Bild 4: Zeitdiagramm der Ausschaltverzögerung

Druckventile

Druckbegrenzungsventile sichern Druckbehälter, Leitungen und Bauelemente gegen unzulässig hohen Druck **(Bild 1)**. Sie sind in der Ruhestellung geschlossen. Das Sperrelement öffnet die Entlüftung ins Freie, wenn die von der Druckluft auf das Sperrelement ausgeübte Kraft größer wird als die eingestellte Federkraft.

Druckregelventile halten den Druck in der Pneumatikanlage konstant. Sie sind in der Ruhestellung offen. Die Regelung des Druckes erfolgt über eine Membrane, auf die von oben der Arbeitsdruck und von unten die Kraft der Einstellfeder wirken **(Bild 2)**. Sinkt der Arbeitsdruck, weil Luft zu den Zylindern strömt, dann drückt die Feder über Membrane und Stift den Ventilteller nach oben. Dadurch kann Druckluft durch den Ringspalt so lange in die Arbeitsleitung strömen, bis der steigende Arbeitsdruck die Membrane in die Ausgangslage gedrückt hat. Steigt dagegen der Druck in der Arbeitsleitung z. B. durch Erwärmung an, hebt die Membran vom Stift ab und Luft kann von der Arbeitsleitung über die Entlüftungsbohrung im Gehäuse ins Freie entweichen.

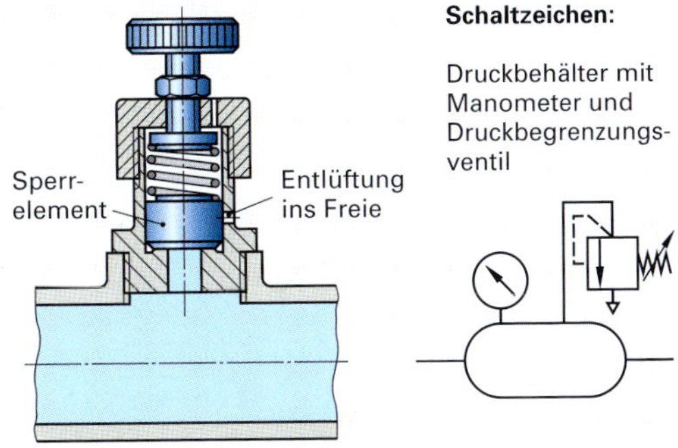

Bild 1: Druckbegrenzungsventil

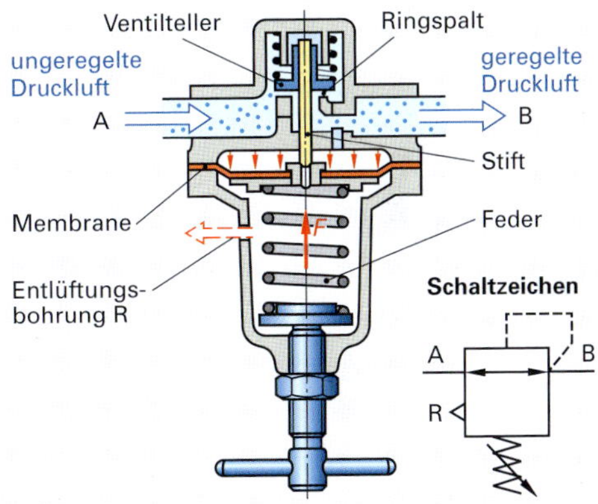

Bild 2: Druckregelventil

6.3.2.5 Eigenschaften der Pneumatik

Pneumatische Steuerungen werden wegen der besonderen Vorteile der Pneumatik und durch das Zusammenwirken mit elektrischen und elektronischen Komponenten vielfältig eingesetzt (Seite 295).

Vorteile der Pneumatik

- Kräfte und Geschwindigkeiten der Zylinder sind stufenlos einstellbar.
- Zylinder und Druckluftmotoren erreichen hohe Geschwindigkeiten und Drehzahlen.
- Druckluftgeräte können ohne Schaden bis zum Stillstand überlastet werden.
- Druckluft ist in Druckbehältern speicherbar.

Nachteile der Pneumatik

- Große Kolbenkräfte sind nicht erreichbar, da der Betriebsdruck meist weniger als 10 bar beträgt.
- Gleichförmige Kolbengeschwindigkeiten sind nicht möglich (Kompressibilität der Luft).
- Ohne Festanschläge können mit Zylindern keine genauen Stellungen angefahren werden.
- Ausströmende Druckluft verursacht Lärm.

Wiederholung und Vertiefung

1 Welche Vorteile hat die Pneumatik?
2 Welche Anforderungen werden an das Druckluftnetz gestellt?
3 Wozu braucht man Aufbereitungseinheiten?
4 Bei welchen pneumatischen Steuerungen wird mit ölfreier Druckluft gearbeitet?
5 Welchen Vorteil haben kolbenstangenlose Zylinder?
6 Mit welchen Bauelementen kann die Geschwindigkeit von Zylindern eingestellt werden?
7 Skizzieren Sie das Schaltzeichen eines 5/3-Wegeventils, bei dem in der Mittelstellung alle Anschlüsse gesperrt sind und das durch einen Hebel betätigt wird.
8 Welche Signalverknüpfung ist mit Wechselventilen möglich?
9 Warum bezeichnet man die Funktion von Zweidruckventilen auch als „UND"-Verknüpfung?
10 Welche Aufgaben haben Druckbegrenzungsventile und Druckregelventile?

6.3.3 Schaltpläne pneumatischer Steuerungen

Aufbau von Schaltplänen

Pneumatische Steuerungen werden in Richtung des Energieflusses von unten nach oben angeordnet, beginnend mit der Energieversorgung über die Signal- und Steuerelemente zum Stellelement. Von diesem wichtigen Ventil werden ggf. über zusätzliche Stromventile die Aktoren (Arbeitselemente) in eine lineare oder drehende Bewegung gebracht.

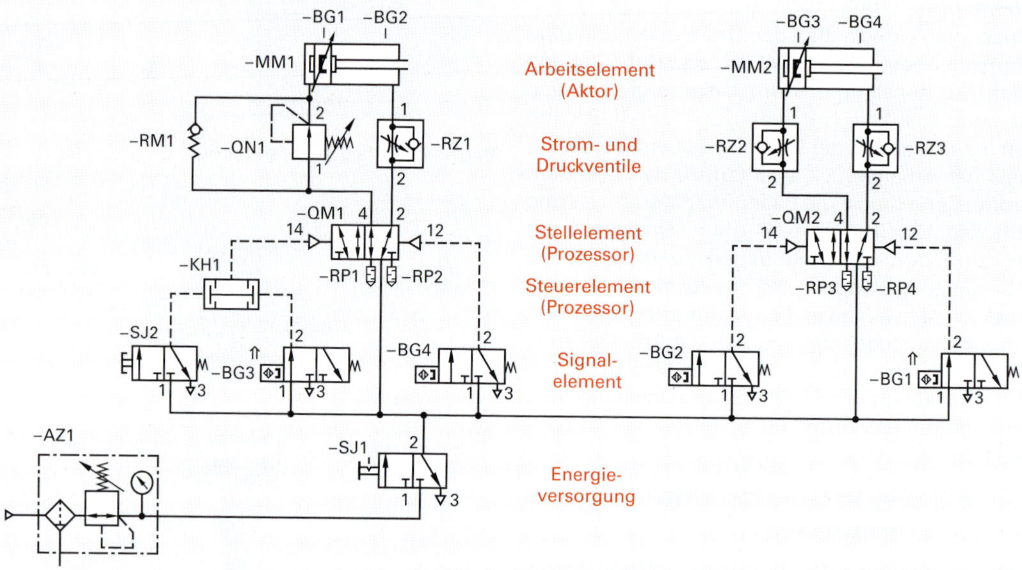

Bild 1: Aufbau und Bezeichnung eines pneumatischen Schaltplans am Beispiel einer Hubeinrichtung

Bezeichnung der Bauelemente (Objekte)

Zur Bezeichnung der Bauelemente in Schaltplänen können die Normen ISO 1219-2 (von 2012) oder die Referenznorm DIN EN 81346-2 (von 2010) verwendet werden. Wegen der Reichweite über die Fluidmechanik hinaus in die Elektrotechnik, Elektronik usw., wird in diesem Buch die Referenznorm[1] verwendet.

Das grundlegende Konzept dieser Norm ist, alle Bauelemente als **Objekte** zu betrachten. Die innere Struktur des Objekts interessiert nicht, sondern nur dessen Zweck oder Aufgabe. Dementsprechend werden diese Objekte in Ober- und Unterklassen eingeteilt.

Beispiel: Das Signalelement **–BG1** zur Erfassung der hinteren Endlage des Kolbens von –MM1.

- **Oberklasse B**: Umwandeln einer Eingangsvariablen (physikalische Eigenschaft, Zustand oder Ereignis) in ein zur Weiterverarbeitung bestimmtes Signal.
- **Unterklasse G**: Es wird die Eingangsgröße gemessen über Abstand, Stellung oder die Länge.
- Das **Minuszeichen** "–" steht für den Produktcharakter des Objekts, die Zahl "**1**" ist lediglich eine Zählnummer.

Tabelle 1: Beispiele für die Bauteilbezeichnungen im Schaltplan nach DIN EN 81346-2

-AZ1	Wartungseinheit	**-QN1**	Druckregelventil (Ändern eines umschlossenen Flusses)
-BG1, -BG2 ...	Signalelement (Sensor)	**-RM1**	Rückschlagventil
-KH1	UND oder Zweidruckventil (Verarbeitung von Signalen)	**-RP1, -RP2 ...**	Schalldämpfer (Dämmen von Lärm)
-MM1, -MM2	Pneumatikzylinder (Bereitstellen mechanischer Energie)	**-RZ1, -RZ2 ...**	Drosselrückschlagventil
-QM1, -QM2	5/2-Wegeventil (Schalten von Signalen)	**-SJ1, -SJ2 ...**	3/2-Wegeventil (manuell betätigt)

[1] Referenznorm DIN EN 81346-2, ISO 1219-2 für Fluidmechanik

6.3.4 Systematischer Schaltplanentwurf

Sollen Schaltpläne oder Programme der Automatisierungstechnik systematisch entworfen und geplant werden, so stehen unterschiedliche Werkzeuge für verschiedene Steuerungsarten zur Verfügung. Für Verknüpfungssteuerungen (kombinatorische Schaltungen) werden vor allem Funktionstabellen verwendet **(Tabelle 1)**. Mit ihnen können die Zusammenhänge zwischen den Ein- und Ausgangsvariablen dargestellt werden.

Automatisierungsaufgaben, bei denen unterscheidbare Aktionen in einer prozess- oder zeitgesteuerten Reihenfolge hintereinander oder auch parallel ablaufen, werden mit der Entwurfssprache GRAFCET (DIN EN 60848) systematisch beschrieben.

Tabelle 1: Steuerungsarten

Verknüpfungssteuerungen (kombinatorische Steuerungen)	Ablaufsteuerungen (sequentielle Steuerungen)
• Funktionstabelle • Funktionsgleichung • Funktionsplan (Logikplan)	GRAFCET (DIN EN 60848)

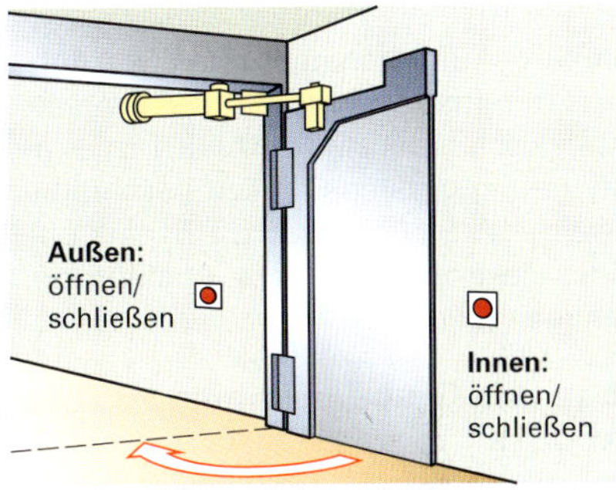

Bild 1: Schwenktür mit Zylinderantrieb

Schaltplanentwurf für eine Verknüpfungssteuerung (kombinatorische Steuerung)

Eine Schwenktür mit Zylinderantrieb soll von zwei Seiten aus mit einem Schalter geöffnet und geschlossen werden **(Bild 1)**. Außerdem soll die Tür von einer Seite geöffnet und von der anderen Seite aus geschlossen werden können.

Zur Schaltplanerstellung wird zunächst eine Funktionstabelle erstellt (Seite 265):

	E2	E1	A
	–SJ2	–SJ1	14
1	0	0	0
2	0	1	1
3	1	0	1
4	1	1	0

Es ergeben sich die Funktionsgleichungen:

$A = (E1 \wedge \overline{E2}) \vee (\overline{E1} \wedge E2)$

oder:

$14 = (-SJ1 \wedge \overline{-SJ2}) \vee (\overline{-SJ1} \wedge -SL2)$

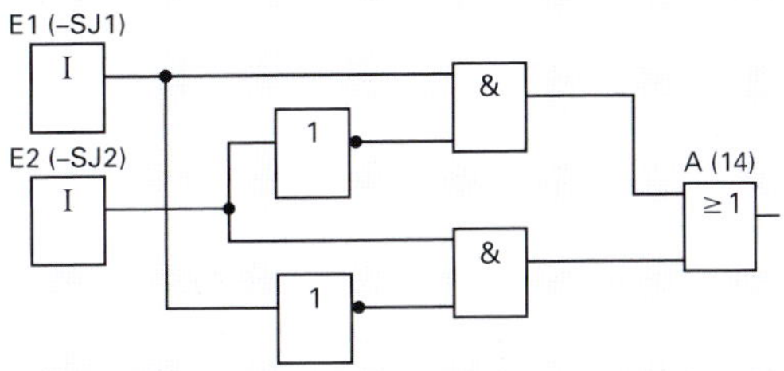

Bild 2: Funktionsplan (Logikplan)

Die Umsetzung der Funktionsgleichung erfolgt in einem Funktions- oder Logikplan **(Bild 2)**.

Der pneumatische Schaltplan setzt die logischen Grund- und Verknüpfungselemente aus dem Funktionsplan (Algebra nach Boole) mit Pneumatikbauteilen um **(Bild 3)**.

Die Lösung der Schaltung wird als Exklusiv-Oder-Verknüpfung oder Wechselschaltung bezeichnet (X-OR-Verknüpfung). In gleicher Weise könnte man in der Elektropneumatik oder bei SPS-Steuerungen vorgehen.

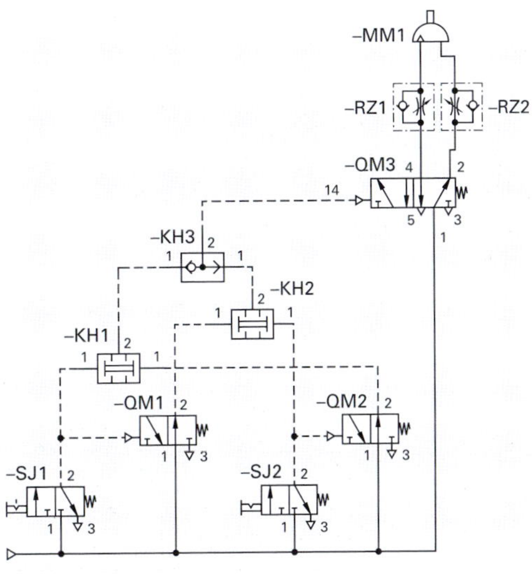

Bild 3: Pneumatischer Schaltplan – Türöffnung und Schließung

Schaltplanentwurf für eine Ablauf-Steuerung (sequentielle Steuerung)

Eine Reihe von Steuerungsaufgaben lassen sich über logische Verknüpfungselemente nicht lösen. Immer wenn eine bestimmte Aktion an vorherige Schritte geknüpft wird und darauf eine weitere Aktion folgt, wird zum Entwerfen des Ablaufs auf GRAFCET (DIN EN 60848) zurückgegriffen.

GRAFCET (**GRA**phe **F**onctionnel de **C**ommande **E**tape **T**ransition) ist die Darstellung einer Steuerungsfunktion mit Schritten und Weiterschaltbedingungen. Mit GRAFCET können lediglich Ablaufsteuerungen dargestellt werden, die nach dem Prinzip der löschenden Taktkette umgesetzt werden.

GRAFCET ist nach EN 60848:2002-12 in Europa gültig und löst als grafische Beschreibungssprache den Funktionsplan nach der deutschen Norm DIN 40719-6 ab. Er ersetzt ferner das Funktions- bzw. Weg-Schritt-Diagramm.

Komplexere Aufgabenstellungen werden durch mehrere miteinander verknüpfte Grafcets (Teil-Grafcets) beschrieben: Mit GRAFCET ist es möglich, eine Steuerung geräteneutral zu beschreiben oder eine bestimmte Steuerungsart, z.B. eine pneumatische oder elektropneumatische Ausführung, zu berücksichtigen **(Bild 1)**.

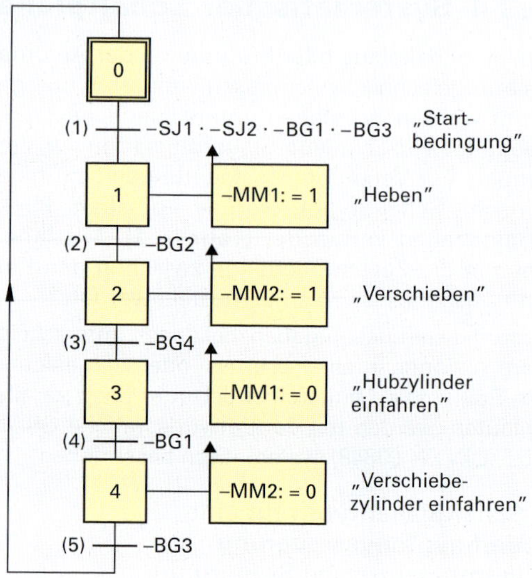

Bild 1: Beispiel eines GRAFCET

Aufbau und Grundprinzipien von GRAFCETs

Ein GRAFCET besitzt im **Strukturteil** die Elemente Schritt und Transition, im **Wirkungsteil** die Aktionen **(Bild 2)**. Schritte und Transitionen eines GRAFCET wechseln sich ständig ab. Bei linearen Abläufen ist immer nur ein Schritt aktiv, der beliebig viele Aktionen auslösen kann. In einem GRAFCET können an beliebigen Stellen Kommentare mit Anführungszeichen eingefügt werden.

Neben linearen Abläufen sind auch alternative oder parallele Verzweigungen möglich. Hier können auch mehrere Schritte aktiv sein. GRAFCETs können hierarchisch strukturiert werden, z.B. in Teil-GRAFCETs für Betriebsartenfunktionen (Automatik-, Tippbetrieb usw.). Man verwendet dabei z.B. Makroschritte (in Bild 2 den Makroschritt M3).

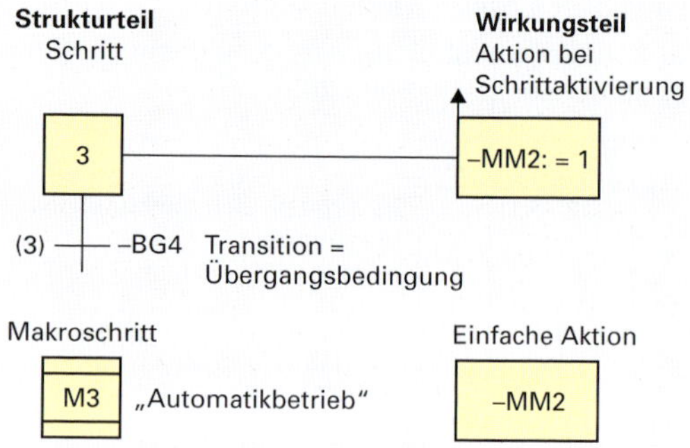

Bild 2: Elemente eines GRAFCET

Strukturteil (Bild 3)

- **Startschritt**

Der Start- bzw. Initialisierungsschritt gibt die Ausgangsstellung einer Steuerung an. Er erhält die Nummer 0 in einem doppelten Rahmen. Damit wird der Ablauf in Gang gesetzt.

- **Schritt**

Jeder weitere Schritt wird meist mit einer Zahl in einem einfachen Rahmen bezeichnet. Der Zustand eines Schrittes kann durch seine Schrittvariable X (Wert 1 oder 0) abgefragt werden.

- **Transition**

Als Transition (Übergang) zwischen zwei Schritten wird die Bedingung für die Einleitung des nächsten Schrittes neben einer waagerechten Linie angegeben. Links (in Klammern) steht der Name der Transition, rechts die Übergangsbedingung als Text oder Boole'scher Ausdruck.

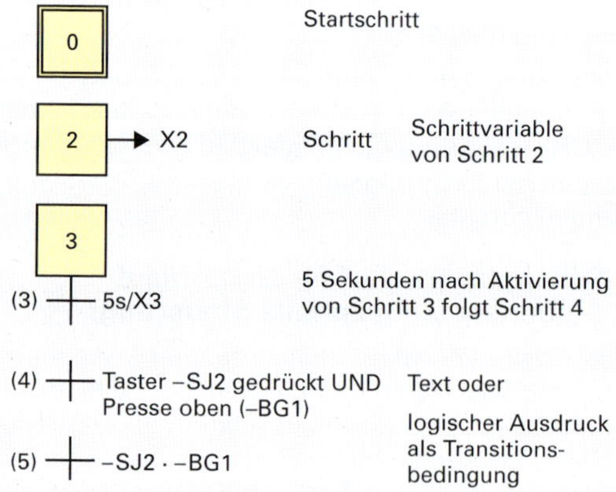

Bild 3: Beispiele zum Strukturteil

Wirkungsteil

Jedem Ablaufschritt werden eine oder mehrere Aktionen zugeordnet. Ist der Schritt aktiv, werden diese Aktionen ausgeführt. Eine Aktion wird als Rechteck dargestellt, Schrittsymbol und Aktionsfeld stehen auf gleicher Höhe. Bei mehreren Aktionen sind unterschiedliche Darstellungen zulässig **(Bild 1)**. Die Reihenfolge der Aktionen stellt keine zeitliche Reihenfolge dar.

Man unterscheidet **kontinuierlich** und **speichernd** wirkende Aktionen.

- **Kontinuierlich wirkende Aktionen**

Kontinuierlich wirkende Aktionen werden über eine bestimmte Zeit ausgeführt. Dann wird die Aktion automatisch zurückgenommen.

> Solange ein Schritt aktiv ist, erhält die Variable den Wert 1, ist er nicht mehr aktiv, wird ihr der Wert 0 zugewiesen.

Im Aktionsfeld kann ein Text in Befehls- oder hinweisender Form oder der Name einer Variablen stehen **(Bild 2)**. Bei technologieneutraler Planung kann die Bezeichnung des Antriebs (–MM2), bei einer pneumatischen Steuerung die Anschlussbezeichnung des Ventils (–QM2-14) und bei einer elektropneumatischen Steuerung die Magnetspule (–MB3) angegeben werden. Die abgebildeten Aktionen zu Schritt 4 beschreiben das gleiche Verhalten: Solange Schritt 4 aktiv ist, wird ein pneumatischer Aktor angesteuert.

Neben der Schrittaktivierung können zusätzlich **Zuweisungsbedingungen** (–BG8, 3s/–BG9) erforderlich sein, bevor eine Aktion ausgeführt werden kann.

- **Speichernd wirkende Aktionen**

Speichernd wirkende Aktionen werden in einem bestimmten Ablaufschritt speichernd auf logisch "1" gesetzt und zu einem späteren Zeitpunkt in einem weiteren Schritt auf logisch "0" zurückgesetzt.

> Der Wert einer Variablen bleibt so lange gespeichert (–MB5:= 1), bis er durch eine andere Aktion verändert wird (–MB5:= 0).

Der Wert einer Variablen kann sich bei Aktivierung (↑) oder bei Deaktivierung eines Schrittes (↓ – nur mit SPS möglich) ändern **(Bild 3)**.

Der seitwärts weisende Pfeil („Fähnchen") zeigt an, dass eine Aktion erst nach dem Eintreten eines **Ereignisses** speichernd ausgeführt wird. Im Schritt 9 taucht vor der Variablen –BG3 ein Pfeil auf. Hier wird der Signalwechsel von "0" auf "1" als Ereignis interpretiert, man spricht von einer positiven Flanke.

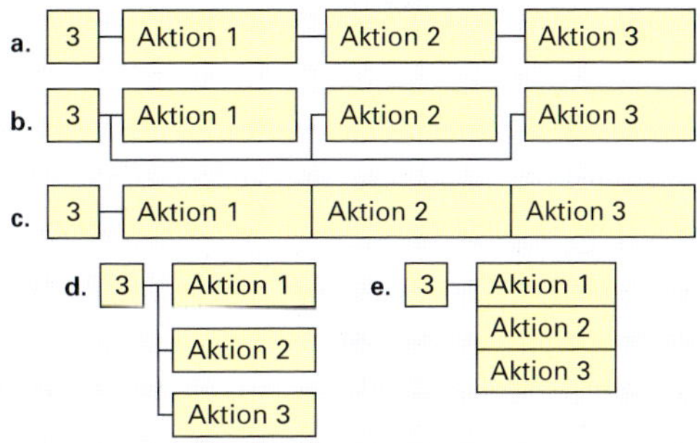

Bild 1: Darstellung von Aktionen

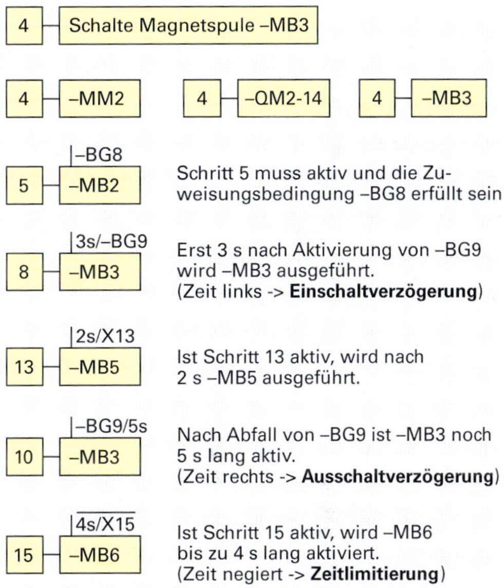

Bild 2: Beispiele für kontinuierlich wirkende Aktionen

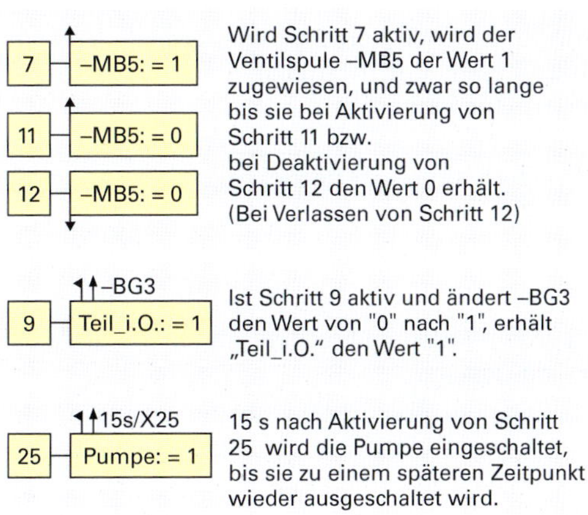

Bild 3: Beispiele für speichernd wirkende Aktionen

Beispiel: Hubeinrichtung

Das **Technologieschema** (Lageplan) zeigt in einer übersichtlichen Skizze die Anordnung der verwendeten Bauteile und lässt den Ablauf erkennen: Werkstücke werden durch den Hubzylinder –MM1 angehoben und in der oberen Endlage durch den Verschiebezylinder –MM2 auf eine Rollenbahn geschoben. Danach kehren beide Zylinder in die Ausgangsstellung zurück **(Bild 1)**.

Der Bewegungsablauf lässt sich in Kurzschreibweise wie folgt angeben (+ = aus-, – = einfahren):

–MM1+ –MM2+ –MM1– –MM2–

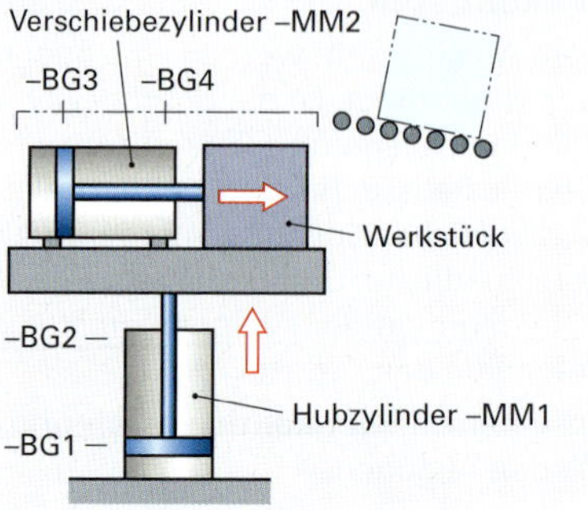

Bild 1: Technologieschema der Hubeinrichtung

GRAFCET lässt unterschiedliche Darstellungen zu. Während der GRAFCET-Plan nach **Bild 1, Seite 280,** den Ablauf der Hubeinrichtung auf der Aktorebene beschreibt, ist der GRAFCET nach **Bild 2** für eine pneumatische Steuerung mit bistabilen Stellelementen (5/2-Impulsventilen) mit kontinuierlich wirkenden Aktionen erstellt.

Der Steuerungsablauf ist in fünf Ablaufschritte gegliedert. Der Startschritt 0 kennzeichnet die Ausgangsstellung der Steuerung unmittelbar nach dem Einschalten. An den Übergängen zwischen den Schritten sind die Bedingungen aufgeführt, die für das Weiterschalten der Steuerung notwendig sind. Schritt "1" z. B. wird erst ausgeführt, wenn

- der Starttaster –SJ2 gedrückt wird,
- das Hauptventil –SJ1 in Schaltstellung "a" steht,
- der pneumatische Näherungsschalter –BG1 durch den Zylinder –MM1 betätigt ist
- und der pneumatische Näherungsschalter –BG3 durch den Zylinder –MM2 betätigt ist.

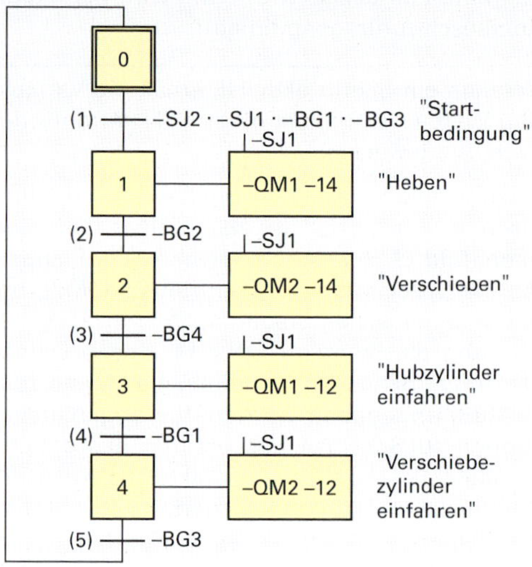

Bild 2: GRAFCET der Hubeinrichtung

Schaltpläne zeigen die Funktion einer Steuerung in der gewählten Technik, z. B. Pneumatik, und die Verbindung der einzelnen Elemente der Steuerung untereinander **(Bild 3)**. Die Bauteile eines Schaltplans werden nicht nach ihrer Lage, sondern entsprechend ihrer Funktion übersichtlich in den Funktionsebenen Versorgungs-, Signal-, Verknüpfungs-, Stell- und Antriebselemente (von unten nach oben) angeordnet.

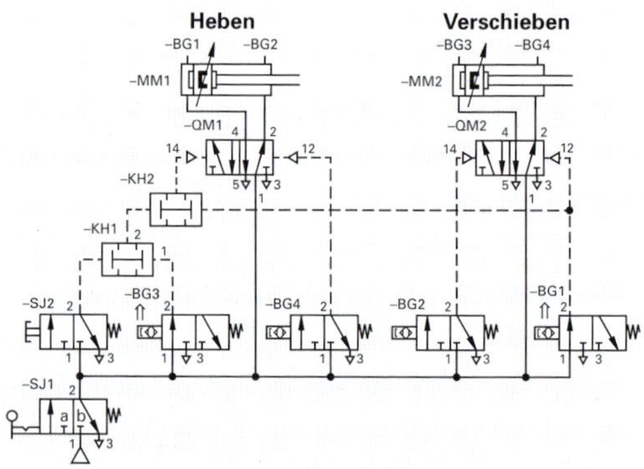

Bild 3: Pneumatik-Schaltplan der Hubeinrichtung

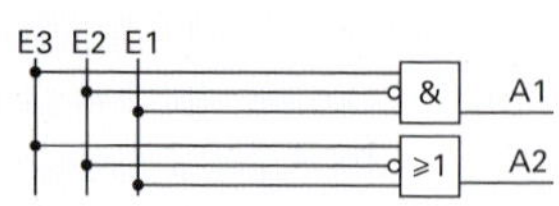

Bild 4: Logikplan

Wiederholung und Vertiefung

1 Wodurch unterscheidet sich eine kontinuierliche Aktion von einer gespeicherten Aktion?

2 Erklären Sie den Begriff "Schrittvariable X3".

3 Wie werden Zeitverzögerungen im GRAFCET dargestellt?

4 Erstellen Sie für die Hubvorrichtung (Bild 3) einen GRAFCET mit den Aktoren –MM1 und –MM2 in den Aktionen.

5 Stellen Sie für den Logikplan **(Bild 4)** eine vollständige Funktionstabelle auf.

6.3.5 Beispiele pneumatischer Steuerungen

Beispiel für die Steuerung eines Verschlussautomaten (kombinatorische Steuerung)

Technologieschema und Aufgabenbeschreibung: Es sollen Lagerbuchsen an einem Halbautomaten auf Wellenenden gepresst werden **(Bild 1).** Das Einbringen der Wellen und Aufsetzen der Sinterbuchsen soll von Hand erfolgen, der Einpressvorgang erfolgt automatisch, wenn sich der doppelt wirkende Zylinder in der hinteren Endlage (–BG1) befindet, der Hauptschalter (–SJ1) zur Druckluftversorgung umgelegt ist und die Anlage mit einem Fußtaster –SJ2 in Gang gesetzt wird. Der Rückhub erfolgt lage- und druckabhängig (–SJ1, –BG2, –BP1), wenn ein Anpressdruck von 5 bar erreicht ist.

In einer Funktionstabelle werden die Verknüpfungen der Signalelemente aufgezeigt **(Tabellen 1** und **2).** Als Stellelement wird ein 5/2-Impulsventil verwendet.

So entstehen die beiden Funktionsgleichungen:

Ausfahren: Impuls 14 = –SJ1 ∧ –BG1 ∧ –SJ2
Einfahren: Impuls 12 = –SJ1 ∧ –BG2 ∧ –BP1

Zur Lösung wird ein Druckschalter **(Bild 2)** eingesetzt. Die pneumatische Lösung zeigt die Umsetzung der beiden Funktionsgleichungen. Die UND-Verknüpfungen werden über Reihenschaltungen oder Zweidruckventilen realisiert. Die Lösung enthält Details, die sich nicht aus der Schaltalgebra ableiten lassen, sondern die Funktionsfähigkeit der Anlage erhöhen sollen: einstellbare Endlagendämpfungen, Drosselrückschlagventil sowie ein Schnellentlüftungsventil **(Bild 3),** um die Nebenzeiten gering zu halten.

Eine Variation dieser Lösung zeigt **Bild 4.** Der Rückhub erfolgt nach einer am Zeitelement –KH2 eingestellten Zeit von 1 s. Für die Wartungseinheit wird eine vereinfachte Darstellung angewendet.

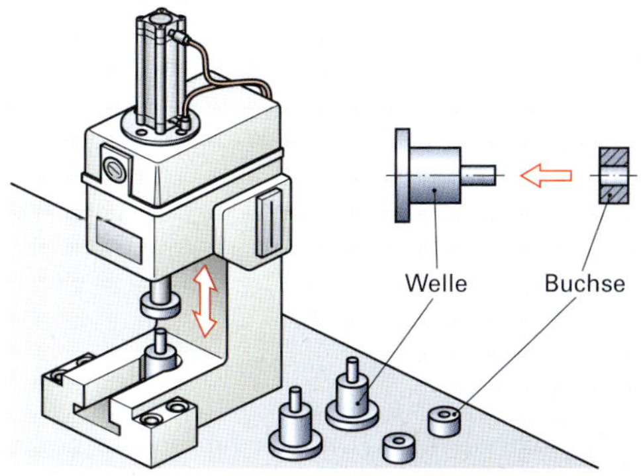

Bild 1: Aufpressen von Sinterbuchsen

Tabelle 1: Ausfahren

–SJ2	–BG1	–SJ1	14
0	0	0	0
0	0	1	0
0	1	0	0
0	1	1	0
1	0	0	0
1	0	1	0
1	1	0	0
1	1	1	1

Tabelle 2: Einfahren

–BP1	–BG2	–SJ1	12
0	0	0	0
0	0	1	0
0	1	0	0
0	1	1	0
1	0	0	0
1	0	1	0
1	1	0	0
1	1	1	1

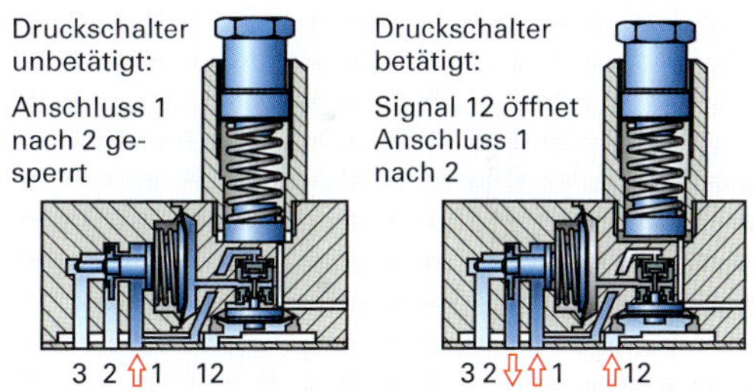

Bild 2: Pneumatischer Druckschalter

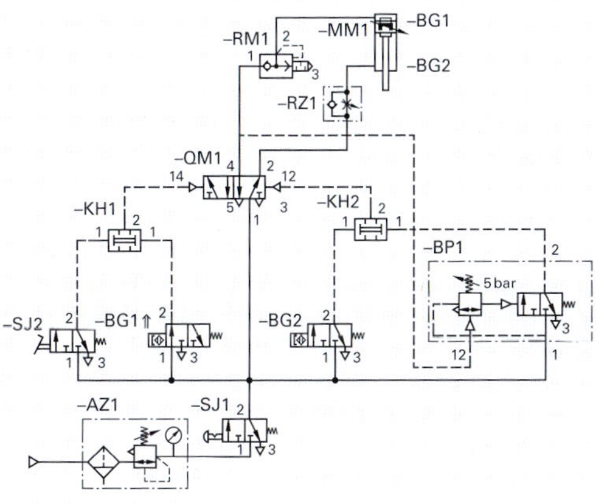

Bild 3: Pneumatische Lösung mit Druckschalter

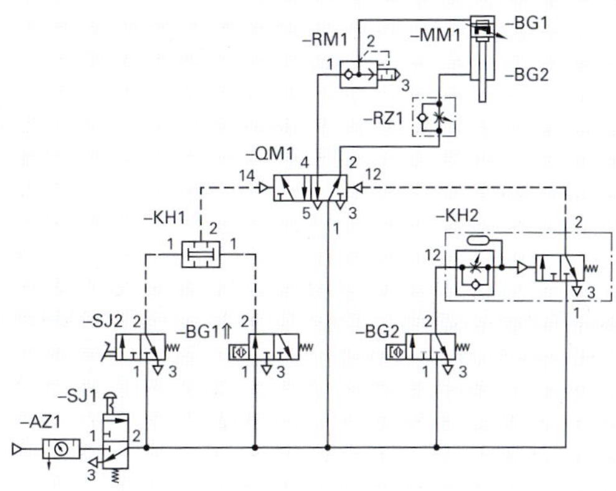

Bild 4: Pneumatische Lösung mit Zeitfunktion

Förderanlage für Behälter

Auf einer Rollbahn ankommende Behälter sollen vereinzelt, angehoben und auf eine zweite Rollbahn geschoben werden **(Bild 1)**.

Die auf der unteren Rollbahn ankommenden Behälter werden durch den Sperrzylinder –MM1 gestoppt. Nach dem Startsignal –SJ1 fährt der Sperrzylinder zurück und der Behälter rollt auf die Hubplattform. Dort löst er das Signal –BG1 aus. Der Zylinder –MM1 fährt wieder in die Sperrstellung und der Hubzylinder –MM2 hebt den Behälter an. In der Endstellung –BG2 wird der Verschiebezylinder –MM3 ausgelöst, der den Behälter seitlich auf die Rollbahn schiebt. Danach fahren die beiden Zylinder –MM2 und –MM3 zurück. Der „Zyklus" ist abgeschlossen.

GRAFCET (Bild 2). Der Ablauf der Zylinderbewegungen kann im GRAFCET übersichtlich dargestellt werden.

Im **Strukturteil** können die einzelnen Schritte der Steuerung abgelesen werden. Sie wechseln ständig mit den Transitionen ab.

Im **Wirkteil** werden innerhalb des Rechteckrahmens jedem Ablaufschritt eine oder mehrere Aktionen zugeordnet.

Das Einfahren des Verschiebezylinders –MM3 ist nicht dargestellt, da, sobald die Transition (4) mit –BG3 erfüllt ist, der Zylinder –MM3 wegen der Verwendung eines 5/2-Wegeventils –QM3 mit Federrückstellung sofort wieder einfährt.

Schaltplan (Bild 3). Der Schaltplan zeigt die Verknüpfung aller Bauelemente einer Steuerung. Da die Bauelemente durch Schaltzeichen dargestellt werden, kann der Steuerungsablauf durch systematisches Überlegen nachvollzogen werden.

Das „Lesen" von Schaltplänen muss gelernt und geübt werden. Nur dadurch können Steuerungen richtig verstanden, zusammengebaut und instand gesetzt werden.

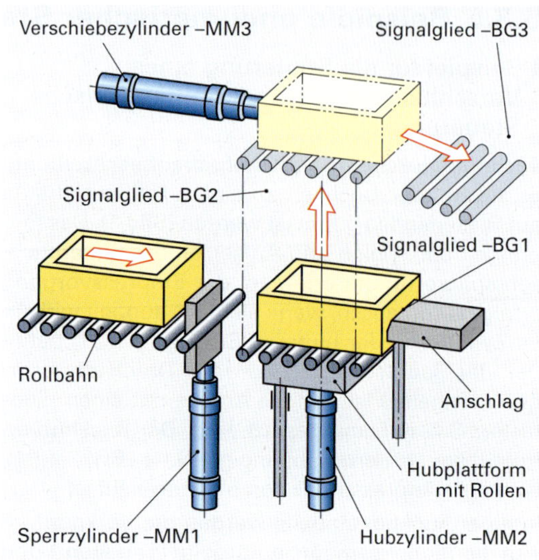

Bild 1: Technologieschema der Förderanlage

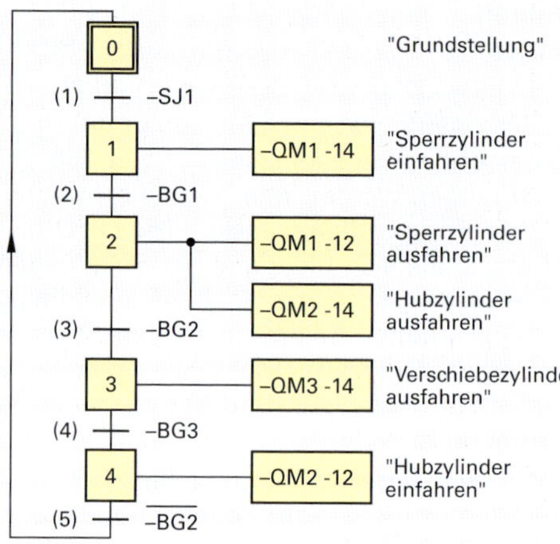

Bild 2: GRAFCET für den Ablauf an der Förderanlage

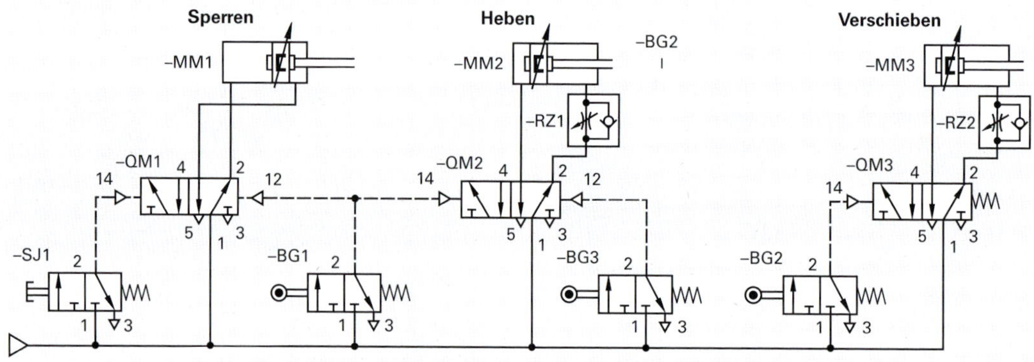

Bild 3: Pneumatischer Schaltplan der Förderanlage

Beschickung einer Reinigungsanlage

Technologieschema (Bild 1) und Funktionsbeschreibung. Werkstücke müssen vor dem Galvanisieren in einem Reinigungsbad entfettet werden. Dazu werden sie in einen Korb an einem Portallader gelegt. Nach dem Startsignal transportiert der Zylinder –MM1 den Korb über das Bad. Dort wird er durch den Zylinder –MM2 in das Bad abgesenkt und wieder herausgehoben. Danach fährt der Korb in die Beladeposition zurück.

Ablaufbeschreibung in Gruppenschreibweise:

| –MM1+ –MM2+ | | –MM2+ –MM1– |
Steuergruppe I Steuergruppe II

Es zeigt sich, dass sich am Gruppenübergang von I nach II der gleiche Aktor –MM2 mit einem bistabilen Stellelement (= Impulsventil) befindet. Es muss hier mit einer Signalüberschneidung von Impuls 14 und Impuls 12 gerechnet werden. Das Gleiche gilt für das Impulsventil für den Zylinder –MM1. Ein Neustart wäre nicht möglich, da das Signal von –BG3 in der Grundstellung permanent anliegt.

Schaltplan (Bild 2) und GRAFCET (Bild 3). Das Signal des pneumatischen Näherungssensors –BG2, das die Absenkbewegung des Zylinders –MM2 auslöst, darf nicht mehr vorhanden sein, wenn der Zylinder –MM2 wieder hochfahren soll, sonst würden zwei Signale am Stellelement –QM2 anstehen (= Signalüberschneidung). Daher wird das Ventil –KH2 mit einer Zeitfunktion zum Abschalten nach einer Sekunde eingebaut (Seite 276). Die 2. Signalüberschneidung (letzter Schritt und Neustart) wird ebenfalls durch eine Zeitfunktion –KH1 verhindert.

Kaskadensteuerung (Bild 4). Eine Methode, Signalüberschneidungen in der Pneumatik zu verhindern, ist der Einsatz eines Umschaltventils –QM3. Es versorgt die beiden Steuerstränge I und II zu einem bestimmten Zeitpunkt mit Druckenergie, sodass nur die zum Ablauf notwendigen Signalelemente mit Druckluft versorgt werden. Die anderen Signalelemente bekommen keine Energie.

Diese Technik ist heute in der Pneumatik eher selten.

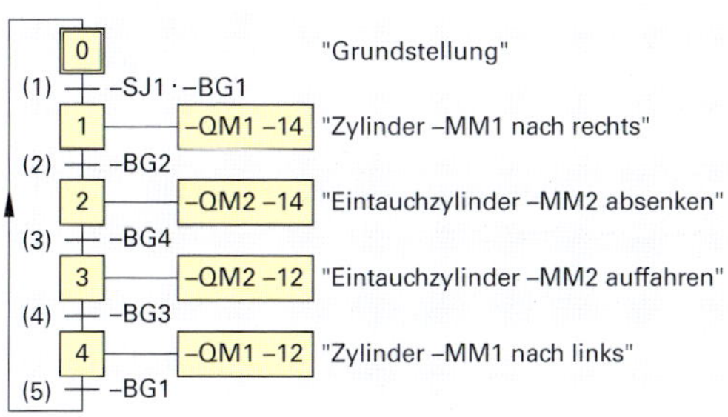

Bild 3: GRAFCET für die Reinigungsanlage

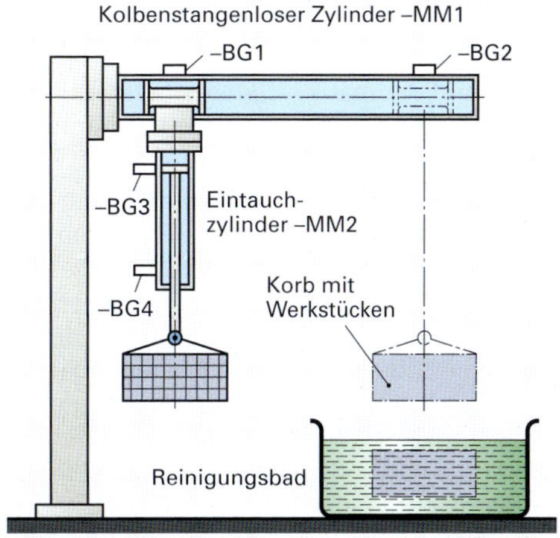

Bild 1: Technologieschema für Portallader einer Reinigungsanlage

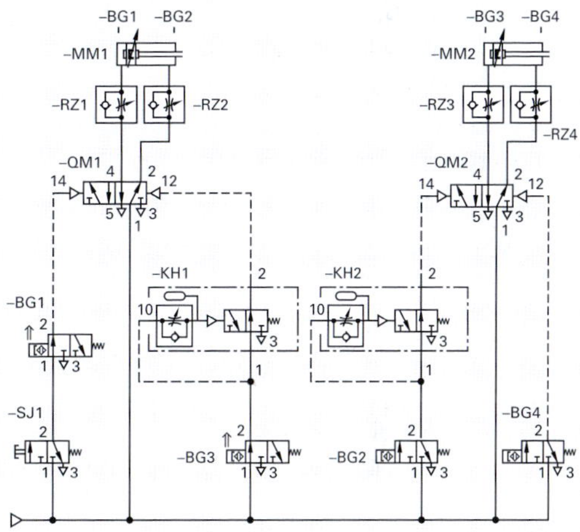

Bild 2: Steuerung mit Wegeventilen mit Rollenhebel

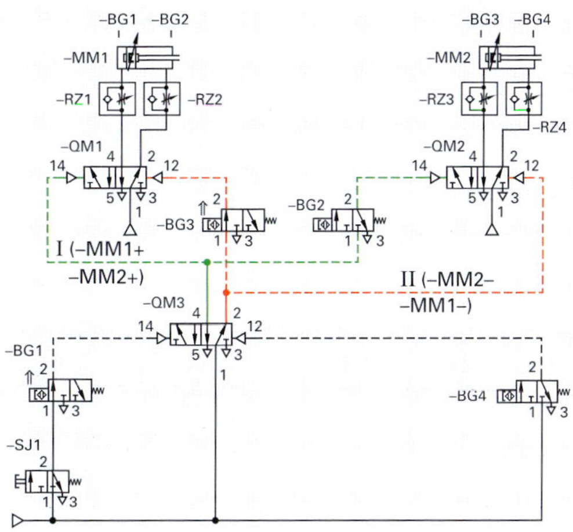

Bild 4: Kaskadensteuerung der Reinigungsanlage

6.4 Elektropneumatische Steuerungen

In elektropneumatischen Steuerungen werden die Vorteile der Pneumatik mit den Möglichkeiten der Elektrik verknüpft. Eine Schaltung hat immer zwei Teile **(Bild 1)**.

Die Pneumatik erzeugt im Leistungsteil der Schaltung die Bewegungsenergie an den Aktoren (Zylindern). Die elektrische Energie wird eingesetzt, um Signale mittels Taster oder Sensoren zu erfassen. Die elektrische Signalverarbeitung bietet den Vorteil, dass die Schaltlogik mittels Reihen- oder Parallelschaltung von Signalen realisiert wird und somit Bauteile entfallen. Weitere Vorteile sind der geringe Wartungsaufwand und die im Verhältnis kostengünstigeren elektrischen Bauteile. Die Magnetspulen -MB1 und -MB2 am 5/2-Wegeventil sind die Schnittstelle zwischen Elektrik und Pneumatik.

Zu den Bauelementen elektrischer Steuerungen gehören vor allem Taster, Schalter, Sensoren, Relais und Schütze. In Schaltplänen werden sie durch Schaltzeichen dargestellt **(Tabelle 1)**.

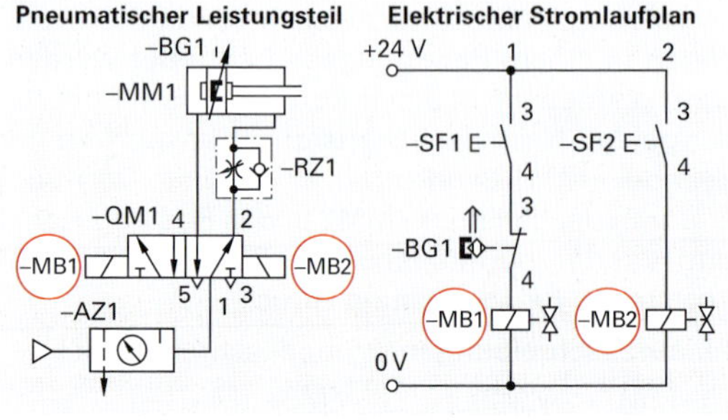

Bild 1: Direkte Schaltung in der Elektropneumatik

Tabelle 1: Elektrische Schaltzeichen

Betriebsmittel	Schaltzeichen	Betriebsmittel	Schaltzeichen
Handbetätigter Taster	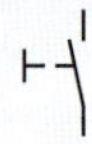	Notausschalter rastend	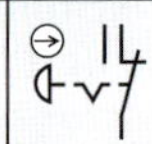
Durch Drücken betätigter Taster	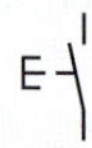	Näherungsschalter	
Handbetätigter Schalter mit Raste	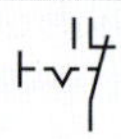	Induktiver Näherungsschalter	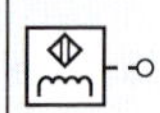
Rollenbetätigter-Taster	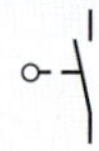	Relais mit Wechsler	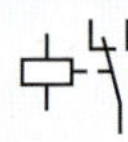
Rollentaster in Ausgangsstellung betätigt (Schließer)	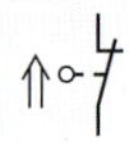	Elektromagnetisch betätigtes Wegeventil	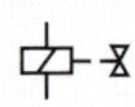

6.4.1 Bauelemente elektrischer Kontaktsteuerungen

Bei Kontaktsteuerungen erfolgt die Signalübertragung durch das Schalten elektrischer Kontakte entweder durch Taster und Schalter direkt oder elektromagnetisch indirekt durch Relais. Sie werden entweder von Hand oder mechanisch, z. B. über die Kolbenstange des Zylinders, betätigt. Ihre Kontakte sind so angeordnet, dass sie bei Betätigung entweder geöffnet (Öffner – NC) oder geschlossen (Schließer – NO) werden **(Bild 2)**. Die Kontakte werden mit den Funktionsziffern 1–2 bei Öffnern und 3–4 bei Schließern bezeichnet. Eine Kombination von Öffner und Schließer ist der Wechsler (1–2, 1–4).

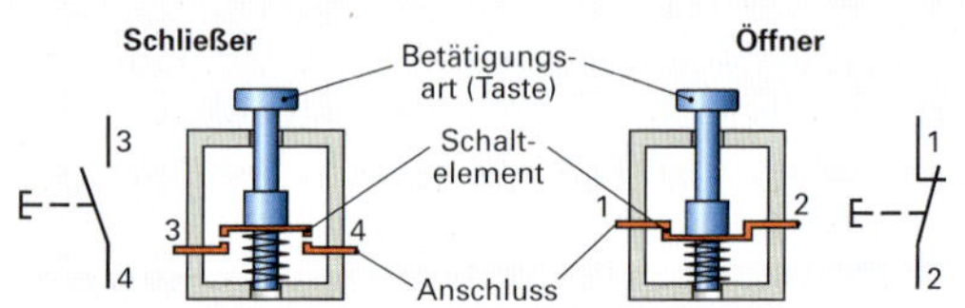

Bild 2: Elektrische Taster (Schließer/Öffner)

Taster werden nach dem Loslassen durch eine Feder wieder in die Ausgangsstellung zurückgedrückt, während Schalter durch Einrasten ihre Schaltstellung beibehalten. Sie speichern mechanisch das einmal kurz gesetzte Signal bis zum Entrasten.

Zu den Signalelementen gehören Grenztaster oder Druckschalter **(Bild 3)**. Sie wandeln die pneumatische Druckenergie an der Steuerleitung X in ein elektrisch-mechanisches Signal um.

Sensoren (Näherungsschalter). Sie schalten bei Annäherung eines Maschinenteiles oder Werkstückes ohne mechanische Berührung. Dazu zählen magnetische, induktive, kapazitive und optoelektronische Sensoren (Seite 584).

Sie besitzen kleine Abmessungen, sind verschleißfrei und haben hohe Schaltgeschwindigkeiten. Sie werden im Schaltplan mit „B" bezeichnet.

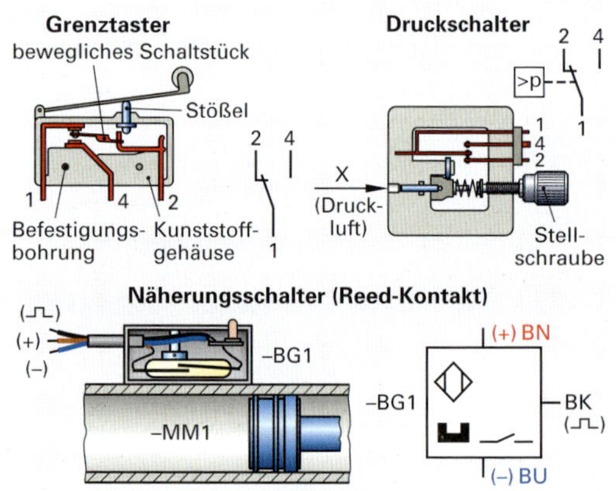

Bild 3: Signalelemente und Sensoren

Relais und Schütze. Schalter mit elektromagnetisch betätigten Kontakten nennt man Relais oder Schütze. Mit Relais schaltet man elektrische Leistungen bis etwa 1 kW, mit Schützen die höheren Leistungen. Relais und Schütze besitzen in der Regel mehrere Öffner und Schließer, die alle gleichzeitig betätigt werden. Sie werden vor allem zur Signalverarbeitung und Vervielfältigung verwendet **(Bild 1)**.

Aufgaben von Relais und Schützen:

- **Fernbetätigung** von elektrischen Geräten
- **Verstärkung** von Steuersignalen für den Hauptstromkreis
- **Vervielfachung** von Signalen durch die verschiedenen Öffner und Schließer
- **Umkehr** von Signalen durch Öffner und Schließer
- **Logische Verknüpfung** von Signalen
- **Speicherung** von Signalen durch die Selbsthalteschaltung

Funktionsweise von Relais

Fließt ein 24-V-Gleichstrom durch die Erregerspule (Anschlüsse A1 und A2), so wird der bewegliche Anker angezogen und die Schaltkontakte durch die Schaltzunge betätigt. Dabei wird der Öffnerkontakt NC (11–12) geöffnet und die Kontaktfedern des Schließers NO (23–24) zusammengedrückt. Wird der Stromdurchfluss unterbrochen, stellt eine Feder den Anker wieder in die Ausgangsstellung zurück. Mit Relais können Stromkreise potenzialfrei geschaltet werden, d.h. die Kontakte können in Stromkreise mit unterschiedlichen Spannungen (12 V, 24 V oder 230 V ...) angeschlossen sein **(Bild 2)**.

Metall S22

Anschlussbezeichnungen am Relais (Bild 3). Das Bauteil Relais wird im Schaltplan mit –KF1, die beiden Spulenanschlüsse mit A1 und A2 bezeichnet. Alle Schließer erhalten die Funktionsziffer 3 und 4, die Öffner haben die Ziffern 1 und 2.

Befinden sich mehrere Schließer oder Öffner auf einem Relais, werden diese mit Ordnungsziffern 1, 2, 3 usw. zusätzlich durchnummeriert.

Vielfach werden an Relais auch Wechsler statt einfache Schließer und Öffner eingesetzt. Dadurch werden die schaltungstechnischen Möglichkeiten größer.

In der Elektropneumatik befinden sich am Relais häufig drei Schließer und ein Öffner. Damit lassen sich ohne großen Aufwand die Einzelschritte von Ablaufsteuerungen nach einem üblichen Industriestandard aufbauen (= löschende Taktkette, siehe auch Seite 298).

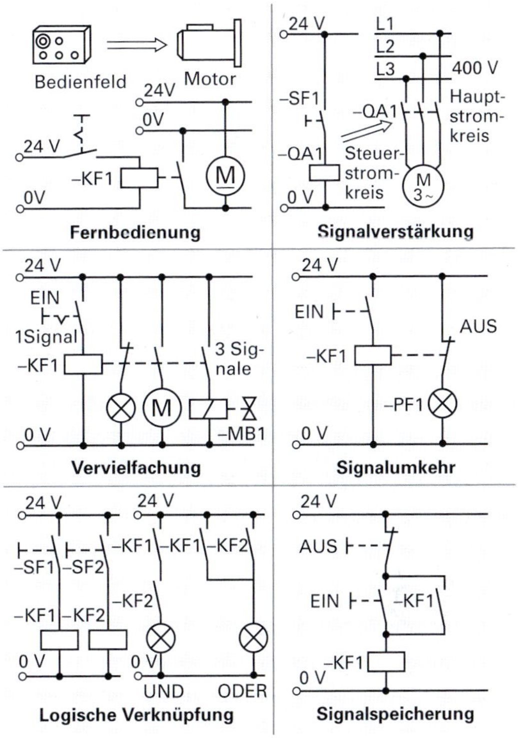

Bild 1: Grundsätzliche Aufgaben von Relais

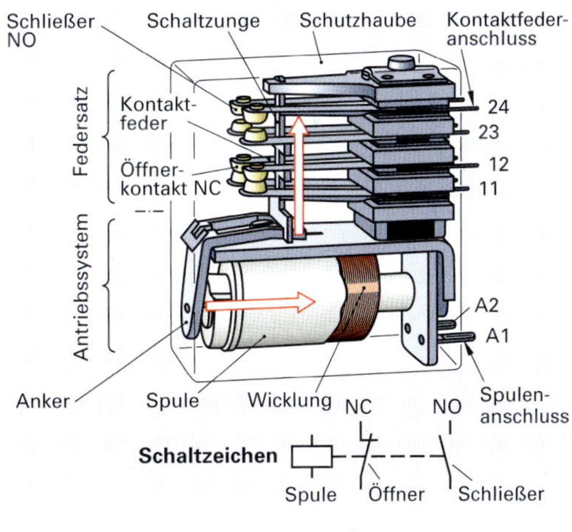

Bild 2: Relais mit Schließer- und Öffnerhilfskontakten

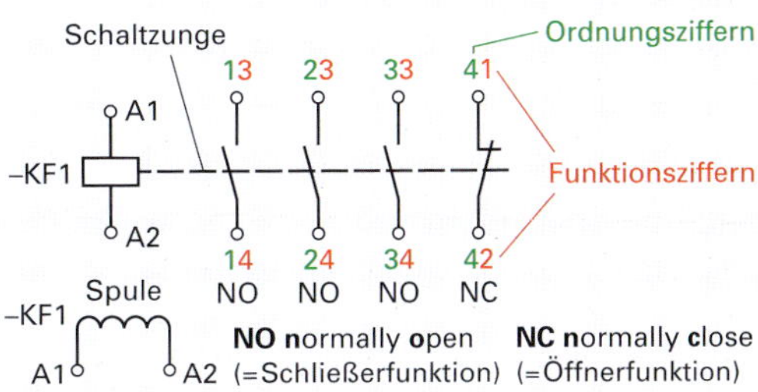

Bild 3: Anschlussbezeichnung am Relais

Zeitabhängige elektromagnetische Schalter

Zeitabhängige elektromagnetische Schalter bezeichnet man in der Steuerungstechnik als Zeitrelais **(Bild 1)**. Sie besitzen einen Anschluss an eine Versorgungsspannung A1–A2 und Schließer, Öffner oder auch Wechsler, die zeitverzögert betätigt werden.

Bei den Zeitrelais in der Steuerungstechnik unterscheidet man vor allem zwischen den einschalt- oder ausschaltverzögernden Relais **(Bild 2)**.

Das **einschaltverzögerte Relais** schaltet erst nach einer eingestellten Zeit **"t"** den entsprechenden Schließer oder Öffner. Diese fallen sofort auf den Signalzustand "0" zurück, wenn die Betätigung des Zeitrelais entfällt. Bei den **ausschaltverzögerten Relais** werden die Schließer und Öffner sofort betätigt. Bei Spannungsabfall an den Anschlüssen A1–A2 beginnt die Ausschaltverzögerung: Erst nach der eingestellten Zeit am Drehpotenziometer (Verstellwiderstand) fallen die Schließer und Öffner wieder in ihren Grundzustand zurück.

Die Zeitbetätigung der an der Schaltzunge betätigten Schließer und Öffner wird durch einen Halbkreis („Fallschirm") symbolisiert. Zu beachten ist ebenfalls die vom normalen Relais unterschiedliche Funktionsbezeichnung der Schließerfunktion mit 7–8 und der Öffnerfunktion mit 5–6.

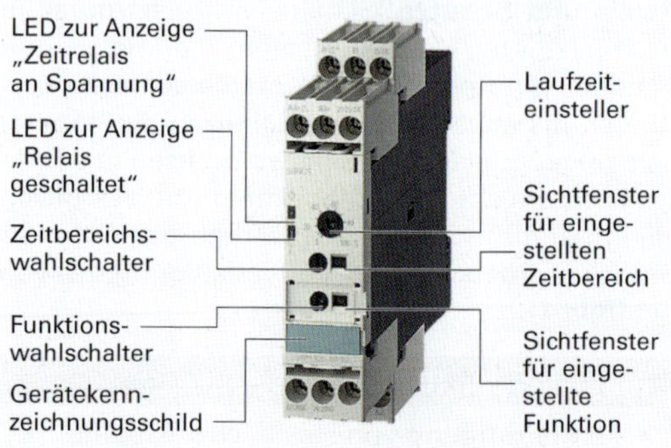

Bild 1: Zeitrelais mit unterschiedlichen Zeitfunktionen

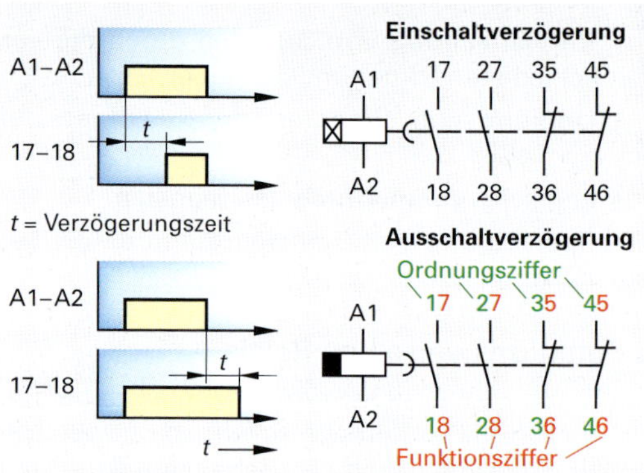

Bild 2: Einschalt- und ausschaltverzögertes Zeitrelais

Magnetventile

Magnetventile sind elektropneumatische Wandler. Sie bestehen aus einer Magnetspule, der elektrischen Schaltkomponente und einem Pneumatikventil. Fließt durch die Magnetspule ein elektrischer Strom, wird ein elektromagnetisches Feld aufgebaut, das den Spulenanker bewegt. Dieser Spulenanker ist mit dem Ventilstößel verbunden, der den Luftdurchfluss steuert, indem er einen Schieber oder ein Ventilstößel bewegt und so die Schaltstellung verändert **(Bild 3)**. Beim Schaltvorgang kann die Luft vom Druckluftanschluss 1 zur Arbeitsleitung 2 strömen. Eine Handhilfsbetätigung ermöglicht das Durchströmen ohne elektrische Energie für den Einrichtebetrieb einer Anlage.

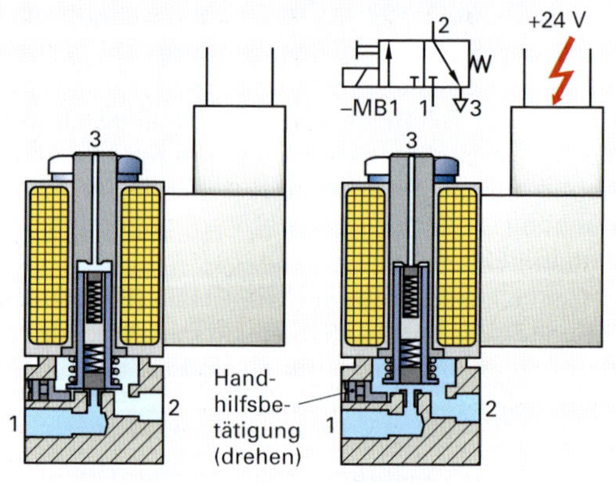

Bild 3: Elektromagnetische Betätigung von 3/2-WV

Das 5/2-Wege-Impulsventil **(Bild 4)** ist ein typisches Stellelement mit bistabiler Schaltfunktion. Nach Abfall der elektrischen Spannung bleibt jeweils die Schaltstellung a oder b erhalten, bis es erneut angesteuert wird.

Durch die pneumatische Vorsteuerung kann die Magnetspule klein dimensioniert werden. Damit wird der Stromverbrauch geringer. Ein elektrisches Signal betätigt einen Anker, welcher das Vorsteuerventil öffnet. Der Hauptsteuerkolben wird durch die Druckluft bewegt.

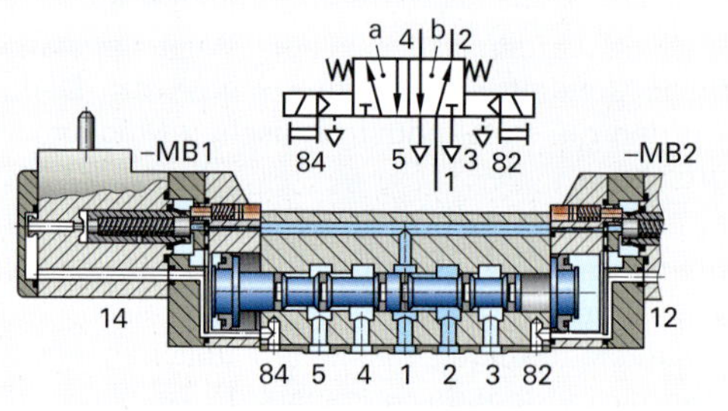

Bild 4: 5/2-Magnetimpulsventil mit Vorsteuerung

6.4.2 Signalelemente – Sensoren

Ein Sensor ist ein Bauteil, das physikalische Messgrößen aus einem technischen Vorgang erfasst, diese in Spannung oder Strom wandelt und weitergibt, sodass sie vom nachfolgenden Bauteil verarbeitet werden können **(Bild 1)**.

> Sensoren wandeln eine nichtelektrische Größe in eine elektrische Größe um.

Physikalische Messgrößen, die von Sensoren erfasst werden können, sind z. B. Druck, Kraft, Drehzahl, Geschwindigkeit, Durchfluss, Temperatur, geometrische Größen oder Stoffe verschiedener Materialien.

> Sensoren arbeiten berührungslos. Sie nutzen sich deshalb nicht ab und beeinflussen die zu steuernde oder zu regelnde Größe nicht.

Nach der Wirkungsweise bei der Umwandlung von nichtelektrischen Größen in elektrische Größen unterscheidet man zwischen aktiven Sensoren und passiven Sensoren **(Bild 2)**.

Passive Sensoren

Ein Sensor wird als passiv bezeichnet, wenn zum Arbeiten eine Hilfsenergie (externe Spannungsquelle) erforderlich ist.

Passive Sensoren beinhalten Bauteile wie z. B. Kondensatoren oder Spulen, die durch Energieversorgung von außen ein elektrisches Feld oder ein magnetisches Feld aufbauen **(Bild 3)**. Wird dieses Feld durch eine nichtelektrische Größe von außen gestört, so liefert der Sensor ein Ausgangssignal, das dann weiterverarbeitet wird.

> Bei passiven Sensoren wird eine von außen erzeugte elektrische Größe durch eine nichtelektrische Störgröße beeinflusst.

Aktive Sensoren

Bei aktiven Sensoren ist keine Hilfsenergie erforderlich. Sie wandeln Energie von außen (z. B. mechanische, thermische, chemische Energie oder Lichtenergie) direkt in elektrische Energie um.

> Bei aktiven Sensoren wird durch Energieumwandlung elektrische Energie erzeugt.

Thermoelemente, Fotoelemente oder piezoelektrische Elemente sind solche Spannungserzeuger.

So wandelt z. B. in einem Härteofen ein Thermopaar, das verschweißt ist (Eisen und Konstantan), Wärmeenergie in elektrische Energie um. Die durch die Wärmeenergie erzeugte Thermospannung liefert die Daten für die Temperatur (Messort) im Ofen **(Bild 4)**.

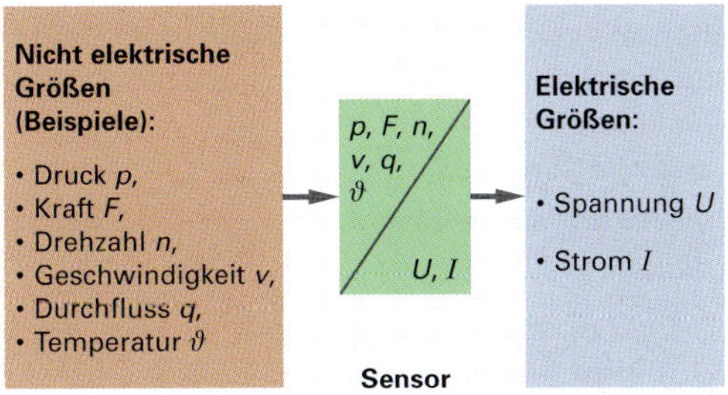

Bild 1: Umwandlung physikalischer Größen durch einen Sensor

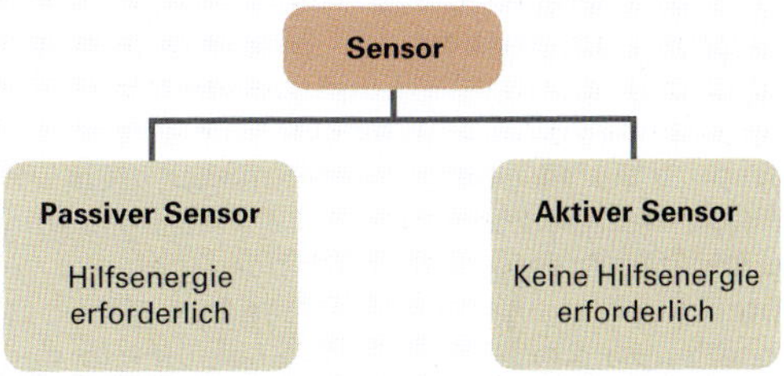

Bild 2: Sensoren

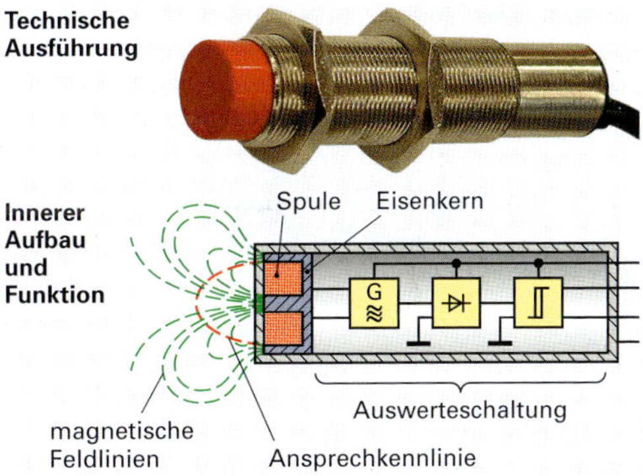

Bild 3: Passiver Sensor

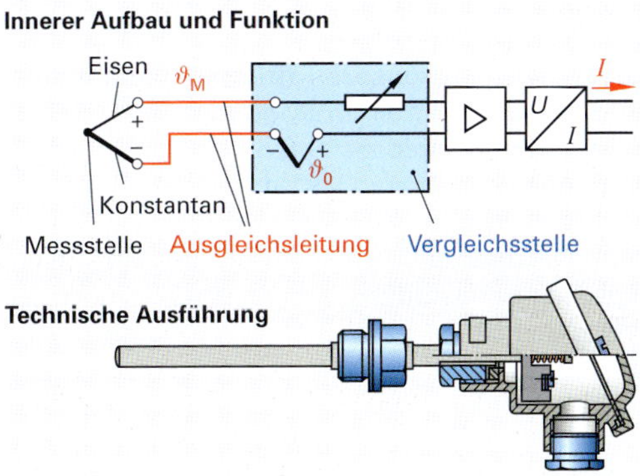

Bild 4: Aktiver Sensor (Thermoelement)

Bei Sensoren unterscheidet man nicht nur zwischen aktiven und passiven Sensoren, sondern man unterteilt die Sensoren auch nach der Art des Ausgangssignals in

- **analoge Sensoren**
- **binäre Sensoren**
- **digitale Sensoren**

Analoge Sensoren

Analoge Sensoren liefern am Signalausgang ein Analogsignal zur Weiterverarbeitung ab.

Sensoren mit **Linearpotenziometer (Bild 1)** oder **Drehpotenziometer (Bild 2)** sind analoge, passive Sensoren und werden zum Messen für Winkel, von Wegen, Abständen und Dicken verwendet. Diese Sensoren werden mit einer Gleichspannung versorgt, die an einem Potenziometer im Bauteil anliegt, das als Spannungsteiler betrieben wird. Durch das Messobjekt wird der Schleifer des Potenziometers bewegt und ändert somit die Spannung am Ausgang. Diese Spannung ist dann proportional zur Schleiferstellung und somit zum gemessenen Weg s bzw. zum Drehwinkel φ des Messobjekts.

Linearpotenziometer können Wege von 5 mm bis 4 m aufnehmen und werden z. B. zur Wegmessung bei Werkzeugmaschinentischen eingesetzt.

Drehpotenziometer sind meist durchdrehbar mit einem Messbereich von 0° bis 360° und werden z. B. bei der Drehwinkelerfassung bei Industrierobotern oder allgemein in der Messtechnik eingesetzt.

Induktive Wegsensoren (Bild 3) beinhalten als Führungselement eine Doppelspule mit Eisenkern, die mit Wechselstrom versorgt wird. Bewegt sich der Eisenkern in der Spule, so ist die Veränderung der Induktivität der Spulenhälften ein Maß für die Wegänderung. Sie werden z. B. als Taster bei Dickenmessungen von Werkstücken, als Weggeber bei kleinen Maschinentischen oder in Greifern von Robotern eingesetzt.

Kapazitive Wegsensoren (Bild 4) beinhalten als Führungselement einen Kondensator. Durch die Bewegung des Kolbens verändert sich die Kapazität des Kondensators, die als Messsignal verwendet wird. Kapazitive Wegsensoren werden z. B. beim Laserschneiden eingesetzt, um den Abstand zwischen Schneiddüse und Werkstück zu messen und zu regeln.

> Mit analogen Sensoren lassen sich physikalische Größen, z. B. Weglängen oder Drehwinkel als analoge elektrische Größen, z. B. Spannung oder Strom, darstellen.

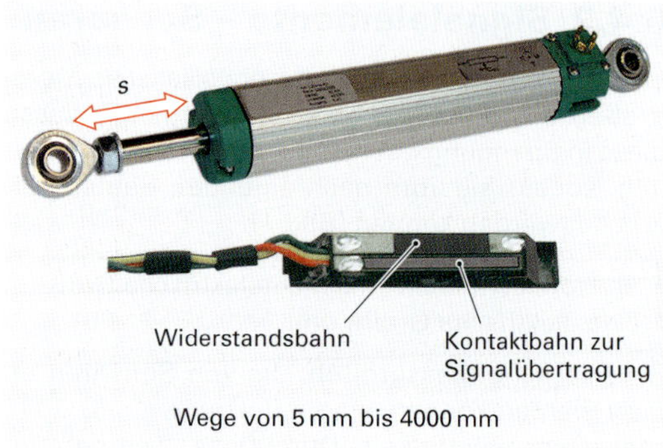

Bild 1: Linearpotenziometer

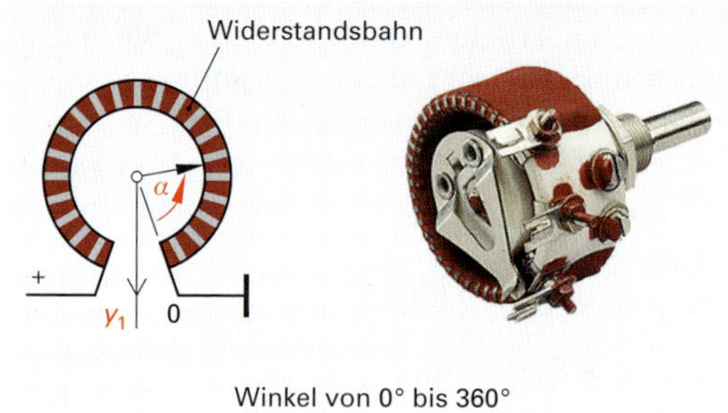

Bild 2: Drehpotenziometer

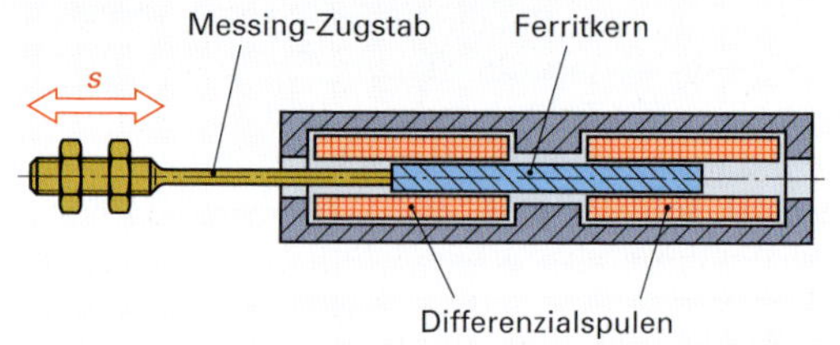

Bild 3: Induktiver Wegsensor

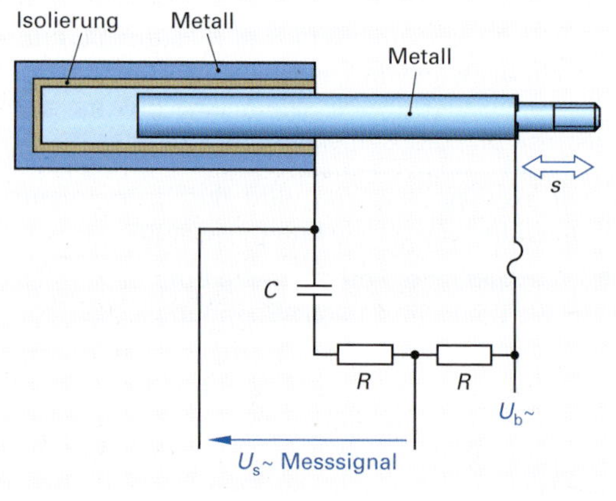

Bild 4: Kapazitiver Wegsensor

Binäre Sensoren

Binäre Sensoren sind passive Sensoren und liefern als Ausgang ein Binärsignal. Das Ausgangssignal des Sensors wird in Reihe an eine Last geschaltet **(Bild 1)**.

Erreicht das zu erfassende Signal die Eingangsschwelle, dann wird eingeschaltet. Bei Signalentfernung wird das Unterschreiten der Ausschaltschwelle ausgeschaltet. Die Signaldifferenz zwischen Einschaltschwelle und Ausgangsschwelle heißt Schaltdifferenz **(Bild 2)**.

Alle binären Signale haben eine Schaltdifferenz.

Nach dem Messprinzip unterscheidet man **(Tabelle 1)**:

- Induktive Sensoren
- Kapazitive Sensoren
- Magnetische Sensoren
- Optische Sensoren
- Ultraschallsensoren

Induktive Sensoren erzeugen ein magnetisches Streufeld. Durch Annäherung von metallischen Gegenständen an die aktive Sensorfläche wird dieses Streufeld gestört und dadurch ein Schaltkontakt ausgelöst **(Bild 3)**.

Der maximale Schaltabstand entspricht dem halben Sensordurchmesser und kann etwa zwischen 4 mm und 80 mm liegen.

Die Schalthäufigkeit liegt bei ca. 3000 Schaltungen pro Sekunde, deshalb können sie auch zur Drehzahlüberwachung und Drehzahlmessung (Schlitzsensor) eingesetzt werden. Des Weiteren verwendet man sie z.B. als Endlagenschalter bei Werkzeugmaschinentischen oder zum Erfassen, Zählen bzw. Sortieren von Werkstücken.

Die Stellung der Weiche in der Sortiereinrichtung kann durch induktive Sensoren kontrolliert werden, wenn die Weiche aus einem metallischen Werkstoff hergestellt ist **(Bild 4)**.

Induktive Sensoren erzeugen ein magnetisches Streufeld. Wird es gestört, schaltet der Sensor.

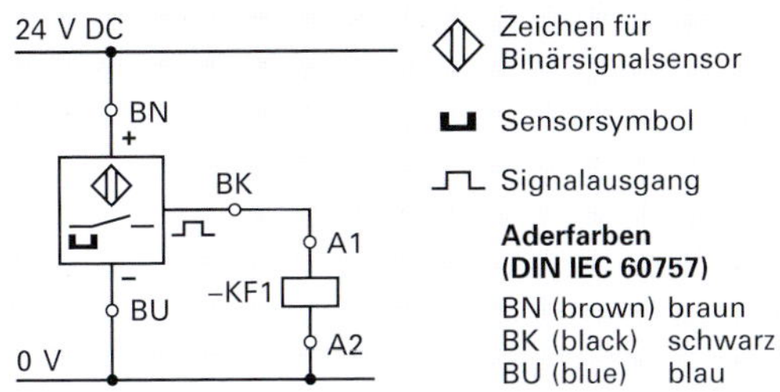

Bild 1: Sensor in Dreidrahtausführung

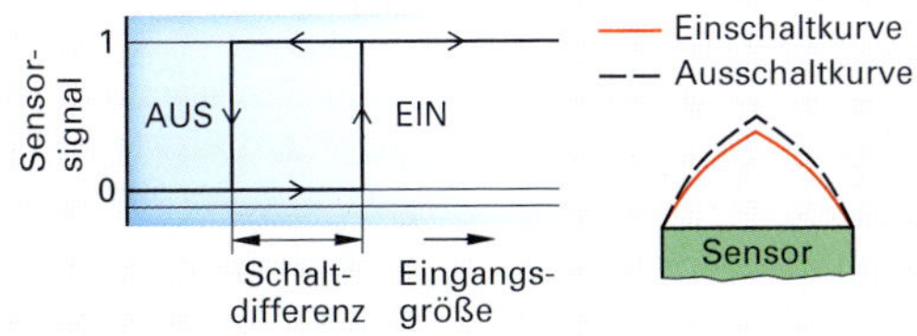

Bild 2: Schaltdifferenz

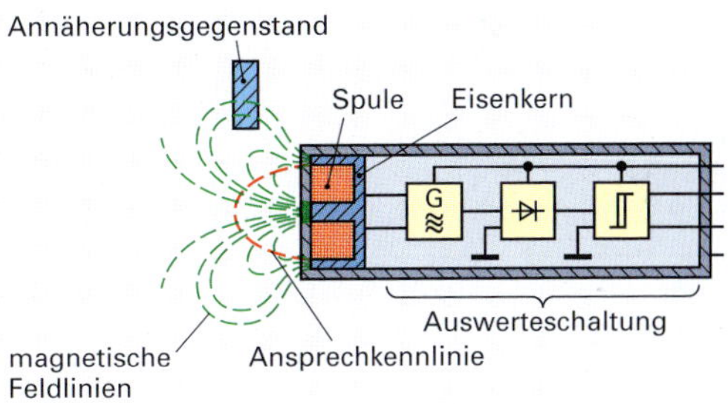

Bild 3: Aufbau eines induktiven Sensors

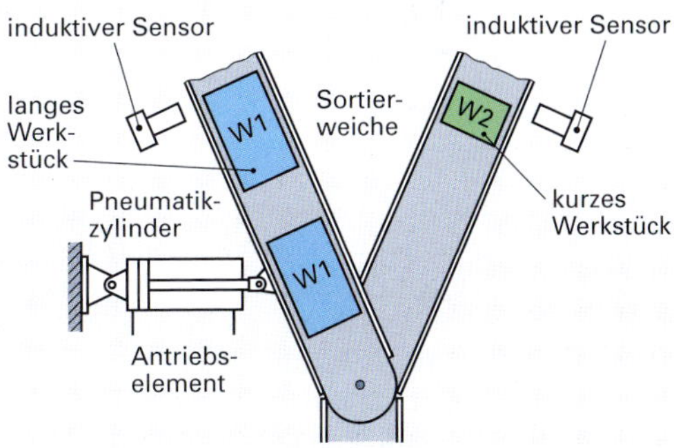

Bild 4: Einsatz induktiver Sensoren

Tabelle 1: Symboldarstellung berührungsloser binärer Näherungsschalter

induktiv	kapazitiv	magnetisch	optisch	Ultraschall
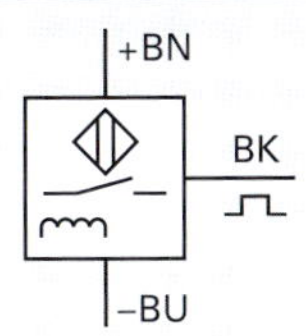	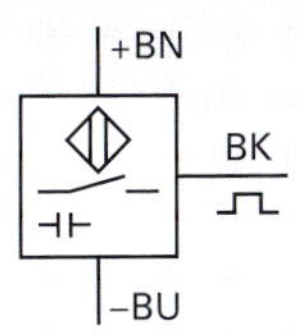	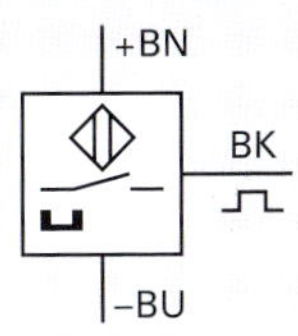	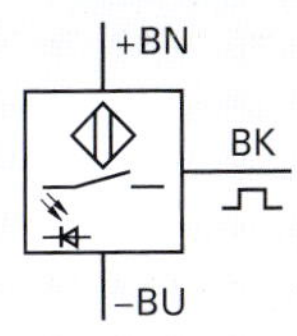	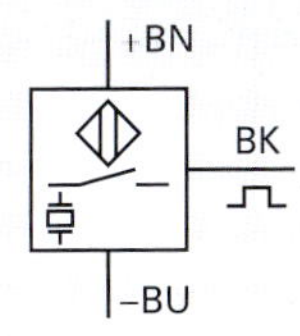

Kapazitive Sensoren erzeugen ein elektrisches Streufeld. Durch Annäherung auch nichtmetallischer Gegenstände an die aktive Sensorfläche wird dieses Streufeld gestört und ein Schaltkontakt ausgelöst. Der Gehäuseaufbau ist der gleiche wie bei induktiven Sensoren **(Bild 1)**.

Der Schaltabstand ist abhängig vom Werkstoff des Messobjekts und liegt zwischen 2 mm und 40 mm.

Die Sensoren erfassen außer Metallen und Nichtmetallen auch flüssige, körnige und pulverisierte Werkstoffe. So können z. B. Kunststoffpaletten auf einer Montagelinie erfasst werden **(Bild 2)** oder Füllstände von Flüssigkeiten gemessen werden.

Kapazitive Sensoren erzeugen ein elektrisches Streufeld. Wird es gestört, schaltet der Sensor.

Magnetische Sensoren (Reed-Kontakte) sind spezielle induktive Sensoren und werden als Grenzschalter bei Pneumatikzylindern eingesetzt **(Bild 3)**. Sie werden direkt auf den Zylinderkörper montiert. Durch die Gehäusewand lösen sie bei Annäherung des Dauermagneten, der im Kolben der Zylinderstange integriert ist, ein Schaltsignal aus. So könnte z. B. die Grenzstellung der Weiche in **Bild 4, vorherige Seite,** auch über die Abfrage der Grenzstellung des Pneumatikzylinderkolbens kontrolliert werden.

Magnetische Sensoren werden durch ein permanentes Magnetfeld geschaltet.

Optische Sensoren

Optoelektronische Näherungstaster werden nach Bauart und Wirkprinzip in drei Gruppen eingeteilt **(Bild 4)**:

- Lichttaster
- Reflexions-Lichtschranke
- Einweg-Lichtschranke

Lichttaster bestehen nur aus einem Bauteil, in dem Sender und Empfänger untergebracht sind. Die von einer Infrarot-Diode ausgesandte gepulste Infrarotstrahlung wird bei Annäherung eines Objekts reflektiert und über einen Fototransistor empfangen und dann verarbeitet. Der Erkennungsbereich reicht bis zu 2 m und ist stark vom Objekt abhängig.

Reflexions-Lichtschranken haben ebenfalls Sender und Empfänger in einem Gehäusebauteil. Das vom Sender ausgesandte gepulste Infrarotlicht wird durch einen gegenüberliegend angebrachten Reflektor zurückgeworfen. Die Reichweite beträgt ca. 5 m.

Einweg-Lichtschranken bestehen aus zwei räumlich getrennten Sender- und Empfängerelementen. Wird der Lichtstrahl zwischen Sender und Empfänger unterbrochen, wird ein Signal ausgelöst. Sie haben eine Reichweite bis zu 40 m.

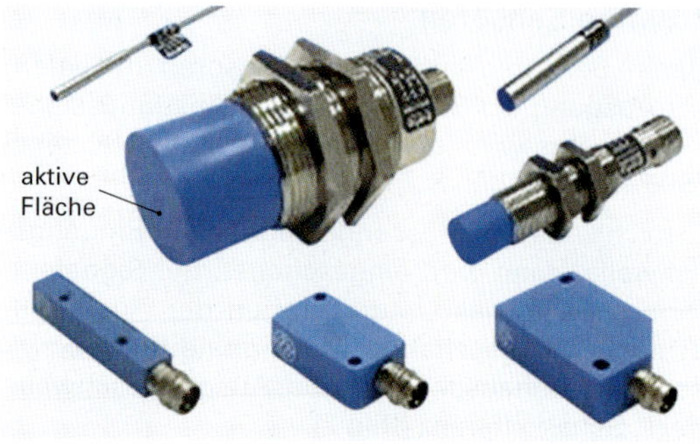

Bild 1: Bauformen kapazitiver Sensoren

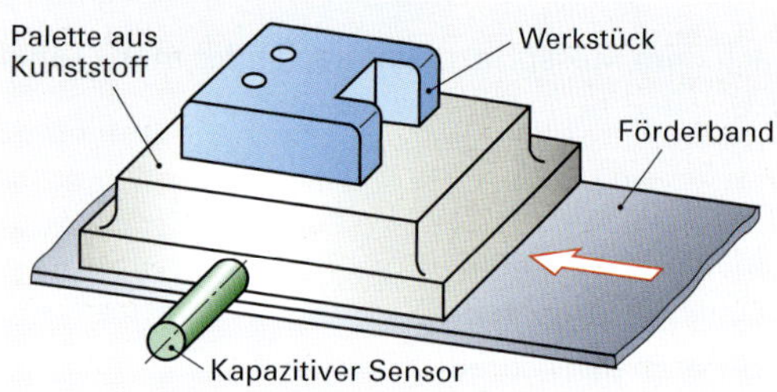

Bild 2: Einsatz kapazitiver Sensoren

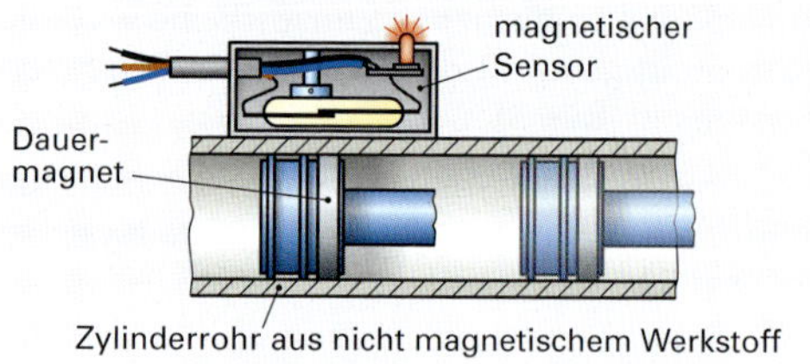

Bild 3: Reed-Sensoren an einem Pneumatikzylinder

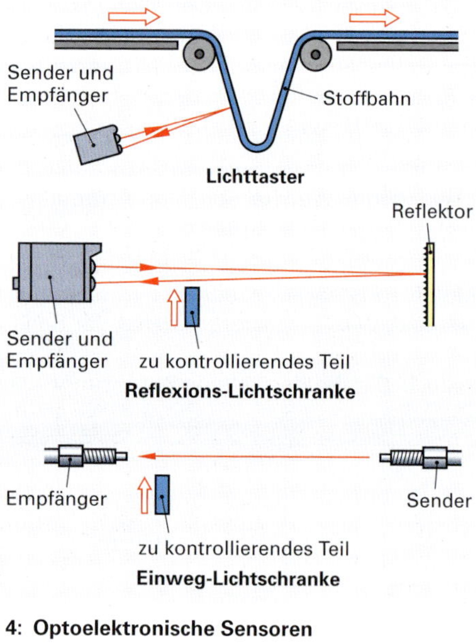

Bild 4: Optoelektronische Sensoren

Das Einsatzgebiet optischer Sensoren umfasst z. B. Zählfunktionen in Fördereinrichtungen, Überwachung von Werkstoffen auf Transportbändern, Überwachung von Werkzeugen in Werkzeugmaschinen (Bohrerbruchkontrolle) oder Sicherheitsüberwachung an Werkzeugmaschinen (Überwachung von Gefahrenbereichen).

Optische Sensoren erzeugen ein gepulstes Infrarotlicht. Wird der Lichtstrahl gestört, schaltet der Sensor.

Ultraschallsensoren senden durch einen Piezoquarz erzeugte Ultraschallwellen aus. Die Laufzeit der reflektierten Ultraschallimpulse wird dann ausgewertet.

Ähnlich wie bei den optischen Sensoren gibt es bei den Ultraschallsensoren zwei Funktionsarten. Befinden sich Sender und Empfänger in einem Bauteil (Tastbetrieb), so wird die Laufzeit des reflektierten Schallimpulses ausgewertet **(Bild 1)**.

Sind Sender und Empfänger räumlich getrennt (Schrankenbetrieb), so wird kontrolliert, ob das ausgesandte Signal vom Sender beim Empfänger ankommt **(Bild 2)**. Mit diesem Sensortyp können Reichweiten bis zu 6 m erreicht werden. Aufgrund der Schallwellenlaufzeit haben Ultraschallsensoren eine längere Auswertezeit als Lichtsensoren.

Das Einsatzgebiet der Ultraschallsensoren ist groß. Es können feste, flüssige, pulverförmige und transparente Objekte erkannt werden. Sie können zur objektunabhängigen Materialerfassung auch bei Dunst, Staub und Nebel eingesetzt werden.

Ultraschallsensoren senden Ultraschallwellen aus. Werden die Schallwellen gestört, wird ein Signal ausgelöst.

Digitale Sensoren

Digitale Sensoren verwendet man zum zahlenmäßigen Erfassen von Strecken oder Winkelbewegungen und teilt sie ein in

- **inkrementale[1] Weg- und Winkelmessung**
- **absolute Weg- und Winkelmessung**

Bei der **inkrementalen** Wegmessung wird ein Strichmaßstab aus Glas mit lichtdurchlässigen und lichtundurchlässigen Strichen von einem Stellmotor mit dem Messobjekt bewegt. Bei diesen Bewegungen unterbricht das Strichraster des Lineals eine Lichtquelle periodisch **(Bild 3)**. Diese Lichtsignale werden von Fotodioden erfasst und dann ausgewertet.

Für die Winkelmessung werden optische inkrementale Winkelsensoren verwendet **(Bild 4a)**. Das Messprinzip ist ähnlich wie beim Linearmaßstab. Diese Sensoren sind auch für die Wegmessung geeignet, wenn man die Drehbewegung in eine Linearbewegung umsetzt.

Die **absolute** Weg- und Winkelmessung funktioniert ähnlich wie die inkrementale Messung. Auf dem Lineal wird die Logik der Dualzahlen durch lichtdurchlässige bzw. lichtundurchlässige Felder dargestellt. Damit kann jeder Position auf dem Lineal ein Zahlenwert zugeordnet werden. Zur Winkelmessung verwendet man Winkelscheiben (Codescheiben) **(Bild 4b)**.

Mit digitalen Sensoren werden Messgrößen wie Wegstrecken an Werkzeugmaschinen oder Bahnkurven von Roboterarmen zahlenmäßig erfasst und verarbeitet.

[1] Inkrement (lat.) = Betrag, um den eine Größe zunimmt

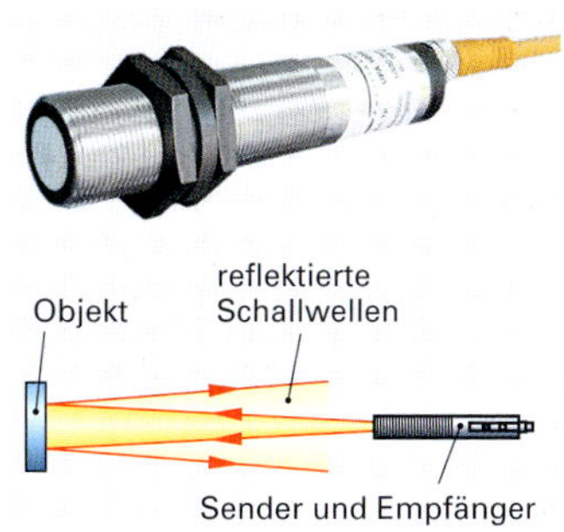

Bild 1: Tastbetrieb

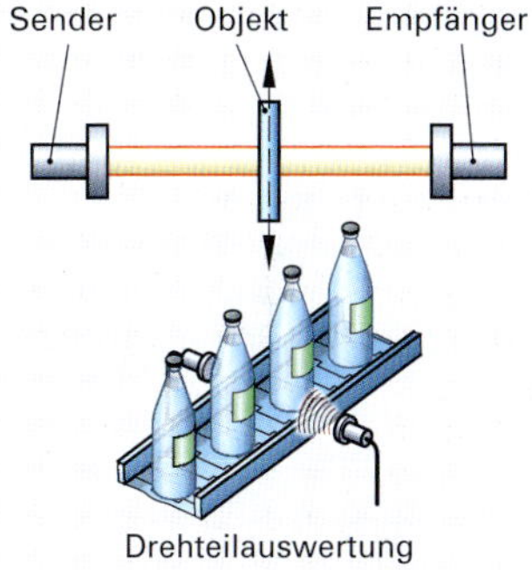

Bild 2: Einweg-Schranke

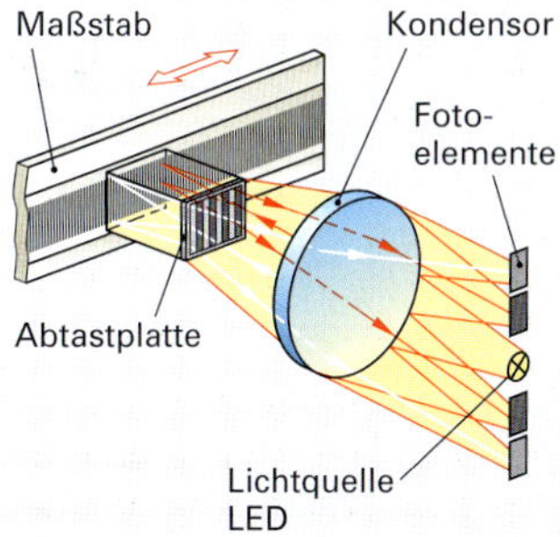

Bild 3: Inkrementale Wegmessung

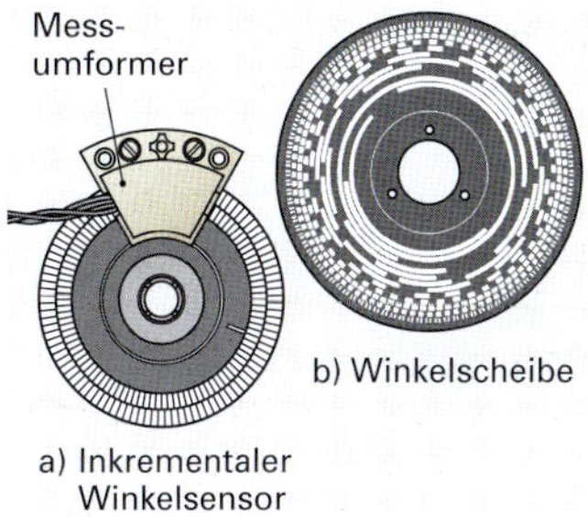

Bild 4: Winkelmesssensoren

6.4.3 Verdrahtung mit Klemmleiste

Bei elektropneumatischen oder speicherprogrammierten Steuerungen mit Einzelverdrahtung werden Klemmenleisten eingesetzt, die entweder an der Anlage direkt oder in einem Schaltschrank untergebracht werden **(Bild 1)**. Über Kabelkanäle führt man mehrere Leitungen gemeinsam geschützt zum Schaltschrank.

Zielsetzungen sind: niedrigere Verdrahtungskosten, eine Erleichterung bei der Fehlersuche und eine höhere Reparaturfreundlichkeit. So lassen sich defekte Bauelemente problemlos an der Leiste abklemmen und austauschen.

Aufbau von Klemmen. Einer Klemme wird von links eine Leitung 1 von der Steuerung zugeführt, z. B. die Spulenleitung des Magnetventils –MB1. Auf der Klemme wird die abisolierte Leitung verschraubt. Von rechts führt eine 2. Leitung z. B. zum Schließeranschluss 24 des Relais –KF1 **(Bild 2)**. Die Klemme wird nummeriert z. B. mit 12. Nebeneinander liegende Klemmen sind isoliert und lassen sich durch Brücken verbinden, z. B. die Klemmen Nr. 7–8 **(Bild 4)**.

Klemmenanschlussplan. Die Belegung der einzelnen Klemmen dokumentiert man im Stromlaufplan und der Klemmenbelegungsliste (Bild 4). Von links im Stromlaufplan beginnend trägt man alle Bauteile, die am Pluspotenzial mit 24 V liegen, in die Belegungsliste ein und brückt die Nummern 1 bis 3. Genauso verfährt man mit dem Minuspotenzial. Danach werden alle Bauteile in den einzelnen Strompfaden 1 bis 5 auf die Klemmen gelegt, z. B. –SF1 auf Klemme Nr. 7 und –BG1 auf Klemme Nr. 8. Auch hier muss gebrückt werden. Im 2. Strompfad führt man –KF2 mit Anschluss 12 und K1 mit Anschluss A1 **nicht** auf die Leiste. Diese Verbindung wird direkt verdrahtet. Der Strompfad 5 schließt die Klemmenbelegungsliste ab. Danach werden die Klemmennummern X1 bis X12 in den Stromlaufplan eingetragen **(Bild 3)**. Werden mehrere Klemmleisten verwendet, so werden diese durchnummeriert. Bei Schaltplänen, die mittels Programmen erstellt werden, werden derartige Belegungslisten automatisch generiert.

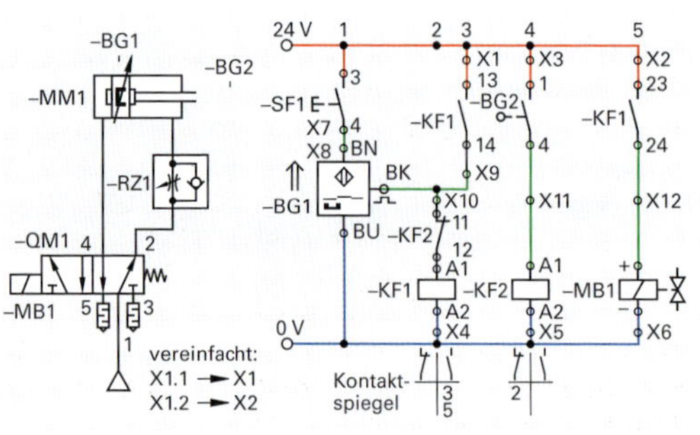

Bild 3: Steuerungsbeispiel E-Pneumatik

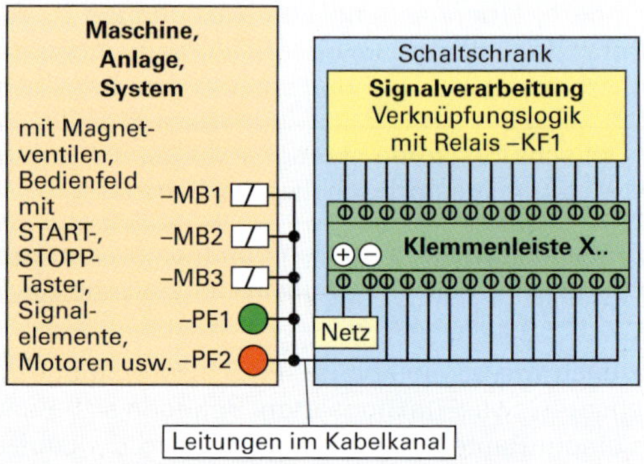

Bild 1: Prinzipieller Schaltschrankaufbau

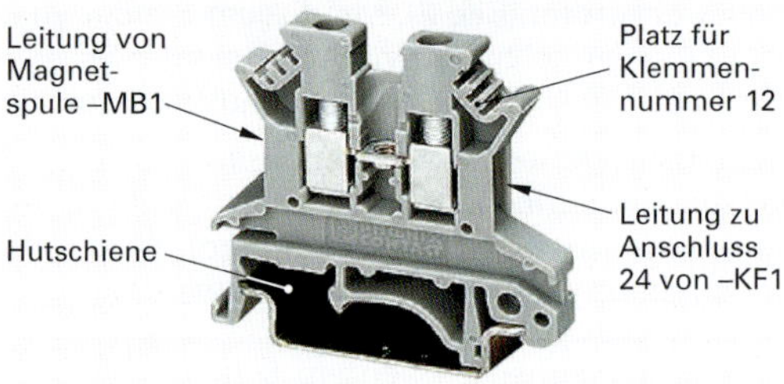

Bild 2: Einzelklemme Nr. 12 auf Hutschiene

	Ziel: Bauteilbezeichnung	Ziel: Anschlussbezeichnung	Verbindungsbrücke	Klemmen-Nr.X 1...	Ziel: Bauteilbezeichnung	Ziel: Anschlussbezeichnung
Netz (+)	24V	+	o	1	–KF1	13
	–SF1	3	o	2	–KF1	23
	–BG2	1	o	3		
Netz (–)	0V	—	o	4	–KF1	A2
	–BG1	BU	o	5	–KF2	A2
	–MB1	—	o	6		
Pfad 1	–SF1	4	o	7		
	–BG1	BN	o	8		
Pfad 2 + 3	–BG1	BK	o	9	–KF1	14
			o	10	–KF2	11
Pfad 4	–BG2	4	o	11	–KF2	A1
Pfad 5	–MB1	+	o	12	–KF1	24
	alle Bauteile der Steuerung		o	13	nur Relais	
			o	14		
			o	15		
			o	16		
			o	17		
			o	18		
			o	19		
			o	20		

Bild 4: Klemmenbelegungsliste

6.4.4 Beispiele für elektropneumatische Steuerungen

Bei elektropneumatischen Steuerungen wird der **Steuerungsteil** durch elektrische Bauelemente (Schalter, Sensoren, Relais, Magnetspulen) oder Schaltungen (Reihen- oder Parallelschaltungen) realisiert, die **Leistung** wird in pneumatischen Bauelementen (Stellelementen, Aktoren) erbracht.

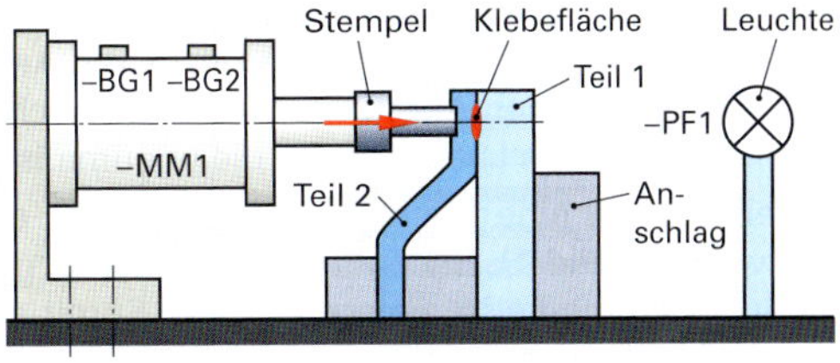

Bild 1: Technologieschema der Klebevorrichtung

Elektropneumatische Steuerung einer Klebevorrichtung für Kunststoffteile

Aufgabenstellung. Zwei Teile aus thermoplastischem Kunststoff sollen durch einen Stempel zusammengeklebt werden. Der Stempel wird mit einem doppelt wirkenden Pneumatikzylinder auf die eingespannten Teile gedrückt **(Bild 1)**.

Die Klebezeit soll durch ein Zeitrelais einstellbar sein und bei Bedarf geändert werden können. Während des Klebevorganges leuchtet eine orangefarbene Leuchte auf.

Zur Abfrage der beiden Endlagen werden Näherungssensoren (Reed-Kontakte) direkt am Zylinderkörper montiert **(Bild 3, Seite 292)**.

Für diese Aufgabenstellung sind der GRAFCET, der pneumatische Schaltplan, der elektrische Schaltplan (Relaissteuerung) sowie ein Klemmenbelegungsplan (vorherige Seite) zu entwerfen.

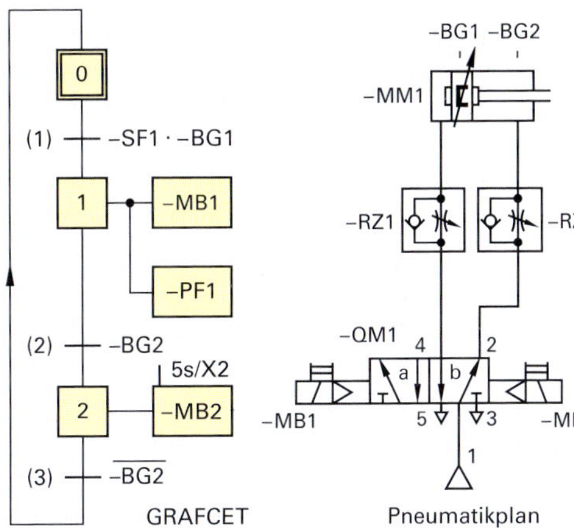

Bild 2: GRAFCET und Pneumatikplan für die Klebevorrichtung

Im **GRAFCET (Bild 2)** werden keine speichernden Aktionen verwendet. Im Schritt 2 wird die Aktion –MB2 fünf Sekunden nach Aktivierung der Schrittvariablen X2 aktiv. Die Darstellung entspricht einer **Einschaltverzögerung (Bild 2, Seite 281)**. Die Variable X2 taucht später im Schaltplan nicht mehr auf. Der Schließer von –KF2 im Strompfad 5 übernimmt diese Funktion **(Bild 3)**.

Beschreibung des Stromlaufplanes. Durch Drücken des Handtasters –SF1 zieht das Relais –KF1 an, wenn sich der Stempel in der hinteren Endlage (–BG1) befindet.

Durch den Schließkontakt des Relais –KF1 im Strompfad 6 erhält der Magnet –MB1 Spannung. Das 5/2-Impulsventil –QM1 im Pneumatikplan schaltet in die Stellung „a". Der Kolben des Zylinders –MM1 fährt gedrosselt aus. Das Erreichen der vorderen Endlage nach Signalabfall von –SF1 wird durch die Speicherfunktion des Impulsventils –QM1 erzielt.

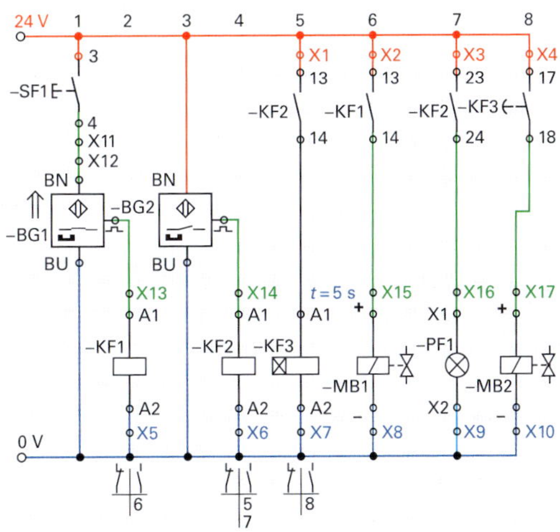

In der Endstellung wird der Sensor –BG2 aktiviert. Dadurch wird der Strompfad 4 des Relais –KF2 geschlossen. Das Relais –KF2 zieht an. Seine beiden Kontakte schließen die Strompfade 5 und 7. Das **Zeitrelais** –KF3 beginnt zu „laufen" und die Leuchte –PF1 ist an. Nach der eingestellten Zeit t = 5 s wird der Kontakt –KF3 in Strompfad 8 geschlossen, Ventilmagnet –MB2 hat Spannung. Das 5/2-Wegeventil schaltet auf Stellung „b" um, der Kolben fährt zurück. Dabei wird der Sensor –BG2 verlassen, das Relais –KF2 fällt ab und die Leuchte –PF1 erlischt. Das Zeitrelais wird ebenfalls stromlos. In der hinteren Endlage betätigt der Zylinder den Sensor –BG1.

Bild 3: Stromlaufplan der Klebevorrichtung

Beispiel einer elektropneumatischen Schaltung (Portallader)

Die auf Seite 285 beschriebene Steuerung des Portalladers einer Reinigungsanlage soll elektropneumatisch ausgeführt werden. Die Aufgabe soll nach den Grundsätzen für Ablaufsteuerungen in Form einer löschenden Taktkette umgesetzt werden.

Grundsätzliche Vereinbarungen für den Aufbau eines **Einzelschrittes einer Taktkette (Bild 1):**

1. Jede Endlage wird über ein Signalelement, z.B. **–BG1** und **–BG3**, abgefragt **(Bild 2)**.
2. Jeder Arbeitsschritt wird durch eine Selbsthaltung umgesetzt (dominierend löschend).
3. Jeder Schritt wird durch ein Signalelement oder einen Sensor eingeleitet (**–SF_N**).
4. Jeder Schritt kann nur ablaufen, wenn der vorhergehende Schritt gesetzt wurde (**–KF_N-1**).
5. Der nächste Schritt löscht den vorhergehenden Schritt (Spätöffner **–KF_N+1**).

Damit wird gewährleistet, dass jeweils nur ein einziger Ablaufschritt aktiv ist. Damit das Setzen der Schritte und das Löschen des vorhergehenden Schrittes ohne Störungen abläuft, werden Frühschließer und Spätöffner verwendet **(Bild 3)**.

Stromlaufplan für den Portallader (Bild 4)

Die Lösung zeigt exemplarisch die Umsetzung der vorher genannten Ablaufregeln.

Der Taster –SF2 in Pfad 9 wird als Quittierungstaster bezeichnet. Er ist bei einem Neustart der Anlage nötig, um in Pfad 1 den Schließer –KF4 zu betätigen.

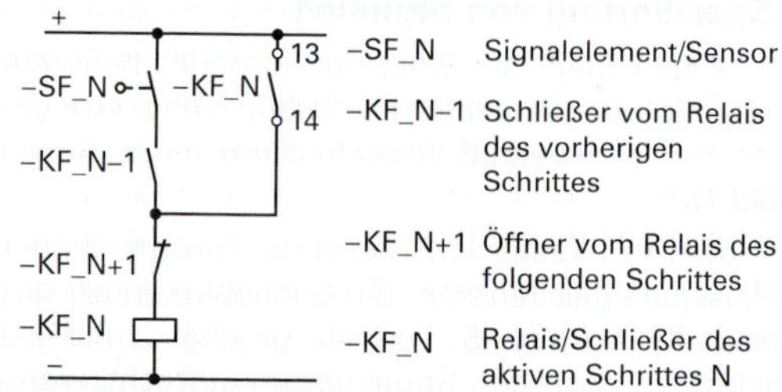

Bild 1: Einzelschritt N in einer Taktkette

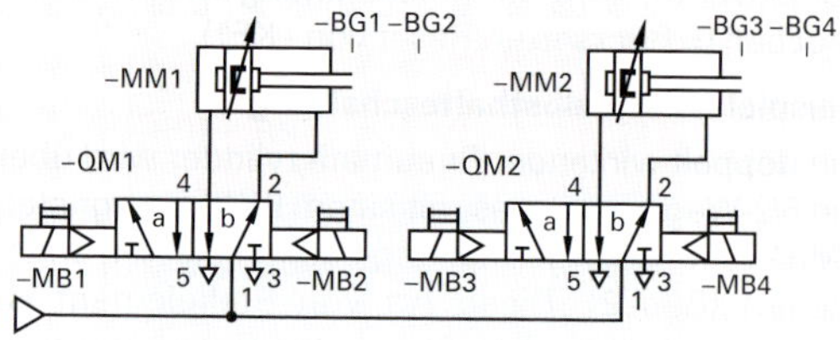

Bild 2: Pneumatikplan des Portalladers

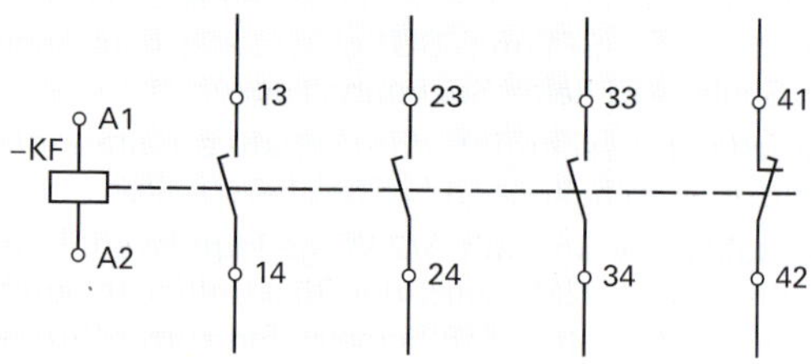

Bild 3: Frühschließer und Spätöffner

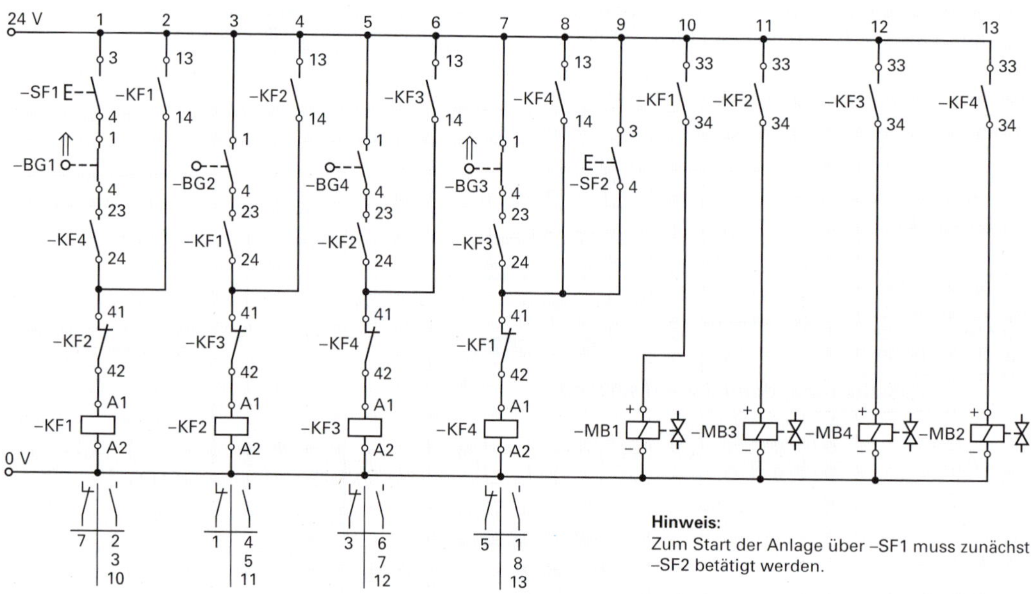

Hinweis:
Zum Start der Anlage über –SF1 muss zunächst –SF2 betätigt werden.

Bild 4: Elektrischer Stromlaufplan für Portallader der Reinigungsanlage

Steuerungen mit Betriebsartenteil

Die Steuerung des Portalladers (Seite 285) erfüllt die vom Kunden gewünschte Funktion. Wichtige Bedienelemente aber, z.B. ein Haupt- oder ein NOT-AUS-Schalter **(Bild 1)**, fehlen.

Kontaktsteuerung mit NOT-AUS

Durch die NOT-AUS-Einrichtung muss die Maschine oder Anlage in gefährlichen Situationen sofort stillgesetzt werden können. Dadurch sollen Gefahren für Menschen und Maschine vermieden werden.

Anforderungen an eine NOT-AUS-Schaltung:

- Der Funktionsablauf muss sofort unterbrochen werden.
- Die Steuerung muss von der Stromversorgung getrennt werden.
- Das Arbeitselement (z.B. Zylinder) muss über eine eigene Schaltung in eine ungefährliche Lage fahren.
- Die Steuerung darf beim Zuschalten der Energie nicht selbsttätig starten.

Beispiel einer NOT-AUS-Schaltung. Ein Pneumatikzylinder wird über den Taster –SF1 (START) und den Näherungsschalter –BG1 gestartet **(Bild 2)**. Er schaltet bei Erreichen der Endlage durch den Näherungsschalter –BG2 auf Rücklauf um. Bei NOT-AUS soll der Zylinder aus jeder Stellung in die Ausgangsstellung zurückfahren. Über den einrastenden NOT-AUS-Schalter –SF2 wird die Steuerung abgeschaltet.

Der Zylinder fährt in die Endlage. Die Steuerung kann nach Entriegeln des NOT-AUS-Schalters –SF2 und quittieren wieder in Betrieb genommen werden.

Schutz vor unerwünschten Aktorbewegungen. Durch den Einsatz eines 5/3-Wegeventils mit Sperrmittelstellung für das Stellelement –QM1 wird die Kolbenbewegung sofort gestoppt, wenn die Spannung von –MB1 oder –MB2 abfällt **(Bild 3)**. Durch eine schlagartige Betätigung des 3/2-Wegeventils –SJ1 wird die gesamte Druckenergie von der Schaltung genommen.

Automatikbetrieb: Einzelzyklus und Dauerzyklus. Mit dieser Schaltung kann der Kolben entweder nur einmal aus- und wieder eingefahren werden oder man kann auf Dauerzyklus schalten **(Bild 4)**. Beim Dauerzyklus muss das Startsignal –SF3 durch die Parallelschaltung eines Schließerkontaktes umgangen werden. Dieser Schließerkontakt wird durch das Relais –KF3 in Selbsthaltung geschaltet.

Für einen Einzelzyklus muss –SF3 (Start Einzel) betätigt werden.

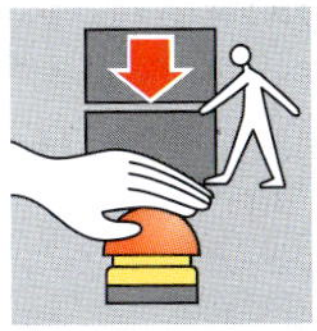

Der NOT-AUS Schalter ist
- rot, rastend,
- gelb unterlegt,
- gut sichtbar angebracht,
- leicht erreichbar.

Bild 1: NOT-AUS-Abschaltung

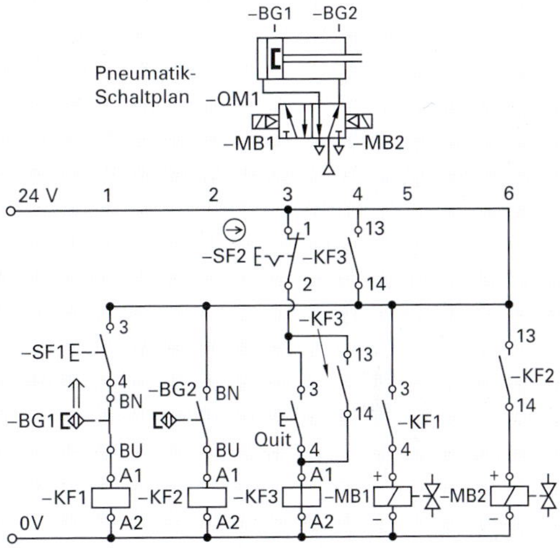

Bild 2: Abschaltung mit NOT-AUS

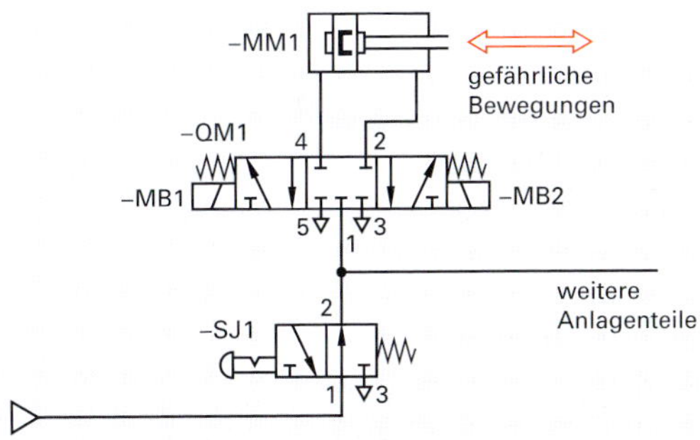

Bild 3: Abschaltung der Druckenergie

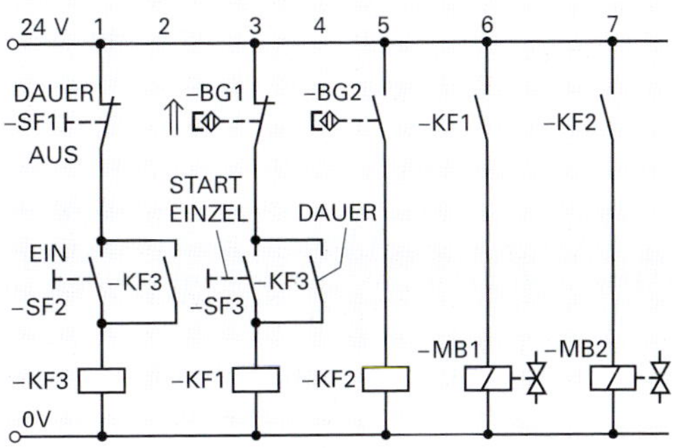

Bild 4: Einzel- und Dauerzyklus

6.5 Practise your English

Automation technology: machine safety and security equipment

- **Functional safety at operating machines**

Components of an automation system (actuators, adjustment, signal and control elements) can be dangerous for people, equipment and the environment. While constructing and planning such facilities, possible risks must be analyzed and appropriate measures have to be put into place to protect the operator.

Hazard analysis and risk assessment require an appropriate security level (PL a, b, c ...) of deployed security technology.

The **"performance levels"** are defined in EN ISO 14121-1 **(Figure 1):** Low risk is indicated with "PL = a" (small measures for risk-depreciation). High risk results in a "PL = e" (comprehensive measures for risk reduction necessary).

Basic methods for risk reduction:

- **Safe design:** eliminate or minimize risks through design measures
- **Technical measures:** provision of necessary precautions against risks eg. machine guards
- **User information** on residual risks

Example of the use of a safety component

The two-hand control block is used, when hands of an operator are exposed to a high risk accident situation, for example at presses or press brakes. **Both hands** should be always outside the hazardous area **(Figure 2).**

The pneumatic two-hand control block is a safety component. Combined with a pressure control valve it has the security level PL "c" according to EN ISO 13849-1 **(Figure 3).**

Only if both inputs 11 and 12 of the control block are actuated by two 3/2-way valves within max. 0.5 seconds, terminal 2 receives an output signal.

As long as both operated valves (–SJ1 and –SJ2) are actuated, output "2" is pressurized. By releasing one or both of the buttons the flow is immediately interrupted, output 2 is depressurized. The piston of the cylinder –MM1 moves back.

All parts and components of the fluid system must be protected against pressure. The leakage of inside of components should cause no risk. Silencers provide an acceptable noise level.

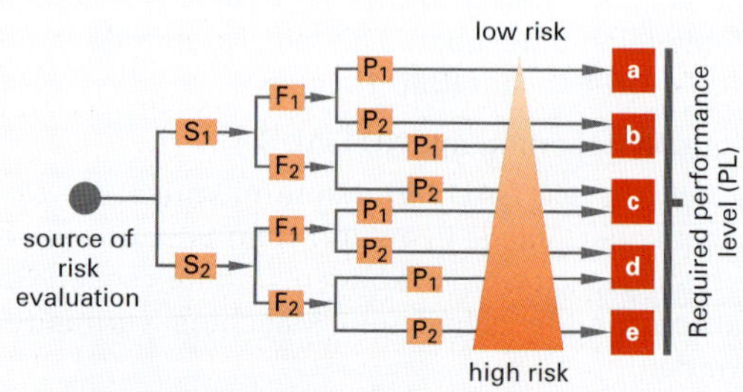

S – Severity of injury
S_1 = Slight injury (normally reversible injury)
S_2 = Serious injury, including death (normally irreversible)

F – Frequency and / or exposure to hazard
F_1 = Seldom to quite often and / or short duration
F_2 = Frequent to continuous and / or long duration

P – Possibility of avoiding the hazard
P_1 = Possible under certain conditions
P_2 = Unlikely

Figure 1: Performance levels PL

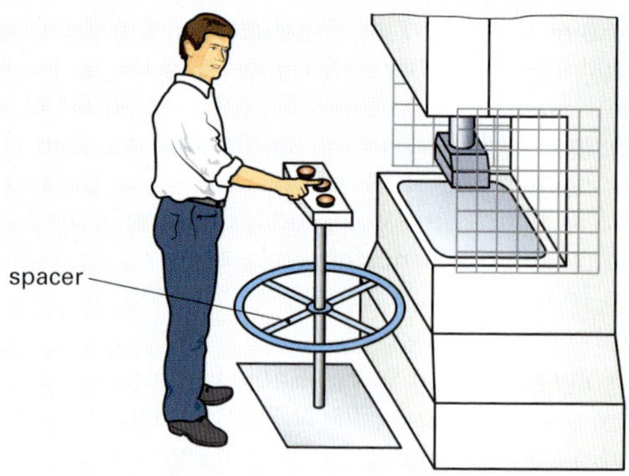

Figure 2: Operating punches and presses

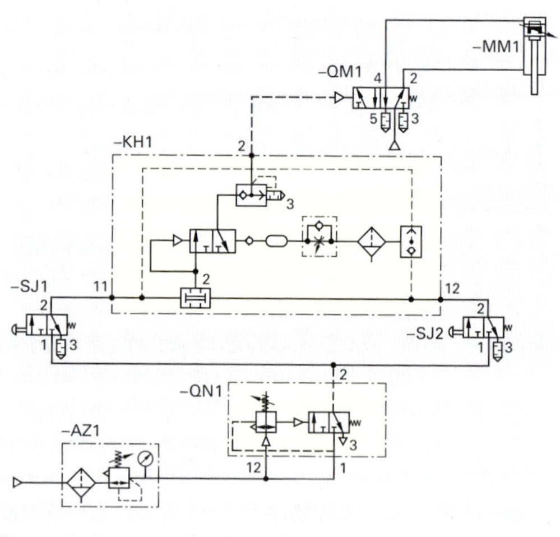

Figure 3: Pneumatic plan of a two-hand control block

7 Elektrotechnik

Viele Maschinen, Geräte und Anlagen der Fertigungs-, Verkehrs-, Informations-, Steuerungs- und Nachrichtentechnik enthalten elektrotechnische oder elektronische Bauteile. Sie arbeiten mit elektrischem Strom. Wegen der einfachen Transportierbarkeit der elektrischen Energie mittels Leitungen steht sie praktisch überall zur Verfügung. Sie wird in den Maschinen und Geräten in andere Energieformen umgewandelt oder direkt mit geeigneter Spannung, Frequenz und Stromstärke verwendet.

Im Bereich der Fertigungstechnik spielt die Umwandlung der elektrischen Energie in mechanische Energie, z. B. bei Elektromotoren, sowie in Wärmeenergie, z. B. beim Induktionshärten, eine große Rolle.

Im Bereich der Automatisierungstechnik wird elektrische Energie z. B. in der Elektropneumatik oder Hydraulik zum Ansteuern von Relais oder Schütze bzw. zum Antreiben von Pumpen eingesetzt.

7.1 Der elektrische Stromkreis

Elektrischer Strom fließt nur im geschlossenen Stromkreis. Dieser besteht mindestens aus einem Erzeuger, einem Verbraucher sowie einer Hin- und Rückleitung **(Bild 1)**.

In diesem geschlossenen Stromkreis fließt der Strom vom Erzeuger zum Verbraucher und wieder zurück zum Erzeuger.

- Elektrischer Strom fließt nur im geschlossenen Stromkreis.
- Der Stromkreis besteht mindestens aus Erzeuger, Verbraucher und aus dem Hin- und Rückleiter.

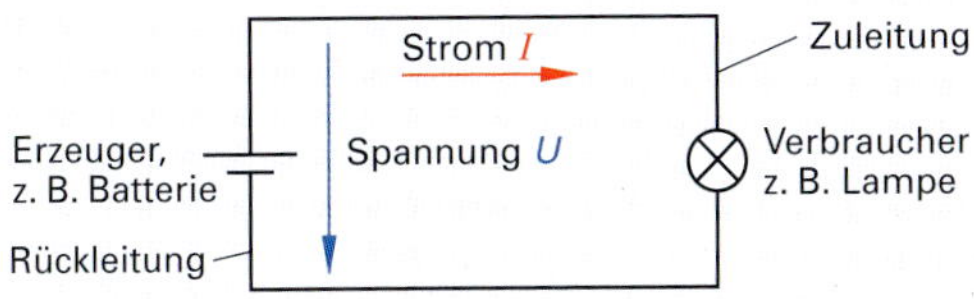

Bild 1: Elektrischer Stromkreis

7.1.1 Die elektrische Spannung

Elektrische Spannung entsteht durch die Trennung elektrischer Ladungen. Positive und negative Ladungen ziehen sich an. Zum Trennen dieser Ladungen muss Arbeit aufgewendet werden. Diese Arbeit ist als Energie in den Ladungsträgern gespeichert. Das Bestreben der getrennten Ladungen sich wieder auszugleichen wird als Spannung bezeichnet **(Bild 2)**.

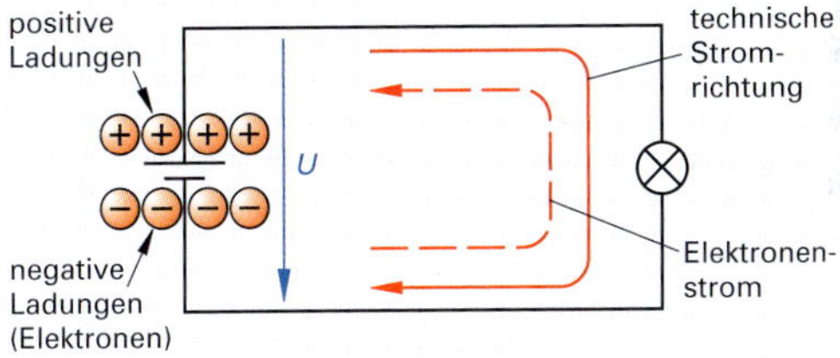

Bild 2: Spannung und Strom

Die aufgewendete Arbeit zur Ladungstrennung wird als Spannung bezeichnet.

Die **Einheit der elektrischen Spannung** ist das Volt, benannt nach dem Physiker Alessandro Volta. Die Benennung für die elektrische Spannung ist V.

Die elektrische Spannung U wird in Volt (V) gemessen.

Zur Versorgung mit elektrischer Spannung stehen verschiedene Spannungsquellen zur Verfügung **(Tabelle 1)**. Spannung wird unterschieden in Gleichspannung und Wechselspannung **(Bild 3)**. Während bei Gleichspannung immer der gleiche Spannungswert anliegt, ändert sich bei der Wechselspannung der Wert der Spannung fortlaufend.

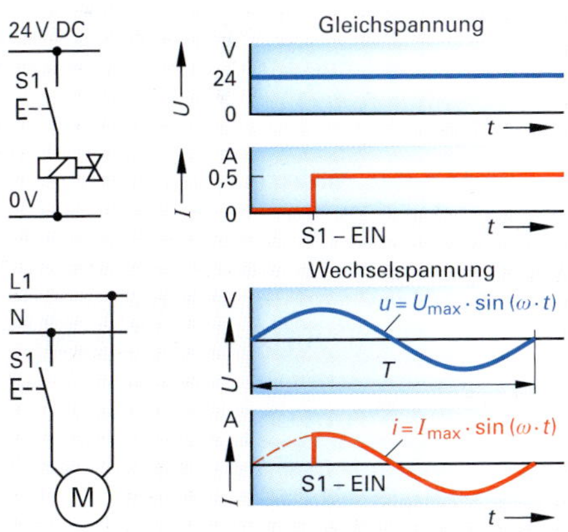

Bild 3: Gleich- und Wechselspannung

Tabelle 1: Spannungsquellen

Spannungsquelle	Nennspannung
Monozelle	1,5 V
Autobatterie	12 V
Wechselstromnetz	230 V
Drehstromnetz	400 V

7.1.2 Der elektrische Strom

Wird ein elektrischer Verbraucher an eine Spannungsquelle angeschlossen, können sich die unterschiedlichen Ladungen ausgleichen. Die Elektronen fließen dabei vom Minuspol der Spannungsquelle über den Verbraucher zum Pluspol. Die fließenden Elektronen werden als elektrischer Strom bezeichnet. Dieser ist umso größer, je mehr Elektronen pro Sekunde durch den Leiterquerschnitt fließen.

Die durch einen Verbraucher bzw. durch einen Leiter fließenden Elektronen werden als elektrischer Strom bezeichnet.

Die Einheit der elektrischen Stromstärke ist das Ampere (A), nach dem Physiker André Ampere. Die Benennung für den elektrischen Strom ist A.

Der elektrische Strom wird in Ampere (A) gemessen.

Die elektrischen Verbraucher werden mit unterschiedlichen Spannungen und mit unterschiedlichen Stromstärken betrieben **(Tabelle 1).**

Stromrichtung

Die Richtung des elektrischen Stromes wurde vom Plus- zum Minuspol festgelegt. Erst später erkannte man, dass sich die Elektronen vom Minuspol zum Pluspol bewegen. In der Technik wurde jedoch die ursprüngliche Festlegung beibehalten. Sie wird als technische Stromrichtung bezeichnet **(Bild 2, vorherige Seite).**

Wirkungen des elektrischen Stromes

Den elektrischen Strom kann man nicht sehen. Er kann nur an seinen Wirkungen erkannt werden **(Tabelle 2).** Diese Wirkungen werden auch zur Messung von Strom und Spannung benutzt.

Messen von Strom und Spannung

Strommessgeräte messen den Strom, der durch sie hindurchfließt. Sie müssen deshalb in den Stromkreis geschaltet werden **(Bild 1).**

Spannungsmessgeräte messen den Spannungsunterschied zwischen zwei Punkten im Stromkreis. Sie müssen deshalb parallel zum Verbraucher oder zur Spannungsquelle geschaltet werden.

Strommessgeräte werden in Reihe zum Verbraucher, **Spannungsmessgeräte** parallel zum Verbraucher bzw. der Spannungsquelle geschaltet.

Tabelle 1: Stromstärken verschiedener Verbraucher

Verbraucher	Stromstärke
Elektronische Messschieber	0,1 A
Glühlampe	0,5 A
10-kW-Motor bei 400 V	18 A
Schweißtransformator	300 A
Lichtbogenofen	150000 A

Tabelle 2: Wirkungen des elektrischen Stromes

Physikalischer Effekt	Anwendung
Wärmewirkung	
Ein vom Strom durchflossener Leiter erwärmt sich.	Induktionshärten, Lötkolben
Magnetische Wirkung	
Um einen stromdurchflossenen Leiter entsteht ein Magnetfeld.	Elektromotor, Relais, Magnetspannplatte
Lichtwirkung	
Stromdurchflossene Drähte können glühen und dabei Licht aussenden.	Glühlampen, Halogenlampen
Gase können durch Strom zum Leuchten angeregt werden.	Leuchtstofföhren, Energiesparlampen
Bestimmte Halbleiter senden bei Stromdurchgang Licht aus.	Leuchtdioden (LED)
Chemische Wirkung	
Elektrischer Strom zersetzt leitende Flüssigkeiten, sog. Elektrolyte	Elektrolyse von Aluminium, Galvanotechnik
Physiologische Wirkung	
Elektrischer Strom wirkt auf Lebewesen. Stromstärken ab 50 mA sind lebensgefährlich.	Herzschrittmacher, Elektrozäune, Therapie bei Nerven- oder Muskelverletzungen

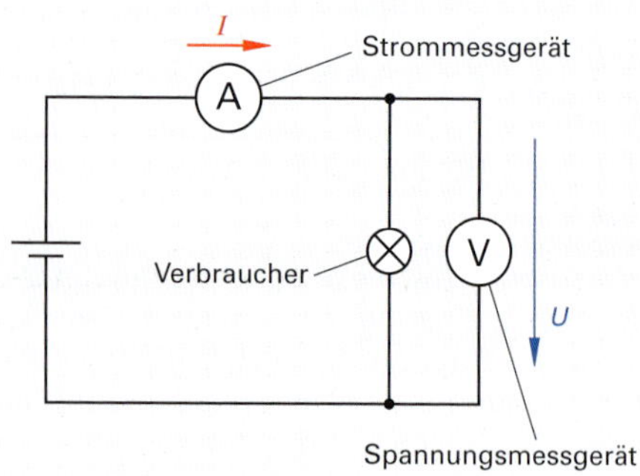

Bild 1: Messen von Spannung und Strom

7.1.3 Der elektrische Widerstand

In einem geschlossenen Stromkreis mit einer Spannungsquelle und einem Verbraucher (Widerstand) fließt ein elektrischer Strom.

Die Größe des fließenden Stromes ist von der Größe des elektrischen Widerstandes des Verbrauchers abhängig. Bei gleicher Spannung U fließt bei einem Verbraucher mit kleinem Widerstand R ein großer Strom I, bei einem Verbraucher mit großem Widerstand R fließt ein kleiner Strom I **(Bild 1)**.

Den Zusammenhang zwischen Spannung, Strom und elektrischem Widerstand beschreibt das **Ohmsche Gesetz (Bild 2)**. Es besagt: Die Stromstärke I in einem Stromkreis ist der Quotient aus der angelegten Spannung U und dem Widerstand R des Verbrauchers.

Ohmsches Gesetz $I = \frac{U}{R}$

Die Einheit des elektrischen Widerstandes R eines Verbrauchers ist das Ohm (Ω), benannt nach dem Physiker Georg Simon Ohm.

Der elektrische Widerstand wird in Ohm (Ω) gemessen.

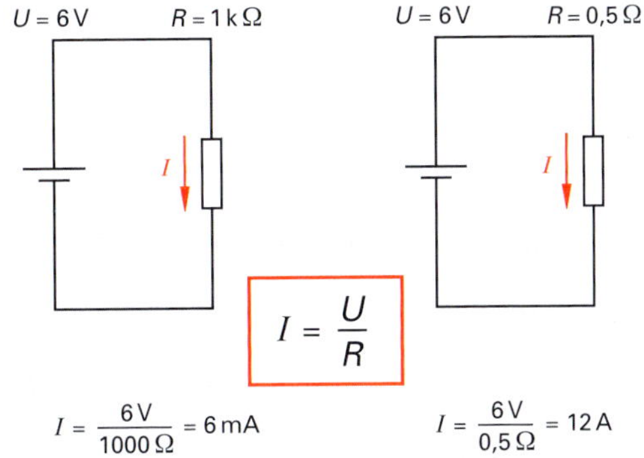

Bild 1: Stromkreise mit kleinem und großem Widerstand

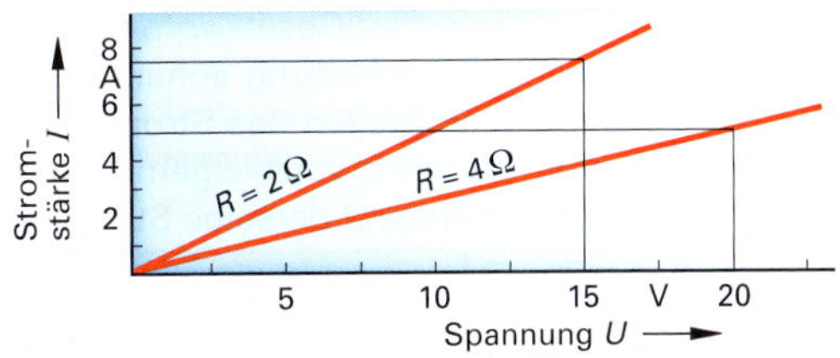

Bild 2: Ohmsches Gesetz als Diagramm

Spezifischer elektrischer Widerstand

Der spezifische elektrische Widerstand ρ eines Werkstoffs gibt an, wie gut dieser Werkstoff den elektrischen Strom leitet. Dazu wird der Widerstand eines 1 m langen Drahtes mit 1 mm² Querschnitt gemessen **(Tabelle 1)**.

Tabelle 1: Spezifischer elektrischer Widerstand ρ

Werkstoff	Spezifischer elektrischer Widerstand ρ in $\frac{\Omega \cdot mm^2}{m}$
Aluminium	0,0265
Gold	0,0220
Kupfer	0,0179
Silber	0,0149
Wolfram	0,0550

Leiterwiderstand

Auch die Leitungen im elektrischen Stromkreis haben einen elektrischen Widerstand. Er wird Leiterwiderstand genannt.

Der Leiterwiderstand ist abhängig vom spezifischen elektrischen Widerstand ρ des Leiterwerkstoffs, der Länge l des Leiters und dem Querschnitt A des Leiters.

Leiterwiderstand $R_l = \frac{\rho \cdot l}{A}$

Temperaturabhängiger Widerstand

Fast alle Leiterwerkstoffe ändern ihren elektrischen Widerstand mit der Temperatur. Die Widerstandsänderung ΔR ist abhängig vom Leiterwerkstoff des Widerstandes **(Tabelle 2)** und von der Temperaturdifferenz $\Delta\vartheta$.

Es wird zwischen Kaltleiter und Heißleiter unterschieden. **Kaltleiter** werden auch als PTC[1]-Widerstände bezeichnet. Ihr Widerstand nimmt bei Erwärmung zu. **Heißleiter** werden auch als NTC[2]-Widerstände bezeichnet. Ihr Widerstand nimmt bei Erwärmung ab. Als Berechnungsbasis dient die Maßzahl des elektrischen Widerstandes bei 20 °C (R_{20}).

Temperaturabhängige Widerstandsänderung $\Delta R = R_{20} \cdot \alpha \cdot \Delta\vartheta$

Temperaturabhängiger Widerstand $R_\vartheta = R_{20} + \Delta R$

Tabelle 2: Temperaturkoeffizient α

Werkstoff	α in K^{-1}
Aluminium	0,0040
Gold	0,0037
Kupfer	0,0039
Konstantan	±0,00001
Grafit	−0,0013

1) PTC (Positive Temperature Coefficient)
2) NTC (Negative Temperature Coefficient)

7.3 Stromarten

Elektrische Ströme werden nach dem zeitlichen Verlauf der Richtung und der Stromstärke in Gleichstrom und Wechselstrom eingeteilt **(Bild 1)**. Eine besondere Form des Wechselstromes ist der Drehstrom.

Gleichstrom (DC[1])

Bei Gleichstrom fließt der Elektronenstrom nur in einer Richtung und in gleichbleibender Stärke **(Bild 1, links)**.

Gleichstrom niedriger Spannung liefern z. B. Batterien. Gleichstrom größerer Spannung und Stromstärke wird durch Gleichrichter aus Wechselstrom oder durch Gleichstromgeneratoren erzeugt.

Anwendungsbeispiele für Gleichstrom:
- Längenmessgeräte (Seite 23)
- Gleichstrommotoren
- Beschichten durch Galvanisieren
- Lichtbogenschweißen (Seite 147)

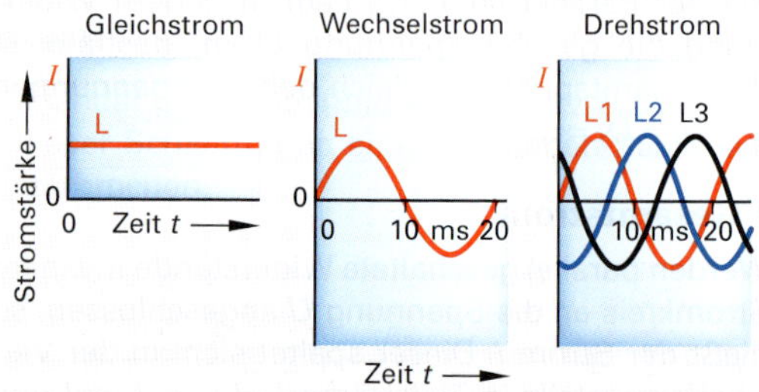

Bild 1: Zeitlicher Verlauf der Stromstärke bei verschiedenen Stromarten

SimMetall S3

Wechselstrom (AC[2])

Bei Wechselstrom ändern sich die Richtung und Stromstärke des Stromes ständig **(Bild 1, Mitte und rechts)**. Elektronen pendeln dabei mit einer harmonischen Schwingung zwischen einem positiven und negativen Höchstwert, dem Scheitelwert. Die Anzahl der Schwingungen je Sekunde wird als Frequenz *f* bezeichnet. Sie wird in Hertz (Hz) angegeben, nach dem Physiker Heinrich Hertz. Im europäischen Energieversorgungsnetz beträgt die Frequenz 50 Hertz.

Anwendungsbeispiele für Wechselstrom:
- Leitungsnetz der Energieversorger **(Bild 2)**
- Motoren an Werkzeugmaschinen
- Schweißtechnik

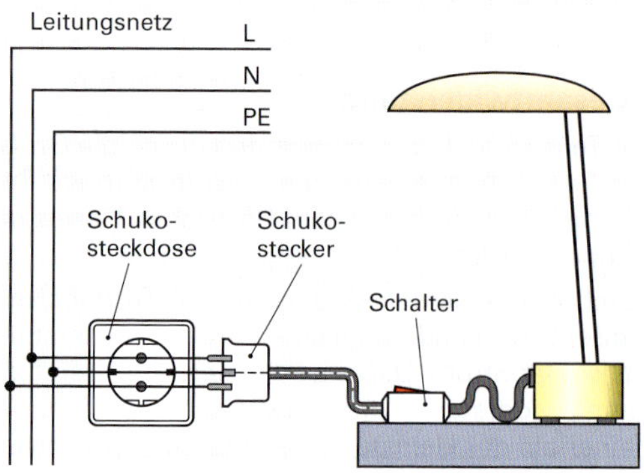

Bild 2: Anschluss einer Lampe über eine Schukosteckdose an das Wechselstromnetz

SimMetall S20

Dreiphasen-Wechselstrom (Drehstrom)

Dreiphasen-Wechselstrom wird in Generatoren mit drei Wicklungen erzeugt **(Bild 3)**. An jeder ihrer drei Wicklungen liegt Wechselstrom mit 50 Hz an. Er wird in das Leitungsnetz eingespeist.

Ein Dreiphasen-Wechselstrom-Leitungsnetz hat fünf Leitungen: L1, L2, L3, N und PE. L1, L2 und L3 sind Stromführende Leitungen. Die gemeinsame Rückleitung wird als Neutralleiter N bezeichnet. Der PE-Leiter (von englisch protection earth) ist ein geerdeter Schutzleiter und dient zur Ableitung eines Fehlerstromes bei einem Körperschluss.

Im Energieversorgungsnetz beträgt die Spannung zwischen einem Außenleiter und dem Neutralleiter 230 V, die Spannung zwischen zwei Außenleitern, z. B. zwischen L1 und L2 beträgt 400 V.

Anwendungsbeispiele für Drehstrom:
- Leistungsstarke Antriebsmotoren
- Schmelzöfen für Metalle (Seite 173)

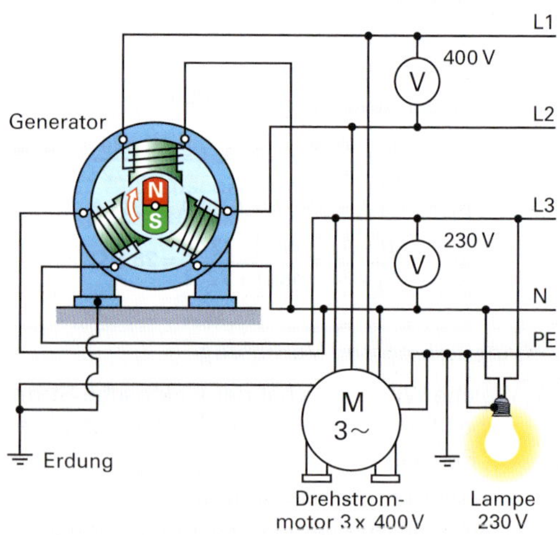

Bild 3: Generator für Dreiphasen-Wechselstrom mit Fünfleiternetz

[1] DC von direct current (engl.) = Gleichstrom
[2] AC von alternating current (engl.) = Wechselstrom

7.4 Elektrische Leistung und elektrische Arbeit

Die Energie-Versorgungs-Unternehmen (EVU) stellen allen Nutzern elektrischer Maschinen und Geräte elektrische Energie zur Verfügung.

> Die dem elektrischen Netz pro Zeiteinheit entnommene Energie nennt man elektrische Leistung. Sie wird in Watt (W), Kilowatt (kW) oder Megawatt (MW) gemessen.

Bei elektrischen Betriebsmitteln, wie z.B. einem Zinkbad, wird auf dem Leistungsschild die dem Netz entnommene Leistung, bei Elektromotoren hingegen die abgegebene Leistung angegeben **(Bild 1)**.

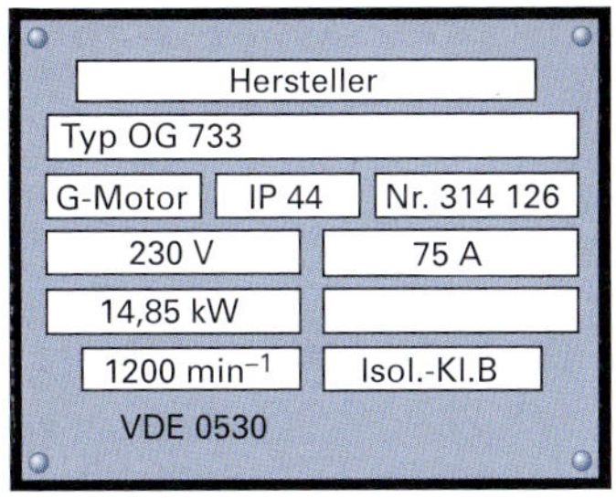

Bild 1: Leistungsschild eines Gleichstrommotors

Elektrische Leistung bei Gleichstrom und induktionsfreiem Wechselstrom oder Drehstrom

Bei einem an Gleichspannung betriebenen Verbraucher ist die Leistung P umso größer, je größer die angelegte Spannung U und der Strom I sind. Gleiches gilt für Verbraucher an Wechselspannung, wenn sie neben dem ohmschen Widerstand keine induktiven Teile (Spulen) oder kapazitive Teile (Kondensatoren) enthalten **(Bild 2)**.

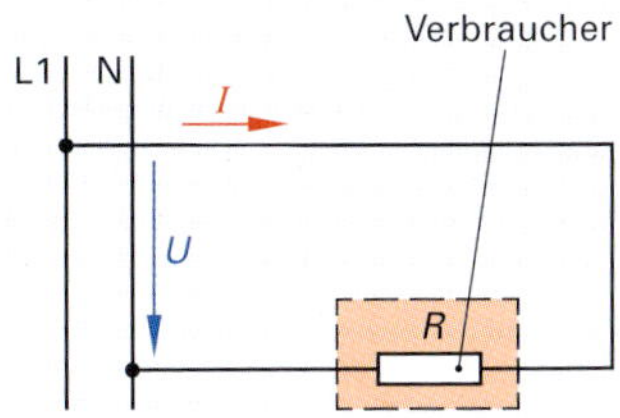

Bild 2: Leistung bei Gleichstrom im Stromkreis mit ohmschen Verbraucher

> **Elektrische Leistung bei ohmschen Verbraucher an Gleichstrom und induktionsfreiem Wechselstrom** $P = U \cdot I$

Beim Drehstrom ist der Stromverlauf in den drei Leitern zeitlich gegeneinander verschoben. Die Leistung berechnet man mit dem Verkettungsfaktor $\sqrt{3}$ **(Bild 3)**.

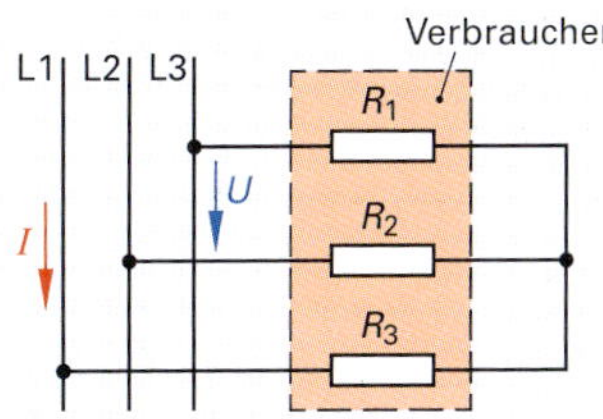

Bild 3: Leistung bei Drehstrom im Stromkreis mit drei ohmschen Verbrauchern

> **Elektrische Leistung bei ohmschen Verbraucher an Drehstrom** $P = \sqrt{3} \cdot U \cdot I$

Elektrische Leistung von Verbrauchern mit induktiven und kapazitiven Anteilen bei Wechselstrom und Drehstrom

Bei Verbrauchern, die neben dem ohmschen Widerstand auch Spulen und Kondensatoren enthalten, kommt es zu einer zeitlichen Verschiebung (Phasenverschiebung) zwischen Strom und Spannung. Diese Verschiebung mindert die tatsächlich am Verbraucher umgesetzte Leistung, Wirkleistung genannt, um den Leistungsfaktor $\cos\varphi$ (**Bild 4** und **Bild 5**).

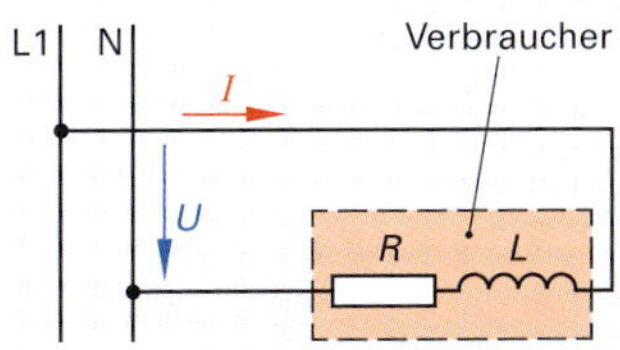

Bild 4: Leistung bei Wechselstrom mit ohmschen und induktivem Verbraucher

> **Wirkleistung bei Wechselstrom** $P = U \cdot I \cdot \cos\varphi$

> **Wirkleistung bei Drehstrom** $P = \sqrt{3} \cdot U \cdot I \cdot \cos\varphi$

Beispiel: Für einen Dreiphasen-Drehstrommotor gibt der Hersteller folgende Daten an: $U = 400$ V, $I = 26{,}6$ A, $\cos\varphi = 0{,}87$, $\eta = 93{,}5\,\%$

Wie groß sind a) aufgenommene und b) abgegebene Leistung?

Lösung: a) $P_1 = \sqrt{3} \cdot U \cdot I \cdot \cos\varphi = \sqrt{3} \cdot 400\text{ V} \cdot 26{,}6\text{ A} \cdot 0{,}87 = 16\,033\text{ W}$

b) $P_2 = P_1 \cdot \eta = 16\,033\text{ W} \cdot 0{,}935 = 14\,990\text{ W}$

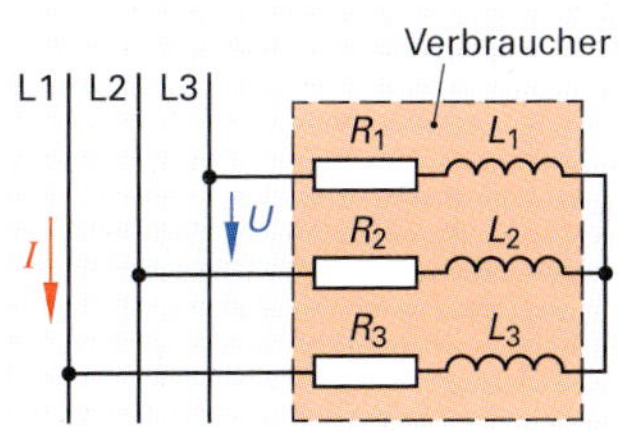

Bild 5: Leistung bei Drehstrom mit ohmschen und induktivem Verbraucher

Elektrische Arbeit

Je größer die Leistung P und die Betriebsdauer t eines Verbrauchers ist, desto größer ist die elektrische Arbeit.

> **Elektrische Arbeit** $W = P \cdot t$

Einheiten der Arbeit sind: Wattsekunde (Ws) und Kilowattstunde (kWh). Die elektrische Arbeit wird von Stromzählern in kWh gemessen.

7.5 Überstrom-Schutzeinrichtungen

Um Geräte und Leitungen vor Überlastung durch zu hohe Ströme zu schützen, werden sie durch Überstrom-Schutzeinrichtungen, kurz Sicherungen, geschützt. Sicherungen sind Bauteile, die beim Überschreiten des zulässigen Höchststromes den Stromkreis unterbrechen.

Sicherungen schützen Leitungen und Geräte vor Überlastung und Kurzschluss.

Man unterscheidet Schmelzsicherungen, Sicherungsautomaten und Motorschutzschalter.

Schmelzsicherungen

Schmelzsicherungen enthalten im Inneren einen dünnen draht- oder bandförmigen Schmelzleiter **(Bild 1)**. Sie sind in die zuführende Stromleitung eines Verbrauchers eingebaut. Bei zu hoher Stromstärke schmilzt der Schmelzleiter und unterbricht den Stromkreis. Dabei schmilzt auch der Unterbrechungsmelder und fällt heraus.

Schmelzsicherungen gibt es für Absicherungsströme von 10 A bis 50 A. Sie haben unterschiedliche Kennfarben und die Fußkontakte haben verschiedene Durchmesser (Bild 1). Dadurch können Schmelzsicherungen für höhere Ströme nicht in Einsätze für niedrigere Ströme eingeschraubt werden.

Kleine Schmelzsicherungen, die in Elektrogeräte eingebaut sind, nennt man **Geräteschutzsicherungen** oder Feinsicherungen. Sie dienen zum Absichern von Geräten der Messtechnik und der Elektronik. Nach dem Auslöseverhalten unterscheidet man superflinke (FF), flinke (F), mittelträge (M), träge (T) und superträge (TT) Feinsicherungen.

Sicherungen dürfen nicht geflickt oder überbrückt werden.

Beim Auswechseln einer Sicherung ist unbedingt eine Sicherung mit dem vom Hersteller angegebenen Absicherungsstrom zu verwenden.

Leitungsschutzschalter, auch Sicherungsautomaten genannt, haben einen Sofort- und einen Langzeit-Abschaltmechanismus **(Bild 2)**. Ein Bimetallschalter wird bei fortlaufender Überlastung des Stromnetzes wirksam und ein magnetischer Schalter unterbricht bei Kurzschluss den Stromkreis sofort.

Motorschutzschalter sind Schalter zum Ein- und Ausschalten von Motoren **(Bild 3)**. Auch sie haben zwei Abschaltmechanismen. Ein thermischer Auslöser zum Schutz der Motorwicklung bei langer hoher Belastung und eine elektromagnetische Auslösung bei kurzen, hohen Stromstärken (Überlastschutz).

Motorschutzschalter, die den Motor vor Überlast und Kurzschluss schützen, müssen am Anfang der Motorzuleitung eingebaut sein.

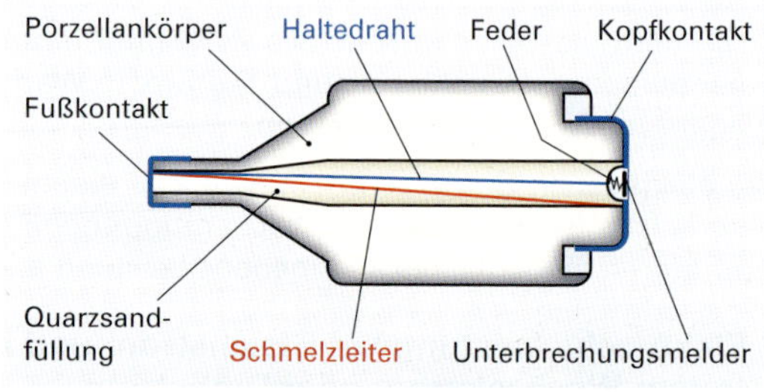

Bild 1: Schmelzeinsatz einer Schraubsicherung

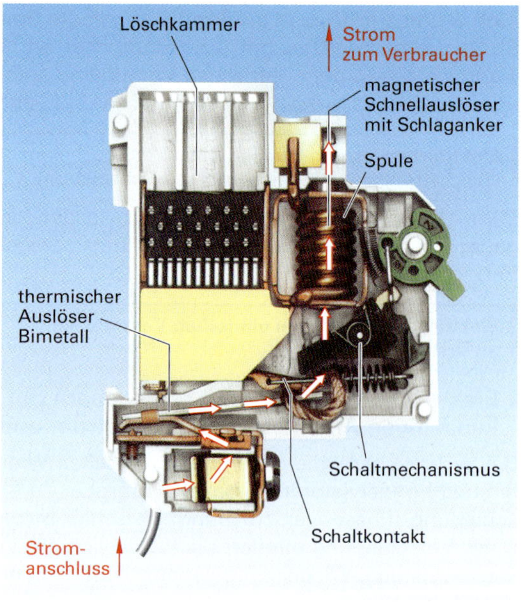

Bild 2: Leitungsschutzschalter (geöffnet)

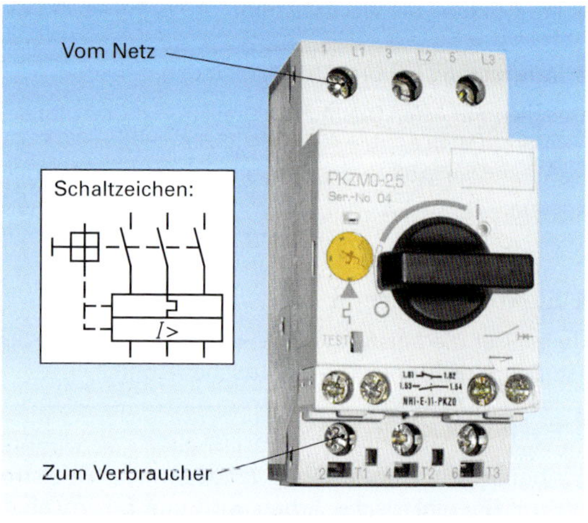

Bild 3: Motorschutzschalter eines Drehstrommotors

7.6 Fehler an elektrischen Anlagen

Unfälle durch elektrischen Strom entstehen durch technische Mängel an Geräten und Anlagen, vor allem aber durch Unachtsamkeit.

Wirkungen des elektrischen Stromes im menschlichen Körper

Fließt elektrischer Strom durch den Menschen, z. B. beim Berühren eines unter Spannung stehenden Leiters, wird ab einer bestimmten Stromstärke die Atemmuskulatur gelähmt. Die Folgen sind Nichtloslassen-Können, Verkrampfungen, Gleichgewichtsstörungen, Herzkammerflimmern und Atemstillstand.

Ströme mit Stromstärken über 50 mA und Wechselspannungen über 50 V sind lebensgefährlich.

Bei Arbeiten an elektrischen Anlagen oder nach einem Unfall durch Elektrizität sind folgende **fünf lebenswichtige Sicherheitsregeln** zu beachten, deren Reihenfolge unbedingt eingehalten werden muss **(Tabelle 1)**.

Tabelle 1: Sicherheitsregeln bei Anlagen oder Maschinen, die unter Spannung stehen

1. Freischalten	Abschalten aller nicht geerdeten Leitungen, Sicherungsautomaten abschalten, Verbotsschilder anbringen
2. Gegen Wiedereinschalten sichern	Herausnehmen und Verwahren der Sicherungen, Abschließen (Vorhängeschloss) von Schaltern, Sicherungseinsätze mitnehmen
3. Spannungsfreiheit feststellen	Durch Elektrofachkraft mit geeigneten Messgeräten oder Spannungsprüfern
4. Erden und Kurzschließen	Teile, an denen gearbeitet wird, müssen zuerst geerdet und dann kurzgeschlossen werden
5. Benachbarte, unter Spannung stehende Teile abdecken	Es ist zu vermeiden, dass arbeitende Personen mit Werkzeugen und Hilfsmitteln an leitende oder Spannung führende Teile geraten, daher Körperschutz, z. B. Schutzhelm und Handschuhe, tragen

Fehler an elektrischen Anlagen

Durch Fehler an der Isolation können an elektrischen Anlagen Kurzschluss, Erdschluss, Leiterschluss und Körperschluss auftreten **(Bild 1)**.

Kurzschluss entsteht zwischen zwei unter Spannung stehenden elektrischen Leitern, wenn sie sich ohne Isolation berühren. Die vorgeschaltete Sicherung schaltet den dabei entstehenden großen Kurzschlussstrom ab.

Erdschluss entsteht durch eine direkte Verbindung eines Spannung führenden Leiters mit der Erde bzw. geerdeten Teilen. Auch hier schaltet die Sicherung den Erdschlussstrom ab.

Leiterschluss entsteht z. B. durch die schadhafte Überbrückung eines Schalters, wodurch die Anlage nicht abgeschaltet werden kann.

Beim **Berühren eines Gerätes mit Körperschluss** fließt Strom durch den Menschen zur Erde **(Bild 2)**. Die Größe dieses Fehlerstromes hängt vom Widerstand des menschlichen Körpers und vom Leitvermögen der Erdverbindung ab. Steht der Berührende mit einer gut geerdeten Leitung in Verbindung (Wasser-, Gas- oder Heizleitung), kann durch ihn ein gefährlich starker Strom fließen **(Bild 3)**.

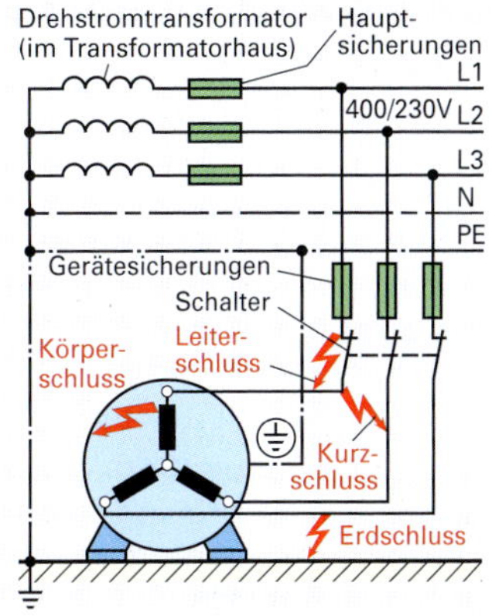

Bild 1: Kurzschluss, Erdschluss, Leiterschluss, Körperschluss

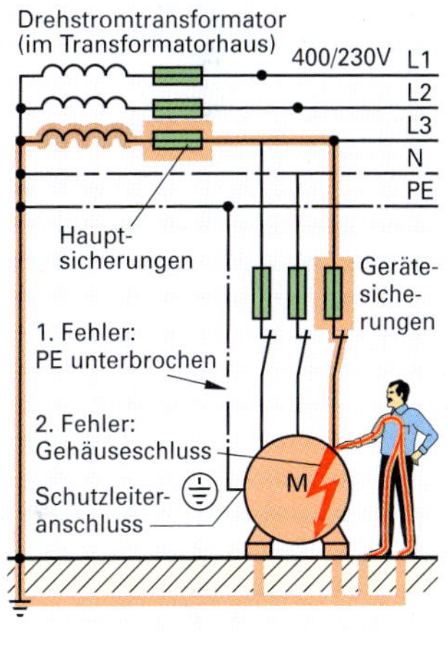

Bild 2: Körperschluss mit Stromfluss

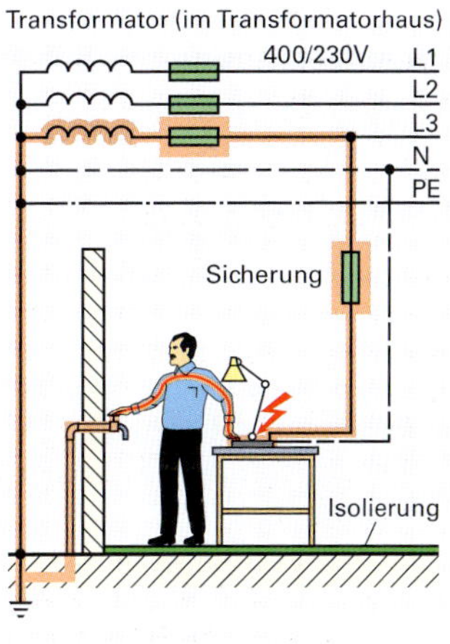

Bild 3: Fehlerstromkreis

7.7 Schutzmaßnahmen bei elektrischen Maschinen

In allen Anlagen mit Betriebsspannungen über 50 V-Wechselspannung bzw. 120 V-Gleichspannung sind Schutzmaßnahmen gegen zu hohe Berührungsspannung vorgeschrieben.

Schutzleiter im Leitungsnetz und in den Geräten

Das Leitungsnetz in allen Gebäuden enthält einen **PE**-Leiter (von englisch **p**rotection **e**arth = Schutzerdung). Er ist mit dem Fundamenterder des Gebäudes verbunden und ermöglicht einem Fremdstrom die Ableitung zur Erde **(Bild 1)**.

Die Gehäusekörper der angeschlossenen elektrischen Geräte sind über einen gelb-grünen Schutzleiter im Stromanschlusskabel und die Schukosteckdose mit diesem PE-Schutzleiter des Leitungssystems verbunden **(Bild 2)**.

Liegt ein Körperschluss im Gerät vor, so kann der Fehlerstrom über den PE-Leiter abfließen. Fasst ein Mensch das spannungsführende Gerätegehäuse an, so fließt über den menschlichen Körper mit seinem großen Widerstand nur ein kleiner Strom, während über den Schutzleiter mit seinem kleinen Widerstand der Großteil des Stromes abfließt.

Bewegliche Kleingeräte werden über **Schutzkontakt-(Schuko-)Steckverbindungen** angeschlossen (Bild 2). Die Anschlussleitung besteht aus Zu- und Rückleitung sowie dem Schutzleiter (gelb-grün). Stationäre Kleingeräte haben einen fest eingebauten Schukostecker am Gerät.

Schutzisolierung. Bei der Schutzisolierung werden alle Metallteile, die im Fehlerfall unter Spannung stehen können, mit einer Isolierung versehen. Diese Schutzmaßnahme wird z. B. bei netzbetriebenen Rasierapparaten und zum Teil bei Handbohrmaschinen angewandt. In schutzisolierten Bohrmaschinen ist z. B. die Bohrspindel durch ein Kunststoffzahnrad im Getriebe elektrisch vom Motor getrennt. Das Gehäuse und der Schalter der Bohrmaschine müssen zusätzlich isoliert sein.

Kleinspannung. Bei elektrischen Geräten, bei denen nicht zu vermeiden ist, dass der Mensch mit leitenden Teilen in Berührung kommt, dürfen aus Sicherheitsgründen nur Kleinspannungen verwendet werden. Elektrische Schweißgeräte in Kesseln und engen Räumen dürfen höchstens 50 V Spannung führen. Bei Klingelanlagen und Kinderspielzeug darf die Spannung höchstens 25 V betragen.

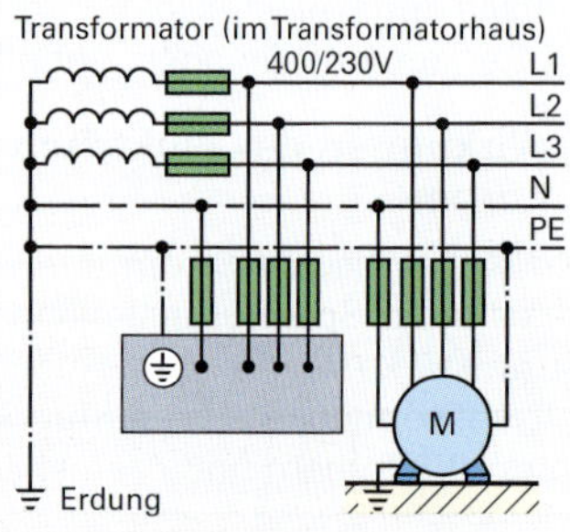

Bild 1: Schutzleiter PE des Leitungsnetzes

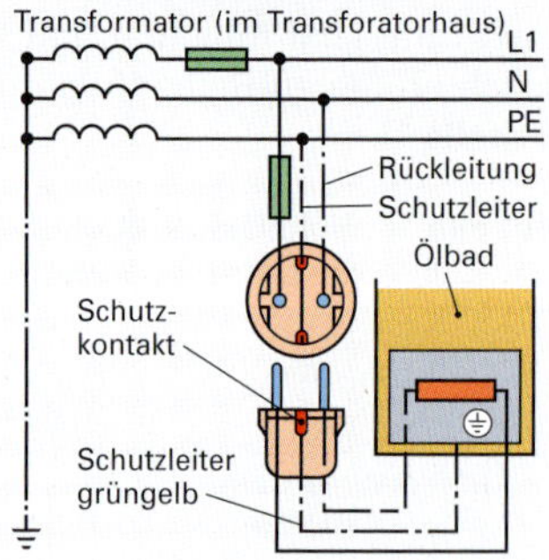

Bild 2: Schutzkontaktstecker und Schutzleiter im Gerät

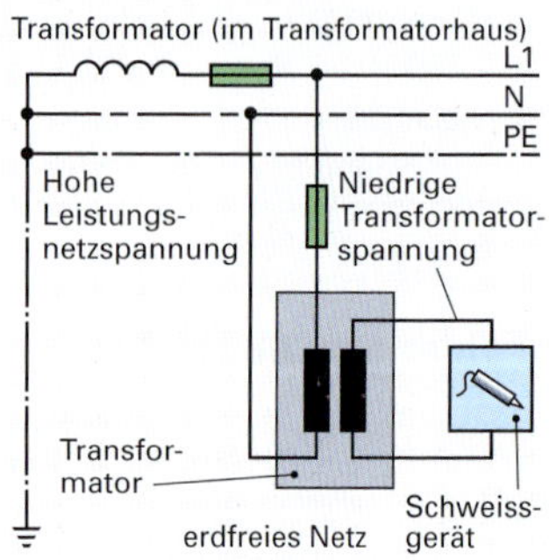

Bild 3: Schutztrennung mit Transformator

Kennzeichnung der Schutzmaßnahmen

Die elektrischen Schutzmaßnahmen bei Geräten werden durch Symbole auf dem Typenschild des Gerätes angegeben **(Tabelle 1)**.

Schutztrennung

Beim Schutz durch Schutztrennung wird zwischen dem Netz und dem Verbraucher ein Transformator geschaltet **(Bild 3)**. Dieser Transformator bewirkt, dass am Verbraucher eine kleine Transformatorspannungen und nicht die hohe Spannung des Leitungsnetzes anliegt. Auf der Ausgangsseite des Transformators darf **nur ein Verbraucher** angeschlossen werden. Die Schutztrennung wird z. B. bei Betonrüttlern, Nassschleifmaschinen, bei Arbeiten in Schweissanlagen oder Rasiersteckdosen in Badezimmern angewandt.

Tabelle 1: Symbole für Schutzmaßnahmen

Symbol	Schutzklasse	Anwendungen
⏚ (Schutzleiter-Symbol)	**Schutzklasse I** Schutzmaßnahmen mit **Schutzleiter**	Geräte mit Metallgehäuse, wie z. B. Elektromotoren
⧈ (Doppelquadrat)	**Schutzklasse II** **Schutzisolierung** Keine Anschlussstelle für Schutzleiter	Geräte mit Kunststoffgehäuse, wie z. B. Handbohrmaschinen
◇ mit III	**Schutzklasse III** **Schutzkleinspannung**	Kleingeräte mit Nennspannungen bis AC 50 V oder DC 120 V

Fehlerstrom-Schutzschalter (FI-Schalter)

Fehlerstrom-Schutzschalter sichern ein Einzelgerät oder einen Raum durch Einbau des Schutzschalters im Schaltkasten der Anlage gegen einen Fehlerstrom ab **(Bild 1)**. Für viele Bereiche in Gebäuden, wie z. B. in Nassräumen oder Außenanlagen sind FI-Schutzschalter vorgeschrieben.

Die Funktion der FI-Schutzschalter beruht auf der Messung der Stromstärke in der Stromzuleitung und der Stromrückleitung. Im störungsfreien Betrieb ist der Strom in der Zuleitung genau so groß wie der Strom in der Rückleitung. Im Falle eines Schadens durch Körperschluss fließt ein Teil des Rückstromes über die Erde ab. Der FI-Schutzschalter reagiert auf die Stromstärkedifferenz und schaltet innerhalb 0,2 Sekunden den Geräteanschluss ab. Mit der Prüftaste T kann ein Fehlerstrom simuliert werden: Wird die Prüftaste betätigt, muss der Schutzschalter auslösen.

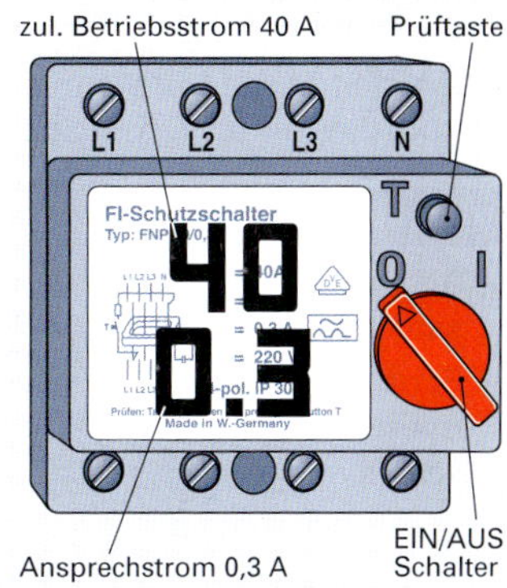

Bild 1: FI-Schutzschalter

Schutz durch die Ausstattung des Gerätegehäuses (IP-Schutzarten)

Elektrische Geräte und Anlagen müssen je nach Einsatz und Aufstellungsort durch die Bauart ihres Gehäuses gegen zufällige Berührung, Fremdkörper und Wasser geschützt werden. Die Schutzarten werden durch ein Kurzzeichen beschrieben, das sich aus den Kennbuchstaben **IP** (**I**nternational **P**rotection = Internationaler Schutz) und zwei Kennziffern für den Schutzgrad zusammensetzt **(Tabelle 1)**. Weicht die Schutzart eines Teiles eines Gerätes von der eines anderen Teiles ab, sind beide anzugeben, z. B. Motor IP21, Klemmenkasten IP54.

Tabelle 1: IP-Schutzarten elektrischer Betriebsmittel

1. Ziffer	Berührungs- und Fremdkörperschutz	2. Ziffer	Wasserschutz
0	kein besonderer Schutz	0	kein besonderer Schutz
1	gegen Eindringen fester Körper (∅ > 50 mm)	1	gegen senkrecht tropfendes Wasser
2	gegen Eindringen fester Körper (∅ > 12 mm)	2	gegen senkrecht tropfendes Wasser; Betriebsmittel bis 15° gekippt
3	gegen Eindringen fester Körper (∅ > 2,5 mm)	3	gegen Sprühwasser bis 60° zur Senkrechten
4	gegen Eindringen fester Körper (∅ > 1 mm)	4	gegen Spritzwasser aus allen Richtungen
5	staubgeschützt; vollständiger Berührungsschutz	5	gegen Strahlwasser aus allen Richtungen
6	staubdicht; vollständiger Berührungsschutz	6	gegen Wasserstrahl, schwere See
		7	gegen Eintauchen unter Druck- und Zeitbedingungen
		8	gegen dauerndes Untertauchen

Beispiel: Motor mit Schutzart IP44 = Schutz gegen Eindringen fester Körper > 1 mm und Schutz gegen Spritzwasser aus allen Richtungen

Die IP-Schutzarten von Leuchten, Wärmegeräten, Geräten mit elektromotorischem Antrieb, Elektrowerkzeugen und elektromedizinischen Geräten können auch durch Bildzeichen angegeben werden **(Tabelle 2)**.

Tabelle 2: Bildzeichen für IP-Schutzarten

Bildzeichen	Schutzart	IP-Kennziffer	Bildzeichen	Schutzart	IP-Kennziffer
	tropfwassergeschützt	IP31		wasserdicht	IP67
	regengeschützt	IP33	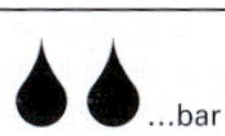	druckwasserdicht	IP68
	spritzwassergeschützt	IP54		staubgeschützt	IP5X (X = fehlende Kennziffer
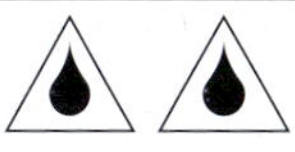	strahlwassergeschützt	IP55		staubdicht	IP6X

7.8 Hinweise für den Umgang mit Elektrogeräten

Die meisten Elektrounfälle mit tödlichem Ausgang sind auf schadhafte Steckverbindungen und Leitungen zurückzuführen. Daher sollten folgende **Hinweise** beachtet werden:

Hinweise für den Umgang mit Elektroleitungen und Elektrogeräten

- Schadhafte Leitungen und Steckverbindungen sind spannungsfrei zu stellen.
- Schadhafte Geräte und Maschinen sind sofort mit dem NOT-AUS-Schalter oder dem Hauptschalter der Maschine außer Betrieb zu setzen.
- Die Inbetriebnahme, Änderung und Reparatur von elektrischen Maschinen darf nur von einer Elektrofachkraft ausgeführt werden.
- Doppel- und Dreifachstecker sind verboten.
- Leitungen dürfen nicht geflickt oder verlängert werden, z. B. durch Zusammenwürgen und notdürftiges Isolieren.
- Strom führende blanke oder umhüllte Leitungen, z. B. Freileitungen, dürfen nicht berührt werden, auch nicht mittelbar durch Werkzeuge, Eisenstangen oder Kranausleger.

Elektrogeräte, Steckverbindungen und Leitungen müssen den **VDE-Bestimmungen** (VDE = **V**erband **D**eutscher **E**lektrotechniker) oder den EU-Richtlinien entsprechen. Es sollten nur Geräte mit einem VDE- oder EU-Prüfzeichen eingesetzt werden **(Bild 1)**.

Steckverbindungen

Mobile Elektrogeräte mit geringer Leistung, wie z. B. eine Handbohrmaschine oder eine Arbeitsleuchte, werden mit einem gummierten Schukostecker an das 230 V-Leitungsnetz angeschlossen.

Für leistungsstärkere Elektrogeräte, wie z. B. ein fahrbares Trocknergerät, kommen Rundsteckverbindungen nach **CEE**-Norm (CEE = Internationale **C**ommission für Regeln zur Begutachtung **E**lektrischer **E**rzeugnisse) zum Einsatz **(Bild 2)**.

Es gibt eine Vielzahl von CEE-Steckverbindungen für 3, 4 und 5 Pole so wie die verschiedenen Spannungen und Stromarten. Die Unverwechselbarkeit ist durch eine Nut/Feder und einen größeren Durchmesser des Schutzkontaktstiftes gewährleistet.

Stationäre Maschinen und Anlagen, wie z. B. Elektromotoren sind durch eine Festverdrahtung an das Leitungsnetz angeschlossen. Elektromotore haben z.B. einen Klemmkasten, in den die Stromleitungen geführt und die einzelnen Pole fest klemmverschraubt werden **(Bild 3)**. Der Anschluss eines E-Motors darf nur von Elektrofachkräften durchgeführt werden.

Bild 1: Prüf- und Schutzzeichen für Elektrogeräte

Bild 2: Industrie-Steckverbindungen

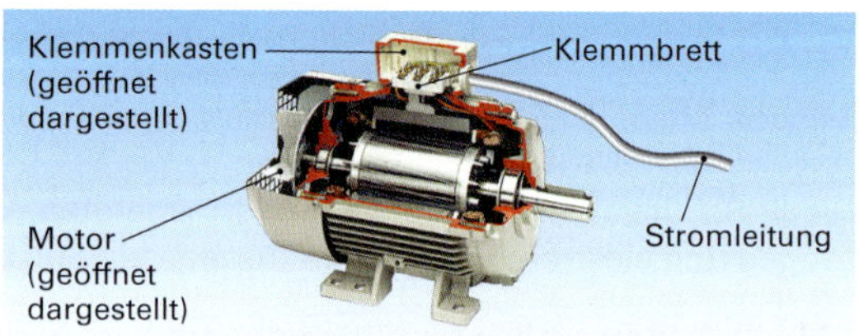

Bild 3: Elektrischer Anschluss eines Motors

Wiederholung und Vertiefung

1 Welche und wie viele Leiter hat ein Wechselstrom- bzw. ein Drehstromleiternetz?

2 Mit welcher Gleichung berechnet man die Leistung eines Drehstromes?

3 Wie berechnet man die verbrauchte elektrische Arbeit eines Elektrogerätes?

4 Welche Arten von Sicherungen gibt es und wo werden sie eingesetzt?

5 Wie entstehen Kurzschluss, Erdschluss, Leiterschluss und Körperschluss?

6 Welchen Schutz bietet ein Schutzleiter im Leitungsnetz bei einem Körperschluss im Gerät?

7 Welches Symbol tragen Elektrogeräte mit Schutzleiter?

8 Wie arbeitet ein FI-Schutzschalter?

9 Welche Schutzmaßnahmen haben CEE-Stecker?

7.9 Practise your English

Electrical Engineering

Almost all machinery, devices and equipment in advanced manufacturing, transportation, information and communication technology include electrical components. Within these systems the electrical energy is converted into other forms of energy, such as mechanical energy or thermal energy.

Important technical terms in electrical engineering

The closed circuit

Electric current can only flow when the electrical circuit is closed. The circuit consists of a power source (e.g. socket), live and negative conductor (e.g. copper wires) and an electrical device (e.g. motor).

The electrical voltage

Electric voltage is produced by the separation of positive and negative charge carriers. Examples of power sources are batteries or the power grid of the energy supplier. E is the voltage in Volts (V).

The electric current

Electric current is defined as the flow of electrons through conductors in a closed circuit. Electricity cannot be seen, you can recognize it only on its effects. It heats the conductor. It causes a magnetic field in the area around it. It lights gas and separates conductive liquids. The electric current I has the unit ampere (A).

The electrical resistance

Electrical resistance is the measurement of the interference of flowing electrons in electrical conductors. It depends on the material of the electrical conductor (e.g. copper or gold), the length and the cross section of the conductor.

Rule: the longer and the smaller the cross section of the conductor, the larger the electric resistance. The electrical resistance R is measured in ohms (Ω).

Ohm's Law

Ohm's law describes the correlation between electric current, electrical voltage and electrical resistance in a closed circuit.

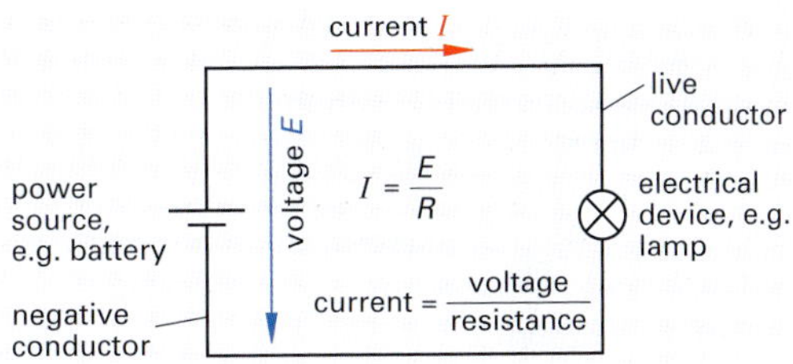

Figure 1: Electrical Circuit

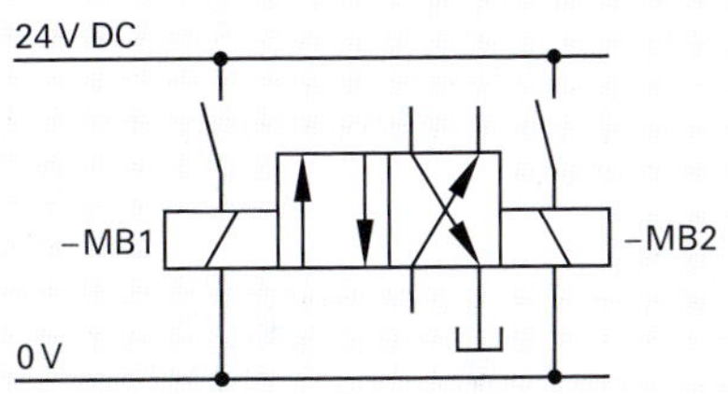

Figure 2: Circuit of a magnetic valve

Sample: The coil of a solenoid valve –MB1 has a resistance $R = 48\ \Omega$ **(Fig 2)**. Calculate the current I in the closed circuit.

Solution: $I = \frac{E}{R} = \frac{24\ V}{48\ \Omega} = 0{,}5\ A = 500\ mA$

How to handle electrical devices

To avoid accidents with electrical appliances note the following:

- Damaged cables, connectors and devices should be immediately removed from use.
- Changes to and repair of electrical appliances should only be carried out by a qualified electrician.
- Cables must not be patched or extended.
- When replacing fuses on electrical devices or systems the correct fuse rating must be used.
- Electrical appliances, connectors and cables must comply with VDE regulations and should have the VDE test mark **(Figure 3)**.

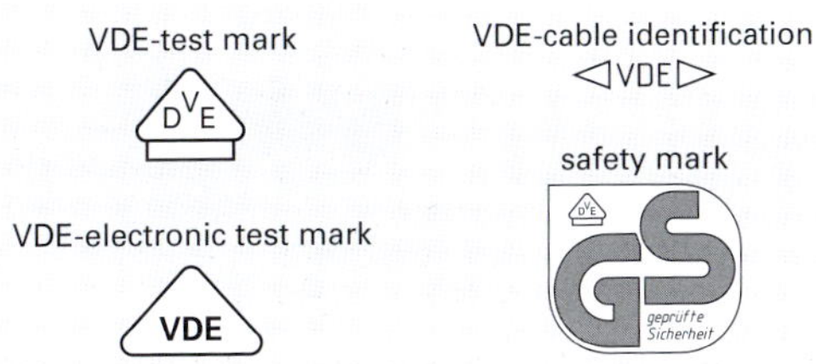

Figure 3: VDE-test mark

8 Technische Kommunikation und Projektarbeit

Bei der Fertigung von technischen Produkten müssen Informationen während der Herstellung ausgetauscht werden. Sinn dieser technischen Kommunikation (lat.: communicare = Austausch) ist es, alle mit der Fertigung oder Veränderung des Produktes befassten Abteilungen bzw. Personen mit den notwendigen Informationen zu versorgen. Wichtige Kommunikationsmittel sind technische Zeichnungen, Schalt-, Arbeits- und Funktionspläne, Fertigungsprogramme, Ersatzteillisten, Betriebsanleitungen u. a.

8.1 Technische Zeichnungen

Technische Zeichnungen stellen im Maschinenbau ein sehr wichtiges Kommunikationsmittel dar. Sie enthalten Informationen über Form, Größe, Aufbau, Funktion und Werkstoffe von Werkstücken, Baugruppen und ganzen Systemen. Beim Erstellen von technischen Zeichnungen sind Normen **(Tabelle 1)**, Richtlinien (z. B. VDI/VDE) und auch Werksnormen zu beachten.

Für einfache Einzel- und Reparaturaufträge, zur Unterstützung mündlicher Erläuterungen und zur Ideenfindung dienen **Skizzen**. Sie sind meist freihändig und nicht maßstabsgetreu **(Bild 1)**.

Neukonstruktionen erfolgen mithilfe einer **CAD**-Software (**c**omputer-**a**ided **d**esign), mit der dreidimensionale Modelle (Bild 1) durch Addition bzw. Subtraktion geometrischer Grundkörper, durch linearen Austrag oder Rotation einer Fläche erstellt werden. Aus diesen Modellen leiten sich dann folgende technische Informationen ab:

- **Gesamtzeichnungen (Bild 2).** Sie zeigen maßstabsgetreu die räumliche Anordnung und das Zusammenwirken der Einzelteile einer Maschine, eines Gerätes oder einer Anlage im zusammengebauten Zustand. Auch Bewegungen des Systems können simuliert werden.
- **Gruppenzeichnungen (Bild 3).** Sie stellen maßstabsgetreu Lage und Form von zu einer Gruppe zusammengefassten Einzelteilen dar.

Tabelle 1: Normen

Norm	Erklärung
DIN	Deutsche Norm (DIN = Deutsches Institut für Normung)
DIN EN	Europäische Norm, die in deutscher Fassung vorliegt
DIN ISO	Internationale Norm, die in deutscher Fassung vorliegt
DIN EN ISO	Europäische Norm, die eine unveränderte internationale Norm enthält und in deutscher Fassung vorliegt.

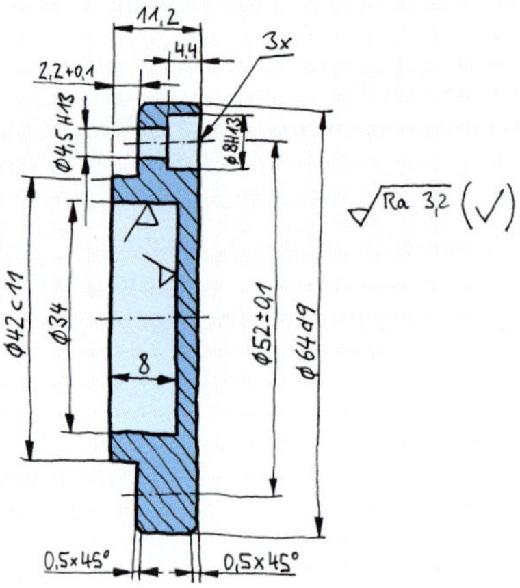

Bild 1: Skizze eines Lagerdeckels

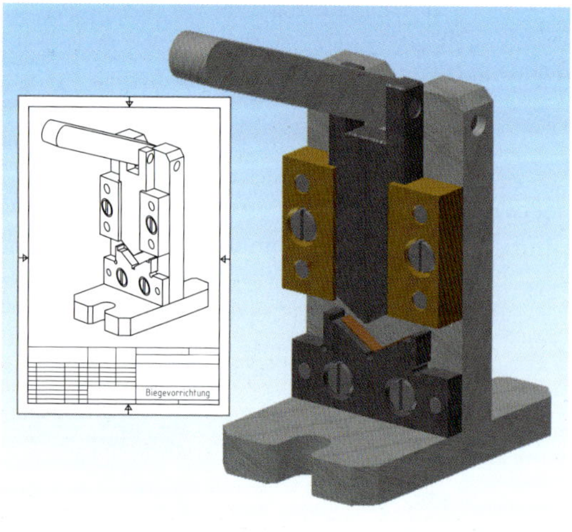

Bild 2: 3D-Modell

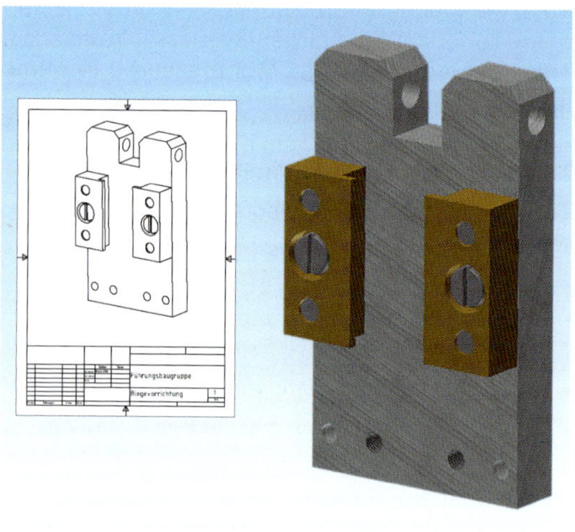

Bild 3: Gruppenzeichnung

- **Teilzeichnungen (Bild 1).** Sie stellen ein Einzelteil dar, ohne dessen räumliche Zuordnung zu anderen Teilen. Die Zeichnung enthält alle für die Fertigung notwendigen Angaben (Maße, Toleranzen, Oberflächenangaben, Werkstoffe und Vorgaben zur Wärmebehandlung).
- **Explosionsdarstellungen (Bild 2).** Sie zeigen die Teile einer Baugruppe so angeordnet, dass ihre Ordnungsstruktur erkennbar wird. So können komplexe Baugruppen perspektivisch in ihre Einzelteile zerlegt gezeigt werden. Bei Montageanleitungen wird mit Explosionsgrafiken die Montage- und Demontagereihenfolge einzelner Teile erklärt. Explosionsdarstellungen werden vielfach auch zur Information der Kunden, für Gebrauchs- und Reparaturanweisungen und für Ersatzteillisten verwendet,
- **Stücklisten** (Bild 2). Sie enthalten alle Werkstücke und Normteile einer Baugruppe und neben den Informationen über Einzelteilnamen, -nummern und -werkstoffen auch die Anzahl der jeweils verwendeten Teile. In der Gruppen- bzw. Gesamtzeichnung finden sich die in der Stückliste enthaltenen Positionsnummern. Die Stückliste kann bei kleineren Zeichnungen Bestandteil des Schriftfeldes sei; bei umfangreichen Konstruktionen wird sie als separates Blatt geführt.

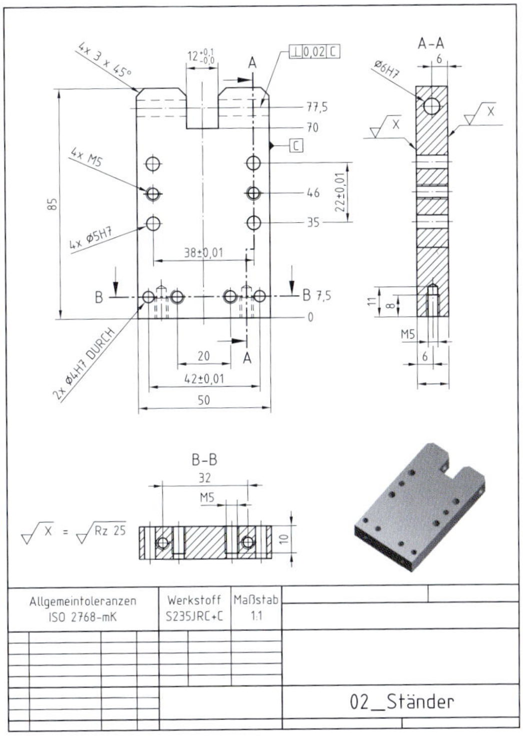

Bild 1: Teilzeichnung

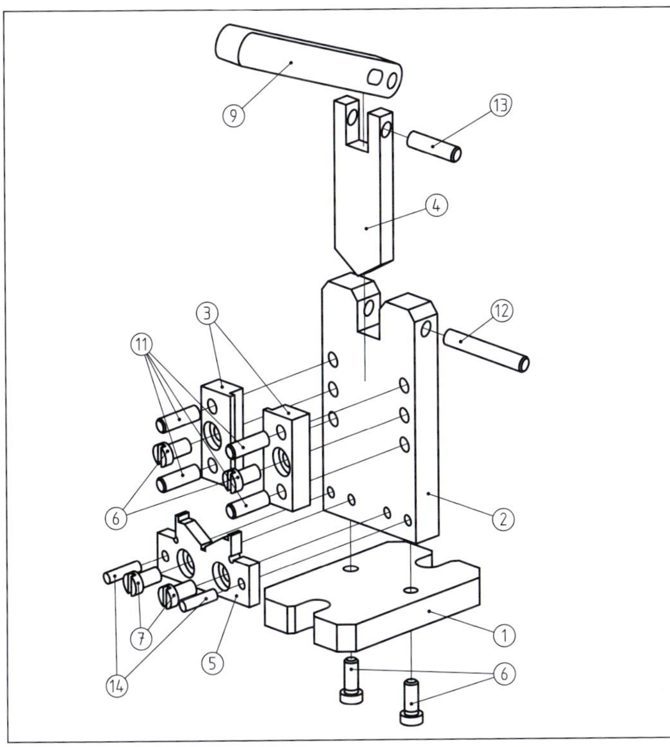

TEILELISTE			
OBJ.	ANZ.	BAUTEILNUMMER	Beschreibung
14	2	ISO 2338 - 4 h8 x 18	Zylinderstift
13	1	ISO 2338 - 5 h8 x 24	Zylinderstift
12	1	ISO 2338 - 6 h8 x 45	Zylinderstift
11	4	ISO 2338 - 5 h8 x 20	Zylinderstift
10	1	Batteriekontakt gebogen	
9	1	06 Hebel	
8	4	Batteriekontakt gebogen	
7	2	ISO 1207 - M5 x 8	Zylinderschraube mit Schlitz
6	4	ISO 1207 - M5 x 12	Zylinderschraube mit Schlitz
5	1	05 Prismenstück	
4	1	04 Schieber	
3	2	03 Führungsleiste	
2	1	02 Ständer	
1	1	01 Grundplatte	

Maßstab 1:1

Biegevorrichtung

Bild 2: Explosionszeichnung mit Stückliste

Um einen durchgängigen Fertigungsprozess zu gewährleisten, ist es notwendig, die Konstruktion (CAD) mit der Fertigung (CAM; **c**omputer-**a**ided **m**anufactoring) zu verknüpfen. Die CAD-Software liefert die Geometriedaten für die Fertigung auf Werkzeugmaschinen (CAD-CAM-Kopplung). Die CAM-Software importiert die CAD-Daten und der Bediener legt in der Software die Arbeitsschritte inklusive der technologischen Vorgaben (Werkzeug, Drehzahl, Vorschub, Aufmaße usw.) zur Fertigung des Werkstücks fest. Danach erzeugt die Software mithilfe sog. **Postprozessoren** einen steuerungsspezifischen NC-Programmcode, der auf der entsprechenden Fertigungsmaschine ausgeführt werden kann. Dies hat den Vorteil, dass mit der CAD-CAM-Software ein „neutrales" CNC-Programm erstellt wird, welches durch die Postprozessoren dann „mit einem Mausklick" in fertige NC-Programme für unterschiedliche Steuerungen umgewandelt wird **(Bild 2)**.

Auch können die CAD-Daten für weiterführende Belastungsberechnungen (Spannungen und Verformungen beim Einwirken von äußeren Kräften und/oder thermischen Belastungen) z. B. mit der sog. **Finiten Element-Methode,** kurz FEM, verwendet werden **(Bild 1)**.

Für den Datenaustausch zwischen den einzelnen Softwaremodulen haben sich das DXF- (drawing interchange format), das STEP- (standard for the exchange of product model data) und das IGES-Format (inital graphics exchange specification) etabliert. Weiterhin ist es möglich, aus der CAD-Software heraus von bestimmten Bauteilen JPG- oder PNG-Grafiken zu exportieren, um sie dann in Präsentationen/Dokumentationen zu importieren.

Auch die Software zur Erstellung von pneumatischen, elektropneumatischen bzw. hydraulischen Schaltplänen bieten Möglichkeiten des Exportes, um ihre Daten in z. B. Office-Software zu importieren.

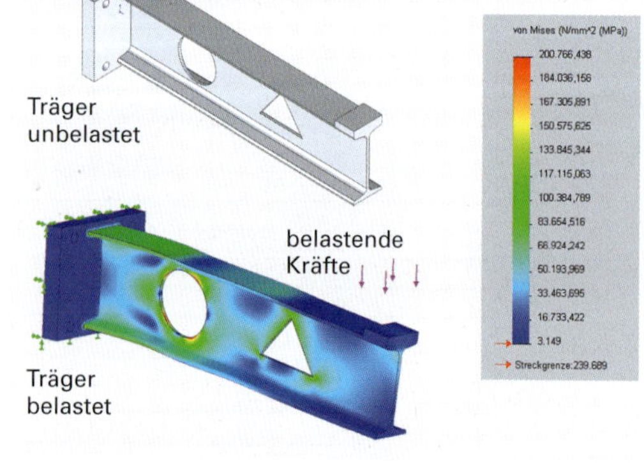

Bild 1: Belastungssimulation mithilfe FEM

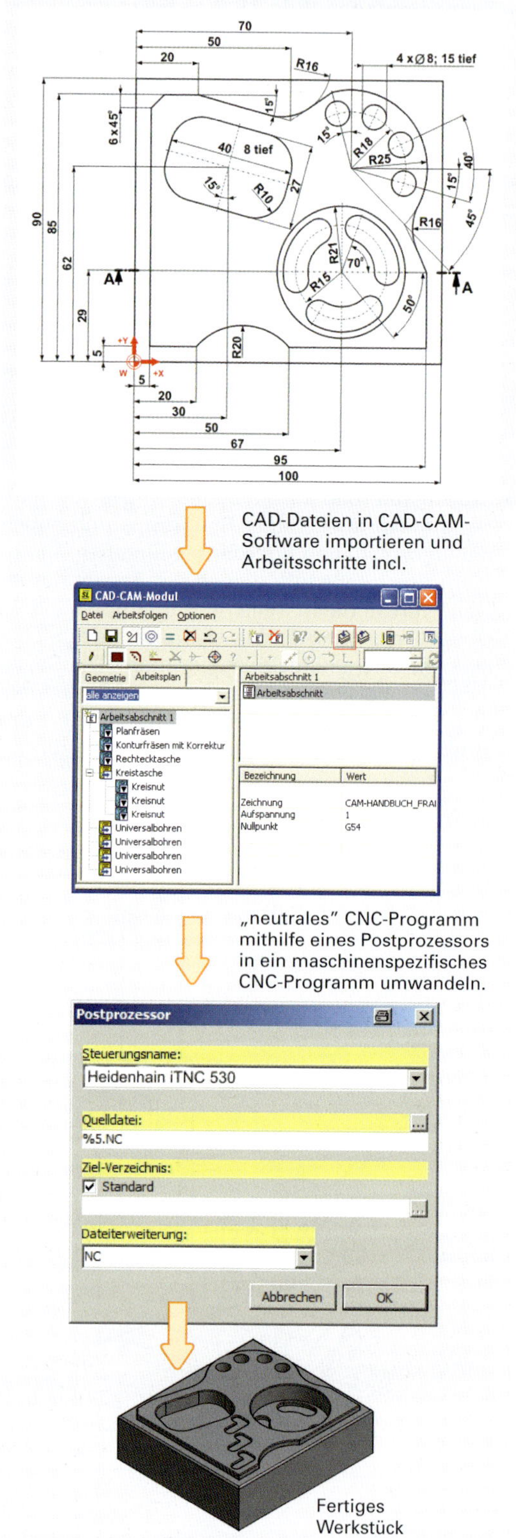

Bild 2: CAD-CAM-Kopplung

8.2 Technische Unterlagen

Neben den technischen Zeichnungen finden sich in den Produktdokumentationen noch weitere technische Unterlagen. Elektrische, pneumatische und hydraulische Schaltpläne beschreiben mit genormten Schaltzeichen das Produkt und ermöglichen während der Inbetriebnahme oder im Fehlerfall eine präzise Lokalisierung des Problems (nähere Erläuterung zu diesen Plänen in den jeweiligen Kapiteln) **(Bild 1).**

Diagramme und Funktionsgraphen (Bild 1) erläutern einfache Zusammenhänge und Abhängigkeiten von bestimmten Einflussfaktoren (nähere Erläuterungen siehe Kap. Tabellenkalkulation).

Kompliziertere mathematische Zusammenhänge stellt man durch **Nomogramme** dar **(Bild 2)**. Sie ermöglichen die Darstellung der Abhängigkeit einer Größe von zwei anderen Größen. Mit ihrer Hilfe kann eine Berechnungsformel grafisch gelöst werden. An vielen Drehmaschinen finden sich solche Nomogramme zur Ermittlung der Drehzahl, da im schmutzigen Umfeld der Maschine nicht mit Taschenrechner und Papier gearbeitet wird. Hat die Maschine ein gestuftes Getriebe, wird aus dem Nomogramm die nächstkleinere Drehzahl abgelesen. Bei gegebener Schnittgeschwindigkeit v_c und Durchmesser d der Welle wird die Maschinendrehzahl n nach folgender Formel berechnet:

$$n = \frac{v_c}{d \cdot \pi}$$

Beispiel: v_c = 100 m/min und d = 50 mm
ergibt n = 636 1/min
gewählt n = 500 1/min
aus Bild 2: n = 500 1/min

Mit **Blockschaltbildern** werden Funktionszusammenhänge schematisiert dargestellt **(Bild 3).** Sie vereinfachen komplizierte Zusammenhänge, in dem sie Bauteile als geometrische Grundelemente (Kreis, Rechteck, Dreieck usw.) darstellen. Die Wirkung zwischen diesen einzelnen Bauteilen wird meist durch Pfeile veranschaulicht.

Da man aus den jeweiligen normgerechten Schaltplänen nicht auf die Lage der einzelnen Bauteile rückschließen kann, findet man in den technischen Dokumentationen häufig zur Erläuterung vereinfachte **Funktionsschemas (Bild 4).** Sie stellen mithilfe geometrischer Grundkörper eine Anlage dar, benutzen meist die genormten Bezeichnungen aus den Schaltplänen und helfen, eine komplizierte Maschine bzw. Anlage zu verstehen. Diese Funktionsschemas finden sich auch sehr häufig in den Visualisierungsbildschirmen einer Anlage. Es lassen sich Informationen über den Istzustand der Anlage ablesen und z. B. durch Touchscreens bestimmte Parameter an der Anlage einstellen.

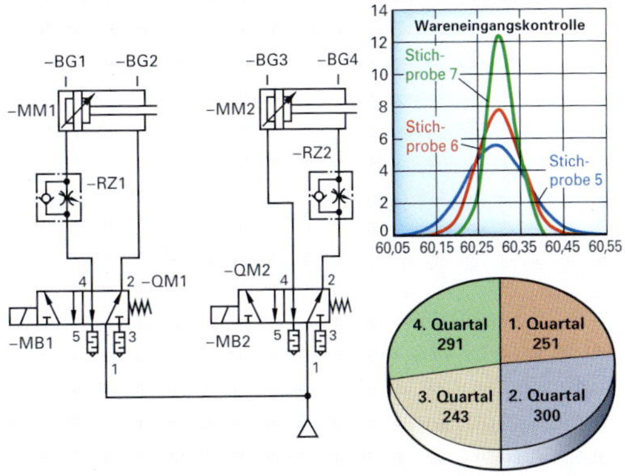

Bild 1: Schaltplan, Diagramm, Funktionsgraph

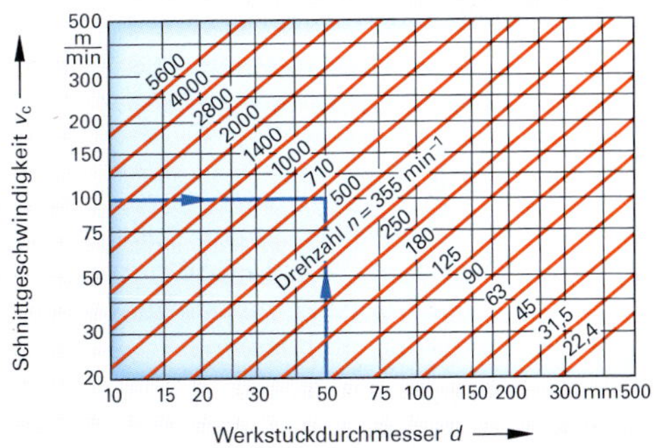

Bild 2: Nomogramm einer Drehmaschine

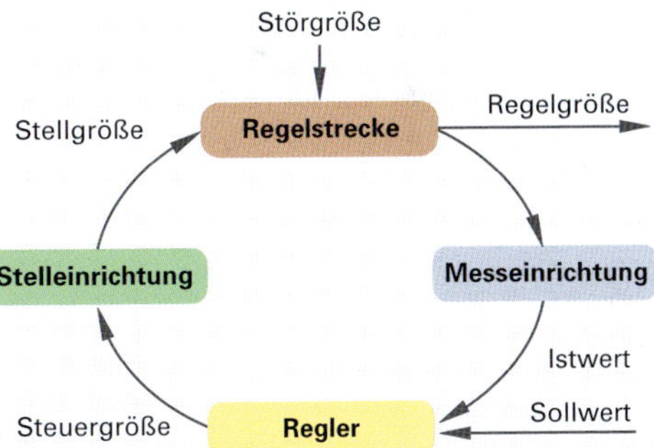

Bild 3: Blockschaltbild Regelkreis

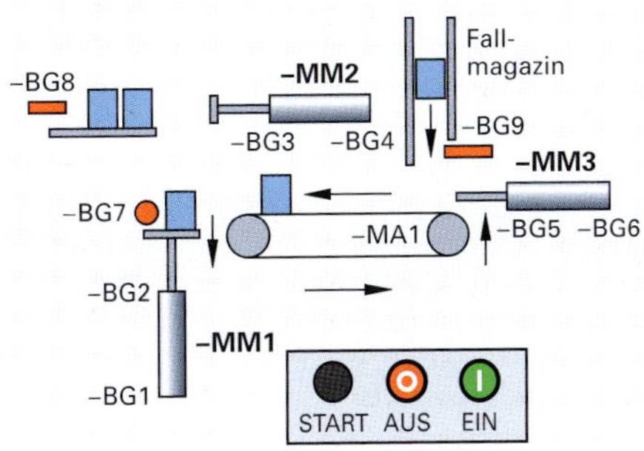

Bild 4: Funktionsschema Hubvorrichtung

Ein **Ablaufplan,** auch als Flussdiagramm (engl. flowchart) oder Strukturplan bezeichnet, ist eine grafische Darstellung, die eine Folge von Operationen/Tätigkeiten zur Lösung einer Aufgabe, eines Arbeitsauftrages beschreibt. Sie dient zur Umsetzung eines Algorithmus. Ein Algorithmus ist eine eindeutige Handlungsvorschrift, die aus endlich vielen Einzelschritten besteht. Die Symbole für die Ablaufpläne sind in der DIN 66001 genormt **(Bild 1).**

Für eine fachmännische Wartung von Maschinen sind in einem **Wartungsplan** exakte Arbeitsanweisungen bzgl. der auszuführenden Wartungs- und Inspektionsarbeiten bzw. der Wartungs- und Inspektionsintervalle aufgeführt **(Bild 2).**

Wiederholung und Vertiefung

1 Was bedeutet die Abkürzung DIN?
2 Welchen Vorteil haben internationale Normen?
3 Welche Informationen enthält eine Teilzeichnung?
4 Welche Angaben enthalten Stücklisten?
5 Ermitteln Sie sowohl rechnerisch als auch aus Bild 2, vorige Seite, für d = 150 mm und v_c = 75 m/min die einzustellende Drehzahl n [1/min] für eine gestufte Drehmaschine.
6 Erstellen Sie einen Ablaufplan für den Arbeitsauftrag „Prüfen mit Grenzlehrdorn"
7 Welche Arbeiten sind nach Bild 2 nach 50 h durchzuführen?
8 Recherchieren Sie mithilfe des Tabellenbuchs aus der Stückliste (Seite 315), welche Zylinderschraubentypen und Längen es gibt.

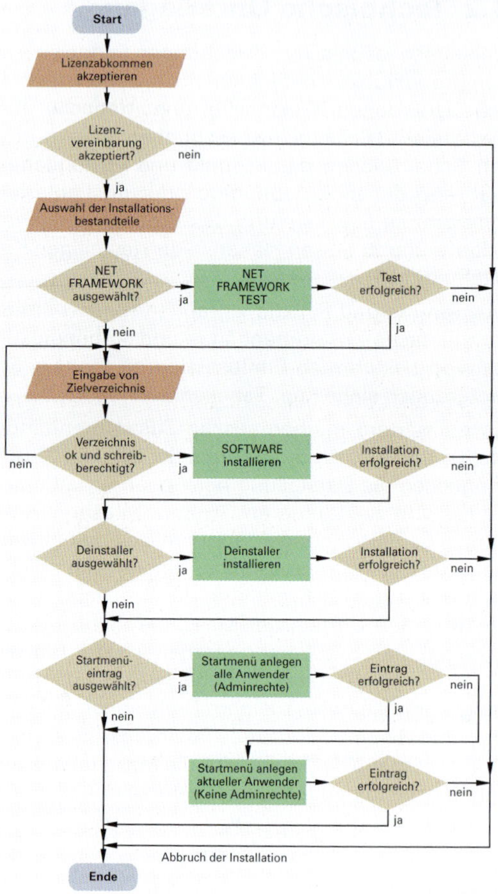

Bild 1: Ablaufplan Softwareinstallation

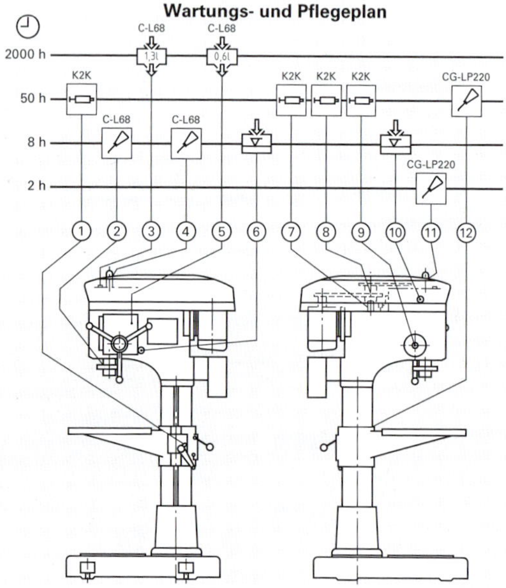

Teileliste (ohne Normteile)

1 Tischhubgetriebe
2 Pinole
3 Öleinfüllstopfen
4 Spindelkeilwelle
5 Öleinfüllschraube Vorschubgetriebe
6 Ölschauglas Vorschubgetriebe
7 Drehzahlverstellung
8 Stufenloser Antrieb
9 Vorschubwelle
10 Ölschauglas Schaltgetriebe
11 Leitpatrone
12 Säule

Schmierstellensymbole

C-L68 1,3l – Auffüllen von 1,3l Schmieröl C-L68

CG-LP220 – Ölen mit Schmieröl CG-LP220

Auffüllen mit Schmieröl auf Markierung

K2K – Abschmieren mit Schmierfett K2K

Bild 2: Wartungs- und Inspektionsplan einer Ständerbohrmaschine

8.3 Projektarbeit

8.3.1 Grundlagen der Projektarbeit

Arbeitsorganisation Linie und Projekt

Seit der Einführung des Fließbandes hat sich in der Industrie die Arbeitsteilung entlang des Herstellungsprozesses über viele Jahre als sogenannte **Linienorganisation** weiterentwickelt **(Bild 1)**. Die Aufgaben und erforderlichen Tätigkeiten werden dabei nach Fachbereichen und Abteilungen entlang des Herstellungsprozesses, möglichst routinemäßig, fachlich spezialisiert und in einer Linie aufeinander folgend bearbeitet. Die Organisation und Betreuung der Arbeitsaufträge erfolgt hierarchisch durch Delegation von oben nach unten.

Durch die Globalisierung der Märkte und den damit verbundenen Kosten-, Zeit- und Qualitätswettbewerb werden Routinearbeiten weitgehend automatisiert. Gleichzeitig müssen sich die Unternehmen stärker an dem Markt und den individuellen Kundenwünschen ausrichten. Dadurch werden vielfach komplexe Aufgabenstellungen und Aufträge ausgelöst, die eine fach- und abteilungsübergreifende Zusammenarbeit erforderlich machen. Da die klassische Linienorganisation nicht zur Führung und Bearbeitung dieser neuartigen und meist einmaligen „Querschnittsaufgaben" geeignet ist, werden diese heute zunehmend als **Projekt** organisiert und durchgeführt (Bild 1).

Die Organisationsstruktur Projekt eignet sich besonders zur Bearbeitung fachübergreifender, einmaliger und individueller Aufträge.

Die Arbeitsorganisation im Projekt ist im Gegensatz zur Linienorganisation durch eine vernetzte Kommunikation, simultane Zusammenarbeit und Teamarbeit gekennzeichnet.

Der Projektbegriff

Die Norm DIN 69901-5 (2009-01) definiert den Begriff „Projekt" folgendermaßen:

Projekte sind Vorhaben, die im Wesentlichen durch die Einmaligkeit der Bedingungen in ihrer Gesamtheit gekennzeichnet sind.

Daraus ergeben sich kennzeichnende Merkmale für Projekte, wobei auf ein einzelnes Projekt nicht zwingend sämtliche Merkmale zutreffen müssen **(Bild 2)**.

Einmalige Sonderaufträge, die im Wesentlichen durch eine einzelne Person erfüllt werden, oder kontinuierliche Prozesse, wie z. B. Lernprozesse, sind keine Projekte im Sinne der DIN.

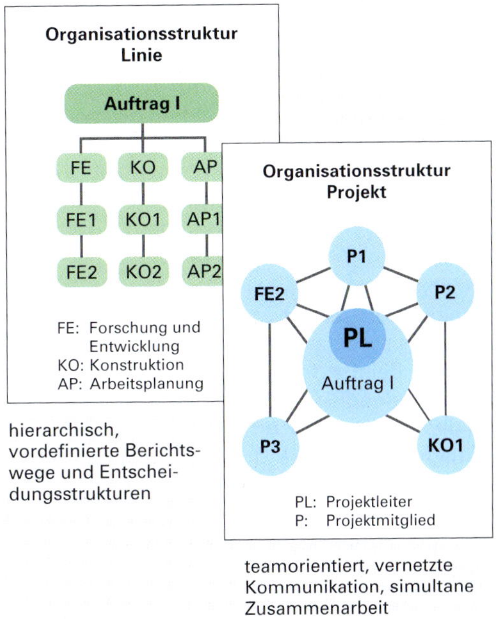

Bild 1: Organisationsstrukturen Linie und Projekt

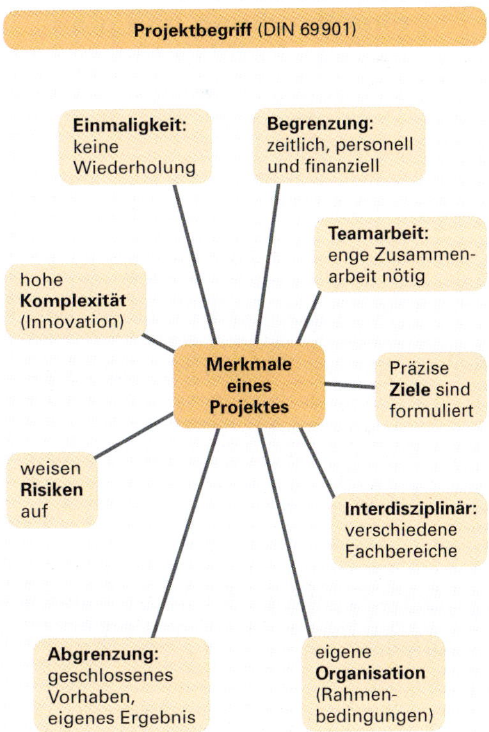

Bild 2: Merkmale zur Projektdefinition

Technische Projektarten

Technische Projekte werden in großer Vielfalt und in unterschiedlichsten Bereichen durchgeführt **(Tabelle 1)**. Sie lassen sich nach unterschiedlichen Kriterien einteilen.

Non-Profit-Projekte sind Projekte von Organisationen, die nicht kommerziell tätig sind, wie z. B. staatliche Organisationen oder Kirchen. Hierzu zählen Entwicklungshilfeprojekte ebenso wie die zahlreichen Schul- und Ausbildungsprojekte. Die Vermittlung von Projektkompetenz und das selbstständige Erarbeiten von Projekten nimmt heute in der Ausbildung einen hohen Stellenwert ein.

Wirtschaftsprojekte werden von Wirtschaftsunternehmen durchgeführt und je nach Rolle des Auftraggebers als externe oder interne Projekte unterschieden. Beim **externen Projekt** erteilt ein rechtlich eigenständiges externes Unternehmen den Projektauftrag. Beim **internen Projekt** wird der Auftrag innerhalb des Unternehmens erteilt und angenommen.

Nach dem Umfang des Projektes können **Kleinprojekte und Großprojekte** unterschieden werden. Allerdings gibt es hierzu keine eindeutige Grenze und die Einteilung variiert nach Branche und Ermessen des Unternehmens.

Tabelle 1: Projektarten und Projektbeispiele

Projektart		Beispiel
Non-Profit-Projekt	Entwicklungsprojekt	Bau einer Trinkwasserstation in Afrika durch den Deutschen Entwicklungsdienst
	Schulprojekt	Herstellung und Betreuung einer Regenwassersammelstation als fächerverbindendes Lernprojekt
	Ausbildungsprojekt	Entwurf und Herstellung einer Biegevorrichtung als Lernfeldprojekt im Rahmen der Lernortkooperation
Wirtschaftsprojekt	Technikprojekt	Entwicklung und Konstruktion einer Sondermaschine
	Wissenschaftsprojekt	Analyse des Vorspannkraftverlustes bei Schraubenverbindungen als Hochschuluntersuchung
	Organisationsprojekt	Änderung der Betriebsorganisation hinsichtlich der Erfassung der Arbeitszeiten

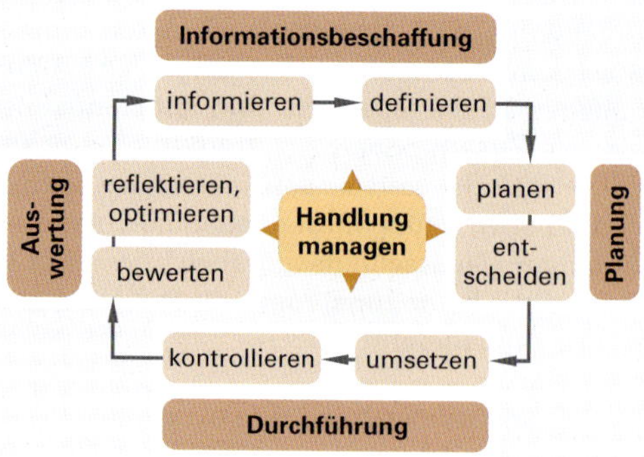

Bild 1: Schritte einer vollständigen Handlung

8.3.2 Projektarbeit als vollständige Handlung und planmäßige Problemlösung

Die Arbeit in technischen Projekten fordert von Schülern oder Mitarbeitern eine ganzheitliche Denkweise. Dazu gehört das Verständnis, dass eine vollständige berufliche Handlung immer aus mehreren Handlungsschritten besteht **(Bild 1)**.

> Eine vollständige berufliche Handlung besteht aus den Handlungsschritten Informationsbeschaffung, Planung, Durchführung und Auswertung.

Vorhaben oder Aufgabenstellungen werden durch das Verständnis der Handlungsschritte überschaubarer und planbarer. Aus den Handlungsschritten lässt sich eine systematisch strukturierte Arbeitsweise für eine planmäßige, durchdachte Problemlösung entwickeln **(Bild 2)**.

Bild 2: Arbeitsschritte einer planmäßig, durchdachten Problemlösung

Diese planmäßige Problemlösung hilft, ein unvollständiges und fehlerhaftes Vorgehen z. B. durch unzureichende Analyse der Ausgangssituation oder durch einen unterlassenen abschließenden Soll-Ist-Vergleich zu vermeiden. Auch eine in vielen Fällen voreilige Fixierung auf eine „nahe liegende“ oder bisherige Lösung kann z. B. durch das bewusste Suchen nach Lösungsalternativen vermieden werden.

Bei der Projektarbeit werden diese Problemlösungsschritte meist mehrfach durchlaufen. Die Gewichtung der einzelnen Schritte verändert sich jedoch im Projektablauf.

8.3.3 Projekte in Phasen erarbeiten

Zur Bearbeitung eines Projektes ist es sinnvoll, dies in Projektphasen zu untergliedern. Der Lösungsweg wird dabei in überschaubare Teiletappen mit vordefinierten Zwischenstationen bzw. Korrekturpunkten aufgeteilt. Projektphasen sollen logisch und zeitlich zusammenhängende Abschnitte sein und können sich je nach Projektart und Firma unterscheiden. Genormte Projektmanagementphasen können in der Praxis bei der Einteilung eines Projekts in konkrete Projektphasen helfen **(Bild 1, Tabelle 1).**

> Projektphasen unterteilen die Projektarbeit in zeitlich und logisch zusammenhängende Abschnitte.

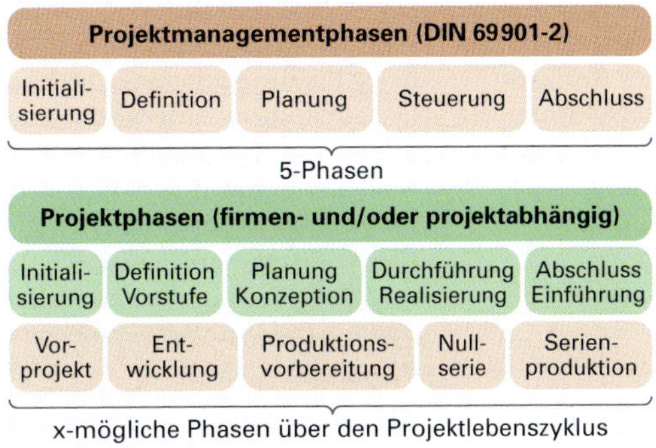

Bild 1: Phasenmodelle

Meilensteine

In jeder Phase müssen vordefinierte Ergebnisse erarbeitet werden, um Entscheidungen über den weiteren Verlauf des Projektes fällen zu können. Diese Ergebnisse oder Entscheidungen sind wichtige Ereignisse im Projektverlauf und werden üblicherweise als Meilensteine bezeichnet **(Bild 2).**

Meilensteine sind Eckpunkte für die laufende Planung, die Überwachung und für den strukturierten Ablauf des Projektes.

- Projekt weiterführen oder abbrechen
- nächste Projektphase freigeben
- nächste Arbeitspakete freigeben
- wesentliche Zieländerungen vornehmen
- Änderungen am Projekablauf vornehmen
- zusätzliche Maßnahmen einleiten
- personelle Maßnahmen vornehmen
- zusätzliche Investitionen bewilligen

Bild 2: Meilensteine (Beispiele)

Tabelle 1: Projektphasen

Phase	Umschreibung, Prozesse (Auswahl), Ziele
Initialisierungsphase	**Die Initialisierungsphase beschreibt den Weg vom Erkennen eines Problems oder einer Projektidee bis zur Entscheidung, dies als Projekt aufzugreifen.** Da die im Unternehmen begrenzt zur Verfügung stehenden Ressourcen zielgerichtet eingesetzt werden müssen, geht es in der Initialisierungsphase im Wesentlichen darum, dass unter Berücksichtigung der Unternehmensziele und -möglichkeiten die (wenigen) richtigen Projekte gestartet werden. **Prozesse:** – Projektwürdigkeit der Projektidee prüfen – gegebenenfalls als Projekt in die Projektübersicht (Projektportfolio) der Organisation aufnehmen und entsprechend der Vorrangigkeiten einordnen – Verantwortung, Zuständigkeit für die Ausarbeitung eines Projektauftrags klären – Projektauftrag mit skizzierten Projektzielen, Zwischenergebnissen, grobem Projektaufwand und grober Terminierung
Definitionsphase	**Die Definitionsphase umfasst alle Tätigkeiten, Prozesse und Entscheidungen zur genauen Definition des Projekts,** insbesondere die Konkretisierung des Projektauftrages durch die Festlegung der formalen und inhaltlichen Rahmenbedingungen. **Prozesse:** – Bildung des Projektkernteams – Projektumfeld analysieren – erforderliche Kommunikation, Informationswege, Berichtswesen festlegen – Definition der Projektziele (Sachziele, Terminziele, Kostenziele), Ziele abgrenzen – Grobstrukturierung des Projekts mit definierten Meilensteinen – Grobschätzung der erforderlichen Ressourcen – Bewertung der Machbarkeit – Umgang mit Risiken festlegen

Tabelle 1: Projektphasen (Fortsetzung)

Phase	Umschreibung, Prozesse (Auswahl), Ziele
Planungsphase mit Konzeptentwicklung als Hauptprojekt	**Eine erfolgreiche Projektarbeit erfordert eine zielorientierte, systematische und detaillierte Planung aller wesentlichen Projektbereiche.** In der Planungsphase wird deshalb ein Gesamtkonzept entwickelt und im Detail bis hin zu den ausführungsreifen Plänen ausgearbeitet, um die nachfolgende Projektrealisierung vorzubereiten. Nach dem Prinzip „Vom Groben zum Feinen" wird die Planung in allen relevanten Projektbereichen verfeinert und erweitert. Die Projektplanung sowie die Projektsteuerung und -lenkung und die spätere Realisierung umfassen immer die drei Größen Zielerreichung (Qualität, Ergebnis), Zeit (Dauer, Termine) und Kosten (Aufwand, Ressourcen). **Prozesse:** – Projektorganisation planen und mit betroffenen Unternehmensbereichen und anderen zeitgleich laufenden Projekten abstimmen – Projektstrukturplan als inhaltliche Entwicklung und Strukturierung des Gesamtkonzepts mit allen Arbeitspaketen und Vorgängen erstellen – Terminplan erstellen – Ressourcenplan erstellen – Kosten- und Finanzmittelplan erstellen – Projektrisiken analysieren und Gegenmaßnahmen planen } **Projektplan** – Qualitätssicherung planen Der **Projektplan** bildet die Grundlage der späteren Projektsteuerung und der projektübergreifenden Planung, falls mehrere Projekte gleichzeitig durchgeführt werden.
Durchführungsphase mit Projektrealisierung	**Mit der Abarbeitung der einzelnen Arbeitspakete beginnt die eigentliche Durchführung und Realisierung des Projektes. Der Projektleitung obliegt in der Durchführungsphase die Überwachung und Steuerung des Projektes.** Unter **Projektsteuerung** (Projektcontrolling) versteht man alle Maßnahmen, die dazu dienen, den tatsächlichen Projektablauf mit der vorhergehenden Planung in Einklang zu bringen. **Vorgehensschritte:** – **Erfassung von Ist-Daten** bezüglich der laufenden Durchführung in den Bereichen Zielerreichung, Termine, Ressourcen (Aufwand, Kosten) und Projektrisiken. – **Analyse und Auswertung der Ist-Daten im Bezug zur Planung.** Ziel ist es, herauszufinden, ob und in welchem Maße sich aus der aktuellen Situation Veränderungen gegenüber dem geplanten Projektverlauf ergeben. – **Definition von Steuerungsmaßnahmen bei Planabweichungen als Reaktion** Werden mögliche Probleme für den weiteren Projektablauf erkannt, müssen geeignete Gegenmaßnahmen getroffen werden.
Projektabschluss	**Der Projektabschluss ist der offizielle Schlusspunkt eines Projektes.** Bei einer Abnahme wird überprüft, ob die Projektziele wie vereinbart erreicht wurden. Wird die Abnahme erteilt und im Abnahmeprotokoll dokumentiert (oder bei Projektabbruch), kommt es zum Projektabschluss. **Prozesse:** – Abnahmeprotokoll erstellen – alle im Kontext des Projektes geschlossenen Verträge beenden, um Nachforderungen zu vermeiden – Nachkalkulation erstellen – Projektabschlussbericht erstellen und Abschlussbesprechung zur Erfahrungssicherung und Dokumentation – Leistungen angemessen würdigen – Abschlussfeier

8.4 Technische Projekte dokumentieren

Das Realisieren technischer Projekte bringt es mit sich, dass sie dokumentiert und präsentiert werden müssen. Dies geschieht heute ausschließlich mithilfe von Software auf digitalem Weg. Deshalb kommen sogenannte Office-Lösungen, die mindestens Textverarbeitung, Tabellenkalkulation und Präsentationssoftware beinhalten, zum Einsatz. Hinsichtlich des Layoutes herrscht innerhalb einer solchen Office-Suite Einheitlichkeit. Alle Anwendungsfenster sind nach einem einheitlichen Muster aufgebaut, welches das Orientieren in den einzelnen Programmen für den Nutzer vereinfacht **(Bild 1)**.

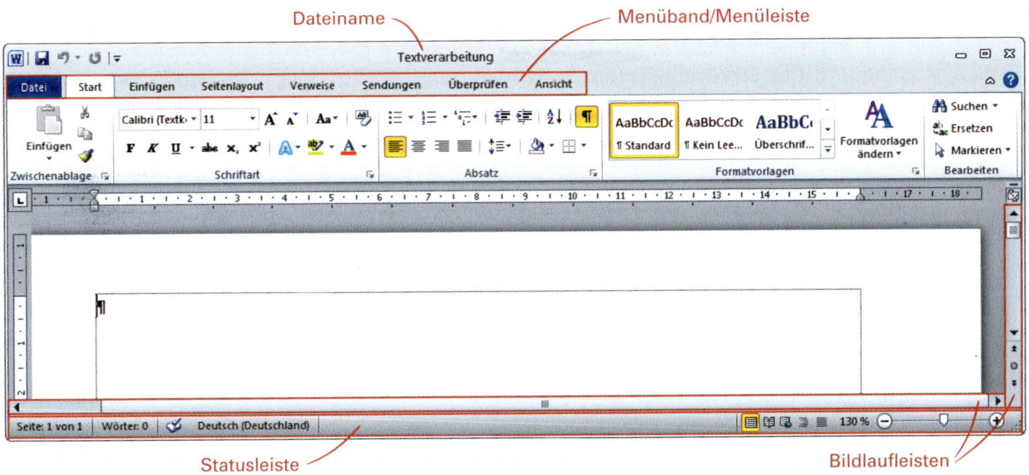

Bild 1: Grundelemente der Anwendungsfenster

Die Einheitlichkeit innerhalb des Office-Paketes hat den weiteren großen Vorteil, dass Daten zwischen den einzelnen Anwendungen problemlos hin- und hertransportiert werden können. Man unterscheidet drei grundsätzliche Möglichkeiten.

Beim **Datenaustausch ohne Verknüpfung** werden über das Menü Bearbeiten (Kopieren/Einfügen) Daten (z.B. Diagramm aus der Tabellenkalkulation) von einer Anwendung in die andere übertragen. Änderungen an der Originaldatei werden dann in der kopierten Version weder aktualisiert noch ist beim Anklicken des eingefügten Objektes die Funktionalität seiner Herkunftsanwendung vorhanden **(Bild 2)**.

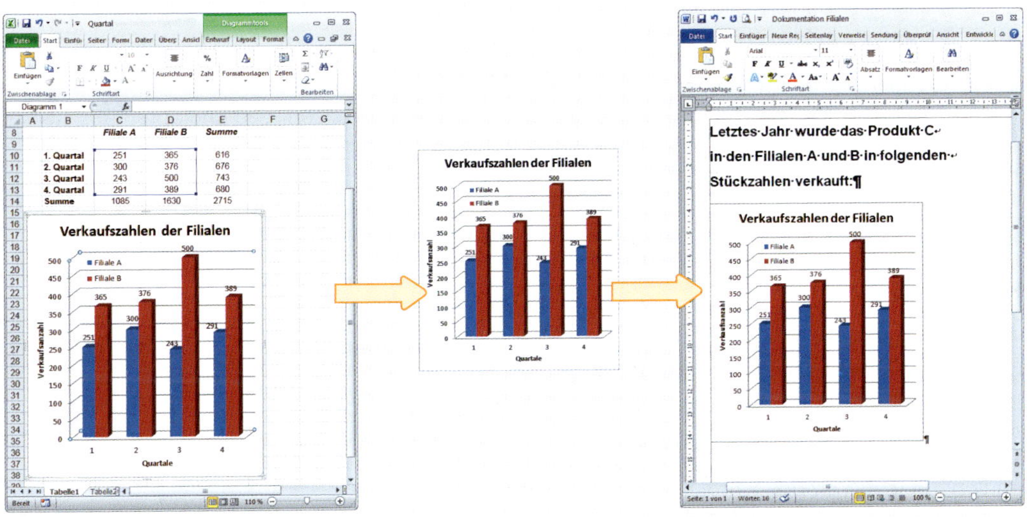

Bild 2: Datenaustausch ohne Verknüpfung

Eine weitere Möglichkeit ist das **Einbetten** von Objekten **(Object Embedding)**. Hier wird in eine Anwendung (z. B. Textverarbeitung) ein Objekt einer anderen Anwendung (z. B. Tabellenkalkulation) eingefügt. Dies hat den Vorteil, dass der Anwender in der Textverarbeitung die volle Funktionalität der Tabellenkalkulation nutzen kann, ohne permanent zwischen den beiden Anwendungen hin- und herwechseln zu müssen. Die Daten des eingebetteten Objektes werden mit der Anwendung abgespeichert **(Bild 1)**.

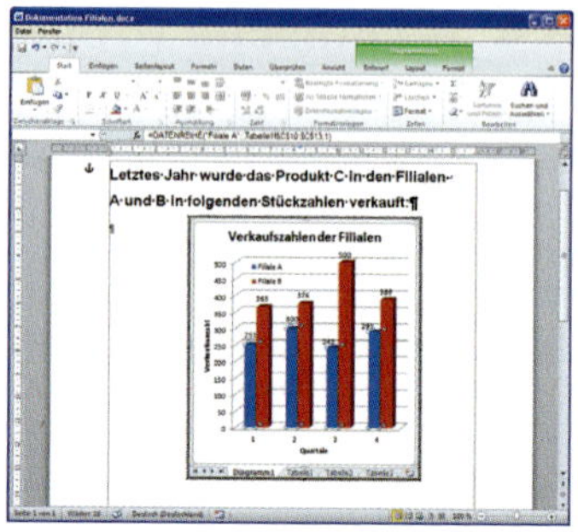

Bild 1: Einbetten von Objekten

Beim **Datenaustausch mit Verknüpfung (Object Linking)** wird das Objekt in der Zielanwendung (z. B. das Diagramm in der Textverarbeitung) aktualisiert, wenn sich dieses in der Quellanwendung (Tabellenkalkulation) ändert. Das Dokument in der Zielanwendung erhält lediglich einen Verweis auf das Objekt in der Quellanwendung; d. h., die Daten werden nicht mit abgespeichert. Soll eine Verbindung aufgebaut werden, müssen beide Anwendungen geöffnet sein. Wird das Quelldokument verschoben oder gelöscht, so ist auch die Verknüpfung unterbrochen **(Bild 2)**. Die Fähigkeit eines Office-Paketes, das Einbetten und Verbinden von Objekten zu ermöglichen, wird unter dem Begriff Object Linking and Embedding, kurz **OLE**, zusammengefasst.

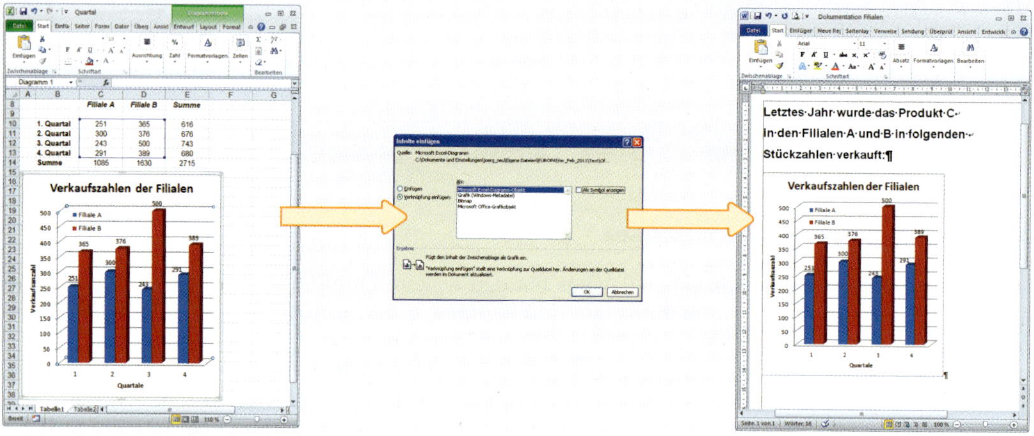

Bild 2: Datenaustausch mit Verknüpfung (Object Linking)

8.4.1 Textverarbeitung

Die Textverarbeitung ermöglicht das Erstellen von Dokumenten – bestehend aus Text, Tabellen und Grafiken mit automatischer Generierung von Inhalts- und Stichwortverzeichnissen und automatischer Verwaltung der Fußnoten. Es ist möglich, Tabellen zu generieren, externe Grafiken einzubinden, den Text mehrspaltig zu setzen, automatisch die Kapitelüberschriften und die Bild- und Tabellenunterschriften zu nummerieren.

Der große Vorteil besteht darin, dass mithilfe der Textverarbeitung der Text nicht sofort formatiert eingegeben werden muss. Die Gestaltung erfolgt meist im Anschluss an die eigentliche Texteingabe. Das Layout (engl. Gestaltung, Satzspiegel) des eingegebenen Textes wird hauptsächlich durch das **Seitenlayout,** die **Absatzformatierung** und die **Zeichenformatierung** bestimmt.

Beim Seitenlayout **(Bild 3)** wird die Gestaltung der Seite festgelegt; also das Papierformat (z. B. DIN A4 quer/hoch), bedruckbarer Bereich (Seitenränder links/rechts und oben/unten), das Format der Zeilennummerierung, die Art des Rahmens um den Text usw. Ferner können Wasserzeichen (z. B. zur Kennzeichnung als Entwurf) und Hintergrundfarbe für das Dokument festgelegt werden.

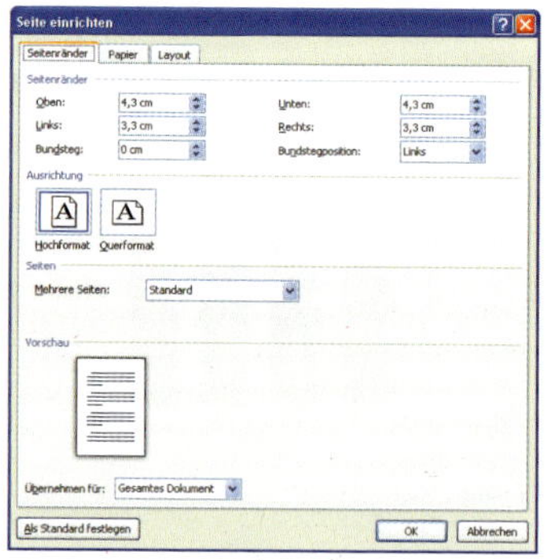

Bild 3: Seitenlayout bearbeiten

Durch die Absatzformatierung **(Bild 1)** wird das Layout eines Absatzes festgelegt. So können Abstände bezogen auf die Seitenränder eingestellt werden. Oftmals werden dem Anwender in einem Vorschaufenster direkt die Auswirkungen der Formatierung angezeigt. Mithilfe der Zeichenformatierung werden z. B. die Schriftart, die Schriftgröße, der Schriftschnitt, die Schriftfarbe und der Zeichenabstand beeinflusst **(Bild 2)**.

Da das Formatieren eines jedes Absatzes „von Hand" über die Absatz- und Zeichenformatierung mühsam und zeitaufwendig ist, gibt es die Möglichkeit, mit **Formatvorlagen** zu arbeiten. In dieser sind die Einstellung für den Absatz und die Schrift gespeichert. Man braucht nur den jeweiligen Absatz zu markieren und ihm die gewünschte Formatvorlage zuzuweisen. Dem Anwender werden fertige Formatvorlagen für Überschriften, Aufzählungen usw. angeboten. Diese kann er dann individuell anpassen.

Individuelle Seitenlayouts können als **Dokumentenvorlagen** definiert werden. Damit lassen sich bestimmte Seitenlayouts (Fax, individueller Briefkopf) abspeichern und benötigte Formatvorlagen in dieser Dokumentenvorlage zur Verfügung stellen. Je nach Office-Paket muss darauf geachtet werden, dass beim automatischen Erstellen von Inhaltsverzeichnissen nur die von der Software angebotenen Überschrifts-Formatvorlagen benutzt werden.

Weitere typische Merkmale sind **Rechtschreibprüfung** und ein **Wörterbuch,** welches synonyme (d. h. gleichbedeutende) Begriffe vorschlägt. Oft ist die Rechtschreibprüfung anpassbar, indem das vorhandene Wörterbuch durch individuelle Einträge ergänzt werden kann. Ein wichtiges Tool ist die **Silbentrennung,** damit im Blocksatz keine großen Lücken durch die von der Software automatisch eingefügten Leerzeichen entstehen bzw. beim Flattersatz der Rand nicht so „ausgefranst" aussieht.

Sollen umfangreichere Dokumente erstellt werden, lohnt sich der Einsatz von **Feldern.** Unter einem Feld versteht man ein Textelement, das in Dokumente eingefügt werden kann, um dort bestimmte Funktionen zu steuern (z. B. Anzeige der Seitenzahl, des aktuellen Datums und des Dateinamens). Die Felder können wie Text im Dokument formatiert werden. Ein Feld **(Bild 3)** besteht aus den drei Teilen:

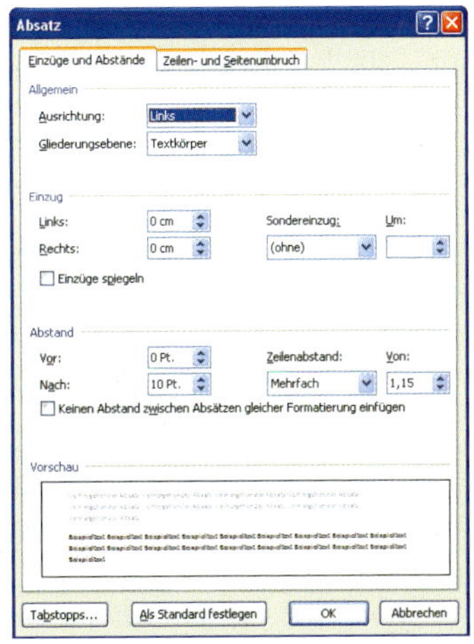

Bild 1: Absatzformatierung

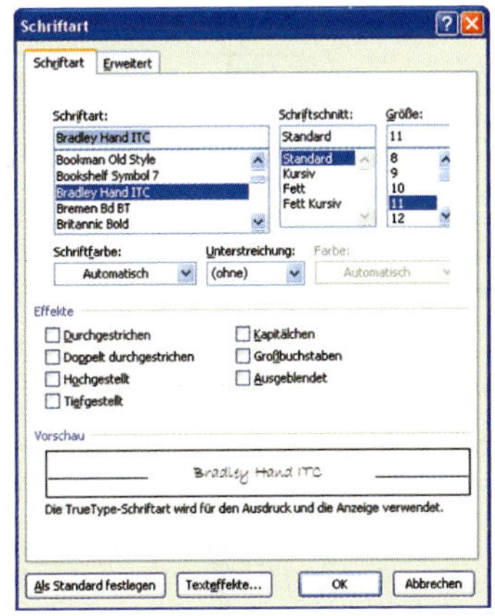

Bild 2: Zeichenformatierung

- Feldzeichen; z. B. { }, zur Unterscheidung von „normalem" Text.
- Feldname; z. B. Filename
- Feldanweisung; diese legt weitere Eigenschaften des Feldes fest; z. B. \p gibt auch den Pfad zum Dokumentnamen an.

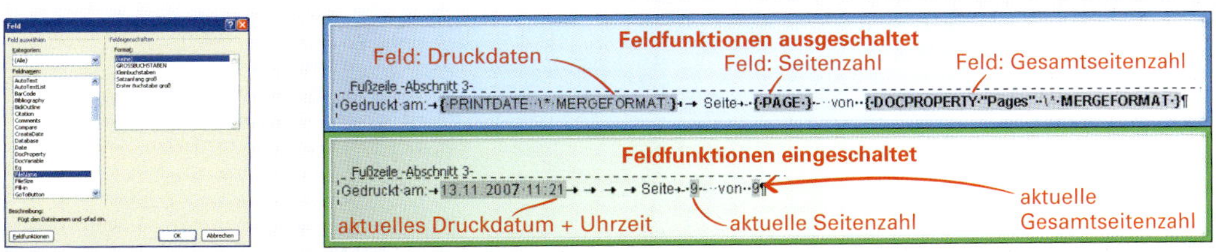

Bild 3: Feldfunktionen Druckdatum und Seitenzahl

Beim Arbeiten mit Feldern darf nicht vergessen werden, diese zu aktualisieren. Dies kann automatisch vor dem Speichern bzw. Drucken geschehen oder muss manuell durchgeführt werden. Eine weitere Besonderheit von Feldern besteht darin, dass sie gegen eine Aktualisierung auch gesperrt werden können. Fügt man z. B. in einen Brief das Datum per Feld ein, würde sich bei jedem Aufruf das Datum im Brief entsprechend ändern. Wenn dies nicht gewünscht ist, kann das Feld gegen Aktualisierung gesperrt werden.

Wird in größeren Dokumentationen (z. B. Anlagenbeschreibungen) mit Tabellen und Abbildungen gearbeitet, sind diese häufig einheitlich zu beschriften und nach einem bestimmten Muster zu nummerieren (z. B. Bild 3.27 heißt Bild Nr. 27 im Kapitel 3). Auch hier kann die Beschriftung und Nummerierung automatisiert werden **(Bild 1).** Bei einer Änderung hat dies den Vorteil, dass man nicht alle sich ändernden Bildunterschriften manuell bearbeiten muss. Es können mehrere Kategorien (z. B. Tabelle, Abbildung, Foto usw.) parallel in einem Text automatisiert werden. Für das Arbeiten im Team bieten heutige Textverarbeitungsprogramme auch die Möglichkeit, mit Filial- und Zentraldokumenten zu arbeiten.

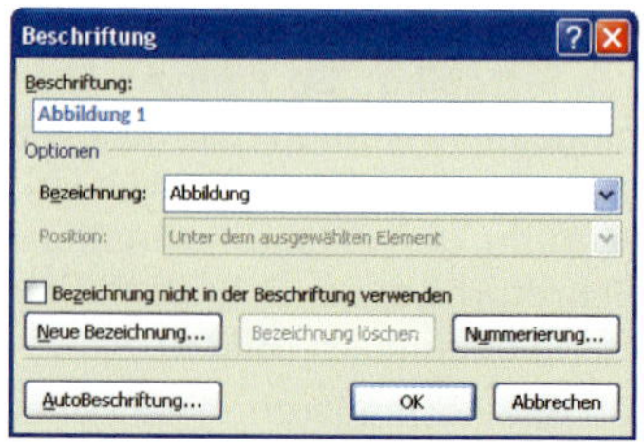

Bild 1: Automatisierte Beschriftungen

Wiederholung und Vertiefung

1 Welche grundsätzlichen Möglichkeiten des Datenaustausches zwischen verschiedenen Office-Anwendungen gibt es?
2 Erläutern Sie den Unterschied zwischen einer Formatvorlage und einer Dokumentenvorlage.
3 Beschreiben Sie je vier Parameter, die bei der Absatz- und Zeichenformatierung einstellbar sind.
4 Wozu dienen automatisierte Beschriftungen?
5 Welche Vorteile hat das Verwenden von Feldern?

8.4.2 Tabellenkalkulation

Diese Programme helfen dem Anwender **(Bild 2),**

- Zahlen strukturiert darzustellen (in tabellarische Form bringen),
- Zahlenmaterial auszuwerten bzw. mit Zahlenmaterial zu rechnen,
- Zahlenmaterial durch Diagramme übersichtlich darzustellen.

Vorteile gegenüber herkömmlichen Methoden „von Hand“ sind:

- Das Variieren mit verschiedenen Startwerten ist möglich.
- Die Eingabe von Formeln zur Berechnung ist möglich.

Eine Datei wird in Tabellenkalkulationen häufig **Mappe** oder **Arbeitsmappe** genannt. Jede Mappe besteht aus verschiedenen Tabellen; auch **Tabellenblätter** genannt, die hintereinander in der Mappe vorliegen **(Bild 3).** Diese Art der Abspeicherung hat den Vorteil, dass eine große Tabelle in kleinere zerlegt werden kann. Dadurch ergibt sich eine größere Übersichtlichkeit.

	Filiale A	Filiale B	Filiale C
1. Quartal	251	365	616
2. Quartal	300	376	676
3. Quartal	243	500	743
4. Quartal	291	389	680
Summe	1085	1630	2715

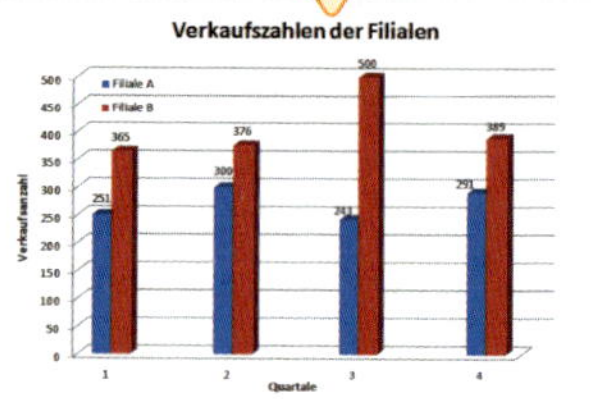

Bild 2: Darstellung von Zahlenmaterial

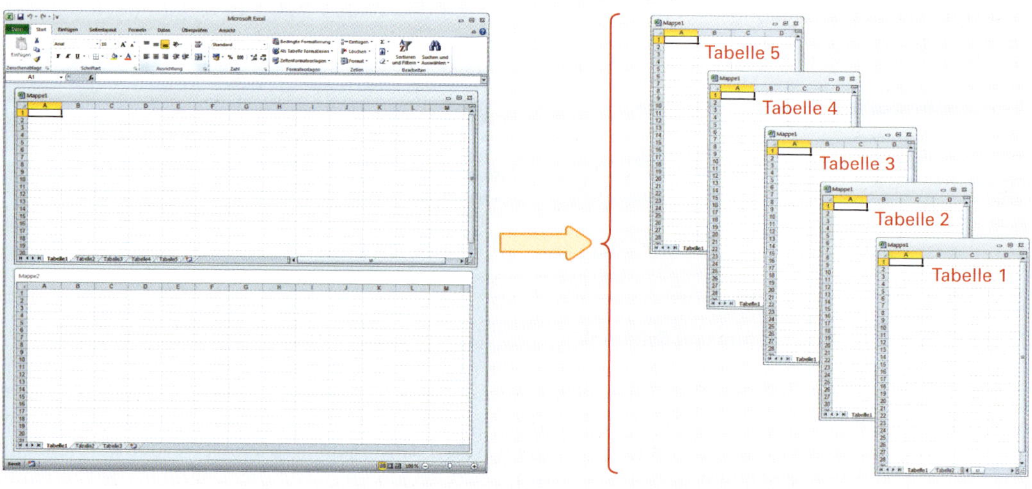

Bild 3: Mappen- und Tabellenaufbau einer Tabellenkalkulation

Eine Tabelle besteht aus Spalten und Zeilen, die jeweils eindeutig gekennzeichnet sind. Ein Tabellenfeld wird auch als **Zelle** bezeichnet. Eine Zelle ist eindeutig durch Angabe der Zeilen- und Spaltenposition festgelegt; z. B. D14 **(Bild 1).** In diese Zellen können Texte bzw. Zeichenfolgen, Werte (Zahlen, Datum oder Zeitangaben), mathematische Formeln oder logische Ausdrücke eingetragen und ähnlich wie in der Textverarbeitung formatiert (z. B. Schriftart, -grad, fett/kursiv, rechts-/linksbündig oder Blocksatz) werden. Weiterhin bieten heutige Tabellenkalkulationen auch eine Autokorrektur-Funktion, eine Rechtschreibprüfung und das automatische Erzeugen regelmäßiger Datenreihen durch die Vorgabe von wenigen Werten an.

Mithilfe der Zelladressen können über mathematische Formeln neue Werte ermittelt werden. So berechnet z. B. die Funktionsanweisung SUMME(D10:D13) die Summe aller Werte, die im Zellbereich D10 bis D13 stehen (Bild 1). Es können auch mehrere einzelne Felder, die nicht in einem Bereich liegen, durch Aufzählen (z. B. SUMME(D10; D12; D13) eingegeben werden. Diese Art, Berechnungen durchzuführen, hat den Vorteil, dass Zahlenänderungen vorgenommen werden können und die Formel immer wieder das entsprechende Ergebnis berechnet, ohne dass der Anwender die Werte selbst in die Formel eingeben muss.

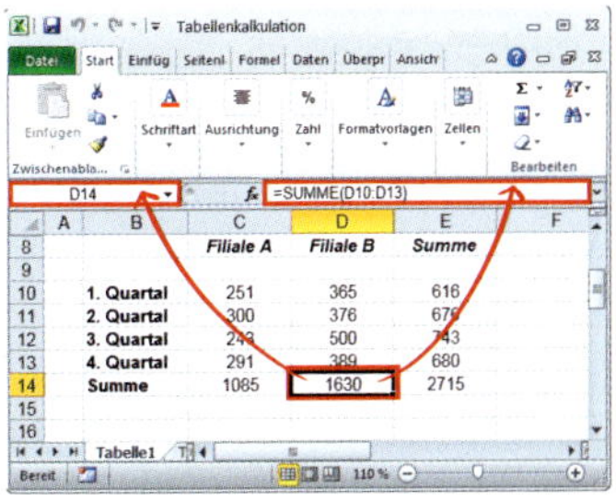

Bild 1: Berechnungen mit Zelladressen

Ein weiterer Anwendungsfall ist das Kopieren von Formeln. Sind mehrere Spalten mit der grundsätzlich gleichen Formel zu bearbeiten, kann man die einmal eingegebene Formel auf die anderen Spalten durch Markieren und Ziehen kopieren. Dabei ändern sich die relativen Zellbezüge (z. B. C10:C13) automatisch **(Bild 2).** Ist das Ändern der Feldadressen beim Kopieren nicht erwünscht, können durch Einfügen eines Sonderzeichens (z. B. $) Teile der Feldadresse absolut gesetzt werden (Bild 2).

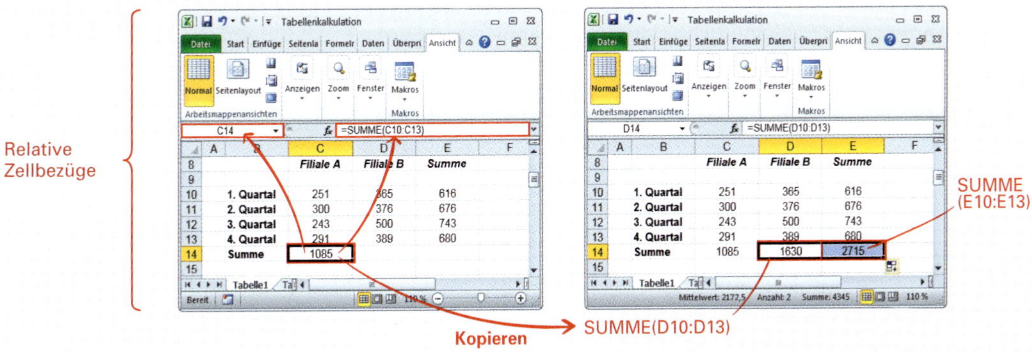

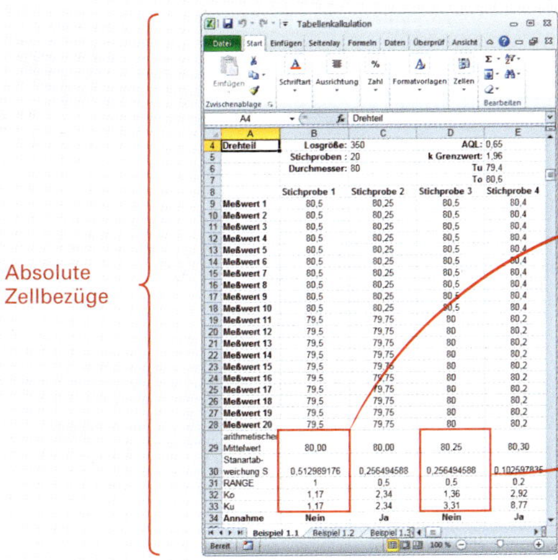

Ausgangszelle	Formel
B29	Mittelwert(B$9:B$28)
B30	Stabw(B$9:B$28)
B31	Max(B$9:B$28)-Min(B$9:B$28)
B32	(E7-B$29)/B$30
B33	(B$29-$E$6)/B$30

Kopieren z. B in Spalte D

Kopierte Zelle	Formel
D29	Mittelwert(D$9:D$28)
D30	Stabw(D$9:D$28)
D31	Max(D$9:D$28)-(Min(D$9:D$28)
D32	(E7-D$29)/D$30
D33	(D$29-$E$6)/D$30

Bild 2: Relative und absolute Zellbezüge

Es gibt verschiedene Arten von Formeln. **Numerische Formeln** verrechnen Variablen oder Konstanten zu einer neuen Zahl.

z. B. = F12 * 1.16

liefert als Ergebnis *20.32,* wenn in Zelle F12 die Zahl 20 steht.

Textformeln verketten Text und Zelleneinträge wieder zu Text:

z. B. = „Geburtsjahr" & G11

liefert als Ergebnis *Geburtsjahr 1960,* wenn in G11 die Zahl 1960 steht, wobei die Zahl in G11 in Text umgewandelt wird.

Logische Formeln überprüfen logische Bedingungen, die entweder wahr (logisch 1) oder falsch (logisch 0) sein können.

z. B. = (A6 > A4) + 1

liefert den Wert *2,* wenn A6 > A4 und den Wert *1,* wenn A6 ≤ A4. Logische Bedingungen können über logische Operatoren (UND; ODER; NICHT) verknüpft werden.

z. B. = WENN(UND(D31>C7;D32>C7); „Ja"; „Nein")

Funktionen (Bild 1) sind von der Anwendung zur Verfügung gestellte Formeln, die komplizierte Berechnungen erlauben. Der Anwender muss sich nicht um die richtige Programmierung kümmern. So kann mit der Funktion MAX z. B. das Maximum einer Zahl aus einem Bereich oder einer Anzahl von Zahlen herausgefunden werden. Zu jeder Funktion existiert eine Beschreibung der Syntax, damit der Anwender die Parameter der Funktion richtig eingeben kann.

Grundsätzlich bestehen Formeln somit aus **Operanden** (z. B. D2; 1.15) und **Operatoren** (z. B. +; >). Finden sich in den Formeln keine Klammern, so entscheidet die **Priorität (Bild 2)** über die Reihenfolge der auszuführenden Operation. So liefert z. B. die Formel:

= 7 + 4 · 9 – 3

das Ergebnis 40. Während die Formel:

= (7 + 4) · (9 – 3) bzw. (7 + 4) · 9 – 3

66 bzw. 96 als Ergebnis hat.

Bei der Eingabe von Formeln ist strengstens darauf zu achten, dass die Syntax der Formel (z. B. Anzahl der Klammern ist immer gerade) bzw. die Syntax der Funktion an sich stimmen und dass das Format des jeweiligen Datentyps (z. B. Zahl, Datum, Text) richtig gewählt ist, da die Software sonst Fehlermeldungen ausgibt.

Bei großen Zahlenmengen lassen sich mit der tabellarischen Darstellung der Werte schlecht Entwicklungstendenzen, Abweichungen vom Mittelwert, Maximal- und Minimalwert usw. veranschaulichen. Hier bieten sich Diagramme **(Bilder 3** und **4)** zur grafischen Darstellung an. Die Parameter, die zur Erstellung eines Diagrammes eingestellt werden können, sind:

- der Diagrammtyp (Säule, Kreis, Funktionsgraph usw.)
- der darzustellende Datenbereich
- die Skalierung der Achsen (linear, auf- bzw. absteigend)
- die Beschriftung der Achsen und Angabe des Diagrammtitels.

Die Tabellenwerte, auf die sich das Diagramm bezieht, sind dynamisch mit dem Diagramm verknüpft, sodass sich automatisch das Diagramm ändert, falls sich ein Wert in der Tabelle ändert.

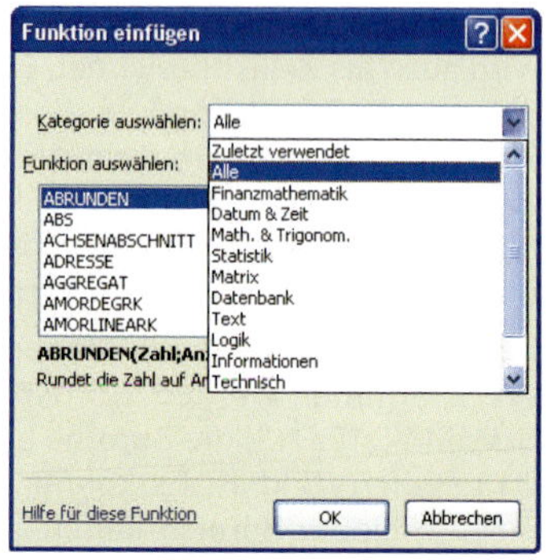

Bild 1: Funktionen

Operator	Beispiel	Bedeutung	Priorität
Bereichsoperatoren			
:	B3:B7	Bereich	1
Leer	B3:E8 C4:F12	Schnittmenge	2
;	B3:B12;C3:C12	Vereinigung	3
Arithmet. Operatoren			
-	-(5*2)	Vorzeichen	4
%	10 %	Prozent	5
^	5^2	Potenzierung	6
*	5*6	Multiplikation	7
/	6/3	Division	7
+	7+4	Addition	8
-	4-2	Subtraktion	8
Verkettungsoperator			
&	B2&B3	Textverkettung	9
Vergleichsoperatoren			
=	B5=B7	gleich	10
<=	B5<=B7	kleiner/gleich	10
>=	B5>=B7	größer/gleich	10
<>	B5<>B7	ungleich	10

Bild 2: Operatoren

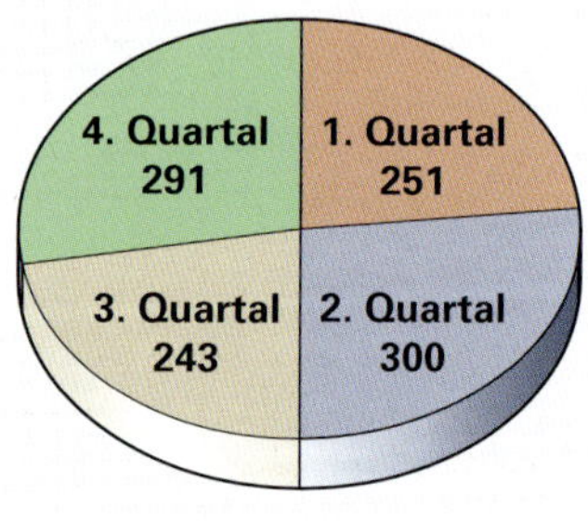

Bild 3: Kreisdiagramm

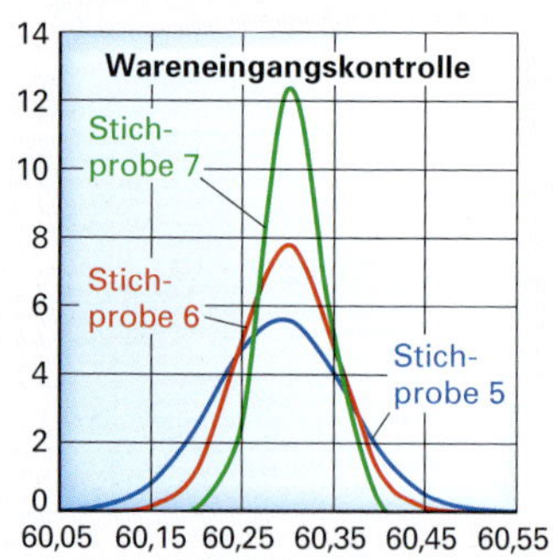

Bild 4: Funktionsgraph

8.4.3 Präsentationssoftware

Meilensteine eines Projektes bzw. das Abschlussresümee eines Projektes werden häufig präsentiert. Durch die OLE-Funktionalität der Office-Pakete können problemlos Objekte von anderen Anwendungen in die Präsentation eingebaut werden. Weiterhin ist es möglich, Sound- bzw. Videoeffekte und interaktive Schaltflächen zu integrieren. Die fertige Präsentation kann als Handout an die Teilnehmer verteilt werden. Es lassen sich zur jeweiligen Folie Notizen abspeichern, die sich der Präsentierende ausdrucken kann, damit er während des Vortrages über zusätzliche Informationen verfügt.

Für das Erstellen der Folien sind Grundkenntnisse in einer Textverarbeitungssoftware von Vorteil. Ähnlich dieser lassen sich hier die Folien mit einem einheitlichen Layout versehen. So kann das Seitenlayout (Blattgröße, Hoch- oder Querformat, automatische Nummerierung, einheitliche Hintergrundfarbe, Firmenlogo bzw. -name) für alle Folien gleich eingestellt werden. Weiterhin kann eine Kopf- und Fußzeile (z. B. mit Datum und Nummerierung) eingefügt werden. Die wichtigsten einzustellenden Parameter bei einer Präsentation sind:

- die Folienübergänge
- die Einblendeffekte der Folienelemente
- die Reihenfolge und der zeitliche Ablauf der Elemente auf der jeweiligen Folie.

Übergänge zwischen den einzelnen Folien können automatisch nach einer einzustellenden Zeit oder per Mausklick erfolgen. Will man „Verzweigungen" in die Folienreihenfolge einbringen, kann man mit interaktiven Schaltflächen **(Bild 1)** zu bestimmten Folien „springen", wenn diese Schaltflächen während der Präsentation betätigt werden.

Die Reihenfolge und der zeitliche Ablauf der auf der jeweiligen Folie vorhandenen Objekte bestimmen, z. B. ob die gesamte Folie sofort eingeblendet wird oder ob sie sich durch Mausklicks entwickelt. So können Schlagworte parallel auf der Folie mit einem Mausklick hinzugefügt werden **(Bild 2)**.

Weiterhin sind Effekte, mit denen die Objekte eingeblendet werden, einstellbar. So ist es möglich zu bestimmen, von wo die Objekte erscheinen (Bild 2) und auch das Ein- und Ausblenden mit Sound (z. B. Klatschen, Explosion usw.) zu verknüpfen.

Die Möglichkeiten, die eine Präsentationssoftware heutzutage bietet, entbindet den Anwender nicht davon, sich an grundlegende didaktische (Didaktik, lat. Unterrichtslehre) und Layoutvorgaben zu halten **(Bild 3)**. Viele Anfänger lassen sich dazu verleiten, zu viele Effekte einzubauen und den Zuhörer damit zu überfordern. Die Präsentationssoftware ist und bleibt lediglich ein Hilfsmittel, mit dem Vorträge wirkungsvoll unterstützt werden.

In der **Vorbereitungsphase** sollten grundsätzlich Überlegungen angestellt werden, die sich mit den Zielen, die diese Präsentation erreichen möchte, beschäftigen. Will sie z. B. informieren, will sie Entscheidungen herbeiführen oder will sie ein Produkt zum Verkauf anbieten? Welche Zielgruppe wird angesprochen? Die Präsentation muss auf die Zielgruppe ausgerichtet sein. Dies bedeutet, dass z. B. ein schwieriges technisches Problem je nach Zuhörerschaft entsprechend vereinfacht wird.

Bild 1: Interaktive Schaltflächen

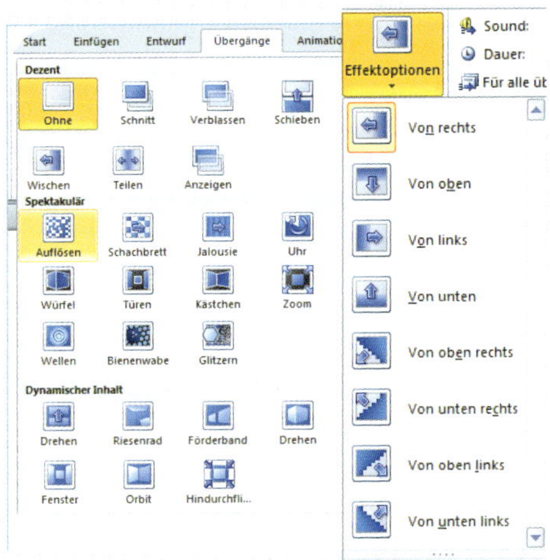

Bild 2: Aktionseinstellungen

DIDAKTISCHE GRUNDPRINZIPIEN

- Welche Zusammensetzung hat die Zielgruppe?
  homogen → z. B. nur Entscheidungsträger
  heterogen → z. B. Schüler und Lehrer
- Welche Vorkenntnisse sind vorhanden?
- Welche Erwartungen hat die Zielgruppe?
- Problematisieren → Lösungswege aufzeigen dann Lösung(en) wählen
- Vom Überblick zum Detail
- Zuerst bekannte Inhalte dann neue
- Zuerst konkrete dann abstrakte Sachverhalte

Bild 3: Didaktische Grundprinzipien

Eine Präsentation sollte maximal 50 bis 60 Minuten dauern; besser kürzer. Untersuchungen haben gezeigt, dass sich Zuhörer ca. 20 Min. konzentrieren können und dann die Aufnahmefähigkeit stark nachlässt. Spezialinformationen usw. hat der Präsentator „in der Hinterhand", um damit eventuell aufkommende Fragen schnell beantworten zu können.

Ist der grobe inhaltliche und zeitliche Rahmen abgesteckt, folgen zuerst Überlegungen zum Folienlayout **(Bild 1)**, dann zur Gliederung. Jede Präsentation besteht aus drei Teilen **(Bild 2)**.

In der **Eröffnung** werden die Zuhörer begrüßt, man stellt sich vor, nennt das Thema und beschreibt kurz den Ablauf der Präsentation. Es bietet sich eine motivierende Einleitung an, mit der der Präsentierende auf sich aufmerksam macht und der Zuhörer „angelockt" wird.

Der **Hauptteil** der Präsentation beschäftigt sich mit dem eigentlichen Thema und sollte ebenfalls eine in sich logische Gliederung aufweisen.

In der **Schlussphase** der Präsentation sollte nochmals das Wesentliche zusammengefasst und das Ergebnis herausgestellt werden. Danach sollte zur Diskussion übergeleitet werden, indem man Fragen an die Zuhörer stellt oder um Feedback bittet.

Der Folieninhalt besteht grundsätzlich aus fünf verschiedenen Typen von „Bildern" **(Bild 3)**. Zur Veranschaulichung von Organisationsstrukturen und Abläufen eignen sich sog. Flowcharts. Mathematische Formeln, trockene Zahlenreihen und Tabellen lassen sich am besten in Diagrammen darstellen **(Bild 4)**.

Bei Fotos, Videos und Sound besteht die Gefahr, dass zu viel Information auf einmal auf den Zuhörer einströmt. Der Einsatz dieser Medien sollte deshalb nur sehr dosiert erfolgen. Ähnlich gut überlegt sollten auch Stimulanzien (z. B. Cartoons, Zitate, Witze usw.) sein. Gerade hier muss darauf geachtet werden, dass diese Reize nicht lächerlich oder unseriös wirken. Auf der anderen Seite können sie „trockene" Phasen der Präsentation geschickt auflockern.

Soll die Präsentation erfolgreich verlaufen, muss sie so dargeboten werden, dass möglichst viele Sinne angesprochen werden. Dies bedeutet, dass der Vortrag durch Texteinblendungen (z. B. Schlagworte) und durch Bilder (z. B. Fotos, Zeichnungen usw.) ergänzt wird, um die Aufmerksamkeit der Zuhörer zu erhöhen und dadurch die zu vermittelnden Inhalte längerfristig zu verankern. Auch wirken Präsentierende durch eine gute Visualisierung ihres Themas kompetenter.

Viele Präsentationen sind viel zu sehr textlastig. Gerade aber Texte werden am wenigsten aufge-

FOLIENAUFBAU

- Logo und/oder Firmenname platzieren
- Folientitel und evtl. Untertitel anordnen
- Text- und Bildteil festlegen, evtl. für alle Folien gleich
- Kernbotschaft ins Zentrum, evtl. farblich hervorgehoben
- keine Effekte, die Inhalte zudecken
- einheitliche Navigationssymbole festlegen

Bild 1: Folienaufbau

GLIEDERUNG DER PRÄSENTATION

1. Eröffnung ⇩
2. Hauptteil ⇩
3. Schluss

a) allgemeine Problemstellung aufzeigen
b) Argumente pro / contra
c) Schlussfolgerung
d) Konsequenzen, Vorgehensweise

Bild 2: Gliederung der Präsentation

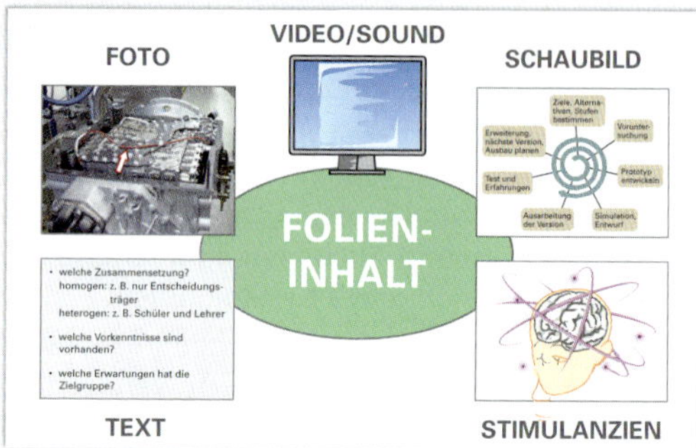

Bild 3: Folieninhalte

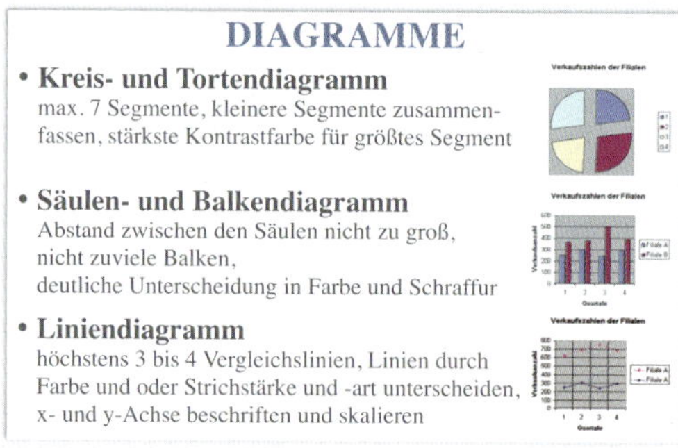

Bild 4: Diagrammarten

nommen bzw. ermüden den Zuhörer, weswegen es einige wichtige Punkte zu beachten gilt:

- nur ein Thema pro Folie
- so wenig Zeilen wie möglich
- nur Schlagworte, keine ganzen Sätze.

Auch das Folienlayout und der -aufbau sollten bestimmten Bedingungen genügen **(Bild 1)**, damit einmal eine gewisse Einheitlichkeit der Folien gewährt ist. Zweitens ist es sehr wichtig, den Zuhörer nicht mit zu viel Farb- und Schriftwechsel zu überfordern. Dies führt zum „Abschalten" des Adressaten. Ferner sollte das Präsentieren aller Folien grundsätzlich nach einem bestimmten, immer ähnlichen Schema erfolgen **(Bild 2)**.

FOLIENLAYOUT

- höchstens zwei Schriftarten
- gängige Schriftarten verwenden z. B. Arial, Times New Roman
- einheitliche Farbgestaltung auf allen Folien, gleiche Farben für gleiche Sachverhalte
- kontrastreiche aber nicht schrille Farben

Bild 1: Folienlayout

Auch durch den Einsatz einer Präsentationssoftware steht immer noch der Vortragende im Mittelpunkt des Geschehens. Die digitale Präsentation ist lediglich eine Unterstützung. Ein paar weitere Tipps zur Durchführung der Präsentation zeigt **Bild 3.**

Zusammenfassend kann festgestellt werden, dass bei einer Präsentation die drei Bereiche Textdarstellung, Vortrag und Bild geschickt miteinander verknüpft werden müssen.

In der **Auswertungsphase** einer Präsentation sollten folgende Fragen beantwortet werden:

- Was war gut bzw. schlecht?
  z. B. Zeiteinteilung, organisatorische Rahmenbedingungen, Unterlagen
- Was kann noch verbessert werden?

DIE 4 PHASEN DER FOLIENPRÄSENTATION

1. Folie ankündigen
2. Folie auflegen und Zeit zum Betrachten lassen
3. Folie erklären
4. Zur nächsten Folie überleiten

Bild 2: Präsentationsphasen

TIPPS

- Schrift so groß, dass sie auch in der letzten Reihe lesbar ist (Selbsttest!)
- Foliensatz als OH-Folien bereithalten falls der Beamer ausfällt
- Präsentation im Vorfeld ohne Zuhörer testen (Überprüfung des zeitlichen Rahmens und der Handhabung der Geräte)
- Keine „Folienschlacht"; mind. 1 min pro Folie

Bild 3: Tipps zur Durchführung

Wiederholung und Vertiefung

1 Erläutern Sie den Unterschied zwischen einer Tabelle und einer Mappe bei einer Tabellenkalkulation.

2 Erläutern Sie den Unterschied zwischen einem relativen und einem absoluten Zellbezug.

3 Welche Werte liefern folgende Ausdrücke (Anm.: F1 = 1; F2 = 2; F3 = 3 usw.):
a) F24 / 12 b) F36 ^2 c) Summe(F1:F7;F9:F20)

4 Erläutern Sie den Begriff **Priorität**. Berechnen Sie folgende Werte (Anm.: G1 = 10; G2 = 20; G3 = 30 usw.):
a) G8 – G9 + G20 / 2 b) G100 / 2 + 30 c) G200 / (48 + 52)
d) Summe(G1:G5) ^2 + G10 ^2 – (G12 – G10)^8 + G100 – G20^2

5 Welchen Wert liefern die folgenden Ausdrücke?
a) MITTELWERT(B1;B10:B20)
b) WENN(UND(ODER(B8>B7;B6>B7));(UND(B6>B5;B3<B4));„ja";„nein")mit B3 = 3; B4 = 4 usw.

6 Erläutern Sie, welche verschiedenen Folieninhalte unterschieden werden.

7 Welche wichtigen Dinge sollten Sie grundsätzlich bei Ihren Folien und beim Folienlayout beachten?

8.5 Practise your English

Present your Company

The local headquarters should be presented during an international exchange of trainees or an international exchange within the company. For the presentation there is a given time of ten to fifteen minutes to introduce the following points:

- Information about the historical development of the site
- What is being produced at this location?
- Who is the customer group?
- What makes the site unique or where does it differ from their competitors?

First, it needs to be clarified whether the company standardizes graphic presentations (cooperated design) within its corporate identity, so that templates for presentations are used. This information determines the slide layout for the presentation **(Figure 1)**.

The presentation should not be text heavy, because long texts are recalled the least and the listeners are tired. Besides essential contents should be visualized by e.g. photos, charts, diagrams etc. **(Figure 2)**. Audiovisual media should not take up too much time when integrated in a presentation.

Does the company have prominent or unusual founders or are there any interesting stories which led to the foundation of the company? This kind of information captivates the listeners more than pure factual knowledge.

The products, which are manufactured at your own company site, should only be presented principally and in a short overview. Here it makes sense, to show the most important manufacturing or processing methods, which are specific to the company.

The next step after the manufacturing of the products is the introduction of the customers who are supplied. An effective way is to show application examples or uses for their completed products **(Figure 3)**.

Finally, by displaying some applications it can be emphasized what the company performs that is outstanding and how it differs from their competitors. The last slide should always be used to thank the audience for their attention **(Figure 4)**.

In-depth and review

Make a presentation, which you should give as a trainee representative in front of new apprentices. Use the presentation "Present your company" as a guideline and change where necessary.

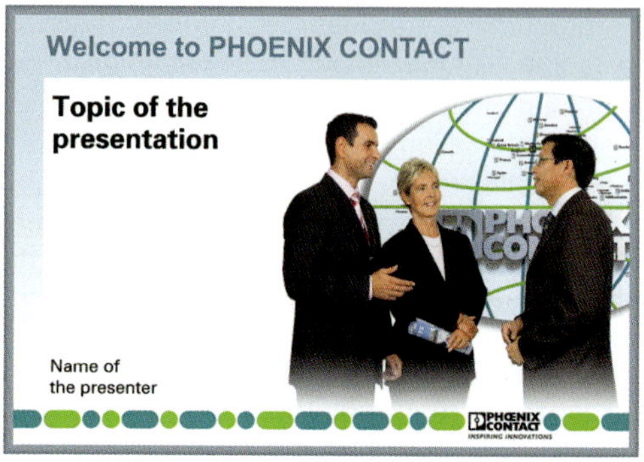

Figure 1: Company-specific template design for presentations

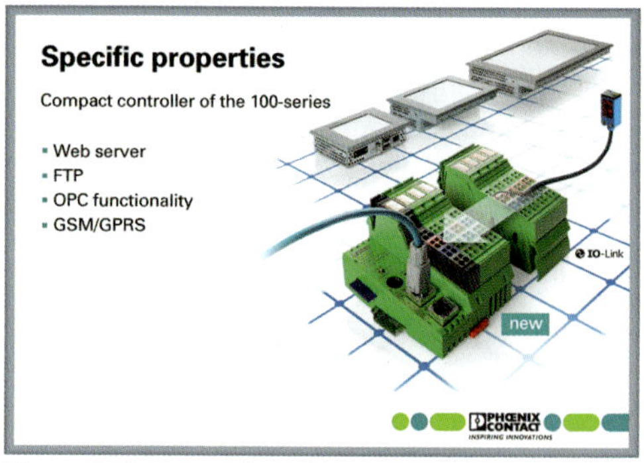

Figure 2: Presentation of a product

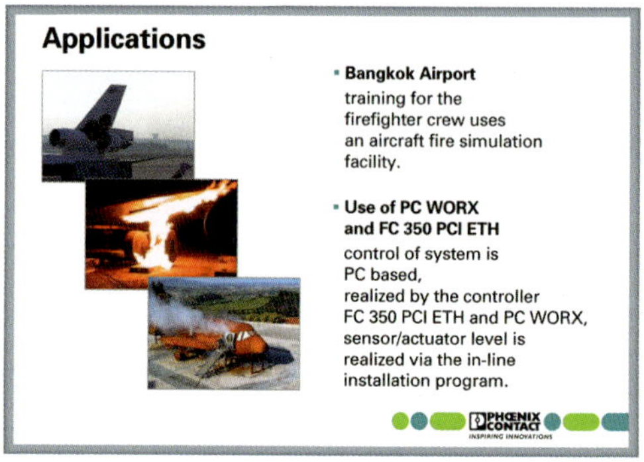

Figure 3: Applications

Figure 4: Final slide

Informationen zum lernfeldorientierten Unterrichten

Ziele des lernfeldorientierten Unterrichtens

- Das im Unterricht erworbene Wissen soll in die betriebliche Praxis übertragen werden können.
- Der Theorie-Praxis-Bezug wird durch die Vorgehensweise „Von der Lernsituation zum Tätigkeitsfeld" bzw. „Vom Wissen zum Handeln" gefördert.
- Die Fähigkeit zur Nutzung aller möglichen Informationsquellen wie z. B. Fachbücher, Tabellenbücher, Hersteller-Kataloge und Web-Seiten wird entwickelt.
- Die Fähigkeit zur Problemanalyse und Problemlösung, kooperatives Lernen im handlungsorientierten Unterricht sowie selbstorganisiertes individuelles Lernen werden gefördert.

Merkmale des lernfeldorientierten Lernens

- Die lernfeldorientierten Lehrpläne sind nicht nach Fächern gegliedert, sondern durch die beruflichen Tätigkeitsfelder (Handlungsfelder) vorgegeben. In diesem Rahmen werden die technischen Kenntnisse und die Handlungskompetenz vermittelt.
- Die Lernfelder beschreiben die Ziele des Unterrichts in den Handlungsfeldern eines Berufes, z. B. Fertigen, Montieren, Instandhalten und Automatisieren im Ausbildungsberuf Industriemechanikerin/Industriemechaniker.
- Geeignete Leitprojekte und Lernsituationen richten sich nach dem regionalen industriellen Umfeld, den Möglichkeiten der Schule und der Lernfähigkeit der Schüler.
- Die Aufteilung des Unterrichts zwischen Klassenraum, Labors und fachpraktischen Räumen sowie die Zusammenarbeit der Lehrer einer Klasse müssen besonders sorgfältig abgestimmt werden.

Grundsätzlicher Aufbau eines Lernfeldes am Beispiel Herstellen einfacher Baugruppen

Bezeichnung **Ausbildungsjahr** **Zeitrichtwert**	Herstellen einfacher Baugruppen 1. Ausbildungsjahr 80 Stunden
Lernziele (Auszug)	Die Schülerinnen und Schüler bereiten die Herstellung von einfachen Baugruppen vor. Sie unterscheiden Fügeverfahren nach ihren Wirkprinzipien und ordnen sie anwendungsbezogen zu.
Lerninhalte (Auszug)	Teil-, Gruppen- und Gesamtzeichnungen, Stückliste, Montagebeschreibung, Grundlagen des kraft-, form- und stoffschlüssigen Fügens, Normteile, Fertigungsverfahren, Grundlagen des Qualitätsmanagements.
Anmerkung	Die Aufteilung der Gesamtzeit auf die einzelnen Inhalte sowie auf die Klassen- und Fachräume liegt im Ermessen der Schule.

Lernschritte bei der Erarbeitung eines Lernfeldes an Hand eines Leitprojektes

Analysieren des gewählten Projektes. Aufgabenstellung erfassen, Informationsquellen sichten
Planen. Berechnungen durchführen, Werkstoffe auswählen, Arbeitsplan erstellen
Fachkenntnisse vermitteln durch Unterricht, Fachbücher, Herstellerunterlagen, Filme ...
Durchführen. Fertigen, montieren, prüfen, optimieren, in Stand halten
Bewerten. Einhalten der Zeit- und Kostenpläne, Vergleich verschiedener Lösungen
Dokumentieren. Foto, Gesamtzeichnung, Stückliste, Prüfprotokoll, Beschreibung
Präsentieren. Werbend oder informierend, abgestimmt auf die Bezugsgruppe

Auf den folgenden Seiten 334 bis 345 werden die Lernfelder anhand eines jeweils gewählten Leitprojekts vorgestellt und ihre Erarbeitung stichwortartig skizziert.

Lernfeld: Fertigen von Bauelementen mit handgeführten Werkzeugen

Gewähltes Leitprojekt: Schlüsselanhänger

Gesamtzeichnung des Schlüsselanhängers

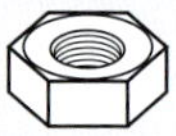

Sechskantmutter

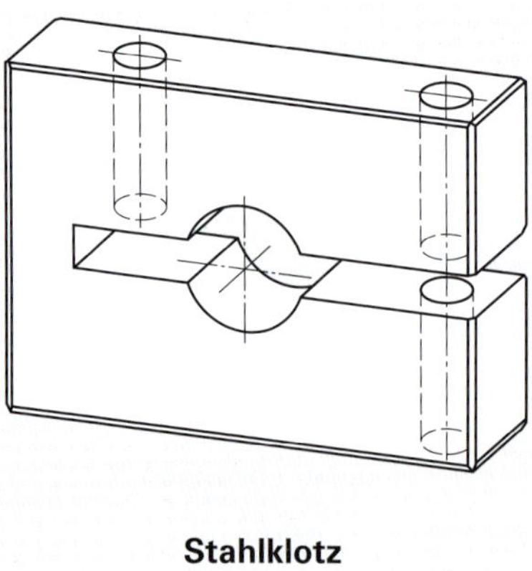

Stahlklotz

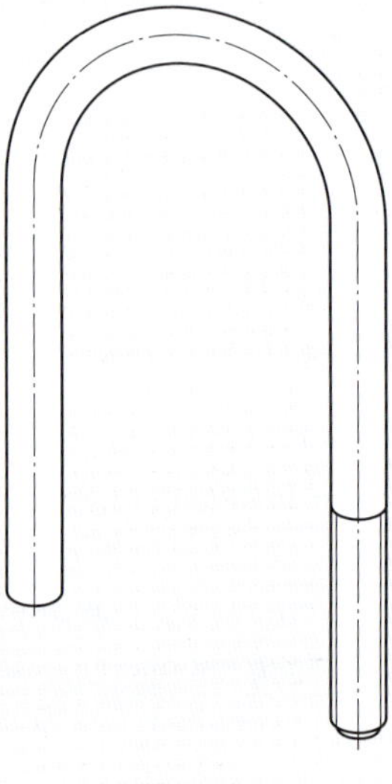

Bügel

Lernfeld: Fertigen von Bauelementen mit handgeführten Werkzeugen

Gewähltes Leitprojekt: Schlüsselanhänger

Ziele und Inhalte	Hinweise, Hilfsmittel

Analysieren: Aufgabe und Funktion des Schlüsselanhängers

• **Beschreibung** der Aufgabe und Funktion anhand der vorgegebenen Zeichnungen (Seite 334) • **Grundlagen der Darstellung:** Anforderungen an technische Zeichnungen; Projektionsarten • **Erstellen der Teilzeichnungen,** eventuell nur als Handskizzen; notwendige Bemaßung, einfache Toleranzen • **Auswahl der Normteile,** die für den Schlüsselanhänger benötigt werden • Einfache **Stückliste** erstellen	Prüfen, ob die angebotenen zeichnerischen Darstellungen zum Verständnis ausreichen. Vor- und Nachteile der dimetrischen Projektion diskutieren, ebenso der üblichen zweidimensionalen Teilezeichnungen. Möglichkeit eines einfachen CAD-Programms nutzen. Fachzeichnen-, Tabellen-, Fachkundebuch

Berechnen: Grundlagen

• **Vorhandenes mathematisches Können** der Schüler und **Umgang mit dem Taschenrechner** feststellen und durch Übungen angleichen • **Größen und Einheiten:** Umrechnung und Anwendung • **Formeln und Gleichungen:** Umstellen, Auflösen • **Berechnung:** Längen, Flächen, Volumen und Masse der Bauteile	Der Umgang mit Hilfsmitteln wie Taschenrechner, Fachkunde- und Tabellenbüchern könnte dem 1. Lernfeld auch in einem eigenen Unterrichtsblock vorangestellt werden. Berechnungen immer mit Zahlenwerten und Einheiten ausführen. Fachrechnen- und Tabellenbuch

Werkstoffe

• **Übersicht** über die Werkstoffe • **Werkstoffeigenschaften** • **Bezeichnung** der Stähle; Werkstoffnummern • **Halbzeuge:** Kurzbezeichnungen • **Andere** geeignete Werkstoffe kennenlernen	Auf den Kostenfaktor eingehen. Fachkunde- und Tabellenbuch

Fertigen

• Übersicht über die Fertigungsverfahren • Sägen, Feilen, Bohren[1] und Gewindebohren • Umformen durch Biegen • Arbeitsschritte, Werkzeuge, Spannmöglichkeiten • Geeignete Mess- und Prüfmittel • Arbeitsschutz	Im 1. Ausbildungsjahr werden die Fertigungsverfahren, die sich später wiederholen, nur grundlegend behandelt. [1] Bohren wird hier zum Fertigen mit handgeführten Werkzeugen hinzugenommen, um das 1. Lernfeld interessanter gestalten zu können. Fachkunde- und Tabellenbuch

Prüfen, Bewerten, Dokumentieren, Präsentieren

Prüfen:	Längenmaße, Oberflächenbeschaffenheit, Ebenheit, Rechtwinkligkeit und Funktion
Bewerten:	Einhaltung des Zeitplanes, Teamarbeit
Dokumentieren:	Zeichnungen, Berechnungen, Arbeitspläne
Präsentieren:	Arbeitsvorgänge, Arbeitsergebnisse, Verbesserungsmöglichkeiten

Lernfeld: Fertigen von Bauelementen mit Maschinen

Gewähltes Leitprojekt: Spanngerät für runde Werkstücke

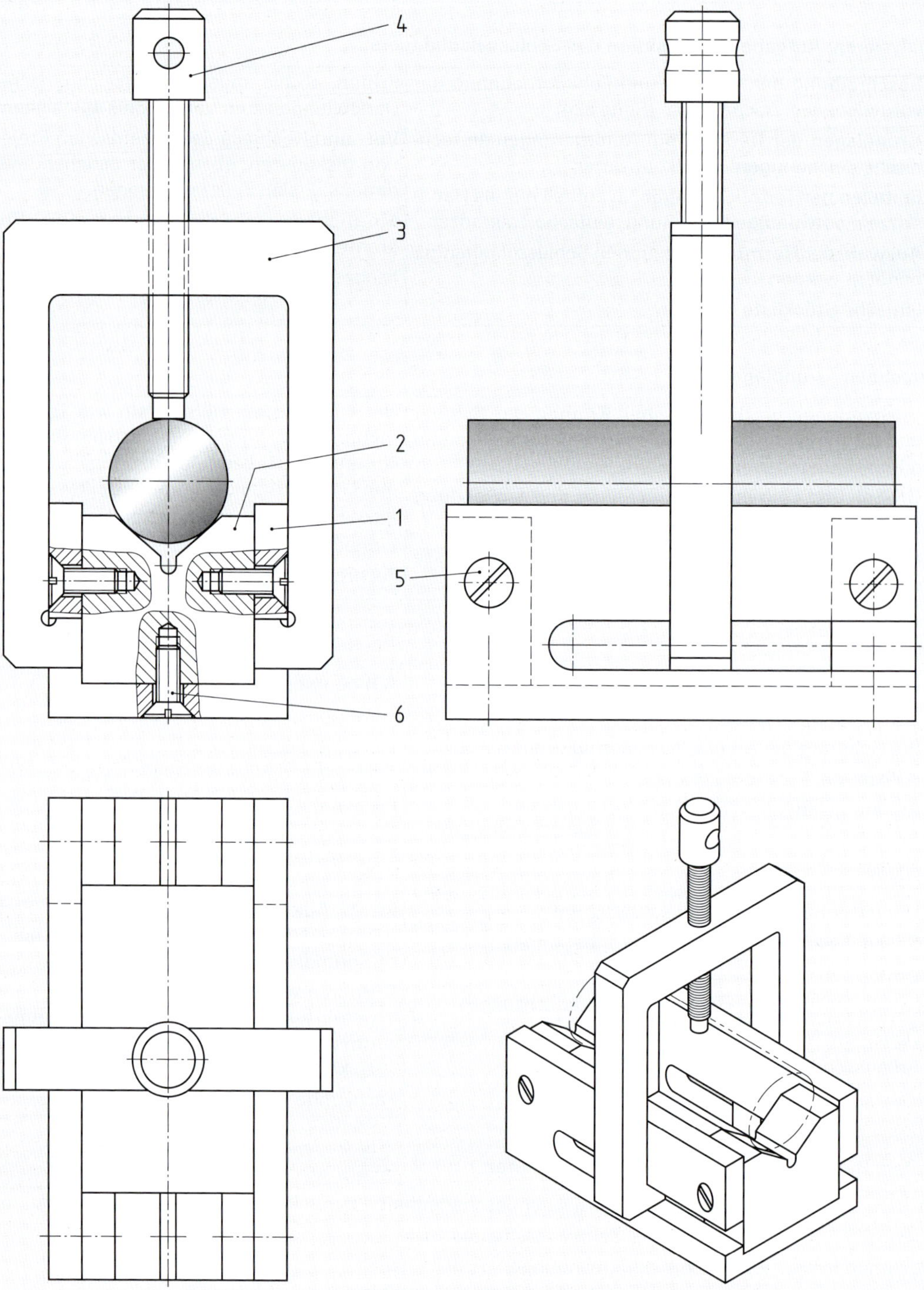

Lernfeld: Fertigen von Bauelementen mit Maschinen

Gewähltes Leitprojekt: Spanngerät für runde Werkstücke

Ziele und Inhalte	Hinweise, Hilfsmittel

Analysieren: Aufgabe und Funktion des Spanngerätes

• **Beschreibung** der Aufgabe und Funktion anhand der vorgegebenen Zeichnungen (Seite 336)	Prüfen, welche Vor- und Nachteile die isometrische Darstellung des Spanngerätes hat.
• **Festlegen,** welche Werkstückformen mit dem Spanngerät gespannt werden können	
• **Stückliste** in vereinfachter Form erstellen	Position, Menge, Benennung, Normenbezeichnung und Werkstoff
• **Teilzeichnungen** der zu fertigenden Teile mit allen für die Herstellung nötigen Angaben anfertigen	Maße Toleranzen, Oberflächenangaben, Grundlagen der Passungen
• **Bügel** (Pos. 3) so ändern, dass für die Herstellung der Innenkontur weniger Handarbeit erforderlich ist	

Berechnen

• **Spannkraft** der Spannschraube und ihre Einflussgrößen	Vorteile (z. B. Selbsthemmung) und Nachteile (z. B. geringer Wirkungsgrad) der mechanischen Spannelemente besprechen.
• **Zusammenhang** zwischen Durchmesser, Drehzahl und Schnittgeschwindigkeit bei der spanenden Bearbeitung	Zwischen stufenlosen elektrischen Antrieben und gestuften Antrieben für Drehzahlen und Vorschubgeschwindigkeiten unterscheiden
• **Vorschubgeschwindigkeit** beim Bohren und Fräsen	
• **Überschlägige Berechnung** des Gewichtes des fertigen Spanngerätes	Absoluter und prozentualer Werkstoffverlust durch die spanende Bearbeitung

Festlegen geeigneter Werkstoffe, Wärmebehandlung

• **Anforderungen** an die Werkstoffe bestimmen	Normgerechte Werkstoffbezeichnungen, Halbzeuge, Stahlerzeugnisse
• **Wärmebehandlung** erwägen	Möglichkeiten der Härteprüfung
• **Überblick** über Wärmebehandlungsverfahren	
• **Abmessungen der Werkstoffe:** Möglichst genormte und im Betrieb vorhandene Halbzeuge und Erzeugnisse verwenden	Prüfen, ob durch Verwendung von blankgezogenen Profilen die spanende Bearbeitung teilweise eingespart werden kann.

Fertigen bzw. Planen der Fertigung

• **Arbeitsplan** erstellen	
• **Drehen und Fräsen:** Grundlagen	Einteilung der Verfahren; Aufbau der Maschinen
• **Schneidstoffe:** Arten, Eigenschaften, Verwendung	
• **Schnittdaten,** Werkzeuge, Spannmöglichkeiten	Vorgang bei der Zerspanung: Nur Grundlagen, Vertiefung erfolgt bei späteren Lernfeldern
• **Kühlschmierung:** Zweck, Arbeitsregeln	
• **Mess- und Prüfmittel** festlegen	Einfacher Prüfplan
• **Arbeits- und Umweltschutz** beachten	

Prüfen, Bewerten, Dokumentieren, Präsentieren

Lernfeld: Herstellen einfacher Baugruppen

Gewähltes Leitprojekt: Bohrständer für Handbohrmaschine

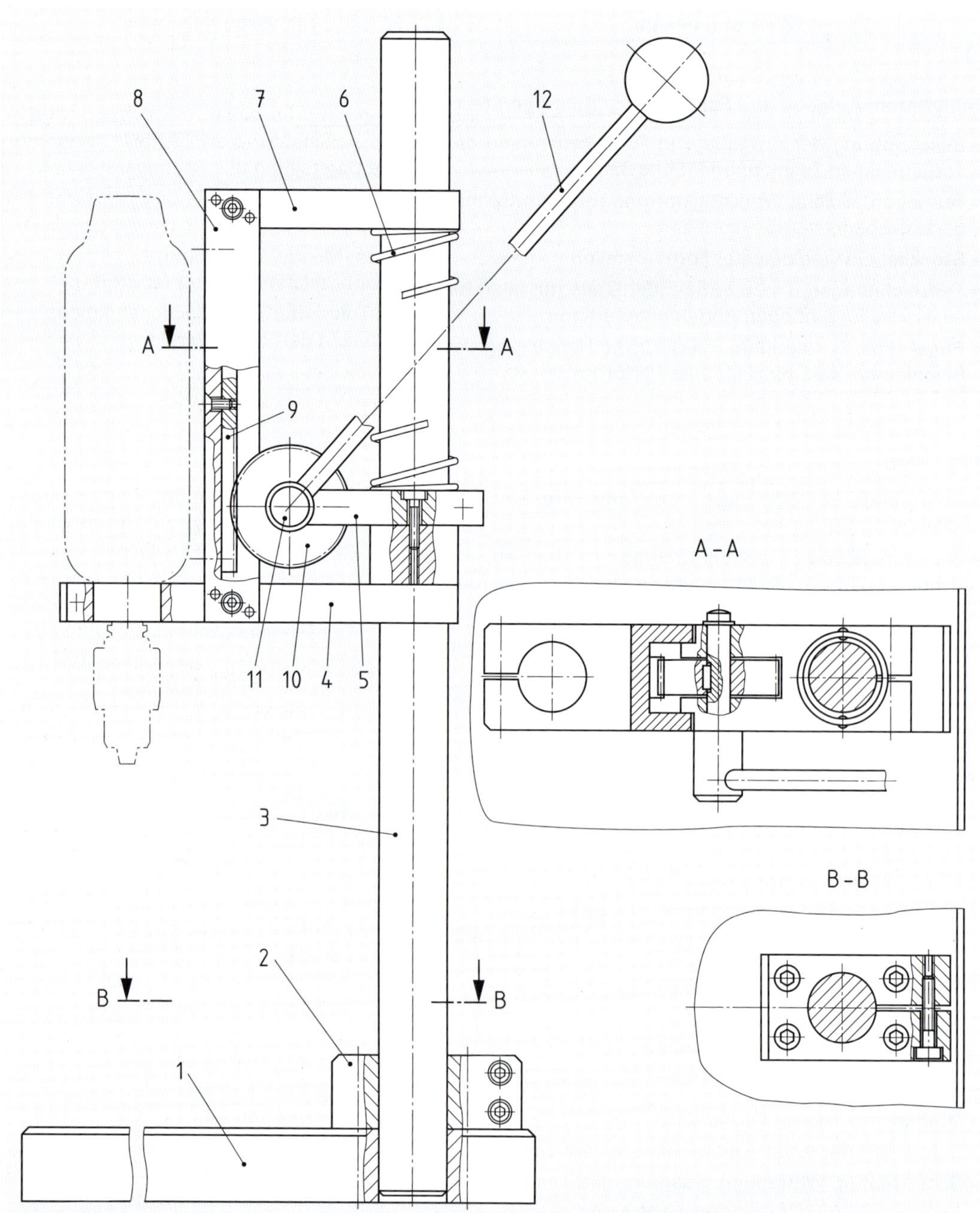

Teileliste (ohne Normteile)

Pos.	Benennung	Pos.	Benennung	Pos.	Benennung	Pos.	Benennung
1	Grundplatte	4	Bohrmaschinenhalter	7	Führungsplatte	10	Zahnrad
2	Säulenbefestigung	5	Zahnradaufnahme	8	Verbindungsplatte	11	Welle
3	Säule	6	Druckfeder	9	Zahnstange	12	Handhebel

Lernfeld: Herstellen einfacher Baugruppen

Gewähltes Leitprojekt: Bohrständer für Handbohrmaschine

Ziele und Inhalte	Hinweise, Hilfsmittel

Analysieren: Funktion des Bohrständers

• **Vorbemerkung:** Der auf der vorherigen Seite dargestellte Bohrständer wurde von Auszubildenden des 1. Ausbildungsjahres entwickelt. • **Erfassen** der Fertigungsaufgabe und der Funktion des Bohrständers anhand der Gesamtzeichnung. • **Die Anforderungen** an einen Bohrständer definieren und diskutieren, ob diese mit der vorgesehenen Konstruktion erfüllt werden. • **Den projektierten Bohrständer** mit einem vorhandenen gekauften hinsichtlich Preis und Funktionsfähigkeit vergleichen. • **Teilzeichnungen** der zu fertigenden Teile in Gruppenarbeit erstellen.	Die Bohrständer sollen in größeren Stückzahlen gefertigt und an Betriebsangehörige verkauft werden. Auf einer Kopie der Zeichnung farbliche Kennzeichnung aller Teile, die mit dem Bohrschlitten nach unten bewegt werden. Die Schwachstellen dieser Konstruktion benennen und Verbesserungen vorschlagen. Bezeichnung der wichtigsten Teile auch in Englisch. Betriebsanleitung erstellen.

Berechnen

• **Geradlinige und Drehbewegungen** • **Drehwinkel** des Handhebels für einen bestimmten Hub bzw. Vorschubweg • **Den Zusammenhang** zwischen Drehwinkel und Hub in einem Diagramm darstellen • **Vorschubkraft** mittels Hebelgesetz ermitteln • **Notwendige Vorspannkraft** der Druckfeder bestimmen und die Abmessungen der Druckfeder mithilfe einer Tabelle festlegen • Die **Federkennlinie** grafisch darstellen	Grafische Darstellungen: Einführung, Erstellen und Ablesen Schwierige Berechnungen, z. B. einer Druckfeder, durch Ablesen aus Tabellen ersetzen

Festlegen geeigneter Werkstoffe

• Die Werkstoffe der Teile nach den **Anforderungen** an die Teile festlegen • **Vergleich** der gewählten Werkstoffe mit den Werkstoffen des gekauften Bohrständers • **Prüfen** der wichtigsten Werkstoffeigenschaften und Werkstoffkennwerte im Labor	Überblick über Stähle, Gusseisenwerkstoffe und die Kunststoffe Diskussion der Werkstoffwahl beim gekauften Bohrständer Sichtprüfung, einfache Werkstattprüfverfahren

Planen, Fertigen, Prüfen

• **Arbeitsplan** erstellen • **Teile fertigen:** Drehen, Fräsen, Bohren • **Verbindungstechnik:** Überblick über feste und lösbare, form- und kraftschlüssige Verbindungen • **Verbindungen am Bohrständer** festlegen und die zugehörigen Normteile bestimmen • **Teile montieren** und **Funktion prüfen**	Im Labor: Belastung von Schrauben bestimmen; auf ausreichende, aber nicht zu große Einschraubtiefen achten Möglichkeit des Schweißens prüfen, um die Anzahl der Teile zu reduzieren und die Stabilität des Ständers zu erhöhen Montageplan für den Zusammenbau

Lernfeld: Warten technischer Systeme

Gewähltes Leitprojekt: Warten einer Säulenbohrmaschine

Wartungs- und Pflegeplan

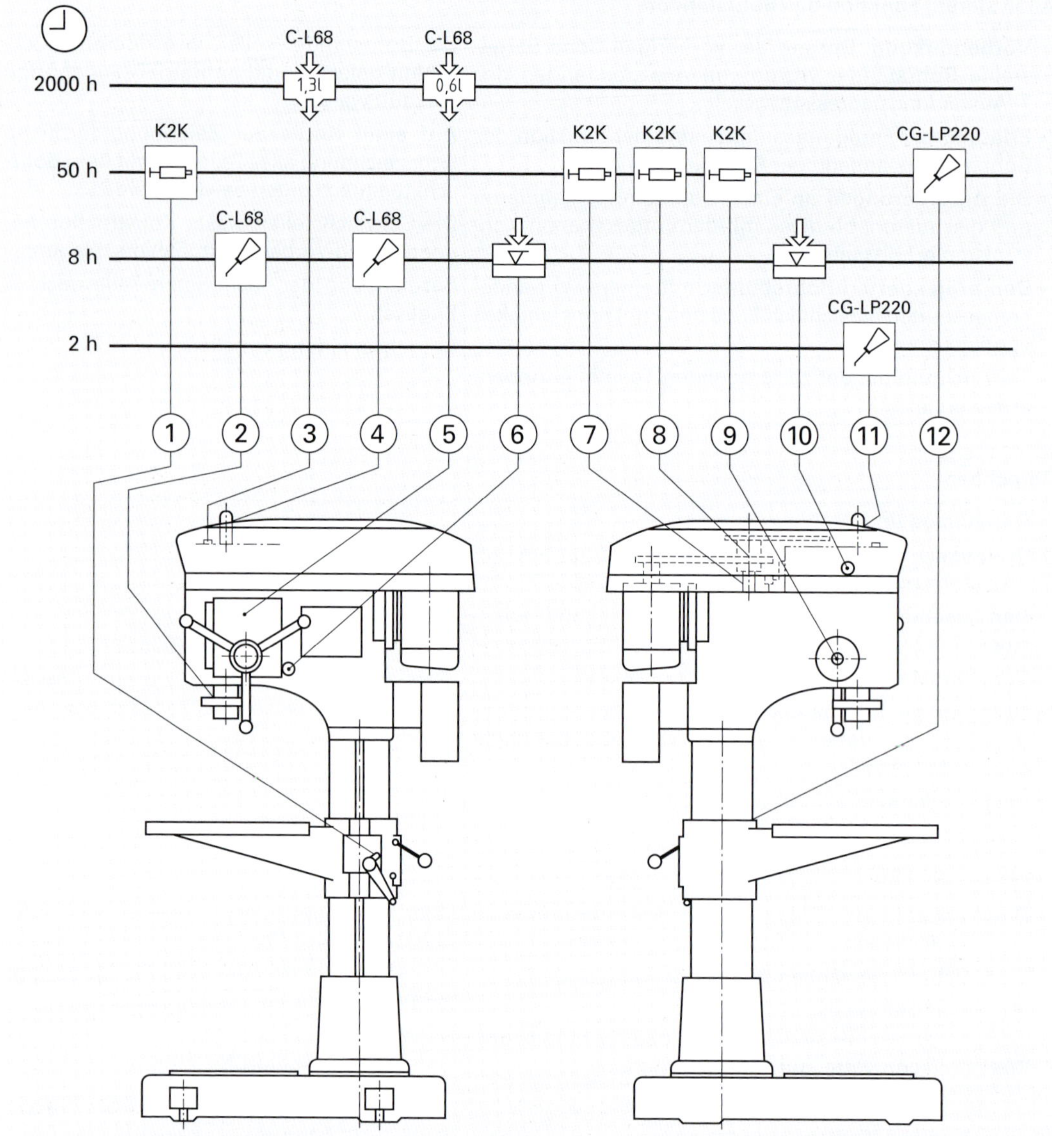

Teileliste (ohne Normteile)			**Schmierstellensymbole**	
1 Tischhubgetriebe	5 Öleinfüllschraube Vorschubgetriebe	9 Vorschubwelle	C-L68 1,3l Auffüllen von 1,3 l Schmieröl C-L68	CG-LP220 Ölen mit Schmieröl CG-LP220
2 Pinole	6 Ölschauglas Vorschubgetriebe	10 Ölschauglas Schaltgetriebe		
3 Öleinfüllstopfen	7 Drehzahlverstellung	11 Leitpatrone	Auffüllen mit Schmieröl auf Markierung	K2K Abschmieren mit Schmierfett K2K
4 Spindelkeilwelle	8 Stufenloser Antrieb	12 Säule		

Lernfeld: Warten technischer Systeme

Gewähltes Leitprojekt: Warten einer Säulenbohrmaschine

Ziele und Inhalte	Hinweise, Hilfsmittel

Arbeitsauftrag analysieren

Grundbegriffe der Instandhaltung erörtern: Wartung, Inspektionen, Instandsetzung. Bedeutung der Instandsetzung	Aspekte der Sicherheit, Betriebsbereitschaft, Verfügbarkeit und Wirtschaftlichkeit erörtern.

Arbeitsunterlagen besorgen und bereitstellen

Wartungs- und Pflegepläne, Anordnungspläne, Betriebs- und Bedienungsanleitungen Störstellen- und Fehlersuchhilfen Schmiermittelempfehlungen des Maschinenherstellers, Schmiermittelkataloge Verschleißteilelisten Schaltungsunterlagen	Arbeitsunterlagen besorgen bzw. anfordern und bereitstellen: Maschinenhersteller-Unterlagen Schmiermittelherstellerkataloge Unterlagen von Herstellern der Verschleißteile, wie z. B. Kugellager, Dichtringe, Keilriemen Fachkundebuch, Tabellenbuch

Technische Inhalte erarbeiten

Grundlagen der Maschinen- und Gerätetechnik Baugruppen und Funktionseinheiten von Maschinen Maschinenelemente: Lager, Dichtungen, Wellen, Achsen, Kupplungen, Führungen, Zahnräder- und Riemengetriebe Verschleiß, Störungsursachen, Schadensanalyse Schmiermittel und Kühlschmiermittel, Entsorgung Korrosion, K-Schutz Elektrische Bauelemente und Verschaltung: Schalter, Sicherungen, Elektromotoren, Gefahren, Sicherheit	Beteiligte Maschinenelemente kennenlernen, insbesondere solche, die Verschleiß unterliegen und geschmiert werden müssen. Möglichkeiten der Vermeidung bzw. Verminderung des Verschleißes besprechen. Kataloge und Prospekte von Maschinen- und Elektromotorherstellern durchsehen. Fachkundebuch, Tabellenbuch

Berechnungen durchführen

Drehzahlen, Übersetzungen, Vorschubwege und Vorschubgeschwindigkeiten Spannung und Stromstärke, Ohmsches Gesetz, Elektrische Arbeit und Leistung Kenndaten von Elektromotoren	Gefahren des elektrischen Stroms besprechen Fachkundebuch, Rechenbuch, Tabellenbuch

Arbeitsauftrag durchführen

Wartungsarbeiten nach Beendigung einer Arbeitsschicht an einer Säulenbohrmaschine ausführen	Im Maschinenlabor oder in den Werkstätten der Schule oder in Zusammenarbeit mit dem Ausbildungsbetrieb durchführen

Arbeits- und Umweltschutz berücksichtigen

Sicherheitsvorschriften, elektrische Schutzmaßnahmen, gesundheitliche Belastung Entsorgung verbrauchter Schmierstoffe und Kühlschmierstoffe	Unterlagen zur Arbeitssicherheit der Berufsgenossenschaften Richtlinie zur Entsorgung von Altölen Fachkundebuch

Projektkontrolle, Dokumentation und Bewertung

Prüfung der durchgeführten Wartungsmaßnahmen Überschlägige Kostenbetrachtung für die Arbeitszeit und den Materialverbrauch Verbesserungsmöglichkeiten erörtern	Diskussion der verschiedenen Wartungsmöglichkeiten und Instandhaltungsstrategien Fachkundebuch

Lernfeld: Fertigen von Einzelteilen mit Werkzeugmaschinen

Gewähltes Leitprojekt: Hydraulisches Spannelement

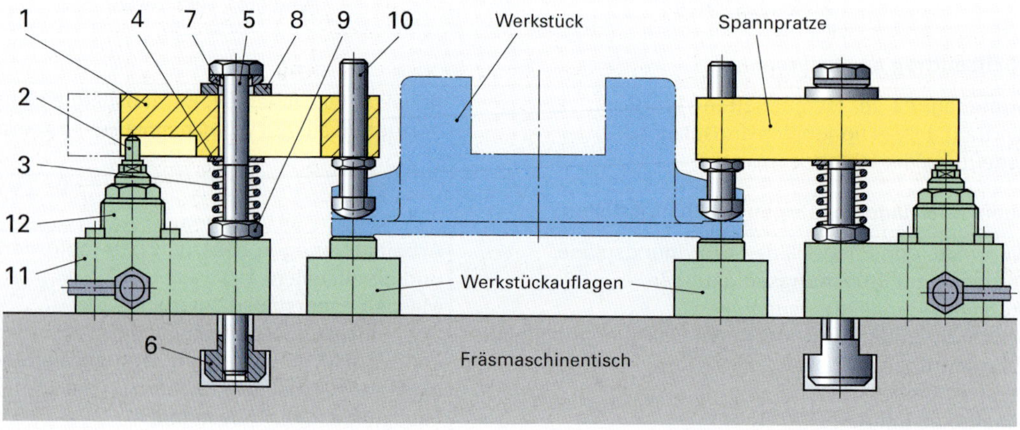

Teilzeichnung einer Spannpratze (Pos. 1):

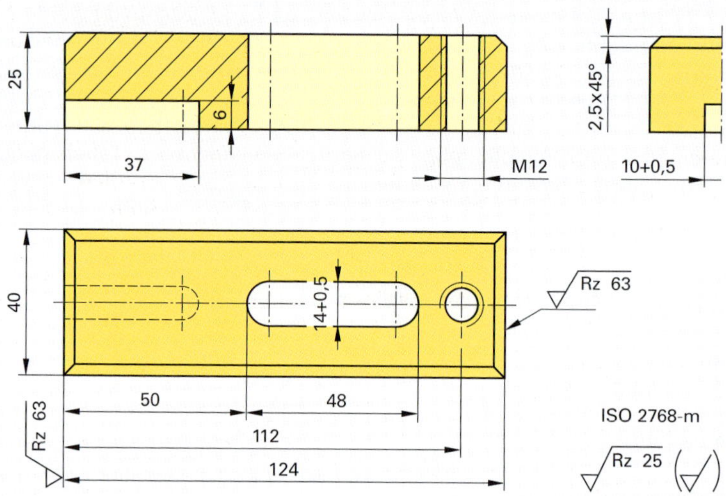

Stückliste eines Hydraulischen Spannelementes							
Pos.	Menge	Benennung	Norm-Kurzbezeichnung bzw. Werkstoff	Pos.	Menge	Benennung	Norm-Kurzbezeichnung bzw. Werkstoff
1	1	Spannpratze	C45E	7	1	Kugelscheibe	DIN 6319 – C13
2	1	Druckschraube	16MnCr5	8	1	Kegelpfanne	DIN 6319 – D13
3	1	Druckfeder	DIN 2098 – 1,6x15x70	9	1	Sechskantmutter	ISO 6768 – M12
4	1	Scheibe	ISO 7090 – 13 – 200HV	10	1	Spannschraube	16MnCr5
5	1	Sechskantschraube	ISO 4014 – M12x130-8.8	11	1	Grundkörper	S235JR (St 37-2)
6	1	Mutter	DIN 508 – M12 x 25	12	1	Hydraulik-Einschraubzylinder	∅ 16x12

Lernfeld: Fertigen von Einzelteilen mit Werkzeugmaschinen

Gewähltes Leitprojekt: Hydraulisches Spannelement

Ziele und Inhalte	Hinweise, Hilfsmittel

Analysieren: Aufgabe und Funktion der Hydraulischen Spannvorrichtung

• **Beschreibung** der Aufgabe und Funktion anhand der vorgegebenen Zeichnung und Stückliste (vorherige Seite)	Prüfen, welche Vor- und Nachteile die Spannvorrichtung hat, alternative Spannmöglichkeiten mit Vor- und Nachteilen
• **Festlegen,** welche Werkstückformen mit der Spannvorrichtung gespannt werden können	Maße, Toleranzen, Oberflächenangaben, Passungen, Wärmebehandlung, Form- und Lagetoleranzen
• **Teilzeichnungen** der zu fertigenden Teile mit allen für die Herstellung nötigen Angaben anfertigen	Erforderliche Spannkraft am Werkstück, Hebelübersetzungen, Kräfte auf das Werkstück
• **Festlegen** der Größe der Hydraulik-Einschubzylinder mit Kenndaten (Pos. 12)	

Berechnen

• **Druckkraft** am Einschraubzylinder	Druck in Flüssigkeiten und Gasen
• **Spannkraft** der Spannschraube und ihre Einflussgrößen	Hebel, Auflagerkräfte, Schraubenberechnungen
• **Zusammenhang** zwischen Durchmesser, Drehzahl und Schnittgeschwindigkeit bei der spanenden Bearbeitung	Anwendung von Tabellen und Diagrammen, Herstellerunterlagen
• **Vorschubgeschwindigkeit** bei der spanenden Bearbeitung	Zwischen stufenlosen und gestuften Antrieben für Drehzahl und Vorschubgeschwindigkeit unterscheiden.
• **Federberechnungen** nach dem Hooke'schen Gesetz	
• **Hauptzeitberechnungen** für die spanenden Fertigungsverfahren	Vergleich der unterschiedlichen Fertigungsverfahren und prüfen, ob durch Verwendung geeigneter Halbzeuge Kosten eingespart werden können.
• **Kostenberechnungen**	

Festlegen geeigneter Werkstoffe, Wärmebehandlung

• **Anforderungen** an die Werkstoffe bestimmen	Normgerechte Werkstoffbezeichnungen, Halbzeuge, Stahlerzeugnisse
• **Wärmebehandlung** erwägen	
• **Überblick** über Wärmebehandlungsverfahren	
• **Normteile** und **Halbzeuge** festlegen	Tabellenbuch, Fachbücher
• **Schneidstoffe** auswählen	
• **Kühl- und Schmierstoffe** und deren Entsorgung	Herstellerangaben beachten

Planen, Fertigen, Prüfen

• **Arbeitspläne** erstellen	Abhängigkeit der Qualität vom Fertigungsprozess
• **Teile fertigen**	UVV beachten
• **Mess- und Prüfmittel** festlegen	Kosten der Mess- und Prüfmittel ermitteln, Prüfkosten abschätzen
• **Messen** der Längen-, Form- und Lagetoleranzen und Möglichkeiten der Härtprüfung	Sichtprüfungen, einfache Werkstattprüfverfahren
• Führen und interpretieren der **Prüfprotokolle**	Pflichtenhefteintrag
• **Arbeits- und Umweltschutz** beachten	

Bewerten, Dokumentieren, Präsentieren

Lernfeld: Installieren und in Betrieb nehmen steuerungstechnischer Systeme

Gewähltes Leitprojekt: Vereinzelung unterschiedlicher Metallkugeln

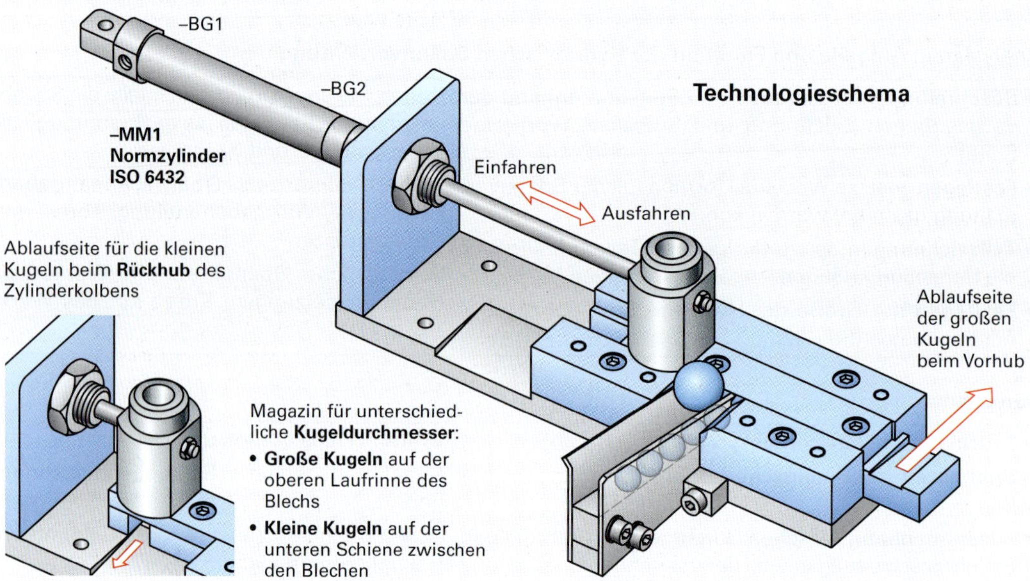

Pneumatische Schaltplanvorlage:

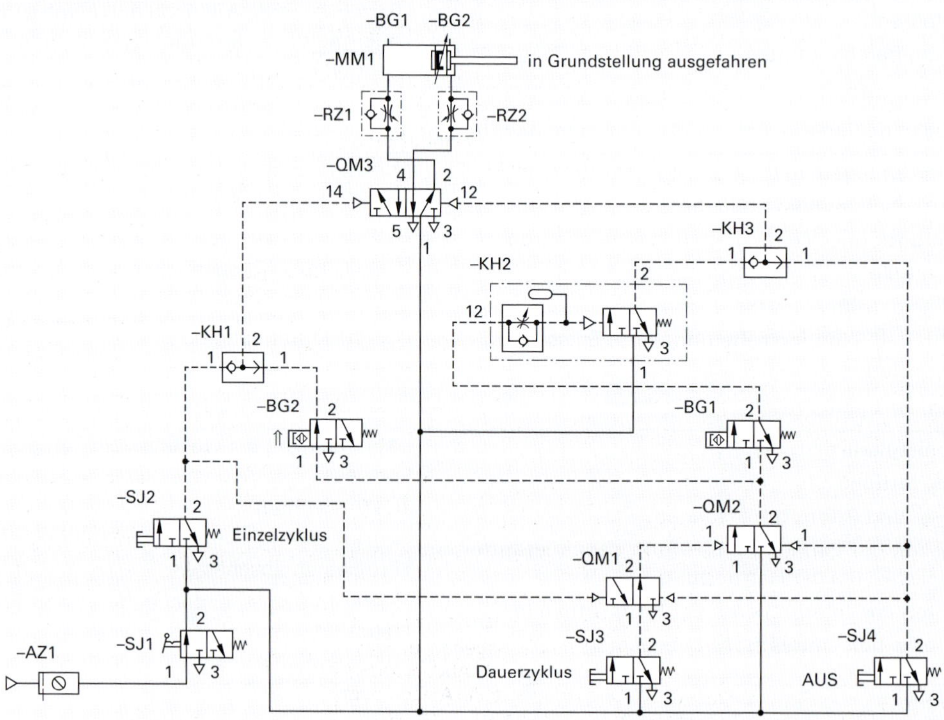

Lernfeld: Installieren und in Betrieb nehmen steuerungstechnischer Systeme

Gewähltes Leitprojekt: Vereinzelung unterschiedlicher Metallkugeln

Funktionsbeschreibung: An einer automatisierten Anlage sollen unterschiedliche Metallkugeln vereinzelt werden. Diese sind in einem Magazin so gespeichert, dass sich die **kleinen** Kugeln auf einer Laufrinne, die **großen** auf einer Schiene darüber zur Vorrichtung geneigt bewegen können. In der Grundstellung ist die Kolbenstange des doppelt wirkenden Zylinders ausgefahren. In dieser Stellung kann je eine kleine Kugel in die Aussparung eines Schiebers **(kleines Bild, vorherige Seite)** hineinrollen. Beim Rückhub wird diese Kugel mitgenommen und seitlich nach links in der hinteren Endlage herausrollen. Gleichzeitig läuft eine große Kugel in die schräge Aussparung des Schiebers. Beim Vorhub wird die große Kugel mitgenommen und in der vorderen Endlage (= Grundstellung) kann sie seitlich nach rechts hinauslaufen. Die Anlage ist im Einzel- als auch im Dauerbetrieb zu betreiben. Beim Dauerbetrieb wird der Hub in die Grundstellung um 2 s verzögert. Von der Steuerung ist ein pneumatischer Schaltplan vorhanden. Dieser soll in eine elektropneumatische oder SPS-Schaltplanlösung mit einer Kleinsteuerung umgebaut werden.

Planung:	Ziele, Inhalte	Durchführung, Hinweise
Art und Umfang des Kundenwunsches wird analysiert und geklärt.	**Informationsphase** Produktkataloge, Datenblätter und Betriebsanweisung für geplante Bauelemente besorgen Beschaffung von Werkzeugen und Bereitstellung von pneumatischer und elektrischer Energie Einsatz von fluidmechanischer Software zur Planung und Dokumentation	Erstellen eines Pflichtenheftes. **Projektmanagement**: Teilaufgaben definieren. Zeitlichen Ablauf planen: Termine setzen. Aufbau und Funktionen der notwendigen pneumatischen, elektrischen Bauteile und ggf. SPS-Komponenten. Gefährdungsanalyse durchführen.

Durchführung:	Ziele, Inhalte	Durchführung, Hinweise
Steuerungslösungen werden erstellt. Die Anlage wird installiert und in Betrieb genommen.	Beschreiben des Funktionsablaufes z. B. mit Funktionstabellen oder über GRAFCET usw. Erstellen von elektropneumatischen Schaltplänen; ggf. Simulation der Schaltungen. Erstellen von Klemmenplan. Erstellen einer Bauteilliste. Zuordnungsliste und Verdrahtung bei SPS-Lösung (in FUP oder KOP). Installation: Aufbau der mechanischen, pneumatischen und elektrischen Komponenten; Verschlauchung der Pneumatik und Verdrahten der Elektrik. Inbetriebnahme der Anlage.	Alle Anlagendokumente werden mit EDV-Unterstützung erstellt und ggf. getestet. Zum Zeitpunkt der Montage der Baugruppen müssen diese besorgt sein und bereit stehen. Berechnungen zu Luftbedarf, Kolbenkräfte und Druck sollen exemplarisch durchgeführt sein. Querschnitte und Anschlüsse der Pneumatikschläuche sind definiert. Netzteile zur Spannungsversorgung sind ausgewählt. Die Sicherheitsvorschriften beim Betrieb von fluidmechanischen Anlagen sowie die VDE-Bestimmungen in der Elektrik sind berücksichtigt. Arbeitsschutzbestimmungen werden eingehalten.

Kontrolle:	Ziele, Inhalte	Durchführung, Hinweise
Funktionen nach Lasten- und Pflichtenheft sind vorhanden. Die Anlage wird dem Kunden übergeben.	Die gewünschten Funktionen in der Mechanik, der Pneumatik und der Elektrik sind gegeben, z. B. Einzel- und Dauerbetrieb sind möglich; Zeiten und Geschwindigkeiten sind eingestellt; es kommt zu keinen Störungen im Ablauf; ggf. Fehler- und Störungsbeseitigung. Die Gesamtkosten und Arbeitszeiten sind ermittelt und im Rahmen der Planung. Die Anlagensicherheit ist gegeben; unzulässige Eingriffe werden durch Abdeckungen und dergleichen verhindert; die Anlage lässt sich druck- und spannungsfrei schalten.	Die kontrollierten Funktionen sind dokumentiert, die Sicherheit im Übergabeprotkoll festgestellt. Anlagendokumente an den Kunden übergeben. Dazu gehört ggf. eine Betriebsanweisung.

Die Autoren und der Verlag danken den folgenden Firmen und Institutionen, die sie bei der Bearbeitung durch Beratung, Bilder und Druckschriften unterstützt haben.

AGA	Hamburg
Aluminium-Zentrale	Düsseldorf
Alusingen	Singen
Alzmetall	Altenmarkt
Atlas Copco	Essen
Aventis	F – Straßburg
BASF	Ludwigshafen
Battenberg	Meinerzhagen
Bauer	Esslingen
Bauer&Schaurte Karcher	Neuss
Bayer	Leverkusen
BMW	München
Bodmer	CH – Küsnacht
Böhler	A – Kapfenberg
Böllhoff	Bielefeld
Bosch	Stuttgart
Braun	Kronberg
Bundesanstalt für Materialforschung	Berlin
Busak & Shamban	Stuttgart
CeramTec	Plochingen
Chemische Werke Hüls	Marl
c-mill technologie	CH – Nidau
Daimler-Chrysler	Stuttgart
Dürr Anlagenbau	Stuttgart
EJOT	Bad Laasphe
Euchner & Co	Leinfelden-Stuttgart
Feldmühle	Plochingen
Fette	Schwarzenbek
Forckhardt	Düsseldorf
FORD-Werke	Köln
Gesamtverband der Aluminiumindustrie	Düsseldorf
Gießerei-Verlag	Düsseldorf
Gildemeister	Bielefeld
Gühring	Albstadt
Hahn & Kolb	Stuttgart
Hainbuch	Marbach
Heller	Nürtingen
Hermle	Gosheim
Hommelwerke	Villingen-Schwenningen
Honsel	Fröndenberg
INDEX Werke	Esslingen
Informationsstelle Schmiedestücke	Hagen
Institut für Metallkunde Universität Clausthal	Clausthal
ISCAR Hartmetall	Ettlingen

KASTO	Achern
Kennametal-Hertel	Friedrichsdorf
Kerb-Konus	Amberg
Koenig Verbindungstechnik	Illerrieden
Krautkrämer	Hürth
KUKA	Augsburg
LEIPOLD	Wolfach
Leuze Elektronik	Owen/Teck
Liebherr	Kempten
Linde	Höllriegelskreuth
LOCTITE Deutschland	München
Lufthansa	Köln
Mahr	Esslingen/Göttingen
MAPAL	Aalen
Mikron	CH – Lugano/ Fellbach
Mitutoyo	Neuss
Müller-Weingarten	Weingarten
Norsk Hydro Magnesium	Bottrop
Plansee Tizit	A – Reutte
Porsche AG	Weissach
Prototyp	Zell a. H.
SANDVIK Coromant	Düsseldorf
Siemens	Karlsruhe
Siemens Antriebstechnik	Erlangen
Stahl-Informations-Zentrum	Düsseldorf
Steidle	Leverkusen
TESA/Brown & Sharpe	CH – Renens
Texas Instruments	Weingarten
TITEX	Frankfurt a. M.
TOX	Weingarten
Ultracoat	Eisenach
Unbrako Schrauben	Koblenz
Wacker Chemie	München
Weiler	Emskirchen
Wemotec	Eggenstein
Widia Valenite	Essen
Wieland-Werke	Ulm
WIKUS	Spangenberg
Zentrale für Gussverwendung	Düsseldorf
Zollern	Herbertingen
Zwick	Ulm

A

B

E

F

G

L

M

Q

R

T

U

V

W

Z